DREADNOUGHT

BRYTANIA, NIEMCY I NADEJŚCIE WIELKIEJ WOJNY

Robert K. Massie

DREADNOUGHT

BRYTANIA, NIEMCY I NADEJŚCIE WIELKIEJ WOJNY

Tom II

TŁUMACZENIE
WOJCIECH CHRZANOWSKI

FINNA
Gdańsk 2004

Tytuł oryginału: Robert K. Massie
Dreadnought. Britain, Germany and Coming of the Great War

Tłumaczenie: Wojciech Chrzanowski

Redakcja: Alina Walczak

Korekta: Alina Walczak

Ilustracje: z oryginału oraz ze zbiorów własnych wydawnictwa

Projekt okładki: Michal Szwaguliński

Oryginalna wersja niniejszej książki została wydana przez Ballantine Books, New York.

ISBN: 83-919748-1-2
Wydanie I w języku polskim
Gdańsk 2004.

Fotografia na okładce tomu II: Śródokręcie S.M.S. „Seydlitz".

Oficyna Wydawnicza **FINNA**
80-768 Gdańsk, ul. Dziewanowskiego 5/6
tel.: +48 58 305 1993
fax: +48 58 301 5725
e-mail: finna@tgw.com.pl

Wydawnictwo **FINNA** wchodzi w skład **TGW**
e-mail: tgw@tgw.com.pl
www.tgw.com.pl

Spis treści

Tom II

Część IV: Brytania i Niemcy: Polityka i wzrost napięcia 1906-1910

Część V: Droga do Armageddon

ROZDZIAŁ 46 Armageddon nadciąga – Londyn 408

CZĘŚĆ IV

Brytania i Niemcy: Polityka i wzrost napięcia 1906 – 1910

29

Campbell - Bannerman: Liberałowie powracają do władzy

Henry Campbell (pod takim nazwiskiem urodził się w 1836 roku) wychował się w atmosferze przesiąkniętej solidnym, uporządkowanym podejściem do polityki, religii i pomyślności ekonomicznej. Jego ojciec, Sir James Campbell, był równocześnie odnoszącym sukcesy importerem zagranicznych towarów, jak i lordem Provostem* miasta Glasgow. Synowie Campbella mieli także zajmować się prowadzeniem interesów, więc wcześnie weszli w kontakt z obcymi im miejscami i językami. Henry i jego starszy brat James często towarzyszyli ojcu podczas jego wizyt we Francji. Gdy Henry miał lat czternaście, przez dziesięć miesięcy objeżdżał razem z Jamesem Europę. Nadal mając tylko czternaście lat, za to dogłębnie znając język i literaturę francuską, zapisał się na Uniwersytet w Glasgow, gdzie spędził cztery lata, po czym przeniósł się do Trinity College w Cambridge, gdzie uzyskał niewyróżniający dyplom trzeciej klasy z literatury klasycznej. W 1858 roku wrócił do Glasgow, by pracować u boku ojca. Dwa lata później na weselu brata zakochał się w poznanej wtedy Charlotcie

---

* *Lord Provost* (dosł. lord Strażnik) – w Szkocji burmistrz, odpowiednik angielskiego *lorda Mayora*.

Bruce, córce generała majora dowodzącego garnizonem w Edynburgu. Dzień ich ślubu, kiedy miał dwadzieścia pięć, a ona – dwadzieścia osiem lat, był, jak sam mówił, najszczęśliwszym dniem jego życia. Nie mieli dzieci, lecz dzielili się każdą myślą i każdą wolną chwilą. Bawiły ich te same dowcipy, często rozmawiali ze sobą po francusku i wymyślali własne przezwiska dla znanych postaci polityki. Charlotte obdarzona była silną wolą i dość złośliwie oceniała ludzi. Do jej obowiązków, tak jak je pojmowała, należała ochrona męża przed tymi, którzy byliby skłonni wyzyskiwać to, co uważała za jego nadmiernie ufną naturę. Jego zaś zadaniem, jak sam to pojmował, było dbać o nią przez ciągłą obecność i trwałe przywiązanie podczas powtarzających się długich okresów choroby. Ufał bezwzględnie jej sądom i – zwłaszcza gdy przychodziło oceniać czyjś charakter – nigdy nie uczynił kroku bez zasięgnięcia jej porady. „Zwrócimy się z tym do Autorytetu – powiedział kiedyś przyjacielowi – i ona zadecyduje. Jej sądy są nieomylne".

W 1868 roku, po dziesięciu latach zajmowania się biznesem, Henry Campbell został wybrany do Izby Gmin z okręgu Stirling. Trzy lata później zmienił nazwisko. Bogaty wuj, Henry Bannerman, zmarł pozostawiwszy siostrzeńcowi wielki spadek pod warunkiem, że ten doda „Bannerman" do swego nazwiska. Campbell się zgodził, choć przyszło mu tego żałować. Do przyjaciela napisał: „Widzę, że jesteś już zmęczony, pisząc to moje okropnie długie nazwisko; mnie samego męczy to od dawna. Zawsze najbardziej lubię być nazywany po prostu Campbell, jak zresztą czyni większość moich przyjaciół. [...] Alternatywą jest C. B.". Jego żona, jeszcze mniej zadowolona ze zmiany nazwiska, przez wszystkie lata niezmiennie pisała się po prostu „Charlotte Campbell".

C. B. powoli piął się w górę politycznej hierarchii Partii Liberalnej. Zanim doszedł do rangi członka gabinetu, zostając w 1885 roku ministrem wojny, spędził siedemnaście lat jako prosty poseł w Izbie Gmin. Ku swemu przerażeniu stwierdził, że zaraz na pierwszym posiedzeniu rządu, w jakim brał udział, został posadzony obok siedemdziesięcioszescioletniego premiera – pana Gladstone'a. „Siedziałem cichutko – wspominał Campbell-Bannerman – „na samej krawędzi krzesła, niczym jakaś *fausse marquise**, obawiając się prze-

* *Fausse marquise* (fr.) – dosł. „fałszywa markiza", tu – ktoś obsadzony w niewłaściwej roli, nie na swoim miejscu.

bywać w zasięgu skrzydeł Wielkiego Człowieka. C. B. pozostawał w Ministerstwie Wojny podczas przesilenia rządowego trzeciego rządu Gladstone'a, wrócił do gabinetu, gdy Wielki Starzec utworzył swój czwarty rząd i pozostał na stanowisku także podczas krótkiej kadencji błyskotliwego dziedzica Gladstone'a – hrabiego Rosebery.

Campbell-Bannerman stał się zresztą, choć w sposób niezamierzony, przyczyną upadku rządu Rosebery'ego. Liberalna większość w Izbie Gmin stopniowo malała, a wyborcy nie lubili rządów w stylu Gladstone'a bez Gladstone'a. Całymi tygodniami rząd kuśtykał jakoś z większością rzędu siedmiu, ośmiu głosów. 21 czerwca 1895 roku tematem obrad był projekt budżetu armii, co zwykle powodowało opustoszenie izby, na przeciwległych ławach pozostawało zazwyczaj po garstce posłów. Wniosek rządowy spoczywał w rękach C. B., jako ministra wojny. Niespodziewanie, w starannie obliczonym pociągnięciu, opozycja postawiła wniosek o stufuntowe zmniejszenie pensji ministra pod zarzutem niedostatecznych zapasów kordytu*. C. B. odparł, że w opinii ekspertów i doradców, istnieje jeszcze spora rezerwa. Odmówił jednak publicznego przytoczenia liczb, choć proponował, że pokaże je prywatnie przywódcom opozycji. Nie byli jednak tym zainteresowani. Na scenę wkroczyli Balfour i Chamberlain, żeby przyłączyć się do ataku. Liberalni whipowie rzucili się w pogoń za posłami swojej partii, żeby ich odszukać i zgromadzić w izbie, gdy jednak doszło do głosowania, rządowi zabrakło siedmiu głosów. Zamiast kontynuować taką nędzną egzystencję – od okazji do okazji – rząd wolał zrezygnować. Królowa posłała po Salisbury'ego. C. B. był oburzony zarzutami o rzekomych brakach kordytu: „Co do głosowania, to jestem z niego bardzo dumny. Przecież był to niemal szantaż. Już raczej mamy nadmiar aniżeli niedostatek amunicji".

Pierwsze lata długich rządów lorda Salisbury były trudne dla Partii Liberalnej. Brakowało pewnej ręki przywódcy. Gladstone, już dobrze po osiemdziesiątce, żył bezczynnie na emeryturze. Lord Rosebery, następca Gladstone'a na stanowisku premiera, pozostawał przywódcą opozycji, lecz nie trzymał partii mocno w garści. Był hrabią, młodym, przystojnym, szykownym, elokwentnym mówcą, ulubieńcem prasy. Jego mariaż z Rotszyldówną przyniósł mu wiano 100 000 funtów szterlingów, za które utrzymywał stajnię wyścigową i jacht. Podczas

* Bezdymny materiał wybuchowy używany w ładunkach miotających.

tych szesnastu miesięcy, jakie spędził na stanowisku premiera, dwa z jego koni wygrały Derby, i to rok po roku. Rosebery był z tego niezwykle dumny, niemal bardziej niż z jakiegoś sukcesu w polityce. Światek torów wyścigowych go uwielbiał, lecz szeregowi liberałowie, twardzi, nonkonformistyczni wyznawcy zasad pana Gladstone'a krzywo patrzyli na spektakl, w którym arystokratyczny wig odrywa się od swoich obowiązków premiera, aby zająć się oklaskiwaniem konia. Słabość Rosebery'ego do wyścigów nie była bynajmniej największą z jego słabości. Wielu obserwatorom wydawało się, że w ogóle należy on do niewłaściwej partii. W sprawach Południowej Afryki, *Home Rule*, polityki podatkowej i gospodarowania ziemią, jego poglądy pasowałyby bardziej do torysa niż do liberała. Gladstone, który mianował go ministrem spraw zagranicznych, streścił swoją o nim opinię, powiadając że „Rosebery był jednym z najzdolniejszych, a także najzacniejszych ludzi jakich znał, lecz zawsze wątpił, czy naprawdę posiada on odrobinę zdrowego rozsądku".

Pozbawiony urzędu, pozostając przywódcą partii, Rosebery zaczął się dąsać. Gladstone, choć szło mu już na osiemdziesiąty siódmy rok, nadal przemawiał publicznie, przyciągając ogromne tłumy. Rosebery uskarżał się, że podważa to jego pozycję, aby ostatecznie, stwierdziwszy, iż znalazł się „w sytuacji widocznej różnicy opinii ze znaczną większością mas Partii Liberalnej [...] a także w niejakim konflikcie ze zdaniem pana Gladstone'a", zrezygnować z przywództwa partii. Jego następcą został Sir William Harcourt, przywódca liberałów w Izbie Gmin, ale po roku także i on podał się do dymisji. Whipowie partyjni zaoferowali przywództwo Herbertowi Henry'emu Asquithowi, najzdolniejszemu mówcy w partii, lecz ten, mając czterdzieści sześć lat, musiał zarabiać na życie w palestrze, aby zdobyć środki na utrzymanie rodziny, więc zasugerował, żeby stanowisko objął Campbell-Bannerman, starszy od niego o lat szesnaście.

C. B. zgodził się, choć niechętnie. Był on solidną, budzącą zaufanie postacią, o skłonnościach do ugody, człowiekiem wiernym, z poczuciem humoru, przenikliwym, uprzejmym, dobrodusznym. Zawsze dotąd wiernie towarzyszył partii, choć nie wykazywał się szczególną aktywnością na frontowych ławach. Beatrice Webb opisała go jako „człowieka nadającego się doskonale na stanowisko biernego partnera w jakimś odziedziczonym biznesie". Jego zdrowie było dość niepewne, zaś zdrowie jego żony – całkiem kiepskie. Zdawało się rzeczą nieprawdopodobną, by zaprzągł siebie do tego ciężkiego wozu, jaki stanowiły trudne i nieustanne obowiązki przywódcy partii. C. B. jednak się zgodził, ponieważ nie było nikogo innego – uważał zatem, że jest to jego obowiązkiem. Z początku styuacja taka dawała pewne korzyści: nie chciał tej roboty, więc nikt nie mógł go oskarżyć, że sprzątnął mu ją sprzed nosa. Nie miał wrogów, wszyscy okazywali mu wdzięczność. W 1898 roku zmarł Gladstone, co usunęło ze sceny jego wielką, od czterdziestu lat przyćmiewającą wszystkich polityków liberalnych postać. Niektórym z liberałów brakowało błyskotliwości i czaru lorda Rosebery, inni jednak byli zadowoleni z faktu, że nareszcie rozwiała się mgiełka wątpliwości otaczająca ostatnio intencje przywódcy partii. Wokół C. B. nie było niczego enigmatycznego. Twardo obstawał za ideami liberalnymi w ich najprostszej postaci i wyraźnie pracował nad doprowadzeniem Partii Liberalnej z powrotem do władzy. Powiadano, że „wielką przewagą Campbella-Bannermana było to, iż zawsze wyglądał na tkwiącego w zamęcie bitwy, podczas gdy lord Rosebery zawsze zdawał się być ponad tym". Przez siedem lat swojego przywództwa, jakie upłynęły zanim liberałowie zdobyli władzę w 1905 roku, C. B. zawsze skromnie powiadał, że kwestia, kto zostanie premierem w następnym rządzie liberałów, powinna zostać zdecydowana dopiero wtedy, gdy chwila ta nadejdzie. Przez jakiś czas C. B. mówił nawet przyjaciołom, że lord Rosebery, gdyby tylko zechciał, mógłby w każdej chwili objąć ponownie przywództwo. „Drzwi zawsze pozostają otwarte na powrót lorda Rosebery" – powiedział.

Sprawą, która uczyniła powrót lorda Rosebery niemożliwym i tak głęboko podzieliła Partię Liberalną, że ta nie mogła w żaden sposób dojść do władzy, była wojna burska. Campbell-Bannerman od samego początku zdawał sobie sprawę, że wojna rozbije jedność partii. Jej większość – zgodnie ze starą tradycją Gladstone'a – była tej wojnie przeciwna. Spośród liderów należeli do niej: C. B., Morley i Lloyd George. Przeciwstawiali się oni imperializmowi, tak jak niegdyś Gladstone, a w Imperium dostrzegali zarówno narzędzie zastraszania i wyzysku, jak i jego wpływ cywilizacyjny. W tym konkretnym przypadku przyczyn wojny upatrywali w nikczemnym postępowaniu niektórych członków rządu, przede wszystkim Chamberlaina. To minister kolonii, w sojuszu z Rhodesem, uknuł plugawą intrygę w interesie bandy uganiających się za zyskiem osobników, którzy chcieli wykorzystać potęgę wielkiego kraju, aby stłumić wolność i wykraść skarby małym i bezbronnym. Z takiej perspektywy Burowie byli „małym narodem walczącym o prawo do wolności", zaś ultimatum Krugera było desperackim wyzwaniem, w które prezydent Burów został wciągnięty na skutek przemyślnej prowokacji.

Rosebery odrzucał takie stanowisko i w sprawie wojny opowiadał się za rządem. Były premier jednak tak daleko już zdryfował od mas partyjnych, że jego poglądy nie powodowały większych skutków. Znacznie ważniejsze było stanowisko zajmowane przez trójkę bardzo aktywnych, młodszych wiekiem liderów liberałów, H. H. Asquitha, Sir Edwarda Greya i Richarda B. Haldane'a, którzy, choć mocno oddani partii, to jednak w sprawie Południowej Afryki popierali rząd. Za tym triumwiratem stało pięćdziesięciu szeregowych posłów liberalnych, a cała ta grupa nazywana była liberalnymi imperialistami. Dla Asquitha, byłego ministra spraw wewnętrznych i najwybitniejszego członka tej frakcji, kluczową sprawą było: kto rozpoczął tę wojnę? Dla niego decydującymi krokami były: burskie ultimatum i wtargnięcie Burów na przylegające terytoria brytyjskie. Asquith wyjaśniał to tak: „My [liberalni imperialiści] uważaliśmy, że ani rząd, ani naród brytyjski nie dążył do tej wojny, lecz została nam ona narzucona bez dostatecznego powodu i całkowicie wbrew naszej woli". Z całego serca zgadzał się z nim Grey: „W tej wojnie słuszność jest po naszej stronie. Jest to wojna sprawiedliwa. Jest to wojna, która została temu krajowi narzucona". Campbell-Bannerman nie spierał się, że w wąskim rozumieniu, burskie ultimatum uczyniło wojnę nieuniknioną. „Burowie dopuścili się aktu agresji, co spowodowało, że oczywistym obowiązkiem każdego z nas stało się jej przeciwstawić" – oznajmił. Uważał jednak, że cała sytuacja została zaogniona przez politykę rządu brytyjskiego. Jak to ujął sam C. B.: „zawsze byłem przeciw Joemu, lecz nigdy za Krugerem". I tak oto Campbell-Bannerman, który szanował Asquitha, jeśli nawet nie podzielał jego poglądów, znalazł się pośrodku, między liberalnymi imperialistami a liberalnymi pacyfistami. Dla pozostałych przywódców liberalnych imperialistów miał jedynie pogardę. Mając we zwyczaju używać terminu „Master"* wobec ludzi których nie lubił, C. B. zwykł był mawiać „Master Haldane" i "Master Grey", lecz nigdy nie użył zwrotu „Master Asquith".

* Tutaj w znaczeniu „pan", w takim sensie jak pies lub niewolnik ma swojego pana.

Polityczne skutki wojny burskiej dały o sobie znać we wrześniu 1900 roku, kiedy to Armia Brytyjska, ochłonąwszy po początkowych porażkach, zajęła Pretorię i Johannesburg. Chamberlain wytłumaczył Salisbury'emu, że nadszedł właściwy czas na zarządzenie wyborów powszechnych, aby zdyskontować euforię zwycięstwa i skorzystać na podziałach wśród liberałów. Podzielona partia C. B. nie miała żadnych szans. Chamberlain, mistrz propagandy politycznej, ciągle wykorzystywał motyw, że kandydaci liberałów są przyjaciółmi wrogów kraju i mogą podważać politykę brytyjską oraz zadać cios w plecy brytyjskim żołnierzom. Wybory stały się testem patriotyzmu. Unionistyczni oratorzy bez przerwy ogłaszali, że sprawa jest prosta – patriotyzm lub zdrada. „Głos na liberałów jest głosem oddanym na Burów" – krzyczały plakaty i mówcy w całym kraju. Atak ten pogłębiał jeszcze już i tak głęboki podział w Partii Liberalnej. Jej kandydaci często potępiali siebie nawzajem zamiast Unionistów, zaś nad wszystkim triumfalnie unosił się Chamberlain, głoszący, że nawet najmniejszy sukces liberałów osłabiałby rząd i wiązał mu ręce w zakończeniu wojny i postępowaniu z buntowniczymi Burami. Położenie Campbella-Bannermana było beznadziejne. Był on świadom, że wielu wyborcom bynajmniej nie podobała się retoryka Unionistów i wiedział, że ogłoszenie wyborów w takim właśnie momencie było politycznym trikiem. Rozumiał też, że wielu tych samych wyborców wierzyło, iż porażka rządu byłaby potraktowana przez Burów i obce mocarstwa jako odrzucenie dotychczasowej polityki brytyjskiej w Południowej Afryce, w którą kraj wlał już istne potoki krwi i pieniędzy.

Chamberlain, radując się z oczekiwanego zwycięstwa, pragnął nie tylko pokonać, ale wręcz zniszczyć swoją dawną partię. Wzywał do druzgocącego zwycięstwa, które zmiotłoby liberałów jak lawina. Gdy jednak nadeszły wyniki wyborów – 2 428 492 do 2 105 518 – to nie było to zwycięstwo dające nadzieję na unicestwienie przeciwnika; tak właściwie, to zgodnie z definicją Chamberlaina, ponad 2 miliony Brytyjczyków same ogłosiły się „zdrajcami". „Wybory barwy khaki", stoczone wokół jednej jedynej kwestii, zapewniły jednak Partii Unionistów dalsze sześć lat sprawowania władzy. Z praktycznego punktu widzenia Campbella-Bannermana, nie było to wcale tak źle; Partia Liberalna, nadal uwikłana w podziały wewnętrzne, nie była jeszcze gotowa do objęcia rządów.

Polityka była tylko częścią życia Campbella-Bannermana. Siedem miesięcy w roku przeznaczał na Londyn, Partię Liberalną, Izbę Gmin i biura rządowe. Podczas tych miesięcy poświęcał się całkowicie, z weekendami włącznie. Nie bywał zapraszany na przyjęcia i obiady czy ciągnące się do późnej nocy kolacje, nie chadzał też na party do wielkich domów, które tak pociągały Balfoura i Asquitha. W zamian za to C. B. zażądał rocznie pięciu miesięcy wolnego, aby móc je poświęcić żonie i samemu sobie. Trzy z tych miesięcy spędzali oni w swoim domu w hrabstwie Perthshire. Belmont było wiktoriańskim dworkiem zbudowanym bez jakiegoś konkretnego planu, wyposażonym w puszyste dywany, głębokie skórzane fotele i wielkie kominki. Wokół niego obszerne trawniki rozciągały się aż do kręgu gigantycznych jesionów, buków, świerków i sosen. Po przybyciu do Belmont pierwszym zajęciem C. B. było zawsze odwiedzenie swoich drzew, pokłonienie się im, a czasami nawet powiedzenie im „dzień dobry". Przed jednym, szczególnie wspaniałym okazem, zwykł był zawsze uchylać kapelusza i dworską manierą zapytywać: „Jak tam pani zdrowie?". W Belmont nie było dozwolone nic, do czego mieszkańcy nie byli przyzwyczajeni. Nie było tam samochodów, jedynie stare konie, stare powozy, stare psy – wiele psów – jego i jej – i starzy służący. C. B. był lojalny; ten kto dobrze mu służył nie był pozostawiany na łaskę losu. Miał on dużą kolekcję lasek i każdego dnia, gdy wybierał sobie jedną przed wyjściem na spacer, do pozostałych mruczał czułe słowa usprawiedliwienia i pocieszenia za to, że tym razem zostawiał je w domu. Szuflada jego biurka była pełna obrzynków ołówków – starych przyjaciół, jak wyjaśniał, „którzy zasługiwali na odrobinę troski, gdy ich dni dobiegły kresu".

Każdego roku Campbell-Bannerman z żoną spędzał dwa miesiące na kontynencie, podróżując po Francji, Szwajcarii, Włoszech lub Hiszpanii, zawsze punktualnie na początku sierpnia zjawiając się w Marienbadzie, gdzie Charlotta mogła wypocząć i odbyć kurację. C. B. kochał Francję i często można go było zobaczyć przesiadującego w paryskiej restauracji czy przeglądającego rzeczy w tamtejszych sklepach. Czasami wymykał się z Londynu do Dover, aby usiąść na molo i obserwować, jak przybijają i odcumowują kursujące przez Kanał parowce. Od czasu do czasu decydował się na udoskonaloną wersję takiego wypoczynku, wsiadając na poranny prom do Calais, gdzie pozwalał sobie na przyjemność spożycia doskonałego lunchu w restauracji tamtejszego *Gare Maritime**, aby po południu powrócić do Anglii. Wśród papierów, jakie zwykł wozić ze sobą, zawsze znajdowała się jakaś powieść Balzaca, Flauberta, Anatole'a France'a czy Zoli, lecz jego najważniejszą przyjemnością było po prostu siedzenie i obserwowanie ludzi. Niewielu tylko spoglądało na niego i do końca swoich dni pobłażliwie traktował samą myśl, że ktoś mógłby uważać go za ważną personę.

Twierdzenia rządu Unionistów o zwycięstwie odniesionym w Południowej Afryce nie miały pokrycia w faktach. I choć nad Johannesburgiem i Pretorią powiewał Union Jack, a wzgórza nad Balmoral oświetlono reflektorami dla uczczenia triumfu, to burscy wojownicy bynajmniej nie oddali pola. Nie byli już, oczywiście, zorganizowani w pułki, lecz raczej działali skrycie jako oddziały partyzanckie, niewielkie grupy jeźdźców, którzy niespodziewanie uderzali w nieruchawe pododdziały brytyjskiej piechoty i kolumny zaopatrzeniowe, aby zaraz rozpłynąć się na bezkresnym veldcie. Ortodoksyjna taktyka wojskowa była tu bezużyteczna; zanim nadciągnęła brytyjska lub imperialna* kawaleria, żeby ruszyć w pościg, partyzanci zawsze zdążyli przekształcić się w spokojnych burskich farmerów, orzących ziemię w tych samych workowatych ubraniach roboczych, w których kilka dni wcześniej brali udział w walkach. Broń ukrywali w domach, zaś ich szybkie konie, dzięki którym mogli odbywać swoje błyskawiczne rajdy, równie spokojnie pasły się na polach.

Kitchener, który w grudniu 1900 roku objął stanowisko naczelnego dowódcy po lordzie Robertsie, podszedł do tego problemu z brutalną logiką: jeśli w wojnie ruchowej nie potrafił przygwoździć dwudziestu tysięcy burskiej konnicy z pomocą 250 000* oddziałów brytyjskich, to musiał zmniejszyć, a potem zlikwidować możliwości manewru od-

* *Gare Maritime* (fr.) – Dworzec Morski.

* Gdy mowa o wojskach imperialnych, chodzi o siły kanadyjskie, australijskie oraz z innych krajów, nie będących już formalnie koloniami.

* W Południowej Afryce walczyło ponad 447 000 żołnierzy z oddziałów brytyjskich, imperialnych i kolonialnych. Dwadzieścia dwa tysiące poległo w walkach lub zmarło z odniesionych ran. Po stronie burskiej za broń chwyciło osiemdziesiąt siedem tysięcy ludzi, z których zginęło siedem tysięcy. Ponadto od osiemnastu do dwudziestu ośmiu tysięcy mężczyzn, kobiet i dzieci zginęło w obozach koncentracyjnych Kitchenera (*przyp. aut.*).

działów partyzanckich. Powstało więc osiem tysięcy blokhauzów* zbudowanych z kamienia i blachy falistej, wznoszonych najpierw wzdłuż linii kolejowych, a potem po całym kraju. Ostatecznie cały veldt został pokryty, niczym koronką, siecią małych fortów, połączonych drutem kolczastym a położonych od siebie w zasięgu strzału. Gdy już kraj został w ten sposób podzielony, Kitchener przeczesał go w sposób przypominający polowanie na bażanty w hrabstwie Norfolk. Nawet język, jakiego używał Kitchener i jego oficerowie wywiadu, przypominał terminologię łowiecką: tyle a tyle „nagonek", tyle „zdobyczy", tyle „ubitych". Pędząc wszystko przed sobą, za sobą armia pozostawiała oczyszczony teren. Wszystkie zbiory, stanowiące potencjalne źródło żywności dla oddziałów partyzanckich, były palone. Podobnie czyniono też z każdą farmą, mogącą służyć im za schronienie lub punkt zborny. Wszyscy schwytani w sieć mieszkańcy wsi, w większości kobiety i dzieci, byli wysiedlani, zapędzani do wagonów i odstawiani do jednego z dwudziestu czterech obozów koncentracyjnych zbudowanych i zarządzanych przez armię. Obozy te, pośpiesznie wzniesione miasteczka namiotów, narażone były latem na słońce i deszcz, zaś zimą – na lodowate wiatry, miały niedostateczną liczbę latryn i cierpiały na niedostatek czystej wody. Ponieważ zamknięci w nich ludzie uważani byli za rodziny burskich partyzantów – wydawano im jedynie zmniejszone armijne racje żywnościowe. Nie było w nich mięsa, jarzyn, mleka dla dzieci, ani mydła; woda była zanieczyszczona. Pojawił się dur brzuszny. W ciągu czternastu miesięcy, podczas których populacja obozów rozrosła się do 117 000 osób, zmarło od 18 do 28 tysięcy spośród nich, w większości kobiet i dzieci.

Brytania dowiedziała się o tych przerażających sprawach z zeznań pewnej pełnej pasji kobiety w średnim wieku, Emily Hobhouse, która objechała owe obozy i wróciła do Anglii. Udała się na spotkanie z Sir Johnem Broderickiem, unionistycznym ministrem wojny, który grzecznie ją wysłuchał, lecz odmówił angażowania się w sprawę. Wtedy poszła spotkać się z Campbellem-Bannermanem. Lider Partii Liberalnej siedział w milczeniu, gdy kobieta wyrzucała z siebie całą tę historię: „masowe palenie farm [...] deportacje [...] pogorzelcy sprowadzani w setkach konwojów [...] pozbawieni odzieży [...] na wpół zagłodzeni w obozach [...] ogarnięte gorączką dzieci [...] leżące na go-

* Blokhauz (z niem.) – umocniony schron bojowy, przystosowany do samodzielnej obrony.

łej ziemi [...] przerażająca śmiertelność". C. B. zdecydował się przemówić. Tydzień później, 14 czerwca, na obiedzie wydanym przez liberałów w restauracji „Holborn" mówił o naturze wojny. „Często używanym [przez rząd] zwrotem jest <<wojna jest wojną>>, lecz gdy zapytać się co to właściwie znaczy, słyszy się że właściwie nie ma żadnej wojny, że to nie jest wojna. Kiedy więc wojna nie jest wojną? Otóż wtedy, gdy prowadzona jest w Południowej Afryce metodami barbarzyńskimi".

Nad jego głową rozpętała się burza gniewu. Był wytykany w prasie popularnej, krytykowany w prywatnych klubach, wyrzucony poza nawias eleganckiego towarzystwa. Oto lider Partii Liberalnej, były minister wojny, paskudnie znieważył Armię Brytyjską. Proburyzm sięgnął zdrady. Oczywiście, taki człowiek nigdy nie mógłby zostać premierem. Campbell-Bannerman nie zachwiał się. Trzy dni później powtórzył swoje słowa w Izbie Gmin. Rozgrzeszał wykonujących rozkazy żołnierzy: „Nigdy nie powiedziałem ani słowa, które sugerowałoby okrucieństwo, czy choćby obojętność ze strony oficerów i żołnierzy Armii Brytyjskiej. Uważam, że to cały system jest, aby użyć słowa, jakie już zastosowałem, barbarzyński". Ta powtórka ponownie zaogniła sytuację, tak wśród Unionistów, jak i liberalnych imperialistów. Z miejsca podniósł się Haldane, aby wyrazić ubolewanie, że padło tutaj słowo „barbarzyński" oraz zdystansować się – wyrażając także opinię swoich kolegów – od stanowiska przywódcy partii. W głosowaniu, do jakiego potem doszło, pięćdziesięciu liberałów, między nimi Asquith, Grey i Haldane, wstrzymało się od głosu. Trzy dni później Asquith wypowiedział się na ten temat w mowie wygłoszonej w hotelu „Liverpool Station". „Nie zmieniliśmy naszych poglądów – powiedział – Nie żałujemy ich [...] i nie odwołamy ich". Nastąpiły kolejne publiczne obiady i kontrobiady; pewien obserwator określił to jako „wojnę na noże [...] i widelce". Zaplanowany został obiad na cześć Asquitha; C. B. zaapelował do niego, żeby go odłożyć i zastąpić obiadem na rzecz jedności partii, na którym przewodniczyłby on sam. Asquith odmówił. Na jakimś lunchu przemawiał Rosebery, atakując frazeologię C. B., jego „barbarzyńskie metody, lecz nie stając u boku Asquitha. „Muszę orać swój zagon samotnie – powiedział słuchaczom – Takie już moje przeznaczenie, z którym mogę się zgadzać lub nie zgadzać. Lecz zanim dojdę do końca tej bruzdy, możliwe że nie będę już sam". Wiosną 1902 roku Asquith i Rosebery nadal byli podzieleni, zgadzali się tylko w sprzeciwie wobec sposobu sprawowania przez Campbella-Bannermana przywództwa partii.

I oto w tym właśnie momencie, gdy przyszłość Partii Liberalnej rysowała się w najczarniejszych barwach, Joseph Chamberlain rozwalił rząd Unionistów swoją propozycją nałożenia cła na importowane zboże. Boje wokół „preferencji imperialnej" ciągnęły się przez trzy lata, stawiając premiera przeciw ministrowi kolonii, pociągając za sobą rezygnacje i dezercje z szeregów, a towarzyszyły temu ciągłe przegrane Unionistów w wyborach uzupełniających. Jesienią 1905 roku mało kto miał jeszcze wątpliwości, że gdyby doszło do wyborów powszechnych, zwycięstwo przypadłoby liberałom. Arthur Balfour, politycznie zużyty i cierpiący na zapalenie oskrzeli oraz żył, także wydawał się skłaniać do odejścia.

Król dał do zrozumienia, że gdyby Balfour zrezygnował, jego wybór padnie na Campbella-Bannermana. Król Edward nie zawsze żywił takie uczucia wobec C. B. Po jego mowie o „barbarzyńskich metodach" monarcha pytał lorda Salisbury, czy lidera liberałów nie dałoby się jakoś uciszyć. Premier odpowiedział, że jakakolwiek próba w tym kierunku nie byłaby mądrym pociągnięciem i byłaby postrzegana jako wtrącanie się Dworu w politykę partyjną. Król musiał zadowolić się tym, że gdy on i C. B. zmuszeni byli się spotkać, monarcha okazywał mu tylko niezbędne minimum uprzejmości. Z upływem czasu uczucia te łagodniały. Obaj panowie mieli podobne gusty, obaj kochali Francję i Paryż, obaj corocznie udawali się na kurację do Marienbadu. To właśnie w Czechach, kiedy król i przywódca liberałów mieli okazję pogadać nieformalnie, król odkrył, że C. B. jest „tak bezpośredni, tak życzliwie usposobiony, tak mądry i pełen humoru, że nie sposób go nie lubić". Solidne i bezpretensjonalne zalety Campbella-Bannermana były całkiem odmienne od ulotnych czarów Balfoura. Podczas tych konwersacji król odkrył, że Sir Henry jest „całkiem rozsądny w sprawach polityki zagranicznej". Król Edward był przecież przede wszystkim realistą. Przez siedem już lat był C. B. liderem Partii Liberalnej. Było też oczywiste, że liberałowie wracają do władzy. Król zatem miał już niedługo mieć do czynienia z Sir Henrym jako premierem, czemuż by więc nie spróbować zaprzyjaźnić się z nim? „Jadłem z królem lunch – pisał z Marienbadu C. B. do przyjaciela w sierpniu 1905 – Powiedział mi, że bardzo był kontent z możliwości wymiany poglądów ze mną, wkrótce bowiem obejmę urząd, i to bardzo wysoki urząd". Zażyłość między nimi kwitła: „Niemal połowę posiłków spożywam w towarzystwie JKM – ciągnął Campbell-Bannerman – Zdaje mi się, że moi rodacy [w Marienbadzie] są wielce zaskoczeni gdy widzą z jakim traktuje mnie zaufaniem, uznaniem i zażyłością".

W miarę jak zbliżały się wybory, jedynymi kwestiami były rozmiary zwycięstwa oraz czy liberałowie, tak długo odsunięci od władzy, są gotowi do objęcia rządów. Campbell-Bannerman wierzył, że są, a będąc gotów samemu objąć stanowisko premiera, równie gotów był ustąpić, gdyby okazało się, że ktoś inny spośród liberałów mógłby zapewnić bardziej harmonijne rządy. Przez pewien czas, wiosną i latem 1905 roku, wydawało się, że wybór może paść na lorda Spencera, przywódcę liberałów w Izbie Lordów. Przezywany „Czerwonym Hrabią", co zresztą należało przypisać raczej barwie jego brody aniżeli odcieniowi jego polityki, odsłużył on wiele lat za czasów Gladstone'a, a jego spokojne i niewymagające metody zdawały się urażać najmniejszą liczbę członków partii. Również Rosebery stanowił pewną możliwość, choć dość odległą, jego bowiem samotnicze maniery polityczne oddaliły go zarówno od przywódców partii, jak i od szeregowych jej członków. Jesienią rozłam między Campbellem-Bannermanem a Roseberym jeszcze się poszerzył, co spowodowały ich rozbieżne poglądy w kwestii *Home Rule*. Campbell-Bannerman opowiadał się za prawdziwą *Home Rule* („skutecznym kierowaniem sprawami Irlandii poprzez oddanie ich w ręce reprezentatywnej Władzy Irlandzkiej"), jednakże wprowadzaną krok po kroku. Rosebery odrzucał pełny samorząd irlandzki w każdej formie i oznajmiał, jakby bił w dzwony: „Z naciskiem i wyraźnie raz na zawsze stwierdzam, że nie mogę służyć pod tym sztandarem".

Jesienią 1905 roku lord Spencer doznał wylewu krwi do mózgu, który zakończył jego karierę polityczną. Rosebery sam siebie wyeliminował z dalszych rozważań. Ogólnym faworytem był teraz Campbell-Bannerman, cieszący się powszechnym uznaniem w szeregach partyjnych, a także wyraźnie preferowany przez króla. Jeśli już więc nie można było zapobiec wstąpieniu C. B. na sam szczyt władzy, to pewna trójka członków jego partii postanowiła przynajmniej ograniczyć mu zakres tej władzy. Na początku września trzej czołowi liberalni imperialiści, Asquith, Grey i Haldane, spotkali się w domku w Relugas w północnowschodniej Szkocji, gdzie Grey zamieszkiwał podczas swoich wypraw na ryby, żeby przedyskutować perspektywy rządu liberalnego i ich własną rolę, gdyby przyszło do jego sformowania. Ich wątpliwości co do przywództwa C. B. szły znacznie dalej niż rozbieżność poglądów na temat Południowej Afryki. Haldane ubrał to w następujące słowa: „Campbell-Bannerman [...] był dobroduszny, popularny i szanowany za odwagę, z jaką przeciwstawiał się polityce rządu w Południowej Afryce. W powszechnej jednak opinii nie był identyfikowany z żadnymi świeżymi ideami, ponieważ rzeczywiście ich nie miał. Czego było trzeba, to nie wskrzeszenia dawnej Partii Liberalnej, lecz zespołu ludzi z iskrą i energią, obdarzonych nowym spojrzeniem na sprawy państwa. Nad takimi właśnie problemami, niektórzy z nas usilnie już pracowali [...]".

Były także obawy o stan zdrowia Campbella-Bannermana i wpływ tego stanu na jego zdolność do sprawowania przywództwa. Na podium, jako mówca, C. B. zawsze był nudziarzem; teraz, stary i znużony, mógłby zostać – a razem z nim i partia – rozsiekany na kawałki w debacie parlamentarnej, zważywszy na wspaniałe zdolności Arthura Balfoura w tej właśnie dziedzinie. Tak więc decyzja naszego trio, która znana była potem jako „pakt z Relugas", polegała na popieraniu instalacji C. B. jako premiera, z równoczesnym wysunięciem warunku, żeby opuścił on Izbę Gmin na rzecz Izby Lordów. Partię w Izbie Gmin poprowadziłby Asquith, uznawany powszechnie za mistrza w debacie. Taki układ miał już przecież precedens, Salisbury zasiadał w Izbie Lordów, gdy przywództwo w Izbie Gmin sprawował Balfour. Tak samo, gdyby premierem został lord Spencer, musiałby rządzić z izby wyższej. Trio stworzyło sobie także potężną maczugę, która miała im zapewnić realizację ich żądania: gdyby C. B. się nie zgodził, Asquith, Grey i Haldane mieli odmówić przyjęcia urzędów w jego rządzie. Założywszy jednak, że Campbell-Bannerman ustąpi przed ich żądaniem, cała trójka wybrała sobie urzędy, jakie pragnęliby sprawować: Asquith miałby zostać kanclerzem Izby Rozrachunkowej oraz przywódcą w Izbie Gmin; Grey poszedłby do Ministerstwa Spraw Zagranicznych; Haldane zostałby lordem kanclerzem oraz przewodniczył Izbie Lordów. Kontrola nad tymi urzędami pozwoliłaby naszemu trio zdominować rząd, zaś osłabiony premier odgrywałby głównie rolę figuranta. Przed wyjazdem z chatki rybackiej Asquith, Grey i Haldane obiecali sobie wzajemnie, że jeśli C. B. nie wycofa się do Izby Lordów, wszyscy powstrzymają się od objęcia stanowisk, a poza tym – do rządu wejdą albo wszyscy razem, albo żaden.

Pierwszym posunięciem tego trio było poinformowanie króla. Haldane odwiedził suwerena na zamku Balmoral, gdzie twierdził, że ich decyzja podyktowana była troską o zdrowie Campbella-Bannermana. Król, świadom tego, że C. B. nie jest zbyt odporny, zaakceptował koncepcję, żeby nowy premier przeszedł do Izby Lordów i zgodził się przekazać mu taką sugestię. Król Edward zgłosił jednak obiekcje wobec groźby trójki panów powstrzymania się od wejścia do rządu. Taki gabinet, zaznaczył król, byłby okaleczony od samego początku, zaś on sam, jako monarcha, znalazłby się w dziwacznym położeniu. 13 listopada Asquith przedstawił Campbellowi-Bannermanowi istotę „paktu z Relugas". C. B. słuchał go uważnie. Chciałby, powiedział, mieć Asquitha za kanclerza i przystawał na Greya jako ministra spraw zagranicznych, ale żachnął się gwałtownie na Haldane'a. Za sugestię, że miałby odejść do Izby Lordów, także obwiniał „ową dowcipną personę, Richarda Burtona Haldane'a". Do Izby Lordów, „dla którego to miejsca nie mam ani upodobania, ani wykształcenia, ani ambicji znalezienia się tam", przeszedłby, powiedział, tylko „pod ostrzem bagnetu".

W poniedziałkowe popołudnie 4 grudnia Balfour udał się do pałacu Buckingham złożyć rezygnację. Tegoż wieczora, wiedząc, że nazajutrz król wezwie Campbella-Bannermana, Grey złożył C. B. wizytę i powiedział mu bez ogródek, że nie przyjmie stanowiska w nowym rządzie, jeśli premier nie przejdzie do Izby Lordów, zaś Asquith, który – jak to powiedział Grey do C. B. – „był bardziej wytrzymałym i silniejszym przywódcą w polityce i w debacie", nie otrzyma przewodnictwa w Izbie Gmin. Campbell-Bannerman był zaskoczony, urażony i oburzony. Powiedział później, że Grey przyszedł do niego „zapięty na ostatni guzik i przez cały czas nawet jednego nie rozpiął". Grey swoją szorstkość tłumaczył uczciwością: „Chciałem, aby znał moje stanowisko i aby zrozumiał, że nie kryję w jego obecności opinii, jakie wypowiadam na jego temat gdzie indziej".

Następnego ranka, we wtorek 5 grudnia, król poprosił Campbella-Bannermana o utworzenie rządu. Podczas ich rozmowy monarcha zachęcał przyjaciela do wyrażenia zgody na propozycję liberalnego trio i przyjęcia parostwa. C. B. pozostawał nieprzekonany. Powiedział królowi Edwardowi, że musi porozmawiać z żoną, która nadal była w Szkocji. W środę wieczorem w domu Campbella-Bannermana przy Belgrave Square zjawili się lord Morley i lord Tweedmouth, którzy mieli wkrótce znaleźć się w jego rządzie. Nowy premier ciągle był niezdecydowany. Niedługo przybyć miała lady Campbell-Bannerman, więc Morley i Tweedmouth zostali poproszeni, żeby zjawili się ponownie po obiedzie. Gdy powrócili, zastali C. B. w radosnym nastroju. „Nie będzie kapitulacji!" – krzyknął. Lady Campbell-Bannerman mimo obaw o zdrowie męża i zazdrości, jaką okazywała o czas spędzany z dala od niej, tak nie cierpiała trio z Relugas, że odsunęła na bok swoje obawy i zachęcała męża, by pozostał w Izbie Gmin*.

Asquith, poinformowany o decyzji C. B., natychmiast porzucił swoich przyjaciół. Do Haldane'a napisał: „Pod jednym względem warunki obecne są zasadniczo odmienne od tych, jakie my, a przynajmniej na pewno ja, rozpatrywaliśmy podczas naszych rozmów jesienią. Wybory są przed nami, a nie za nami. [...] Znajduję się w szczególnym położeniu, jakie nie jest udziałem żadnego z was. [...]". Asquith czuł, że gdyby trio odmówiło wejścia do rządu, „utworzony zostałby słaby gabinet [...] a całą odpowiedzialnością obarczono by mnie". Zdecydowawszy się na wejście do rządu, Asquith chciał, aby jego przyjaciele przyłączyli się do niego i zaczął usilnie starać się, żeby negocjować w ich imieniu. Grey i Haldane, osłabieni wycofaniem się Asquitha, ponownie przyrzekli sobie, że żaden nie przyjmie urzędu, jeśli nie uczyni tego drugi. Grey zatrzymał się w mieszkaniu Haldane'a przy Whitehall Court, a kiedy Haldane przybył tam o szóstej wieczorem 7 grudnia, zastał Greya leżącego na sofie w jego bibliotece „z wyrazem twarzy kogoś, kto podjął już decyzję i rozstał się z problemami politycznymi". Żaden z nich nie jadł nic od rana, więc Haldane zaproponował, żeby poszli do Café Royale, gdzie mogli wynająć osobny pokój i tam zjeść obiad i pogadać. Podczas tego obiadu, złożonego z dań rybnych, dla Haldane'a stało się jasne, że Grey gwałtownie szuka sposobu, żeby się wycofać z ich porozumienia i jednak dołączyć do rządu. Z łatwością mógł to uczynić na własną rękę – było

* Decyzja ta była całkowitym odwróceniem wcześniejszych prywatnych uzgodnień pomiędzy Campbellem-Bannermanem, jego żoną oraz Dr Ottem, wiedeńskim specjalistą, konsultowanym uprzednio w Marienbadzie. Były one w zasadzie całkowicie zgodne z tym, co proponowało trio z Relugas: gdyby C. B. miał zostać premierem – powinien przejść do Izby Lordów. Zszokowany Dr Ott, dowiedziawszy się 9 grudnia o tej decyzji napisał do nowego premiera: „Jestem pewien, że ci którzy perswadują panu, żebyś pozostał w Izbie Gmin, nie są pańskimi prawdziwymi przyjaciółmi [...] i nie traktują pańskiego cennego zdrowia, jako najważniejszej w tym wszystkim sprawy" (*przyp. aut.*).

oczywiste, że C. B. chciał go mieć w rządzie – odrzucał jednak myśl, że mógłby prosić o stanowisko, o ile także Haldane nie otrzymałby propozycji. Haldane zrozumiał, że następny ruch należy do niego. Pozostawiwszy obiad na stole, wziął dorożkę i udał się na Belgrave Square. Premier jadł właśnie obiad w towarzystwie żony, wprowadzono więc Haldane'a do jego gabinetu. Po chwili wszedł tam C. B. i Haldane powiedział, że przybył zapytać się, czy Campbell-Bannerman ciągle chce mieć Greya jako ministra spraw zagranicznych. Premier powiedział, że chce, nawet bardzo. Haldane odparł, że zdaje mu się, iż Grey też by tego chciał. C. B. domyślił się niewypowiedzianej części oracji swojego gościa i zapytał, czy Haldane nie rozważyłby Ministerstwa Spraw Wewnętrznych lub stanowiska prokuratora generalnego.

„A co z Ministerstwem Wojny?" – spytał Haldane.

„Nikt tego nie chce ruszyć nawet długim kijem" – odparł Campbell-Bannerman.

„Zatem dajcie to mnie – rzekł Haldane – Zostanę ministrem wojny, jeśli Grey weźmie Ministerstwo Spraw Zagranicznych. Poproszę go, aby odwiedził pana jutro rano i powiadomił pana o swojej decyzji, która, jak mi się wydaje, będzie pozytywna".

Dobito więc targu. Haldane wrócił do Greya i zdał mu sprawę. Grey wyraził zgodę. Następnego ranka udał się do C. B. i przyjął stanowisko ministra spraw zagranicznych, które miał piastować przez jedenaście lat. Podczas dwóch lat premierostwa C. B. Grey bardzo blisko współpracował z Campbellem-Bannermanem, który całkowicie polegał na swoim ministrze w kierowaniu stosunkami kraju z innymi państwami. Przed ustąpieniem Campbella-Bannermana ze stanowiska Grey przeprosił go za swoje wcześniejsze zachowanie: „Myśli moje często biegną do owych dni formowania tego rządu. Od samego początku tej kadencji parlamentu czułem, że wszystkie moje prognozy sprzed wyborów były mylne i że pańska obecność w Izbie Gmin była nie tylko pożądana, ale wręcz niezbędna dla zarządzania partią i utrzymania jej jedności. Nadal jestem o tym przekonany".

Haldane był jedynym członkiem trio z Relugas, który nie zdobył urzędu, do jakiego aspirował. (Ostatecznie w roku 1911 Asquith jako premier mianował przyjaciela lordem kanclerzem). W pierwszych dniach istnienia nowego gabinetu Haldane i Campbell-Bannerman unikali się nawzajem. C. B. wyrażał się lekceważąco o swoim ministrze wojny. „Haldane zawsze wchodzi i wychodzi tylnymi schodami, lecz tak przy tym tupie, że wszyscy muszą go słyszeć" – powiadał premier. „Zobaczymy jak sobie <<Schopenhauer>> poradzi" – mruczał innym razem Campbell-Bannerman, stosując swój dar do znajdowania przezwisk wobec Haldane'a, który był wyedukowany w filozofii niemieckiej. Haldane ujmował to prościej: „Z początku mnie nie lubił. Przez kilka miesięcy nie odezwał się do mnie ani słowem i tylko trochę dodawał mi otuchy podczas posiedzeń gabinetu". Z upływem czasu i wobec narastających dowodów lojalności Haldane'a, jego ciężkiej pracy oraz sprawnych reform Armii Brytyjskiej, C. B. zmiękł.

Rząd liberalny, jaki zaprezentował się w Pałacu 11 grudnia, był wręcz nabity talentami. Poza trójką z Relugas obejmował on Morleya jako ministra d.s. Indii; Lloyd George'a jako przewodniczącego Rady d.s. Handlu; Herberta Gladstone'a, syna Wielkiego Starca, jako ministra spraw wewnętrznych; Tweedmoutha w Admiralicji; a Winstona Churchilla, tuż poniżej rangi gabinetowej, jako podsekretarza stanu w Ministerstwie Kolonii. John Burns, pierwszy człowiek pracy w historii Anglii, który doszedł do szczebla członka gabinetu, został przewodniczącym Rady d.s. Samorządu Lokalnego. „Gratuluję panu, Sir Henry – wykrztusił z siebie zachwycony nominat, gdy premier powiedział mu, że stanowisko należy do niego – Będzie to z pewnością najpopularniejsza nominacja ze wszystkich, jakich pan dokonał".

Kiedy nowi ministrowie przebywali w Pałacu, gdzie odbierali pieczęcie swoich urzędów, nad Londyn nadpełzła gęsta mgła. Gdy ceremonia się skończyła, Grey i Haldane ruszyli powozem wzdłuż Mall, aby dostać się do swoich ministerstw. Podczas drogi mgła stała się tak gęsta, że stangret zmuszony został do zatrzymania powozu. Haldane wysiadł, aby zobaczyć gdzie się właściwie znajdują, a potem nie mógł trafić z powrotem do powozu. Po chwili wysiadł także Grey, któremu po długim błądzeniu udało się ostatecznie dostać do Ministerstwa Spraw Zagranicznych. Haldane, „macając końskie głowy", natknął się wreszcie na Ministerstwo Wojny, gdzie wręczył swoje pieczęcie stałemu podsekretarzowi stanu* i poprosił pełniącego obowiązki

* W systemie konstytucyjnym Wielkiej Brytanii ministrowie (sekretarze stanu) i niektórzy wiceministrowie (podsekretarze stanu) są nominatami politycznymi – wyznaczanymi przez tworzące rząd partie. W każdym ministerstwie istnieją także „stali podsekretarze stanu", którzy są urzędnikami i nie zmieniają się, gdy zmienia się rząd lub partia u władzy. Dzięki nim ministerstwa mogą płynnie funkcjonować.

odźwiernego, wysokiego eks-gwardzistę o szklankę wody. „Oczywiście, Sir – odparł stary żołnierz – irlandzka, czy szkocka?"

Nazajutrz rano generałowie z Rady Armii hurmem przybyli do ministerstwa, aby się czegoś dowiedzieć o nowym ministrze wojny. Haldane powiedział im, że czuje się „jak młoda, rumieniąca się dziewica, świeżo połączona z wojownikiem ze spiżu. [...] Opinia publiczna nie oczekuje, że jakieś skutki takiego związku objawią się wcześniej niż po upływie dziewięciu miesięcy". Zachwyceni generałowie przekazali te frazy królowi, który ryknął śmiechem.

Miesiąc po objęciu urzędu nowy rząd stanął wobec wyborów powszechnych. Kampania zaczęła się zaraz po Bożym Narodzeniu, a samo głosowanie zajęło trzy ostatnie tygodnie stycznia. Rezultatem było lawinowe zwycięstwo liberałów. Unioniści ponieśli klęskę nawet w tradycyjnie obsadzanych przez nich okregach wyborczych. Pokonanych zostało ponad dwustu posłów Unionistów, nawet sam Arthur Balfour. Partia Liberalna weszła szturmem do Izby Gmin z 379 posłami, co dawało im wyraźną przewagę 88 głosów nad wszystkimi pozostałymi partiami w izbie. Z poparciem 83 nacjonalistów irlandzkich i 51 labourzystów, Campbell-Bannerman i jego ministrowie mogli spoglądać z góry na Unionistów z ich żałosnymi 157 głosami wobec połączonych 513.

Gdy nowy Parlament zebrał się 13 lutego, Campbell-Bannerman wydawał się przemieniony. Przemawiał z poczuciem autorytetu i godnością, czym zaskoczył opozycję i zachwycił posłów liberalnych, tłoczących się w swoich ławach lub przepychających się na miejscach stojących za Ławą Rzadową. Miesiąc później, gdy do izby wrócił Balfour, który znalazł sobie jakieś miejsce w wyborach uzupełniających, przywódca Unionistów popełnił błąd, próbując zlekceważyć twardego Szkota. Przedstawiając swoje poglądy w sprawie rezolucji na temat wolnego handlu, Balfour wdał się w jedno ze swoich retorycznych przedstawień. Było ono tyleż wyartykułowane, co niejasne, pełne uników, a przede wszystkim protekcjonalnie traktujące zarówno wrogo do niego nastawioną większość, jak i jej przywódcę. Campbell-Bannerman replikował groźnym tonem:

„Wielce szanowny pan jest jak dawni Burboni – niczego się nie nauczył – odpalił premier swojemu poprzednikowi – Wraca pan oto do tej nowej Izby Gmin z tym samym ulotnym wdzięczeniem się, tą samą subtelną dialektyką, tymi samymi lekceważącymi i frywolnymi sposobami traktowania wielkich kwestii, lecz mało widać wie o nastawieniu tej nowej Izby Gmin jeśli myśli, że takie metody będą w nie przeważać. [...] Są one całkowicie bezużyteczne, nonsensowne i mylące. Zostały wynalezione przez wielce szanownego pana w celu zajmowania czasu w tej debacie. Powiadam więc, dość tych głupstw! [...] Niech pan przedstawi swoje poprawki i pozwoli nam zająć się sprawą".

Schizma pomiędzy tradycyjnym, gladstoniańskim idealizmem a twardszym spojrzeniem na realia sprawowania władzy w Imperium, jaka podzieliła partię podczas wojny burskiej, nie została jeszcze w pełni zlikwidowana. Campbell-Bannerman, Morley, Lloyd George i większość liberałów w izbie Gmin pragnęła trzymać się z dala od polityki mocarstw europejskich, zaś w sprawach Imperium – umiarkowanie i pojednanie stawiać przed ekspansjonizmem. Asquith, Grey i Haldane, liberalni imperialiści z „paktu z Relugas", odmiennie postrzegali rolę Brytanii: jako potęgę imperialną, której terytoria na całej kuli ziemskiej graniczyły z terytoriami innych państw, a której wyspy macierzyste sąsiadowały z kontynentem aż kipiącym od napięć. Różnice te ujawniły się już we wczesnym stadium istnienia nowego rządu. W swoim pierwszym przemówieniu w charakterze premiera, Campbell-Bannerman powiedział do nabitej do ostatniego miejsca sali w Albert Hall, że zamierza prowadzić łagodniejszą politykę zagraniczną niż Unioniści. Był frankofilem i życzliwie spoglądał na ententę z Francją, „tak mądrze zawartą przez lorda Lansdowne". „Co się tyczy Niemiec – ciągnął – to nie widzę jakichkolwiek powodów do niepokoju o interesy naszych narodów". Opowiadał się za rozbrojeniem i przyrzekł, że jego rząd będzie nad nim pracował podczas zbliżającej się drugiej konferencji haskiej. „Wzrost zbrojeń stanowi wielkie niebezpieczeństwo dla świata – rzekł – Utrzymuje on przy życiu, a nawet podsyca przekonanie, że siła jest najlepszą jeśli nie jedyną metodą rozwiązywania sporów międzynarodowych. Jest to polityka prowadząca do zaogniania starych ran i powstawania nowych".

W marcu 1907 roku, na krótko przed rozpoczęciem drugiej konferencji pokojowej w Hadze, premier opublikował w liberalnym tygodniku „Nation" artykuł, w którym opowiadał się za daniem szansy rozbrojeniu. Brytania, zapewniał, próbuje zmniejszyć wydatki na zbrojenia, a posunie się dalej na tej drodze, jeśli inne kraje podążą w jej ślady. W tej dziedzinie liberałowie trafili na związane z nią dylematy polityki wewnętrznej. Jak – po latach domagania się zmniejszenia wydatków na obronę, po przyrzekaniu wyborcom, że gdy już dojdą do władzy – zmniejszą budżety armii i marynarki wojennej – mogli się teraz domagać od nich, żeby płacili na pewne elementy polityki obronnej przyjęte jeszcze przez rząd Balfoura? Wezwano przecież Fishera żeby zreformował marynarkę, liczne okręty poszły na złom, zaś floty rozmieszczono w nowy sposób. Zaprojektowano „Dreadnoughta", położono stępkę, zwodowano go, a jeszcze przed pierwszą sesją liberalnego parlamentu miał być uroczyście wcielony do linii przez króla; wszystkich tych prac nie można było tak po prostu zatrzymać. Podjęto decyzję, aby obcinać wydatki tu i tam, oraz naciskać na zwiększenie efektywności. Z projektu budżetu marynarki na rok 1906 wyrzucono jednego drednota; Fisher oznajmił że można się jeszcze zgodzić na trzy zamiast proponowanych wcześniej czterech. Z takim samym zapałem do reformowania i zwiększenia efektywności zabrał się Haldane za armię. Gdy zostawał ministrem wojny, uczynił obietnicę obcięcia 3 milionów funtów z projektu budżetu armii, równocześnie tworząc z niej bardziej skuteczną broń. Ku zaskoczeniu Campbella-Bannermana, który spodziewał się, że „Master Haldane" padnie w Ministerstwie Wojny na pysk, Haldane zrealizował swoje obietnice. Zreorganizował on armię, podzieliwszy ją na dwa rodzaje sił: zawodowe Siły Ekspedycyjne Armii Regularnej w sile sześciu dywizji – 160 000 żołnierzy oraz Armię Terytorialną – złożoną z oddziałów drugiej linii, które miały być powoływane w poszczególnych hrabstwach, zorganizowaną w czternaście dywizji i utrzymywaną jako rezerwa mogąca wesprzeć Siły Ekspedycyjne. C. B. był zachwycony manierą, w jakiej Haldane bronił swojej polityki w Izbie Gmin przeciw Unionistom – najstaranniej zaś przeciw Balfourowi – który próbował wskazywać na słabe punkty i sprzeczności w planowanych reformach armii.

Największym triumfem krótkiego zamieszkiwania Campbella-Bannermana na Downing Street 10 było doprowadzenie przez niego do pojednania w Południowej Afryce. Od samego początku wojny burskiej, przez wszystkie lata nadużyć, niezmiennie głosił te same przekonania. Dla niego wojna zdawała się być raną, którą zaleczyć może tylko zrozumienie i wielkoduszność ze strony rządu brytyjskiego. Jako premier był gotów wprowadzić swoje przekonania w życie. Zaproponował nadanie samorządu republikom burskim, a następnie doprowadzenie do sfederowania samorządnych państw w Unię Południowej Afryki. Sugestia C. B., aby Brytania ponownie nadała Burom prawa do samodzielnych rządów, których ich tak niedawno pozbawiła w wojnie kosztującej ją trzydzieści tysięcy ofiar i 250 milionów funtów szterlingów, wywołała desperacką opozycję Unionistów. Wsparty jednak swoją ogromną przewagą w Izbie, premier nadał samorząd Transwalowi i Wolnemu Państwu Oranii. Uczynił to poprzez wydanie listu patentowego, wymagającego tylko zatwierdzenia przez Izbę Gmin, z pominięciem Izby Lordów. W 1909 roku, osiemnaście miesięcy po śmierci C. B., gdy Ustawa o Południowej Afryce, ustanawiająca Unię Południowej Afryki, przeszła przez obie izby parlamentu, Louis Botha, burski generał, który został pierwszym premierem nowej unii, wyraził wdzięczność Asquithowi, następcy Campbella-Bannermana, dodając: „Najbardziej żałuję, że brakuje tu dzisiaj jednej szlachetnej postaci – Sir Henry'ego Campbella-Bannermana. Za to co uczynił dla samej tylko Południowej Afryki, Imperium Brytyjskie winno na zawsze zachować go we wdzięcznej pamięci". Wobec dziennikarzy Botha wyjaśnił: „Dwa słowa doprowadziły do pokoju i zjednoczenia Afryki Południowej: «barbarzyńskie metody». [...] Botha mówił jeszcze o ogromnym wrażeniu [...] jakie wywarł na ludziach toczących przegraną walkę [...] fakt, że lider jednej z wielkich partii brytyjskich miał odwagę coś takiego powiedzieć i dzielnie stawić czoła potwarzom, jakie to na niego ściągnęło. Choć było to dalekie od zachęty do stawiania beznadziejnego oporu, to jednak poruszyło ich serca i sprowokowało do poważnych przemyśleń nad możliwością pojednania".

Wiosną 1906 roku wydawało się, że C. B. osiągnął szczyt swojej kariery. W istocie jego życie osobiste było przepełnione smutkiem i zmęczeniem. Jego żona, od czterdziestu sześciu lat będąca mu towarzyszką i doradczynią, była umierająca. Charlotta Campbell zawsze żywiła mieszane uczucia wobec politycznej kariery męża. Podzielała jego ambicje i broniła go gorąco, gdy stawał się celem ataków. „Henry jest dobrym człowiekiem – oznajmiła – nikt oprócz mnie nie wie, jak dobrym". Ambicje jednak mieszały się z żalami nad czasem, na jaki jego kariera rozdzielała ich oboje. Nie lubiła szczegółików polityki, nigdy nie widziano jej na galerii Izby Gmin, gdy jej mąż przemawiał. Jej zaborczość jeszcze wzrosła, gdy uległa bolesnej chorobie nerwowej. W coraz większym stopniu Campbell-Bannerman zmuszony był wybierać pomiędzy swoimi obowiązkami publicznymi a troską o żonę. Rozdzielony z nią, odczuwał zakłopotanie wiedząc, że jest sama w domu, leżąc w łóżku albo na szezlongu z oczami utkwionymi w zegar, licząc minuty do jego powrotu. Coraz częściej, jako lider opozycji, a potem premier, nie powracał do Izby Gmin po obiedzie, przesyłając jedynie pisemną notatkę, że zdrowie żony zmusza go do pozostania z nią.

W 1902 roku lady Campbell-Bannerman, która ważyła przeszło 250 funtów*, przeszła atak apopleksji, po którym pozostawała na wpół sparaliżowana. Przenosiny na Downing Street 10 w styczniu 1906 roku były ciężką próbą, lecz udało się jej wydać wielkie przyjęcie dla męża w przeddzień otwarcia nowej kadencji parlamentu. Nie mogąc stać, przez dwie godziny siedziała podparta, wystawiając się na spotkanie z tłumem gości. Przez całą wiosnę i lato zdrowie jej coraz bardziej się pogarszało. Nie lubiła zawodowych pielęgniarek i przyjmowała jedzenie i lekarstwa tylko z rąk męża. Kiedykolwiek zawołała, wstawał i siadał obok niej, w razie potrzeby nawet nocą. Pewnej nocy owego lata, jego własne pogarszające się zdrowie zmusiło go do spędzenia całej nocy osobno. „Jakie to dziwne spędzić całą noc w łóżku – zapisał – Nie zdarzyło mi się to od sześciu miesięcy”. Rankami zasypiał nad swoimi papierami rządowymi.

W sierpniu 1906 roku oboje zdecydowali się zaryzykować podróż do Marienbadu. Podróżowali powoli, krótkimi etapami, przybywając na miejsce trzynastego. Lady Campbell-Bannerman była wyczerpana, lecz szczęśliwa. 16 sierpnia zjawił się król w towarzystwie całego *beau monde'u** i roju dziennikarzy. Przez dwa tygodnie premier zobligowany był do towarzyszenia suwerenowi podczas lunchów, obiadów i herbatek, zawsze pośpiesznie wracając do siebie, aby podzielić się nowinami i ploteczkami ze swoją inwalidką. Gdy stan jej się pogorszył, premier zaczął spożywać posiłki w przylegającym do jej sypialni salonie. Drzwi były otwarte na oścież i zawsze podczas posiłku zdążyła zawołać go ze dwa lub trzy razy. Za każdym razem zrywał się z krzesła i śpieszył, aby być przy jej boku. Popołudnie 30 sierpnia było upalne, panowała cisza, zakłócana tylko stukotem kopyt końskich na ulicy i odgłosem mozolnego oddechu umierającej kobiety. Zmarła o piątej po południu.

---

* Niemal 115 kilogramów.

* *Beau monde* (fr.) – dosł. „piękny świat“, tu „wyższe sfery, arystokracja“.

Król, siedząc na balkonie apartamentu swojego hotelu, wziął pióro i napisał: „Wiem jak wielkie było wasze wzajemne oddanie i jaką pustkę zmarła pozostawiła w twoim domu. Mimo to jestem pewny, że teraz pragniesz już tylko, aby twoja ukochana żona odpoczywała w pokoju, wolna od wszelkich dalszych bólów i cierpień".

Campbell-Bannerman ciągnął sprawy dalej przez niecałe dwa lata. Publicznie starał się okazywać wesołość, lecz jeden z przyjaciół, widząc go rozmawiającego i żartującego z gośćmi, poszedł potem na górę, gdzie zastał premiera obejmującego głowę rękami, wstrząsanego szlochem. Jego własne ciało też było już zużyte. 13 listopada Campbell-Bannerman zasłabł w Bristolu. Jego doktorzy nakazali mu sześć tygodni bezwzględnego wypoczynku i premier zdecydował się wybrać do Biarritz. Po drodze w Paryżu dopadł go drugi atak serca, co zmusiło go do przerwania podróży, zaś jego doktora do pośpiesznego przybycia z Londynu. Przeprowadziwszy się do Biarritz, pozostał tam do połowy stycznia, kiedy to wrócił do Londynu. Tam inny przyjaciel stwierdził, że „wydawało się, iż całkowicie odzyskał swoją dawną pogodę ducha i energię". 12 lutego 1908 roku Campbell-Bannerman wygłosił swoją ostatnią mowę w Izbie Gmin. Tego wieczora doznał ponownego zawału i został przeniesiony do swojej sypialni pod numerem 10. Nie opuścił już tego pokoju aż do śmierci, która nastąpiła dziesięć tygodni później. Odwiedzali go król, królowa i książę Walii, a on siadał wtedy przy oknie wychodzącym na Downing Street. Wyjeżdżając na zgromadzenie monarchów w Kopenhadze, król prosił, aby go na bieżąco informować o stanie zdrowia premiera. „Nie telegrafujcie <<Do Króla>>", instruował monarcha. „Będzie tam tylu królów. Telegrafujcie <<Do Króla Edwarda>>".

Przez dwa miesiące gabinet odliczał czas, odkładając ważne decyzje i w coraz większym stopniu oglądając się na Asquitha, desygnowanego następcę. 27 marca premier posłał po kanclerza, aby powiedzieć mu, ze zamierza zrezygnować. „Jesteś cudownym kolegą – powiedział Asquithowi – tak lojalnym, tak bezinteresownym, tak zdolnym. Jesteś największym dżentelmenem, jakiego kiedykolwiek spotkałem". Jego słowa w chwili rozstania były optymistyczne: „Jeszcze nie koniec ze mną. Spotkamy się znów, Asquith". 1 kwietnia premier wysłał swoją rezygnację do przebywającego w Biarritz króla. 3 kwietnia król przyjął dymisję. Campbell-Bannerman zmarł nad ranem 22 kwietnia 1908 roku.

30

Henry i Margot Asquithowie

Herbert Henry Asquith zaczynał skromniej niż którykolwiek z jego poprzedników na urzędzie premiera. Urodził się w 1852 roku, jako syn kupca wełnianego, na wsi w hrabstwie Yorkshire. Gdy Herbert* miał osiem lat, jego ojciec doznał skrętu kiszek podczas wiejskich rozgrywek w krykieta i zmarł parę godzin później. Od ukończenia lat dwunastu Asquith zamieszkiwał na stancjach u rodzin w Londynie, aby mógł uczęszczać do lepszych szkół. Jako uczeń doskonale dawał sobie radę. „[Szkoła] po prostu [...] postawiła przed nim drabinę, a on ruszył po niej do góry" – powiedział jej dyrektor. W wieku lat siedemnastu Asquith zdobył stypendium z zakresu literatury klasycznej w Balliol. Jego tam przybycie zbiegło się w czasie z pierwszą kaden-

* Aż do ukończenia czterdziestu lat Asquith znany był wśród rodziny i przyjaciół pod imieniem Herbert. Jego druga żona, Margot, nazywała go Henry. Sam Asquith przez całe życie mówił o sobie H. H. Asquith, nawet podpisując w ten sposób listy do własnej matki, i to w wieku zaledwie dziewięciu lat. (*przyp. aut.*).

cją Benjamina Jowetta jako przełożonego colledge'u. Jowett*, który miał dobre oko do oceny możliwości studentów, trzymał Asquitha pod ścisłym nadzorem. Asquith poświęcił się działalności w ramach Oxford Union. Przemawiał niemal w każdej debacie politycznej, został jej przewodniczącym i zmienił przepisy towarzystwa, zezwalając na palenie oraz serwowanie popołudniowej herbaty. Pomimo tych zajęć ubocznych Asquith został w 1874 roku jedynym absolwentem Balliol, który otrzymał dyplom pierwszej klasy w zakresie literatury klasycznej – z wyróżnieniem.

Asquith mógł pozostać w Oxfordzie jako don*, lecz nie było to jego ambicją. Przeniósł się do Londynu, gdzie zaczął przygotowywać się do zawodu adwokata. Bez pieniędzy i bez koneksji, Asquith zawarł szalone małżeństwo w wieku dwudziestu pięciu lat i rychło został ojcem. Aby uzupełnić swoje mizerne dochody z prawa, regularnie pisywał do liberalnych tygodników „Spectator" i „Economist". Pisywał wstępniaki, najczęściej poświęcone polityce, lecz potrafił także, nie tracąc lekkości pióra, poruszać się po innych arenach – ekonomicznej, literackiej, społeczno-obyczajowej.

Pewnego wieczora w 1881 roku, podczas obiadu w Lincoln's Inn*, Asquith siedział obok innego młodego adwokata, podobnie jak on – umiarkowanego liberała z ambicjami politycznymi. Richard Burton Haldane, młodszy od Asquitha o cztery lata Szkot, który miał zostać jego najbliższym przyjacielem i najpotężniejszym sojusznikiem politycznym, studiował w Niemczech, skąd wyniósł płynną znajomość języka oraz mocne upodobanie do niemieckiej filozofii. Haldane miał pieniądze, których brakowało Asquithowi. Dwa lub trzy razy na tydzień spożywali wspólnie obiad w którejś z restauracji, po czym Asquith wracał do rodziny. Haldane często udawał się z Asquithem do domu, gdzie stał się ulubieńcem jego żony i dzieci. Haldane podziwiał mocne strony przyjaciela, lecz dostrzegał też jego słabe punkty. Asqu-

---

* Benjamin Jowett (1817-1893), filolog klasyczny, autor i tłumacz Platona, Arystotelesa i Tucydydesa. Od 1870 roku przełożony Balliol College. Uważany za jednego z największych nauczycieli XIX wieku.

* Tradycyjny tytuł profesorów Oksfordu.

* Pierwotnie nazwa jednej z czterech wywodzących się jeszcze ze średniowiecza instytucji w Londynie, będących czymś w rodzaju korporacji i równocześnie szkoły prawniczej; tu jako nazwa dzielnicy sądów, w której okoliczne restauracje są tradycyjnymi miejscami spotkań prawników.

ith, powiadał Haldane, był posiadaczem „najwspanialszego aparatu intelektualnego oraz zdolności zrozumienia i oceny, z jakimi nigdy u nikogo innego się nie zetknąłem", lecz był znacznie lepszy w objaśnianiu niż tworzeniu. „Asquith sam wiele nie wymyślił – ciągnął Haldane – Nie był człowiekiem obdarzonym wyobraźnią, lecz kiedy cokolwiek wspólnie wymyśliliśmy – zawsze padało na niego, żeby przedstawił zagadnienie w naszym imieniu – miał to opanowane do perfekcji". Jedna sprawa dotycząca Asquitha była zawsze jasna. „Obydwaj awansowaliśmy wśród palestry, lecz dla Asquitha zostać wybitnym prawnikiem nigdy nie było żadną atrakcją – wspominał Haldane – Od samego początku postanowił, że zostanie premierem".

To właśnie Haldane pierwszy zasugerował Asquithowi, aby wystartował w wyborach do parlamentu. Sam Haldane został wybrany do Izby Gmin w 1885 roku i w roku następnym zaczął naciskać przyjaciela, żeby zgłosił swoją kandydaturę w szkockim okręgu East Fife. Asquith został wybrany niewielką większością, lecz miał odtąd reprezentować tych samych wyborców przez trzydzieści dwa lata. Gdy w marcu 1887 roku wygłosił swoją debiutancką mowę, posłowie z obu stron izby byli zaskoczeni jego pewnością siebie, elokwencją i autorytetem. „Jego dykcja już wtedy była nieskazitelna" – rzekł z podziwem Haldane. Zdecydowanie mniejsze wrażenie zrobił jednak na panu Gladstone'ie. Gdy lidera liberałów zapytano, czy sztuka oratorska może wynieść młodego Asquitha na szczyty kariery politycznej, ten potrząsnął głową. „Styl zanadto sądowy" – orzekł. Niemniej jednak, gdy pięć lat później Gladstone tworzył swój czwarty i ostatni gabinet, powołał czterdziestoletniego Asquitha na stanowisko ministra spraw wewnętrznych. 18 sierpnia 1892 nowi ministrowie udali się do Osborne House, aby tam otrzymać od królowej pieczęcie swoich urzędów. Przebywając Solent od strony Portsmouth, nowi ministrowie liberalni minęli drugą łódź, wiozącą z powrotem ustępujących ministrów unionistycznych – obie grupy w milczeniu uchyliły cylindrów. Przy tej okazji królowa Wiktoria nie rozmawiała z nowym ministrem spraw wewnętrznych, lecz odnotowała w swoim dzienniku, że wydawał się „inteligentnym, dobrze się prezentującym mężczyzną". Wkrótce potem Asquith został ponownie wezwany do Osborne na obiad i krótki pobyt, i tym razem Królowa odnotowała: „odbyłam z panem Asquithem rozmowę, którą uważam za przyjemną, bezpośrednią i rozsądną".

Lata, gdy Asquith wspinał się po szczeblach kariery aż do poziomu gabinetu, były latami spokoju w życiu domowym. Mając lat osiemnaście zakochał się podczas pobytu nad morzem w piętnastoletniej dziewczynie, Helen Melland, córce wziętego lekarza z Manchesteru. Pisywali odtąd do siebie regularnie, a cztery lata później, gdy on był jeszcze w Balliol, zaręczyli się w sekrecie. Pobrali się w 1877 roku, gdy on miał dwadzieścia pięć, ona zaś dwadzieścia dwa lata. Zarobki Asquitha jako adwokata oraz niewielkie pieniądze otrzymywane przez nią od ojca pozwoliły im na kupno białościennego domku stojącego w ogrodzie w Hampstead, który przez czternaście lat pozostawał ich domem rodzinnym. Helen Melland była wysoką, atrakcyjną brunetką. „Piękna i prosta dusza" – wspominał Haldane. „Nikt nie nazwałby jej mądrą, czy <<intelektualistką>> – powiedział o niej mąż – Tym, co decydowało o jej rzadkich zaletach, był jej charakter". Była ona „bezinteresowna i uduchowiona, [...] ciepła [...] i wielkoduszna". Kiedyś, jeszcze borykając się w palestrze, mąż wyraził jej swą miłość, wydając 300 funtów szterlingów, by kupić jej diamentowy naszyjnik.

Helen Asquith była szczęśliwa, mieszkając w Hampstead. W ciągu dziewięciu lat pojawiło się pięcioro dzieci, a gdy jej mąż pracował nad aktami prowadzonych spraw czy udawał się do Izby Gmin, czasami jadając obiad z przyjaciółmi i późno wracając do domu, ona nadzorowała gospodarstwo i rodzinę. Mijały lata – on się zmieniał, a ona nie. Kariera Asquitha wyniosła go na szczyty towarzyskie. Nadchodziły zaproszenia, z czego on był zadowolony, zaś Helen – przerażona. Z początku Asquith nie umiał dostosować się do towarzystwa; odnotowano, że na przyjęciach – ruszając na obiad – podawał ramię własnej żonie. Skorygował jednak te drobne błędy, rozwijając w sobie upodobanie do dobrych win oraz talent do rozmówek z utytułowanymi paniami. Jego żona nie miała ani takich upodobań, ani talentu. Towarzystwo, zdziwione parą nowicjuszy, czyniło uwagi na temat jego ambicji i jej niechęci. Jednym słowem, Helen postrzegana była jako kula u nogi męża.

Wśród obserwatorów małżeństwa Asquitha znajdowała się Margot Tennant, obdarzona burzliwym charakterem, towarzyska na sposób ekstrawagancki członkini kręgu „Dusz" i namiętna wielbicielka Arthura Balfoura. „Gdy odkryłam, że [Asquith] jest żonaty – napisała potem Margot – Poprosiłam go, aby przyszedł na obiad z żoną, co uczynił, a zaraz gdy ją ujrzałam, powiedziałam jej: <<Naprawdę, pani

Asquith, liczę na to, że nie będzie miała pani nic przeciwko temu, aby pani mąż od czasu do czasu jadał tutaj obiad bez pani; zawsze sądziłam, że do Hampstead jest zbyt daleko, aby wracał do pani z Izby Gmin. Musi jednak pani mi zawsze dać znać i przychodzić razem z nim, kiedy tylko będzie pani miała ochotę>>".

„[...] Tak bardzo różniła się ode mnie, że bardzo pragnęłam, aby się zgodziła. Była uprzejma, miła i pozbawiona ambicji, opowiadała mi o domu i dzieciach z taką miłością i zainteresowaniem, że wydawały się one wykluczać ją z życia wielkiej polityki, jakie od dawna pociągało moją wyobraźnię. [...]"

„Bardzo pragnęłam, aby [...] poznała moich przyjaciół, lecz po weekendzie spędzonym z lordem i lady Desborough [siostra i szwagier Margot Tennant], gdzie wszyscy ją polubili, powiedziała mi, że chociaż wizyta jej się podobała, to nie wydaje jej się, żeby kiedykolwiek miała dbać o ten rodzaj towarzystwa, jakie tak uwielbiałam i jest szczęśliwsza w kręgu swojego domu i rodziny. Gdy powiedziałam jej, że wyszła za mężczyznę, który z pewnością osiągnie najwyższe stanowiska w polityce, odparła, że nie tego dla niego pragnęła. Odjeżdżając z Hampstead, gdzie spędziłyśmy trochę czasu tylko we dwie, zastanawiałam się, czy moje pragnienie, aby jej mąż odniósł sukces [...] było czymś złym".

Przyjaźń Margot Tennant z Helen Asquith była krótka. We wrześniu 1891 roku, spędzając wakacje w Szkocji, Helen Asquith nabawiła się tyfusu. Zmarła po trzech tygodniach. Asquith powrócił do Hampstead z piątką pozbawionych matki dzieci. Najstarsze z nich, Raymond, miało dwanaście lat, najmłodsze – osiemnaście miesięcy.

Jeszcze przed śmiercią swojej pierwszej żony Asquith odczuwał pociąg do Margot Tennant. W swoich pamiętnikach tak wspomina ona ich pierwsze spotkanie: „Obiad, podczas którego zostałam przedstawiona mojemu mężowi, odbywał się w gmachu Izby Gmin. Siedziałam wtedy obok niego. Wielkie wrażenie zrobiła na mnie jego konwersacja oraz wyraźnie zarysowana, cromwellowska twarz. Różnił się od wszystkich pozostałych gości, a choć był okropnie ubrany, to stanowił taką osobowość, że natychmiast uprzytomniłam sobie, iż oto jest mężczyzna, który potrafiłby mi pomóc, zdolny wszystko zrozumieć. Ani przez chwilę przez mój umysł nie przeszło, że jest żonaty, zresztą jakie by to miało znaczenie [...].

Po obiedzie wszyscy wyszliśmy na taras budynku i schlebiało mi, że mój nowy przyjaciel znalazł się u mojego boku. [...] Wycofaliśmy się w najciemniejszy zakątek tarasu, gdzie, przechyliwszy się przez balustradę, gapiliśmy się na rzekę i rozmawialiśmy do późna w nocy. Nasz gospodarz i jego kompania – myśląc, że poszłam już do domu, zaś pan Asquith wrócił do Izby, gdzie dzwonki wzywały do głosowania – dawno już znikli, gdy więc wreszcie skończyliśmy naszą konwersację, taras był pusty, a niebo jaśniało.

Kilka dni później spotkaliśmy się na obiedzie u Sir Algernona Westa [...] a potem widywaliśmy się już stale".

Margot już się zdecydowała. Po tamtej pierwszej nocy na tarasie Izby Gmin powiedziała swojej siostrze, lady Ribblesdale: „Asquith jest jedynym mężczyzną, jakiego kiedykolwiek mogłabym poślubić – wszyscy inni nadają się tylko na makulaturę. Zaledwie po miesiącu od śmierci Helen, Asquith i Margot zaczęli pisywać do siebie długie, intymne listy. „Powiadasz mi, żebym nie przestawał cię kochać, tak jakbym to uczynił lub miał taki zamiar czy w ogóle był do tego zdolny" – pisał Asquith.

Margot Tennant była córką Sir Charlesa Tennanta, bogatego baroneta z Nizin Szkockich, którego trzy córki szturmem podbiły socjetę Londynu. Margot, najbardziej z nich wszystkich wymowna i prowokująca, miała także ustaloną reputację jako miłośniczka jeździectwa. Nie była pięknością, najlepiej mówi o tym jej własny opis samej siebie: „Mała, gwałtowna, nerwowa, niespokojna, z blisko rozstawionymi oczami, sokolim nosem, krótką górną wargą i dużym, kościstym, wystającym podbródkiem [...] konwersacja bardzo obrazowa i przesadna [...] najwyższa żywość, wielka pewność siebie [...] dobrego serca, lubi ludzi, zwierzęta, książki, sport, muzykę, ćwiczenia fizyczne [...] intelektualny samouk, ambitna, niezależna i uparta [...] lubiąca podziw ze strony tak mężczyzn, jak i kobiet, lecz zdolna także sama go okazywać. [...] Kocha starych ludzi ponieważ nigdy nie wydaje się jej, że są starzy [...] ".

Wiele swoich najszczęśliwszych chwil spędziła Margot na koniu. „Jeżdżę lepiej niż większość ludzi – stwierdziła – i spędziłam, czy też zmarnowałam na koniach więcej czasu niż powinna sobie pozwolić jakakolwiek obdarzona intelektem kobieta". Skakała przez płoty i miedze po wszystkich wiejskich hrabstwach Anglii, pomagając zabić do trzech lisów dziennie. Przyjemności te jednak kosztowały: „Złamałam oba obojczyki, wszystkie żebra i rzepkę kolanową, rozcięłam sobie nos i pięć razy doznałam wstrząsu mózgu" – powiedziała kiedyś. Pewnego razu, siedząc na koniu i czekając na ojca przed ich domem na Grosvenor Square, zniecierpliwiona Margot wjechała po schodach prowadzących do hallu, gdzie kopyta zwierzęcia pośliznęły się na marmurowej posadzce. Koń i amazonka upadli – tym razem szczęśliwie – żadne z nich nie poniosło szwanku.

Margot Tennant była równie impulsywna w towarzystwie. Siedząc na jakimś obiedzie obok lorda Randolpha Churchilla, powiedziała byłemu kanclerzowi, „Obawiam się, że podał się pan do dymisji raczej z temperamentu niż z przekonania, lordzie Randolphie". „Cóż za bezczelność! – powiedział zaskoczony Churchill – Cóż ty wiesz o moich przekonaniach?". Niemniej, sprowokowany, ciągnął dalej: „Nienawidzę Salisbury'ego. Rzucił się na moją rezygnację jak pies na kość". Zanim wieczór dobiegł końca, Margot zdążyła pozyskać sobie lorda Randolpha, który zaprosił ją na kolację na cześć księcia Walii. Pragnąc koniecznie wszystkich zaszokować, przybyła na nią w białej muślinowej sukni z przeźroczysta bluzką. „Spójrzcie tylko na pannę Tennant! – podśmiewały się pozostałe panie – Przyszła w nocnej koszuli!" Margot podsłuchała, co było o niej mówione i gdy przybył książę, natychmiast wszystko mu opowiedziała. Książę poprosił ją, aby siedziała przy nim podczas kolacji.

Inteligencja Margot Tennant była błyskotliwa, doskonale sprawdzająca się w grze słów i ciętych ripostach. W wieku osiemdziesięciu lat stary Gladstone napisał dla niej poemat i potrafił pozostawić jej ojca w salonie, aby udać się do jej sypialni na rozmowę. Mając wielkie zdolności do potyczek słownych, potrafiła być bezlitosna wobec modnych pań, które odważyły się rzucić jej wyzwanie. Razu pewnego lady Londonderry umyśliła sobie wysadzić Margot z siodła, mówiąc do niej w towarzystwie: „Obawiam się, że nie czytała pani tej książki". „Obawiam się, lady Londonderry, że pani nie przeczytała nawet przedmowy – odcięła się Margot – Ta książka jest mi zadedykowana".

Nie przyszło Margot łatwo zdecydować się, kogo ma poślubić. Gdy poznała Asquitha, miała dwadzieścia siedem lat; w Londynie minęło już dziesięć sezonów, a ona ciągle nie potrafiła się zdecydować. Jej idolem był Arthur Balfour i w pewnym okresie krążyły nawet plotki, że Balfour i Margot są zaręczeni. Balfour jednak szybko je rozwiał. Gdy jeden z jego przyjaciół odezwał się do niego: „Słyszałem, że zamierzasz się ożenić z Margot Tennant", Balfour odparł: „Nie, to nieprawda. Zamierzam raczej robić karierę na własną rękę". Najpoważniejszy ze starających się o rękę Margot odwoływał się raczej do zewnętrznej strony jej natury. Peter Flower, młodszy brat lorda Battersea, był przystojny i czarujący, był też sławnym bokserem amatorem oraz jednym z najlepszych jeźdźców w Anglii. Spotkali się, gdy on rzucił się jej na pomoc po kolejnym upadku z konia. Margot pisywała do Petera codziennie przez dziewięć lat, aż wreszcie wyraziła zgodę na zaręczyny. „Wyjdę za ciebie, Peterze, jeśli znajdziesz sobie jakieś poważne zajęcie – powiedziała – Lecz nie poślubię nieroba". Peter Flower był jednak niereformowalny. Tak długo oddawał się hazardowi i trwonił pieniądze, aż w końcu, aby ujść wierzycielom, sprzedał swoje konie i wyjechał do Indii.

Asquith był inny. Mimo to trzymała go w niepewności i dała mu czekać dwa lata, zanim podjęła decyzję. Niezrażony, kontynuował swoje starania. Klęczał obok niej i modlił się u grobu jej siostry Laury, która zmarła przy porodzie. Na notatkę, jaką przesłała mu do Izby Gmin, odpowiedział: „Tego popołudnia, gdy siedziałem na Ławie Skarbu, odpowiadając na pytania, otrzymałem twój telegram i przeczytałem go ukradkiem, po czym wetknąłem pośpiesznie do kieszeni spodni, aby dopiero po opuszczeniu Izby, w moim pokoiku, czytać go wciąż od nowa".

Gdy wreszcie do tego doszło, wiadomość, że błyskotliwy liberalny minister spraw wewnętrznych zamierza poślubić żywą jak iskra Margot Tennant, równocześnie rozbawiła i zatrwożyła londyńską socjetę. Jego przyjaciele obawiali się, że ożenek z osobą tak frywolną jak Margot, zrujnuje mu karierę; troską zaś jej przyjaciół było, że wzięcie sobie za męża człowieka nie lubiącego polowania i rozrywek na świeżym powietrzu, za to obdarzonego piątką dzieci, stłamsi ducha Margot. Sama Margot wielokrotnie rozważała problem ze wszystkich stron. „Gdy uprzytomniłam sobie, że mężczyzna, którego przyjaźń ceniłam jak nic na świecie, chce mnie poślubić, przepełniły mnie głębokie wątpliwości. Od wielu lat, starając się znaleźć charakter i intelekt przewyższający mój własny, gdy nareszcie go znalazłam – czułam, że nie jestem w stanie poddać się konfrontacji. [...] Byłam też świadoma naturalnego uprzedzenia, jakie wszystkie dzieci od początków świata muszą okazywać swoim macochom. [...]". Jowett, będący przyjacielem tak Margot, jak i Asquitha, ostrzegał ją, że będzie musiała się zmienić. Postrzegał ją, jak napisał w jednym z listów, jako młodą kobietę, która „marnuje swój czas i talenty, włócząc się od jednego wiejskiego dworu do drugiego [...] zdobyła sobie pozycję wysoką, choć śliską i niebezpieczną". Szczególnie ostrzegał ją, że „jest niemożliwe być osobą dyktującą modę i zarazem wywiązywać się z obowiązków wobec pięciorga dzieci".

Margot zdecydowała, że Jowett się myli, a jej własne wątpliwości są nieuzasadnione. 10 maja 1894 roku poślubiła Asquitha w kościele św. Jerzego przy Hanover Square. Odłożono nawet pierwsze posiedzenie gabinetu Rosebery'ego, aby nie kolidowało z ceremonią. Haldane występował jako drużba, a na miejscu było aż czterech premierów, były, obecny oraz dwóch przyszłych: Gladstone, Rosebery, Balfour i sam Asquith. Rodzina wprowadziła się do wygodnego domu pod numerem 20 na Cavendish Square, który poza ośmioma latami spędzonymi przy Downing Street 10, zajmowała przez ćwierć wieku. Tak jak wykalkulowała to sobie Margot, zmianie uległo przede wszystkim życie Asquitha, jej zaś własne – znacznie mniej. Czternastu służących pracujących przy Cavendish Square było bez przerwy zajętych organizowaniem przyjęć czy to ze śniadaniem, czy obiadem. Państwo Asquithowie bywali też gośćmi na obiadach, balach letnich oraz weekendowych przyjęciach w cudzych domach. Asquith gładko dostosował się do tego wszystkiego i wyglądał na zadowolonego. Cofnął się tylko przed jeździectwem i polowaniem. Wkrótce po ślubie z Margot wybrał się, po raz pierwszy i jedyny w życiu na polowanie na jelenie. „Wystrzeliłem dwukrotnie i położyłem dwa kozły – zapisał – Zadowolony z takiego dowodu własnej waleczności, odłożyłem strzelbę w kąt i nigdy więcej już jej nie używałem. Zdaje mi się, że ciągle dzierżę rekord wśród polujących na jelenie myśliwych, jako ten, który każdym strzałem kładł ofiarę".

Gdy gabinet Rosebery'ego stracił władzę, co dało początek dziesięciolecia rządów Unionistów pod wodzą Salisbury'ego i Balfoura, Asquith powrócił do palestry, dzieląc swój czas między prawo i Izbę Gmin. Mieszkanie przy Cavendish Square oraz tempo towarzyskie, jakie narzuciła Margot, wymagały pieniędzy, zaś Asquith przynosił do domu od 5000 do 10 000 funtów szterlingów rocznie.

Jako były minister, członek gabinetu oraz tajny radca, Asquith przewyższał rangą większość sędziów, przed którymi występował w sprawach i mógł sobie pozwolić na odrobinę braku szacunku.

„Przypuśćmy, że wskazuję panu obszar określony południkami długości geograficznej. Czy według pana stanowi to «miejsce», panie Asquith?" – zapytał go sędzia Wright. „To, wasza lordowska mość – odpalił Asquith – będzie jedynie kwestią stopnia długości".

Asquith nie aprobował rajdu Jamesona. Powiadał, że była to „awantura wykoncypowana bardziej dziecinnie i wykonana bardziej niechlujnie, niż można by to sobie wyobrazić". Gdy pochwyceni uczestnicy rajdu zostali sprowadzeni do Londynu na proces, potępiał sposób, w jaki ich przyjęto: „Uczyniwszy swoim głupim szaleństwem tak wielkie szkody interesom Imperium, jakie tylko możliwe jest wyrządzić [...] zostali po przybyciu do Anglii powitani brawami i fetowani przez część socjety londyńskiej, niczym godni następcy Drake'a i Raleigha". Dziwnym trafem dwojgiem członków tej części socjety londyńskiej byli także pan i pani Asquith. „Dr Jim ma w sobie jakiś osobisty magnetyzm i z osobami mojej płci może uczynić, co tylko zechce – wyznała Margot – Mój mąż i ja spotkaliśmy Doktora po raz pierwszy jakiś tydzień lub dziesięć dni przed jego procesem i wyrokiem w domu Georginy, lady Dudley, zaś wieczorem przed udaniem się do więzienia jadł obiad tylko z nami przy Cavendish Square". W pierwszych latach małżeństwa Margot dowiodła także, że Jowett się mylił, bowiem nawiązała dobre stosunki z pięciorgiem dzieci Asquitha, zwłaszcza z Raymondem. Sama w 1895 roku straciła własne dziecko, a potem jeszcze dwójkę. Przeżyło z ich związku dwoje dzieci, urodzona w 1897 roku Elżbieta oraz Antoni, urodzony w 1902.

Przez dziesięć lat pozostawania liberałów w opozycji reputacja polityczna Asquitha ciągle wzrastała. W 1898, gdy lord Rosebery zrezygnował z przywództwa partii, a Sir William Harcourt odmówił jego przyjęcia, jako kandydaci pozostawali tylko Campbell-Bannerman i Asquith. Za Asquithem przemawiały jego młodość i energia, był on także dalece bardziej skuteczny jako mówca, lecz sam się wykluczył z rozważań, ponieważ uważał, że jest zbyt biedny. Margot nie poddawała się tak łatwo. Napisała do Balfoura, aby ten spróbował przekonać jej bogatego ojca do uniezależnienia Asquitha od pracy adwokata. Balfour się zgodził, choć był przecież przywódcą Unionistów w Izbie Gmin. Napisał do Sir Charlesa Tennanta, że oto w zasięgu jego zięcia znajdują się najwyższe godności w Partii Liberalnej, lecz Asquith nie może się o nie ubiegać bez zagrożenia komfortu Margot. „Nikt nie może przewodniczyć, czy to Opozycji, czy to Izbie Gmin, jeśli jest związany pracą zawodową. Partia nie może dać wiele, za to bierze wszystko" – tłumaczył Balfour. Sir Charles odmówił. Był on oddanym liberałem i wierzył w starszeństwo i prawo pierwszeństwa. Campbell-Bannerman był szesnaście lat starszy od Asquitha, dłużej od niego pozostawał członkiem gabinetu, miał więc słuszny tytuł do objęcia przywództwa. On – Tennant – nie uczyni nic, aby zakłócić ową naturalną kolej rzeczy. Asquith akceptował przywództwo C. B., dopóki nie poróżnili się w sprawie wojny burskiej, nawet jednak wtedy, zachowywał się względem niego z grzecznością i szacunkiem. Podczas „wojny na noże i widelce", po mowie C. B. na temat „barbarzyńskich metod", Asquith stwierdził publicznie: „Nic na świecie nie jest mi bardziej wstrętne niż wdawanie się w jakikolwiek publiczny spór ze starym przyjacielem i kolegą, u boku którego staczałem w przeszłości liczne boje i mam nadzieję toczyć je ponownie w przyszłości". Nawet rola Asquitha w zawarciu „paktu z Relugas" została wytłumaczona (bez wątpienia przyszło to tak łatwo, ponieważ C. B. zatriumfował).

Jako kanclerz Izby Rozrachunkowej w gabinecie Campbella-Bannermana, Asquith przeprowadził dwa budżety i mocno wspierał swego szefa w wojnie parlamentarnej. (Asquith kiedyś opisał jedno z własnych wystąpień, jako takie „na które właściwie nie sposób było odpowiedzieć"). Najczęstszym rozkazem, jaki wydawał C. B., gdy tylko Balfour zaczynał rwać w strzępy argumenty liberałów w debacie, było: „Idźcie i przynieście młot kowalski". Oznaczało to, że należy wezwać Asquitha, żeby się zjawił w Izbie i wygłosił replikę.

W marcu 1908 roku, gdy król wybierał się do Biarritz, Sir Henry Campbell-Bannerman, ciagle jeszcze premier, leżał umierający na Downing Street 10. Przed samym wyjazdem król Edward powiedział Asquithowi, że jeśli C. B. coś się stanie, ma zamiar posłać po kanclerza. 1 kwietnia premier wysłał do króla list z prośbą o dymisję; 4 kwietnia suweren napisał do Asquitha, prosząc go o sformowanie rządu i zjawienie się w Biarritz na ucałowanie rąk. W dniu następnym wiadomość ta rozeszła się po Londynie i przed domem na Cavendish Square czaiło się sześćdziesięciu reporterów. Asquith ukrywał się aż do wieczora 6 kwietnia, kiedy to po obiedzie opuścił potajemnie dom, aby się udać na dworzec Charing Cross, gdzie złapał odchodzący o dziewiątej pociąg promowy do Paryża. Ponieważ podróżował sam, w grubym płaszczu, z nasuniętą na oczy czapką, udało mu się zmylić pogonie. W Biarritz wbił się we frak i złożył wizytę królowi, który zgodnie z zaleceniami swoich doktorów zajmował apartamenty na parterze Hôtel du Palais, aby uniknąć wysiłku związanego z wchodzeniem po schodach. W pokoju przyjęć króla Edwarda Asquith wyraził zgodę na objęcie urzędu premiera, ucałował dłoń monarchy*, po czym obaj udali się do sąsiedniego pokoju na lunch. Król Edward przyjemnie sobie z nim rozmawiał w przerwach między napadami kaszlu oskrzelowego. Tegoż wieczora, nowy premier zjawił się ponownie, mimo panującej ulewy, aby spożyć obiad w towarzystwie króla i jego wakacyjnych kompanów, Sir Ernesta Cassela oraz Alicji Keppel.

Jeszcze w Biarritz Asquith podał królowi nazwiska członków swojego gabinetu. Większość z nich stanowili nominaci Campbella-Bannermana, lecz na stanowisko kanclerza Izby Rozrachunkowej awansował Lloyd George'a. Powstałą przez to lukę w Izbie Handlowej miał wypełnić trzydziestoczteroletni Winston Churchill. Lord Tweedmouth, popełniający coraz więcej błędów w Admiralicji, miał być zastąpiony przez bardzo skutecznego Reginalda McKennę, syna londyńskiego urzędnika służby cywilnej. Najważniejszą ze wszystkich tych zmian był oczywiście awans Lloyd George'a na pozycję numer dwa w rządzie liberałów. Ponieważ Asquith zdążył już przygotować swój trzeci budżet, lecz nie przedłożył go jeszcze w Izbie Gmin, początkowo planował zatrzymać stanowisko kanclerza obok premierostwa, podobnie jak czynił to Gladstone. Zmienił jednak zdanie, aby uczynić swój gabinet bardziej zrównoważonym politycznie. Z Asquithem jako premierem, Greyem na stanowisku ministra spraw zagranicznych i Haldanem jako ministrem wojny gabinet tracił równowagę pomiędzy reprezentowanym przez nich skrzydłem liberalnych imperialistów a radykalnymi pacyfistami, która dotąd była zapewniona przez obecność C. B. na stanowisku premiera. Radykałowie obawiali się, że teraz skrzydło imperialistyczne będzie mogło postępować, jak mu się żywnie spodoba. Aby uciszyć te obawy, Asquith postawił u swego boku najzdolniejszego spośród radykałów – Lloyd George'a.

---

* Była to dziwaczna sytuacja – król Anglii incognito, jako diuk Lancaster, mianujący premiera w zagranicznym hotelu. „Times" określił to jako „niedogodne i niebezpieczne odejście od dotychczasowej praktyki" (*przyp. aut.*).

Przez całe osiem lat swojego premierowania, Asquith był zdecydowany utrzymać równowagę, celować w pozycje centrowe, nie zbaczając ni w prawo, ni w lewo. Zawsze gorąco popierał Greya i Haldane'a, którzy w gabinecie pozostawali jego najbliższymi przyjaciółmi, oddając Greyowi niemal absolutną władzę w zakresie brytyjskiej polityki zagranicznej. Jednakże czy to podczas posiedzeń gabinetu, czy w Izbie Gmin, czy na mównicy, starał się być przywódcą wszystkich. Powiadano o nim, że w jego rządzie nie ma partii. Nie znaczyło to, że Asquith nie miał własnego zdania. „Asquith był człowiekiem, który dobrze wiedział na czym stoi, czy to w życiu, czy w sprawach publicznych [...] wykształceniu, polityce, prawie, filozofii czy religii – napisał Churchill – gdy zachodziła taka potrzeba, jego umysł otwierał się i zamykał gładko i dokładnie, jak zamek karabinu [...] gdy raz usłyszał jakąś sprawę oddzieloną w końcu od wszelkich plew, wyciągał wnioski w mgnieniu oka i były to wnioski ostateczne, przynajmniej w tym stopniu, w jakim to od niego zależało". Asquith nie uchylał się też od bezwzględności wymaganej od sprawujących władzę. „Najważniejszą cechą każdego premiera jest być dobrym rzeźnikiem – powiedział do Churchilla, gdy oferował młodszemu koledze stanowisko rządowe w 1908 roku – Jest teraz kilku takich, których należałoby wbić na pal lub porąbać" – dorzucił. Ulubionym instrumentem rządu Asquitha był czas. „Wielce szanowny pan musi zaczekać i samemu zobaczyć" – było często stosowaną przez niego ripostą w parlamencie. W gabinecie, gdzie waga sprawy mogła doprowadzić do rezygnacji ważnych ministrów lub nawet do rozłamu w rządzie, Asquith sprawował władzę przez odkładanie spraw. „To co dzisiaj tu usłyszeliśmy, zostawia wiele rzeczy do przemyślenia – miał w zwyczaju powiadać na koniec posiedzenia – Przed następnym spotkaniem poświęćmy temu stosowną refleksję i zastanówmy się, jak moglibyśmy zgodzić się w tej materii". Prowadził posiedzenia gabinetu jak przewodniczący rady nadzorczej dużej firmy, zawsze dążąc do konsensusu i skuteczności. „W gabinecie wyraźnie siedział cicho – powiedział Churchill – Właściwie to nie powiedział ani słowa, [...] jeśli bez tego mógł przeprowadzić sprawy po swojej myśli. Siedział jak wielki Sędzia, którym zresztą był, z nabytą cierpliwością wysłuchując przedstawianych mu wszystkich stron zagadnienia, od czasu do czasu rzucając pytanie lub krótką uwagę [...] co nadawało sprawie zwrot w kierunku celu, jaki pragnął osiągnąć".

Rozrywką Asquitha jako młodzieńca w latach siedemdziesiątych i osiemdziesiątych była przede wszystkim dyskusja polityczna. Haldane, który znał Asquitha z czasów Helen Melland i Hampstead, łagodnie potępiał zmiany, jakie nastąpiły po małżeństwie jego przyjaciela z Margot. „W dawnych latach Asquith był osobą bardzo poważną – zauważył Haldane – Stopniowo, zwłaszcza po zawarciu drugiego małżeństwa, coraz bardziej zanurzał się w życiu towarzyskim, które odwodziło go nieco od surowszego stylu życia, do którego on i ja byliśmy przyzwyczajeni”. W czasie swojego premierostwa Asquith doprowadził do bezwzględnego rozdzielenia pracy i rozrywki. „Nie lubił <<pogadać o sprawach urzędowych>> poza godzinami urzędowania – mówił Churchill – Dla Asquitha albo rozprawa trwała, albo było zakończona. Jeśli zaś była zakończona, próżno było pukać do drzwi. [...] Gdy robota była wykonana, bawił się [...] uwielbiał towarzystwo pań, zawsze był gotów poznać jakąś nową i czarującą osobę. Kobiety w każdym wieku z chęcią dawały mu się zaprosić na obiad. Były zafascynowane jego wesołością i dowcipem oraz jawnym zainteresowaniem dla wszystkiego, co robiły”.

W 1908 roku, gdy zostawał premierem, Asquith miał pięćdziesiąt sześć lat, Margot zaś czterdzieści cztery. Z latami zaczęli się od siebie oddalać. Miała ciężkie i niebezpieczne porody, które wymagały miesięcy dochodzenia do siebie. „Przez wiele lat po moim pierwszym połogu byłam bardzo delikatną kobietą – napisała. Cierpiała też na ostrą bezsenność. „Nikt kto nie doświadczył [...] prawdziwej bezsenności nie może sobie wyobrazić co to znaczy – mówiła – Bezsenność jest bliska szaleństwu”. Ostatnie z jej dzieci, które przeżyły, Antoni, urodził się w 1907 roku. W 1908, „gdy mój mąż został premierem, poszłam do katedry św. Pawła i modliłam się, aby dane mi było raczej umrzeć, niż stanowić dla niego obciążenie jako niepełnosprawna”. Tak zawsze żywa i nieujarzmiona Margot, ta wspaniała miłośniczka konwersacji w kręgu „Dusz”, która kiedyś aż do rana trzymała młodego ministra spraw wewnętrznych na tarasie Izby Gmin, nie lubiła podporządkowanej roli przypadającej żonie polityka – nawet premiera. Gdy w jej obecności powtarzał stare dowcipy nowym słuchaczom, była w sposób widoczny znudzona. „Jestem strasznie niecierpliwa i tylko dzięki silnej samokontroli potrafię w ogóle tego słuchać” – przyznała w 1905 roku. Proszona, czy nie, każdego zasypywała radami. „Osobiście uważam Margot za dość kłopotliwego gościa – powiedziała Pamela McKenna – Nieustannie wszystkich krytykuje [...] i to zawsze w najbardziej niemiły sposób". Opuszczała miejsca spotkań, „pozostawiając za sobą licznych zranionych do głębi i szlochających ludzi". Ironia losu sprawiła, że gdy Asquith w coraz mniejszym stopniu uważał dyskusje polityczne za rozrywkę, Margot fascynowała się nimi coraz bardziej. Wracał teraz do domu zza swojego biurka lub z Izby Gmin, aby stanąć twarzą w twarz z istnym ostro tnącym, politycznym gzem. „Czasami chodziłem tam i z powrotem po pokoju, aż wreszcie zaczynałem myśleć, że zwariuję – opowiadał swojej córce Violet, opisując własne życie domowe – Potrzebuje się wypoczynku, a tu rzucają ci w twarz wstępniakiem z „Morning Post" – wszystkie za i przeciw – i to w sposób bardziej kontrowersyjny niż uczyniliby to twoi koledzy". Współczująca reakcja Violet na ojcowskie użalanie się doprowadziła do napięć w jej stosunkach z Margot. W 1909 roku Asquith pisał do Margot: „Jest dla mnie smutną sprawą, że dwie kobiety na których najbardziej mi zależy pozostają ze sobą w stanie ciągłych nieporozumień".

Asquith przyznawał się do „pewnej słabości, ciągnacej go ku towarzystwu mądrych i atrakcyjnych kobiet" i w ich gronie znajdował ulgę. Podczas przyjęć, obiadów, weekendów w wiejskich dworach, często można było spotkać premiera flirtującego, trzymającego za ręce czy grającego do późnej nocy w brydża z młodymi kobietami, oczarowanymi faktem, że zostały zauważone przez najbardziej wpływową figurę polityczną kraju. Margot nie zgłaszała obiekcji, a nawet twierdziła, że Henry potrzebował swojego „małego haremu", aby odciągał jego umysł od pracy.

W 1912 roku, mając już sześćdziesiąt lat, Asquith zakochał się, i to chyba nawet bardziej niż kiedykolwiek był zakochany w Helen Melland czy Margot Tennat, w dwudziestosześcioletniej Venetii Stanley. Venetia, najmłodsza córka lorda Sheffield, liberalnego szlachcica, i kuzynka w pierwszej linii Klementyny Churchill, była rówieśniczką i bliską przyjaciółką córki Asquitha, Violet. Bywała ona częstym gościem na Downing Street 10. Venetia była wysoka, miała ciemne oczy, wyrazisty nos i twarz; jej młodzi przyjaciele płci męskiej opisywali ją jako „wspaniałe, dziewicze, przyjazne stworzenie", obdarzone „męskim intelektem". Była bardzo oczytana i nieco ekscentryczna: jako ulubione zwierzątka trzymała niedźwiadka, pingwinka i liska. W latach 1910 i 1911 Asquith pisywał od czasu do czasu do

Venetii, zrzucając w ten sposób z siebie troski codziennego życia. W lutym 1912 roku towarzyszyła ona jemu i Violet podczas ich wakacyjnej wyprawy na Sycylię. Później, wiosną, pewnego niedzielnego poranka on i Venetia siedzieli w jadalni jakiegoś wiejskiego dworu „rozmawiając i śmiejąc się jak zwykle [...] Nagle – napisał w notatkach do nigdy nie opublikowanej autobiografii – w jednej chwili, bez żadnego ostrzeżenia, jakie mógłbym odczuć, bez żadnej prowokacji z jej strony, łuski spadły mi z oczu; znajome rysy i gesty, uśmiechy i słowa objawiły się w całkiem nowej perspektywie; to co do tej pory było przede mną ukryte, w mgnieniu oka stało się na wpół jawne i niejasno poczułem, nawet nie wiedząc o tym, nie mówiąc już o zrozumieniu, iż oto stanąłem w punkcie zwrotnym mojego życia".

Przez trzy następne lata, premier napisał do Venetii Stanley 560 listów – ponad 300 000 słów*. Większość listów była na papierze z nagłówkiem „10 Downing Street", choć pisane były z przeróżnych miejsc. Do roku 1914 listy rozpoczynały się od słów „Kochanie", „Kochanie moje" czy „Moja najukochańsza". Wyznawał jej swoją miłość i pragnienie, i błagał, wręcz żebrał o jakikolwiek znak, że odwzajemnia jego namiętność: „Dałaś mi i nadal dajesz najwyższe szczęście mego życia". „Bez ciebie często musiałem ponieść klęskę i więcej niż raz upaść. Podtrzymywałaś mnie na duchu i ubogacałaś każdy dzień mego życia". Pisywał także do niej o literaturze i polityce, plotkach z towarzystwa, a nawet opisywał z wielkimi szczegółami posiedzenia gabinetu czy Rady Wojennej.

W lipcu 1914 roku miłość Asquitha do Venetii zdominowała jego myśli; jeden z listów podpisał: „Twój kochanek – na zawsze". Podczas klinczu wokół sprawy Irlandii oraz kryzysu poprzedzającego wybuch wojny pisywał do niej dwa lub trzy razy dziennie, czasami podczas posiedzeń gabinetu, niekiedy siedząc w ławie rządowej w Izbie Gmin. W piątki zabierał ją na przejażdżki swoim samochodem z szoferem. Od okazji do okazji odwiedzał ją w londyńskim domu jej rodziców. Wydaje się, że nie doszło do zbliżenia fizycznego. W 1915 roku Asquith opisał, co dla niego znaczyła Venetia:

„Kochanie, czy mam ci powiedzieć, czym byłaś i pozostajesz dla mnie? Najpierw kimś zewnętrznie i fizycznie niedostępnym i unikalnym. Potem pod względem temperamentu i charakteru – często za-

* Listy Asquitha do Venetii zostały odkryte przez jej córkę po śmierci matki w 1948 roku. Listów Venetii do Asquitha nigdy nie odnaleziono (*przyp. aut.*).

skakującym i ulotnym, lecz zawsze bardziej interesującym i atrakcyjnym niż jakakolwiek kobieta, jaką znałem lub widziałem. Niezrównana, pierwsza pod względem silnego intelektu i zdolności do prawdziwego wejrzenia w istotę każdej sytuacji, wielkiej czy małej. A nade wszystko i w stopniu przekraczającym wszystko byłaś dla mnie przez dwa ostatnie lata bliskością doskonałego zaufania i zrozumienia, gwiazdą polarną, gwiazdą przewodnią mojego życia".

Obsesja Asquitha nie przeszła niezauważona. Lady Sheffield, matka Venetii, obawiała się uwikłania córki w związek z żonatym premierem i zaplanowała wysłać ją w sierpniu 1914 roku w dłuższą podróż po Morzu Śródziemnym, czemu przeszkodziła wojna. Margot wiedziała o Venetii. A chociaż po latach napisała: „Żadna kobieta nie ma prawa oczekiwać, że będzie jedyną kobietą w życiu swojego męża", to w swoim czasie poczuła się głęboko zraniona. Venetia, powiadała, jest „kobietą pozbawioną wyrafinowania czy jakiejkolwiek wyobraźni". A o swoim mężu: „Zbyt lubię H., aby mu okazać, jak bardzo czyni mnie to mizerną i chorą". „Och – płakała – niech tylko Venetia wyjdzie za mąż".

W połowie maja 1915 roku stosunki między Asquithem a Venetią uległy gwałtownemu zerwaniu, gdy ona mu powiedziała, że przyjęła oświadczyny Edwina Montagu, jednego z byłych osobistych sekretarzy premiera. Montagu oświadczył się jej jeszcze w 1912 roku, wtedy jednak został odrzucony. Na początku 1915 Venetia zmieniła zdanie. Mimo to kontynuowała wymianę listów z Asquithem jeszcze przez trzy miesiące, aż wreszcie, na żądanie Montagu, wyznała mu prawdę. Venetia wyrzekała się Asquitha niechętnie. „Dlaczego nie mogę wyjść za Ciebie i równocześnie nadal go uszczęśliwiać? – apelowała do Montagu – Ale żaden z was dwóch nie uważałby chyba tego za zabawne i przypuszczam, że sugerując ci to, a nawet o tym myśląc, prezentuję ci się jako osoba emocjonalnie bardzo szczególna". Gdy już podjęła decyzję, spojrzawszy na minione trzy lata, powiedziała: „Wiem bardzo dobrze, że gdybym to nie była ja, byłaby na moim miejscu jakaś inna, może nawet kilka innych".

31

Sir Edward Grey i polityka zagraniczna liberałów

Sir Edward Grey był człowiekiem wsi. Uważał on Ministerstwo Spraw Zagranicznych, na którego czele stał jedenaście lat, za rodzaj lochów, z których uciekał w weekendy do zalanych słońcem polan New Forest lub nad wody pstrągowych strumieni Hampshire. Przy swoim biurku pracował z oddaniem, lecz bez przyjemności; wolał rozmawiać o majestacie muzyki Haendla czy pięknie Wordswortha niż o równowadze sił i trójporozumieniu. Przez cały czas pełnienia swojego urzędu wyjechał z Brytanii tylko jeden raz, z obcych języków używał tylko kilku zwrotów w prymitywnym francuskim, a mimo to był największym brytyjskim ministrem spraw zagranicznych całego stulecia.

Grey był najmłodszym z trójki konspiratorów, którzy utworzyli „pakt z Relugas". Urodził się w 1862 roku, dziesięć lat po Asquithie, sześć lat po Haldane'ie. Korzenie jego tkwiły w Fallodon, rodzinnych dobrach w Northumberland, niedaleko od szkockiej granicy, skąd dostrzec można było Morze Północne. Jego dziad, Sir George Grey, był wiejskim baronetem, który spędził czterdzieści lat w Izbie Gmin i służył jako minister spraw wewnętrznych w liberalnych gabinetach lorda Johna Russella i wicehrabiego Palmerstona. Ojciec Greya był emerytowanym pułkownikiem, który walczył w wojnie krymskiej oraz podczas buntu w Indiach*, aby następnie przez lat piętnaście pozostawać jednym ze zmieniających się na zasadzie rotacji koniuszych księcia Walii. Podczas jednego z przypadających na niego okresów usługiwania księciu, pułkownik Grey zmarł nagle w Sandringham na zapalenie płuc. Pozostawił po sobie żonę z siedmiorgiem dzieci, z których najstarszy był właśnie dwunastoletni Edward. Sir George Grey szybko wycofał się z parlamentu i przejął ojcowskie obowiązki wobec swoich osieroconych wnuków.

Mając lat czternaście, Edward poszedł do szkoły w Winchester. Cechowały go zdolności do greki i łaciny oraz pragnienie samotności. Był wyjątkowym graczem w tenisa i krykieta, lecz wolał wałęsać się nad rzeką Itchen, która przepływała za szkolnymi boiskami. Tam odległe krzyki chłopców zagłuszał już szmer wody i Grey potrafił się zatracić, zarzucając muchę między trzcinami. Z Winchester Grey udał się do Balliol, gdzie prowadził życie „oddane czystej przyjemności [...] prowadziło to donikąd, lecz nie pozostawiało blizn, nie było niczego, czego przychodziłoby żałować lub wymazywać z pamięci". Gdy mial dwadzieścia lat, zmarł mu dziadek, uczyniwszy go baronetem i pozostawiwszy mu dobra Fallodon, dwa tysiące akrów*, a także odpowiedzialność za losy matki i młodszych braci i sióstr. Ciągle nic nie robił, aż w końcu w 1884 roku został wyrzucony z college'u przez Jowetta. „Sir Edward Grey – pisał przełożony Balliol – po wielokrotnym upominaniu za bezczynność, okazawszy się całkowitym ignorantem w zakresie pracy zleconej mu na czas wakacji, zostaje odesłany do domu". Grey wrócił do Fallodon, gdzie, zostawiony samemu sobie zaczął czytać książki, które tak ignorował w Oxfordzie. Pod koniec semestru wrócił do Balliol, podszedł do egzaminów i zdobył niewyróżniający się dyplom trzeciej klasy*.

Osiemnaście miesięcy po opuszczeniu uniwersytetu Grey ożenił się z córką drobnego szlachcica z Northumberland, Dorothy Widdrington, którą spotkał na jakimś przyjęciu połączonym z polowa-

---

* Chodzi o bunt w latach 1857-58, zwany także buntem Sipajów.

* Nieco ponad 800 hektarów.

* Czterdzieści cztery lata później, w 1928 roku, Sir Edward Grey został wybrany kanclerzem uniwersytetu w Oksfordzie (*przyp. aut.*).

niem. Była ona, podobnie jak Grey, dumną, zamkniętą w sobie osobą, nie znajdującą sobie miejsca w towarzystwie. Jej umysł był subtelny i pracował szybko, wszelkie kwestie oceniała według ich meritum „w czystym, chłodnym świetle rozumu”. Nie cierpiała pustosłowia tak samo jak spraw trywialnych. „Jej sięgające sedna sprawy pytanie <<Dlaczego?>> bardzo często zaskakiwało i niemal przerażało nieostrożnego rozmówcę”. Grey, którego szorstka powłoka skrywała wewnętrzną łagodność, polegał na zdaniu Dorothy. Kilka tygodni przed ślubem napisał do niej tak: „Wydaje mi się, że jakkolwiek zajęty, jakkolwiek aktywny, jakkolwiek wzburzony codzienną walką życia może być mężczyzna, to jednak zawsze będzie szukał sobie miejsca, gdzie mógłby bezpiecznie odkryć wnętrze swojego serca, swoją bardziej miękką i łagodniejszą naturę, ponieważ inaczej istnieje niebezpieczeństwo, że mógłby ją całkowicie utracić albo zranić ją w swojej ciężkiej walce. Takie miejsce znajduje w kobiecie, a gdy naprawdę kocha, chętnie powierza jej wszystko, dobrowolnie i bez zastrzeżeń”. Nie mieli dzieci, lecz byli zadowoleni; każde pisało do drugiego codziennie, kiedy tylko się rozstawali.

W listopadzie 1886 roku, miesiąc po ślubie, dwudziestotrzyletni Grey zdobył miejsce w Izbie Gmin, pokonując niejakiego Percy’ego, wywodzącego się z klanu, z którego wywodzili się panowie Northumberlandu od czasów średniowiecza. Niedługo potem jak Grey pojawił się w parlamencie, Gladstone dokonał rozłamu w Partii Liberalnej z powodu *Home Rule*. Podczas następnych sześciu lat spędzonych w opozycji Grey zetknął się z Asquithem i Haldanem, z którymi połączyła go trwała przyjaźń i dozgonny sojusz polityczny.

W 1892 roku Gladstone po raz czwarty i ostatni powrócił na Downing Street. Grey został wybrany przez ministra spraw zagranicznych, lorda Rosebery, na stanowisko parlamentarnego podsekretarza stanu d.s. polityki zagranicznej. Nie miał w tym kierunku żadnego wcześniejszego doświadczenia, wykształcenia czy zainteresowań, lecz w systemie parlamentarnym źródłem doświadczenia nie są przecież politycy, którzy zajmują i opuszczają najwyższe stanowiska rządowe, lecz stali podsekretarze stanu, członkowie służby cywilnej, funkcjonujący o szczebel niżej. Grey nie miał nic do powiedzenia w zakresie określania polityki, jego zadaniem – Rosebery należał przecież do Izby Lordów – było przedstawianie i wyjaśnianie polityki rządu w Izbie Gmin. Izba wkrótce zauważyła, że gdy Grey przemawiał, czynił to precyzyjnie i autorytatywnie. Najważniejsze z tych jego wystąpień miało miejsce 28 marca 1895 roku. Do Londynu dotarły wtedy pogłoski, że Francja szykuje jakąś ekspedycję w poprzek Afryki, do źródeł Nilu. Wielka Brytania uważała, że dominacja w tym rejonie należy do Egiptu, a zatem do niej samej. „Nie mogę uważać, aby pogłoski te zasługiwały na uwagę", powiedział Izbie Grey, „ponieważ marsz francuskiej wyprawy z drugiego końca Afryki i to w myśl tajnych instrukcji, na terytorium wobec którego nasze pretensje znane są od tak dawna, byłby nie tylko aktem nielogicznym i nieoczekiwanym, ale także, o czym rząd francuski musi doskonale wiedzieć, aktem nieprzyjaznym i jako taki byłby on postrzegany przez rząd brytyjski". Z ław opozycji natychmiast podniósł się Joseph Chamberlain, aby powiedzieć, że to, co oświadczył Grey, jest „najpełniejszym i najwyraźniejszym stwierdzeniem na temat polityki rządu ze wszystkiego, co mogliśmy dotąd usłyszeć od odpowiedzialnego ministra". W istocie, oświadczenie Greya, które miało stać się znane w historii dyplomacji jako „deklaracja Greya" – nie zostało zaaprobowane przez gabinet. Następnego ranka stało się przedmiotem ożywionej debaty na Downing Street 10. Lord Rosebery, ówczesny premier, uzyskał ostatecznie poparcie dla stanowiska Greya, wbrew opozycji ze strony ministrów, którzy uważali, że Wielka Brytania nie ma żadnych interesów nad Górnym Nilem, a nawet w Egipcie.

W 1895 roku rząd lorda Rosebery potknął się na kwestii dostaw kordytu i upadł, a Partia Liberalna na kolejne dziesięć lat ustąpiła władzy Unionistom. Grey nie był wcale nieszczęśliwy z powodu konieczności odejścia z urzędu. „Praca w Izbie Gmin nie sprawiała mi przyjemności – zapisał – Potrafiłem objaśnić innym to, co uprzednio uporządkowałem sobie we własnym umyśle, lecz większym problemem był brak naturalnego daru przemawiania". Grey pozostawał w parlamencie przez lata 1895-1906, lecz nie pełniąc urzędu mógł poświęcić więcej czasu życiu prywatnemu.

Pociąg do spokojnego życia, przede wszystkim życia spędzanego na łonie natury, pozostawał w konflikcie z politycznymi ambicjami tak Edwarda, jak i Dorothy Grey. W 1893 roku, gdy Grey był podsekretarzem stanu w Ministerstwie Spraw Zagranicznych, Dorothy przez trzy godziny rozważała to zagadnienie z Haldanem. W końcu Haldane poszedł sobie, rzucając na odchodnym, „Nareszcie rozumiem. Nie powinniście trzymać się polityki. Szkodzi ona waszemu życiu. To źle". Dorothy natychmiast napisała do Edwarda, przebywającego w Izbie Gmin: „Powiedziałam mu, że gdybyśmy nadal mieli tak niszczyć nasze naturalne sympatie, niemal na pewno skończyłoby się to zniszczeniem naszego małżeństwa, które zamarłoby – pozbawione swojej podstawy i atmosfery piękna. [...] Haldane powiedział, że sam odczuwa, jak bardzo to, iż czujesz się nieszczęśliwy na swoim stanowisku, utrudnia dogadanie się czy nawet zbliżenie do ciebie, oraz że od dawna już widział, iż w żadnym z nas nie ma już dawnej wiosny i serca. [...] Rozmawialiśmy przez dłuższy czas; on argumentował za odsunięciem się od polityki, ja zaś przeciwko temu, zdaje się że był górą. Bardzo mnie tym ujął; powinniśmy być mili dla naszego Haldane'a. Uważa teraz, że byłoby całkiem rozsądnie, abyś natychmiast złożył rezygnację, choć mówiłam mu, że nie nosimy się z takimi pomysłami". Haldane trzymał się swojego zdania tylko przez kilka miesięcy. Niedługo miał pisać do Dorothy: „Jedynym ciosem, jaki odczułbym jako ciężki, a nawet miażdżący, byłoby odsunięcie się Edwarda od polityki. Dla mnie oznaczałoby to odarcie jej w znacznym stopniu z nadziei i jakiegokolwiek znaczenia. Uważam jego obecność za [...] sprawę o [najwyższym] znaczeniu dla Partii Liberalnej. A sama wiesz, jak bardzo wierzę w tę Partię Liberalną i w pracę, jaka nam przypada do wykonania". Sprawa ta miała prześladować Greya przez całe życie: z jednej strony wierzył, że najlepsze życie polega na kontemplacji natury jako dzieła Boga; z drugiej, jego twarde, wyrastające z whigowskiego pochodzenia, poczucie obowiązku wobec partii i kraju, zakazywało mu pędzenia życia na łonie natury, za jakim tak bardzo tęsknił.

Rozwiązanie znaleźli w kompromisie. Z chwilą przybycia do Londynu Edward i Dorothy Grey uznali, że życie w mieście jest „całkiem paskudne". Potrzebując schronienia, uznawszy, że Northumberland i Fallodon są położone zbyt daleko, żeby spędzać tam weekendy, Grey przypomniał sobie falujące, pełne pstrągów wody rzeki Itchin, przepływającej za boiskami szkoły w Winchester. On i Dorothy kupili pół akra łąki opadającej ku strumieniowi i zbudowali mały domek weekendowy z drewna i cegły. Otoczony, wręcz zakryty różami, stał się ich schronieniem i sanktuarium. Nic nie mogło im przeszkadzać; polityka była tu wyklęta, nie przyjmowali też zaproszeń na weekendy. „Ten domek stał się nam bliższy niż samo Fallodon – napisał Grey – Było to coś szczególnego i świętego, coś poza normalnym biegiem życia".

Nie było tam służących; w weekendy przychodziła przez pola wiejska kobieta, żeby posprzątać i gotować. Taki styl życia zgadzał się z uznawaną przez Greya definicją luksusu: „mieć wszystko czego chcieliśmy i niczego, czego byśmy nie chcieli".

Wiosną i latem w Londynie, Grey z żoną niecierpliwie oczekiwali sobotniego ranka. W każdą sobotę wstawali na dźwięk budzika i o wpół do szóstej rano wychodzili ze swojego domu przy Grosvenor Road, przechodzili przez most Lambeth, aby o szóstej złapać pociąg odchodzący ze stacji Waterloo. Około ósmej rano cieszyli się już śniadaniem w swoim domku. W letnie soboty Grey łowił ryby od dziesiątej do drugiej, a potem znów od siódmej do dziewiątej wieczorem, gdy rzeka powoli rozpływała się w mroku. Opisywał potem te dni jako „raj na ziemi".

„Rybak zjawia się nad rzeką nie później niż o dziesiątej, potok jest bystry, lecz spokojny, tu i ówdzie tylko jego powierzchnię zaburza powtarzający się wir od kołyszącej się trzciny, nie zakłócają jej jednak jeszcze oznaki życia. [...] Żaden ptak nie zniża się nad powierzchnię wody, nie widać nawet muchy, ani śladu żywego stworzenia pod wodą. Lecz lekkie świeże powietrze jest jak pieszczota, ciepło świeci słońce, zakłócane tylko przez przypadkowo przepływające białe obłoki, nadrzeczne łąki aż lśnią od jaskrów, a otaczające je drzewa i żywopłoty są białe od kwitnących głogów lub rozjaśnione, niczym kandelabry, kwiatami kasztanów. Śpiewa ptactwo wszelkiego rodzaju, przede wszystkim kosy, a wędkarz ma taką rozrywkę przez godziny oczekiwania, że zdaje się ona przekraczać to, na co niedoskonały człowiek może zasługiwać lub ogarnąć. Teraz – może się to stać szybko albo dopiero po godzinie, a nawet później – na powierzchni wody zaczynają pojawiać się muchy, widać też, jak ku powierzchni podnoszą się pstrągi; w krótkim czasie wszystko jest w ruchu i pełne życia. Wszędzie podnoszą się pstrągi, niektóre głośno, niektóre bez najmniejszego odgłosu; na całej rzece wykluwają się muchy, siedząc na wodzie w miejscu lub przelatując krótkimi skokami z jednego na drugie lub wzbijając się w powietrze. Nad rzeką rozpościera się też ruchoma sieć ptaków, jerzyków, jaskółek i muchołówek; słychać gwar ptasiego życia i świst skrzydeł jerzyków przelatujących tam i z powrotem wzdłuż strumienia. Wędkarz nie pozostaje już w bezruchu, tkwi na kolanach w samym środku tego wszystkiego, w dogodnym oddaleniu od podchodzących pod powierzchnię pstrągów, z jednym ramieniem w ciągłym działaniu, z kijem i linką wydającymi w powietrzu cichy odgłos, gdy wyciąga i ponownie zarzuca swoją muchę. Teraz przez dwie godziny jego życie wypełniać będzie energia, oczekiwanie, niepokój, zaradność i wysiłek. [...]".

W niedziele Grey czytał, chodził na spacery, jeździł na rowerze albo po prostu zasiadał razem z Dorothy, żeby obserwować ptaki. Był zapalonym czytelnikiem i często z aprobatą przytaczał historyjkę o człowieku, który przebywał szczęśliwy w swoim wiejskim domu, kiedy nagle zaanonsowano przybycie nieoczekiwanych gości. Człowiek ów ich przywitał, oznajmił im, że jest zachwycony ich widokiem, po czym rzekł: „A czym też byście chcieli się zająć? Bo my czytamy". Oboje państwo fascynowały ptaki: ich zróżnicowane upierzenie, różnorodność ich pieśni, ich umiejętność latania. „Jeśli położysz się na plecach przy pięknej pogodzie, możesz dostrzec mewy żeglujące wysoko w powietrzu, bez widocznego wysiłku, ni ruchu skrzydłami, tak jakby w ogóle nigdy nie miały opaść" – zachwycał się Grey. Dorothy dzieliła z nim wszystkie te wrażenia. Czasami łowiła ryby obok męża, częściej jednak przynosiła ze sobą książkę i na przemian to czytała, to przyglądała mu się, jak wędkuje. Była bystrzejszym i bardziej doświadczonym obserwatorem ptaków niż on. Gdy Edward nie mógł wybrać się do domku, wyruszała w pojedynkę, spędzając cały weekend w samotności.

W marcu Grey wyruszał do Szkocji, aby łowić łososie. „Najwspanialszym sportem w wędkarstwie na muchę jest łowienie wiosennego łososia na dużej rzece" – powiadał. Począwszy od października lubił leżeć w łóżku, nie śpiąc i tylko w wyobraźni łowiąc i wybierając co lepsze głębinki, gdzie łososie zwykły odpoczywać podczas podróży w górę rzeki. Silne, nieomylne szarpnięcie wędziskiem przez łososia ważącego piętnaście, dwadzieścia, a nawet trzydzieści funtów* było „jedną z chwil największej radości w życiu". Najbardziej pamiętne z owych wypraw na ryby nadeszły późnym latem 1905 roku, kiedy to Greyowie wynajęli Relugas House, z widokiem na dziki przełom rzeki Findhorn. Tutaj, pisała Dorothy do Haldane'a, podczas tych krótkich przerw, jakie spędzał w domu, siadał przy oknie wychodzącym na dobrą łososiową głębinkę i mruczał pod nosem, <<Jakim pięknym słowem jest rzeka!>>".

* Taka rybka ważyła około: 6,8; 9,1; nawet 13,6 kg.

Było to ostatnie tak pełne błogości lato w życiu Edwarda Greya. Trzy miesiące po wyjeździe ze Szkocji był już ministrem spraw zagranicznych, co miało przypominać jedenastoletnią podróż. 1 lutego 1906, pięć miesięcy po opuszczeniu Pogórza, dwa miesiące po objęciu przez męża urzędu, Dorothy była już w Fallodon, oczekując tam na niego. Samotnie wyruszyła na przejażdżkę, koń się poślizgnął i została wyrzucona z małego powoziku, upadając na głowę. Nigdy nie odzyskała przytomności. Grey uczestniczył właśnie w posiedzeniu Imperialnego Komitetu Obrony, gdy otrzymał telegram. Złapał nocny pociąg z dworca King's Cross i zdążył usiąść przy jej łożu na czterdzieści godzin przed śmiercią.

Był teraz sam, lecz nie został opuszczony. Jego biograf pisze: „Wspomnienia, jakie zgromadził przez te dwadzieścia lat życia spędzonych z Dorothy wśród lasów i ptaków lub sam z wędziskiem nad wodą, stanowiły kapitał, z którego żył przez długie lata swojego wdowieństwa, swojej zaciętej walki o skierowanie brutalnych sił rozrywających Europę na ścieżkę pokoju, a wreszcie ślepoty, która wymusiła jego ostateczne odejście z urzędu". Nawet gdy Edward Grey utracił wzrok, wspomnienia te nie całkiem zagasły w jego pamięci. Oczyma duszy ciągle widział „bogactwo nadrzecznych łąk, ożywionych owadami i ptactwem, żyjącymi w rzece pstrągami, łąk łagodnych zielenią i uweselonych kwiatami wczesnej wiosny; szlachetność i ogrom wielkich rzek łososiowych, radość odczuwaną przy zaglądaniu w każdą, większą czy mniejszą, kryjącą łososie głębinkę; ciemno brązową barwę wód na Pogórzu. [...] Wędkarz znający te rzeczy będzie spoglądał wstecz na owe promienne od szczęścia dni, szczyty uniesienia, które nie są mniej żywe tylko dlatego, że w pamięci zapala je światło zachodzącego słońca".

Grey nieszczególnie lubił obce kraje. W przeciwieństwie do lorda Salisbury, Arthura Balfoura, Josepha Chamberlaina czy Sir Henry'ego Campbella-Bannermana, którzy wszyscy odprężali się czytając francuskie powieści, lub Richarda B. Haldane'a, którego rozrywką była filozofia i literatura niemiecka, Grey preferował Wordswortha i George'a Eliota. Grey nigdy nie odwiedził Marienbadu, Biarritz czy Riviery; nie mówił po niemiecku, a jego francuski był językiem sztubaka. W Londynie unikał towarzystwa zagranicznych dyplomatów, jak zresztą w ogóle towarzystwa. W pewnym momencie, wyczerpany po przeciągającym się okresie kryzysu, poszukał schronienia w Fallodon.

„Jestem tutaj sam od kilku dni – pisał do przyjaciela – Lubię być sam po raz pierwszy po tak pracowitym okresie. [...] Moje wiewiórki podchodzą do stolika, przy którym piszę i biorą orzeszki z mojej ręki, jakbym nigdy stąd nie wyjeżdżał. Jest coś uspakajającego w zwierzęcej nieświadomości - nieświadomości wszystkich tych rzeczy, do których przywiązujemy tak wielkie znaczenie a które dla nich nie znaczą absolutnie nic".

Przez dziesięć lat ten skryty i lubiący samotność człowiek kierował polityką zagraniczną Anglii. Z Campbellem-Bannermanem Grey różnił się, tak pod względem politycznym, jak i osobistym. Sprzeciwiał się liderowi liberałów podczas wojny burskiej i przyłączył się do dziwacznej i nieskutecznej próby zmuszenia C. B. do przeprowadzki z Izby Gmin do Izby Lordów. Przez dwadzieścia siedem miesięcy piastowania przez Campbella-Bannermana urzędu premiera obaj rzadko spotykali się poza posiedzeniami gabinetu. Mimo to C. B. i Grey zgadzali się co do zasadniczych kierunków brytyjskiej polityki zagranicznej: utrzymywania ententy z Francją, staranie się o osiągnięcie podobnego porozumienia z Rosją oraz ograniczanie ambicji niemieckich poprzez brytyjską supremację na morzach, z równoczesnym szukaniem możliwości wzajemnego obniżenia poziomu zbrojeń morskich. Jako premier Campbell-Bannerman pozostawiał Greyowi w tych sprawach wolną rękę. Gdy w 1908 roku schedę po C. B. objął Asquith, premier i minister spraw zagranicznych byli odtąd parą osobistych przyjaciół i zaufanych sojuszników politycznych. Asquith pozostawiał politykę zagraniczną Greyowi w jeszcze większym stopniu, niż czynił to C. B. W gabinecie i w Izbie Gmin Grey był rzecznikiem rządu; Asquith interweniował tylko wtedy, gdy zachodziła potrzeba potwierdzenia lub wcielenia czegoś w życie. Grey z rzadka radził się gabinetu, a jeszcze rzadziej przemawiał w Izbie; także premierowi oszczędzał większości szczegółów.

Grey opierał swoją politykę wyłącznie na tym, co rozumiał przez interesy Anglii. W 1895 roku, gdy był parlamentarnym podsekretarzem stanu, a zagrożenie dla tych interesów przyszło z Paryża, Grey zdecydowanie ostrzegł, że wyprawa kapitana Marchanda do źródeł Nilu będzie widziana w Anglii jako „akt nieprzyjazny". Dziewięć lat później Grey – pozostający poza urzędem – przeczytał porozumienie, jakie lord Lansdowne wynegocjował z Francją z "uczuciem wprost radości i ulgi [...] znikła groźba wojny z Francją". Podobnie nastawienie Greya wobec Niemiec zależało wyłącznie od tego, jaki wpływ miała ich polityka na Anglię. Bardzo wcześnie się zorientował, że postępowanie z Wilhelmstrasse może być trudne. Wkrótce potem jak został podsekretarzem stanu brytyjskie i niemieckie firmy konkurowały o koncesję na budowę kolei w tureckiej Anatolii. „Nagle – powiedział Grey – z Berlina nadeszło coś w rodzaju ultimatum, żądające żebyśmy wycofali się z konkurencji [...] i stwierdzające, że jeśli tego nie uczynimy, konsul niemiecki w Kairze wycofa swoje poparcie dla Brytyjskiego Zarządu Egiptu. [...] Zaraz potem nadszedł rozpaczliwy telegram od lorda Cromera [brytyjskiego przedstawiciela w Egipcie], wskazujący, że wobec opozycji Francji i Rosji, bez niemieckiego poparcia będzie niemożliwe wykonywanie pracy zleconej mu w Egipcie". W dyplomacji, przyznawał Grey, oczekuje się czegoś za coś. Lecz „to właśnie gwałtowność i szorstka apodyktyczność akcji niemieckiej sprawiła mi nieprzyjemną niespodziankę. [...] W tym wypadku przyjęta przez Niemców metoda nie należała do przyjacielskich. Nie mieliśmy innej możliwości, jak ustąpić [...] lecz pozostawiło to po sobie poczucie dyskomfortu i niesmaku". Odtąd Grey uważał zaangażowanie się Brytanii nad Nilem „za pętlę na naszej szyi [...] W tym przypadku pętla została silnie szarpnięta przez Niemców".

Grey był zdziwiony i zaniepokojony potrząsaniem przez Holsteina i Bülowa maczugą w usiłowaniu roztrzaskania nowej ententy anglofrancuskiej, do czego doszło po lądowaniu kaisera w Tangerze. W ciągu następnych miesięcy, latem i jesienią 1905 roku, sympatyzował z Lansdownem i gabinetem Unionistów. „Francuzi zostali upokorzeni z powodu podpisanego z nami porozumienia – napisał później – Porozumienie to zobowiązywało nas tylko do udzielenia im wsparcia dyplomatycznego, lecz [...] jeśli Niemcy użyłyby siły i Francja znalazłaby się w poważnych kłopotach, jakie byłoby wtedy nasze położenie?" Zanim doczekał się odpowiedzi na to pytanie, rząd Balfoura zrezygnował, zastąpiony przez liberałów, a członkowie nowego gabinetu, łącznie z premierem, Campbellem-Bannermanem, opuścili Londyn, udając się w teren, na kampanię przed zbliżającymi się styczniowymi wyborami powszechnymi. Jedynym członkiem rządu, który przez trzy dni w tygodniu kontynuował prace w Londynie, był nowy minister spraw zagranicznych, Sir Edward Grey.

Grey szybko uświadomił sobie, że Francja oczekiwała na brytyjskie zobowiązania militarne na wypadek wojny z Niemcami. Major Victor Huguet, francuski attaché wojskowy w Londynie, spotkał się z generałem majorem J. M. Griersonem, dyrektorem operacji wojskowych w Ministerstwie Wojny i rozmawiał przez pięć godzin z pułkownikiem Charlesem Repingtonem, wpływowym korespondentem wojskowym „Timesa". 29 grudnia Repington napisał do Greya, że Huguet nie kwestionował sympatii rządu brytyjskiego dla Francji, lecz pytał, „co rząd brytyjski gotów jest zrobić". 9 stycznia Grey napisał do przebywającego w Szkocji Campbella-Bannermana: „Ciągle przeciekają informacje, że Niemcy szykują się do wojny na wiosnę. Francja jest pełna obaw. Nie myślę, żeby miało dojść do wojny. [...] Jednakże Ministerstwo Wojny powinno, tak mi się zdaje, być gotowe do udzielenia odpowiedzi na pytanie, co możemy uczynić, jeśli przyjdzie nam stanąć przeciw Niemcom". Następnego dnia Paul Cambon, ambasador francuski, przybył spotkać się z Greyem*. „Zapytał mnie bezpośrednio i formalnie – pisał minister spraw zagranicznych do premiera – [...] czy w razie ataku niemieckiego, wynikającego ze sprawy Maroka, Francja może polegać na zbrojnym wsparciu przez Anglię. Po-

* Choć Paul Cambon przez dwadzieścia trzy lata służył w Londynie na stanowisku ambasadora francuskiego, nigdy nie nauczył się mówić po angielsku. Cambon nie doświadczył kłopotów z lordem Salisbury czy lordem Lansdowne, dwoma poprzednimi ministrami spraw zagranicznych, z którymi miał do czynienia, obaj bowiem płynnie posługiwali się francuskim, międzynarodowym językiem dyplomacji. Grey jednak mówił po francusku kiepsko, a przejmując urząd w chwili kryzysu, obawiał się, że komunikowanie się z Cambonem może być utrudnione. Oto jak Grey, w swoich pamiętnikach, wyjaśnił jak trudności te zostały przezwyciężone:

„Potrafiłem z łatwością czytać po francusku, lecz nie miałem praktyki, a zatem i umiejętności wyrażania w tym języku swoich myśli – powiadał Grey – Sytuacja Cambona w stosunku do języka angielskiego była dokładnie taka sama. Rozumiał, lecz nie potrafił się wypowiedzieć. Swoim jednak językiem władał tak wspaniale, z tak wyraźną wymową, że słuchając można było niemal zobaczyć każde słowo. Słuchanie go było niemal czytaniem po francusku. Każdy z nas mówił zatem w swoim języku, a drugi doskonale go rozumiał. Aby się upewnić, że naprawdę się zrozumieliśmy, wymieniliśmy między sobą zapis [...] jednej z pierwszych naszych rozmów, który każdy z nas przygotował oddzielnie. Porównanie naszych notatek nie pozostawiało wątpliwości, że obaj śledziliśmy każde słowo, jakie podczas niej padło. Od tego też czasu ufaliśmy sobie całkowicie. [...] Wszyscy pozostali ambasadorzy wielkich mocarstw mówili po angielsku, i to dobrze, tak że ujemne strony mojego niedostatecznego francuskiego okazały się mniejsze niż się obawiałem, że mogłyby być" (*przyp. aut.*).

wiedziałem mu, że nie mogę odpowiedzieć na to pytanie. Nie mogę nawet skonsultować się z premierem lub z gabinetem podczas wyborów. [...] Pan Cambon powiedział, że spyta ponownie, gdy będzie już po wyborach".

Haldane uważał, że Huguet i Cambon zasługują na szybszą odpowiedź. Zgodnie z tą opinią, 16 stycznia rozpoczęły się tajne rozmowy pomiędzy brytyjskimi i francuskimi oficerami sztabowymi, bez aprobaty premiera bądź gabinetu. Koncentrowały się one na planach wysłania na kontynent 100 000 żołnierzy brytyjskich w ciągu dwóch tygodni od wybuchu działań wojennych. Gdy 26 stycznia do Londynu wrócił Campbell-Bannerman i został o wszystkim poinformowany, dał na podjęte kroki swój placet. Trzydziestego pierwszego Grey udzielił Cambonowi oficjalnej odpowiedzi: rozmowy wojskowe będą kontynuowane, z tym że nie wiążą one Anglii z góry na wypadek wojny. „W przypadku zaatakowania Francji przez Niemcy, będącego następstwem naszego porozumienia w kwestii Maroka" – powiedział Grey, nie ma wątpliwości, że „odczucia opinii publicznej w Anglii byłyby tak silne, iż żaden rząd brytyjski nie mógłby pozostać neutralny". Parlament jednak nie mógł się angażować przed takim wydarzeniem, a nie do pomyślenia było, żeby jakikolwiek gabinet podpisał sojusz obronny z którymkolwiek mocarstwem bez wiedzy i zgody parlamentu.

W tym samym dniu, 31 stycznia 1906, zanim spotkał się po południu z Cambonem, Grey uczestniczył w porannym posiedzeniu nowego gabinetu, podczas którego poinformował ministrów, że obiecał Francji nieograniczone poparcie dyplomatyczne w kryzysie marokańskim. Jednak ani on sam, ani Campbell-Bannerman, ani też Haldane nie wspomnieli o rozmowach wojskowych. Następnego dnia, 1 lutego, Dorothy Grey spadła z powozu w Northumberland. Po jej śmierci, która nastąpiła czwartego lutego, pozostający w szoku Grey zaproponował, że zrezygnuje lub obejmie jakieś lżejsze stanowisko. C. B., Asquith, Haldane i cały gabinet prosili go, żeby wytrwał. Stopniowo odzyskał równowagę i ponownie trzymał wszystko w garści. W styczniu rozpoczęła się konferencja w Algeciras, ciągnąca się przez luty i marzec, aby zakończyć się w kwietniu, kiedy wreszcie Niemcy ustąpiły. Groźba wojny znikła i ministrowie w Londynie zajęli się innymi sprawami. Sztaby wojskowe jednak kontynuowały swoje rozmowy. I tak przez sześć lat gabinet nic o nich nie wiedział.

Przed i po wojnie Grey krytykowany był za utrzymywanie większości ministrów rządu brytyjskiego w nieświadomości co do szczegółowych rozmów wojskowych, prowadzonych z obcym mocarstwem. Taktyka Greya polegała na pomniejszaniu znaczenia tych rozmów: od Griersona i Hugueta zażądano pisemnych oświadczeń, że ich rozmowy, choć oficjalnie usankcjonowane, nie zobowiązywały żadnego z rządów do wejścia do wojny. Na tej podstawie Grey niezmiennie twierdził, że ani gabinet, ani parlament nie straciły swobody działania. Harold Nicolson wyjaśniał poglądy Greya na tę sprawę następująco: „Grey nie przywiązywał żadnego znaczenia, poza czysto technicznym, zresztą warunkowym, do jakichkolwiek rozmów odbywanych między żołnierzami czy marynarzami. W jego pojęciu rozmowy te były sprawą rutynową, a zapadłe podczas nich decyzje mogły być zmienione jednym pociągnięciem pióra. Nie miały one dla niego znaczenia większego niż, dajmy na to, rozmowy między Strażą Pożarną Londynu a Wodociągami Westminsterskimi".

Ostatecznie odpowiedzialność za niepoinformowanie gabinetu spoczywała na Campbellu-Bannermanie. Był to jego, nie Greya, gabinet, a cokolwiek zalecał minister spraw zagranicznych, premier władny był zmienić. Można sobie wyobrazić elementy dyskusji między tą dwójką: oto w ciągu kilku miesięcy udane porozumienie kolonialne z Francją przeobraża się w groźbę wojny z Niemcami. Nowy rząd, stojąc wobec nadchodzących wyborów powszechnych, ryzykował odwróceniem uwagi, a nawet rozłamem, gdyby miało dojść do debaty na temat wejścia w alians wojskowy z mocarstwem kontynentalnym. Nowemu gabinetowi, nie wdrożonemu jeszcze do pracy zespołowej, ciągle brakowało spójności, więc ujawnione w nim sprawy mogły łatwo znaleźć drogę do parlamentu i prasy. Lepiej zatem było kontynuować rozmowy w sekrecie, ciągle przypominając wszystkim zainteresowanym – wtajemniczonym oficerom, ambasadorowi francuskiemu i jego rządowi w Paryżu – że nic nie jest zagwarantowane, że ostatecznie zadecydować będzie musiała Izba Gmin.

Zakres, w jakim rozmowy wojskowe wiązały Anglię z Francją, pozostawał niejasny dla Asquitha, gdy w 1908 roku obejmował spuściznę po C. B. W 1911 Grey pisał do Asquitha:

„Na początku roku 1906 Francuzi powiedzieli nam: «Czy pomożecie nam, gdyby doszło do wojny z Niemcami?»

Odparliśmy: «Niczego nie możemy obiecywać, musimy mieć wolne ręce».

Francuzi więc zaproponowali, żeby pozwolić władzom wojskowym, w trybie pilnym, wymienić poglądy. Nasze władze miały powiedzieć, co mogłyby zrobić, Francuzi zaś, jak chcieliby, aby to zostało zrobione, gdybyśmy zdecydowali się stanąć po stronie Francji. W przeciwnym razie, twierdzili Francuzi, nawet gdybyśmy się zdecydowali poprzeć Francję, nie bylibyśmy w stanie w przeddzień wybuchu wojny uczynić tego skutecznie. Zgodziliśmy się z tym poglądem. Do tego momentu tylko C. B., [...] Haldane i ja wiedzieliśmy o tym, co się dzieje – reszta z was była rozproszona po kraju w związku z wyborami.

Następnie doszło do rozmów ekspertów wojskowych. Nigdy się nie dowiedziałem, co właściwie ustalili – moje stanowisko było takie, że rząd zastrzegał sobie całkowitą swobodę, lecz wojskowi wiedzieli już co robić, gdybyśmy jednak dali nasze słowo".

Po paru miesiącach Asquith, ciągle jeszcze nerwowy, pisał do Greya: „Takie rozmowy jak między generałem Joffre a pułkownikiem Fairholmem zdają mi się dość niebezpieczne; zwłaszcza w części odnoszącej się do pomocy brytyjskiej. Nie powinno się zachęcać Francuzów, żeby w obecnych okolicznościach tworzyli plany oparte na takim założeniu". Odpowiedź Greya była pełna irytacji; prowadził przecież delikatną grę, balansując pomiędzy swoimi zobowiązaniami względem parlamentu a osobistym oddaniem dla Francji.

„Mój drogi Asquith – pisał Grey – Gdybyśmy zabronili naszym ekspertom wojskowym rozmawiać z Francuzami, wywołałoby to konsternację. Bez wątpienia te rozmowy, a także nasze wystąpienia, wywołały u nich oczekiwanie na wsparcie. Nie widzę jednak sposobu, jakim można było temu zapobiec".

W ten sposób podczas pierwszych tygodni sprawowania swojego urzędu, Grey wytyczył sobie kurs na następne osiem i pół roku. Ograniczenia, jakie narzucał mu system rządów parlamentarnych powodowały, że czasami mógł sprawiać wrażenie wykrętnego, a nawet nieszczerego. Zawsze twierdził, że aż do chwili ostatecznej decyzji, parlament zachował swobodę działania. Z drugiej strony – było dla Greya osobiście rzeczą całkiem jasną – z którym to przekonaniem nie krył się zresztą przed nikim – że w przypadku wojny między Francją a Niemcami narodowe interesy brytyjskie narzucały poparcie Francji.

Choć Grey uświadamiał sobie tę sprzeczność, to rozwiązał ją mówiąc, że choć Anglia nie była prawnie związana z Francją, to jego własne przekonania nakazywały mu opuścić każdy rząd, który by odmówił stanięcia u boku swojego partnera w entencie. Grey wiedział, że w razie jego rezygnacji, Asquith postąpiłby podobnie, co oznaczało upadek całego rządu liberalnego. Rząd Unionistów, przywracając do władzy Balfoura i Lansdowne'a, stanąłby przy Francji.

Za polityką Greya krył się imperatyw brytyjskiej supremacji na morzach. Był on liberałem i opowiadał się za wydawaniem pieniędzy rządowych na reformy społeczne, gdy jednak Niemcy rzucili wyzwanie, zaakceptował fakt, że nie jest ważne ile okrętów budują Niemcy, Brytania musi zbudować ich więcej. Było to wykonywalne tak długo, jak długo jedynym przeciwnikiem pozostawały Niemcy. Istniała jednak bardziej ponura możliwość: gdyby Niemcy osiągnęły hegemonię na kontynencie, Anglia byłaby zapędzona do narożnika, stając przeciwko połączonym siłom morskim zjednoczonej Europy. W 1911 roku Grey powiedział przedstawicielom dominiów: „Tym, co naprawdę determinuje politykę zagraniczną tego kraju, jest kwestia panowania na morzach. Nie istnieje [...] znaczące niebezpieczeństwo, żebyśmy zostali wciągnięci w jakieś poważniejsze kłopoty w Europie, o ile nie ujawni się jakieś mocarstwo bądź grupa mocarstw [...] z ambicjami osiągnięcia czegoś, co nazywam polityką Napoleona*. Polityka taka

---

* Obawy Greya związane z Niemcami i ich ambicjami dotyczącymi hegemonii w Europie i na świecie były ciągle potężnie rozbudzane przez starszego urzędnika w Ministerstwie Spraw Zagranicznych, nadzorującego Departament Zachodniej Europy. Eyre Crowe, syn Anglika i Niemki, mieszkał w Niemczech do ukończenia siedemnastu lat. Jego żona i wielu przyjaciół, do których zaliczał się też admirał Henning von Holtzendorf, dowódca Floty Pełnomorskiej w latach 1909-1913, byli Niemcami. Tak bliska znajomość Niemiec doprowadziła Crowe'a do głębokiej podejrzliwości wobec ich militaryzmu. 1 stycznia 1907 roku przedstawił on obszerne memorandum dotyczące stosunków anglo-niemieckich, które miało wywierać silny wpływ na sposób myślenia w Ministerstwie Spraw Zagranicznych w latach poprzedzających wojnę. Niemcy, argumentował Crowe, swoją polityką „krwi i żelaza" osiągnęły już wielką potęgę jako kraj. Jest rzeczą naturalną, że będą teraz pragnęły znaleźć swoje „miejsce pod słońcem" jako potęga światowa. Widząc, że na drodze staje im Wielka Brytania i Brytyjska Marynarka Wojenna, Niemcy będą – równie naturalnie – prowadzić względem Anglii politykę nacechowaną wrogością. Brytania powinna zareagować na to wyzwanie, doradzał Crowe, „jak najbardziej nieugiętym zdecydowaniem, by utrzymać brytyjskie prawa i interesy we wszystkich częściach kuli ziemskiej. Nie ma pewniejszego ani szybszego sposobu zdobycia sobie szacunku niemieckiego rządu i narodu". Grey, pozostając pod wraże-

ze strony najsilniejszego mocarstwa w Europie polegałaby [...] na [...] podzieleniu pozostałych mocarstw [...] skłóceniu ich ze sobą, łapaniu ich na szczegółach, jeśli trzeba – zmiażdżeniu, wreszcie zmuszeniu do wejścia w orbitę polityki najsilniejszego mocarstwa. Rezultatem tego wszystkiego byłoby powstanie w Europie jednej wielkiej kombinacji, a pozostając poza nią – bylibyśmy pozbawieni przyjaciół. Gdyby do takiego rezultatu miało dojść, wtedy [...] gdybyśmy chcieli utrzymać panowanie na morzu, musielibyśmy uwzględniać, że prawdopodobne jest połączenie się przeciwko nam flot nie dwóch mocarstw, lecz pięciu".

Przez całe stulecie brytyjskie panowanie na morzach czyniło zbyteczną potrzebę posiadania sojuszników. Teraz, według Greya, sojusznicy stawali się niezbędni, aby móc utrzymać brytyjskie panowanie na morzach.

---

niem analizy Crowe'a, przekazał ją Campbellowi-Bannermanowi, Asquithowi, Haldane'owi i Morleyowi (*przyp. aut.*).

32

Ententa anglo-rosyjska i kryzys wokół Bośni

Trójprzymierze dominowało w Europie przez całe pokolenie. Niemiecka potęga wojskowa zmiażdżyła już Danię, Austrię i Francję, a w miarę upływu czasu nieustannie rosła. Dodanie Austrii i Włoch do obdarzonej tak potężnym potencjałem maszyny wojennej po prostu przesunęło tylko równowagę jeszcze bardziej na korzyść Niemiec. Gdy Francja i Rosja utworzyły sojusz, Wilhelmstrasse nie czuła się poważnie zagrożona. Gdyby doszła do skutku pierwsza brytyjska próba porzucenia izolacji i wejścia do systemu sojuszy kontynentalnych po stronie Niemiec, dałaby Rzeszy absolutną supremację w Europie. Wstępne manewry Chamberlaina zostały jednak odrzucone i Brytania zwróciła się ku Francji. Anglo-francuska ententa była odpowiedzią na niemieckie wyzwanie rzucone w Maroku. Obserwatorzy konferencji w Algeciras zauważyli, że głównym sprawcą klęski Niemiec był brytyjski dyplomata, Sir Arthur Nicolson. Tym, którzy szukali źródeł takich wpływów Sir Arthura, wystarczyło podnieść wzrok znad stołu negocjacyjnego w Algeciras i spojrzeć na drugą stronę zatoki, w stronę Gibraltaru, gdzie pod srożącym się masywem wielkiej Skały kotwiczyły okręty floty brytyjskiej. Przedstawiciel Rosji na konferencję, hrabia Cassini, obecny w Algeciras, opowiadał o stanowczości i umiejętnościach, z jakimi Anglik używał brytyjskiej dyplomacji i siły na rzecz Francji. W St Petersburgu zauważono, że dla Rosji, potrzebującej lat pokoju, aby odzyskać siły po wojnie z Japonią i rewolucji 1905 roku, Wielka Brytania mogłaby być użytecznym aliantem.

Szanse na porozumienie między Brytanią a Rosją wydawały się dość odległe. Antagonizmy sięgały głęboko; niemieccy mężowie stanu zakładali, że taki stan jest trwały. Królowa Wiktoria opisywała prywatnie cara Aleksandra III jako „barbarzyńcę, Azjatę i tyrana". Konserwatyści obawiali się Rosji prącej ku Dardanelom, rozpychającej się na Dalekim Wschodzie, postępującej ku granicom Indii oraz przez Persję ku Zatoce. Liberałowie odrzucali rosyjski autokratyzm jako antydemokratyczny. Pierwszym brytyjskim krokiem sprzeciwiającym się „Wspaniałej Izolacji" było zawarcie sojuszu z Japonią, który to traktat wymierzony był przeciwko cesarskiej Rosji i miał na celu ograniczenie jej dążeń.

W Rosji niechęć do Brytanii zakorzeniona była równie głęboko. Arystokracja i biurokracja rządowa nie cierpiały brytyjskiego konstytucjonalizmu i były podejrzliwe wobec brytyjskiej dyplomacji. Uważali oni, że Japonia nigdy by się nie odważyła rzucić Rosji wyzwania bez wsparcia ze strony angielskiego sojusznika. Tamtejsi liberałowie z radością powitaliby bliższe związki z angielską demokracją parlamentarną, ale konserwatyści obawiali się dalszego uchylania drzwi z obawy przed zarażeniem angielskimi koncepcjami politycznymi. Nie cierpieli już przecież zasad, jakimi kierował się ich obecny sojusznik, Francja, gdzie rządzili republikanie, katolicy i ateiści. Krajem, jaki podziwiali konserwatywni Rosjanie, były Niemcy. W Berlinie przynajmniej panowały: siła, porządek, religia i skuteczność. Sir Arthur Nicolson miał napisać z St Petersburga: „Moim zdaniem, gdyby Cesarz i rząd rosyjski byli wolni od innych zobowiązań politycznych, to z chęcią zawarliby bliski sojusz z Niemcami. Niemieckie wpływy dominują dziś tutaj w kręgach dworskich i rządowych". Przyczyny, jak odnotował Nicolson, tkwiły nie tylko w tradycyjnie konserwatywnych tradycjach rosyjskich, lecz także w tym, że traktowanie Rosji przez Niemcy było zaskakująco cywilizowane i przemyślane. „Nie stosuje się tutaj tradycyjnego systemu naprzemiennego zastraszania i pochlebstw, co jest wyróżniającą cechą niemieckiej dyplomacji w innych krajach – pisał Nicolson do

Greya – W tutejszej stolicy cechami charakterystycznymi dyplomacji niemieckiej są: uprzejme i pojednawcze nastawienie oraz łagodne zatroskanie".

Mimo wszystkich tych przeszkód zbliżenie anglo-rosyjskie ciągle zyskiwało na atrakcyjności. Król Edward, odwiedzając swojego teścia, króla Christiana, w Kopenhadze, spotkał się z Aleksandrem Izwolskim, rosyjskim ministrem przy dworze duńskim. Izwolski wywodził się ze szkoły księcia Gorczakowa i służył już jako minister przy Watykanie, gdzie zaprzyjaźnił się z Bülowem, ówczesnym ministrem niemieckim we Włoszech. Z Rzymu Izwolski przeszedł do Tokio, a następnie do Kopenhagi. Gdy na wiosnę 1904 roku spotkał się tam z królem, miał pięćdziesiąt lat, był dość pulchny i ubierał się w garnitury z Savile Row*, z białą kamizelką, białymi getrami i perłową spinką do krawata. Wyniośle stąpając na spotkaniach dyplomatycznych „na małych, obutych w lakierki stopach", oglądał świat przez lorgnon, a przechodząc, ciągnął za sobą zapach fiołkowej wody kolońskiej. Izwolski pochodził z gminu i musiał się dobrze ożenić. Zalecał się do młodej wdowy po wybitnym generale, lecz ta go odrzuciła. Zapytano ją później, gdy Izwolski został już ministrem spraw zagranicznych, czy nie żałuje straty takiej dobrej partii. „Każdego dnia – odparła – żałuję, lecz każdej nocy gratuluję sobie podjętej decyzji". Izwolski ożenił się w końcu z siostrą Piotra Stołypina, który został premierem carskiej Rosji.

Izwolski mówił płynnie po angielsku i był obeznany z angielską literaturą i historią. Jego słowa, starannie dobierane, zawsze pełne szacunku, spodobały się królowi Edwardowi. Król powiedział Izwolskiemu, że ma nadzieję, iż Anglia i Rosja mogą załagodzić istniejące między nimi rozbieżności, podobnie jak to uczyniła Anglia z Francją, na co minister odparł, że pozostaje to także jego najgorętszym pragnieniem. Po tej rozmowie król napisał do cara, wspominając „wielką przyjemność", jaką sprawiła mu rozmowa z panem Izwolskim. „Masz w nim – ciągnął król – człowieka o wybitnej inteligencji, który, jestem tego pewien, należy do twych najzdolniejszych i najbardziej oddanych ludzi w służbie publicznej". Takie zaświadczenie z pewnością nie zaszkodziło Izwolskiemu w karierze, więc gdy w maju 1906 roku rosyjski minister spraw zagranicznych, hrabia Władymir Lamsdorff, wy-

* Savile Row – ulica krawców w Londynie po dziś dzień dyktująca ekskluzywną, konserwatywną modę męską.

czerpany wojną i rewolucją, poprosił o zezwolenie odejścia na emeryturę, Mikołaj wybrał właśnie Izwolskiego, aby go zastąpił*.

W międzyczasie wydarzenia na Dalekim Wschodzie oraz ich europejskie reperkusje zniweczyły perspektywy zbliżenia anglo-rosyjskiego. Niespodziewany atak Japończyków, sojuszników Anglii, na flotę rosyjską w Port Arthurze, rozzłościł Rosjan. Zatopienie brytyjskich trawlerów rybackich na ławicy Dogger przez flotę admirała Rożestwieńskiego obraziło Brytyjczyków. Ambasador rosyjski w Londynie, hrabia Aleksander Benckendorff, równie chętny jak Izwolski do polepszenia stosunków z Brytanią, zaproponował, by sprawa stanęła przed Międzynarodową Komisją Śledczą w Hadze. Wielka Brytania wyraziła zgodę i rząd rosyjski zapłacił 65 000 funtów szterlingów odszkodowania.

Rosyjskie kłopoty zaczynały się mnożyć. Flota admirała Rożestwieńskiego została 27 maja 1905 roku zniszczona w Cieśninie Cuszimskiej i zawarto traktat pokojowy w Portsmouth, w stanie New Hampshire, pod okiem prezydenta Theodore'a Roosevelta. Przez cały kraj przewaliła się fala protestów przeciwko błędom w pokierowaniu wojną. Wojsko ostrzelało tłum maszerujący do Pałacu Zimowego z petycją do cara; w połowie października kraj był sparaliżowany przez strajk powszechny. 30 października, Mikołaj II wydał Manifest Cesarski, przekształcający Rosję z absolutnego samowładztwa w półkonstytucyjną monarchię. Zasadniczym ucieleśnieniem wprowadzonych zmian miał być wybieralny parlament, nazwany Dumą.

Do tych wydarzeń doszło w Rosji w ciągu ostatnich tygodni urzędowania unionistycznego rządu Balfoura. Choć Benckendorff rozmawiał już z lordem Lansdowne na temat możliwości porozumienia anglo-rosyjskiego, to 5 grudnia Lansdowne nie pełnił już swojego urzędu. 13 grudnia, dwa dni potem jak został ministrem spraw zagranicznych, Sir Edward Grey przyjął hrabiego Benckendorffa, aby zapewnić

---

* Dowiedziawszy się, że zaczyna dochodzić do przetasowań na placówkach dyplomatycznych, Izwolski wysłał swojego doradcę do St Petersburga, aby wykrył, jaka ambasada może mu przypaść w udziale. Wyniki tego sekretnego rozeznania miały być odtelegrafowane do Kopenhagi szyfrem: gdyby placówką tą były Włochy, agent miał użyć słowa „makaron"; w przypadku Berlina – „kapusta kiszona". Gdy po przybyciu do St Petersburga agent dowiedział się, że jego mistrz ma zostać ministrem spraw zagranicznych, zdecydował się napisać w telegramie do Izwolskiego słowo: „KAWIOR" (*przyp. aut.*).

go, że polityka zagraniczna rządu liberałów będzie kontynuacją linii nakreślonych przez jego unionistycznego poprzednika. Tak jak lord Lansdowne doprowadził do ułożenia stosunków z Francją, tak nowy rząd ma nadzieję na rozwiązanie trudności pomiędzy Anglią a Rosją. Kilka dni później w swoim pierwszym przemówieniu w charakterze premiera Sir Henry Campbell-Bannerman powiedział do wypełnionej widowni w Albert Hall, że nowy rząd żywi „jedynie ciepłe uczucia wobec narodu Rosji".

Gdy doszło już do zakończenia konferencji w Algeciras, 2 kwietnia 1906, oba kraje zaczęły działać szybko. Nowym ambasadorem brytyjskim w Rosji – mianowanym jeszcze przed swoim triumfem w Algeciras – był Sir Arthur Nicolson. Meldując się w Londynie po instrukcje, udał się na obiad do domu Greya w Queen Anne's Gate, na którym obecni byli także Asquith, Haldane i minister d.s. Indii, Morley. Towarzystwo przez cztery godziny dyskutowało nad stosunkami anglo-rosyjskimi. Ustalone zostały dwa cele. Bardziej dalekosiężnym było ustanowienie lepszych ogólnych stosunków z Rosją, państwem chwilowo osłabionym, lecz potencjalnie potężnym. Drugim, bliższym celem, było zabezpieczenie granicy Indii przed groźbą najazdu rosyjskiego. Od ponad trzydziestu lat brytyjscy mężowie stanu obawiali się, że Rosja może wkroczyć do Afganistanu i zająć Przełęcz Chyberską, stanowiącą wrota do Indii. Metodą zabezpieczenia się przed tym miało być wzmocnienie państw buforowych, Tybetu i Afganistanu, i zastopowanie rosyjskiej penetracji w kierunku Zatoki Perskiej przez wsparcie rozpadającej się politycznej struktury monarchii perskiej.

12 maja 1906 roku Izwolski zastąpił Lamsdorffa na stanowisku rosyjskiego ministra spraw zagranicznych. 6 czerwca zasiadł do negocjacji z Nicolsonem. Tłem dla ich rozmów było przyjęcie Pierwszej Dumy Imperialnej przez cara w Pałacu Zimowym w dniu 9 maja, po którym to spotkaniu Duma udała się do Pałacu Taurydzkiego na pierwszą sesję parlamentarną w historii Rosji. Pierwszym aktem Dumy było uchwalenie potępiającego w czambuł i agresywnego „Adresu do Tronu", domagającego się powszechnego prawa do głosowania, powszechnego wykształcenia podstawowego, absolutnej wolności słowa i zgromadzeń, wywłaszczenia i podziału wielkiej własności ziemskiej, uwolnienia wszystkich więźniów politycznych oraz zdymisjonowania wszystkich ministrów mianowanych przez cara, których mieli zastąpić ministrowie będący do przyjęcia dla Dumy. Rząd cesar-

ski odmówił spełnienia tych żądań. Ministrowie próbujący zwracać się do Dumy byli zakrzykiwani, dopóki nie zamilkli. Mikołaj II, przerażony zachowaniem Dumy, mianował premierem Piotra Stołypina, który 22 lipca zamknął drzwi Pałacu Taurydzkiego i wywiesił dekret cesarski zawieszający Dumę.

Reakcja Londynu na te wydarzenia uczyniła zadanie dyplomatów jeszcze trudniejszym. Duma wysłała delegację, która miała uczestniczyć w spotkaniu międzyparlamentarnym, mającym się zebrać w lipcu w Londynie. Rozmowy te zamierzał otworzyć sam premier adresem do delegatów. Tego samego ranka, kiedy Campbell-Bannerman miał przemawiać, do Londynu dotarły wiadomości, że car zawiesił Dumę. Próbując pocieszyć zszokowanych i przygnębionych członków delegacji rosyjskiej, premier powiedział: „Nowe instytucje często mają trudną, jeśli nawet nie burzliwą młodość. W takiej czy innej postaci Duma odżyje. Możemy tu całkiem szczerze powiedzieć <<La Duma est morte. Vive la Duma!>>". Ten zwrot, przekazany do St Petersburga, przysporzył kłopotów ambasadorowi brytyjskiemu. Im bardziej szorstki stawał się ton prasy brytyjskiej, tym częściej „wcześniejszy zapał Izwolskiego zastępowało milczenie i obojętność" – odnotował w swoim dzienniku Nicolson – Gdy wspomniałem [...] że chciałbym usłyszeć jakiś zarys jego poglądów na sprawę Persji, spojrzał na mnie nieprzytomnie i powiedział, że nie ma w ogóle żadnych poglądów".

Wolne tempo Izwolskiego brało się także z jego obaw co do możliwej reakcji niemieckiej na prowadzone negocjacje. W równym stopniu jak pragnął porozumienia z Brytanią, chciał też uniknąć obrażenia księcia von Bülowa. Nicolson wyjaśniał to Greyowi: „Myślę, że obawia się, iż tkamy tutaj sieci i tworzymy jakieś kręgi wokół Niemiec, a nie chciałby dać się wciągnąć w jakiekolwiek kombinacje lub położyć swój podpis pod jakimkolwiek dokumentem, który jego zdaniem byłby wymierzony, choćby pośrednio, w Niemcy. [...] Zawsze widzi przed sobą, jako ostrzeżenie, los pana Delcasségo". W październiku, Izwolski udał się do Berlina, żeby wyjaśnić swoje zamiary Bülowowi i poprosić o niemiecką aprobatę. Kanclerz niemiecki odpowiedział, że Berlin będzie dobrze przyjmował porozumienie anglo-rosyjskie tak długo, jak długo nie będzie ono naruszać niemieckich interesów. Izwolski napotkał także opozycję w łonie rosyjskiej Rady Ministrów oraz rosyjskiego Sztabu Generalnego, który niechętnie rezygnował z możliwości zagrożenia wielkiemu brytyjskiemu imperium w Indiach.

Potrzebna była cierpliwość, więc Grey nie naciskał. „Nie chcę, żeby negocjacje zamarły – pisał do Nicolsona – Jednak z drugiej strony, musimy uniknąć wzbudzenia w umyśle pana Izwolskiego podejrzeń, że chcemy forsować tempo rozmów w celu skorzystania z obecnego położenia Rosji". W listopadzie, za zezwoleniem Greya, Nicolson dał do zrozumienia, że gdy porozumienie zostanie osiągnięte, Brytania byłaby skłonna przedyskutować propozycje dotyczące polepszenia pozycji Rosji w sprawie Dardaneli. Owa sugestia spowodowała, że Izwolski aż „promieniał radością" i przywróciła rozmach rozmowom. Technika dyplomacji Nicolsona, jak ją opisał jego syn i biograf, Harold Nicolson, polegała na przyjęciu „metod ludzkiego i bardzo zdolnego dentysty, zajmującego się trzema bolącymi zębami. Pracował ździebko nad Afganistanem, postępując delikatnie, choć zdecydowanie; przy pierwszych oznakach bólu zamykał dziurę środkami łagodzącymi, watą i gutaperką, aby przy następnym spotkaniu przejść do kwestii Tybetu. Takimi metodami potrafił zdobyć sobie całkowite zaufanie pana Izwolskiego i stopniowo doprowadzić wszystkie trzy swoje cele do podobnego stanu gotowości do decyzji, w ani jednej chwili nie urażając nerwu". Na początku lutego 1907 roku rosyjska Rada Ministrów wyraziła swoją aprobatę. W marcu eskadra floty rosyjskiej złożyła wizytę w Portsmouth, a jej oficerowie i marynarze oklaskiwani byli na ulicach Londynu. 31 sierpnia 1907 roku Nicolson i Izwolski podpisali konwencję w siedzibie rosyjskiego Ministerstwa Spraw Zagranicznych.

Ententa anglo-rosyjska z 1907 roku była podobna do ententy anglo-francuskiej z 1904. Nie był to traktat sojuszniczy; nie było tam żadnych klauzul wojskowych; nie pojawiały się w nim w ogóle takie słowa, jak „wojna", „agresja" czy „obrona". Cel jego określony był jako wyeliminowanie tarć między obu państwami w trzech punktach na Środkowym Wschodzie oraz w Centralnej Azji, gdzie ich terytoria nieprzyjemnie się ocierały o siebie. Tybet i Afganistan pozostawiono jako państwa buforowe, a ich integralność terytorialna została zagwarantowana. Uznana została nominalna suwerenność Chin nad Tybetem. Rosja zgodziła się, że Afganistan pozostaje „poza rosyjską strefą wpływów" i że rosyjscy urzędnicy oraz przedstawiciele mogą „wchodzić w stosunki polityczne z tym krajem tylko za pośrednictwem rządu Jego Królewskiej Mości". Brytania zgodziła się podzielić handlem afgańskim z rosyjskimi kompaniami i przedsiębiorcami. Ugoda względem Persji była znacznie bardziej skomplikowana. Królestwo szacha zostało podzielone na trzy strefy czy sfery interesów: rosyjską na północy, brytyjską na południu oraz strefę neutralną w centrum. W strefie północnej wyłączność na koncesje polityczne i handlowe miała należeć do Rosji. Brytyjczycy mieli cieszyć się podobną wyłącznością na południu, zaś w centrum oba imperia mogły wyrywać co tylko potrafiły. Ten *de facto* rozbiór został zamaskowany deklaracją, że oba rządy „zgodziły się wzajemnie respektować integralność i niepodległość Persji". W istocie negocjacje w Sankt Petersburgu były prowadzone bez wiedzy rządu perskiego. Gdy szach skarżył się, że przyszłość jego kraju została ustalona bez jego wiedzy i zgody, brytyjskie Ministerstwo Spraw Zagranicznych sztywno odpowiedziało, iż konwencja wyraźnie była pomyślana jako „zabezpieczająca integralność i niezależność Persji".

Grey, przedstawiając konwencję w Izbie Gmin, argumentował, że usunęła ona starą zmorę rosyjskiej inwazji na Indie i uwolniła rząd od ciężaru związanego ze znacznymi sumami wydawanymi na obronę subkontynentu. Jeszcze większą korzyścią, oznajmił minister, było przekształcenie dotychczasowego antagonisty jeśli już nie w sojusznika, to przynajmniej w przyjaciela. Większość konserwatystów (w tym Balfour) dobrze przyjęła porozumienie. Posłowie labourzystowscy oraz radykalni odrzucali podpisywanie jakichkolwiek porozumień z moralnie odrażającą autokracją i oznajmiali, że Persja została poświęcona na ołtarzu „tego odrażającego idola zwanego Równowagą Sił".

Oficjalna reakcja niemiecka była wyciszona. Bülow, gruntownie poinformowany przez Izwolskiego, reagował tak, jak niegdyś reagował początkowo na konwencję anglo-francuską: przyjął porozumienie jako rozwiązanie szczegółowych rozbieżności kolonialnych, które nie wpływało na interesy niemieckie. „Obserwujemy zakończenie negocjacji bez obaw – powiedział kanclerz pod koniec kwietnia 1907 – Można by powiedzieć, że biorę zbliżenie anglo-rosyjskie zbyt spokojnie. Ale biorę je po prostu za to, czym jest – za próbę usunięcia trudności [...] taki antagonizm między wielorybem a słoniem nie jest przecież niezmienny. Nikt bardziej ode mnie nie jest świadomy faktu, że otaczają nas trudności i niebezpieczeństwa. Wynikają one z naszej eksponowanej pozycji. Nie potrzebujemy się trwożyć różnymi ententami w sprawach, które bezpośrednio nas nie dotyczą. Nie możemy żerować na wrogości pomiędzy innymi krajami. Dajmy innym tę swobodę ruchów, jaką rezerwujemy dla nas samych".

Kanclerz Niemiec oraz Wilhelmstrasse nie potrafili uprzytomnić sobie głębszego znaczenia tej konwencji. Przecież kardynalnym punktem dyplomacji niemieckiej pozostawało dotąd stwierdzenie, że Anglia i Rosja muszą zawsze pozostawać sobie wrogie. Najpierw Bismarck, a potem Holstein, wylewali potoki szyderstw wobec idei znalezienia przez Anglię i Rosję wspólnego gruntu. Ententa anglo-rosyjska z 1907 roku usunęła z arsenału niemieckiej dyplomacji broń, jaką skutecznie stosowała przez prawie pół wieku, polegająca na rozgrywaniu rozbieżności pomiędzy obu krajami. Niemiecki ambasador w St Petersburgu raportował: „Nikt nie będzie czynił Anglii wyrzutów z powodu takiej polityki; można tylko podziwiać, jak umiejętnie przeprowadziła ona swoje plany. Planów tych nie trzeba koniecznie przypisywać jakiejś tendencji antyniemieckiej, mimo to właśnie Niemcy są krajem najbardziej dotkniętym przez to porozumienie". Kaiser zgodził się z tą opinią. „Tak jest, gdy się weźmie wszystko pod uwagę, jest to wycelowane w nas" – napisał na marginesie owej depeszy.

Nicolson próbował bronić konwencji. „Nie było kwestii <<okrążania>> Niemiec – powiedział później – Układając się z Francją i Rosją uczciwie, nie mieliśmy na uwadze żadnych innych celów, jak tylko postawienie naszych wzajemnych stosunków na bezpieczniejszej podstawie, w ogólnym interesie pokoju". W następnym jednak zdaniu Nicolson przyznawał: „[...] istnieją wciąż podświadome uczucia, że w ten sposób zabezpieczaliśmy sobie jakieś defensywne gwarancje przeciwko nadmiernej dominacji jednego Mocarstwa. [...]". Wielka Brytania zdecydowała się nie tolerować niemieckiej hegemonii na kontynencie. Z tego niejasnego, lecz potężnego instynktu rozkwitła ententa z Francją, rozbudowa Marynarki Królewskiej oraz ententa z Rosją. Rezultatem było odtworzenie równowagi sił w Europie. Theobald von Bethmann-Hollweg, przyszły kanclerz Niemiec, dobrze to rozumiał i powiedział: „Możecie to sobie nazywać <<okrążaniem>>, <<równowagą sił>> czy jak tam chcecie, lecz jest faktem, że cel, jaki sobie postawiono i w końcu zrealizowano, nie polegał na niczym innym, jak na zespoleniu zwartej i przeważającej kombinacji państw w celu przeszkodzenia Niemcom, przynajmniej środkami dyplomatycznymi, w pełnym rozwoju ich rosnącej potęgi".

Król, który odegrał swoją rolę w doprowadzeniu ententy anglo-rosyjskiej do zaowocowania, przypieczętował transakcję, udając się w czerwcu 1908 roku w podróż do Rewla (obecnie Tallin), aby spotkać się z carem Mikołajem II. Ogłoszenie zamiaru złożenia tej wizyty wzburzyło radykalnych posłów labourzystowskich. „Obraza dla naszego kraju" – głosił tytuł artykułu opublikowanego przez Jamesa Ramsaya MacDonalda, który opisał Mikołaja II jako „zwykłego mordercę" i żądał, aby król nie jechał „zadawać się z taką splamioną krwią kreaturą jak car". Król mimo wszystko wyruszył, zabierając ze sobą na pokładzie „Victoria and Albert" królową, Sir Arthura Nicolsona i Sir Johna Fishera. Podróż przez Morze Północne była nieprzyjemna, wszyscy zapadli na chorobę morską. Królowa leżała na pokładzie jak trup" – napisał Fisher do żony*. Na spokojnych wodach Kanału Kilońskiego król posłał po Fishera, aby pogadać przy śniadaniu i razem popatrzeć na eskortę niemieckiej kawalerii, kłusującą wzdłuż brzegów kanału. W Kilonii pozdrowił gości książę Henryk Pruski i wydzielił cztery niemieckie niszczyciele, żeby eskortowały brytyjski jacht w głąb Bałtyku.

O wiosennym poranku jacht „Victoria and Albert" rzucił kotwicę na redzie Rewla, w pobliżu dwóch rosyjskich jachtów cesarskich: „Sztandar" (używany przez cara) oraz „Gwiazda Polarna" (używany przez cesarzową wdowę Marię, siostrę królowej Aleksandry). Podczas całej, trwającej dwa dni wizyty, nikt z brytyjskiego towarzystwa nie postawił stopy na brzegu; lunche, herbatki, bankiety i bale odbywały się w salonach, jadalniach i na pokładach jachtów. Taka organizacja została wymuszona przez to, co taktownie określano jako „niestabilne warunki" panujące w Imperium Rosyjskim. Mikołajowi II towarzyszyła żona, matka, siostra – wielka księżna Olga, premier Piotr Stołypin oraz Izwolski. Jednego wieczora, gdy car i obie caryce obecne były na pokładzie „Victoria and Albert", jakiś rosyjski parowiec z towarzystwem śpiewaczym na pokładzie zbliżył się i zakotwiczył przy burcie jachtu tak blisko, że śpiewacy mogli dać koncert dla królewskich gości. Niektórzy ze świty króla Edwarda zaczęli denerwować się bliskością parowca; silne ramię z pewnością

* W liście do lady Fisher admirał twierdził uparcie, że sam „naprawdę nie chorował", lecz pozostawał w swojej kabinie z powodu „potwornego, chorobliwego bólu głowy". Mimo to przyznawał: „Z przerażeniem spoglądam na perspektywę podróży powrotnej przez Morze Północne i wolałbym już wrócić pociągiem ..." (*przyp. aut.*).

wystarczyłoby, żeby cisnąć bombę ponad wąskim pasem wody. Szef rosyjskiej policji zapewnił ich, że wszyscy śpiewacy, tak kobiety, jak i mężczyźni, zostali poddani rewizji osobistej.

Dobra pogoda i uczucia rodzinne poprawiły humory królowi i Fisherowi. Król z własnej inicjatywy nagle oznajmił, że mianuje Mikołaja II admirałem floty w Marynarce Brytyjskiej. Car, jak wyjaśnił król, potrzebował brytyjskiego munduru marynarskiego, jako uzupełnienia posiadanego już uniformu pułkownika królewskiego pułku Scots Greys*, ponieważ „miał teraz większe szanse, widywać w przyszłości brytyjskie okręty wojenne niż brytyjskie oddziały lądowe". Car, raportował Fisher, „ucieszył się po prostu jak dziecko" i natychmiast uczynił króla admirałem w Marynarce Rosyjskiej. Po ich powrocie do Anglii członkowie gabinetu, zwłaszcza pierwszy lord Admiralicji Reginald McKenna, obruszali się nieco, że konstytucyjnie rzecz biorąc, powinno się z nimi skonsultować tę sprawę. Fisher wyśmiewał takie techniczne szczegóły: „Bardzo dobrze jest mieć króla, który wie jak postępować, a ministrowie zawsze wydawali mi się stadem wystraszonych królików". Po oficjalnym bankiecie na brytyjskim jachcie królewskim Fisher tańczył walca z „Wesołej wdówki" z wielką księżną Olgą wewnątrz kręgu utworzonego przez całe towarzystwo. Potem Fisher udał się na pokład i na żądanie króla odtańczył solo hornpipe'a* „Jak wspaniale spędziliśmy czas w Rewlu – pisała potem wielka księżna Olga do swojego partnera od walca – Nie uśmiałam się tak od wieków!".

Ententa z Anglią była tylko pierwszym z dyplomatycznych triumfów, jakimi Izwolski zamierzał przyozdobić swoją karierę na stanowisku rosyjskiego ministra spraw zagranicznych. Podczas negocjacji w St Petersburgu Grey i Nicolson pomachali przynętą brytyjskiego poparcia w sprawie dla Rosjan fundamentalnej: otwarcia przejścia przez Dardanele dla rosyjskich okrętów wojennych. Od czasu jak główne mocarstwa podpisały w roku 1871 traktat londyński, cieśniny były zamknięte dla wszystkich obcych okrętów wojennych. Miało to dla Rosji i dobre strony, chroniło bowiem czarnomorskie wybrzeża

---

* Pułk ten, sformowany w 1668 roku, nosił na przestrzeni swoich dziejów różne nazwy. W omawianym okresie (od 1877 do 1920) nazywał się Drugim Pułkiem Dragonów.

* Skoczny taniec marynarski.

imperium przed okrętami wojennymi mocarstw europejskich. Równocześnie jednak uniemożliwiało rosyjskim okrętom wojennym wychodzenie przez Dardanele na Morze Śródziemne. Dlatego też rosyjska Flota Czarnomorska nie odegrała żadnej roli w wojnie z Japonią. Nacjonaliści rosyjscy postrzegali zamknięcie cieśnin jako poniżające dla prestiżu wielkiego mocarstwa. Sugestia Nicolsona, że Anglia mogłaby pomóc Rosji w przełamaniu tej bariery, sprawiła Izwolskiemu sporą przyjemność, lecz dziwnie się złożyło, że nie skorzystał on z pośrednictwa Anglii, gdy w końcu zdecydował się na próbę osiągnięcia celu. Zamiast tego Izwolski zdecydował się zadziałać przez Austrię.

Jego partnerem był hrabia Alois Lexa von Aehrenthal, austriacki minister spraw zagranicznych. Izwolski dobrze znał Aehrenthala: Austriak, wysoki, szeroki w barach mężczyzna o opadających powiekach i zmęczonym, leniwym wyglądzie – „przyjazny i rozmowny, lecz nie błyskotliwy" – jak brzmiał opis Nicolsona, był niegdyś habsburskim ambasadorem w St Petersburgu. Aehrenthal dobrze wiedział o ambicjach Izwolskiego wobec kwestii Dardaneli. Gdy zmiana rządów w Turcji postawiła Austrię przed szansą, Aehrenthal uświadomił sobie, że on i Izwolski mogą współpracować nad osiągnięciem własnych celów narodowych, a przy okazji zagrać na nosie reszcie Europy.

Traktat wynegocjowany na kongresie berlińskim przez Bismarcka, Disraeliego i Gorczakowa był kamieniem węgielnym dyplomacji europejskiej na Bałkanach. Gdyby ktokolwiek przyznał, że Imperium Otomańskie się rozpada, wywołałby natychmiast taki wyścig po łupy, jaki mógłby rzucić Europę w wir wojny. W takiej sytuacji starano się zachowywać pozory: od trzydziestu lat chrześcijańskie prowincje Bośnia i Hercegowina były okupowane i administrowane przez Austrię, przez ten sam okres Bułgaria rządziła się sama jako „samorządne księstwo". W obu jednak przypadkach zachowana została fasada tureckiej suwerenności nad tymi terytoriami. Latem 1908 roku sułtan Abdulhamid II został obalony przez grupę rewolucjonistów nazywających się młodoturkami. Aehrenthal obawiał się, że nowy rząd turecki może spróbować odzyskać pełną kontrolę nad Bośnią i Hercegowiną; aby go w tym ubiec, postanowił, że Austria powinna formalnie zaanektować obie prowincje. Normalnie carska Rosja sprzeciwiałaby się temu zawzięcie, być może nawet siłą. Milion mieszkańców Bośni i Hercegowiny stanowili Słowianie, którzy przez długie lata austriackiej okupacji marzyli o dniu, kiedy będą mogli się połączyć w czysto słowiańskim państwie, skupionym wokół niepodległego królestwa Serbii. Aspiracjom tym – podzielanym i popieranym przez Serbów – Rosja udzieliła swojego błogosławieństwa. Teraz, w pogoni za celem, jakim było otwarcie Dardaneli, Izwolski gotów był poświęcić te obietnice.

19 września 1908 roku, przerwawszy kurację w Karlsbadzie, rosyjski minister spraw zagranicznych odwiedził potajemnie Buchlau, czeski zamek hrabiego Leopolda von Berchtolda, następcy Aehranthala na stanowisku ambasadora austriackiego w St Petersburgu. Czekał tam na niego Aehrenthal. Obaj ministrowie spraw zagranicznych ustalili wspólny tryb postępowania. Austria miała poprzeć rosyjskie żądanie otwarcia przez Turcję Dardaneli dla przechodzenia pojedynczych rosyjskich okrętów wojennych, w zamian za to Izwolski miał odwrócić się plecami, gdy Austia anektowałaby Bośnię i Hercegowinę. Ponieważ obie połówki planu stanowiły pogwałcenie traktatów podpisanych przez wszystkie wielkie mocarstwa, obaj ministrowie zgodzili się odpowiednio zsynchronizować swoje pociągnięcia: ogłoszenie aneksji oraz zgłoszenie żądań odnośnie Dardaneli miało nastąpić równocześnie. Nie ustalono jednak żadnej daty dla tych bliźniaczych *faits accomplis**; Izwolski wyjaśniał potem, że porozumiano się, iż nie będą podejmowane żadne kroki, dopóki nie będzie miał możliwości przygotowania gruntu u swoich partnerów z ententy; Aehrenthal przyznawał, iż zgodził się zaczekać do chwili otrzymania od Izwolskiego pisemnego podsumowania ich rozmów i w żadnym przypadku nie działać bez uprzedniego ostrzeżenia partnera.

Izwolski znalazł się w niebezpiecznym położeniu. Oto szykował się zdradzić Słowian bałkańskich, wobec których Rosja miała głębokie zobowiązania historyczne i psychologiczne. Szykował się do okazania lekceważenia wielkim mocarstwom, w tym także swoim partnerom z ententy. Pragnąc zaś, aby cała zasługa przypadła wyłącznie jemu samemu, nie poinformował o niczym ani cara, ani premiera Stołypina. Niefortunnie dla Izwolskiego, zanim zdążył zdradzić Słowian bałkańskich, sam został zdradzony przez Aehrenthala. Myśląc, że ma mnóstwo czasu, Izwolski opuścił Czechy, przekroczył Alpy, zatrzymał się w Rzymie, żeby 3 października przybyć do Paryża. Tutaj wręczono mu list od Aehrenthala, informujący go, że okoliczności zmu-

* *Faits accomplis* (fr.) – „fakty dokonane".

szają Austriaka do natychmiastowego działania. Dwa dni później, Bułgaria proklamowała niepodległość. 6 października cesarz Franciszek Józef formalnie proklamował aneksję Bośni i Hercegowiny. Mikołaj II był wściekły. „Bezwstydne zuchwalstwo – napisał w liście do matki – Głównym winowajcą jest oczywiście Aehrenthal. Jest z niego zwyczajny drań. Wystrychnął Izwolskiego na dudka".

Izwolski poświęcił honor Rosji, niczego nie uzyskując. Pozostało mu tylko pośpiesznie objechać Europę, starając się znaleźć poparcie dla działań rosyjskich, których skuteczność miała przecież zależeć od równoczesnego wystąpienia Austrii. We Francji, u swojego sojusznika, wiele nie zyskał. Stéphen Pichon, francuski minister spraw zagranicznych, robił uniki. Swojemu rosyjskiemu koledze poradził, żeby pojechał do Londynu i zobaczył jakie poparcie uda mu się uzyskać.

Izwolski przybył do Londynu 9 października. Spotkał tam Sir Edwarda Greya urażonego postępowaniem Austriaków. „Mąż stanu o whigowskim rodowodzie, obserwator i strażnik prawa publicznego w Europie, angielski dżentelmen, chłopiec ze szkoły prywatnej: wszystkie te składowe charakteru Greya zostały jednakowo obrażone" – napisał Winston Churchill. Dla Greya „liczyło się nie to, że Austria miała zaanektować, zamiast jednynie okupować Bośnię i Hercegowinę. Ale [...] czuliśmy, że arbitralna zmiana postanowień europejskiego traktatu przez jedno mocarstwo bez zgody pozostałych, będących także jego stronami, uderzała w same korzenie wszelkiego ładu międzynarodowego". Grey wysłał 5 października telegramy do wszystkich ważniejszych stolic, w których podkreślał z naciskiem, iż „podstawową zasadą prawa narodów jest to, że żadne mocarstwo nie może uwolnić się od zobowiązań traktatowych ani też ich modyfikować w inny sposób niż przez wspólną zgodę układających się stron". Brytania, oznajmiał Grey, odmówi uznania aneksji, przynajmniej do chwili zapoznania się z opiniami pozostałych mocarstw. Gdy Sir Charles Dilke skarżył się w Izbie Gmin, że minister spraw zagranicznych za bardzo się z tym wszystkim cacka, Grey odparował, że stawką jest tu świętość porozumień międzynarodowych.

Grey był wręcz lodowaty, gdy Izwolski apelował o poparcie Brytanii dla otwarcia Dardaneli. Potępiwszy złamanie jednego traktatu, Grey nie miał zamiaru współdziałać w złamaniu drugiego. Rozważanie w tym momencie sprawy cieśnin, oznajmił, jest „niefortunne". Widząc, jak jego reputacja i kariera popadają w ruinę, Izwolski mieszał prośby z groźbami. „Izwolski posunął się do stwierdzenia, że chwila obecna jest wielce krytyczna" – raportował Grey Nicolsonowi – Może ona skonsolidować i uzmocnić dobre stosunki między Anglią a Rosją lub też zburzyć je całkowicie. Stawką jest jego własna pozycja, bo przecież związał się całkowicie z polityką porozumienia z Anglią, za którą zawsze się opowiadał mimo wszelkiej opozycji".

Ani prośby, ani groźby nie uczyniły na Greyu żadnego wrażenia; Brytania nie miała poprzeć Rosji w jakichkolwiek żądaniach wobec nowego rządu tureckiego. Gdy zdesperowany Izwolski, pragnąc ocalić choćby szczątki, zaproponował odbycie konferencji mającej przedyskutować sprawę aneksji oraz Dardaneli, Grey wyraził zgodę. Jeśli inne mocarstwa zechciałyby usankcjonować to, co Aehrenthal już zrobił, zaś Izwolski proponował zrobić, to Brytania, powiedział Grey, także mogłaby skłonić się do tego.

22 października Aehrenthal zadeklarował, że mógłby uczestniczyć w takiej konferencji tylko w tym przypadku, gdyby z góry zostało ustalone, iż aneksja Bośni i Hercegowiny zostanie zaakceptowana i temat ten nie będzie przedmiotem dyskusji. Izwolski, którego atakowała teraz zdradzona i obrażona Serbia, odmówił, po czym Aehrenthal odrzucił zaproszenie. Krytyczną sprawą stało się stanowisko Niemiec. Ani kaiser, ani kanclerz Bülow nie byli uprzedzeni o planowanej aneksji. Pierwszą reakcją Wilhelma było stwierdzenie, że postępowanie Aehrenthala jest „aktem bandytyzmu", który „postawił nas wobec dylematu związanego z niemożliwością poparcia naszych przyjaciół Turków" ponieważ „to nasz sojusznik im szkodził. W ten sposób moja polityka wobec Turcji, tak starannie budowana od lat dwudziestu, może zostać wyrzucona na śmietnik. Wielki triumf Edwarda VII nad nami". Bülow obstawał, że dowiedział się o aneksji „dopiero wtedy, gdy wiadomość ta została przekazana do Londynu i St Petersburga". Mimo wszystko Niemcy nie miały wyboru i musiały poprzeć Austrię. Dwa lata wcześniej, w roku 1906, Bülow napisał przecież: „Nasze stosunki z Austrią stają się obecnie ważniejsze niż kiedykolwiek, ponieważ Austria jest naszym jedynym pewnym sojusznikiem. Naszą względną izolację polityczną powinniśmy jednak ujawniać przed Austriakami w możliwie najmniejszym stopniu. Taka już jest ludzka natura, że gdy powiem człowiekowi, iż potrzebuję jego konia, zaraz wyznaczy na niego niezwykle wysoką cenę". Aehrenthal jednak zdążył już zrozumieć tę prawdę, jeszcze bowiem przed aneksją

zauważył, że Niemcy muszą udzielić Austrii poparcia, ponieważ Rzesza nie ma innego poważnego sojusznika. Bülow znalazł pokrewne przyczyny: „Austro-Węgry zachowywały się wobec nas całkowicie lojalnie w Algeciras [...] za podobne odpłaca się podobnym". Zgodnie z tym poglądem, Berlin poparł odrzucenie przez Austrię zaproszenia Izwolskiego. „Konferencja nie dojdzie do skutku – powiedział Bülow – Nie chcemy mieć z nią nic wspólnego".

Izwolski znalazł się w pułapce. Całymi tygodniami uskarżał się przed każdym skłonnym go wysłuchać, że Aehrenthal jest „dwulicowy" i „nie jest dżentelmenem". Aehrenthal uciszył go wreszcie, grożąc opublikowaniem korespondencji między obu panami z okresu przed spotkaniem w Buchlau i sugerując, że zawiera ona stwierdzenia rosyjskiego ministra spraw zagranicznych, które mogłyby jeszcze bardziej go skompromitować.

Wojna zdawała się wisieć na włosku. Serbia się mobilizowała; oddziały rosyjskie i austriackie zajmowały pozycje wzdłuż granicy. 6 listopada Balfour, lider opozycji, pisał do lorda Lansdowne, który przewodził Partii Unionistów w Izbie Lordów:

> „Asquith poprosił mnie, żebym porozmawiał z nim wczoraj wieczorem po rozejściu się Izby. Był najwyraźniej skrajnie wzburzony rozwojem sytuacji w Europie, która, według niego, jest najpoważniejszą od wszystkiego, co zaszło od roku 1870.
>
> Powiedział, choć wydaje się to nie do wiary, że rząd nie potrafi sformułować żadnej teorii na temat polityki niemieckiej, która pasowałaby do wszystkich znanych faktów, poza tym że Niemcy chcą wojny. [...] Objęłaby ona z pewnością Rosję, Austrię i Bliski Wschód – nie mówiąc już o nas. Zauważyłem, [...] że trudno jest dostrzec, co takiego mogłyby Niemcy zyskać na wybuchu wojny [...] Jedyną odpowiedzią Asquitha było, [...] że to wewnętrzne warunki w Niemczech są tak niekorzystne, iż mogą oni posunąć się do najdzikszych przedsięwzięć w celu skierowania narodowych sentymentów w nowy kanał".

Aehrenthal rozumiał, że jego pozycja jest silna. Nie obawiał się wojny. W istocie przyrzekł już generałowi hrabiemu Franzowi Conradowi von Hötzendorfowi, szefowi austriackiego Sztabu Generalnego, że jeśli Serbia nie ustąpi i nie uzna aneksji obu słowiańskich prowincji, wyrazi zgodę na austriacki atak na Serbię. Lekceważył gadanie na temat świętości traktatów. „Wasz Sir Edward Grey chce pokoju" – powiedział lekceważąco do grupy angielskich gości w Wiedniu. Poza tym, zadrwił, „Cóż nam może zrobić Anglia?".

W marcu Bülow doprowadził kryzys do przesilenia. Dwudziestego pierwszego poinstruował on hrabiego Friedricha von Pourtalèsa, niemieckiego ambasadora w St Petersburgu, żeby powiedział Izwolskiemu, iż „jeśli Rosja nie zgodzi się uznać aneksji Bośni-Hercegowiny, Niemcy pozostawią Austro-Węgrom wolną rękę". Przesłanie było jasne: Austria przyciśnie Serbię; jeśli Rosja spróbuje pomóc swojemu serbskiemu klientowi, Cesarstwo Niemieckie stanie po stronie Austrii. „Oczekujemy precyzyjnej odpowiedzi: tak lub nie" – instruował Bülow Pourtalèsa – Jakakolwiek niejasna, zawiła lub dwuznaczna odpowiedź zostanie potraktowana jako odmowa". W konfrontacji z niczym niezawoalowaną groźbą wojny, Rosja się cofnęła. 22 marca rosyjska Rada Ministrów obradowała przez trzy godziny, żeby wreszcie doradzić carowi, by wyraził zgodę na aneksję. Mikołaj zatelegrafował do Wilhelma, że się zgadza, dodając: „z Bożą pomocą uniknie się w ten sposób wojny". Bülow złożył carowi w Reichstagu ironiczny hołd: „Ostatnie pociągnięcia Rosji zdobyły jej uznanie ze strony wszystkich miłośników pokoju". Większość zasług kanclerz przypisał sobie. „To ja rozwiązałem kryzys bośniacki" – ogłosił w swoich wspomnieniach, a na poparcie swego twierdzenia przytoczył słowa cesarza Franciszka Józefa. Bülow „wspaniale pokierował sprawą – cytował kanclerz cesarza – Z jednej strony, doprowadził nasze żądania aneksji Bośni i Hercegowiny do pomyślnego zakończenia. [...] Z drugiej strony – nie dopuścił, żeby rozwój spraw doprowadził do wojny. Muszę oddać mu wszelkie należne pochwały, ponieważ taki stary człowiek jak ja wcale nie pragnie, by znów wybuchła wojna". Razem z tą pochwałą Franciszek Józef posłał Bülowowi swoją podpisaną własnoręcznie fotografię w złotej ramce, swój portret – pełna postać naturalnej wielkości oraz Order św. Stefana – najwyższe odznaczenie w Cesarstwie Habsburgów – wysadzany diamentami. Rok później, podczas wizyty w Wiedniu, kaiser, który początkowo określił aneksję jako „akt bandytyzmu", także zapragnął uznania poniesionych zasług, uznania za „stanięcie w najbardziej krytycznym momencie, w lśniącej zbroi u boku Najjaśniejszego Suwerena Austrii – Franciszka Józefa".

Szybkość, z jaką Rosja skapitulowała, zaskoczyła Europę. „Rosja trzymała się twardo przez jakiś czas, a potem nagle rzuciła ręcznik i załamała się – zauważył Grey – Takie napięcie musiało wywrzeć wielki wpływ na temperament Izwolskiego, pod koniec wydawało się, ze zareagował nagłym przypływem desperacji i niesmaku". W Rosji tak spektakularne załamanie postrzegane było jako poniżające. „Byłem zapewniany przez ludzi będących świadkami wielu wydarzeń w najnowszej historii Rosji, że nigdy dotąd nie zdarzyło się, aby kraj ten został tak poniżony – pisał do Greya Nicolson – Choć Rosja miała swoje kłopoty i przechodziła ciężkie próby, tak zewnętrzne jak i wewnętrzne, a nawet ponosiła porażki w polu, to nigdy nie musiała bez wyraźnego powodu ulec dyktatowi innego mocarstwa". Car Mikołaj tak wyjaśniał kryzys swojej matce: „Niemcy powiedzieli nam, że możemy dopomóc w rozwiązaniu zaistniałych trudności przez wyrażenie zgody na aneksję, zaś gdybyśmy odmówili, konsekwencje mogłyby być bardzo poważne i nie do przewidzenia. Gdy już sprawa została postawiona tak definitywnie i jednoznacznie, nie pozostawało nam nic innego, jak tylko przełknąć własną dumę i wyrazić zgodę. Ale – dodawał car –postępowanie Niemców wobec nas było po prostu brutalne i tego im nie zapomnimy".

Za triumf, z którego tak cieszyli się Aehrenthal, Bülow i kaiser, przyszło zapłacić wysoką cenę. Rosja postanowiła, że nigdy więcej nie ulegnie w taki sposób. Jeśli nadejdzie kolejne wyzwanie, Rosja je podejmie. Począwszy od 1909 roku, dowódca Kijowskiego Okręgu Wojskowego miał wydane rozkazy zobowiązujące go do utrzymywania stanu czterdziestoośmiogodzinnej gotowości do odparcia inwazji z zachodu. Kryzys wokół Bośni pozostawił Izwolskiego zgorzkniałym i nieskłonnym do przebaczenia. choć pozostawał ministrem spraw zgranicznych jeszcze przez trzy lata, jego skuteczność znacznie zmalała. W 1911 roku zrezygnował i został mianowany ambasadorem rosyjskim we Francji. W Paryżu mściwie pracował w dzień i w nocy na rzecz umocnienia sojuszu francusko-rosyjskiego. Gdy nadeszła wojna, Aleksander Izwolski chełpił się: „To moja wojna! Moja wojna!".

33

„Panika morska” roku 1909

W poniedziałek rano 8 grudnia 1908 roku na posiedzeniu gabinetu brytyjskiego, Reginald McKenna, który zastąpił lorda Tweedmouth na stanowisku pierwszego lorda Admiralicji, wywołał u swoich kolegów paskudny szok. Marynarka Wojenna, oznajmił McKenna, będzie wnioskowała w projekcie swojego budżetu, jaki on, McKenna, przedstawi w parlamencie w marcu, o zbudowanie sześciu nowych drednotów; tymczasem jego koledzy ministrowie oczekiwali, że będzie wnioskował tylko o cztery. Ponadto w 1910 roku będzie potrzebna następna szóstka, zaś w 1911 – jeszcze sześć. McKenna opierał swoje żądanie na alarmujących informacjach, jakie otrzymał na temat przyśpieszonego programu rozbudowy floty niemieckiej. Dwóch znaczących ministrów, David Lloyd George, kanclerz Izby Rozrachunkowej, i Winston Churchill, przewodniczący Rady d.s. Handlu, twardo sprzeciwiali się przekroczeniu liczby czterech drednotów. McKenna i lordowie Morscy, z Fisherem na czele, twierdzili, że nie pozostaną na swoich stanowiskach, o ile nie zostanie zatwierdzona budowa sześciu okrętów. Tak rozpoczęła się słynna „panika morska”, która objęła parlament, prasę, a wreszcie cały kraj zimą i wiosną 1909 roku.

W samym centrum sporu tkwiły przyrzeczenia wyborcze Partii Liberalnej, dotyczące wydawania mniejszej ilości pieniędzy na zbrojenia, a większej – na reformy społeczne. Liberalni posłowie postrzegali drednoty jako przerażającą formę rozrzutności; okręty liniowe oznaczały wprawiające w osłupienie sumy pieniędzy wyrzucane na pływające góry stali. W 1907 roku 136 posłów złożyło na ręce Campbella-Bannermana petycję domagającą się zmniejszenia wydatków na zbrojenia; w roku 1908 – podobną petycję podpisało 144 posłów. Rząd i Admiralicja ustąpiły przez poświęcanie okrętów. Przed swoim odejściem z urzędu lord Cawdor, unionistyczny pierwszy lord Admiralicji, wydał w grudniu 1905 roku memorandum mające stanowić wytyczną budowy drednotów przez Brytanię: „Wymogi strategiczne nakazują budowę czterech pancerników rocznie. [...] Okres budowy wynosi dwa lata, zatem w każdym momencie w budowie powinno znajdować się osiem okrętów". W ciągu kilku tygodni od objęcia władzy liberałowie spuścili topór: jeden drednot typu „Bellerophon" został zdjęty z projektu budżetu marynarki na rok 1906. W roku 1907 cięcia się powtórzyły i jeden drednot spadł z listy okrętów typu „Collingwood". W roku 1908 program przewidujący, jak zwykle, cztery okręty został obcięty do dwóch. W lipcu 1908 roku Wielka Brytania miała zamiast szesnastu tylko dwanaście drednotów, zbudowanych, w budowie lub zatwierdzonych przez parlament.*

Asquith, który zastąpił Campbella-Bannermana w kwietniu 1908 roku, był zadowolony z takiego spowolnienia tempa budowy drednotów. Zastanawiał się nawet, czy zostało ono zmniejszone w wystarczającym stopniu. „Jak wiesz – pisał do McKenny w lipcu – od dłuższego czasu staję się coraz bardzie sceptyczny [...] odnośnie do całej polityki budowy drednotów. Nie chcę cię naciskać, ale teraz, gdy już zapoznałeś się z całością sytuacji od wewnątrz, byłbym wielce rad się dowiedzieć, czy doszedłeś do jakichś własnych wniosków co do kierunków, w jakich powinna rozwijać się budowa nowych okrętów w ciągu kilku najbliższych lat. Tyle to kosztuje pieniędzy – i nie tylko pieniędzy". Premier musiał być wielce skonsternowany, gdy pięć miesięcy później jego pierwszy lord Admiralicji zaproponował, by mary-

*Budżet 1905 „Dreadnought", „Invincible", „Inflexible", „Indomitable"
Budżet 1906 „Bellerophon", „Superb", „Temeraire" (cięcia: jeden okręt)
Budżet 1907 „Collingwood", „St Vincent", „Vanguard"(cięcia: jeden okręt)
Budżet 1908 „Neptune", „Indefatigable" (cięcia: dwa okręty) (*przyp. aut.*).

narka otrzymała nie dwa nowe drednoty, jak w 1908, nie cztery, jak zalecało memorandum Cawdora, lecz sześć.

Argumentacja McKenny oparta była na niemieckim programie budowy floty. Stępkę pierwszego niemieckiego drednota, „Nassau", położono w lipcu 1906. Latem 1907 roku w odstępach zaledwie kilku tygodni położone zostały stępki pod trzy kolejne niemieckie drednoty, „Westfalen", „Posen" i „Rheinland", o charakterystykach zbliżonych do pierwszych ośmiu drednotów brytyjskich. Niemiecki program na rok 1907 obejmował także pierwszy niemiecki krążownik liniowy „Von der Tann", który ze swoimi ośmioma działami jedenastocalowymi stanowił odpowiednik brytyjskiego typu „Invincible". W 1908 roku Reichstag uchwalił budowę następnych czterech niemieckich drednotów, pancerników „Thüringen", „Helgoland" i „Ostfriesland" oraz krążownika liniowego „Moltke". W roku 1909 niemiecka ustawa morska nakazywała położenie stępek pod jeszcze trzy okręty liniowe i jeden krążownik liniowy.

W ciągu dwóch lat, poczynając od lata 1907 roku, Niemcy położyły stępki lub zamówiły dziewięć drednotów. Zaczynając od 1905 roku, Wielka Brytania zamówiła dwanaście drednotów w ciągu czterech lat. Jeśli programy obu krajów na rok 1909 obejmowałyby po cztery drednoty wtenczas w 1912 Niemcy posiadałyby trzynaście drednotów, a Brytania szesnaście. To dla McKenny i lordów morskich nie wyglądało na margines bezpieczeństwa wystarczający dla oparcia na nim brytyjskiego panowania na morzu. W dodatku czyniło to nielogicznym stwierdzenie Asquitha, że „standard dwóch mocarstw", któremu, jak powiedział, Brytania nadal hołdowała, wymagał „przewagi dziesięciu procent nad połączonymi siłami flot dwóch następnych mocarstw".

Jeszcze bardziej złowieszcze od poglądów McKenny były podejrzenia Admiralicji, że Niemcy w tajemnicy przyśpieszali budowę nowych okrętów, gromadząc najważniejsze materiały, zamawiając działa, wieże i opancerzenie ze sporym wyprzedzeniem w stosunku do rzeczywistej budowy kadłubów. Do Londynu docierały raporty, że stępki drednotów kładziono w Niemczech całe miesiące wcześniej, niż określała to niemiecka Ustawa morska, a nawet przed odpowiednimi głosowaniami w Reichstagu. Przez kilka lat stawało się rzeczą oczywistą, że niemieckie możliwości w dziedzinie budowy okrętów znacząco rosły. W 1908 roku w Rzeszy było w stanie budować drednoty siedem stoczni*. Od położenia stępki do wodowania potrzeba im było przeciętnie jednego roku. Natychmiast po zwodowaniu kadłuba i odholowaniu go do basenu wyposażeniowego dla zainstalowania wież artyleryjskich, dział i maszyn napędowych można było na pochylni położyć nową stępkę. Teoretycznie, marynarka niemiecka mogła co roku rozpocząć budowę siedmiu nowych drednotów. W istocie istniał hamulec nałożony na takie tempo. Czynnikiem decydującym o szybkości budowy drednotów nie był czas potrzebny na zbudowanie kadłuba, lecz czas niezbędny na wyprodukowanie dział, ich podstaw oraz opancerzenia, które dopiero zmieniały pływający kadłub w zdolny do walki okręt. Data położenia stępki mogła więc zostać opóźniona bez groźby niedotrzymania terminu ukończenia jednostki, pod warunkiem wszakże, że trwały prace nad owymi bardziej złożonymi komponentami.

Produkcja i składowanie tych komponentów były znacznie łatwiejsze do ukrycia niż położenie stępki i budowa kadłuba. Działa morskie, podstawy dział oraz pancerz dla Niemieckiej Marynarki Wojennej były produkowane w zakładach Kruppa w Essen. Krupp, już teraz będący największym przedsiębiorstwem przemysłowym w Europie, przechodził okres gwałtownej ekspansji, od 45 000 pracowników w 1902 roku do 100 000 w 1909. Chodziły plotki, że Krupp w tajemnicy nabywał znaczne ilości niklu, metalu o zasadniczym znaczeniu dla utwardzania stali, zatem nieodzownego w produkcji dział i opancerzenia. Powiadano też, że całe rzędy wielkich luf dział morskich leżą w składach w Essen, oczekując na wysyłkę do stoczni.

Przypuszczano, że kontrakty na trzy niemieckie drednoty z programu roku 1909 rzeczywiście zostały złożone w stoczniach jeszcze przed datami określonymi Ustawą morską i zanim Reichstag przyznał pieniądze, żeby za nie zapłacić. Gdyby te raporty okazały się prawdziwe, Admiralicja Brytyjska byłaby pozbawiona wszelkich wskazówek, jakimi miałaby się kierować przewidując wielkość floty niemieckiej. Dotychczas Admiralicja zakładała, że średni okres budowy niemieckiego drednota wynosi trzy lata. Teraz wyglądało na to, że stępki kładziono przed wyznaczonymi terminami, a okręty budowano szybciej, ponieważ działa, ich podstawy oraz opancerzenie były wy-

* Stocznia Wilhelmshaven w Wilhelmshaven; Zakłady Weser w Bremie, Stocznia Vulcan w Szczecinie, Blohm & Voss w Hamburgu, Zakłady Schichaua w Gdańsku oraz Stocznia Germania i Zakłady Howaldta w Kilonii (*przyp. aut.*).

konane wcześniej. Trzy lata zatem mogły się skurczyć do dwóch i pół, być może nawet do dwóch, co oznaczało takie samo samo tempo, jak w Wielkiej Brytanii. (Anglia jako czołowa potęga przemysłowa świata zawsze potrafiła budować okręty szybciej niż jakikolwiek inny kraj. Nawet gdy inne mocarstwo rozpoczęło budowę jednostki o nowatorskiej konstrukcji, Brytania zawsze dotąd mogła zdążyć przystosować się i prześcignąć konkurenta). W myśl terminarzy opublikowanych w ramach niemieckiej Ustawy morskiej, stosunek liczby drednotów w 1913 roku miał wynosić 16:13 na korzyść Brytanii. Jeśli jednak Niemcy kładli stępki wcześniej i przyśpieszali budowy, Admiralicja ogłosiła jako „praktycznie pewne", że w 1912 roku Niemcy będą mieli siedemnaście drednotów. Gdyby zaś wykorzystano w pełni zdolności produkcyjne niemieckich stoczni, ich Flota Pełnomorska mogłaby mieć w 1912 roku dwadzieścia jeden drednotów, aby wystawić je przeciw brytyjskim szesnastu.

McKenna przedstawił te obawy Greyowi 30 grudnia 1908:

> Mój drogi Greyu,
>
> [...] Argumentację [...] można podsumować następująco: budowa okrętów wojennych w Niemczech przekracza zabezpieczenie finansowe ujawnione w ich Ustawie morskiej oraz projekcie budżetu. [...] Warunki zatem określone tą ustawą nie mogą służyć jako wskazówki co do dat ukończenia poszczególnych okrętów. Zmuszeni więc jesteśmy przyjrzeć się niemieckim możliwościom budowy, zaś najlepiej możemy ocenić, co potrafią zrobić, jeśli przyjrzymy się temu, co robią teraz. [...] Jeśli jakimś zrywem Niemcy raz nas dościgną, to nie mamy już więcej takich możliwości w zakresie budowy okrętów, które zapewniłyby nam panowanie na morzu. [...]

Cztery dni później, 3 stycznia 1909, pierwszy lord Admiralicji pisał do Asquitha:

> Mój drogi Premierze:
>
> [...] Wydaje mi się, że przestudiowanie niemieckiego projektu budżetu marynarki mogłoby okazać się pomocne w ujawnieniu, jak daleko posunęli się Niemcy w tajnych działaniach, wyraźnie sprzecznych z ich Ustawą. [...] Nie

> chcę tutaj używać alarmistycznego języka, lecz nie potrafię się oprzeć, aby nie przedstawić ci następujących wniosków, co zresztą uważam za swój obowiązek:
>
> 1) Niemcy przekraczają program budowy okrętów wojennych określony w ustawie z roku 1907.
> 2) Czynią to z zachowaniem tajemnicy.
> 3) Wiosną 1911 roku z pewnością będą mieli w linii 13 wielkich okrętów.
> 4) Wiosną 1912 roku prawdopodobnie będą mieli w linii 21 wielkich okrętów.
> 5) Niemieckie moce produkcyjne w zakresie budowy okrętów są w tej chwili równe naszym.
>
> Ostatni wniosek jest najbardziej alarmujący, a jeśli jest zasadny i przedostanie się do wiadomości opinii publicznej, to zostanie ona wyrwana ze snu w bardzo nieprzyjemny sposób.

Ta wystrzałowa uwaga na końcu listu McKenny została tam umieszczona bardzo chytrze. Pierwszy lord Admiralicji wiedział, że Asquith – zwierzę w najwyższym stopniu polityczne – może zostać poruszony, gdy tylko wyczuje polityczne ryzyko. Kraj niepokoił się już, wiedząc, że Niemcy położyli w 1908 roku stępki pod cztery okręty wobec brytyjskich dwóch. Gdyby tylko obawy McKenny przedostały się do wiadomości posłów unionistycznych i ich prasy, podniósłby się krzyk trwogi. Zalecenia więc pierwszego lorda Admiralicji nie mogły być zignorowane, choćby Asquith nie wiem jak tego chciał.

Po stronie liberałów w Izbie Gmin, a także w prasie liberalnej, można było przewidywać silny sprzeciw wobec jakiegokolwiek przekroczenia planowanej liczby czterech drednotów. „Nie będę tutaj rozwodził się nad emfatycznymi przyrzeczeniami dawanymi przez nas wszystkich przed i podczas ostatnich wyborów powszechnych odnośnie do zmniejszenia gigantycznych wydatków na zbrojenia, jakie powstały na skutek beztroski naszych poprzedników – pisał do Asquitha Lloyd George – Wielu twoich najbardziej lojalnych popleczników w Izbie Gmin wzięło te obietnice na serio i nawet tylko trzymilionowy wzrost tych wydatków ostudzi ich zapał dla rządu [...] zaś wzrost od pięciu do sześciu milionów funtów szterlingów będzie dla nich jak uderzenie obuchem w łeb". Także Churchill nie akceptował podejścia

McKenny: „Stwierdziłem, że liczby podawane przez Admiralicję są przesadzone – pisał – Nie wierzę, żeby Niemcy budowali drednoty w tajemnicy, przekraczając opublikowane ustawy". Niemcy mają konstytucję; drednotów nie można budować bez głosowania w Reichstagu nad przyznaniem na to pieniędzy. Jeśli Marynarka Niemiecka ulegała rozbudowie w tajemnicy przed Anglią, musiałoby się to odbywać także w tajemnicy przed Reichstagiem, a to Churchill uważał za nieprawdopodobne. Zakończył więc: „Uważam, że cztery okręty wystarczą".

W styczniu 1909 roku Admiralicja zamiast opuścić z sześciu do czterech, nieoczekiwanie poprosiła o dwa dodatkowe drednoty, podnosząc łączną liczbę żądanych do ośmiu. 3 stycznia Lloyd George ostrzegł Churchilla: „Admiralicja naprawdę chce dostać te swoje sześć drednotów [...] Admiralicja otrzymała bardzo poważne wiadomości od swojego attaché morskiego w Niemczech, już po ostatnim posiedzeniu gabinetu i [...] McKenna jest teraz przekonany, że możemy być zmuszeni do rozpoczęcia w nadchodzącym roku budowy ośmiu drednotów". Obawia się „cały czas, że może do tego dojść" – powiedział kanclerz. Walka trwała cały styczeń i luty. Lloyd George i Churchill, wspierani przez Morleya, Burnsa i innych, chcieli czterech. Grey i Haldane chcieli sześciu. McKenna chciał co najmniej sześciu, może nawet ośmiu. Liberalna prasa ostrzegała przed „panikarzami"; gazety konserwatywne atakowały „pacyfistów", „zwolenników Małej Anglii"* i „ekonomaniaków". Do gry włączyło się wiele osobistości. „Jakie mogą być powody, dla których Winston postępuje tak, jak w tej właśnie sprawie? – pytał Knollys, osobisty sekretarz króla – Oczywiście nie mogą to być ani przekonania, ani zasady. Sama myśl o tym, że mógłby on mieć jedne albo drugie, przyprawia człowieka o śmiech". W powietrzu dawało się wyczuć liczne rezygnacje ze stanowisk. „Zwolennicy oszczędności są w stanie szalonej trwogi, a Winston i Lloyd George swoimi wspólnymi machinacjami zgromadzili większość prasy liberalnej w jednym obozie – pisał Asquith do Margot 20 lutego – Noszą się [...] z zamiarem rezygnacji, o czym puszczają cynki tu i tam (co jest blefem) [...] lecz przyznam, że są chwile, gdy jestem całkiem skłonny pozbyć się ich obu".

* W or.: *Little Englanders* – ironiczne określenie przeciwników imperializmu brytyjskiego, preferujących „Małą Anglię" (*Little England*) nad „Wielką Brytanię".

W gabinecie doszło do klinczu i premier stanął wobec możliwości utraty albo swojego ministra spraw zagranicznych i pierwszego lorda Admiralicji, albo kanclerza Izby Rozrachunkowej i przewodniczącego Rady d.s. Handlu. 24 lutego zwołano specjalne posiedzenie rządu w pokoju Greya w Ministerstwie Spraw Zagranicznych. Obecni byli także lordowie morscy. Lloyd George podniósł się z krzesła i zaczął przechadzać się po pokoju. Gdy dyskusja doszła do zwiększonych możliwości produkcyjnych zakładów Kruppa, kanclerz wybuchnął: „Uważam, że sytuacja wskazuje na nadzwyczajne zaniedbania ze strony Admiralicji, która powinna wykryć to wszystko wcześniej. Nie mam o was zbyt wysokiego mniemania, panowie admirałowie”. McKenna, który teraz wręcz potwornie nie znosił Lloyd George’a, pohamował się i spokojnie odpowiedział: „Wie pan doskonale, że fakty te były komunikowane gabinetowi zaraz, jak się o nich dowiedzieliśmy, a [wtedy] jedyną pańską uwagą było: <<To wszystko plotki podwykonawców>>”.

Wyglądało na to, że nie ma drogi wyjścia z zaistniałego impasu, gdy nagle Asquith przedstawił propozycję, która zadowoliła wszystkich: rząd miał wystąpić o cztery drednoty w projekcie budżetu marynarki na rok 1909, pod które dwie stępki miały być położone w lipcu i dwie w listopadzie. Dodatkowo rząd miał wnioskować, by go upoważniono do zbudowania jeszcze czterech drednotów, pod które stępki miano położyć nie później niż 1 kwietnia 1910, jeśli okaże się, że staranne śledzenie niemieckiego programu budowy drednotów potwierdza taką konieczność. Te cztery dodatkowe zostałyby ukończone razem z pierwszą czwórką w roku 1912 – postrzeganym przez Admiralicję jako brytyjski „niebezpieczny rok”. Ponadto, gdyby nawet cztery dodatkowe drednoty zostały zbudowane, nie miało to mieć wpływu na regularny program roku 1910, który przewidywał, że zostaną zamówione cztery następne jednostki.

Choć na posiedzeniu gabinetu wszyscy zgodzili się na kompromis: „cztery teraz, cztery – być może – później”, to nie spodobał się on ekstremistom po obu stronach. Lloyd George i Churchill, uprzytomniwszy sobie, że zostali wymanewrowani, nagle wyrazili chęć głosowania za sześcioma. Było jednak za późno. Równocześnie McKenna, Fisher i lordowie Morscy obawiali się, że to oni zostali oszukani i że sześć drednotów, jakich żądali czy też osiem, jakich się spodziewali – wszystkie rozpłyną się gdzieś w parlamencie. „Wyłącznie w panu pokładamy całą naszą ufność, że tych dwóch sztukmistrzów [Lloyd George i Churchill] nas nie przechytrzy" – napisał Fisher do McKenny. „Była jakaś słodka pewność w liczbie <<sześć>>, [...] której teraz brakuje w ustawie, zastąpionej zwrotami umożliwiającymi uniki, a nawet obrócenie ich przeciwko nam, lecz nie wątpię, że pan już odpowiednio tego dopilnuje". McKenna poszedł za radą admirała dopilnować sprawy do Asquitha, mówiąc mu, że jeśli ustawa w duchu cztery-plus-cztery „nie przejdzie, czy to w Izbie Gmin, czy Lordów, to – jeśli dobrze wczoraj cię zrozumiałem – natychmiast podasz się do dymisji". Asquith odparł: „Nie widzę, co więcej mógłbym powiedzieć ponad to, że uważam, iż zaręczyłem publicznie własnym honorem. [...] Moim głównym pragnieniem jest abyśmy osiągnęli to, czego obaj chcemy. Nigdy dotąd do nikogo, jak dziś do ciebie, nie apelowałem tak wyraźnie i bezpośrednio o wiarę i zaufanie do mnie".

Fisher, ciągle walczący o osiem drednotów, przesłał McKennie (który przekazał to także premierowi) raport argentyńskiej misji morskiej, która właśnie odwiedziła zakłady Kruppa, a także kilka stoczni niemieckich. Mając nadzieję przyciągnąć zamówienia, Niemcy pokazali gościom wszystko. Według Fishera, goście byli oszołomieni wielkością i zdolnościami produkcyjnymi niemieckich zakładów i stoczni. Podawali, że widzieli dwanaście okrętów pierwszej klasy na pochylniach, a w zakładach Kruppa w Essen doliczyli się setki jedenasto i dwunastocalowych luf armatnich bliskich ukończenia. Płynąca stąd lekcja, mówił pierwszy lord morski, głosiła, że „mniej niż osiem okrętów nie wystarczy".

Asquith obstawał przy kompromisie cztery-plus-cztery. McKenna przedstawił go w Izbie Gmin 16 marca. Gdy pierwszy lord Admiralicji podniósł się z miejsca, posłowie słuchali uważnie, niemal w ciszy. Nadeszła pora na popołudniową herbatę, lecz nikt nie ruszył się z miejsca. Na galerii parów zasiadał książę Walii, z wysuniętą do przodu głową, aby nie uronić ani jednego słowa. Obecny był także Fisher, siedzący tuż za fotelem spikera Izby. Przemówienie McKenny było brutalnie jasne: „Bezpieczeństwo kraju musi być zapewnione, nieważne jakim kosztem. Nie wiemy, choć wydawało się nam, że wiemy, w jakim naprawdę tempie Niemcy budują swoją flotę". Wyliczył po kolei wszystkie możliwości, od najczarniejszej do najmniej ponurej. Izba słuchała go w milczeniu. Po nim występował Balfour, następnie Asquith. Obydwaj poparli McKennę. Gdy Asquith usiadł, spiker spoglądał na Izbę, zaś Izba spoglądała na spikera i tak przez parę minut nikt się nie wychylił. Nic już więcej nie usłyszano o wniosku na temat zmniejszenia projektu budżetu marynarki, zgłoszonego przez stu czterdziestu posłów, członków grupy zwanej „Mała Marynarka".

Kraj, który podobnie jak Izba niewiele słyszał o bojach toczonych wewnątrz gabinetu, został ogłuszony przemówieniem McKenny. Prasa liberalna, rozpaczając nad szkodami, jakie zwiększona budowa drednotów miała spowodować w programach socjalnych, zajęła stanowisko, że jeśli już miało się zbudować cztery dodatkowe drednoty, powinny one zostać wpisane do budżetu marynarki na rok 1910; było nie do przyjęcia, aby Wielka Brytania mogła sobie pozwolić na zapłacenie za osiem drednotów w ciągu jednego roku. Asquith jednak potrafił poradzić sobie z liberałami. Prawdziwy atak na projekt budżetu marynarki przyszedł ze strony Unionistów. Jeszcze do 16 marca konserwatyści zgadzali się, że wystarczy sześć nowych okrętów. Teraz, stojąc wobec ujawnionej przez pierwszego lorda Admiralicji groźby przyśpieszonej rozbudowy floty niemieckiej, konserwatyści w Izbie Gmin, Izbie Lordów, w prasie i w całym kraju żądali, aby natychmiast kłaść stępki pod osiem okrętów. „Ośmiu żądamy i nie czekamy!" – slogan ukuty przez posła George'a Wyndhama, stał się okrzykiem bojowym Partii Unionistów. Przeciw rządowi, Admiralicji i samemu Fisherowi kierowano oskarżenia o niekompetencję i dobrowolną rezygnację z panowania na morzu. „*Citoyens, la patrie est en danger!*"* – oznajmiał „Daily Telegraph" – Jeszcze nie jesteśmy gotowi, aby odwrócić wszystkie portrety Nelsona twarzą do ściany". „National Review" opisywał Fishera jako „wcielenie marszałka Leboeufa", francuskiego ministra wojny, który w przededniu wojny francusko-pruskiej przechwalał się, że armia francuska jest gotowa aż do ostatniego guzika przy getrach! Gdy Asquith odmówił przyrzeczenia, że cztery dodatkowe okręty zostaną zbudowane natychmiast, „Daily Telegraph" oznajmił, że „od czasów muzycznych popisów Nerona nie widziano dziwniejszego i bardziej żałosnego spektaklu niż takie zagrożenie całego bezcennego dziedzictwa stuleci przez usiłowanie zrównoważenia budżetu w myśl poglądów jednej partii". 19 marca Balfour formalnie przedstawił wniosek o wotum nieufności dla rządu: „W opinii tej Izby, deklarowana polityka rządu Jego Królewskiej Mo-

* *Citoyens* ... (fr.) – „Obywatele, ojczyzna w niebezpieczeństwie!", powtórka sloganu z okresu Wielkiej Rewolucji Francuskiej.

ści względem natychmiastowego zabezpieczenia odpowiedniej liczby pancerników najnowszego typu nie zapewnia w dostatecznym stopniu bezpieczeństwa Imperium".

Zatłoczona do ostatniego miejsca Izba słuchała 29 marca debaty nad złożonym przez Balfoura wnioskiem o wotum nieufności. Głównym mówcą ze strony rządu był tym razem Grey, a nie McKenna czy Asquith. Jego przemówienie dotyczyło wszystkiego: od miażdżących obciążeń związanych ze zbrojeniami, jakie odczuwają wszystkie kraje, po zasadniczą rolę odgrywaną przez Królewską Marynarkę w zapewnieniu bezpieczeństwa Brytanii. Mówił też o stanie stosunków anglo-niemieckich oraz o obawach Admiralicji, że zbrojeniami morskimi Niemiec może kierować raczej wzrost ich mocy produkcyjnych, aniżeli ich oficjalne umiarkowane intencje. „Wielkie państwa Europy gromadzą ogromne dochody z podatków, po czym prawie połowę z nich wydają na przygotowania swoich marynarek i armii [...] które w końcu są przygotowaniami do wzajemnego zabijania. Z pewnością [...] takie wydatki [...] stają się satyrą [...] na cywilizację. [...] Jeśli stan ten będzie trwał [...] wierzę, że wcześniej czy później pogrąży on cywilizację".

Brytania, argumentował Grey, nie może jednostronnie wystąpić z wyścigu zbrojeń: „Gdybyśmy sami jedni spośród wielkich mocarstw zrezygnowali ze współzawodnictwa i spadli na gorszą pozycję, czegóż dobrego moglibyśmy się spodziewać? Absolutnie niczego. [...] Przestalibyśmy się liczyć wśród narodów Europy, a mielibyśmy szczęście gdyby pozostawiono nam wolność i nie stalibyśmy się przymusowym dodatkiem dla jakiegoś silniejszego mocarstwa".

W tej dziedzinie siła własnej marynarki odgrywała krytyczną rolę w polityce brytyjskiej: „Nie ma porównania pomiędzy znaczeniem Marynarki Niemieckiej dla Niemiec, a znaczeniem naszej marynarki dla nas. Nasza marynarka jest dla nas tym samym, czym dla nich jest ich armia. Posiadać silną marynarkę oznacza dla nich podniesienie prestiżu, wpływów dyplomatycznych, zdolności do ochrony własnego handlu, lecz [...] nie jest to dla nich sprawą życia i śmierci [...] jak to ma miejsce w naszym przypadku. Największa nawet przewaga Marynarki Brytyjskiej nad niemiecką nie może wpłynąć na niepodległość lub integralność terytorialną Niemiec, ponieważ nie utrzymujemy armii na taką skalę, żeby móc dokonać czegokolwiek na terytorium niemieckim. Jeśli jednak Marynarka Niemiecka byłaby silniejsza od naszej, wtedy, utrzymując taką armię, jaką mają [...] uczyniliby oni stawką w rozgrywce naszą niepodległość, samą naszą egzystencję.

Grey uważał stosunki anglo-niemieckie za przyjazne i że taki stan może się utrzymać tak długo, jak długo oba mocarstwa szanowałyby nawzajem swoje żywotne interesy: „Widzę ogromną przestrzeń, w której oba nasze kraje mogą się poruszać w pokoju i przyjaźni. [...] Moim zdaniem, do konfliktu doprowadzić mogą dwie skrajnie odległe sprawy. Jedną z nich byłaby nasza próba izolacji Niemiec. Żadne państwo o ich pozycji nie wytrzyma polityki izolacji narzuconej przez sąsiadujące mocarstwa. [...] Drugą sprawą, jaka z pewnością doprowadziłaby do konfliktu, byłaby próba izolacji Brytanii, podjęta przez jakieś wielkie mocarstwo kontynentalne z zamiarem zdominowania i narzucania polityki całemu kontynentowi. Tak było zawsze w historii".

Gdzie upatrywał Grey drogi do pokoju?

„Gdyby mnie zapytano, abym wymienił jedną rzecz, która mogłaby w największym stopniu uspokoić [...] Europę [...] myślę, że byłoby to życzenie, żeby zmniejszeniu uległy wydatki na zbrojenia morskie w Niemczech i żebyśmy sami mogli pójść w ich ślady. [...] Na jakiej podstawie można by tutaj zaproponować jakiś układ? Nie na podstawie równości. Podstawę musi stanowić przewaga Marynarki Brytyjskiej. Na ile mi wiadomo, żaden Niemiec nie będzie się spierał, że jest to dla nas całkiem naturalny punkt widzenia".

W końcu Grey zajął się szczegółowym problemem niemieckiego przyśpieszenia rozbudowy floty oraz reakcją brytyjską na te fakty. Mówił o niemieckich zdolnościach produkcyjnych („Wasz zamiar przyśpieszenia to jedna sprawa, zaś wasze możliwości przyśpieszenia – to odrębne zagadnienie"). Jedynym sposobem, aby wiedzieć co się dzieje w stoczniach drugiego kraju, jest zapewnienie *attaché* morskim swobodnego do nich dostępu.

W głosowaniu ściśle według podziałów partyjnych wniosek o wotum nieufności, złożony przez Balfoura, został oddalony stosunkiem głosów 353 do 135. Ostatecznie miano zbudować cztery okręty; cztery następne zostały zatwierdzone, lecz miały czekać za kulisami. Sam Churchill opisał potem dość ponuro, co się właściwie wydarzyło: „W końcu uzgodniono dziwne i charakterystyczne rozwiązanie. Admiralicja żądała sześciu okrętów; ekonomiści proponowali cztery, a wreszcie wszyscy zgodziliśmy się na osiem".

Od samego początku „paniki morskiej" rząd brytyjski usiłował poznać fakty nie tylko z doniesień swojego *attaché* morskiego w Berlinie czy z pozostających w cieniu innych źródeł, ale wprost od rządu niemieckiego. Jesienią 1908 roku McKenna, słysząc z raportów o materiałach gromadzonych w niemieckich stoczniach i o kontraktach przyznawanych stoczniom zanim w Reichstagu przegłosowano odpowiednie fundusze, zadał to pytanie komandorowi Widemannowi, niemieckiemu *attaché* morskiemu w Londynie. Widemann zaprzeczył wszystkiemu. Powiedział nawet, że jest zaszokowany tym, iż pierwszy lord Admiralicji przypisuje sekretarzowi stanu Tirpitzowi tak jawnie niekonstytucyjne postępowanie. McKenna, wierząc własnym informacjom bardziej niż temu, co usłyszał od Widemanna, nie konsultował się powtórnie z niemieckim *attaché* morskim.

Grey wkroczył do akcji w styczniu 1909 po przeczytaniu owego przekonywującego memorandum McKenny na temat niemieckiego budownictwa okrętowego. Grey rozumiał znaczenie brytyjskiej supremacji morskiej; 20 listopada 1908 w Scarborough powiedział: „W kwestii marynarki nie ma połowicznych rozwiązań [...] pomiędzy całkowitym bezpieczeństwem a kompletną ruiną". Jednakże jako minister spraw zagranicznych troszczył się o jeszcze inne sprawy: jeśli rząd niemiecki z rozmysłem kłamał, aby ukryć przyśpieszenie tempa realizacji planu rozbudowy floty, wtedy pod znakiem zapytania stawała cała polityka niemiecka, nie zaś tylko liczba i daty przekazania do służby budowanych okrętów. Od początku stycznia aż do opublikowania 12 marca brytyjskiego projektu budżetu marynarki Grey usiłował wydobyć od Paula Wolff-Metternicha, niemieckiego ambasadora w Londynie, jasne i wyraźne stwierdzenie odnośnie stanu niemieckiego budownictwa okrętów wojennych. W postępowaniu z Metternichem minister spraw zagranicznych natknął się na dwie poważne przeszkody: po pierwsze, ambasador niemiecki utrzymywany był w nieświadomości przez admirała Tirpitza; po drugie, nawet jeśli Metternich był akurat dokładnie poinformowany, to często też go instruowano, by nie przekazywał tych informacji Brytyjczykom. Rozmowy Grey – Metternich były zatem dla obu ćwiczeniem się w znoszeniu uczucia frustracji.

Pierwsze spotkanie Greya z Metternichem odbyło się 4 stycznia 1909, natychmiast po przeczytaniu przez ministra spraw zagranicznych memorandum pierwszego lorda Admiralicji. Grey nawiązał do raportów, jakie otrzymywała Admiralicja i do pogłosek, jakie do niej docierały; Metternich powiedział, że nie polegają one na prawdzie. Grey podkreślił, że Brytyjczycy zaniepokojeni byli z powodu wielkich zdolności produkcyjnych Niemiec w zakresie budowy drednotów; Metternich odparł, że cały program niemiecki został wyłożony w Ustawach morskich i że ustawy te wręcz zabraniały dokonywania jakiegokolwiek gwałtownego przestawiania niemieckich stoczni na budowę drednotów. Grey zasugerował, że najlepszym sposobem poznania faktów byłoby pozwolenie *attaché* morskim odwiedzić stocznie w obu krajach, żeby zobaczyli pod ile okrętów zostały położone stępki i jak dalece zaawansowana jest ich budowa. Metternich powiedział, że kaiser nigdy nie udzieli na coś takiego swojej zgody.

Do czasu drugiego spotkania, do którego doszło 4 lutego, Metternich wiedział już, że dowody zgromadzone w rękach Brytyjczyków odnośnie do gromadzenia z wyprzedzeniem materiałów w stoczniach niemieckich są niepodważalne, więc się do tego przyznał. Przyczyną, jak wyjaśniał, była zwykła zapobiegliwość ze strony wykonawców, którzy czynili tak na własne ryzyko. Obstawał przy twierdzeniu, że nie zamierzano doprowadzać do żadnego przyśpieszenia i że tempo rozbudowy floty było ustalone prawem. Prawdą jest, przyznawał, że tempo budowy mogło ulec zwiększeniu, lecz tylko po publicznym głosowaniu w Reichstagu. Grey znalazl się w trudnym położeniu. Szanował Metternicha, lecz podejrzewał, iż ambasador zataja jakieś informacje. Metternich przecież dopiero z opóźnieniem przyznał się do wyprzedzającego gromadzenia materiałów; ciągle nie potwierdzał, że dwa z czterech okrętów programu na rok 1909 zostały rozpoczęte w październiku 1908. Grey nie mógł oskarżyć ambasadora o przekazywanie fałszywych informacji, nie dowierzał jednak temu, czego się od niego dowiadywał. Ponownie więc wysunął propozycję wymiany wizyt *attaché* morskich w stoczniach. Metternich odparł, że cesarz bezwzględnie odmówił. Greyowi niewiele zostawało do zrobienia poza ostrzeżeniem, że Brytania będzie musiała uwzględnić niemieckie moce produkcyjne, a także niemieckie Ustawy morskie przy formułowaniu swoich własnych planów rozbudowy floty. Bezpośrednio przed opublikowaniem brytyjskiego projektu budżetu marynarki Metternich oficjalnie 10 marca poinformował Greya, że niemieckie budowy nie będą przyśpieszane i że niemiecka Flota Pełnomorska nie będzie dysponować trzynastoma drednotami przed końcem 1912 roku.

Tegoż wieczora Metternich ostrzegł Berlin, że Admiralicja Brytyjska zażąda większej liczby okrętów.

12 marca, w dniu publikacji brytyjskiego projektu budżetu marynarki, a na cztery dni przed ich przedstawieniem w Izbie Gmin, Asquith wezwał Metternicha, aby zwiększyć wagę złożonego przez Greya ostrzeżenia. Oto jak, według raportu przekazanego przez Metternicha do Berlina, premier wyjaśniał program brytyjski: „Zgodnie z informacjami uzyskanymi przez Admiralicję Brytyjską trzy z czterech [niemieckich] drednotów [...] z lat 1909-1910 są już od kilku miesięcy w budowie. I nie tylko zebrano już materiały do ich budowy, lecz stępka pod jeden z drednotów programu 1909-1910 została rzeczywiście położona w stoczni Schichaua. Jeśli czyni się przygotowania do budowy, a nawet rozpoczyna ją kilka miesięcy przedtem, zanim zostanie uchwalona [przez Reichstag], to staje się jasne, że ukończenie tych okrętów także może zostać antydatowane o odpowiednią liczbę miesięcy. Pan Asquith nie pragnie się skarżyć [Metternich parafrazował i streszczał słowa premiera] i nie ma uzasadnienia dla takich skarg odnośnie opisanego sposobu naszego postępowania. Wyłącznie Niemcy mają prawo określać tempo budowy swoich okrętów i nikt odpowiedzialny w Wielkiej Brytanii nie będzie miał prawa zgłaszać tu obiekcji. Rząd brytyjski jednak [...] (szacując swój własny program) nie może nie brać pod uwagę postępów programu niemieckiego".

Premier obiecał, że Brytania powstrzyma się od rozpoczęcia budowy czterech nadliczbowych drednotów, dopóki tempo budowy niemieckich okrętów nie uczyni tego kategorycznie koniecznym.

Metternich wysłał ten raport do Berlina; odpowiedzią było milczenie. Cztery dni później, na dwa dni przed rozpoczęciem debaty w sprawach marynarki w Izbie Gmin, Metternich pilnie telegrafował do Berlina, prosząc o zezwolenie na wyjaśnienie niemieckiego programu z bliższymi szczegółami. Tirpitz jednak był przeciwny, a cesarz zgadzał się z Tirpitzem. „Myślę, że byłoby lepiej, gdyby Metternich pohamował swój język. Jest niepoprawny" – napisał Wilhelm na marginesie telegramu od ambasadora.

Twardy charakter przemówienia McKenny przy okazji przedstawiania projektu budżetu marynarki i pasja towarzysząca debacie w Izbie Gmin wymusiły wreszcie reakcję niemiecką. Dzień po debacie, 17 marca, Metternich poskarżył się Greyowi, że rząd brytyjski zignorował jego zapewnienie z 10 marca, iż Niemcy nie będą przyśpieszać realizacji swojego programu. Odpowiedzią Greya było powtórzenie po raz trzeci, że najlepszą metodą wyjaśnienia nieporozumień i uzyskania dokładnej informacji o stanie faktycznym jest wizytacja stoczni obu krajów przez attaché morskich strony przeciwnej.

Tego samego dnia w Berlinie Tirpitz publicznie poparł stanowisko, jakiego cały czas wymagano od oblężonego Metternicha. Otwierając debatę w Reichstagu nad niemieckim projektem budżetu marynarki, sekretarz stanu oznajmił, że brytyjskie obawy są bezpodstawne. Niemcy, stwierdził, będą posiadały w roku 1912 tylko trzynaście, a nie siedemnaście drednotów. Prywatnie jednak Tirpitz zdecydował się przyznać Metternichowi do faktu, którego ten dotąd nie znał, a nawet, działając w myśl otrzymanych instrukcji, energicznie mu zaprzeczał; mianowicie, że kontrakty na dwa z czterech niemieckich drednotów programu 1909-1910 rzeczywiście zostały przyznane prywatnym stoczniom już jesienią 1908 roku, sześć miesięcy wcześniej niż Reichstag mógł uchwalić odpowiednie fundusze. Teraz, ponieważ Admiralicja i rząd brytyjski byli już tego świadomi, Tirpitz zdecydował, że Metternich powinien potwierdzić w Londynie tę informację i wyjaśnić, że kontrakty ulokowano tak wcześnie nie dlatego, żeby ukryć kroki przeciw Anglii, lecz wyłącznie po to, aby uzyskać od budowniczych niższe, konkurencyjne ceny, a równocześnie nie zmuszać stoczni do zwalniania robotników z pracy*.

Upokorzony przez własny rząd Metternich nie miał wyboru i musiał słuchać instrukcji. 18 marca przyznał, że kontrakty na dwa z czterech okrętów zostały zawarte już w październiku 1908 roku. Jego pożałowania godna sytuacja nie zdobyła mu sympatii Fishera, który teraz był już przekonany, że zarówno Tirpitz, jak i Metternich coś ukrywają. „Musimy uwzględnić margines na kłamstwa" – oznajmił.

---

* Jednego dodatkowego faktu Tirpitz nie przekazał ani Metternichowi, ani kaiserowi, mianowicie że faktycznie budowa jednego z okrętów rozpoczęła się 1 marca 1909. Gdy kilka miesięcy później Wilhelm się o tym dowiedział, był wściekły: „Jego Cesarska Mość widzi w tym usprawiedliwienie, choć tylko formalne, angielskich twierdzeń o przyśpieszaniu rozbudowy floty" – pisał do Tirpitza admirał Müller, sekretarz kaisera d.s. morskich – Jego Cesarska Mość zawsze podkreślał, że nie ma żadnego przyśpieszania w tym zakresie". Tirpitz zaprzeczył wszelkiemu przyśpieszaniu, twierdząc, że „rozpoczęcie budowy [...] jest wyłącznie prywatną sprawą firm budujących te okręty. W mojej zatem opinii nie było powodów, żeby zawiadamiać o tym Jego Cesarską Mość. [Stocznia] Schichaua rozpoczęła budować okręt w marcu na własne ryzyko i za własne fundusze, aby uniknąć zwalniania robotników" (*przyp. aut.*).

Spotkawszy przypadkowo Metternicha 24 marca, popatrzał na Niemca, po czym wyrzucił z siebie: „Cała ta panika by wygasła, panie ambasadorze, gdybyście tak pozwolili naszemu *attaché* morskiemu tam się udać i policzyć je [okręty w budowie]". „Niemożliwe – odparł Metternich – Inne rządy także by tego chciały. Poza tym, można by zobaczyć coś, co chcielibyśmy utrzymać w sekrecie". Fisher założył, że albo niemieckie okręty, albo też ich działa są jeszcze większe, niż by to sugerowały opublikowane liczby.

Metternich ciągle próbował wytłumaczyć własnemu rządowi brytyjski punkt widzenia i czynił to aż do swojego odejścia z Londynu. Na początku kwietnia napisał list, w podziwu godny sposób podsumowujący przyczyny wybuchu „paniki morskiej" w Londynie:

„Aż do zeszłego listopada (1908) rząd brytyjski wierzył, że ma, pod postacią naszych Ustaw morskich dość rzetelny wzorzec, za pomocą którego może regulować swoje własne coroczne potrzeby w zakresie budowy okrętów. [...] Do zeszłego listopada zakładano tutaj, że realizacja naszego programu zależy od corocznego głosowania w Reichstagu nad związanymi z nią finansami. Pewność taka już teraz nie istnieje. Obecny rząd rzeczywiście posiada nasze zapewnienie, że nie pragniemy przyśpieszać naszego tempa i że w roku 1912 nie będziemy mieli więcej niż trzynastu drednotów. Rząd utrzymuje jednakże, iż choć takie mogą być nasze obecne zamiary, to mamy wszelkie prawo zmienić je w każdej chwili, w jakiej sobie tego zażyczymy. Rząd czuje, że w tej ważnej kwestii stąpa po omacku i że nie powinna ona zależeć od zamiarów obcego rządu – zamiarów mogących ulec zmianie".

Gdy depesza Metternicha dotarła na biurko kaisera, Wilhelm pokrył ja całą uwagami na marginesach: „Nonsens!", „To absolutnie nie tak!", „Nie!".

Po wystąpieniu Greya i odrzuceniu wniosku o wotum nieufności, zgłoszonego przez Balfoura, debata parlamentarna była zakończona, lecz emocje w gabinecie i w kraju bynajmniej nie wygasły. Lloyd George i Churchill wytrwale próbowali zapobiec budowie czterech dodatkowych drednotów, a jeśli już miałyby zostać zbudowane, zapewnić, żeby stały się częścią programu na rok 1910 (Fisher napisał kpiąco do Churchilla, że gdyby Churchill zgodził się na cztery dodatkowe okręty, to on zadbałby już o to, aby je nazwać: „Winston", „Churchill", „Lloyd" i „George". Jakież byłyby to waleczne okręty!!!"). McKenna „bardzo krzywo patrzył na kolegów za sposób, w jaki został potraktowany" i ponawiał groźby złożenia rezygnacji, jeśli dodatkowe cztery okręty nie zostaną zamówione. Grey popierał McKennę. Konserwatywna prasa ciągle waliła w rząd. „Jeśli rząd nie składa się z pedantów o kamiennych sercach, to [zamówienia] [...] na okręty powinny zostać złożone już teraz – oznajmiała „Daily Mail" – Osiemdziesiąt procent kosztów okrętu liniowego idzie na płace brytyjskiego robotnika. Zarówno nasza marynarka jak i nasi bezrobotni mogą zostać zamorzeni głodem, i rychło zostaną, jeśli nie usunie się tego rządu".

Ironia losu zrządziła, że decyzja zbudowania dodatkowej czwórki, została w końcu przyśpieszona nie przez Niemcy, lecz przez Austrię i Włochy. W lipcu 1909 roku Londyn dowiedział się, że Austria zamierza zbudować trzy, a może i cztery drednoty. Włosi zareagowali szybko; choć Austria i Włochy były nominalnie sojusznikami w ramach trójprzymierza, każde państwo uważało drugie za potencjalnego wroga. Włochy ogłosiły więc natychmiast, że zbudują cztery drednoty. Tak więc, patrząc w przyszłość po rok 1912, Brytania musiałaby stawić czoło minimum trzynastu niemieckim drednotom na Morzu Północnym, plus drednotom włoskim oraz austriackim na Morzu Śródziemnym. Żądania Admiralicji stały się teraz nie do odparcia. 26 lipca McKenna ogłosił, że budowa czterech dodatkowych okrętów zostanie rozpoczęta „bez przesądzania" o programie roku 1910. Asquith, spełniając swoją obietnicę – a także boleśnie odczuwając wyniki ostatnich wyborów uzupełniających w Croydon, gdzie kandydat liberałów został pokonany wręcz przytłaczająco – poparł pierwszego lorda Admiralicji. Liberałowie obruszali się, że ciągle przecież nie ma wyraźnych oznak niemieckiego przyśpieszenia, zaś austriackie i włoskie drednoty wzajemnie się neutralizują. Konserwatyści bili brawo; „panika morska" się skończyła.

Jej rozwiązanie było bolesne dla rządu liberałów, który obejmował urząd przyrzekając zredukować obciążenia zbrojeniowe. Przez trzy lata rząd dotrzymywał tych przyrzeczeń. Teraz zaś, w ciągu dwunastu miesięcy zamówił osiem kosztownych okrętów*. W rzeczywistości otrzymał ich nawet jeszcze więcej. Dwa spośród dominiów, Nowa Ze-

* Sześć okrętów liniowych: „Colossus", „Hercules", „Orion", „Conqueror", „Monarch" i „Thunderer" oraz dwa krążowniki liniowe: „Lion" i „Princess Royal" (*przyp. aut*).

landia i Australia, świadome swojego uzależnienia od Marynarki Królewskiej, poczuły się zaalarmowane ujawnionym przez McKennę obrazem malejącego marginesu brytyjskiej supremacji na morzach. 22 marca, zaledwie sześć dni po przedstawieniu przez pierwszego lorda Admiralicji projektu budżetu marynarki w Izbie Gmin, rząd Nowej Zelandii przekablował do Londynu ofertę zapłacenia za budowę jednego drednota. W czerwcu w jego ślady poszedł rząd Australii i wystąpił z podobną propozycją. Obie oferty zostały przyjęte i w 1910 roku położono stępki pod dwa dodatkowe krążowniki liniowe, „New Zealand" i „Australia". Ostatecznie więc, bezpośrednio i pośrednio, „panika morska" 1909 roku przyniosła owoce w postaci dziesięciu nowych drednotów dla Marynarki Królewskiej w ciągu jednego tylko roku.

Patrząc z retrospektywy, podstawy wybuchu paniki okazały się fałszywe. Niemcy rzeczywiście gromadzili na zapas materiały i podstawy dział, a stocznie wcześniej rozpoczynały budowy, lecz nie było przyśpieszenia w datach przekazywania niemieckich drednotów do linii. Cztery okręty z programu 1908 i cztery z programu 1909 roku były w rzeczywistości nawet opóźnione o osiem miesięcy, aby umożliwić dokonanie zmian projektowych, wymuszonych przez zwiększenie kalibru dział na sześciu brytyjskich okrętach z 12 na 13,5 calowe*. Pod koniec 1912 roku w linii było tylko trzynaście niemieckich drednotów – tak jak obiecywali Metternich i Tirpitz. Naprzeciw nich stały dwadzieścia dwa drednoty brytyjskie. Później Churchill tak oceniał rezultaty i znaczenie „paniki morskiej":

„W świetle tego, co naprawdę się wydarzyło, nie może być jakichkolwiek wątpliwości, że przynajmniej co się tyczy faktów i liczb mieliśmy [Lloyd George i ja] całkowitą rację. Ponure przewidywania Admiralicji na rok 1912 nie spełniły się pod żadnym względem. Nie było żadnych tajnych niemieckich drednotów ani też admirał Tirpitz nie wypowiedział nieprawdziwych stwierdzeń. [...] Choć jednak kanclerz Izby Rozrachunkowej i ja mieliśmy słuszność w wąskim sensie,

* Trzy niemieckie pancerniki z tych roczników: „Kaiserin", „König Albert" i „Prinzregent Luitpold" miały o dwa działa dwunastocalowe mniej od swoich poprzedników. Zaoszczędzona waga została wykorzystana dla zwiększenia grubości pancerza, aby ten był zdolny przeciwstawić się większej zdolności penetracji cięższych pocisków brytyjskich (*przyp. aut.*). Wspominane kalibry to: 12 cali – 305 mm, 13,5 cala – 343 mm.

to absolutnie nie mieliśmy racji w stosunku do tego, co kryła w zanadrzu historia. Największą zasługę należy przypisać w tym względzie pierwszemu lordowi Admiralicji, panu McKennie, za jego zdecydowaną i odważną postawę, z jaką walczył w swojej sprawie i oparł się przy okazji własnej partii. Gdy trwała ta debata, naprawdę niewiele myślałem o tym, że gdy dojdzie do następnego kryzysu gabinetowego wokół marynarki, nasze role będą odwrócone, podobnie jak i on nie myślał, że okręty, o które tak zażarcie walczył, gdy ostatecznie zostaną dostarczone, będą przyjęte przeze mnie z otwartymi ramionami"*.

Były też i inne efekty „paniki morskiej" 1909 roku w Wielkiej Brytanii. Byli tacy – wśród nich Sir Edward Goschen, ambasador brytyjski w Berlinie – którzy uważali, że budowa czterech dodatkowych drednotów miała korzystny wpływ na stosunki anglo-niemieckie. Argumentowali oni, że spowolnienie budowy drednotów w pierwszych latach rządów liberałów wywołało w Berlinie teorie, iż Brytyjczycy zaczynają robić się miękcy i bezpłodni, wkrótce więc – w naturalnym darwinowskim porządku – zostaną zastąpieni jako władcy świata przez jurnych Teutonów. Decyzja rządu brytyjskiego o podwojeniu rocznego programu budowy okrętów, twierdził Goschen, spowodowała zastąpienie narastającej pogardy szacunkiem i zwiększonym pragnieniem zachowania przyjaźni. Inny efekt był także oczywisty. Oto przestał obowiązywać „standard dwóch mocarstw", historyczna zasada, według której Wielka Brytania oceniała, czy jej siły morskie są wystarczające. A jeszcze tak niedawno, bo w listopadzie 1908 roku, tuż przed wybuchem „paniki morskiej", Asquith potwierdzał, że Brytania potrzebowała „przewagi dziesięciu procent w głównych klasach okrętów nad połączonymi siłami morskimi dwóch najsilniejszych po niej mocarstw, niezależnie od tego, jakie to mogą być mocarstwa". W istocie trzecia największa marynarka świata, plasująca się tuż za marynarką Niemiec, należała do Stanów Zjednoczonych, a żaden brytyjski polityk ni admirał nie wyobrażał sobie wojny z Amerykanami. W ten sposób „panika morska" 1909 roku oznaczała dla Brytanii początek obowiązywania wobec Marynarki Królewskiej standardu jednego mocarstwa. Brytania miała odtąd budować okręty wyłącznie przeciwko Niemcom. Churchill, już jako pierwszy lord Admiralicji,

* W październiku 1911 roku doszło do zamiany stanowisk McKenny i Churchilla. McKenna został ministrem spraw wewnętrznych, zaś Churchill – pierwszym lordem Admiralicji (*przyp. aut.*).

stwierdził ów fakt oficjalnie 28 marca 1912 roku, kiedy to powiedział w Izbie Gmin, że odtąd standardem Brytanii jest 60-procentowa przewaga nad Niemcami.

Były jeszcze dwa inne skutki „paniki morskiej" z 1909 roku i decyzji o zbudowaniu ośmiu drednotów w ciągu jednego roku. Alarm w parlamencie i histeria w prasie odnośnie do kondycji obrony morskiej Wielkiej Brytanii wywołały krytykę starzejącego się pierwszego lorda morskiego, który rządził Admiralicją i doradzał rządowi. Dlaczego, pytano, jeśli okazuje się, że Brytania nagle potrzebuje ośmiu okrętów w jednym roku, wybudowała tylko dwa w roku poprzednim? Uzasadniona czy nie, narastająca krytyka i uskarżanie się nadwątliły wiarygodność Jacky'ego Fishera. Gdy tylko projekt budżetu marynarki na rok 1909 został zatwierdzony w głosowaniu, sprawami tymi zajęła się rządowa komisja śledcza. „Panika morska" wywarła także głęboki wpływ na Kanclerza Izby Rozrachunkowej, Davida Lloyd George'a. Decyzja o budowie ośmiu drednotów w okresie jednego roku zburzyła jego obliczenia budżetowe. Aby zebrać dodatkowe miliony funtów szterlingów, kanclerz postanowił poszukać nowych źródeł dochodu, a zaproponowane przez niego podatki stały się jeszcze bardziej kontrowersyjne politycznie, niż decyzja o budowie dodatkowych okrętów. W 1910 i w 1911 roku miały one doprowadzić do historycznej a burzliwej konfrontacji pomiędzy Izbą Gmin a Izbą Lordów.

34

Inwazja Anglii

Rola marynarki w wojnach prowadzonych przez Brytanię była zawsze defensywna; bronią ofensywną była armia. Stąd też wzięła się metafora: marynarka – tarcza, armia – włócznia czy też, w postaci zmodernizowanej przez Fishera: „armia jest pociskiem, który marynarka musi wystrzelić". Najważniejszą misją marynarki była obrona Wysp Brytyjskich oraz szlaków handlowych Imperium. Jednakże, bez względu na to jak byłaby potężna, jej potęga nie sięgała dalej niż do nieprzyjacielskiego wybrzeża. Sama jedna nie mogła pokonać przeciwników na kontynencie; dziesięciolecia wojen z Królem Słońce i z Napoleonem dowiodły tego dobitnie. Oficerowie marynarki przyznawali, że Brytania potrzebuje armii. W myśl ich preferencji miały to być małe, wysoce profesjonalne siły ekspedycyjne, które, mając ruchliwość zapewnioną przez dominującą potęgę morską, zdolne byłyby do nagłego uderzenia w dowolnym punkcie wrogiego wybrzeża i to ze skutkiem znacznie większym niż wynikałoby to z ich liczebności. Obmyślając rolę dla armii brytyjskiej, admirałowie i komandorowie nigdy jednak nie wyobrażali sobie nawet, że miałaby ona być odpowiedzialna za obronę Wysp Macierzystych. Od czasów Wielkiej Armady właśnie do Marynarki Królewskiej należał obowiązek zatopienia wszystkich okrętów wojennych, transportowców wojska czy innych barek najeźdźcy, zanim choćby jeden żołnierz nieprzyjacielski postawił stopę na angielskiej plaży.

Gdy dziewiętnasty wiek dobiegał końca, niektórzy w Wielkiej Brytanii zaczęli wątpić, czy marynarka jest w stanie spełniać choćby swoją defensywną rolę. Wiele spośród tych wątpliwości zgłaszanych było i pobudzanych przez oficerów armii. Czy było to rozsądne, pytali, aby Brytania stawiała wszystko na jedną kartę? „Wiem tylko, że nic nie jest bardziej podatne na zniszczenie od wszelkich rzeczy pływających po wodzie – oznajmił w roku 1896 naczelny dowódca armii brytyjskiej, lord Wolseley – Często słyszymy, że w okresie pokoju i przy najspokojniejszym morzu nasze najlepsze pancerniki zderzają się ze sobą. Stwierdzamy też, że wielkie sztormy potrafią rozproszyć i niemal zniszczyć najwspanialsze floty, jakie kiedykolwiek pływały po morzach. Jest zatem zasadniczo konieczne, żeby ten kraj zawsze miał potężną armię, w sile wystarczającej przynajmniej do obrony naszych własnych brzegów". Gdyby nawet brytyjskim pancernikom udało się nie potopić nawzajem ani nie dać się zmieść sztormom, zawsze istniała szansa, że mogą zostać podstępem odciągnięte od Kanału na czas dostatecznie długi, by armia inwazyjna zdążyła się przez niego prześliznąć. Dla tych właśnie powodów, sugerowała armia, powinno się ją powiększyć.

Początkowe porażki armii podczas wojny burskiej wzmocniły tylko taką argumentację. Trzeba było wysłać z Anglii potężne posiłki dla walczących tam oddziałów, ogałacając ojczyznę z żołnierzy. Prasa na kontynencie, zażarcie proburska, wściekała się na brytyjskie „rozbójnicze przedsięwzięcie w Południowej Afryce" i zachęcała koalicję europejską do skorzystania ze słabości Anglii na jej własnym terenie. Taka wrażliwość na ciosy była bardziej psychologicznej aniżeli rzeczywistej natury – flota brytyjska nadal przecież stacjonowała na wodach europejskich – ale była ostro odczuwalna. Sławny dziennikarz, W. T. Stead, ujął to bardzo obrazowo: „Imperium, odarte ze swej zbroi, ze związanymi na plecach rękami i gardłem wystawionym pod ostre noże swoich najzagorzalszych wrogów". Ponieważ w Anglii nie było prawie żadnych oddziałów, Francuzi mogli odciągnąć flotę na okres wystarczająco długi dla przerzucenia przez kanał pięćdziesięciu lub stu tysięcy żołnierzy, którzy by pomaszerowali na Londyn, praktycznie nie napotykając oporu. Nawet lord Salisbury, który zazwyczaj ignorował wszelkie gadki o zagrożeniu Brytanii, zwrócił na to uwagę. W maju 1900 roku, gdy jego rodacy czuli się najbardziej narażeni, zaproponował on tworzenie w całym kraju prywatnych klubów strzeleckich; najeźdźcy mieli być odstraszeni perspektywą napotkania strzelców amatorów wyskakujących zza żywopłotów.

Mimo sugestii premiera rząd zachował wiarę w marynarkę i jej zdolność do odparcia inwazji. W rzeczy samej podczas wojny burskiej marynarka odgrywała swoją tradycyjną rolę. Absolutne panowanie na morzu umożliwiło niezakłócony transport 250 000 żołnierzy, ich amunicji i zaopatrzenia na trasie przeszło sześciu tysięcy mil morskich. Równocześnie, pomimo tego co plotła prasa w Paryżu i Berlinie, żaden żołnierz z kontynentu nie postawił stopy na ziemi Anglii. Pierwszy lord morski owego okresu, Sir Walter Kerr, z profesjonalnym spokojem wyjaśniał: „O ile nasza marynarka nie zniknie całkowicie z wód macierzystych, ryzyko dla sił inwazyjnych będzie ogromne i podejrzewam, że jest to całkowicie zrozumiałe po drugiej stronie Kanału". Sprawy potoczyły się tak, że żaden rząd europejski nie miał zamiaru rzucać wyzwania Brytanii, choćby jej żołnierze byli nie wiadomo jak daleko. A żadna flota europejska nie była w stanie rzucić wyzwania Marynarce Królewskiej. Flota francuska, jedyna siła mogąca stworzyć jakieś wyobrażalne zagrożenie, przez cały okres trwania wojny burskiej była całkowicie nieprzygotowana do akcji. Do grudnia 1900 roku poczucie zagrożenia w Anglii opadło. Czasopismo „Naval and Military Record" zdążyło odzyskać właściwą Brytyjczykom postawę rezerwy przy rozważaniu zagrożeń zewnętrznych: „Jedyną trudnością, jaką widzimy na drodze do inwazji Anglii – być może wyrastającą z naszych wyspiarskich uprzedzeń – jest to, że oddziały francuskie musiałyby najpierw zostać przetransportowane przez wodę".

Po konflikcie w Południowej Afryce Armia Brytyjska chciała naturalnie skorygować wszelkie błędy organizacyjne i materiałowe, jakie sprowadziły na nią takie kłopoty z rąk burskich komandosów. Wielu oficerów chciało też ogólnego powiększenia armii, aby dać Brytanii coś, co odpowiadałoby statusowi Wielkiego Mocarstwa. W 1901 roku St John Broderick, unionistyczny minister wojny w ostatnim gabinecie Salisbury'ego, przedstawił plan armii liczącej 600 000 żołnierzy sformowanych w sześć korpusów armijnych. Stu dwudziestu tysiącom owych żołnierzy przypadłaby tradycyjna rola sił ekspedycyjnych, zaś 480 000 zostałoby przydzielonych do nowej roli – obrony kraju. Przyczyną było to, że, jak tłumaczył Broderick, coś mogło się przydarzyć marynarce. „Inwazja może mieć znikome szanse – oznajmił – lecz Imperium tej wielkości nie rządzi się licząc na znikomość szans". Plan ministra wojny spotkał się z powszechną dezaprobatą. „Wielka armia defensywna nigdy nie będzie miała nic godnego do roboty w tym kraju" – oznajmiał „Times". „Nawet i trzydzieści korpusów armii nie utrzymałoby równowagi, gdyby flota została wymieciona z mórz" – stwierdził lord Rosebery w Izbie Lordów. Winston Churchill wyłożył swoją argumentację bardzo zwięźle: „Co się tyczy silniejszej Armii Regularnej, to albo panujemy na morzach, albo nie. Jeśli panujemy, potrzeba nam mniej żołnierzy, jeśli zaś nie – chcemy więcej okrętów".

Armia upierała się przy swoim. Jej rzecznikiem został marszałek polny lord Roberts, słynny „Bobs", największy żyjący bohater wojskowy Brytanii, zdobywca Krzyża Wiktorii, weteran walk w Indiach, zwycięzca z Południowej Afryki, a w latach 1901-1904 – naczelny dowódca Armii Brytyjskiej. Roberts obawaił się, że gdyby flota została zniszczona lub błędnie rozmieszczona, Armia Brytyjska nie stanowiłaby żadnej przeszkody dla sił inwazyjnych jakiegokolwiek mocarstwa kontynentalnego. Jego propozycją było utworzenie wielkiej Armii Brytyjskiej, opartej na obowiązkowej służbie wojskowej. Gdy unionistyczny rząd Arthura Balfoura odrzucił jego propozycję, Roberts zrezygnował z zajmowanego w armii stanowiska i cały poświęcił się tej sprawie. W 1905 roku został przewodniczącym Krajowej Ligi Służby Wojskowej, grupy bojowników – zwolenników poboru. Uwolniony od ograniczeń, jakie narzucało mu dotychczasowe stanowisko, lord Roberts, już po siedemdziesiątce, stał się znaną postacią, często przemawiającą za poborem w Izbie Lordów i na zgromadzeniach publicznych. Gdy w ostatnich miesiącach swojego premierowania Balfour zapewniał, że inwazja „nie jest ewentualnością, jaką musielibyśmy poważnie brać pod uwagę", Roberts odparował w Izbie Lordów: „Nie waham się stwierdzić, że nasze siły zbrojne jako całość, są absolutnie równie niezdolne i nieprzygotowane do wojny, jak były w latach 1899-1900".

Wrogość Robertsa wobec Balfoura była umiarkowana w porównaniu z uczuciami, jakie żywił względem nowego liberalnego rządu, który doszedł do władzy w grudniu 1905. Patrząc, gdzie znaleźć pieniądze na programy socjalne, Campbell-Bannerman i Asquith dokonywali cięć w budżetach zarówno armii, jak i marynarki. Wkrótce lord Roberts pisywał już regularnie do Balfoura, który był w Izbie Gmin uznanym autorytetem w sprawach obrony, a także przywódcą opozycji. Roberts wyliczył, że gdyby z takiej czy innej przyczyny flota brytyjska nie interweniowała, wrogowi z kontynentu wystarczyłyby dziewięćdziesiąt cztery godziny do przerzucenia siedemdziesięciu tysięcy żołnierzy przez Kanał lub Morze Północne. Gdyby już dostali się do Anglii, przyłączyłoby się do nich osiemdziesiąt tysięcy cudzoziemców, samych wyszkolonych żołnierzy, zamieszkujących Wielką Brytanię. Wielu z tych ostatnich, twierdził Roberts, pracowało w dużych hotelach na głównych stacjach kolejowych kraju, skąd z łatwością mogliby zablokować brytyjski system transportowy.

Ostrzeżenia Robertsa zrobiły na Balfourze wrażenie dostatecznie silne, by zasugerował Komitetowi Obrony Imperium ponowne rozważenie zagrożenia Anglii inwazją. Przed i w okresie sprawowania przez niego urzędu premiera potencjalnymi najeźdźcami byli Francuzi, teraz stali się nimi Niemcy. Zebrał się podkomitet i rozpoczął przesłuchania. W kwietniu 1908 roku, gdy premierem został Asquith, sprawa została potraktowana bardziej serio. Z powodu swojego doświadczenia, Balfour został poproszony o stawienie się przed podkomitetem i ocenę zgromadzonego materiału. W obecności Asquitha, Greya, Haldane'a, Lloyd George'a i lorda Robertsa, Balfour przemawiał przez godzinę. Było to, jak mówił świadek, „oświecające" wystąpienie, „absolutnie doskonałe pod względem formy i języka", które wprawiło komitet „w takie osłupienie", że żaden z jego członków, nawet lord Roberts, nie mógł zdobyć się na zadanie choćby jednego pytania. „W powszechnej opinii nigdy nie przedstawiono lepiej całej tej kwestii". Zdaniem Balfoura, a taki też był końcowy wniosek komitetu, pierwszą linią obrony powinna być marynarka, a jak długo będzie zapewniona jej supremacja, Anglia nie może ulec inwazji.

Fisher, który nie żywił dla armii szczególnego szacunku, zawsze okazywał pogardę wszelkim sugestiom, że marynarka mogłaby nie odeprzeć inwazji. „Marynarka – powiedział obejmując stanowisko pierwszego lorda morskiego w 1904 roku, jest pierwszą, drugą, trzecią, czwartą, piątą [...] i tak *ad infinitum** [...] linią obrony! Jeśli mary-

---

* *As infinitum* (łac.) – „w nieskończoność".

narka nie panuje nad morzami, to na nic zda się armia, choćby nie wiem jak wielka. To nie inwazji musimy się obawiać, gdy marynarka zostanie pokonana, LECZ GŁODU!" Co zaś się tyczyło nieprzyjacielskich żołnierzy nagle ruszających przez Morze Północne i lądujących na angielskich plażach, to Fisher parsknął tylko: „Jestem zbyt zajęty, aby tracić czas na takie bajdurzenie". Wymagałoby to miesięcy przygotowań, zgromadzenia transportowców i załadowania na nich żołnierzy; wszystko to nie mogło wszak przejść nie zauważone. Odnośnie do siedemdziesięciu tysięcy żołnierzy, to Fisher wskazywał, że przez cały październik 1899, na początku wojny burskiej, największa potęga morska świata, posiadająca największą na świecie flotę handlową i korzystająca z pięciu wielkich portów morskich, potrafiła wyprawić w morze tylko trzydzieści tysięcy wojska i mniej niż cztery tysiące koni. Fisher zjeżył się, że Komitet Obrony Imperium zadał sobie trud i zebrał się, aby wysłuchać lorda Robertsa. Na bankiecie w Guildhall w 1907 roku, w jednym z dwóch wystąpień publicznych jakie w swoim życiu wygłosił, pierwszy lord morski wyśmiał pomysł, że armia niemiecka mogłaby zjawić się w Anglii jak grom z jasnego nieba. „Równie dobrze moglibyście opowiadać o tym, jak katedrę św. Pawła da się załadować na stateczek-zabawkę – oznajmił – Nie, panowie, możecie wracać do domów i spać spokojnie w swoich łóżkach".

Choć wnioski podkomitetu oraz ich potwierdzenie przez rząd były wiążące, przynajmniej w zakresie wytyczonej polityki, to oba fakty były tajne i nie miały wpływu na szalejącą publiczną debatę na temat inwazji. Mimo zapewnień pierwszego lorda morskiego, mimo dołączających do floty nowych drednotów, mimo sprawnej reorganizacji armii przez Haldane'a, Anglicy i Angielki ciągle byli pełni obaw. Henry James, prawie Anglik*, mieszkający w Rye na wybrzeżu Kanału, obawiał się, że któregoś dnia mógłby wyjrzeć na morze i zauważyć jasnoszare okręty floty niemieckiej kierujące swoje działa na jego dom. „Gdy cesarz niemiecki ściągnie następną wojnę na ten kraj – powiedział pisarz – moje kominy, widoczne z pewnej odległości z morza, stać się mogą jego pierwszym celem". Dziennik „Daily Mail" takiej oto porady udzielał jadającym obiady w restauracjach: „Odmawiajcie obsługi przez niemieckich lub austriackich kelnerów.

* Henry James (1843-1916) – sławny pisarz amerykański („Washington Square", „Daisy Miller", „Portret Lady", „Bostończycy", „Ambasadorzy"), od 1915 roku naturalizowany obywatel brytyjski, wielka postać kultury atlantyckiej.

Gdy kelner powiada, że jest Szwajcarem, żądajcie, by pokazał wam swój paszport”.

Obawy takie były rozdmuchiwane przez rosnący strumień szczególnej literatury – książek, broszur, sztuk teatralnych i historyjek gazetowych – osnutych na motywie mającej wkrótce nastąpić obcej inwazji. Wraz ze spadkiem analfabetyzmu i rozwojem gazet o masowych nakładach rozpoczął się boom na pisarstwo sensacyjne. Doszło do istnej erupcji literatury „inwazyjnej” w postaci powieści szpiegowskich, powieści o wyimaginowanej wojnie oraz inwazji. Przez dwadzieścia lat, od wczesnych lat osiemdziesiątych XIX wieku aż do roku 1903, kiedy to porozumienie kolonialne z Francją było bliskie zawarcia, fikcyjni najeźdźcy byli zawsze Francuzami. Ważnym czynnikiem był tu spór z Francją o Egipt, który osiągnął szczyt w postaci niemal paniki wojennej podczas incydentu o Faszodę w 1898, lecz korzenie antagonizmu sięgały kilku stuleci wstecz. W późnej epoce wiktoriańskiej Anglicy tłumaczyli wszystko po prostu jako kwestię francuskiej zazdrości: „zazdrości o wielkie Imperium Anglii, zazdrości o jej wolność, stabilność jej rządów, jej trwałej monarchii, jej ukochanej Królowej”.

W 1882 roku Anglię podniecił szczególny przypływ strachu przed inwazją. Przedłożony tego roku w parlamencie plan przewidywał przekopanie dwudziestomilowego tunelu kolejowego z Dover do Calais. We wrzasku, jaki zaraz potem nastąpił, wszelka racjonalna dyskusja na temat korzyści handlowych z otwarcia nowego szlaku została zaniechana. Na zewnątrz jedyną kwestią było, czy tunel pod Kanałem stałby się wyrwą w obronnej fosie Brytanii. Podskórnie dały się odczuć inne obawy. Tunel oznaczałby koniec „Wspaniałej Izolacji”. Zmusiłby on Brytyjczyków do odrzucenia wyobrażeń o nich samych jako o mieszkańcach „tej władczej wyspy [...] w srebrnym oprawionej morzu”, jako obrońców „tej fortecy zbudowanej przez samą Naturę”[*]. Nikt obcy nie potrafiłby tego zrozumieć. O pokolenie wcześniej, gdy książę Albert, zawsze entuzjasta rozwoju techniki, zaproponował zbudowanie tunelu lordowi Palmerstonowi, premier, który w swoich poglądach nie odbiegał od przeciętnego Anglika, odparł „nie tracąc ani na chwilę zwyczajnego mu, perfekcyjnie dworskiego tonu <<Myślałby pan całkiem odmiennie, Sir, gdyby urodził się na tej wyspie>>”. Więk-

[*] Autor posługuje się językiem Szekspira z dramatu „Ryszard II”.

szość Anglików nadal podzielała takie poglądy. W 1882 roku rozwścieczeni obywatele rzucili się na londyńskie biura Channel Tunnel Company i powybijali w nich szyby. Masowa petycja antytunelowa, podpisana przez Browninga, Tennysona, Huxleya, kardynała Newmana, arcybiskupa Canterbury, pięciu diuków, dziesięciu hrabiów, pięćdziesięciu dziewięciu generałów, siedemnastu admirałów i dwudziestu sześciu posłów do parlamentu, uroczyście stwierdzała, że przekopanie tunelu „pociągnęłoby za sobą takie niebezpieczeństwa militarne i obciążenia dla tego kraju, od jakich, pozostając wyspą, szczęśliwie byliśmy wolni". Szum wokół sprawy rozpalił wyobraźnię pisarzy. Z pras drukarskich spływał istny potok broszur, rozpraw i groszowych powieści o takich tytułach, jak „Tunel pod Kanałem, czyli Anglia w niebezpieczeństwie", „Zdobycie tunelu pod Kanałem", „Bitwa o tunel pod Kanałem", „Z zaskoczenia przez tunel pod Kanałem" oraz „Jak John Bull stracił Londyn". Ta nowa szkoła beletrystyki posługiwała się seryjnie typową postacią francuskiego kelnera, pracującego w Anglii, z karabinem ukrytym w swoim bagażu. On i jego przeszkoleni wojskowo rodacy wymykają się ze swoich miejsc zamieszkania i w ciemnościach nocy zajmują angielski wylot tunelu pod Kanałem. Następnego ranka pociągiem przybywa do Anglii armia francuska, żeby dokończyć podboju. Sam tunel spowodowałby, że wielki napływ cudzoziemców do Anglii nie wzbudzałby podejrzeń. „Wielki wzrost dobrobytu, jaki tunel przyniósł w Dover – wyjaśniał pewien powieściopisarz – spowodował, że w mieście osiedliła się wielka ilość francuskich restauratorów, kelnerów, szewców, modystek i pasztetników".

Cały ten zamęt powiększyło jeszcze dwóch najwyższych rangą oficerów w Armii Wielkiej Brytanii. Marszałek polny, Jego Królewska Wysokość Diuk Cambridge, naczelny dowódca Armii Brytyjskiej (i kuzyn królowej) napisał, że gdyby angielski wylot tunelu został wzięty z zaskoczenia, Brytania nie mogłaby mieć żadnej nadziei na stawienie skutecznego oporu jakiemukolwiek mocarstwu kontynentalnemu. „Moglibyśmy mimo wszelkiej ostrożności stwierdzić któregoś ranka, że oba końce tunelu są zajęte przez wroga, mogącego wtedy bez napotykania oporu przerzucić przez niego swoją armię". Lord Wolseley, generał-adiutant, uważał za rzecz możliwą, by wróg dokonał inwazji nawet bez pomocy kelnerów i pasztetników. „Parę tysięcy uzbrojonych ludzi z łatwością mogłoby przebyć tunel nocnym pociągiem, nie wzbudzając żadnych podejrzeń, gdyby przebrali się za zwyczajnych pasażerów, albo też – jadąc z największą prędkością z opuszczonymi zasłonami okien – nawet w mundurach i pod bronią". W miarę upływu lat, ponieważ tunelu ciągle nie było, ani nie zanosiło się na jego budowę, historie o inwazji przez tunel pod Kanałem zaczęły zanikać. Jedna z ostatnich, napisana w 1901 roku, dotyczyła tunelu wierconego w tajemnicy z Calais. Tajny wylot miał mieścić się na farmie w hrabstwie Kent, należącej do francuskiego szpiega, który przyjął nazwisko i maniery Anglika. Spisek został odkryty, lecz angielscy czytelnicy byli ostrzegani, że „stalowa rura ciągle spoczywa na dnie morza. [...]".

W miarę jak stosunki z Francją stawały się coraz cieplejsze, a stosunki z Niemcami ulegały ochłodzeniu, zmieniało się miejsce skąd miała wyruszyć fikcyjna inwazja; teraz już łupieżcy Anglii nie mieli przybywać przez Kanał lecz przez Morze Północne. W najlepszym utworze nurtu inwazyjnego, „Zagadce piasków" Erskine'a Childersa, opublikowanym w 1903 roku, najeźdźcami są Teutoni. Opowieść Childersa dotyczy przygód na morzu: dwóch młodych Anglików podczas wakacji żegluje i poluje na kaczki na pokładzie małego jachtu wśród skomplikowanej sieci piaskowych ławic, estuariów i terenów pływowych, ciągnących się wzdłuż niemieckich wybrzeży Morza Północnego aż po ujście Łaby. Tutaj, w ruchomym labiryncie piasku i wody, natykają się na jakieś dziwne przedsięwzięcie, unikają próby zamordowania ich, jedzą obiad w towarzystwie angielskiego zdrajcy o manierach dżentelmena, podsłuchują szokujące plany, aż wreszcie pewnej ciemnej nocy jeden z młodych żeglarzy, ukryty na pokładzie niemieckiego holownika, widzi przez moment Jego Cesarską Mość. Kaiser jest tam obecny, aby zweryfikować realność całego przedsięwzięcia; nasz pasażer na gapę uprzytamnia sobie, na czym ono ma polegać, gdy zauważa, w jakim kierunku płynie holownik:

„Kurs [...] był niemal zachodni, z latarnią Norderney kilka rumbów po lewej burcie. Kurs na Memmert? Być może, lecz nie obchodziło mnie to, gdyż tej nocy nie Memmert było mi w głowie. Był to także kurs prowadzący do Anglii. Tak, nareszcie zrozumiałem. Oto asystowałem przy eksperymentalnej próbie wielkiej sceny, do odegrania być może w najbliższej przyszłości – sceny, w której mnóstwo morskich lichtug, załadowanych żołnierzami, nie węglem, miało wyruszyć równocześnie, w siedmiu flotyllach, z siedmiu płytkich ujść, by pod eskortą marynarki cesarskiej przebyć Morze Północne i wyrzucić się na brzegi Anglii".

„Zagadka piasków" jest czymś więcej niż tylko opowieścią szpiegowską, jest to także książka marynarska. Sam Childers był jachtsmenem; pisze o „wietrze szumiącym w grotżaglu", „perswazyjnej pieśni, jaką śpiewa spieniona fala pod dziobem" oraz „podniosłym wyglądzie obszaru smaganego wiatrem błękitu, w połowie otoczonego widocznymi w dali wzgórzami". Z dwóch swoich bohaterów, większą sympatią darzy Daviesa, właściciela jachtu, zdolnego żeglarza, którego odwaga i umiejętności za sterem doprowadzają stateczek do punktu, gdzie piaski odkrywają im swoje tajemnice. Davies studiował w Oksfordzie, został odrzucony przez marynarkę, a teraz mieszka na swoim trzydziestostopowym slupie, którego takielunek i pokład zdążyły się poszarzeć, a okucia pokryć śniedzią. Towarzyszem Daviesa jest Carruthers, przyjaciel z Oksfordu, obecnie w Ministerstwie Spraw Zagranicznych, którego świat to pisanie raportów oraz jedzenie i tańczenie podczas niezliczonych weekendów w wiejskich dworach. Gdy Carruthers przybywa na jacht ubrany w eleganckie flanele i blezer, wystarcza jedno spojrzenie Daviesa, żeby się przebrał w stare ubranie. To Davies, a nie Carruthers, specjalista z Ministerstwa Spraw Zagranicznych, odgaduje, co się właściwie dzieje. Jednego dnia, siedząc pod pokładem, gdy jacht stoi w porcie spowity śliską, nieruchomą mgłą, Davies pyka swoją fajkę i rozwija mapy na stole w kabinie. Przepełniony jest szacunkiem, nawet podziwem wobec Niemiec:

„Oto masz tutaj ogromne cesarstwo, rozciągające się na połowie Środkowej Europy – cesarstwo rosnące tak szybko, jak pożar lasu pod względem ludności, bogactwa, wszystkiego. Pobili Francuzów i Austriaków i są teraz największą potęgą wojskową Europy. [...] Co mnie niepokoi, to ich siły morskie. To dla nich nowa rzecz, ale stają się coraz silniejsze, a ten ich cesarz popycha ich w tym kierunku ile się da. Wspaniały z niego gość, każdy widzi, że ma rację. Nie mają żadnych kolonii godnych wzmianki, a przecież muszą je mieć, tak jak my. Nie mogą ich zdobyć i utrzymać, a także ochronić swojego potężnego handlu bez sił morskich. Przecież dzisiaj liczy się tylko handel morski. Mówię ci, to nie są moje koncepcje. [...] To wszystko jest z Mahana i tych innych facetów. No cóż, w tej chwili Niemcy mają małą flotę, ale jest cholernie dobra, a ciągle zażarcie ją rozbudowują".

Swoją drogą Anglia ignoruje źródło własnej wielkości i lekceważy gorliwych, „spalonych od słońca i słonej wody” marynarzy, którzy rozumieją się na tych rzeczach i wiedzą jak ją ocalić:

„<<Jesteśmy krajem morskim – powiada Davies do Carruthersa – Z morza wyrośliśmy, morzem żyjemy; jeśli utracimy nad nim panowanie, umrzemy z głodu. Jesteśmy w tym jedyni, podobnie jak jedyne w swoim rodzaju jest nasze wielkie Imperium, połączone wyłącznie morzami. A mimo to, mój Boże! [...] spójrz, jakie góry obojętności i zarozumiałości musiały zostać poruszone. I to wcale nie jest wina ludzi. Tak długo byliśmy bezpieczni, staliśmy się tak bogaci, że zapomnieliśmy, czemu to zawdzięczamy. Nie ma jednak wytłumaczenia dla kapuścianych głów tych mężów stanu, czy jak tam oni sami siebie nazywają, którym płaci się za to, aby widzieli rzeczy takimi jakie są naprawdę. [...] Na Jowisza, chcemy takiego człowieka jak kaiser, który nie czeka, aż ktoś da mu kopniaka, lecz pracuje jak Murzyn dla swojego kraju i spogląda w przyszłość. [...] A na domiar wszystkiego, byliśmy takimi osłami, żeby oddać Niemcom Helgoland, który panuje nad całym ich wybrzeżem Morza Północnego. [...] My nie możemy mówić o podboju i grabieży. Zdążyliśmy już nałożyć naszą obrożę niezłej części świata, więc mają prawo być zazdrośni. Pozwólmy więc, aby nas nienawidzili i przyznajmy to; da to nam nauczkę, abyśmy się pozbierali i tylko to naprawdę się liczy>>”[*].

---

[*] „Zagadka piasków” była jedyną powieścią napisaną przez tego pełnego pasji i donkiszoterii mężczyznę. Erskine Childers, dobrze wychowany Anglik, który chodził do Cambridge, pracował potem jako drobny urzędnik w Izbie Gmin, gdzie długie przerwy w sesjach oraz wakacje umożliwiały mu robienie tego, co najbardziej lubił: uprawianie jachtingu na Morzu Północnym i Bałtyku. Był angielskim patriotą, służącym swemu krajowi w artylerii konnej podczas wojny burskiej oraz jako obserwator lotniczy i oficer wywiadu podczas I wojny światowej. Zanim jednak nadeszła wielka wojna, w życie Childersa wtargnęła nowa pasja. W 1908 roku odwiedził on Irlandię. Stał się gorącym zwolennikiem *Home Rule* i porzucił pracę w Izbie Gmin, aby poświęcić się sprawie Irlandii. W lipcu 1914 roku, gdy prostestanci w Ulsterze zbroili się, żeby dać odpór *Home Rule*, Childers ze swoją amerykańską żoną wypłynęli pięćdziesięciostopowym jachtem na rendez-vous z niemieckim holownikiem niedaleko wybrzeży belgijskich i wzięli na pokład setki karabinów Mausera oraz tysiące sztuk amunicji, by dostarczyć je irlandzkim nacjonalistom. Ów tajny akt poprzedził służbę Childersa dla Anglii podczas wielkiej wojny. Po demobilizacji Childers ponownie oddał się sprawie Irlandii. Uwikłany między frakcjami irlandzkich nacjonalistów, związał się w końcu z najbardziej ekstremistycznym ugrupowaniem, jakie miało tymczasowo przegrać. Aresztowany przez żołnierzy Wolnego Państwa Irlandzkiego, posiadał przy sobie mały pisto-

Rosnące zaniepokojenie opinii publicznej niebezpieczeństwem inwazji niemieckiej można zmierzyć, porównując niewinną, pełną szumu wiatru opowieść Childersa z sensacyjną, melodramatyczną książką, jaka ukazała się trzy lata później. W marcu 1906 roku, gdy liberalny rząd Campbella-Bannermana sprawował władzę zaledwie od trzech miesięcy, londyńska „Daily Mail" rozpoczęła drukować w odcinkach „Inwazję roku 1910" autorstwa Williama Le Queux. Za książką tą stał lord Roberts ze swoim ostrzeżeniem, że mimo całej tej marynarki, Brytania stoi otworem dla obcej inwazji. Le Queux także wierzył w obowiązkową służbę wojskową i potrzebę zbudowania większej armii; celem jego książki było wstrząsnąć krajem, aby uwierzył w to samo.

W „Inwazji roku 1910" armia najeźdźców zbiera się dokładnie w miejscu rozpoznanym przez dwóch jachtsmenów Childersa – wśród pływowych piasków wybrzeża fryzyjskiego. Rzucając się w niespodziewanej szarży przez Morze Północne, armia ta zwala się na nieprzygotowaną Anglię. Choć niewyszkoleni – bo wezwanie lorda Robertsa do wprowadzenia poboru przeszło bez echa – żołnierze i cywile angielscy walczą z desperacką odwagą, ale nie mogą równać się ze sprawnym, zawodowym wojskiem wroga. Wojna prowadzona jest przez obie strony z niezwykłym okrucieństwem. Niemcy są potworami, którzy bagnetami dobijają kobiety i dzieci, zmuszają przerażonych mieszkańców do kopania własnych grobów, a w odwecie za zasadzkę na niemiecką kolumnę zaopatrzeniową, wyrzynają całą ludność angielskiego miasta. Kaiser nie jest „wspaniałym gościem", ale spragnionym krwi barbarzyńcą, żądającym zbombardowania i złupienia Londynu. „Duma tych Anglików musi zostać złamana" – oznajmia Najwyższy. Anglicy są prawie tak samo brutalni, każdy Niemiec wpadający w ich ręce zostaje rozstrzelany, zarżnięty, powieszony lub uduszony.

---

let i pod tym pretekstem został skazany i rozstrzelany przez pluton egzekucyjny 24 listopada 1922 roku. „Umieram pełen gorącej miłości do Irlandii" – napisał żonie wieczorem przed śmiercią. W odpowiedzi na oskarżenie Winstona Churchilla, że nienawidził Anglii, powiedział żonie: „To nieprawda, umieram kochając Anglię i gorąco się modlę, aby mogła zmienić całkowicie i ostatecznie swój stosunek do Irlandii". W 1973 roku syn Erskine'a Childersa, Erskine Hamilton Childers, został prezydentem Republiki Irlandii (*przyp. aut.*).

W fabule Le Queuxa Londyn poddany jest bombardowaniu prowadzącemu do ciężkich strat w ludziach, potem dochodzi w nim do walk ulicznych. Zlani posoką Niemcy zdobywają miasto, lecz nie są w stanie go utrzymać. Rozwścieczona Anglia powstaje, zmusza armię najeźdźczą do kapitulacji i wybucha zemstą. Jeńcy niemieccy są linczowani, rozdzierani na sztuki, lub umierają w sposób „zbyt okrutny, aby go tutaj przedstawiać ze szczegółami". Wojna kończy się niełatwym kompromisem. Niemcy, zaanektowawszy Holandię i Danię, czekają na szansę kolejnej inwazji. Gospodarka, finanse i handel Anglii są zniszczone. Ci, którzy są dość bogaci, aby wyjechać – uciekają, pozostali w kraju – głodują.

Morał tej opowiastki jest wbijany krajowi do głowy przez Le Queuxa, gdy jedna z postaci wypowiada słowa: „Gdybyśmy przyjęli jego [Robertsa] plan o obowiązku powszechnej służby wojskowej, nigdy by nie doszło do tak okropnej katastrofy". To samo zostało podkreślone w przedmowie, napisanej przez samego Robertsa, w której twierdzi, że „katastrofa, do jakiej może dojść, jeśli nadal pozostawać będziemy w obecnym stanie nieprzygotowania, jest żywo i przekonywująco opisana w nowej książce pana Le Queuxa, którą polecam do uważnego przeczytania każdemu, komu leży na sercu dobrobyt Imperium Brytyjskiego".

Idea tej powieści zrodziła się w niespokojnym umyśle Alfreda Harmswortha, lorda Northcliffe, który nieustannie dążył do zwiększenia nakładu swojego londyńskiego dziennika „Daily Mail". Nieustanne ostrzeżenia Robertsa, że słaba i zadowolona z siebie Anglia jest otwarta dla najazdu, dostarczyły mu tematu, zaś Le Queux został wynajęty, aby to napisał. Przez cztery miesiące, finansowany przez „Daily Mail", powieściopisarz krążył po wschodnich wybrzeżach Anglii, rozpoznając plaże inwazyjne i miejsca swoich fikcyjnych bitew. Zabrał potem wyniki swoich studiów do lorda Robertsa, gdzie wspólnie, wynajęty pisarz i były naczelny dowódca armii, zasiedli nad nakreśleniem planów niemieckiej kampanii. Ich praca została przekazana lordowi Northcliffe, który początkowo zgłosił swoje weto, a to na takiej podstawie, że choć z militarnego punktu widzenia plan jest w porządku, to jednak przeoczono w nim podstawowe prawa rządzące sprzedażą gazet. Dla celów Northcliffe'a armia niemiecka powinna wywalczyć sobie drogę przez wielkie miasta, nie zaś „trzymać się oddalonych, samotnych wiosek, gdzie nie było szans na zwiększenie sprzedaży <<Daily Mail>>".

Lord Northcliffe poprzedził wydawanie „Inwazji roku 1910" wysłaniem na ulice Londynu ludzi – reklam, ubranych w niebieskie mundury armii pruskiej i pikielhauby. Paradowali oni po Oxford Street, a na zwieszających się z ich piersi i pleców tablicach znajdowały się obwieszczenia o nadciągającej nieuchronnie inwazji. Odtąd każdego dnia zmieniała się jedynie treść obwieszczeń, które zapowiadały, jakie miasta zostaną najechane następnego dnia w porannym wydaniu „Daily Mail". Sukces był przytłaczający, gazeta sprzedawała się jak szalona; powieść opublikowano w postaci książkowej i przetłumaczono na dwadzieścia siedem języków, w tym japoński, chiński i arabski; na całym świecie sprzedano ponad milion egzemplarzy. Wydanie niemieckie zmartwiło Le Queuxa. Na jego okładce przedstawiono triumfującą armię niemiecką maszerującą wśród dymiących ruin zdruzgotanego Londynu, zaś machinacje tłumacza i redakcji pozwoliły armii najeźdźczej utrzymać się w brytyjskiej stolicy. Kaiser, który przeczytał oba wydania, rozkazał, aby sztaby generalne armii i admiralicji niemieckiej przeanalizowały książkę w poszukiwaniu użytecznych informacji.

Ponownie podejrzani stali się zamieszkujący Brytanię cudzoziemcy. „Większość tych ludzi – powiadał swoim czytelnikom Le Queux – to Niemcy, którzy odsłużywszy swoje w armii, przybyli tutaj i znaleźli zatrudnienie jako kelnerzy, biuraliści, piekarze, fryzjerzy i służący, a pozostając związani przysięgą wierności wobec ojczyzny, służyli jej jako szpiedzy. Każdy z nich, kiedy posłuszny rozkazowi cesarza śpieszył przyłączyć się do armii niemieckiej, wpinał sobie w klapę płaszcza dostarczony mu uprzednio guzik szczególnego kształtu, który teraz natychmiast identyfikował go jako lojalnego poddanego kaisera". Po całej Anglii, przerażeni obywatele spoglądali znad „Daily Mail" lub książek Le Queuxa i szukali potencjalnych „agentów wroga". Ministerstwo Wojny zostało zalane raportami o niemieckich spiskach, mających na celu zajęcie stoczni i baz Marynarki Wojennej, co miało wytrącić z akcji flotę, jako preludium do inwazji. Krążyły pogłoski o tajemniczych statkach powietrznych, unoszących się nocą nad brytyjskimi miastami. Liczba potencjalnych wojowników wroga już obecnych w Anglii rosła od względnie nieszkodliwych „6500 szpiegów" Le Queuxa, przez „80 000 wyszkolonych żołnierzy" lorda Robertsa, aż do rewelacji niejakiego pułkownika Driscolla, że Brytanię zamieszkuje już „350 000 przeszkolonych żołnierzy niemieckich". Konserwatywny poseł do parlamentu, Sir John Barlow, poprosił Haldane'a, ministra wojny, aby powiedział Izbie Gmin, co mu jest wiadomo o 66 000 rezerwistów armii niemieckiej, zamieszkujących okolice Londynu. Gdy ten przemawiał, Barlow zasugerował, że minister wojny mógłby się także zająć zbadaniem tajnych skrytek na tysiące niemieckich karabinów przechowywanych w piwnicach banku przy Charing Cross. Inny torysowski poseł, pułkownik Lockwood, zażądał, aby coś wreszcie zrobić z „wojskowymi obcego kraju", którzy od dwóch lat zajęci byli w okolicach Epping „szkicowaniem i fotografowaniem całego rejonu".

Rząd próbował jakoś reagować na te obawy. „Tajemnicze statki powietrzne" okazały się małymi balonami wykorzystywanymi do reklamowania nowych samochodów. Trop niemieckich karabinów na Charing Cross doprowadził do zakupów jakichś starych rupieci przez Towarzystwo Klubów Miniaturowej Broni Palnej, tymczasowo zmagazynowanych przez bankierów towarzystwa. Haldane, mający już dość Le Queuxa, Robertsa i całej szpiegowsko-inwazyjnej manii, sarkastycznie zasugerował, aby agenci niemieccy wokół Epping nie tracili czasu, ponieważ wszelkie potrzebne im informacje mogą z łatwością znaleźć na publicznie dostępnych mapach geodezyjnych. „Powtarzające się stwierdzenia lorda Robertsa, że jesteśmy zagrożeni inwazją, na którą nie jesteśmy przygotowani [...] wprowadzają wielki zamęt – powiedział minister Izbie – Jeszcze gorsze skutki w umysłach opinii czyni sugestia, że Niemcy są wrogami, co powoduje, że wszelkie próby polepszenia stosunków z tym krajem stają się coraz trudniejsze. Król bardzo się tym niepokoi i powiedziałem mu, że sam bym poparł propozycję lorda Robertsa o wprowadzeniu obowiązkowej służby wojskowej, aby tylko doprowadzić do odzyskania zaufania i usunięcia niemieckiego straszaka, gdybym nie był przekonany, iż propozycja ta jest niepraktyczna i niebezpieczna".

Po części niechęć rządu liberalnego wobec „Inwazji roku 1910" i podobnych książek wyrastała z protorysowskiego nastawienia większości ich autorów. Sam Le Queux określił swoje poglądy, przypisując początkowe sukcesy swojej niemieckiej inwazji temu, że „silny, arystokratyczny rząd został zastąpiony przez słabą administrację, chwiejącą się pod byle westchnięciem opinii publicznej. Chłopstwo, które zawsze stanowiło kręgosłup tego kraju, znikło i zostało zastąpione słabą i łatwo rozpalająca się ludnością miejską". Poirytowani takimi obelgami, liberalni posłowie wstawali w parlamencie i pytali, co można zrobić, aby zmniejszyć szkody spowodowane wulgarnymi, kłamliwymi książkami, które wzbudzały namiętności i rozniecały nienawiść. Premier Campbell-Bannerman doradzał, żeby zostawić je w spokoju, „do oceny zdrowemu rozsądkowi i dobrym gustom ludu brytyjskiego". Rząd mógł oczywiście zdecydować w czysto politycznej sprawie, jaką był obowiązkowy pobór do wojska. Decyzja wypadła na niekorzyść lorda Robertsa. W Wielkiej Brytanii nigdy nie doszło do poboru żołnierzy w czasie pokoju.

Mimo to Roberts nadal występował i przemawiał, zaś opowieści o fikcyjnych inwazjach ciągle się ukazywały. W styczniu 1909 roku, w samym szczycie „paniki morskiej", gdy gabinet uwikłany był w gorącą debatę, czy zatwierdzić budowę czterech czy sześciu drednotów, w londyńskim Teatrze Wyndhama na scenę weszła nowa sztuka, „Dom Anglika". Dramaturgiem był Guy du Maurier, oficer Armii Regularnej, który nigdy dotąd nie napisał sztuki czy czegoś podobnego, zaś w danej chwili znajdował się w Południowej Afryce, gdzie służył jako zastępca dowódcy 3 batalionu Pułku Fizylierów Królewskich (*Royal Fusiliers*). Przed wyjazdem z Anglii major du Maurier, pozostając pod wpływem ostrzeżeń lorda Robertsa, napisał sztukę i wręczył ją swojemu bratu, Geraldowi du Maurier, aktorowi i dyrektorowi teatru*. Gerald du Maurier przeczytał dzieło brata i, nie troszcząc się zawiadamianiem przebywającego na drugim końcu świata majora, wprowadził ją na scenę.

W sztuce tej Anglia zostaje najechana przez obce mocarstwo. Urząd lorda szambelana, który zatwierdzał i wydawał licencje na dzieła sceniczne, obawiał się, że jakieś konkretne mocarstwo może poczuć się obrażone, więc narodowość najeźdźców nie miała być wymieniana. Zgodnie z tym, żołnierze nieprzyjacielscy składali przysięgę „Cesarzowi Północy", zaś ich kraj określono jako „Bliskolandię". Akcja rozgrywa się w salonie państwa Brown, angielskiej rodziny z klasy średniej, których dom zostaje nagle otoczony przez oddział żołnierzy bliskolandzkich. Imiona najeźdźców – książę Yoland, Thol, Garth i Hobart – troszkę ukrywały ich narodowość, lecz noszone

---

* Aktor był ojcem powieściopisarki Daphne du Maurier (*przyp. aut.*) żyjącej w latach 1908-1989, autorki m.in. takich książek, jak „Rebeka" i „Jamaica Inn".

przez nich pikielhauby sugerowały wszystko w sposób jednoznaczny. Początkowo, pan Brown jest apatyczny i oznajmia że wojny powinni staczać zawodowi żołnierze. Nieprzyjacielski dowódca, książę Yoland, traktuje Anglika i jego rodzinę ze sztywną uprzejmością i arogancką pogardą. Jeśli coś w gospodarstwie domowym zostaje zniszczone lub zarekwirowane, starannie płaci za stratę lub zniszczenia. W miarę rozwoju akcji Brown staje się stopniowo coraz bardziej oburzony obecnością intruzów w swoim „domowym zamku”* , czemu daje wyraz słownymi tyradami. Ostatecznie, chwyta za karabin i skierowuje go na swoich wrogów. Książę Yoland zimno przypomina mu, że przecież poprzednio sam mówił, iż cywile nie mają nic do roboty w prowadzeniu wojny. Brown odpowiada, „Ba! I co z tego? Jestem Anglikiem!”. Przy tych słowach, każdego wieczora teatr rozbrzmiewał niemilknącymi brawami. W końcu, dzielny Mr. Brown zabija dwóch żołnierzy Bliskolandii i sam zostaje rozstrzelany, bohater i ofiara angielskiego braku gotowości do wojny. W ostatniej odsłonie, patriotyzm zostaje pomszczony, gdy przybywają żołnierze regularnej armii brytyjskiej i wypierają najeźdźców.

Sztuka szła przy nabitej sali przez osiemnaście miesięcy. Widok, choćby i na scenie, obcych żołnierzy w pikielhaubach, depcących angielski trawnik i włamujących się przez przeszklone drzwi ogrodowe do saloniku angielskiego domu, stanowił zbyt wiele dla co poniektórych miłośników teatru. W korytarzu teatru armia zainstalowała specjalny punkt rekrutacyjny, aby rozpaleni młodzieńcy, wyskakujący z lóż zaraz po zapadnięciu kurtyny, mogli na miejscu zgłaszać się na ochotnika do nowo utworzonej przez Haldane’a Armii Terytorialnej.

---

* Nawiązanie do angielskiego przysłowia „*My home is my castle*” – „Mój dom jest moim zamkiem”.

35

Budżet i Izba Lordów

W styczniu 1906 roku, po dziesięciu latach spędzonych przez Partię Liberalną na politycznych bezdrożach, Sir Henry Campbell-Bannerman doprowadził ją z powrotem do władzy. Wybory powszechne, jakie odbyły się w tym miesiącu, dały lawinowe zwycięstwo liberałom. Sir Henry i jego gabinet nie mieli wątpliwości co do oczekiwań swojego elektoratu: zostali wybrani na podstawie klasycznej platformy programowej Liberałów, na którą składały się Pokój, Wyjście z Okopów (tzn. cięcia w wydatkach wojskowych i idące za tym obniżenie podatków) oraz Reforma. Nowa ententa zawarta z Francją i podobny układ z Rosją miałyby pomóc w utrzymaniu Pokoju, zaś Niemców trzymałby w szachu Sir John Fisher i jego drednoty. Sprawa Okopów została załatwiona, gdy Haldane w Ministerstwie Wojny oraz Fisher w Admiralicji osiągnęli większą sprawność bojową za mniejsze pieniądze. Jednak obszarem największych oczekiwań była Reforma. Partia obiecała wprowadzenie istotnych zmian w życiu Brytyjczyków. Wyeliminowanie nauki religii ze szkół państwowych, poszerzenie przepisów o abstynencji, ustanowienie rent starczych, ograniczenie godzin pracy, polepszenie warunków mieszkaniowych i reforma rolna, wszystko to wchodziło w skład programu liberałów. Wielu nowych posłów i głosujących na nich wyborców wierzyło, że przekształcenie tych obietnic w rzeczywistość legislacyjną nie potrwa długo. Zasiadający jednak na Ławie Rządowej doświadczeni politycy wiedzieli, że zanim choćby jedna pozycja z rządowego programu reform stanie się prawem, musi ona przejść przez Izbę Lordów. A w 1906 roku Izba Lordów, w której zasiadało pięciuset parów unionistycznych i zaledwie osiemdziesięciu ośmiu liberalnych, była nastawiona twardo i do głębi duszy przeciwko wszelkiej reformie.

Diukowie, markizowie, hrabiowie, wicehrabiowie i baronowie, którzy składali się na lordów świeckich Izby Lordów (lordami duchownymi byli Arcybiskupi Canterbury i Yorku oraz dwudziestu czterech innych biskupów) byli do rządzenia Anglią przyzwyczajeni. To oni stanowili szlachtę ziemską, oni posiadali na własność większość ziemi, a mając w ten sposób największe udziały w kraju, uważali za normalne, że będzie się od nich oczekiwać, aby tego kraju doglądali. Reszta ludności – robotnicy, mieszkańcy miast, handlowcy i klasy średnie – mieli być, oczywiście, poprawnie traktowani, stosownie do zajmowanej pozycji. W określaniu właściwej mieszanki zdecydowania, uprzejmości i protekcjonalności, jakie należało im wydzielać, arystokracja korzystała z doświadczenia wielu pokoleń w traktowaniu swoich koniuszych, ogrodników, łowczych oraz pokojowców. Wzrost znaczenia Izby Gmin w czasach Tudorów, nawet przejściowe zwycięstwo stronników parlamentu i Olivera Cromwella, nie wprowadziły zasadniczych zmian we wzorcu władzy oligarchii. Nawet ogromne poszerzenie elektoratu, zrealizowane poprzez wielkie dziewiętnastowieczne Ustawy o reformie, wprowadziło niewielkie zmiany w zakresie charakteru i sposobu wychowania ludzi na szczycie. Głosowała teraz większa część ludności, ale nadal głosowała tylko po to, aby wybrać którzy z wielkiej szlachty, whigowie czy torysi, służyć będą jako ministrowie Korony i strażnicy narodowego przeznaczenia.

Instytucjonalnym ucieleśnieniem i ostatnim politycznym bastionem arystokracji ziemskiej była właśnie Izba Lordów. Miał tutaj prawo zasiadać każdy z dziedzicznych parów, niezależnie od tego, czy miał, czy też nie miał na to ochoty. Salę posiedzeń izby, długą na osiemdziesiąt a szeroką na czterdzieści pięć stóp*, oświetlały wysokie

* Rozmiary sali posiedzeń Izby Lordów wynosiły około 25×14 metrów.

okna, w których witraże przedstawiały portrety angielskich monarchów. Parowie zasiadali w czterech rzędach ławek pokrytych czerwoną skórą ławek, wznoszących się po każdej stronie środkowego przejścia. Nad izbą górowały dwa złociste trony królewskie, prawie zawsze puste, oraz Worek Wełny – duża czerwona poduszka wypchana wełną*, z którego to siedzenia przewodniczył obradom,a w razie potrzeby przywoływał do porządku lord Kanclerz.

Rzadko słyszało się w izbie upomnienia ze strony Worka Wełny. Ich lordowskie moście byli zbyt dobrze wychowani, aby warczeć czy syczeć na siebie podczas obrad, a zagadnienia polityczne, o które w sąsiadującej o kilka jardów Izbie Gmin toczono zacięte boje, zdawały się tracić na zajadłości, gdy trafiały do Izby Lordów. Zazwyczaj nawet podczas sesji sala posiedzeń była pusta. „Jeśli ktoś chce się wyleczyć z wiary w Izbę Lordów, powinien pójść i popatrzeć na nią" – wyraził się dziennikarz Walter Bagehot – Przy normalnym biegu spraw, w Izbie bywa może z dziesięciu lordów, może nawet tylko sześciu; kworum niezbędne dla prowadzenia spraw wynosiło trzech. Mogło się zresztą zdarzyć, że przylazło zabić trochę czasu jeszcze kilku, albo i nie". Wielu parów nigdy w życiu nie weszło do Izby Lordów, woląc prowadzić „samotną egzystencję o wątpliwej użyteczności w swoich dobrach ziemskich rozsianych wzdłuż i wszerz po całej Anglii, [gdzie] lokalnie byli znani jako panowie, sędziowie lub lordowie Namiestnicy". W Londynie zjawiali się tylko po to, aby pokazać światu swoje córki, lub zająć należne im miejsca podczas koronacji monarchy. Jeśli już poszli do Izby Lordów, to chyba tylko po to, aby zobaczyć, czy nie spotkają tam przypadkiem przyjaciela, którego z niewytłumaczalnych przyczyn nie zauważyli w swoim klubie. David Lloyd George, radykalny Walijczyk, który był kanclerzem Izby Rozrachunkowej w gabinecie Asquitha, nazwał owych wiejskich szlachciców Leśnymi Ludźmi.

W roku 1906 Izba Lordów ciągle zachowała ważną funkcję konstytucyjną: gdy jakiś pośpiesznie sklecony, błędnie pomyślany kawałek przeszedł jako ustawa w Izbie Gmin i został przekazany wyżej – do Izby Lordów – ta miała prawo go zawetować. W teorii było to pomyślane jako rozsądne ograniczenie władzy izby niższej. Odrzucenie ustawy przez lordów mogło doprowadzić do ponownego jej rozpa-

* Worek Wełny znalazł się w Izbie Lordów w XIV wieku, dla podkreślenia znaczenia handlu wełną dla dobrobytu kraju (*przyp. aut.*).

trzenia, już w nieco chłodniejszej atmosferze, przez Izbę Gmin. Mogło też, doprowadzając do upadku rządu, spowodować ogłoszenie nowych wyborów powszechnych, kiedy to publika miała szansę wyrazić swoje poglądy przy urnach. Od tej władzy odrzucania ustaw istniał jeden poważny i cieszący się długą tradycją wyjątek: przyjęło się, że Izba Lordów nie mogła wprowadzać poprawek, ani też odrzucić żadnej ustawy mającej cokolwiek wspólnego z pieniędzmi. Takiemu rozumieniu spraw, choć niepisanemu, jak i reszta konstytucji brytyjskiej, nikt nie rzucił wyzwania od 281 lat. W istocie, ogromna nierównowaga składu partyjnego izby wyższej czyniła farsą zakładaną rolę Izby Lordów jako bezstronnego organu rewizyjnego. Trwała większość Unionistów odrzucała wszelkie ślady bezstronności. Gdy rząd był konserwatywny, nadchodzące z Izby Gmin ustawy przechodziły przez Izbę Lordów bez poprawek, a często nawet bez dyskusji. Gdy jednak do władzy dochodził rząd liberalny, Izba Lordów nagle się budziła i zabierała do swoich obowiązków, to znaczy starannego przeglądania ustaw, ich poprawiania i odrzucania. Taki los spotkał ustawy Gladstone'a w sprawie *Home Rule* w latach 1884 i 1893. W ciągu dekady rządów lorda Salisbury i Arthura Balfoura, 1895-1905, lordowie ponownie zapadli na śpiączkę, a ich funkcja psów łańcuchowych ustawodawstwa pozostawała niepożądana i niewykonywana. A potem przyszły wyniki wyborów ze stycznia 1906. „Polowaliśmy właśnie wszyscy w Warwickshire, gdy nadeszły końcowe wyniki wyborów" – pisał pewien szlachcic. Wielce zaalarmowani parowie zwrócili się do Izby Lordów z pytaniami, co mogą uczynić, aby dopomóc w zwalczaniu takiego przypływu socjalizmu. Poradzono im, żeby się nie martwili, kraj i imperium są bowiem bezpieczne. Liberalna większość, wyjaśniono im, choć tak potężna w Izbie Gmin, nic nie mogła zrobić wobec prawa weta Izby Lordów. Rychło przecież – tłumaczono dalej – najwyżej za kilka lat – w kraju znów zapanuje zdrowy rozsądek i w następnych wyborach powszechnych elektorat ponownie kontrolę nad Izbą Gmin powierzy Partii Unionistów. W międzyczasie zaś, pan Balfour i lord Lansdowne, przywódcy tej partii w Izbie Gmin i Izbie Lordów, wykorzystają władzę izby wyższej, aby kraj bezpiecznie przetrwał trudne czasy.

To właśnie ta potężna dwójka, były premier i jego współpracownik, były minister spraw zagranicznych i twórca anglo-francuskiej ententy, zablokowała liberałom drogę do reform społecznych. Obaj przywódcy konserwatystów bynajmniej nie działali w sekrecie. Nie potrzebowali. To, co planowali i czynili było konstytucyjne i legalne, a w myśl ich własnych przekonań – także patriotyczne i słuszne. Nowa większość liberalna liczyła w swoich szeregach ludzi rzeczywiście wykonujących rozmaite zawody, wywodzących się z klasy średniej, dysponujących skromnymi środkami; niektórzy posłowie labourzystowscy parali się niegdyś nawet pracą rąk. Według Lansdowne'a, który uważał tzw. „człowieka z ulicy za najbardziej szkodliwy produkt naszej epoki", Izba Gmin złożona z biedaków i ludzi pracy nie mogła skutecznie rządzić krajem. Balfour się z tym zgadzał, więc 15 stycznia 1906 roku, który to dzień przyniósł im klęskę wyborczą, w Nottingham nastawał na ogłoszenie, iż jest obowiązkiem każdego zadbać, aby „wielka Partia Unionistów nadal, niezależnie od tego czy jest w rządzie, czy w opozycji, czuwała nad losami tego wielkiego Imperium". Od samej inauguracji nowego parlamentu Balfour i Lansdowne pracowali wspólnie. W listach, jakie wymienili między sobą w kwietniu 1906 roku, użyli metafory militarnej: „Jest sprawą zasadniczą, aby oba skrzydła armii współpracowały ze sobą [...]", napisał Lansdowne Balfourowi. Balfour zgadzał się: „Partia w obu izbach nie powinna działać jak dwie niezależne armie, lecz współpracować według ustalonego planu kampanii". Kampania miała być bezwzględna, władza Izby Lordów wykorzystana do granic, ukazana w całej nagości i bezwstydzie. Ustawy liberałów, które sprzeciwiały się statusowi lub bogactwu szlachty ziemskiej, ich popleczników lub mieszkańców ich okręgów wyborczych, miały ulegać bezlitosnej rzezi.

Pierwszą ofiarą takiej polityki padła liberalna Ustawa o edukacji, pomyślana jako środek na uspokojenie Nonkonformistów*, którzy stanowili znaczną część elektoratu popierającego sprawę liberałów. Ustawa, mająca zlikwidować naukę religii anglikańskiej i rzymskokatolickiej w szkołach wspieranych przez państwo, wzbudziła gniew w związanych z High Church* kręgach torysów, tak w Izbie Gmin, jak i

* Nonkonformiści, zwani także dysydentami albo członkami Wolnych Kościołów – angielscy protestanci, którzy nie zgadzają się z Kościołem Anglikańskim. Termin po raz pierwszy użyty po restauracji monarchii w 1660 roku. Pod koniec XIX stulecia zjednoczyli się oni w Radzie Federalnej Wolnego Kościoła (należą do nich m. in. baptyści, kongregacjonaliści, prezbiterianie, metodyści i unitarianie).

* *High Church* (dosł. „Kościół Wysoki") – kierunek lub tendencja w Kościele Anglikańskim, rozwijająca się pod wpływem tak zwanego Ruchu Oksfordzkiego w XIX

w Izbie Lordów. Jej projekt przedstawiono w Izbie Gmin w kwietniu 1906, skąd wyszła i została przekazana do Izby Lordów jesienią tego roku. Lord Lansdowne, z dźwięczącymi mu jeszcze w uszach radami Balfoura, wiedział już jak się z nią rozprawić. Pozwolono, aby ustawa przeszła pierwsze czytanie, a potem odesłano ją do komisji, gdzie została tak pokiereszowana poprawkami, że wyszła stamtąd uchwalając właściwie coś przeciwnego niż pierwotnie zamierzano. Taki to mutant wrócił do Izby Gmin, gdzie przerażony rząd odmówił nawet rozpatrzenia poprawek lordów i po prostu pozwolił całej sprawie zginąć śmiercią naturalną. Jeszcze szybszy, a także mniej skomplikowany okazał się los Ustawy o wielokrotnym głosowaniu, w zamierzeniu której leżało zlikwidowanie dawnego prawa, dającego pewnym właścicielom ziemskim, których dobra leżały w różnych okręgach wyborczych, głosować w każdym z tych okręgów. (Pewien wysoko postawiony szlachcic miał na jej mocy prawo głosowania dwanaście razy). Lordowie rozpoczęli debatę nad ustawą, rychło wyczerpali zapas argumentów, więc odrzucili ją po upływie zaledwie półtorej godziny. Jedynym większym aktem legislacyjnym, jakiemu pozwolono w 1906 roku przejść przez cały parlament, było Prawo o sporach związkowych, w którym zwalniano związki zawodowe z odpowiedzialności sądowej za skutki ich akcji. Rosnący ciągle ruch związkowy zyskiwał na sile politycznej i ekonomicznej, zatem lordowie, wyczuwając niebezpieczeństwo w tak bezpośredniej próbie jego stłumienia, ostrożnie ustąpili.

Liberałowie byli wściekli z powodu takiej masakry swoich ustaw. Według wyrażenia Lloyd George'a, Izba Lordów stała się „nie psem łańcuchowym konstytucji, lecz pudlem pana Balfoura". Campbell-Bannermann, wyrażając pod koniec sesji parlamentu gorzkie rozczarowanie, ponuro zapowiedział, „Możliwości Izby Gmin jeszcze się nie wyczerpały i z przekonaniem mówię, że trzeba znaleźć sposób, i znajdzie się taki sposób, dzięki któremu szalę przeważy wola ludu, wyrażona przez jego wybranych przedstawicieli". W czerwcu 1907 roku Izba Gmin zadecydowała, 432 głosami przeciwko 147, o ograniczeniu prawa weta Izby Lordów. Mimo to w sesji parlamentarnej tego roku Izba Lordów unicestwiała lub kastrowała niemal każdą ustawę uchwa-

---

wieku, podkreślająca dziedzictwo rzymskiego katolicyzmu. Wcześniej XVIII-wieczne ruchy ewangeliczne, podkreślające dziedzictwo protestantyzmu, dały początek kierunkowi zwanemu *Low Church* („Kościół Niski").

loną przez liberałów. Jedyną ich istotną inicjatywą legislacyjną, której lordowie pozwolili przejść bez zmian, była Ustawa o reformie armii wniesiona przez Haldane'a, której trudno było się przeciwstawić, ponieważ zwiększała sprawność Armii Regularnej, tworzyła Armię Terytorialną i Sztab Generalny, a wszystko to z równoczesnym obcięciem corocznych wydatków na armię, i to o całe 2 miliony funtów szterlingów.

W styczniu 1908 roku, kiedy to rząd liberalny rozpoczynał trzeci rok swojego urzędowania, partia – zarówno w Izbie Gmin, jak i w całym kraju – zaczynała już powoli tracić cierpliwość. Właściwie to żadna z ustaw przyobiecanych wyborcom podczas kampanii wyborczej nie została wprowadzona w życie. Wszyscy rozumieli też, że żadna nie zostanie wprowadzona, dopóki nie zrobi się czegoś w sprawie Izby Lordów. Cóż jednak można było zrobić? Każda ustawa zmierzająca do ograniczenia władzy Izby Lordów musiała p r z e j ś ć właśnie p r z e z Izbę Lordów. Równocześnie rozchorował się premier (Campbell-Bannerman miał zrezygnować 3 kwietnia i umrzeć 22 kwietnia), rząd zdawał się być nieskuteczny, a opinia publiczna – zdegustowana całą sytuacją. Elektorat – tak jak to przewidywał Balfour – zaczynał powoli skłaniać się ponownie ku prawicy. Seria strat poniesionych przez liberałów w wyborach uzupełniających (siedem miejsc w ciągu roku) nie wystarczała, aby zagrozić wielkiej ich przewadze w Izbie Gmin, lecz była ostrzeżeniem przed tym, co może się zdarzyć podczas następnych wyborów powszechnych.

Aby odwrócić tę tendencję, w roku 1908 gabinet zdecydował się przedłożyć projekty dwóch ważnych ustaw: Ustawy o emeryturach starczych oraz Ustawy o wyszynku. Pomysł wprowadzenia emerytur dla ludzi w starszym wieku miał powszechne poparcie ze strony brytyjskiej klasy pracującej, zaś ustanowienie odpowiedniego prawa było przyrzeczone przez liberalnych posłów do parlamentu. Proponowany plan był zresztą skromny: każda osoba w wieku siedemdziesięciu i więcej lat, nie posiadająca dochodu większego od dziesięciu szylingów tygodniowo, miała otrzymywać emeryturę w wysokości pięciu szylingów na tydzień (siedem i pół szylinga dla małżeństw). Osoby korzystające z tej ustawy musiały przejść sprawdzian charakteru, wszyscy, którzy „nagminnie nie pracowali zgodnie ze swoimi uzdolnieniami, możliwościami i potrzebami, na utrzymanie siebie i osób prawnie im podlegających", zostali uznani za nieuprawnionych do skorzystania z ustawy. Dla zabezpieczenia przed wtrącaniem się Izby Lordów, rząd przywołał argument, że jest to ustawa finansowa, do której poprawki w izbie wyższej są niedopuszczalne. Ich lordowskie moście obruszali się, lecz pozwolili ustawie przejść.

W swoim postępowaniu w sprawie ustawy o wyszynku Izba Lordów nie okazała już podobnej wstrzemięźliwości. Starannie sformułowana, popierana przez znacznie większą część opinii publicznej aniżeli wyłącznie przez liberalnych nonkonformistów, namiętnych zwolenników trzeźwości, ustawa miała na celu zmniejszenie liczby barów publicznych w dzielnicach, gdzie było ich zbyt wiele. Ustalona została stała liczba pubów, proporcjonalna do liczby mieszkańców oraz wyznaczony bardzo długi, bo aż czternastoletni okres przejściowy, w którym miało się dokonać dostosowanie liczebności pubów do właściwej. Konserwatyści z furią rzucili się na ustawę. Została ona określona jako mściwe wtrącanie się rządu w tradycyjną i zaszczytną formę prywatnej przedsiębiorczości. Pewien par, argumentując, że liczba pubów nie ma nic wspólnego z pijaństwem, stwierdził, iż przecież nie czuje się bardziej śpiący w swojej wiejskiej posiadłości, gdzie jest pięćdziesiąt sypialni, niż w swojej nadmorskiej willi, gdzie jest ich tylko tuzin. Browarnicy zagrozili wstrzymaniem hojnych dotacji dla Partii Unionistów, gdyby ustawa stała się obowiązującym prawem. Król, starając się chronić lordów przed nimi samymi, wezwał lorda Lansdowne i namawiał go, aby izba wyższa nie była postrzegana jako stojąca po stronie nietrzeźwości. Lansdowne przedstawił tę prośbę swoim kolegom – parom unionistycznym – na nieformalnym spotkaniu w salonie Lansdowne House przy Berkeley Square. (W gmachu parlamentu nie było sali dostatecznie dużej, aby pomieścić taką ich liczbę, oprócz samej Izby Lordów, która nie mogła być wykorzystana poza oficjalną debatą o rejestrowanym przebiegu). Spośród dwustu obecnych parów, wszyscy oprócz dwunastu opowiedzieli się za odrzuceniem ustawy. Gdy 24 listopada została ona formalnie wniesiona pod obrady Izby Lordów, odrzucona została 272 głosami przeciwko 96. Izba, powiedział lord Edmond Fitzmaurice, brat lorda Lansdowne, sprawiła jej „pogrzeb pierwszej klasy. Zjawiło się wielu szlachetnych lordów, którzy niezbyt często zaszczycali nas dotąd swoją obecnością". Ogłaszając wynik głosowania, liberalny lord Kanclerz, lord Loreburn, oznajmił, że ustawa nie umarła w Izbie w dniu dzisiejszym, lecz została wcześniej „zasztyletowana przy Berkeley Square".

Pod koniec 1908 roku Partia Liberalna aż wrzała od frustracji wywołanej niemocą rządu i jego widoczną niechęcią do podjęcia rękawicy, jaką stanowiły prowokacje izby wyższej. Nowiny z wyborów uzupełniających nadal były ponure, panowało ogólne przeczucie, że gdyby doszło do wyborów powszechnych, Unioniści wygraliby je z przewagą stu miejsc. Problem, co było rzeczą jasną dla wszystkich, polegał na tym, że Izba Lordów wykorzystywała literę konstytucji, ignorując jej ducha. Balfour, mając jedynie 147 posłów unionistycznych w Izbie Gmin, lecz wspierany przez pięciuset parów, ograniczał sprawowanie władzy do jednej tylko partii.

Jedno z możliwych rozwiązań – sprowokowanie natychmiastowych wyborów powszechnych – wydawało się rządowi pełne zagrożeń. Żadna z ustaw odrzuconych przez lordów nie była sama w sobie dostatecznie przekonywująca, aby skłonić kraj do wprowadzenia zasadniczej zmiany konstytucji odnoszacej się do izby wyższej. Sama przez się narzucała się zatem inna droga – lordowie nie mogli wnosić poprawek do ustaw finansowych. Podczas głosowania nad Ustawą o emeryturach większość parów nawet nie próbowała ukryć swojej wrogości wobec ustawy, gdy jednak Izba Gmin twardo oznajmiła, że jakakolwiek poprawka izby wyższej do tej ustawy finansowej jest konstytucyjnie nie do przyjęcia, lordowie się cofnęli. A zatem ustawy finansowe, przede wszystkim Ustawa budżetowa, wydawały się stwarzać rządowi liberałów drogę wprowadzania postępu społecznego. Gdyby Izba Lordów spróbowała zablokować taki akt legislacyjny, to liberałowie widzieli już, jak przedstawiliby krajowi kwestię konstytucyjną. Kto rządzi Anglią? Parowie czy Naród? Oto coś, co opinia publiczna mogłaby zrozumieć.

Było to podczas pierwszych tygodni roku 1909, z gabinetem uwikłanym w spór o cztery lub sześć drednotów w projekcie budżetu marynarki, kiedy David Lloyd George, kanclerz Izby Rozrachunkowej, zestawiał budżet na rok 1909. Do swojego zadania podchodził z prawdziwą przyjemnością i animuszem. Z ponad ośmioma (8,7) milionami funtów szterlingów potrzebnymi na sfinansowanie ustawy o emeryturach i prawie czterema (3,7 mln) na zapłacenie w pierwszym roku za nowe drednoty*, Lloyd George stanął natychmiast wobec per-

* Drednoty kosztowały z grubsza po około 1,5 miliona funtów; osiem uchwalonych w roku 1909 kosztowało ostatecznie podatników brytyjskich co najmniej 12 milionów funtów szterlingów (*przyp. aut.*).

spektywy deficytu wynoszącego 16 milionów funtów szterlingów. Aby zgromadzić takie pieniądze, kanclerz zmuszony był zwiększyć dochody przez wprowadzenie nowych podatków. Perspektywa taka wielce go rozbawiła. „Będę musiał obrabować czyjś kurnik – powiedział – i muszę się zastanowić, gdzie mogę znaleźć najwięcej jaj, gdzie dobiorę się do nich najłatwiej i gdzie najmniej mi się za to oberwie". Do kwietnia kanclerz zlokalizował już pewną liczbę odpowiednich kurników. Płacenie za dodatkowe drednoty, czemu tak bardzo się sprzeciwiał, stwarzało okazję do sporej i mściwej radości; to Unioniści, którzy najgłośniej gardłowali za dodatkowymi pancernikami, mieli teraz zostać opodatkowani, aby za nie zapłacić. Można było liczyć na to, że inne pozycje na jego liście podatków także poruszą najwyższe sfery kraju. A przecież sprawy miały się jeszcze lepiej; kanclerz miał już skalkulowany sposób na przełamanie sprzeciwów oponentów: wszystkie te środki, ze zdrowym dodatkiem reform socjalnych, mogły zostać opakowane w ustawę finansową, doroczny budżet, z którym Izba Lordów mogła igrać tylko na własną zgubę.

Lloyd George przedstawił swój historyczny budżet w Izbie Gmin 29 kwietnia 1909 roku, miesiąc po zamknięciu debaty nad wotum nieufności w kwestii budżetu marynarki. Nazwał go „budżetem ludowym" i powiedział, że jest on zaprojektowany z zamiarem „zebrania pieniędzy na wydanie nieubłaganej wojny ubóstwu i nędzy". Ustawa dobierała się do bogactwa i własności na szereg rozmaitych sposobów. Jedynymi nowymi podatkami, jakie miały uderzyć we wszystkie klasy społeczeństwa, były podwyższone cła na alkohol i tytoń. Podatki od samochodów i benzyny spadały na wyższe klasy oraz bogaczy. Lloyd George uderzył także w browarników, którzy pomogli przy utrąceniu Ustawy o wyszynku, poprzez podwyższenie kosztów wykupu licencji na wyszynk w pubach. Podniósł też podatek od dochodów osobistych z dziewięciu pensów do jednego szylinga i dwóch pensów od funta (od nieznacznie mniej niż 4% do nieco poniżej 6%). Nałożył też „superpodatek" na wszystkie dochody powyżej 3000 funtów rocznie oraz znacznie podwyższył podatek spadkowy. Tym, co najbardziej rozwścieczyło konserwatystów, był fakt, iż kanclerz do ustawy finansowej wpakował też Ustawę o wycenie gruntów, która miała na celu przygotowanie nowych podatków gruntowych. Oto po raz pierwszy miała zostać oszacowana wartość wszystkich prywatnych gruntów w Anglii. Było to postrzegane tak, jak było zamierzone, tzn. jako zamach na wielkich właścicieli ziemskich. Sprawa wywołała burzę. Obraz obcych ludzi depczących ich odwieczne ziemie, żeby ocenić ich wartość w celu nałożenia podatków, przyprawił wielu z angielskiej szlachty o szaleństwo. Jeśli tej ustawy nie da się obalić w Izbie Gmin, to musi ona być i zostanie zawetowana w Izbie Lordów.

Długa batalia wokół Izby Lordów rozwijała się w dwóch fazach: wstępna bitwa o budżet na rok 1909, a potem, przekraczając i usuwając w cień budżet, o fundamentalną kwestię konstytucyjną – czy Izba Lordów powinna zachować swoje prawo do zmiany decyzji podjętych w Izbie Gmin. Jak długo sprawa pozostawała przede wszystkim kwestią finansów, stroną rządową kierował w walce Lloyd George. Gdy bitwa przeniosła się na grunt konstytucyjny, na czoło wysunął się sam premier Asquith, aby poprowadzić swoją partię do walki.

Kanclerz był chętnym, aktywnym, czasem zapalczywym mówcą. W parlamencie i po całym kraju wygłaszał przemówienia będące „czasami czymś pośrednim pomiędzy niezrównanym dramatem a wysokiej klasy kawałkiem z wodewilu", pod których wpływem jego słuchacze „wyli na przemian z wściekłości i ze śmiechu". Najsłynniejsza taka mowa została wygłoszona pewnego letniego wieczora w dzielnicy Limehouse na londyńskim East End, gdzie przed widownią złożoną z czterech tysięcy Cockneyów*, Lloyd George opisał walkę rządu o wprowadzenie Ustawy o emeryturach i opór stawiany wobec niej przez wielkich panów oraz właścicieli ziemskich. Jej szczytem był opis wizyty, jaką złożył w kopalni węgla:

„Zapadliśmy się w czeluść głęboką na pół mili. Potem szliśmy pod górą. [...] Wokół nas i nad nami ziemia zdawała się prężyć i uginać, jakby chciała nas zmiażdżyć. Można było zobaczyć stemple zgięte, poskręcane i spękane tak, że mogłeś zobaczyć ich włókna rozszczepiające się od wysiłku, jaki stawiały naciskowi. Czasem one ustępują, a wtedy tylko rany i śmierć. Często iskra coś zapali, cały szyb zalewa ogień i żarłoczne płomienie wysysają tchnienie życia z setki piersi. W kopalni zaraz sąsiedniej do tej, do której zjechałem, kilka lat temu trzystu ludzi straciło życie w ten sposób. A mimo to, gdy premier i ja zapukaliśmy do drzwi tych wielkich panów i powiedzieliśmy do nich: <<Spójrzcie, znacie tych biedaków, którzy całe życie kopali na wasze zyski, ryzykując własnym życiem. Niektórzy są już bardzo starzy [...]

* *Cockney* – żargon miejski niektórych ubogich dzielnic Londynu, również osoba mówiąca takim żargonem.

są połamani, nie mogą już więcej zarabiać. Czy nie dalibyście im czegoś, aby mogli już nie przychodzić do pracy?>> – popatrzyli na nas spode łba, a my na to – <<Tylko pół pensa, choćby miedziaka>>. Powiedzieli: <<Wy, złodzieje!>>. I spuścili na nas swoje psy”.

Lloyd George obejmował wszystkich parów, magnatów i właścicieli ziemskich, wielkich i małych, jednym, zbiorczym, szczególnym, a w jego ustach uwłaczającym terminem – „diukowie”. Opisując szlachtę ziemską swoim słuchaczom, przeważnie robotnikom i mieszczuchom, odmalowywał przed nimi sceny, w których nieokrzesani barbarzyńcy siedzą wokół ciosanych stołów przed ogromnymi kominkami w swoich zamkach. Noszą oni korony, jak parowie w „Jolancie”*, od czasu do czasu rozkazując siodłać konie, aby mogli pojechać do Londynu i ze złośliwą radością głosować przeciw ustawom liberałów. W Newcastle 9 października kanclerz był w dobrej formie. Miał dobre wiadomości, którymi mógł się zająć. Konserwatyści przewidywali, że realizacja jego budżetu spowoduje depresję w gospodarce, która w istocie miała się dobrze i wykazywała wzrost. „Tylko jedne akcje paskudnie spadły – oznajmił kanclerz – Nastąpił wielki spadek popytu na diuków”. I nie dziwota: „Utrzymanie w pełni wyposażonego diuka kosztuje tyle, co dwóch drednotów, a budzą taki sam postrach, w dodatku żyją dłużej”. Potem nawiązał do sprawy weta Izby Lordów: „Postawione będzie pytanie: <<Czy 500 ludzi, zwykłych ludzi, wybranych przypadkowo spośród bezrobotnych, powinno zmieniać decyzje – przemyślane decyzje – milionów ludzi, którzy pilnie zajmują się wszelką działalnością tworzącą bogactwo tego kraju?>>”.

Prowokacyjne mowy kanclerza zrobiły swoje; gdy Lloyd George ciągle ostrzył swój kij i kłuł niemiłosiernie, po całej Anglii dały się słyszeć wrzaski. Z wiejskich hrabstw i górskich kryjówek – zewsząd pojawiała się szlachta. Diuk Portland ze szczerym przekonaniem wyjaśniał, jak to budżet będzie szerzył w kraju bezrobocie, gdy w wielkich dobrach ziemskich zwalniać się będzie ogrodników i łowczych. Diuk Somerset oznajmił, że będzie zmuszony zmniejszyć swoje datki na cele charytatywne. Diuk Beaufort ponurym tonem wyrażał pragnienie ujrzenia pana Lloyd George'a w środku sfory swoich chartów. Doświadczeni politycy byli także prowokowani mowami kanclerza. Lord Lansdowne porównał Lloyd George'a do „rzucającej się na łup

* „Jolanta, czyli par i wróżka” – operetka wystawiona w 1882 roku w londyńskim teatrze Savoy, autorstwa słynnej pary Gilbert i Sullivan.

mewy rabusia, szczególnie żarłocznej i pozbawionej skrupułów, która kradnie ryby innym mewom". Lord Rosebery, który od czasu sformowania rządu liberałów w 1906 roku trzymał się na uboczu, opisując własne wystąpienia jako „krakanie emerytowanego kruka na uschniętej gałęzi", nagle wybuchnął płomieniem, występując z przemówieniem w Glasgow. Atakując budżet, powiedział gorzkim tonem: „Myślę, że moi przyjaciele idą ścieżką, która prowadzi do socjalizmu. Nie powiem, jak daleko już się nią posunęli. Lecz tą ścieżką pod żadnym pozorem nie pójdę za nimi choćby o jeden cal. Socjalizm oznacza koniec wszystkiego, jest zaprzeczeniem Wiary, Rodziny, Własności, Monarchii, Imperium". Słowa Rosebery'ego wywołały radość w wiejskich posiadłościach Anglii. Jeśli ów wielki liberalny orator i były premier był koniec końców „po stronie aniołów", to jeszcze nie wszystko było stracone.

W tym stadium Asquith pozostawił większość kłótni swemu ognistemu walijskiemu koledze, udzielając jednak kanclerzowi poparcia, które Lloyd George sam określił jako „twarde jak skała". W jedynej większej mowie tej jesieni, jaką premier wygłosił do trzynastu tysięcy ludzi w Birmingham 17 września, traktował uchwalenie budżetu jako pewne: „Poprawki ze strony Izby Lordów są wykluczone – oznajmił – Odrzucenie przez Izbę Lordów także nie wchodzi w rachubę. [...] W ten sposób dokona się rewolucja". Mimo wszystko doszło do tego, co zdawało się niewyobrażalne. 4 listopada Izba Gmin uchwaliła budżet Lloyd George'a. Debata przeniosła się do Izby Lordów. Lord Lansdowne przypomniał Izbie, że sam Oliver Cromwell, największy angielski republikanin, powiedział, że Izba Lordów jest niezbędna, aby uchronić lud przed „wszechmocną Izbą Gmin – najpotworniejszą samowolą, jaką kiedykolwiek widział świat". Lord Curzon* oznajmił, że nigdy jeszcze w historii ludzkości nie wyleczono biedy przez nakładanie podatków i że proponowane obecnie podatki bez wątpienia będą wzrastać – od sporadycznej konfiskaty doprowadzą do całkowitej i powszechnej konfiskaty. 30 listopada lordowie odrzucili budżet stosunkiem głosów 350 do 75. Po raz pierwszy od 250 lat izba wyższa odrzuciła ustawę dotyczącą finansów. Asquith szybko przedłożył Izbie Gmin rezolucję, opisującą działanie Izby Lordów, jako „złamanie Konstytucji i uzurpowanie sobie praw Izby Gmin". Prywatnie li-

* Ten sam, który mimowolnie zapisał się nie najlepiej w historii Polski swoją „linią Curzona".

berałowie, którzy pragnęli rozprawy z lordami, byli zachwyceni. „Jeśli panowie odrzucicie ten budżet, sprawicie nam radość, jak nigdy w życiu" – powiedział pewien minister swojemu przyjacielowi – konserwatyście. „Nareszcie ich mamy" – radował się Lloyd George.

Otwarta została droga do wyborów powszechnych. 10 grudnia 1909 roku w Albert Hall Asquith ogłosił, że rząd liberałów nie podda się ponownym połajankom i upokorzeniom, jakie spotykały go ze strony Izby Lordów przez ostatnie cztery lata. „Nie obejmiemy urzędu i nie będziemy się trzymać urzędu, jeśli nie potrafimy stworzyć zabezpieczeń [...] niezbędnych dla sprawności legislacyjnej i honoru partii" – powiedział premier. Ku zaskoczeniu wszystkich, wybory, które odbyły się w styczniu 1910, były nudne. Kampanie obu partii obracały się wokół sprawy budżetu, lecz prawdziwą kwestią było prawo weta Izby Lordów. Frekwencja była umiarkowana, czego wynikiem były straty po obu stronach. Z 275 miejscami liberałowie utrzymali większość, która jednak skurczyła się drastycznie w stosunku do 377 miejsc, jakie zdobyli cztery lata wcześniej. Unioniści zyskali 105 miejsc i wrócili do Westminsteru z łączną ich liczbą wynoszącą 273, lecz pozostali w mniejszości. Osiemdziesięciu dwóch nacjonalistów irlandzkich oraz czterdziestu posłów Labour Party z pewnością miało głosować za rządem. Porażka Unionistów zapewniała uchwalenie budżetu; lord Lansdowne obiecał, że jeśli liberałowie wygrają wybory, Izba Lordów także go przepuści. Jednak w celu przeforsowania ustawy w Izbie Gmin, przy rządowej większości zaledwie dwóch głosów, gabinet potrzebował głosów nacjonalistów irlandzkich – a te były dostępne jedynie za określoną cenę. Ceną Irlandczyków była *Home Rule*, zaś jedynym sposobem wprowadzenia Home Rule było anulowanie prawa weta Izby Lordów. Ceną przeprowadzenia „Budżetu Ludowego" przez Izbę Gmin stała się zatem obietnica Asquitha, że dojdzie do potężnego ataku na Izbę Lordów. Przez następne półtora roku premier miał próbować zrealizować tę obietnicę.

Gdy w lutym 1910 zebrał się nowy parlament, Asquith natychmiast ogłosił, ze rząd zamierza pozbawić Izbę Lordów jej prawa weta. 14 kwietnia, przedstawił Izbie Gmin Ustawę o parlamencie, oznajmiając przy tej okazji, że „jeśli Izba Lordów nie zaakceptuje naszej polityki, lub odmówi jej rozważenia [...] będziemy uważać za swój obowiązek natychmiast przedstawić Koronie wnioski na temat kroków, jakie powinny zostać podjęte. [...]". Krążyła wstrętna uszom parów unionistycznych pogłoska, że premier uzyskał od króla obietnicę wykreowania dostatecznej liczby nowych parów – nawet aż pięciuset – aby przepchnąć ustawę przez Izbę Lordów. Z uwagą zwróconą na ową pogłoskę, Unioniści nawet nie zauważyli jak budżet kanclerza, z szacunkiem wartości gruntów i całą resztą, przeszedł 27 kwietnia przez Izbę Gmin, zaś w dniu następnym przez Izbę Lordów. Tegoż wieczoru, wyczerpani trudami i potrzebując wytchnienia przed ciągiem dalszym, posłowie obu izb odłożyli obrady na czas przerwy Wielkanocnej.

Ostatecznie zadecydować musiał król. Lansdowne uniknął natychmiastowego kryzysu przez złożenie obietnicy, że jeśli Liberałowie zwyciężą w wyborach powszechnych, Izba Lordów pozwoli na uchwalenie budżetu Lloyd George'a. To jednak już nie wystarczało. Rząd miał teraz zobowiązania wobec nacjonalistów irlandzkich, że pozbawi Izbę Lordów prawa weta. Król Edward zgadzał się, że pewna reforma izby wyższej jest konieczna. W listopadzie 1909 lord Knollys, osobisty sekretarz króla (podzielający i odzwierciedlający poglądy monarchy), pisał do przyjaciela: „Ja sam nie widzę szans na to, żeby Izba Lordów przetrwała w swoim obecnym kształcie". Mimo że kosmopolityczny król mógł nie podzielać gustów wszystkich parów, zwłaszcza niektórych spośród Leśnych Ludzi, to ekskluzywność arystokracji oraz przywileje Izby Lordów stanowiły część tej Anglii, w której się urodził. Choć Asquith powiedział w parlamencie w lutym 1910, że ani nie prosił, ani tym bardziej nie otrzymał od króla jakiejś obietnicy wykreowania pięciuset parów w celu obalenia Izby Lordów, to sama myśl, że prośba taka może kiedys się pojawić, wywoływała obawy monarchy.

Król Edward odczuwał kłopoty zdrowotne. Przez cztery lata coraz większych problemów przysparzał mu bronchit oraz podagra. Mimo całych nocy spędzanych na kaszlu i nieustannego przybierania na wadze, król odmawiał posłuszeństwa swoim doktorom. „Och, naprawdę niedobrze – zwykł się uskarżać – Znów ten atak, i to mimo tego, że tak o siebie dbałem" – po czym zasiadał do obiadu złożonego z zupy żółwiowej, filetu z łososia, kurcząt z rożna, combra baraniego, bekasa nadziewanego gęsimi wątróbkami, szparagów, owoców, całych talerzy lodów i przystawek, po którym zapalał ogromne cygaro. W dodatku do cierpień fizycznych dochodziły jeszcze wszystkie obowiązki konstytucyjnego monarchy: król musiał publicznie zawsze być uśmiechnięty, cierpliwy i mądry.

Jednym z obciążeń, które król uważał za szczególnie ciężkie, była konieczność okazywania względów swojemu siostrzeńcowi, cesarzowi Wilhelmowi. Takie nastawienie powodowało, że obowiązek, na którego spełnienie nastawało obecnie Ministerstwo Spraw Zagranicznych, wydawał mu się szczególnie ciężki. Król Edward zasiadał na tronie już od ośmiu lat. Zdążył też złożyć oficjalne wizyty państwowe we wszystkich większych i sporej liczbie mniejszych stolic europejskich, lecz nigdy nie był z formalną wizytą w Berlinie. (Jego liczne podróże do Niemiec, aby spotkać się z umierającą siostrą czy odwiedzić siostrzeńca były prywatne i nieformalne.) Kaiser ostro to odczuwał, niemieccy dyplomaci często wypominali, a Ministerstwo Spraw Zagranicznych mocno naciskało. Król, chory i melancholijny, zgodził się niechętnie i w lutym 1909 roku ruszył w podróż.

Wizytę od samego początku trapiły niefortunne przypadki. Do pierwszego doszło, gdy pociąg królewski dotarł do Rathenow, na granicy Brandenburgii, gdzie w szyku stanęła orkiestra wojskowa i pułk huzarów. Gdy pociąg wjechał na stację, król nie był jeszcze gotowy. Pociąg po drodze przekroczył strefę czasową i służący, zapomniawszy przestawić swój zegarek, nie wyłożył na czas właściwego munduru Jego Królewskiej Mości. Gdy świta królewska w pełnej gali zaczęła wychodzić na peron, orkiestra, spodziewając się, że za chwilę pojawi się monarcha, zaintonowała „God Save the King". Przez całe dziesięć minut, gdy król Edward wbijał się w mundur niemieckiego marszałka polnego, orkiestra grała „w kółko <<God Save the King>>, aż prawie chciało nam się wyć", jak wyraził się jeden z członków świty brytyjskiej. W końcu pojawił się król Edward i, maszerując tak szybko, że aż się zasapał, dokonał przeglądu huzarów.

W Berlinie kaiser oczekiwał wuja w tym miejscu peronu, gdzie miał zatrzymać się wagon króla, król jednak przebywał właśnie w wagonie królowej, odległym o sto jardów. Kaiser, cesarzowa i cała reszta grupy powitalnej musiała biec po peronie i ustawiać się na nowo, żeby powitać gości. Oczekiwała na nich teraz cała kawalkada pojazdów, które miały przewieźć wszystkich do pałacu, lecz zaczęły się kłopoty z końmi. Niektóre z powozów były tak blisko sąsiednich, że forysie siedzący z tyłu jednego musieli oglądać się za siebie, żeby nie dać się pogryźć koniom następnego. Gdy kawalkada zbliżyła się do pałacu, konie powozu wiozącego cesarzową i królową Aleksandrę zatrzymały się nagle i nie chciały ruszyć z miejsca, więc obie panie trzeba było przesadzać do innego, pośpiesznie opróżnionego powozu. Dwa konie z eskorty kawaleryjskiej przestraszyły się czegoś, zrzuciły swoich jeźdźców i dziko galopowały wzdłuż całej procesji. W rezultacie całego tego zamieszania, gdy kaiser z królem przybyli do pałacu i obejrzeli się za siebie, nie zobaczyli nikogo ze świty. Upokorzony Wilhelm obrócił swój gniew na barona von Reischacha, wielkiego koniuszego, oznajmiając mu, że ze wszystkich ludów świata właśnie Anglicy – sami doświadczeni jeźdźcy i amazonki – są tymi, wobec których coś takiego nie powinno się zdarzyć.

Wizyta oficjalna, która trwała trzy dni, obejmowała wyczerpujący program rodzinnych śniadań i obiadów, przyjęć dla znamienitych obywateli, wizyt w dowództwach pułków, przejażdżkę do Poczdamu, przedstawienie w Operze Berlińskiej oraz bal dworski. Król Edward jakoś przetrwał to wszystko, lecz był zmęczony, swoje uwagi redukował do minimum i był skłonny skrócić każdy punkt programu. Kwestia, jakie angielskie odznaczenia nadać poszczególnym oficjelom niemieckim – która normalnie zajęłaby mu kilka godzin – teraz prawie wcale go nie obchodziła. Tolerował kaisera, który próbował sprawić wujowi przyjemność, lecz jego wymuszone dowcipy i nieustanne przytakiwanie grały królowi Edwardowi na nerwach.

Podczas wieczoru spędzonego w operze, król potężnie się przestraszył. Wystawiano „Sardanapalusa”*, jedno z ulubionych dzieł kaisera. W ostatniej scenie bardzo realistycznie odtworzono stos pogrzebowy Sardanapalusa. Król Edward, znużony po męczącym dniu i przysypiający podczas opery, nagle się przebudził. Zaalarmowany widokiem ognia, uwierzył, że jest prawdziwy i zażądał wyjaśnień, dlaczego ukryty w kulisach strażak nie wkracza do akcji. Dopiero siedząca za nim cesarzowa przekonała go, że nie ma żadnego niebezpieczeństwa.

Zdarzył się też moment prawdziwie niebezpieczny. Król miał ciągle kłopoty z oskrzelami, lecz odmawiał ograniczenia swojej konsumpcji cygar. Po śniadaniu w Ambasadzie Brytyjskiej udał się do

* Sardanapalus (Assurbanipal) – ostatni władca Asyrii. Jego historia stanowiła częsty temat XIX-wiecznych twórców. Najprawdopodobniej w Berlinie wystawiano wtedy dramat poetycki Byrona pod tym tytułem, choć Berlioz napisał kantatę, amerykański kompozytor E. R. Kroeger – uwerturę symfoniczną, a istnieje też sztuka pt. „Sardanapalus or the Last King of Assyria” G. A. Becketta i M. Lemona.

saloniku z księżną Daisy von Pless*, młodą Angielką, zamężną za jednym z pierwszych magnatów Niemiec. Wykonała przed nim dyg, a – używając słów Bülowa – król, „głowa Imperium Brytyjskiego, dokonał przeglądu z pełną satysfakcją starego konesera wdzięków kobiecych". Siedzieli razem prawie godzinę. Król palił potężne cygaro i skubał kołnierz swojego obcisłego pruskiego munduru. W pewnej chwili król niespodziewanie dostał ataku kaszlu i osunął się na sofę. Cygaro wypadło mu z ręki, a oczy wyszły na wierzch. „Mój Boże, on umiera!" – pomyślała księżna Daisy. Próbowała rozpiąć kołnierzyk, lecz bez skutku. Do saloniku pośpieszyła królowa Aleksandra i obie panie próbowały dokonać tej sztuki razem. Także bezskutecznie. Król jednak odzyskał przytomność i sam sobie rozpiął kołnierz. Sir James Reid, doktor królewski, pośpiesznie zjawił się na miejscu i poprosił wszystkich o opuszczenie pokoju. Za piętnaście minut goście zostali poproszeni z powrotem. Król utrzymywał, że nic wielkiego się nie stało i nie pozwolił księżnej Daisy opuścić swego boku.

Po powrocie do Anglii zdrowie króla Edwarda nadal było kiepskie. Zdarzało mu się zasypiać przy śniadaniu czy obiedzie i zdrowo spać podczas przedstawień teatralnych i operowych. Boleśnie sapał, gdy musiał wspiąć się po schodach. Wyjechał do Biarritz, a potem na Morze Śródziemne, lecz nie mógł się pozbyć ani swojej bladości, ani kaszlu. Podczas zimy spędzanej w Sandringham król wydawał się w lepszym nastroju, grając w brydża do późnej nocy, a co rano będąc na nogach, aby udać się na polowanie. Wybory powszechne w styczniu 1910 roku spowodowały, że budżet miał na pewno przejść w parlamencie, lecz było także pewne, że niedługo miał króla odwiedzić premier, aby zwrócić się o użycie (a przynajmniej zagrożenie użyciem) królewskiej prerogatywy kreowania dodatkowych parów. Król Edward sympatyzował z pragnieniem parów, chcących zachować własną godność, lecz ich zaciętą postawę uważał za samobójczą. Jako monarcha konstytucyjny nie mógł odrzucić sugestii premiera wspartego większością w Izbie Gmin. Co mógł jednak zrobić, i rzeczywiście zrobił, to powiedzieć panu Asquithowi, że zanim zgodzi się na kreację roju liberalnych parów, konieczną do obalenia władzy Izby Lordów, sprawa musi zostać ponownie przedstawiona krajowi w kolejnych wyborach powszechnych.

* Chodzi o księżnę pszczyńską (Pless – Pszczyna).

Doktorom króla Edwarda było pilno przenieść go z mgieł i wilgoci Londynu do słońca w Biarritz. Król wyjechał 8 marca 1910, zatrzymując się w Paryżu, gdzie spotkał go atak ostrej niestrawności połączonej z trudnościami w złapaniu oddechu i bólami wokół serca. Przez sześć tygodni pobytu na wybrzeżu baskijskim monarcha walczył z ostrym bronchitem. Obecność pani Keppel pomogła odwrócić jego uwagę od trapiących go dolegliwości i 26 kwietnia król wrócił do Anglii, wyraźnie wypoczęty. Tego samego wieczora czuł się na tyle dobrze, żeby pójść do opery w Covent Garden. Następnego ranka wznowił normalne audiencje, spotykając się z Asquithem i Kitchenerem; kolejnego dnia przyjął Haldane'a, Morleya i ambasadora rosyjskiego, hrabiego Benckendorffa. W piątek wieczorem znów był w operze, poświęcając pięć godzin na „Zygfryda". W sobotę wyjechał do Sandringham i wydawał się być w dobrej formie, opowiadając anegdotki przy obiedzie, a potem z wyraźną przyjemnością grając w brydża. W niedzielę 1 maja nad hrabstwem Norfolk szalał zimny wiatr z przelotnymi deszczami, lecz król obstawał przy swoim regularnym, niedzielnym, popołudniowym spacerze, aby obejrzeć swoją farmę i rasowe zwierzęta. Przeziębił się. W poniedziałek w ulewnym deszczu wrócił do Londynu. Kiedy dotarł do pałacu Buckingham, miał już ostry atak oskrzeli i z trudnością oddychał. Zawiadomiomo o tym królową Aleksandrę, przebywającą na dyskretnych wakacjach na Korfu, podczas gdy król bawił z panią Keppel w Biarritz. Zakładając że choroba króla to po prostu jeden z powtarzających się od pewnego czasu ataków, królowa ruszyła do domu bez pośpiechu; po dotarciu do Wenecji miała zamiar zatrzymać się w mieście przez dwadzieścia cztery godziny.

We wtorek 3 maja król spotkał się z ambasadorem amerykańskim, Whitelawem Reidem, aby przedyskutować z nim sprawy związane ze zbliżającą się wizytą byłego prezydenta Theodore'a Roosevelta, którego król Edward nie miał dotąd okazji poznać. „Nasza rozmowa – powiedział Reid – przerywana była spazmami kaszlu". Tego wieczoru król darował sobie obiad, lecz wypalił wielkie cygaro i grał w brydża z panią Keppel. Nie mógł spać. Przez cały czwartek król nadal przyjmował gości, mówiąc o swojej chorobie: „Muszę to pokonać". Gdy goście błagali go, żeby odpoczął, odpowiadał: „Nie, nie poddam się. Kontynuuję. Będę pracował aż do końca". Ponsonby, przynosząc mu papiery do podpisu, zastał go siedzącego z nogami owiniętymi pledem. „Cerę miał szarą, wydawał się nie być w stanie siedzieć prosto i oczy były zapadnięte. Z początku miał trudności z oddychaniem [...] lecz stopniowo mu się poprawiło". Król podpisał część papierów, potem spojrzał na Ponsonby'ego i rzekł: „Czuję się strasznie chory. Nie mogę spać. Nie mogę jeść. Muszą naprawdę coś dla mnie zrobić". Tegoż popołudnia królowa Aleksandra dotarła do Calais, a po paru godzinach do Londynu. Po raz pierwszy podczas ich małżeństwa zdarzyło się, że jej małżonek, będąc obecny w mieście, nie oczekiwał na dworcu, żeby ją przywitać. Gdy dotarła do pałacu, widok króla walczącego o każdy oddech, z twarzą białą jak kreda lub szarą, powiedział jej całą prawdę.

Następny dzień, piątek 6 maja, był ostatnim dniem króla Edwarda. Rano żądał, żeby służący ubrał go formalnie we frak. Przyjął swojego przyjaciela, Sir Ernesta Cassela, i powiedział mu: „Czuję się bardzo kiepsko, lecz chciałem cię zobaczyć"*. Potem zasłabnął. Przez całe popołudnie siedział zgarbiony w swoim fotelu, podczas gdy seria ataków serca wstrząsała jego znękanym ciałem. Pięciu doktorów stwierdziło, że nie ma już żadnej nadziei. Zastosowano morfinę dla uśmierzenia bólu. Miał jeszcze momenty przytomności, podczas których dopuszczano do niego przyjaciół. Jedną z tych osób była pani Keppel, po którą, okazując wielkoduszność, kazała posłać królowa, aby i ona mogła się pożegnać. O piątej po południu książę Walii powiedział ojcu, że jeden z koni króla, dwulatek o imieniu Witch of the Air, wygrał gonitwę w Kempton Park. „Jestem bardzo rad" – powiedział król. Wczesnym wieczorem zapadł w śpiączkę. O jedenastej trzydzieści został przeniesiony do łóżka, a o jedenastej czterdzieści pięć, gdy arcybiskup Canterbury wymawiał błogosławieństwo, król zmarł.

Królowa Aleksandra, spoglądając na ciało męża, powiedziała Ponsonby'emu, że król wygląda bardzo spokojnie i że to nie zimne wiatry w Sandringham go zabiły, lecz „to okropne Biarritz". Powiedziała, że czuje się, jakby zamieniła się w kamień, niezdolna do płaczu, niezdolna do pojęcia znaczenia śmierci męża, niezdolna do niczego. Wspomniała, że ma ochotę pójść i zaszyć się gdzieś na wsi, lecz czekał ją pogrzeb państwowy i wszystkie związane z nim przygotowania. Syn króla Edwarda, teraz już nowy król Jerzy V, zapisał tej nocy w swoim dzienniku: „Straciłem mojego najlepszego przyjaciela i najlepszego z

* Król Edward nawet w ostatnich godzinach życia był skłonny do żartów. Użył tu zwrotu zawierającego grę słów „I am very seedy, but I wanted to see you".

ojców. Nigdy w życiu nie doszło między nami do sprzeczki. Mam złamane serce i jestem przytłoczony smutkiem”. Jacky Fisher, świeżo na emeryturze, usiadł na pół godziny z królową Aleksandrą, zaś podczas wystawienia ciała króla na katafalku miał uczucie, że gdyby dotknął ciała, król by się przebudził. „Świat nie jest już tym samym światem – napisał – Straciłem największego przyjaciela, jakiego kiedykolwiek miałem. [...] Odczuwam dziwne wrażenie izolacji – którego nie mogę przezwyciężyć – i w ogóle nie dbam już o nic ani za grosz. [...]”.

Bernhard von Bülow odnotował, że „śmierć Edwarda VII [...] była wydarzeniem wielce sprzyjającym naszej polityce zagranicznej. Nie myślę, żeby chciał on naprawdę z nami walczyć. [...] Jednakże inspirowany wrogością do swego siostrzeńca, obawą o naszą rywalizację gospodarczą i przyśpieszony rytm naszych spraw morskich, Edward VII stwarzał nam trudności i kiedy tylko mógł, wtykał nam kij w szprychy”.

Kaiser prywatnie ucieszył się „śmiercią <<Okrążacza>> Niemiec” i natychmiast pośpieszył do Londynu, by uczestniczyć tam w publicznym widowisku zwanym pogrzebem państwowym.

H. H. Asquith skorzystał z przerwy wielkanocnej na ucieczkę od polityki na pokładzie jachtu Admiralicji „Enchantress”, na którym razem z pierwszym lordem Admiralicji, Reginaldem McKenną, udawali się w podróż inspekcyjną do Gibraltaru. Poinformowany przez radio, że stan króla uległ pogorszeniu, Asquith zdecydował natychmiast zawrócić jacht. O trzeciej rano 7 maja wręczono mu wiadomość od nowego króla, przekazaną telegrafem bez drutu: „Pozostając w głębokim smutku, informuję pana, że mój ukochany ojciec, król, odszedł w spokoju za piętnaście dwunasta w nocy (szóstego). George”. Asquith wyszedł na pokład, gdzie spowiło go blade światło przedświtu, w którym dominował blask komety Halleya. „Poczułem się zagubiony, a nawet sparaliżowany. W chwili tak pełnej obaw o losy państwa straciliśmy oto, bez żadnego ostrzeżenia czy przygotowania, Suwerena, którego dojrzałe doświadczenie, wyrobiona roztropność i dalekowzroczność, zrównoważony osąd i niezmienna rozwaga, tak bardzo się liczyły. [...] Jego następca, ze wszystkimi swoimi wspaniałymi zaletami, pozbawiony był doświadczenia politycznego. Zbliżaliśmy się do krawędzi kryzysu niemal bezprzykładnego w naszej historii. Co teraz należało uczynić?”.

Kaiserowi pogrzeb wuja sprawił wiele przyjemności. Rozkoszował się czołowym miejscem przyznanym mu wśród krewnych. Pysznił się tym, że „cała rodzina królewska witała mnie na dworcu kolejowym, dając wyraz wdzięczności za poczucie więzów rodzinnych, jakie okazałem przybywając na pogrzeb”. W Westminster Hall podziwiał „pysznie udekorowaną trumnę” oraz „cudowną grę” kolorów, powstającą, gdy promienie światła słonecznego, sączące się przez wąskie okna, dotykały klejnotów na wieńczącej trumnę Koronie Anglii. Podobała mu się jazda konna po Londynie, kiedy to jego koń tańczył tuż za koniem kuzyna, nowego króla Jerzego V, obok „ogromnych tłumów [...] odzianych na czarno”, na czele „wspaniałego szyku przepysznie” umundurowanych gwardzistów angielskich: „Grenadierów, Gwardii Szkockiej, Pułku Coldstreams i Gwardii Irlandzkiej – w ich doskonale dopasowanych płaszczach, z białymi skórzanymi wyłogami i ogromnymi bermycami; wszystko doborowe oddziały o cudnej prezencji i podziwu godnej wojskowej postawie, radość dla każdego mężczyzny z żołnierskim sercem”. Całkiem innego rodzaju zadowolenie znajdował cesarz w telegrafowaniu do swojego nowego kanclerza, Theobalda von Bethmann-Hollwega, i donoszeniu mu, że liberalny rząd Anglii ma kłopoty. Jego wrażenia, oparte na „wielu rozmowach z [...] krewnymi, panami z Dworu, pewnymi starymi znajomymi i wieloma wybitnymi osobami”, były „mniej więcej następujące: Umysły ludzi zajęte są całkowicie sytuacja wewnętrzną. [...] Perspektywy są ogólnie czarne. Rząd jest dogłębnie znienawidzony. [...] Powiada się z satysfakcją, że w dniach po śmierci króla i podczas wystawienia zwłok na katafalku premier i jego koledzy byli publicznie wygwizdywani na ulicach, a dało się też słyszeć zwroty w rodzaju <<To wy zabiliście króla!>>. Oczekuje się demonstracji przeciw rządowi [...] a bierze się też pod uwagę możliwość zdecydowanej reakcji w sensie konserwatywnym”. Talenty kaisera jako komentatora politycznego najlepiej można ocenić, biorąc pod uwagę fakt, że „królobójczy” rząd zapewnił sobie siedmioletnią kadencję w wyborach powszechnych zaledwie pięć miesięcy wcześniej, a osiem miesięcy później miał potwierdzić swój autorytet w kolejnych takich wyborach.

Mimo to pozostawało faktem, że śmierć króla Edwarda postawiła rząd w niezręcznym położeniu. Asquith nie mógł już teraz unikać ataków na prawo weta Izby Lordów, nawet gdyby chciał; stanowiło to część jego zobowiązań wobec posłów irlandzkich, którzy zapewniali mu większość w Izbie Gmin. Tak więc jedyną siłą mogącą poskromić lordów było skorzystanie z prerogatywy królewskiej. Wszystko zależało od króla, najpierw króla Edwarda, teraz – króla Jerzego. Tylko monarcha mógł mianować masę nowych parów, konieczną do przegłosowania w Izbie Lordów jej własnej impotencji politycznej. A nowy król, tak jak go opisywał premier, „pozbawiony był doświadczenia politycznego". Wywierać na niego naciski bezpośrednio po wstąpieniu na tron byłoby co najmniej niesmaczne. W najgorszym przypadku – mogło zaszkodzić rządowi. Alternatywą, zaproponowaną 6 czerwca, było zawieszenie broni i konferencja, w której po czterech liderów z obu partii, w tym Asquith, Lloyd George, Balfour i Lansdowne, miało się spotkać po cichu i szukać rozwiązania dzielących ich rozbieżności. A choć co bardziej krewkie mniejszości w obu partiach – ekstremiści wśród radykałów z jednej strony, a wśród torysów z drugiej – zgłaszali sprzeciw wobec rezygnacji z pryncypiów za zamkniętymi drzwiami, zaś ściśli konstytucjonaliści obawiali się o możliwość dokonania w sekrecie zmian w podstawach struktury politycznej kraju – 17 czerwca doszło do pierwszego spotkania na Downing Street 10. Latem i jesienią 1910 roku odbyło się dwadzieścia jeden takich spotkań – bez sukcesu. Przez cały ten czas Lloyd George stawał się coraz bardzie zniecierpliwiony, proponował rząd koalicyjny i przyznawał, że jego pragnienie kreowania setek nowych parów spośród liberałów wcale nie jest większe niż Balfoura. „Spoglądając w przyszłość – powiedział przywódcy Unionistów, „jestem pewien, że nasi opromienieni chwałą kupczykowie będą bardziej wrogo nastawieni do reform społecznych niż wasi Leśni Ludzie". Balfour nie chciał koalicji. Podobnego zdania był Asquith, zatem 10 listopada ogłoszono, że konferencja konstytucyjna nie przyniosła rezultatów.

Asquith działał szybko. 10 listopada po południu gabinet uzgodnił, że parlament należy rozwiązać i sprawę prawa weta Izby Lordów przedstawić krajowi. Następnego dnia premier złożył w Sandringham wizytę królowi Jerzemu, z prośbą, żeby w przypadku kolejnego zwycięstwa liberałów w wyborach powszechnych, król przyrzekł kreować dostatecznie wielu nowych parów, aby zapewnić przejście Ustawy o parlamencie w Izbie Lordów. 16 listopada Asquith udał się do pałacu Buckingham po królewską odpowiedź. Wielce zakłopotany król zapytał, czy premier poprosiłby o to samo jego ojca. „Tak jest – powiedział Asquith – a ojciec pański wyraziłby zgodę". Król, choć niechętnie, zgodził się. Z tą obietnicą w zanadrzu – na razie utrzymywaną w tajemnicy – Asquith poprowadził swoją partię do grudniowych wyborów, drugich wyborów powszechnych jednego roku. Mimo podniecenia w Westminsterze, kraj zdawał się być jeszcze bardziej znudzony niż w styczniu. Do urn poszło pięćset tysięcy mniej uczestników niż poprzednio, a wyniki były niemal takie same: Liberałowie stracili dwa miejsca i wrócili do Izby z 272 posłami. Konserwatyści zyskali dwa miejsca i powrócili do Westmisnteru również z 272 głosami. Jak poprzednio, o równowadze decydowali nacjonaliści irlandzcy (84 miejsca) i labourzyści (42 miejsca), którzy mieli głosować wraz z rządem.

Nic już nie mogło ocalić Izby Lordów. Asquith miał szczególny mandat udzielony mu przez kraj, większość w Izbie Gmin oraz tajną obietnicę króla kreowania nowych parów. W lutym 1911 Ustawa o parlamencie została przedłożona Izbie Gmin. W maju ustawa została uchwalona i przekazana do Izby Lordów. Ciągle nie wiedząc, że król obiecał w tajemnicy, iż jeśli będzie trzeba, pogrąży ich w ich własnej izbie, parowie potraktowali ustawę z tradycyjnym lekceważeniem, odsyłając ją do komisji, gdzie została dostatecznie zniekształcona przez poprawki, aby móc traktować ją jako nieszkodliwą. 18 lipca Lloyd George złożył wizytę Balfourowi i ujawnił obietnicę uzyskaną od króla w grudniu ubiegłego roku. Balfour i Lansdowne natychmiast zrozumieli, że zostali pokonani; najlepsze co mogli jeszcze uzyskać, to możliwość kapitulacji z wdziękiem. W celu przekonania swoich stronników, Lansdowne poprosił premiera, aby ten wyraził swoje intencje na piśmie. 20 lipca pan Asquith spełnił tę prośbę, wysyłając dwa jednobrzmiące listy do przywódców Unionistów w obu izbach:

> Drogi lordzie Lansdowne (panie Balfour),
>
> Uważam za rzecz słuszną oraz czyniącą zadość wymogom grzeczności, zawiadomić pana, zanim jakiekolwiek decyzje zostaną ogłoszone publicznie, [...] że jeśli zaistnieje taka konieczność, rząd zaleci królowi, aby skorzystał ze swoich prerogatyw w celu zabezpieczenia przejścia Ustawy o parlamencie w zasadniczo takim samym kształcie, w jakim opuściła ona Izbę Gmin; Jego Królewska Mość miał przyjemność podkreślić, że będzie uważał za swój obowiązek zgodzić się i działać zgodnie z tym zaleceniem.
>
> Szczerze pański,
> H. H. ASQUITH

Następnego ranka, 21 lipca, lord Lansdowne przyniósł list premiera na spotkanie dwustu parów unionistycznych w Grosvenor House, londyńskim dworze diuka Westminster. Lansdowne odczytał list Asquitha i powiedział, iż uważa, że rząd nie blefuje*. Zalecał, dla uniknięcia rozcieńczenia szeregów parów i pomniejszenia rangi parostwa, aby Izba Lordów przyjęła ustawę w takiej postaci, w jakiej została przesłana z Izby Gmin. Wskazał, że tak czy tak, Izba Lordów utraci swoje prawo weta.

Argumentacja lorda Lansdowne nie przekonała pewnej liczby jego utytułowanych słuchaczy, którzy zadeklarowali się jako nieprzejednani przeciwnicy uchwalenia ustawy bez względu na konsekwencje. Lord Curzon, były wicekról Indii, samemu będąc parem świeżego wylęgu, zatem skłonnym przeciwstawić się dewaluacji ostatnio dostąpionego zaszczytu, zbuntował się przeciw rządowi, monarsze i lordowi Lansdowne okrzykiem: „Niech sobie robią swoich parów. Umrzemy w ostatnim okopie zanim się poddamy!", tym samym nadając śmiertelnym przeciwnikom ustawy przezwisko „Okopowcy". Opór „Okopowców" koncentrował się wokół krępej, obdarzonej rumianą twarzą postaci lorda Halsbury, osiemdziesięcioośmioletniego (dożył dziewięćdziesięciu ośmiu lat) byłego lorda Kanclerza, który pracą w charakterze prawnika wybił się aż do Worka Wełny i hrabiostwa a który, jak powiadał jeden z jego zwolenników, „nieodmiennie i dla zasady sprzeciwiał się wszelkim zmianom". Lord Halsbury zdążył już ogłosić, że będzie głosował przeciwko ustawie „ze świętego obowiązku wobec Boga i kraju". W Grosvenor House krzyczał, że złoży taki głos „nawet gdyby był jedyny, ale się nie podda". Przynajmniej sześćdziesięciu „Okopowców" stało za owym gladiatorem wagi koguciej i uważano, że ich liczba wzrasta.

* Asquith nie blefował. Choć w pewnym momencie oznajmił, że poprosi króla o kreowanie tylko tylu nowych parów, aby to wystarczyło do przegłosowania ustawy w Izbie Lordów większością jednego głosu, sporządzał już listy liberalnych dżentelmenów, o których uszlachcenie można by prosić króla. Jedna taka lista, z 249 nazwiskami, przetrwała do dziś. Są na niej ludzie różnej godności: czterdziestu czterech było baronetami, a pięćdziesięciu ośmiu – rycerzami; było tam czterech generałów i jeden admirał (jednym z generałów był Baden-Powell, obrońca Mafeking i założyciel skautingu); historię reprezentowali G. M. Trevelyan i G. P. Gooch; prawo – Sir Frederick Pollock; handel – południowoafrykański milioner Abe Bailey; filologię klasyczną – George Gilbert Murray; filozofię i matematykę – Bertrand Russell; teatr – J. M. Barrie; zaś beletrystykę – Thomas Hardy i Anthony Hope – autor „Więźnia Zendy" (*przyp. aut.*).

Ci, którzy poparli lorda Lansdowne znani byli jako „Asekuranci”[*]. A nikt nie asekurował się staranniej niż Arthur Balfour. Być może dlatego, że wyczuwał, iż cokolwiek powie, i tak nie odstraszy lorda Halsbury[*]. Może dlatego, że po trzydziestu latach sprawowania przywództwa partii był już zmęczony i pragnął wycofać się elegancko i zająć innymi sprawami, może wreszcie dlatego, że dla Arthura Balfoura polityka nigdy nie była czymś więcej niż grą. Zapewne dla wszystkich tych powodów naraz Balfour bardzo niechętnie dawał się wciągnąć w rozgrywkę. Nie chcąc pokazywać się rozeźlonym parom, miał zgodzić się tylko na napisanie listu do „Timesa”: „Zgadzam się z lordem Lansdowne i jego przyjaciółmi – oznajmiał – Zawsze stałem przy boku lorda Lansdowne i jestem gotów, jeśli będzie trzeba, razem z nim upaść”. Było to stwierdzenie człowieka, który wiedział, że niedługo zostanie pobity i akceptował to. W ultratorysowskich klubach Londynu i na weekendowych przyjęciach w wiejskich pałacykach coraz głośniej dawał się słyszeć okrzyk „B.M.O. – Balfour musi odejść!”.

Rezygnacja Balfoura z przywództwa objawiła się najwyraźniej podczas sceny, kiedy to Asquith stał się ofiarą najgłośniejszego publicznego upokorzenia, jakiego kiedykolwiek w historii parlamentu doznał brytyjski premier. 24 lipca Asquith wstał z miejsca w Izbie Gmin, aby oznajmić o królewskim przyrzeczeniu i wyjaśnić, jaki bę-

---

[*] Nawet w nazwach obu „stronnictw” znalazło odzwierciedlenie typowo angielskie nieprzetłumaczalne poczucie humoru. Jeśli jedni nazwali się *Ditchers* (od *ditch* – „okop”, choć przede wszystkim „rów”, nasza tradycja przewiduje na takie okazje okopy – *vide* Krasiński), to ci drudzy –*Hedgers* (co, niezależnie od użytego w tekście znaczenia – mogłoby też być „wahający się”, grający na obie strony” – pochodzi od słowa *hedge* – „żywopłot”, także „miedza”, i można by ich nazwać – ku zgrozie wszystkich polonistów – „Miedzowcami”). Niezależnie od rozkoszy tłumaczenia, rzec można – kontynuując ogrodniczą stylistykę – że jedni siedzieli w rowach, zaś drudzy na miedzach (swoich posiadłości?).

[*] „Times” – ów niezłomny, pobrzmiewający belferką głos konserwatywnej Anglii – popierał Lansdowne'a. Czynił on wyrzuty lordowi Halsbury i jego „Okopowcom” za używanie „barwnej frazeologii”, w rodzaju <<przybić flagę gwoździami do masztu>>, <<iść na dno z podniesioną banderą>> czy <<umrzeć w ostatnim okopie>> [...] które to frazy w prawdziwym życiu pobudzają serce i rozpalają krew. Co czyni te frazy tak wspaniałymi – to majestat śmierci. Jednakże bohaterscy parowie nie zatoną, ani nie umrą w ostatnim okopie, lecz tylko zostaną przegłosowani. To nie ma nic wspólnego z majestatem śmierci, lecz raczej z patosem sceny, zatem przyjmowanie podobnych póz nie czyni ze sprawy tragedii lecz melodramat” (*przyp. aut.*).

dzie ono miało wpływ na uchwalenie Ustawy o parlamencie. Opozycja, będąc przekonana, że rząd wymusił owe przyrzeczenie na królu i zawziął się zniszczyć nie tylko Izbę Lordów, ale także system klasowy, prywatną własność, Kościół Anglikański – wszystko to, co od stuleci czyniło Anglię „przyjemnym, zielonym krajem" - nie chciała dopuścić go do głosu. Z siedzeń za plecami Balfoura Unioniści krzyczeli: „Zdrajca!". Był to zaledwie początek istnej kanonady kalumni. Gdy tylko wściekłość zdawała się nieco ustępować i Asquith rozpoczął zdanie, natychmiast tonęło ono w pohukiwaniach i szyderstwach: „Zdrajca!", „Dyktator!", „Kto zabił króla?". Lord Hugh Cecil, syn lorda Salisbury, w kółko wstawał i darł się: „Zhańbiłeś swój urząd!". Pewien poseł, labourzysta, gapił się dłuższy czas na lorda Hugha, wreszcie podniósł się i odkrzyknął: „Wielu zostało uznanych za wariatów za mniej niż połowę tego, co szlachetny lord wyczynia dzisiejszego popołudnia!". Przez czterdzieści pięć minut Asquith stał obok skrzynki na depesze, oczekując, aby dane mu było przemówić. Margot Asquith, będąca na galerii i płonąca z furii, skrobnęła notatkę i przesłała ją na dół, do Sir Edwarda Greya, który siedział za Asquithem na ławie rządowej: „Na miłość boską, brońże go przed tymi chamami!". Grey nie był w stanie nic zrobić i, smętny, podarł kartkę. Ostatecznie premier się poddał. „Nie mam zamiaru tak się poniżać" – powiedział i usiadł. Harmider trwał nadal, z obu stron poszły w ruch pięści, aż w końcu spiker Izby przerwał posiedzenie.

Przez całe owo popołudnie Arthur Balfour siedział rozwalony na frontowej ławie opozycji, nie biorąc udziału w burdzie, lecz nie czyniąc także nic, aby ją przerwać. Niektórzy z obserwatorów twierdzili, że widzieli na jego twarzy troskę, inni znów, że wyglądał na oburzonego. Mimo to, czy to z powodu znużenia, czy poczucia, że istnieją przyjemności – na przykład w filozofii – przewyższające udział w takiej scenie albo wreszcie z czystej obojętności, Arthur Balfour nie ruszył palcem.

W końcu, aby ocalić Izbę Lordów przed śmiesznością, Lansdowne przekonał większość parów unionistycznych, by powstrzymali się od głosowania nad ustawą. Głosowanie miało się więc sprowadzić do rozgrywki liberałowie kontra „Okopowcy". Nawet wtedy wydawało się, że ustawa musi paść, lordowi Halsbury bowiem udało się powiększyć liczbę swoich adherentów. W dniu głosowania, 10 sierpnia, przy temperaturze stu stopni* – największym upale zarejestrowanym w Anglii od siedemdziesięciu lat, wielu „Okopowców" nadal wierzyło, że groźba rządu odnośnie do powołania nowych parów jest „czystym blefem". Lord Morley, liberał, który postawił wniosek o głosowanie nad ustawą, próbował ich wyprowadzić z błędu: „Muszę tu powiedzieć, że każdy głos oddany dzisiejszego wieczora przeciwko mojemu wnioskowi jest głosem za szybkim powołaniem znacznej liczby parów". Okazało się w końcu, że to lord Curzon, nienawidząc tego co miał uczynić, ocalił Izbę Lordów od najazdu liberalnych „kupczyków". Gdy doszło do chwili podjęcia ostatecznej decyzji, z ponurą miną poprowadził trzydziestu siedmiu unionistycznych parów do lobby za ustawą w wersji rządowej. Dołączyło do nich osiemdziesięciu jeden liberałów i trzynastu biskupów; przeciwnych było 114 „Okopowców"; ostateczny wynik brzmiał 131 do 114. Ustawa o parlamencie stała się prawem i Izba Lordów straciła prawo zgłaszania weta. „Okopowcy" aż „gotowali się z wściekłości". Lady Halsbury gwizdała z galerii, gdy ogłaszano wyniki głosowania, a następnie odmówiła podania ręki lordowi Lansdowne. Tego wieczoru w Carlton Club parowie głosujący z lordem Curzonem za rządem musieli wytrzymać rzucane im w twarze okrzyki „Zdrajca!" i "Judasz!".

To, co rozegrało się w Izbie Gmin 23 lipca, było ponad wytrzymałość Arthura Balfoura. 9 sierpnia, na dwa dni przed szczytowym głosowaniem w Izbie Lordów, przywódca opozycji opuścił Anglię, aby spędzić wakacje w Alpach Austriackich. Tam wśród „wodospadów, sosen i przepaści" Badgastein oddał się refleksjom nad własnym życiem, którego przeżywał rok sześćdziesiąty czwarty. Polityka wydawała mu się „nadzwyczaj wstrętna"; oto był czas, by poświęcić się filozofii; miał już na myśli nieduży artykuł. Tej jesieni po powrocie do Anglii elegancki książę Izby Gmin zrezygnował z przywództwa Partii Unionistów. Jego następcą został urodzony w Kanadzie producent stali z Glasgow nazwiskiem Andrew Bonar Law.

---

* Ponad 38°C.

36

Skandal Eulenburga

Gdy w listopadzie 1908 roku Asquith odciągnął na bok Balfoura, aby mu powiedzieć, iż zachowania się Niemiec nie można wytłumaczyć niczym innym niż tym, że „wewnętrzna sytuacja Niemiec jest tak niezadowalająca, iż może to ich pchnąć do najdzikszych przedsięwzięć", to mówił o burzliwych następstwach afery Eulenburga oraz wywiadu, jaki kaiser udzielił dziennikowi „Daily Telegraph". Nagłówek w londyńskim „Timesie" krzyczał: „SKANDALE NA DWORZE PRUSKIM", zaś reporterzy z całej kuli ziemskiej przesiadywali w berlińskiej sali sądowej, pisząc historie, które otoczyły kręgi przywódcze Cesarstwa Niemieckiego aureolą sensacji. Zanim wydarzenia te dobiegły końca, ich skutki przetoczyły się przez społeczeństwo niemieckie niczym fala uderzeniowa po wybuchu, kaiser dwukrotnie załamał się nerwowo, zaś kanclerz Rzeszy oznajmił w Reichstagu: „Jest rzeczą fałszywą i głupią przypuszczać, że z powodu tego, iż niektórzy członkowie socjety mają pewne słabości, to cała szlachta jest przegniła a armia zniszczona".

Polityka dyplomatyczna tandemu Bülow – Holstein, polegająca na grożeniu Francji wojną z powodu Maroka, próbie rozbicia ententy anglo-francuskiej, zanim ta zapuściła korzenie, zakończyła się spektakularnym fiaskiem. Kaiser, który z radości po upadku Delcasségo uczynił Bülowa księciem, był sfrustrowany i zły. Ktoś musiał za to wszystko zapłacić. Bülow, który przyjął strategię Holsteina, kierował nią i zbierał jej owoce tak długo, jak długo okazywała się skuteczna, teraz zdecydował, że to nie on będzie kozłem ofiarnym.

Wiosną 1906 roku, podczas upokorzenia w Algeciras, osobista pozycja Holsteina w Berlinie uległa pogorszeniu. W styczniu zmarł minister von Richthofen, którego Holstein przywykł ignorować, i został zastąpiony przez Heinricha von Tschirschky'ego, przyjaciela kaisera, którego Holstein nie lubił. Tschirschky odwzajemniał te uczucia. Po Algeciras Bülowowi i Tschirschky'emu równocześnie przyszło na myśl, że oto nadarza się okazja, by całkowicie pozbyć się Holsteina. Pierwszy radca, świadomy wstrząsów pod swoim stołkiem, uciekł się do typowej dla niego taktyki: 2 kwietnia wręczył Bülowowi swoją rezygnację. 4 kwietnia Bülow powiedział Holsteinowi, że nie uczyni niczego, zanim nie przedyskutuje sprawy z kaiserem. 5 kwietnia, zanim jeszcze mógł się spotkać z Wilhelmem, Bülow zasłabnął w sali Reichstagu, został odwieziony do domu i położony do łóżka. To właśnie z łóżka kanclerz poinstruował Tschirschky'ego, żeby ten przesłał rezygnację Holsteina do cesarza z rekomendacją, aby ją przyjąć. Gdy Wilhelm otrzymał dokument, natychmiast go podpisał.

Holstein, oszołomiony nagłym upadkiem, szybko obrócił swoje szerokie możliwości, aby wyniuchać, kto też mógł to wszystko na niego sprowadzić. Bülowa odrzucał. Kanclerz był niegdyś jego protegowanym, a potem sojusznikiem przez trzydzieści lat. Bülow zawsze też okazywał wyszukany szacunek wobec szczególnej roli, jaką Pierwszy Radca odgrywał na Wilhelmstrasse; poza tym Bülow był przecież w domu, w łóżku. Tschirschky, o czym Holstein dobrze wiedział, nie był zdolny namówić kaisera do takich wyczynów. Potem Holstein dowiedział się, że 17 kwietnia, w dniu złożenia przez Wilhelma kontrasygnaty na rezygnacji, na lunchu w pałacu był obecny książę Philip von Eulenburg. Dalej już Holstein nie szukał. Ów przyjaciel kaisera, który w latach dziewięćdziesiątych pomagał obalać kanclerzy i sekretarzy stanu, raz jeszcze skorzystał ze swojej osobistej władzy nad cesarzem. Holstein był przekonany, że jego wrogiem jest książę Philip von Eulenburg.

Jak sam mawiał, największy wpływ na Philipa von Eulenburga w całym jego życiu wywarła matka. Aleksandryna von Rothkirch-

Eulenburg była kobietą obdarzoną artystycznym temperamentem, która zachwycała się muzyką i wykazywała znaczne umiejętności jako malarka-amatorka. To po matce odziedziczył Philip swój entuzjazm wobec natury, sztuki, muzyki i poezji oraz pragnienie bliskich przyjaźni. Hrabina von Eulenburg dożyła chwili, gdy jej syn miał pięćdziesiąt pięć lat i spędzała przy nim tyle czasu, ile tylko było możliwe. Gdy się rozstawali, pisywali do siebie codziennie.

Ojciec Eulenburga był staroświeckim, ciężko doświadczonym Prusakiem, byłym żołnierzem, który niewiele dobrego widział w artystycznych upodobaniach swojej żony i dzieci. Wobec ojca Philip był zamknięty w równym stopniu,w jakim był otwarty wobec matki. „Nigdy nie potrafiłem ująć w słowa – napisał później – ile znaczył dla mnie w dzieciństwie świat fantazji. [...] Wąski światek, w jakim żyli wtenczas moi rodzice, wieczne utyskiwania mojego ojca w sprawie ograniczenia wydatków napawały mnie wstrętem".

Jako dziedzic junkra, młody hrabicz von Eulenburg miał także zostać żołnierzem, więc Philip wstąpił jako kadet do Garde du Corps (Pułku Królewskiej Straży Przybocznej) w Poczdamie. Nie potrafił się tam odnaleźć i nienawidził „udręki doznawanej od nie postępujących fair, ograniczonych i gruboskórnych zwierzchników". Gdy wybuchła wojna francusko-pruska i pułk udał się na front, jego dowódca zostawił go na tyłach. Ostatecznie Eulenburg został przeniesiony na stanowisko sztabowe, gdzie zdołał oczarować swojego dowódcę do tego stopnia, że oficer ów załatwił dla niego Krzyż Żelazny za dzielność, choć Philip ani razu nie brał udziału w walkach. Gdy wojna się skończyła, matka uzyskała dla niego od ojca pozwolenie, aby opuścił armię. Poszedł na uniwersytety w Lipsku i Strasburgu, uzyskał doktorat z prawa i choć bez entuzjazmu, zaczął pracować w sądach. Mając dwadzieścia osiem lat ożenił się ze szwedzką hrabianką, która w ciągu jedenastu lat urodziła mu ośmioro dzieci. Małżeństwo było dla Eulenburga ciężką próbą i karą boską. Jego żona, jak mawiał jeden z przyjaciół, była „okropnie nudna". „Jej rozmowa była do niczego – powiadał inny – Była całkiem przyćmiona przez wspaniałego Phili, na którego spoglądała z ubóstwieniem, miłością i zachwytem". „Nie bardzo lubię życia rodzinnego – powiadał Eulenburg – Rad chadzam swoimi drogami".

Eulenburg przerzucił się na karierę dyplomatyczną, uważając, że profesja ta da mu więcej czasu na rozwój artystyczny. „Moja oficjalna kariera jako dyplomaty była dla mnie udręką – powiedział później – Będąc artystą w każdym calu, ponadto pewnym sukcesu, jak doprowadzone do ostateczności zwierzę walczyłem z ojcem, który na starą pruską modłę nie doceniał niczego poza oficjalnie uznawaną drogą kariery, zaś wszelką działalność artystyczną uważał za coś, co dla hrabiego Eulenburga może stanowić tylko rozrywkę lub zabawkę". W Ministerstwie Spraw Zagranicznych pojawił się w wieku trzydziestu lat dzięki przyjaźni z Herbertem Bismarckiem. (Siostra Eulenburga, Adda, była bliską przyjaciółką córki kanclerza, Marii). Podczas nieszczęsnego romansu Herberta z księżną Elizabeth Carolath, Eulenburg odgrywał podwójną rolę: dla chorego z miłości syna był bliskim przyjacielem, któremu wszystko można było wyznać; dla pełnych obaw rodziców – rozsądnym młodzieńcem, który mógł sprowadzić ich syna z powrotem na drogę rozsądku. Potem to właśnie wdzięczny Herbert zasugerował, żeby „drogi Phili" dołączył do niego w służbie dyplomatycznej.

Kariera Eulenburga rozwijała się powoli. Skończył trzydzieści cztery lata, zanim otrzymał pierwszy przydział zagraniczny w 1881 roku, w charakterze trzeciego sekretarza Ambasady Niemieckiej w Paryżu. Jego sześciomiesięczna tura odznaczyła się głównie początkami przyjaźni z drugim sekretarzem ambasady, Bernhardem von Bülowem. Drugą placówką Eulenburga było Monachium, gdzie służył jako pierwszy sekretarz Poselstwa Pruskiego*. Jego obowiązki były lekkie, co pozwoliło mu zanurzyć się w życiu kulturalnym i artystycznym bawarskiej stolicy. Eulenburg obdarzony był znacznymi, jak na amatora, talentami, a we wszystkich dziedzinach był samoukiem. Pisywał opowiadania dla dzieci, które zyskały entuzjastyczne pochwały ze strony dość nieoczekiwanej, bo od Friedricha von Holsteina. Sztuki Eulenburga były wystawiane na zawodowych scenach Berlina i Monachium. Bez formalnego wykształcenia w zakresie architektury zaprojektował sale i pawilony w stylu włoskim na terenie rodzinnych dóbr w Liebenbergu. Najbardziej dumny był ze swojej muzyki. Jego „Rosenlieder" („Pieśni Róż") miały trzysta wydań w ciągu dwudziestu pięciu lat i zostały sprzedane w łącznym nakładzie 500 000 eg-

---

* Mimo istnienia Cesarstwa Niemieckiego, nadal istniały w nim poszczególne kraje (landy) o rozmaitym szczeblu w hierarchii (Bawaria wciąż była królestwem, Prusy oczywiście też) i utrzymywały one między sobą stosunki dyplomatyczne, choć na niższym szczeblu, tzn. poselstw.

zemplarzy. Tworzył też ballady, „Skaldengesänge”*, oparte na sagach nordyckich; owe pieśni i ballady często sam śpiewał swoim przyjemnym głosem. Miał nadzieję, że kiedyś napisze też operę. Będąc jeszcze w Paryżu, odśpiewał jedną ze swych kompozycji sławnemu zawodowemu śpiewakowi, który usilnie radził mu, aby studiował kontrapunkt. Urażony Eulenburg powiedział Bülowowi, gdy wychodzili od śpiewaka: „Już ja zadbam o to, aby nigdy nie studiować kontrapunktu. Podcięłoby to tylko moje skrzydła geniusza”.

Wszystkie te jego talenty, w połączeniu ze wspaniałym darem konwersacji i gawędziarstwa, spodobały się księciu Wilhelmowi Hohenzollernowi, gdy trzydziestodziewięcioletni Eulenburg spotkał dwudziestosiedmioletniego przyszłego kaisera na polowaniu w maju 1886. Wysoki, z szerokim czołem, starannie przyciętą bródką, obdarzony wielkimi, wyrazistymi oczami, Eulenburg natychmiast podbił młodszego mężczyznę. Gdy Philip siedział przy fortepianie, grając i śpiewając, Wilhelm odwracał stronice nut. Począwszy od tamtego lata, Wilhelm i Augusta często zapraszali go do Reichenhall, gdzie, jak to później ujął Wilhelm, Eulenburg „zwykł ożywiać nasze wieczory grą na fortepianie i śpiewaniem ballad. Jedna z jego najlepszych kompozycji, <<Zatopienie Atlantydy>>, stała się moim ulubionym utworem muzycznym. Był on, podobnie jak ja, wielkim miłośnikiem natury. Wraz z moją żoną odbywaliśmy z nim długie, inspirujące rozmowy o sztuce, muzyce i literaturze podczas wspólnych spacerów. Szczególnie znał się na włoskim renesansie, a w Monachium miał wielu przyjaciół i znajomych wśród znanych artystów”. Wilhelm zauważył, że jego nowy przyjaciel posiada znaczne uzdolnienia do opowiadania różnych historii: „Był jednym z tych szczęśliwców, którym, zwłaszcza w podróży, zawsze musi przydarzyć się coś komicznego. Phili potrafił opowiadać takie historie ku ogólnej wesołości”. Już wkrótce Wilhelm przedstawiał Eulenburga swojemu dawnemu nauczycielowi, Hinzpeterowi, jako „mojego przyjaciela od serca, jedynego, jakiego posiadam”. „Kiedy tylko przybywał do naszego domu w Poczdamie” – wspominał później Wilhelm – było to niczym potok światła słonecznego wylany na rutynę codziennego życia”.

Eulenburg z entuzjazmem reagował na przyjaźń Wilhelma. Jego listy do księcia są kwieciste w stylu. Przyjaźń księcia, mówił „stała się

* Śpiewy skaldów.

blaskiem mego życia"; list od księcia Wilhelma „złożę wśród moich najcenniejszych skarbów"; wizyta w domu Eulenburga wywołała podobną, zachowaną wypowiedź jego dzieci, że „książę Wilhelm wyglądał <<tak przystojnie>> w mundurze". Gdy Wilhelm był przygnębiony, Eulenburg okazywał mu współczucie, gdy Wilhelm był podekscytowany, Eulenburg dosypywał pochwał. Wilhelm otrzymał nieprzyjemny telegram: „Był bardzo blady – pisał o tym Eulenburg do swego przyjaciela Bülowa – i spoglądał na mnie, na wpół przestraszony, na wpół zdeprymowany, jakby zadając mi pytanie swoimi pięknymi niebieskim oczami". Gdy jako kaiser Wilhelm wygłosił mowę, to zaraz potem, jak zapisał Bülow, „Phil był tak podniecony, że podbiegł [...] i ucałował obie dłonie Jego Cesarskiej Mości ze słowami, <<Jestem pod wrażeniem! Jestem wstrząśnięty!>>".

Obaj Bismarckowie aprobowali tę przyjaźń. „Bardzo użyteczne, żeś udał się do księcia Wilhelma – pisał Herbert do Eulenburga w sierpniu 1886 – Ma on o tobie wielkie mniemanie i pieje z zachwytu na twój temat na wszelkie możliwe sposoby. Powinieneś to wykorzystać i [...] rozmawiać z nim, aby zdobyć na niego wpływ. A to dlatego, żeby owo burzliwe napięcie, jakie jest widoczne w większości jego opinii, tonować coraz bardziej, tak aby spojrzenie poczdamskiego porucznika stopniowo ustąpiło refleksjom męża stanu. Z wyjątkiem tej sprawy, książę jest istną perłą". Pod koniec lata, dwaj przyjaciele, Wilhelm i Philip, wyprawili się wspólnie do Bayreuth, aby wysłuchać „Tristana i Izoldę" oraz „Parsifala", a także spotkać się z rodziną Wagnera, którą Eulenburg znał już wcześniej. Ponownie Herbert Bismarck pisał do niego z aprobatą: „Zamierzasz więc być w Bayreuth z Wilhelmem. [...] Mam nadzieję, że odwrócisz jego uwagę, aby wagnerowskie puzony nie zniszczyły mu i tak kiepskiego ucha swoimi pełnymi niezgody tonami. Sześć godzin Muzyki Przyszłości spowodowałoby zapalenie nawet moich bębenków. Zawsze się obawiam, że książę z czymś przesadzi, tak przecież energiczny jest we wszystkim, co robi. Trzeba temu zapobiegać, ponieważ jego zdrowie ma nieocenione znaczenie dla narodu niemieckiego".

W tym czasie, gdy ojciec księcia Wilhelma, kronprinz Fryderyk był w najwyraźniej dobrym zdrowiu, wydawało się rzeczą nieprawdopodobną, aby zdrowie księcia Wilhelma miało wiele znaczyć dla narodu niemieckiego przez ładnych parę lat. W istocie zaledwie dwadzieścia cztery miesiące później, młodzieniec miał zostać niemieckim cesarzem. Nawet wtedy, Bismarckowie nadal aprobowali tę przyjaźń. Gdy Wilhelm, już jako kaiser, tworzył grupę która miała mu towarzyszyć w jego pierwszym rejsie do fiordów Norwegii, Herbert zasugerował, aby Eulenburg pojechał. „Twój wpływ na Jego Cesarską Mość jest doskonały" – powiedział mu. Unikalne relacje Eulenburga, jako przyjaciela od serca kaisera, a równocześnie zaufanego powiernika obu Bismarcków, skończyły się w marcu 1890 roku wraz z dymisją kanclerza. W wielkiej schizmie, jaka podzieliła społeczeństwo i biurokrację w latach dziewięćdziesiątych, Eulenburg wybrał Wilhelma. Gdy uczestniczył w pogrzebie Ottona von Bismarcka w 1897 roku, podszedł do Herberta, aby złożyć mu wyrazy współczucia. Herbert z ostentacyjnym chłodem odwrócił się do niego plecami.

Gdy Wilhelm wstąpił na tron, Eulenburg obawiał się, że koniec z przyjaźnią, lecz nowy monarcha go uspokoił. „Nigdy nie marzyłbym nawet o tym, że właśnie mój kaiser będzie jedyną osobą, która potrafi zrozumieć [...] moją wrażliwość" – pisał Eulenburg do Wilhelma. Bliskie stosunki z młodym, apodyktycznym cesarzem, szybko zapewniły Eulenburgowi kluczową rolę w rządzie cesarstwa. Gdy Caprivi zastąpił Bismarcka, zaś Marschall został sekretarzem stanu, Holsteinowi przypadła dominująca rola w Ministerstwie Spraw Zagranicznych. Wilhelm i Pierwszy Radca-samotnik nie znali się, więc zadanie pośredniczenia między nimi spadło na Eulenburga, którego nieoficjalnym tytułem stało się określenie „ambasador Rządu Niemieckiego przy Kaiserze". W 1890 roku Marschall, nominalnie zwierzchnik Eulenburga – Eulenburg służył wtenczas jako pruski minister przy niemieckim państewku Oldenburg – tak oto wyrażał uznanie dla jego wpływów: „Jeśli do pewnego stopnia czuję, że warto się brać do pracy, zawdzięczam to uczucie w znacznej mierze uprzejmym i serdecznym słowom, jakie jest pan łaskaw do mnie kierować. Na zaufanie i przyjazne uczucia, jakie mi pan okazuje, odpowiadam z głębi serca płynącą prośbą, by w razie zaistnienia takiej konieczności nadal mi pan pomagał słowem i uczynkiem jak również swobodnie okazywanym krytycyzmem".

Holstein pisywał do Eulenburga niemal codziennie, żądając pomocy w sterowaniu kaiserem: „Może Jego Cesarska Mość mógłby powiedzieć [...]"; „Użytecznym tematem rozmowy byłoby [...]"; „Mógłby pan zasugerować Jego Cesarskiej Mości, aby [...]"; „Musi pan wygłosić ostrzeżenie przed [...]". Holstein motywował Eulenburga mieszanką wdzięczności i obawy o pozycję kaisera: „Pański dzisiejszy list [...] stwarza mi nadzieję, że z pańską pomocą ciągle możemy pohamować cesarza – bez niej – nie będziemy w stanie ...”; „Przyczyną, dla której uważam za swój obowiązek poinformować pana we właściwym czasie, jest to, że sprawa dotyczy osobistego prestiżu pańskiego cesarskiego przyjaciela. Prestiż ten w żadnym wypadku nie wzrasta – raczej przeciwnie. Kraj nie traktuje go poważnie”.

Eulenburg prowadził swoją „ambasadę przy Cesarzu” głównie za pomocą listów; gdy sprawa była pilna, ruszał w podróż do Berlina. Eulenburg spotykał także kaisera regularnie podczas dorocznego *Kaiserjagd* (Polowania Cesarskiego) w Rominternie; na polowaniach w jego własnych dobrach Liebenberg w pobliżu Berlina; żeglując na pokładzie „Meteora” podczas Tygodnia Kilońskiego (jedynym zdjęciem na biureczku Wilhelma w jego ciasnej kabinie było zdjęcie Eulenburga), a także podczas corocznych, czysto męskich rejsów na wody Norwegii w lipcu. Podczas tych wilhelmińskich wakacji Eulenburg cieszył się szczególnymi przywilejami. Jego kabina na „Hohenzollernie” zawsze była położona obok cesarskiej. Gdy Wilhelm wzywał swoich podstarzałych generałów na pokład na poranną gimnastykę, kiedy to kazał im kucać, aby móc zajść któregoś znienacka od tyłu i popchnąć, by ten rozciągnął się jak długi, Eulenburg był nieobecny. „Cesarz nigdy mnie nawet nie dotknął – powiedział – Wie, że bym tego nie zniósł”. Podczas polowań, kiedy wszyscy byli zmuszeni ubrać zielone dworskie stroje myśliwskie, z dławiącymi noszących wysokimi, sztywnymi kołnierzami oraz wysokimi brązowymi butami, jeden Eulenburg odważał się rozpiąć swój kołnierz, aby móc oddychać.

Wielki wpływ, jaki Eulenburg wywierał na kaisera w połowie lat dziewięćdziesiątych, doprowadził do spekulacji, że może on być mianowany sekretarzem stanu lub nawet kanclerzem. Eulenburg zaprzeczał tym pogłoskom, wyjaśniając, że jakiekolwiek oficjalne stosunki z cesarzem „zniszczyłyby moje wpływy”. W roku 1894, gdy Caprivi stawał się coraz słabszy i nazwisko Eulenburga zaczęło się pojawiać w charakterze następcy, ten błagał kaisera, aby nigdy nawet nie prosił go o przyjęcie urzędu. Wilhelm się roześmiał. „Zgadzam się z tobą, że przynajmniej pod jednym względem całkowicie się nie nadajesz na stanowisko kanclerza Cesarstwa – masz zbyt dobrą naturę”.

Eulenburg czuł się swobodnie, odmawiając także objęcia wymagającej roli sekretarza stanu, zwłaszcza że znalazł sobie bliskiego przyjaciela – swoje alter ego – który mógł ją objąć zamiast niego. Bernhard von Bülow, paryski kolega Eulenburga, był ambitny i miał tę żądzę władzy, której brakowało Eulenburgowi. Od samego początku Bülow widział w Eulenburgu użytecznego przyjaciela. „Szybko znalazłem się pod urokiem «Philiego» Eulenburga" – pisał Bülow o wczesnych latach ich znajomości. Nieco później, powiedział Bülow, Eulenburg stał się „najbliższym memu sercu przyjacielem". Szybko też Eulenburg postawił swoje talenty na usługi Bülowa. Gdy ten ostatni czynił manewry, żeby ożenić się z rozwiedzioną hrabiną Marią Dönhoff, Eulenburg starał się załagodzić sprawy na Wilhelmstrasse. Gdy w 1888 roku Bülow został posłany do Bukaresztu, gdzie tkwił zapomniany przez pięć lat, to właśnie w Eulenburgu upatrywał ocalenia. Bülow rozumiał wylewną naturę Eulenburga i odpisywał mu podobnym językiem: „Wielce się stęskniłem za twoim widokiem, najdroższy Philipie"; „Nic, nigdy nie potrafi nas rozdzielić"; „w głębi naszych dusz myślimy i odczuwamy podobnie [...] od czasu gdy cię poznałem [...] pokochałem cię z głębi serca". W 1893 roku, gdy krążyły gadki, że Eulenburg zastąpi Marschalla na stanowisku sekretarza stanu, Philip dzielił się swoimi zastrzeżeniami z Bernhardem: „Taka zmokła kura jak ja, raptem zamieniona w orła. Już słyszę sam siebie, jak gdaczę, zamiast rwać pazurami, i widzę, jak znoszę jajko, zamiast z płonącymi oczami siedzieć na szczycie dachu na Wilhelmstrasse 76. Sprawa jest poza dyskusją". Bülow z oburzeniem odrzucał taką samoocenę: „Uważam cię – a piszę to nie jako przyjaciel, a całkiem bezstronnie – za idealnego sekretarza stanu. Nie biegałbyś w kółko po podwórku jak jakaś kura, lecz raczej jak wierny, mądry i szlachetny pies, strzegący drzwi cesarza. Posiadasz [...] intuicyjny geniusz [...] całkowite zaufanie ze strony Jego Cesarskiej Mości [...] wielkie nazwisko, urok towarzyski – mówiąc krótko, posiadasz wszystko".

Bülow rozumiał także konieczność odzwierciedlania gorącego podziwu, jakim Eulenburg darzył Wilhelma II. „Nie potrafimy okazać naszej wdzięczności za to, że mamy monarchę, który zawsze przypomina mi bohaterskich [...] cesarzy naszego średniowiecza – pisał do Eulenburga w sierpniu 1890 – Osobowość cesarza bez wątpienia staje się z każdym dniem coraz bardziej frapująca". Naturalnie, Eulenburg był zachwycony, mogąc dopomóc w karierze komuś, kto wydawał się tak serdeczny i mądry. Awans Bülowa, związany z przeniesieniem go w 1893 roku z Bukaresztu do Rzymu, był głównie rezultatem działań Eulenburga. W roku 1895, gdy Bülow spędził w Palazzo Caffarelli zaledwie dwa lata, Eulenburg, który widział karierę przyjaciela jako jeszcze ambitniejszą, napisał do kaisera: „Bernhard jest najbardziej wartościowym ze wszystkich oficjeli, jakich Wasza Cesarska Mość posiada – wręcz przeznaczonym na przyszłego kanclerza Cesarstwa". Wilhelmowi spodobał się ten pomysł. „Bülow będzie moim Bismarckiem" – powiedział Eulenburgowi.

Obaj przyjaciele – Eulenburg był wtenczas ambasadorem w Austrii, Bülow zaś we Włoszech – w 1896 roku spotkali się potajemnie w Tyrolu. Spotkanie, jak pisał później Eulenburg do Bülowa, opierało się „na naszej bezgranicznej miłości dla naszego króla [Prus, tzn. Wilhelma]. Jak na tym skomplikowanym świecie mógłby [...] ktoś zrozumieć tę osobistą, ludzką miłość, jaką żywimy do najlepszego z królów albo też naszą naturalną, z serca płynącą, wzajemną przyjaźń?". W tym czasie Eulenburg pracował wytrwale nad usunięciem Marschalla ze stanowiska sekretarza stanu. „Wasza Cesarska Mość pozwoli sobie przypomnieć, że już w zeszłym roku poczyniłem wszelkie przygotowania do zdymisjonowania Marschalla – pisał Eulenburg do Wilhelma – Wasza Cesarska Mość zdecydował się pozostawić go na urzędzie z powodów oportunistycznych". Wreszcie w czerwcu 1897 roku Eulenburg dopiął swego: Marschall został zdymisjonowany, zaś Bülow wezwany z Rzymu i zrobiony sekretarzem stanu. Bülow odpłacił Eulenburgowi za swój awans listem, o którym wiedział, że mu się spodoba: „Jako osobowość, Jego Cesarska Mość jest czarujący, wzruszający, godny podziwu, nie można mu się oprzeć. [...] Z każdym dniem Cesarz coraz bardziej zdobywa sobie moje serce. Jest tak nadzwyczajny! [...] bez porównania, największy ze wszystkich Hohenzollernów. Łączy on w sobie w sposób, jakiego nigdy dotąd nie spotkałem, najgłębszą i najbardziej oryginalną inteligencję z najtrafniejszym zdrowym rozsądkiem. Posiada wyobraźnię, która potrafi szybować jakby na orlich skrzydłach [...] a na dodatek jeszcze jaka energia! Jaka pamięć! Jaka szybkość i pewność pojmowania!"

Uradowany Eulenburg odpowiadał: „Jesteś ostatnią kartą naszego drogiego, dobrego suwerena. Nikt inny nie potrafiłby – a jeszcze mniej chciałby – tyle dla niego uczynić, co ty. [...] Ktoś inny mógłby mieć geniusz lub erudycję, lecz zawsze brakować mu będzie miłości i lojalności, tej miłości wiernego sługi, która u ciebie przybrała formę miłości ojca do trudnego dziecka. Jak straszliwie samotnym pozostaje cesarz". Gdy Bülow został mianowany kanclerzem cesarstwa, Eulenburg ponownie mu gratulował: „Jedną z najlepszych rzeczy, jakie Bóg sprawił, że mi się przytrafiły, była moja interwencja w twoją karierę – interwencja, którą zawsze uważałem za swoją misję. Ogarnia mnie przeczucie, że po straszliwych sztormach, nareszcie doprowadziłem statek, nazwijmy go «Panowanie Cesarza», do przynajmniej względnie spokojnego kotwicowiska".

Z Bülowem za sterem zmalały bezpośrednie wpływy polityczne Eulenburga, co zresztą, jak powiadał, było jego życzeniem. Podtrzymywał osobistą przyjaźń z kaiserem poprzez udział w corocznych rejsach do Norwegii oraz polowaniach w Rominternie i Liebenbergu. Jego przyjaźń z Wilhelmem stała się, jeśli już, jeszcze bardziej zaborcza. Eulenburg opowiadał Bülowowi, że w Rominternie przeraził się, widząc „pomarszczoną, przedwcześnie postarzałą twarz i siwe włosy" cesarzowej. Podobnie reagował na fakt, że „przez calutką noc, cesarzowa robiła sceny swoim szlochaniem i wrzaskami". Eulenburg był wielce wzburzony. „Powiedział mi z gorączkowym podnieceniem – wspominał Bülow – że cesarzowa jest w takim stanie nerwów, iż byłoby wielce korzystne, gdyby co rychlej została odseparowana od cesarza". Dona jednak pozostała, a Eulenburg nadal odczuwał wstręt. Trzy lata później skarżył się, „że miłość cesarzowej do Jego Cesarskiej Mości jest jak namiętność kucharki do lubego, którego uczucia zaczynają stygnąć. Sposób, w jaki narzuca się ona cesarzowi, z pewnością nie jest metodą utrzymania afektu ukochanego".

W międzyczasie Eulenburg zaczął odczuwać zmęczenie oficjalnym życiem. „Te dziesięć lat harówki dla naszego drogiego Pana kompletnie mnie wyczerpało" – pisał do Bülowa w 1898 roku. W roku następnym zerwał z Holsteinem. Chociaż w 1900 roku Wilhelm wyniósł swego starego przyjaciela do godności księcia, to fortuna zdawała się odwracać od Eulenburga. Jego „słodkie, afektowane uczucia synowskie [...] odpychały" dyplomatycznego kolegę. Sam Eulenburg mówił tak: „W pewnym wieku mężczyźni przechodzą przez okres zmian cielesnych, tak samo jak kobiety". W szczególności dotyczy to, powiadał, „mężczyzn, którzy w swojej wrażliwości [...] mają pewien element kobiecej rozwagi". Matka Eulenburga zmarła w 1902 roku. On sam, trapiony swymi lękami, chorobą serca oraz podagrą, opuścił Wiedeń po ośmiu latach pełnienia funkcji ambasadora i wycofał się do Liebenbergu. Nadal bywał zapraszany na jesienne polowania oraz rejsy do Norwegii, lecz odmawiał ze względów zdrowotnych. Kaiser jednak przybywał zawsze do Liebenbergu na urodziny Eulenburga. „Ponieważ Phili już teraz nie przyjeżdża do mnie – powiedział Wilhelm – muszę pojechać do niego”. Całkiem wyjątkowo, jak na ówczesną samotność w Liebenbergu, Eulenburg wybrał się w rejs do Norwegii w roku 1903. Przez całą podróż chorował i poczuł, że wzrósł jego wstręt do tego rodzaju wakacji; opisał wtenczas „Hohenzollerna” jako „ten pływający teatr”, gdzie „sprawy przyjmują obrót niczym w najbardziej swawolnej mesie oficerskiej”. W roku 1905 Eulenburg wydawał się być w lepszej formie. Tej jesieni rosyjski hrabia Sergiusz Witte, wracający do domu z negocjacji nad rosyjsko-japońskim traktatem pokojowym w Portsmouth w stanie New Hampshire, odwiedził kaisera w Rominternie. Spotkał tam Eulenburga, siedzącego w wielkim fotelu w pozie monarchy, podczas gdy Wilhelm siedział na jednym z bocznych oparć tego samego fotela i z podnieceniem mówił i gestykulował jak podwładny. Wyglądało na to, że Philip Eulenburg, najdroższy przyjaciel kaisera, ponownie podejmuje rolę tego, który obala i promuje ludzi w cesarskich Niemczech.

Gdy już Holstein uznał, że to właśnie Eulenburg doprowadził do jego upadku, natychmiast zapłonął żądzą zemsty. Przez wszystkie lata swojej pracy, tkając pajęczą sieć źródeł informacji, uzyskał dostęp do teczek policyjnych na temat czołowych postaci rządowych. Był świadomy tego, że w latach osiemdziesiątych nazwisko Eulenburga znalazło się na tajnej liście osób podejrzanych o zachowania homoseksualne. 1 maja 1906 roku Eulenburg otrzymał list od Holsteina. Rozpoczynał się on od oskarżenia: „Mój drogi Phili – nie musisz uznawać tego początku za komplement, ponieważ w dzisiejszych czasach nazwać kogoś «Phili» znaczy, no cóż, nic szczególnie pochlebnego. Udało ci się teraz osiągnąć cel, w którym intrygowałeś od lat – moje odejście na emeryturę. A i te wszystkie ataki w prasie to także coś, czego pragniesz”. Holstein rzucił także w liście obelgę: „Mam teraz możliwość potraktowania cię tak, jak traktuje się godne pogardy osoby z twoimi osobliwymi cechami”.

Eulenburg zrozumiał, że Holstein jest zdecydowany zrujnować go. Uważając to „za sprawę życia i śmierci”, zdecydował, że tylko pojedynek może oczyścić jego imię. Wyzwał Holsteina na „wymianę strzałów pistoletowych aż do unieszkodliwienia lub śmierci przeciwnika". Gdy poinformował o tym Tschirschky'ego, sekretarz stanu – wyobrażając sobie skandal, jaki by wybuchnął na wiadomość o tym, że dwóch wybitnych, starszych ludzi, zajmujących niegdyś najwyższe stanowiska w Cesarstwie Niemieckim, próbuje się nawzajem okaleczyć lub pozabijać – „dosłownie runął na swój fotel". Tschirschky błagał Eulenburga, aby ten cofnął wyzwanie „przez wzgląd na Boga i Cesarza". Eulenburg zgodził się to zrobić, jeśli Holstein go przeprosi. 3 maja Holstein napisał: „Po zapewnieniu mnie przez księcia Eulenburga pod słowem honoru, że nie przyłożył ręki, nie działał na rzecz, ani w żaden inny sposób nie przyczynił się do mojej dymisji, niniejszym wycofuję obraźliwe uwagi, jakie wyraziłem wobec niego w moim liście". Mimo tego odwołania, Eulenburg – który niegdyś porównał Holsteina do krwiożerczej łasicy – nie czuł się bezpieczny. „Nie mogę powiedzieć, abym uważał, że ataki Holsteina się skończyły – napisał – Z pewnością zemści się w typowy dla siebie sposób".

Holstein już nad tym pracował. W tym celu zapewnił sobie pomoc człowieka, którym od lat pogardzał, najsłynniejszego dziennikarza Niemiec, Maksymiliana Hardena, założyciela i wydawcy berlińskiego tygodnika socjalistycznego „Die Zukunft" („Przyszłość"). Tego lata i jesieni, gdy w „Die Zukunft" zaczęła ukazywać się seria krytycznie nastawionych artykułów, Eulenburg zrozumiał, że powstał ów nowy sojusz. Winą za porażkę Niemiec w Algeciras artykuły obciążały szkodliwe i pacyfistyczne wpływy tego, co Harden określał mianem „Okrągłego Stołu z Liebenbergu" – grupkę przyjaciół, jacy spotykali się co roku z cesarzem w tamtejszych dobrach księcia von Eulenburga. Grupa ta, szyderczo pisał Harden, składała się „z samych dobrych ludzi. Oddanych muzyce, poezji, uduchowionych, tak pobożnych, że za lepsze lekarstwo uważają modlitwę niż to, co poradzą im najmądrzejsi doktorzy. [...] W swoich stosunkach, pisemnych i ustnych, okazują się uprzedzająco przyjaźni. Wszystko to byłoby, oczywiście, ich całkiem osobistą sprawą, gdyby nie należeli do kręgu najbliższego kaiserowi i [...] ze swoich widocznych i niewidocznych pozycji nie snuli nici, które duszą Cesarstwo Niemieckie". Harden opisywał Eulenburga, przywódcę tego kręgu, jako „niezdrowego późnego romantyka i jasnowidza", który „z niegasnącym zapałem szeptał i nadal szepcze w ucho Wilhelmowi Drugiemu, że został on wybrany, aby rządzić samemu". „Już od lat – oskarżał Harden – żadne ważne stanowisko nie zostało obsadzone bez [...] pomocy [Eulenburga]", a w tym czasie „zdążył on już zadbać o wszystkich swoich przyjaciół".

Harden miał trzy powody, aby atakować Eulenburga. Dziennikarz sprzeciwiał się skłonności kaisera do władzy osobistej, do czego – jak słusznie przypuszczał – zachęcał cesarza Eulenburg. Zgadzał się też z polityką Holsteina, nastawioną na upokorzenie Francji i rozbicie ententy anglo-francuskiej. Gdy polityka ta została zniweczona w Algeciras, Harden obciążył winą Eulenburga za namówienie kaisera do przyjęcia postawy pojednawczej. Co więcej, Harden sugerował, że z powodu bliskiej przyjaźni łączącej Eulenburga z Raymondem LeCompte, pierwszym sekretarzem Ambasady Francuskiej w Berlinie, Eulenburg przekazywał LeCompte'owi zapewnienia, iż Niemcy nie były przygotowane do poparcia swojej dyplomacji groźbą wojny. Trzeci powód postępowania Hardena był bardziej osobisty, a równocześnie bardziej zjadliwy. LeCompte, jeden ze specjalistów do spraw Niemiec we francuskim Ministerstwie Spraw Zagranicznych, znał Eulenburga jeszcze z dawnych lat w Monachium, a gdy został przydzielony do Berlina, został także zaliczony do grupy zapraszanych na doroczny *Kaiserjagd* w Liebenbergu. Harden miał dowody, że LeCompte jest homoseksualistą. Dodawszy to do pogłosek, jakie słyszał o Eulenburgu – pogłosek popartych teraz informacjami z teczek Holsteina – Harden tworzył, z początku przez insynuacje, a potem przez coraz bardziej bezpośrednie oskarżenia, obraz kręgu wokół Eulenburga jako co najmniej homoerotycznego, jeśli nie otwarcie homoseksualnego.

Harden poruszał się po niebezpiecznym gruncie. Homoseksualizm był w Niemczech zabroniony, jak zresztą i w całej Europie. W Rzeszy stanowił on przestępstwo kryminalne, karane więzieniem, choć prawo to było rzadko stosowane i egzekwowane. Już jednak samo oskarżenie wystarczało, aby wywołać moralne oburzenie i doprowadzić kogoś do ruiny towarzyskiej. Zwłaszcza dotyczyło to najwyższych warstw socjety. W Austrii arcyksiążę Ludwik Wiktor (znany jako „Luzi-Wuzi"), brat cesarza Franciszka Józefa, miał romans z masażystą i został zesłany na wygnanie. W Niemczech Fritz Krupp, szef gigantycznej firmy zbrojeniowej i przyjaciel kaisera, został oskarżony o pedofilię na Capri i w atmosferze skandalu popełnił samobójstwo. W 1898 roku cień padł już blisko Eulenburga, gdy jego jedyny brat, Friedrich von Eulenburg, oficer kawalerii, został skazany za homoseksualizm i zmuszony do podania się do dymisji z armii. Oburzony kaiser zażądał, aby Eulenburg nigdy więcej nie spotykał się ani nie rozmawiał z bratem. Rozgoryczony Eulenburg powiedział Bülowowi, że nie spełni tego żądania. Przez oskarżanie Eulenburga i jego kręgu z Liebenbergu Harden niebezpiecznie zbliżył się do zaatakowania samego cesarza. Philip Eulenburg był przecież najbliższym przyjacielem Wilhelma przez ponad dwadzieścia lat. Cóż to mogło oznaczać, jeśli oskarżenia były prawdziwe, a kaiser nic o tym nie wiedział? A jeszcze gorzej, gdyby się okazało, że cesarz wiedział o wszystkim?

Eulenburg zapytał Bülowa, jak powinien zareagować na ataki Hardena. Kanclerz, świadomy, że wendeta Holsteina na Eulenburgu wyrosła z przekonania byłego Pierwszego Radcy, że to Eulenburg był odpowiedzialny za przyjęcie jego rezygnacji przez kaisera, radził przyjacielowi wyjechać na jakiś czas z Niemiec i odczekać, aż sprawy się uspokoją. Ponieważ jego drugi przyjaciel, kaiser, który nie czytywał „Die Zukunft", traktował go równie ciepło jak dawniej, Eulenburg nie skorzystał z tej rady. W październiku cesarz jak zwykle dołączył do swoich przyjaciół w Liebenbergu; w styczniu 1907 wezwał Eulenburga do Berlina, gdzie nadał swojemu „drogiemu Phili" najwyższe pruskie odznaczenie – Order Czarnego Orła.

Harden odczekał ze wznowieniem ataków do kwietnia 1907. Wtedy właśnie opublikował artykuł wymieniający po nazwisku trzech wojskowych, adiutantów kaisera, wszystkich należących do grupy z Liebenbergu i piętnujący ich jako homoseksualistów. Historia ta zaszokowała Berlin, kaiser jednak ciągle nie był niczego świadomy. Wreszcie, korzystając z okazji, gdy byli sami w ogrodach pałacowych, kronprinz Wilhelm pokazał kaiserowi artykuł z „Zukunft" i inne wycinki z prasy. „Nigdy nie zapomnę pełnej bólu i przerażenia twarzy mego ojca, gdy spoglądał na mnie z konsternacją – opisywał to wydarzenie kronprinz – Taka była moralna czystość kaisera, że z trudnością potrafił pojąć, iż możliwe są takie zboczenia".

Wilhelm zareagował szybko. Zażądał natychmiastowej rezygnacji owych trzech adiutantów oraz hrabiego Kunona von Moltkego*, dowódcy wojskowego Berlina, którego Harden także uwikłał w aferę. Jeśli Moltke był niewinny, żądał kaiser, niech natychmiast oskarży

* Moltke był wcześniej przez osiem lat (1894-1902) starszym adiutantem kaisera. Gdy Wilhelm, w pojednawczym geście, posłał dwie butelki starego wina przebywającemu we Friedrichsruh Bismarckowi, posłańcem był właśnie Moltke (*przyp. aut.*).

Hardena o zniesławienie. Co się tyczyło Eulenburga, także objętego atakami Hardena, cesarz napisał do Bülowa: „Żądam, aby Philip Eulenburg natychmiast poprosił o zwolnienie [ze służby dyplomatycznej]. Jeśli te oskarżenia przeciwko niemu o nienaturalne występki są bezpodstawne, niech złoży mi wyraźną deklarację w tym duchu i podejmie niezwłocznie kroki przeciw Hardenowi. Jeśli nie, to oczekuję od niego natychmiastowego zwrotu Orderu Czarnego Orła i uniknięcia skandalu przez natychmiastowe opuszczenie kraju i zamieszkanie za granicą".

Eulenburg natychmiast złożył rezygnację i odesłał Czarnego Orła. Do Bülowa, którego nadal uważał za przyjaciela, Eulenburg napisał: „Utrata starej przyjaźni cesarza nie była dla mnie okrutnym zawodem, jak mógłbyś oczekiwać, gdyż znam, i to aż za dobrze, charakter tego pilota, który krzyczy <<Opuszczać okręt!>> na długo przedtem, zanim naprawdę jest to konieczne". Co do oskarżeń Hardena, powiedział: „Wiem, że jestem całkiem niewinny". W swoich „Pamiętnikach" Bülow twierdzi, że na tym etapie wierzył Eulenburgowi: „Byłem przekonany, że wysuwane wobec niego oskarżenia o nienaturalne praktyki były nieuzasadnione. Jego stosunki uczuciowe z żoną i dziećmi, głęboka i namiętna miłość, jaką nadal związana z nim była jego żona, czyniły takie nikczemne twierdzenia jeszcze bardziej potwornymi".

Posłuszni rozkazom cesarskim, Moltke i Eulenburg wystąpili wobec Hardena z oskarżeniem o zniesławienie. Ponieważ obaj byli niegdyś oficjelami rządowymi, poprosili pruskiego prokuratora koronnego, aby wystąpił w ich imieniu; ten zaś odmówił, twierdząc że jest to sprawa osobista. Wtedy Eulenburg się wycofał, Moltke jednak wytrwał. Proces Hardena rozpoczął się w berlińskim Sądzie Grodzkim 23 października 1907. Wydawcę reprezentował Maks Bernstein, prokurator koronny Bawarii, działając jako osoba prywatna. Bernstein natychmiast przeszedł do ofensywy, próbując uwikłać tak Moltkego, jak i Eulenburga w nie kwestionowane przez nikogo działania trójki adiutantów. Opisywane były „niesmaczne orgie" z udziałem żołnierzy elitarnego Pułku Gwardii Przybocznej w domu jednego z oskarżonych adiutantów. Jednemu świadkowi „wydawało się, że rozpoznaje hrabiego Moltke jako jednego z tam obecnych". Inny świadek zeznał, że został dziesięć lat temu wciągnięty do rozpusty przez mężczyznę, który mógł być hrabią Eulenburgiem. Była żona Moltkego oznajmiła, że

Eulenburg czołgał się przed nią na kolanach, błagając, aby oddała mu męża. Harden, który, zanim został wydawcą, był aktorem, bardzo sprytnie odgrywał teraz swoją rolę. W pewnym momencie sędzia usilnie namawiał go do ugody „w interesie całego naszego kraju". Harden melodramatycznie skierował swój palec na stojącego w przeciwnym końcu sali sądowej Moltkego i krzyknął: „Pomiędzy tym człowiekiem a mną nie ma na tej ziemi możliwości kompromisu". Bernstein zdobył najwięcej punktów, gdy podkreślił, że cesarz zażądał rezygnacji Moltkego i Eulenburga, a ci natychmiast spełnili to żądanie. Harden został uniewinniony i wyszedł z sali sądowej na ulicę wypełnioną wiwatującymi ludźmi.

Podczas procesu Bülow nadal osobiście pozował na współczującego przyjaciela i powiernika obleganego Eulenburga. W rzeczywistości kanclerz i rząd z rozmysłem dystansowali się od niego. „W tych bolesnych okolicznościach – pisał Bülow do kaisera – musimy przypilnować, aby Korona pozostawała [...] całkowicie odseparowana od całej tej afery". Eulenburg przez cały czas zakładał, że przyjaciel, którego zawsze z całym zaangażowaniem popierał, nadal pozostaje jego przyjacielem. Podczas procesu Harden-Moltke, Eulenburg wielokrotnie pisał do kanclerza, „błagając mnie – mówił Bülow – żebym przypilnował, by jego nazwisko nie wypłynęło w związku ze sprawą; żebym użył wszelkich posiadanych wpływów dla utrzymania go od niej z daleka. <<Proszę cię o ochronę i przyjaźń>> – cytował Bülow Eulenburga – <<Nie błagam dla siebie, lecz dla mojej żony i dzieci. [...] Stań przy mnie, choćby tylko przez wzgląd na nich. [...]Wiem, że jestem całkowicie niewinny>>". Bülow przyjmował te apele chłodno, pisząc w swoich „Pamiętnikach": „Jako najwyższy urzędnik Cesarstwa, nie mogłem ingerować w działania niezawisłego sądownictwa".*

Triumf Hardena był krótkotrwały. 19 grudnia rząd obalił werdykt Sądu Miejskiego z powodów formalnych i nakazał nowy proces. Tym

* Natychmiast po procesie Moltke-Harden, sam Bülow także został oskarżony o homoseksualizm przez Adolfa Branda, dziennikarza staczającego krucjaty o prawa homoseksualistów. Prokurator Korony, który odmówił wszczęcia postępowania z urzędu o zniesławienie w sprawach Moltkego i Eulenburga, szybko wszczął sprawę w obronie kanclerza Cesarstwa. Eulenburg, powołany jako świadek, zeznawał na rzecz Bülowa. Dobre imię Bülowa zostało rychło oczyszczone, a Brand skazany na osiemnaście miesięcy więzienia. Podczas procesu Bülow zeznał, iż „uważa omawiane praktyki za obrzydliwe w najwyższym stopniu i całkiem nie do pojęcia". (*przyp. aut*).

razem Eulenburg został wezwany i pod przysięgą zeznał, że nigdy nie naruszył paragrafu 175 (zakazującego stosunków analnych) Kodeksu Karnego. Naciskany przez Bernsteina, czy nie angażował się w inne akty homoseksualne, Eulenburg oświadczył: „Nigdy nie zrobiłem nic nieczystego"; „Nigdy nie praktykowałem żadnych obrzydliwości". Zostało dowiedzione, że była żona Moltkego kłamała, a zeznania innych świadków w pierwszym procesie zostały zdyskredytowane. Drugi proces zakończył się 3 stycznia 1908 roku, a Harden, uznany za winnego zniesławienia, został skazany na więzienie. Moltke, oczyszczony przez domniemanie, lecz towarzysko zrujnowany, wycofał się do swojej wiejskiej posiadłości.

Harden, uwolniony po apelacji, lecz pokonany przez Moltkego, ponowił swoje ataki na Eulenburga. Książę zeznał pod przysięgą, że nie jest homoseksualistą; gdyby Harden potrafił dowieść, że jednak był, Eulenburg mógłby zostać skazany za krzywoprzysięstwo. W kwietniu 1908 roku Harden założył nową sprawę w Monachium, obiecując dostarczyć dowodów na jawnie homoseksualne zachowania Eulenburga w okresie spędzonym przez niego w bawarskiej stolicy dwadzieścia pięć lat temu. 8 maja zainterweniował Bülow. Rozkazał aresztować swojego dawnego przyjaciela i oskarżyć go o krzywoprzysięstwo. Sprawa została przeniesiona do Berlina. Eulenburg, który cierpiał na kłopoty z sercem i ostry reumatyczny artretyzm, był chory i jego doktorzy wnioskowali, by nie umieszczać go w więzieniu. Osiągnięto w tej kwestii kompromis i książę został na pięć miesięcy zamknięty w berlińskim Szpitalu Miłosierdzia. Gdy 29 czerwca rozpoczął się proces, oskarżony był codziennie przenoszony do sali sądowej na noszach.

Podczas przygotowań do procesu Harden i Bernstein zebrali 145 świadków przeciw księciu Eulenburgowi. Jeden po drugim – złodzieje, szantażyści, osoby chore umysłowo i homoseksualiści – byli doprowadzani do szpitalnego pokoju Eulenburga, aby móc się przyjrzeć księciu w celu identyfikacji. Większość tych świadków została odrzucona zanim jeszcze rozpoczął się proces; pozostało tylko dwunastu. Podczas pierwszego tygodnia postępowania sądowego dwunastka ta stopniała do jedynie dwóch osób. Jedną z nich był mężczyzna mający za sobą trzydzieści dwa wcześniejsze wyroki, od łapownictwa po nieprzyzwoite obnażanie się. Został on zdyskwalifikowany, gdy się dowiedziano, że próbował szantażować księcia Eulenburga nawet już po rozpoczęciu procesu. Teraz pozostał tylko Jacob Ernst.

Powiązania Ernsta z Eulenburgiem sięgały dwudziestu pięciu lat wstecz, do początku lat osiemdziesiątych. Podczas swojej służby na placówce w Monachium Eulenburg wynajął willę nad jeziorem Starnberg, położonym pomiędzy miastem a Alpami. Lubił komponować muzykę i poezję podczas łowienia ryb w jeziorze. Jego wioślarzem podczas tych wycieczek był siedemnastoletni wówczas chłopak – Jacob Ernst. Eulenburg zatrudnił Ernsta, który zdawał mu się niewinnym prostaczkiem, jako służącego w willi i zabierał go ze sobą na wycieczki. Gdy Ernst się ożenił, został mianowany osobą odpowiedzialną za nadzór nad całą willą. Dwadzieścia pięć lat później, podczas procesu, Ernst był ojcem ośmiorga dzieci, częściowo głuchym nałogowym alkoholikiem. Zanim jeszcze wszczęto jakiekolwiek kroki prawne, gdy szeptaną drogą rozchodziły się pierwsze pogłoski o homoseksualiźmie, Ernst – nieświadom swojego przyszłego udziału w aferze – napisał do Eulenburga:

„Czy potrafiłbyś uwierzyć, mój panie książę, że jacyś ludzie na tym świecie mogliby się tak zachowywać wobec tak dobrego człowieka jak pan? Ja nie potrafię. [...] Znam pana przez długi czas, mój panie książę. Zawsze okazywał pan mnie i mojej rodzinie wyłącznie grzeczność i nigdy nie sprawił najmniejszego kłopotu nikomu z nas. Niech się pan nie obawia – wszystko będzie dobrze. Poprosiłem kogoś, aby mi wyjaśnił te paragrafy – to po prostu szokujące mówić takie rzeczy o panu. Taki przecież z pana normalny i zdrowy mężczyzna. Teraz będę kończyć, mając nadzieję, że wybrnie pan pomyślnie z tego skandalu".

Podczas procesu w Monachium Ernst przysiągł, że nigdy nie miał nieprzyzwoitych stosunków z Eulenburgiem. W Berlinie, w ogniu krzyżowych pytań Bernsteina, gdy zagrożono mu konfrontacją ze świadkiem, skazaniem za krzywoprzysięstwo i natychmiastowym odstawieniem do więzienia, Ernst zmienił swoją historię. Przy jednej okazji w 1883 roku, powiedział, Eulenburg zalecał się do niego na łódce, a on się zgodził. Bernstein przedstawił także list Eulenburga do Ernsta, napisany po tym, jak Ernst po raz pierwszy zjawił się przed sądem w Monachium. „Poza tym – pisał w nim Eulenburg – jeśli nawet coś takiego miało kiedyś miejsce, to jest to tak stara historia, że nie istnieje już kwestia kary". Bernstein uznał to za przyznanie się do winy; Eulenburg wyjaśniał, że była to jedynie próba uspokojenia i rozproszenia wątpliwości przerażonego byłego służącego.

Stanowisko Bernsteina opierało się całkowicie na zeznaniach Ernsta. „Harden przesłał do sądu 145 pisemnych oskarżeń przeciwko mnie – pisał Eulenburg do Bülowa – Z nich wszystkich – zdemaskowanych jako kłamstwa, którymi były w rzeczywistości – jedno wystarczyło aby mnie zrujnować". Proces nigdy nie doczekał się końca. Zanim swoje zeznania mogła przedstawić księżna von Eulenburg – „w okresie długich 34 lat, składających się na nasze życie małżeńskie, nigdy nie zauważyłam najmniejszych oznak niczego innego jak całkowicie normalny rozwój emocjonalny oraz tryb życia" – Philip Eulenburg zasłabł w sądzie. Jego noga spuchła paskudnie; lekarze postawili diagnozę zakrzepów krwi i odmówili wydania zgody na dalszy udział Eulenburga w procesie. Sąd przeniósł się więc do Szpitala Miłosierdzia. Zdrowie Eulenburga jednak nadal się pogarszało i proces został przerwany. We wrześniu oskarżony nie czuł się wcale lepiej i proces został zawieszony. Latem 1909 roku sprawa została wznowiona, lecz Eulenburg ponownie załamał się fizycznie i sprawa została odłożona bezterminowo.

W sierpniu 1909 roku Bülow nie pozostawał już u władzy. Pisząc do niego, Eulenburg, ciągle nieświadom roli byłego kanclerza w upadku Holsteina, pozwolił sobie jedynie na łagodne wyrzuty na temat postępowania Bülowa: „Jedna tylko rzecz wydaje się trudna do wyjaśnienia: otóż fakt, że ani oficjalna, ani półoficjalna prasa nie starała się kruszyć kopii po stronie jednego z najwyższych funkcjonariuszy państwa niemieckiego i walczyć z żerującymi na skandalach lub podżegającymi do nich gazetami". Z Rzymu, gdzie mieszkał na emeryturze, Bülow sączył wyrazy współczucia: „Mój drogi Phili: Przez wiele lat pozostawaliśmy przyjaciółmi na najbliższej stopie. Jak zatem mógłbym pozostawać obojętnym wobec twego nieszczęścia? Uczyniłem wszystko, co mogłem, w ramach ograniczeń narzucanych mi przez moje obowiązki kanclerskie, aby zapobiec tym głęboko tragicznym wydarzeniom, które jako człowieka zraniły mnie do samego serca. Zrobiłem wszystko, co w mojej mocy, aby uczynić twoje położenie nieco bardziej znośnym". Podczas pisania swoich „Pamiętników" Bülow zdążył już ustalić swoje poglądy na Eulenburga. Jego przyjaciel, stwierdzał, był człowiekiem o „nienormalnych instynktach", „groźnych skłonnościach" i braku uczciwości erotycznej". Los „biednego Phili", powiadał, nasuwał „oczywiste skojarzenia tak z losem, jak i nienormalnymi skłonnościami [...] Oscara Wilde'a".

Eulenburg mieszkał w samotności w Liebenbergu aż do swojej śmierci w 1921 roku. Przez te dwanaście lat od czasu do czasu wpadali do niego niespodziewanie mianowani przez sąd doktorzy, aby zobaczyć, czy nie jest dość silny, by wrócić do sądu. Ich werdykt zawsze brzmiał: „Książę Eulenburg nie jest w stanie wytrzymać procesu".

Skandal przeraził kaisera, lecz Wilhelmowi brakowało przyjaciół. W październiku 1907, gdy rozpoczynał się pierwszy proces Moltke-Harden, Wilhelm przeżył załamanie nerwowe i spędził dwa dni w łóżku. Na Boże Narodzenie tego samego roku, pisał do Houstona Stewarta Chamberlaina: „To był bardzo trudny rok, który przysporzył mi nieskończoną masę kłopotów. Zaufana grupka przyjaciół została niespodziewanie rozerwana przez [...] bezczelność, potwarze i kłamstwa. Okropnie jest widzieć, jak imiona czyichś przyjaciół ciągane są po wszystkich rynsztokach Europy, nie mogąc, ani nawet nie mając prawa im pomóc". Wilhelm nigdy już nie spotkał się z Philipem Eulenburgiem, choć od czasu do czasu słyszano, jak wzdychał: „Biedny Phili". W 1927 roku, dziewięć lat po swojej abdykacji i ucieczce do Holandii, eks-kaiser Wilhelm II napisał do syna Eulenburga, że jest przekonany, iż Philip Eulenburg był „całkowicie niewinny".

37

Wywiad dla „Daily Telegraph”

Pod koniec października 1907, gdy w Berlinie właśnie zaczynał się pierwszy proces Moltke-Harden, kaiser – zazwyczaj tak spragniony podróży, zwłaszcza do Anglii – stanął przed koniecznością wyjazdu właśnie tam – wyjazdu, którego się obawiał. Wilhelm był wstrząśnięty i rozsierdzony rzekomymi postępkami swoich bliskich przyjaciół, a zarazem śmiertelnie przerażony faktem, że oskarżenia wobec nich zostały opublikowane w prasie światowej. Co myśleli o tym Anglicy? Co też jego angielscy krewni wygadywali o nim za jego plecami? Te pytania stały się nagle pilne, ponieważ razem z cesarzową Augustą miał kaiser niebawem wyruszyć z oficjalną wizytą państwową do Wielkiej Brytanii. Podróż ta, której początek wyznaczono na 11 listopada, była już planowana od kilku miesięcy. Jeszcze w czerwcu Wilhelm napisał do swego wuja, króla Edwarda VII, że niecierpliwie oczekuje, kiedy znów zobaczy zamek Windsor i zazna „rozrywki na świeżym powietrzu w kochanym, starym parku, który tak dobrze znam”. Jednakże 31 października Wilhelm zatelefonował do kanclerza von Bülowa, żeby mu powiedzieć, iż uległ wypadkowi. Otóż atak zawrotów głowy zmusił go do wyciągnięcia się na kanapie, na której zasłabł i stoczył się na podłogę. „Głową tak mocno uderzyłem o ziemię, że hałas zaalarmował moją żonę, która przerażona przybiegła do mnie" – powiedział Bülowowi. Z tego też powodu, ciągnął cesarz, chyba nie może teraz nawet myśleć o podróży do Anglii; przekazał już tę wiadomość telegraficznie królowi Edwardowi. W istocie telegram do króla opisywał chorobę nieco odmiennie: „bronchit i ostry kaszel [...] złośliwy atak grypy. [...] Nie czuję się w stanie sprostać wysiłkowi związanemu z realizacją tak uprzejmie przygotowanego dla mnie programu". Król był wściekły: „Nie potrafię nawet powiedzieć, jak bardzo jestem wzburzony" – rzekł do Knollysa. Sir Edward Grey natychmiast zatelegrafował do Sir Franka Lascellesa, ambasadora brytyjskiego w Berlinie, że „mało kto ma wątpliwości, iż decyzja ta zostanie powiązana z ostatnimi skandalami w Berlinie i nic, czego byśmy nie powiedzieli, nie zmieni tego wrażenia". Lascelles przekazał tę wiadomość kanclerzowi i dodał: „Najgorsze zaś, to fakt, że zaledwie godzinę temu byłem w Tiergarten i spotkałem cesarza, który podobno jest tak ciężko chory, galopującego sobie [...] z grupą adiutantów, wszyscy w świetnych humorach".

W swoich „Pamiętnikach" Bülow bez ceregieli stwierdza, że Wilhelm czuł się zbyt zakłopotany, aby się wybrać do Anglii. Po spotkaniu z Lascellesem kanclerz wysłał utrzymaną w ostrym tonie notatkę do kaisera. Wilhelm natychmiast zmienił zdanie. Zaprosił kanclerza, aby przyłączył się do niego wieczorem w teatrze, a tam poinformował Bülowa, że jego niedyspozycja nagle znikła, po czym pozwolił sobie na zdrowy galop, zjadł solidny posiłek i teraz gotów jest już udać się, dokądkolwiek kanclerz sobie zażyczy. Bülow mógł więc poinformować Lascellesa, że kaiser przybędzie do Anglii zgodnie z planem.

11 listopada nad Kanałem i południową Anglią zalegała wyjątkowo gęsta mgła. Jak podawał „Times", gdy „Hohenzollern" zbliżał się do Portsmouth, „eskadra niemiecka i Admiralicja praktycznie bawiły się w kotka i myszkę". Tego samego dnia, nieco później, gdy niemieckie towarzystwo dotarło do zamku Windsor, mgła nadal była tak gęsta, że z okien Sali św. Jerzego nie można było dostrzec przeciwległego krańca Dziedzińca Czworokątnego, gdzie właśnie pojazdy państwowe wjeżdżały przez Królewski Wjazd. Wilhelm, ubrany w swój mundur brytyjskiego admirała, mimo wszystko aż kipiał uczuciami. „Przybywać do Windsoru to jakby zjawiać się w domu – powiedział burmistrzowi miasteczka – Zawsze przyjeżdżam tutaj z rado-

ścią". Następnego wieczora na oficjalnym bankiecie z udziałem stu osiemdziesięciu gości król Edward pozwolił sobie na figlarną wstawkę do oficjalnego powitania: „Od długiego już czasu oczekiwaliśmy na tę wizytę, lecz ostatnio obawialiśmy się już, że do niej nie dojdzie, w związku z niedyspozycją. Na szczęście Ich Cesarskie Moście wyglądają dzisiaj oboje tak zdrowo, iż mam tylko słabą nadzieję, że pobyt w Anglii mógłby cokolwiek w ich zdrowiu poprawić".

Publicznym wydarzeniem numer jeden tej wizyty było przyjęcie w Londynie. „Słońce i lekka bryza oraz błękitne, lekko upstrzone chmurkami niebo, bardziej przypominające kwiecień niż listopad", witały kaisera, gdy przejeżdżał wśród bijących brawo tłumów i powiewających transparentów z dworca Paddington do Guildhall. Kaisera ujął zwłaszcza jeden, duży transparent, głoszący „BLUT IST DICKER ALS WASSER" („Krew jest gęstsza od wody"), które to wyrażenie zastosował później w swoim przemówieniu. W mowie tej, z którą zwracał się do lorda Mayora, wspominał swoją pierwszą wizytę w Londynie jako cesarza, w roku 1891, kiedy to przyznano mu Honorowe Obywatelstwo Miasta: „Szesnaście lat temu powiedziałem, że moim celem jest nade wszystko utrzymanie pokoju. Historia, odważam się mieć nadzieję, odda mi tę sprawiedliwość, że od tamtej chwili niezachwianie dążyłem do tego celu. Głównym oparciem i podstawą pokoju światowego jest utrzymanie dobrych stosunków pomiędzy dwoma naszymi krajami i nadal też będę je umacniał, na ile tylko leży to w mojej mocy. Krew jest gęstsza od wody. Pragnienia narodu niemieckiego są zgodne z moimi".

Haldane, który płynnie władał językiem niemieckim, został powołany do spełniania dodatkowych obowiązków, ponieważ niektórzy spośród niemieckich gości nie mówili po angielsku. Jednego dnia, towarzyszył on generałowi Karlowi von Einemowi, pruskiemu ministrowi wojny i innym członkom z asystującej kaiserowi grupy w podróży do Londynu, gdzie oprowadził ich po Ministerstwie Wojny i zaprosił na lunch w swoim domu w Bramie Królowej Anny. (Potem, jak zauważył, goście chcieli jeszcze zwiedzać – jednak nie Tower czy Opactwo Westminster – lecz Harrodsa*). Einem miał szczególny powód, aby być Haldane'owi wdzięczny. Po bankiecie na zamku Windsor, gdy panowie zasiedli w palarni w towarzystwie króla i kaisera,

* Harrods to znany londyński dom towarowy.

Haldane, siedzący „obok generała von Einema [...] zauważył, że coś mu dolega. [...] Udało mi się ustalić, że źródłem jego cierpienia były stopy; jego pantofle były zbyt ciasne w podbiciu. Ledwie obaj suwerenowie opuścili towarzystwo, zwróciłem się do Ministra Wojny i powiedziałem, że jest zwyczajem w zamku Windsor, aby gdy tylko królewskie osoby sobie pójdą, zdejmować buty, co natychmiast poparłem własnym przykładem. Minister spojrzał na mnie z wdzięcznością”.

Jeszcze przed wizytą uzgodniono, że w Windsorze nie będą poruszane żadne kwestie polityczne. Kaiser jednak nie był w stanie ograniczyć swoich rozmów i podczas dyskusji z Haldanem poruszył sprawę kolei Berlin – Bagdad. Niemcy uzyskały od sułtana koncesję na budowę tureckiego odcinka nowej linii; projekt jednak był opóźniany brytyjskimi obiekcjami, że kolej ta może stworzyć potencjalnie otwarte dla wrogów podejście do Indii poprzez Zatokę Perską. Czegóż chce Anglia? – zapytał Wilhelm. „Powiedziałem mu, że jest mi wiadomo, iż chcemy <<bramy>>, aby móc uchronić Indie przed oddziałami, jakie mogłyby przybyć nową trasą”[*]. „Dam wam tę <<bramę>>” – odparł Wilhelm. Tego wieczora podczas przedstawienia teatralnego, jakie nastąpiło po obiedzie, Haldane siedział bezpośrednio za kaiserem. Pochyliwszy się do przodu, zapytał Wilhelma, czy na serio mówił o „daniu nam <<bramy>>. [...] Następnego dnia rano pruski gwardzista w hełmie, jeden z tych, których cesarz sprowadził ze sobą, głośno zapukał do moich drzwi i wręczył mi wiadomość od cesarza, że miał na myśli dokładnie to, co powiedział”. Tego z kolei wieczora Wilhelm zaprosił po przedstawieniu Haldane'a do swoich apartamentów. Haldane udał się tam o pierwszej w nocy i spotkał Wilhelma rozmawiającego i palącego w towarzystwie barona Wilhelma von Schoena (ministra spraw zagranicznych), Einema i Metternicha. Haldane ukłonił się i zaczął się wycofywać, mówiąc: „Czuję się intruzem, ponieważ wygląda mi to jak posiedzenie gabinetu Waszej Cesarskiej Mości”. „Bądź pan zatem członkiem mojego gabinetu. Mianuję pana” – odpowiedział Wilhelm. O trzeciej nad ranem Haldane opuścił apartamenty kaisera i po omacku przedostał się ciemnymi alejkami parku do swojego pokoju w innej części zamku.

---

[*] „Brama” oznaczała kontrolę nad końcowym odcinkiem trasy, który miał dochodzić do Zatoki Perskiej.

Politycy w obu krajach byli zadowoleni z wizyty. „Chciałbym wyrazić swoje zadowolenie z powodu powitania, jakie zarówno król, jak i lud zgotowali parze cesarskiej – powiedział w Reichstagu Bülow – Wierzę, że gdy dojdzie do spisania historii ostatnich dziesięciu lat [...] okaże się, iż napięcia pomiędzy Anglią a Niemcami, które tak długo wisiały nad światem, miały w ostatecznym rozrachunku za przyczynę jakieś wielkie nieporozumienie. Każda ze stron przypisywała drugiej zamiary, jakich tamta wcale nie żywiła. [...] Jestem pewien, że przemawiam w imieniu tej Izby, jak również narodu niemieckiego, gdy mówię, że podzielamy takie właśnie pokojowe i przyjazne uczucia”. Sir Edward Grey zgadzał się: „Ta wizyta musi przynieść dobre skutki”. Morley miał nadzieję, że „wizyta Cesarza Niemieckiego [...] znacznie polepszy szanse na małą, uczciwą i spokojną stabilizację w Europie”. Jedynie Esher, pisząc w swoim dzienniku, wprowadził nutę niezgody: „Nasz król prezentuje się lepiej niż Wilhelm. Ma więcej wdzięku i godności. Wilhelm jest pozbawiony wdzięku, nerwowy i płaski. [...] Grey odbył z nim dwie długie rozmowy. Podczas pierwszej cesarz wygłosił długą filipikę przeciwko Żydom. <<W moim kraju jest ich stanowczo zbyt wielu. Chcą się wyróżniać. Gdybym nie powstrzymał mojego ludu, doszłoby do szczucia przeciw Żydom>>”.

Wizyta oficjalna trwała tydzień. Po jej zakończeniu cesarzowa Augusta wróciła do Niemiec. Wilhelm, zachwycony entuzjastycznym przyjęciem, tak odmiennym od smętnej atmosfery Berlina, zdecydował się przedłużyć swój pobyt w Anglii, już w charakterze wizyty prywatnej. Wynajął zamek Highcliffe w pobliżu Bournemouth w hrabstwie Hampshire i zaprosił jego właściciela, pułkownika Edwarda Montague Stuarta-Wortleya, oficera Armii Regularnej, aby w tym czasie nadal zamieszkiwał w zamku, jako gość cesarski. Wilhelm zachwycał się pięknem otoczenia: „Ci wspaniali Brytyjczycy [...] przyjmowali mnie z otwartymi ramionami, okazując wiele ciepła. Podczas mego pobytu doświadczałem, na co od dawna miałem ochotę, wszelkich zalet angielskiego życia domowego i wiejskiego. Wygoda i obfitość, ludzie znakomici w każdej dziedzinie życia, wszystkie klasy swoją elegancją i schludnością dają wyraźnie widoczne świadectwo kultury. Przyjemne stosunki panujące pomiędzy dżentelmenami, na równej stopie, bez całego ceremoniału zwykle towarzyszącego królewskim osobom. Wszystko to działało na mnie wielce odświeżająco i uspokajająco”.

Podczas tego szczęśliwego pobytu na brytyjskim wybrzeżu Wilhelm wiele i swobodnie rozmawiał z pułkownikiem Stuartem-Wortleyem o swoim pragnieniu pozyskania przyjaźni Anglii i swojej frustracji, spowodowanej ciągłym niezrozumieniem i odrzucaniem przez Anglię jego dobrych intencji. Stuart-Worley prowadził staranne notatki z tych rozmów.

Podczas tego tygodnia w październiku 1908 roku, w którym Austria wywołała kryzys w stosunkach międzynarodowych swoją aneksją Bośni i Hercegowiny, Bernhard von Bülow przebywał w swojej nadmorskiej willi na Norderney, jednej z Wysp Fryzyjskich, ciągnących się wzdłuż wybrzeży Morza Północnego. „Zawalony pracą, od rana do nocy pochłonięty tymi trudnymi problemami", Bülow „otrzymał od kaisera, który przebywał w Rominternie, obszerny, prawie nieczytelny manuskrypt, napisany na kiepskim papierze maszynowym, z listem przewodnim zawierającym pytanie, czy widzę jakieś zastrzeżenia wobec publikacji tego materiału". Manuskrypt, napisany po angielsku, był szkicem obszernego wywiadu z kaiserem Wilhelmem II na temat stosunków anglo-niemieckich. Pułkownik Stuart-Worley, zrobiwszy użytek z uwag, jakie Wilhelm poczynił podczas swego trzytygodniowego pobytu w Highcliffe ubiegłej jesieni, prosił teraz o pozwolenie na opublikowanie wywiadu w londyńskim „Daily Telegraph". Stuart-Worley skłaniał się do poglądu, że gdyby angielska opinia publiczna wiedziała o wielkiej anglofilii kaisera, relacje między obu krajami znacznie by się polepszyły. Także kaiser chciał, aby materiał opublikować, lecz zgodnie z niemiecką konstytucją zwracał się do kanclerza o poradę i aprobatę. Wilhelm żądał tylko, żeby Bülow „pod żadnym pozorem nie przekazywał go do ministerstwa spraw zagranicznych w Berlinie".

Bülow zignorował kaisera: „Bez najmniejszych podejrzeń co do złowieszczej zawartości manuskryptu, na którego przeczytanie nie znalazłem czasu, wysłałem go na Wilhelmstrasse z następującą adnotacją: <<Proszę starannie przeczytać załączony manuskrypt, przetworzyć go na przejrzysty, oficjalny tekst [...] powielić i wprowadzić na marginesie takie poprawki, uzupełnienia lub cięcia, jakie uznacie za stosowne>>".

Minister spraw zagranicznych Schoen był nieobecny na Wilhelmstrasse 76, gdy przybył tam manuskrypt; trafił on zatem do podsekretarza stanu Stemricha. Ten przeczytał naszkicowany tekst i w stanie nietkniętym przekazał go Reinholdowi Klehmetowi, przez ostatnie dwanaście lat piastującemu stanowisko radcy w Wydziale Politycznym. Klehmet zinterpretował instrukcje Bülowa dosłownie: miał poprawić jakiekolwiek zauważone błędy faktyczne i nie wyrażać opinii co do stosowności publikowania materiału. Uczynił dwie niewielkie poprawki i zwrócił manuskrypt – teraz już przepisany na czysto na dobrym papierze – kanclerzowi. Bülow twierdził, że i wtedy nie przeczytał wywiadu. Odesłał go z powrotem do kaisera, stwierdzając, że nie widzi powodów, aby go nie opublikować. Wilhelm odesłał wywiad pułkownikowi Stuartowi - Wortleyowi, który wręczył go redakcji „Daily Telegraph".

Rankiem 20 października Bülow znalazł na biurku obszerną informację z londyńskiego biura Agencji Telegraficznej Wolfa, streszczającą wywiad z Cesarzem Niemiec, opublikowany poprzedniego dnia w „Daily Telegraph". W wywiadzie tym, udzielonym anonimowej osobie „o nieskazitelnym autorytecie", kaiser utrzymywał, że zawsze był przyjacielem Anglii, lecz jego przyjaźń pozostawała niedoceniana. „Wy Anglicy jesteście szaleni, szaleni jak koty w marcu" – powiedział – Cóż takiego was napadło, aby żywić wobec nas takie podejrzenia, podejrzenia aż niegodne tak wielkiego narodu". Wilhelm wziął także „za osobistą obrazę – jak wyjaśniał w dalszym ciągu wywiadu – zniekształcenia i błędne interpretacje", jakich dopuszczała się brytyjska prasa, opisując jego „wielokrotnie powtarzane oferty przyjaźni" z Anglią. Taka wrogość utrudniała mu tylko już i tak trudne wysiłki na rzecz przyjaźni, większość bowiem Niemców nie lubi Anglików. A potem przyszło to, co w swoich „Pamiętnikach" Bülow miał kiedyś nazwać „trzema potwornościami". Gdy wojna burska trwała w najlepsze, Rosja i Francja naciskały na cesarza, żeby ocalił republiki Burów poprzez przystąpienie do koalicji kontynentalnej, która „poniżyłaby Anglię i unurzała ją w prochu i pyle". Kaiser oznajmiał teraz, że wtedy odmówił, a nawet poinformował Rosjan i Francuzów, iż „Niemcy użyją swojej siły zbrojnej, aby zapobiec takiej zorganizowanej akcji". Wysłał potem ten list swojej babci, królowej Wiktorii, i został on umieszczony „w archiwach zamku Windsor".

„A to jeszcze nie wszystko – ciągnął kaiser – W samym środku Czarnego Tygodnia [na początku wojny burskiej], gdy klęski następowały jedna po drugiej [...] opracowałem dokument, który uznałem za najlepszy plan kampanii [...] przedstawiłem go mojemu Sztabowi

Generalnemu [...] potem [...] wyprawiłem go do Anglii. Ten dokument także znajduje się wśród papierów państwowych w Windsorze, gdzie oczekuje bezstronnego osądu historii. Pozwolę sobie dodać, traktując to jako dziwny zbieg okoliczności, że sformułowany przeze mnie plan niezwykle wiernie przypomina to, co ostatecznie zostało przyjęte przez lorda Robertsa. [...] ".

„Lecz można też zapytać, co z Niemiecką Marynarką Wojenną ? [...] Przeciwko komu poza Anglią jest ona tak uparcie rozbudowywana?". Jej przeznaczeniem, wyjaśniał Wilhelm, jest ochrona ciągle rosnącego handlu zagranicznego Niemiec. „Niemcy patrzą przed siebie. Ich horyzonty sięgają daleko. Muszą być przygotowane na każdą ewentualność na dalekim Wschodzie. [...] Spójrzmy na to, co już osiągnęła Japonia. [...] Może dojść nawet do tego, że sama Anglia będzie zadowolona z tego, iż Niemcy mają flotę. [...]".

Reakcją Bülowa było kompletne przerażenie. Wywiad ujawniał „w większym stopniu niż poprzednie tego rodzaju rewelacje intelektualną ekstrawagancję Cesarza, jego niespójne pojmowanie faktów oraz kompletny brak politycznego umiarkowania i poczucia równowagi, a wszystko to połączone z nadmiernym pragnieniem [...] pokazania się". „Gdy przeczytałem owe żałosne wypociny, którym prawie nie sposób było dorównać w nietaktownej wręcz głupocie, posłałem po Klehmeta i zapytałem go, jak w ogóle mógł przepuścić takie niewiarygodne opinie. Odparł na to, że odniósł zdecydowane wrażenie, iż Jego Cesarska Mość osobiście bardzo pragnął opublikowania artykułu w całości". Bülow wybuchnął: „Nie zrozumiałeś jeszcze, że osobiste życzenia Jego Cesarskiej Mości są często całkiem nonsensowne?".

Bülow obrał własną linię obrony: oto zajęty kryzysem kanclerz zaufał Ministerstwu Spraw Zagranicznych; ministerstwo, którego – o czym Bülow dobrze wiedział – cesarz dogłębnie nie cierpiał, zdradziło to zaufanie, a co za tym idzie, także kaisera i samego Bülowa. Ministerstwo Spraw Zagranicznych, znajdujące się wtedy w rękach słabego barona von Schoena, nie było gotowe do odparcia tych oskarżeń. Spełniło wszakże szczegółowe polecenia, aby wprowadzić „takie poprawki, uzupełnienia lub cięcia, jakie uzna za stosowne". Poza tym, zgodnie z wywodzącą się jeszcze od Bismarcka tradycją, pozostawiło ostateczną decyzję co do stosowności opublikowania tekstu w rękach kanclerza.

Najistotniejszym punktem całej sprawy, o którym prawdę znał tylko sam Bülow, było to, czy rzeczywiście nie czytał on publikacji przed wyrażeniem swojej zgody na druk. Sam twierdził, że nie czytał i trzymał się tego stwierdzenia podczas parlamentarnej burzy, jaka się wkrótce rozpętała i podtrzymał to nawet w swoich „Pamiętnikach". A przecież nikt nie miał większego doświadczenia z zapalczywymi i przesadnymi wypowiedziami kaisera i jego retorycznymi przechwałkami niż Bülow. Jako kanclerz żył w ciągłej obawie przed niedyskrecjami Wilhelma; nieustannie poprawiał, wyciszał i przepisywał przemówienia kaisera. Co więcej, cesarz niemiecki nie co dzień publikuje długie wywiady w angielskiej gazecie. Jeśli już nie z obowiązku, to choćby z czystej ciekawości, kanclerz powinien chcieć zapoznać się z tym, co Wilhelm miał do powiedzenia w wywiadzie. Schoen, Stemrich i inni na Wilhelmstrasse byli przekonani, że Bülow kłamie. Niektórzy nawet sugerowali, że przeczytał on wywiad, przewidział jego skutki i zgodził się na jego publikację w nadziei na wykorzystanie wywołanego nim kryzysu konstytucyjnego, jako sposobu na wzmocnienie swojej własnej pozycji wobec Korony.

Wywiad wstrząsnął światem. Japonia dziwiła się, jakież to „ewentualności" mogłyby postawić flotę niemiecką naprzeciw jej własnej marynarki. Francja i Rosja zaprzeczyły, jakoby proponowały koalicję przeciwko Anglii podczas wojny burskiej. W istocie car Mikołaj II powiedział nawet Sir Arthurowi Nicolsonowi, że to właśnie kaiser sugerował interwencję ze strony państw kontynentalnych. Reakcja w Anglii wahała się od rozbawienia po pogardę. Lord Roberts zagroził, że zwróci swój Order Czarnego Orła. „Times" zauważył, iż jeśli Niemcy planują wojnę morską na Pacyfiku, to zgromadzenie potężnej, lecz mającej niewielki zasięg floty liniowej na Morzu Północnym wydaje się dość dziwne. Grey napisał do przyjaciela: „Cesarz niemiecki powoduje, że się szybciej starzeję; jest on jak pancernik pod pełną parą i z obracającymi się śrubami, lecz pozbawiony steru, aż w końcu, pewnego dnia na coś się nadzieje i spowoduje katastrofę". W Izbie Gmin pytano Haldane'a, czy byłoby możliwe podanie do publicznej wiadomości planu, z pomocą którego wygrano wojnę burską. Minister wojny odpowiedział, że Ministerstwo Wojny nie potrafi zlokalizować tego dokumentu w swoich archiwach. W konsekwencji powiedział: „Nie jestem w stanie spełnić życzeń tych, którzy chcieliby, żeby dokument opublikowano".

W Niemczech, właśnie wynurzających się z szoku wywołanego pierwszym procesem Eulenburga, wywiad rozpalił prawdziwy pożar, podsycany szokiem, zakłopotaniem i oburzeniem. Władca, który tak niewłaściwie wybierał sobie przyjaciół, obwieścił teraz oto Niemcom i całej Europie, że cesarstwo rządzone jest przez człowieka nieodpowiedzialnego konstytucyjnie, za to prawdopodobnie niezrównoważonego umysłowo. Sir Edward Goschen, nowy ambasador brytyjski, był zdumiony. „Dla nowicjusza, takiego jak ja, przesiąkniętego przekonaniem, że Jego Cesarska Mość znajduje się mniej lub więcej poza zasięgiem publicznej krytyki, ten atak na niego stanowi szokujące zaskoczenie" – raportował Sir Edwardowi Greyowi. Ambasador austriacki wysłał podobnie brzmiący raport do Wiednia: „Nigdy dotąd w całej historii Prus wszystkie kręgi nie żywiły tak głębokiego resentymentu wobec swojego suwerena". Niemcy, większość których popierała Burów, byli wściekli, że kaiser twierdził, iż to on sam stworzył plan kampanii, za pomocą którego Brytyjczycy podbili południowoafrykańskie republiki. A dlaczego zrażać do siebie Japończyków? Dlaczego antagonizować Francuzów i Rosjan? Dlaczego prowokować Brytyjczyków, mówiąc im, że większość Niemców ich nienawidzi?

Za szczegółową krytyką nieostrożnych uwag kaisera kryła się powszechna pretensja o to, że Wilhelm znów próbuje wprowadzić swoje osobiste rządy – do czego konstytucja cesarstwa go nie uprawniała. Lewica zareagowała domaganiem się większego ograniczenia monarchii i nałożenia ścisłych restrykcji na prawo cesarza do wtrącania się do polityki wewnętrznej i zagranicznej. Konserwatyści chcieli zachować monarchię nienaruszoną, lecz pragnęli narzucić więzy ekscentrycznemu i szkodliwemu zachowaniu tego konkretnego monarchy. Gdy większość Reichstagu, w tym wielu konserwatystów, zaczęła się domagać oficjalnej debaty krytycznej w tej sprawie, Bülow wysłał ministra spraw wewnętrznych cesarstwa, Theobalda von Bethmann-Holwega, aby ten ocenił panujące w Izbie nastroje. Bethmann-Holweg złożył kanclerzowi raport, z którego wynikało, że „niemożliwe będzie ograniczenie obecnego wzburzenia do sprawy «Daily Telegraph», czy też do formalnych błędów w potraktowaniu dokumentu" przez Ministerstwo Spraw Zagranicznych. „To, co teraz wybucha z siłą żywiołu, to nagromadzona w ciągu ostatnich dwudziestu lat niechęć wobec osobistego reżimu i niezadowolenie z okazywanej przez cesarza w całym tym okresie postawy, której tylko jeden z objawów stanowią opublikowane przez «Daily Telegraph» konwersacje”.

Zanim Bülow mógł zająć się Reichstagiem, musiał się upewnić, co do stanowiska kaisera. Zgodnie z niemiecką konstytucją, kanclerz wybierany był przez cesarza i mógł pozostawać na urzędzie tak długo, jak długo życzył sobie tego cesarz, niezależnie od poglądów posłów do Reichstagu. Wilhelm II, który zgodził się na opublikowanie wywiadu, aby przysłużyć się, jak mniemał, sprawie przyjaznych stosunków z Anglią, był oszołomiony osobistą, wycelowaną w niego krytyką, jaka docierała ze wszystkich stron. Zachował się przecież w sposób ściśle zgodny z konstytucją, wysyłając szkic wywiadu kanclerzowi cesarstwa z prośba o wyrażenie zgody. Kanclerz zgody udzielił, wywiad się ukazał, a oto teraz on sam, Cesarz niemiecki, uważany był wszędzie za zagrożenie lub za głupca.

Najskuteczniejszą bronią Bülowa była, jak dotąd, rezygnacja – toteż zdecydował się jej użyć także i teraz. Napisał do kaisera, który nadal przebywał w Rominternie, oznajmiając że choć nie przeczytał wywiadu, to skierował go do Ministerstwa Spraw Zagranicznych. „Jeśli Wasza Cesarska Mość jest niezadowolony z tego, że pod naciskiem spraw bieżących nie zdołałem osobiście przeczytać angielskiego manuskryptu i wini mnie za niedbalstwo okazane przez Ministerstwo Spraw Zagranicznych, to pokornie upraszam o zwolnienie mnie z kanclerstwa. Jeśli jednak, nie utraciłem jeszcze zaufania Waszej Cesarskiej Mości, to czuję, że nie potrafię pozostać na swoim stanowisku, o ile nie otrzymam całkowicie wolnej ręki w otwartej i energicznej obronie Waszej Cesarskiej Mości przeciw niesprawiedliwym atakom na mego Cesarskiego Pana”. Gdy tylko po powrocie Wilhelma z Rominternu Bülow spotkał się z kaiserem, kanclerz zdał sobie sprawę, że nie ma potrzeby się martwić. „Cesarz był – orzekł Bülow – jak zwykle w momentach kryzysu, bardzo blady i budzący litość”. Wilhelm nie czynił kanclerzowi wyrzutów; tym razem Bülow nie musiał nawet zwalać winy na Ministerstwo Spraw Zagranicznych. Poinformował kaisera, że debata w Reichstagu ma się rozpocząć 10 listopada. „Ruszaj więc – powiedział Wilhelm – Mów, co chcesz. Ale jakimkolwiek sposobem zechcesz to uczynić, wydostań nas z tego”. „Jego ufne, niemal dziecinne nastawienie dotknęło mnie bardziej niż potrafię to wyrazić” – zauważył Bülow.

Przy uległości kaisera Bülow nie miał najmniejszego problemu, aby w „Norddeutsche Allgemeine Zeitung", oficjalnej gazecie rządowej, opublikować komunikat, w którym całkowicie zignorował treść wywiadu, a skoncentrował się wyłącznie na odpowiedzialności za jego opublikowanie. Stroną winna było według niego Ministerstwo Spraw Zagranicznych; kanclerz wziął winę na siebie; cesarz odmówił przyjęcia rezygnacji kanclerza.

W Reichstagu, który obradował zarówno nad samą treścią wywiadu jak i odpowiedzialnością za jego opublikowanie, celami ataku stało się Ministerstwo Spraw Zagranicznych i kaiser. Mówcy ze wszystkich stron politycznego spektrum potępiali niedbałość i niekompetencję ministerstwa; posłowie lewicy domagali się zmian konstytucyjnych, które ograniczałyby władzę cesarza; konserwatyści wyrażali „pragnienie, aby w przyszłości Cesarz zachowywał większą rezerwę w swoich rozmowach". Bülow umiejętnie uniknął burzy, sterując w kierunku uwikłania kaisera, oczyszczenia samego siebie i przedstawienia obrazu dzielnego i rycerskiego kanclerza, pragnącego przyjąć na siebie wszystkie ciosy, słuszne i niesłuszne, i wytrwać na stanowisku dla dobra Korony i kraju. Wywiad, oświadczył kanclerz, gdy podniósł się, aby przemówić, zawierał pewne nieprawdziwe fakty: Nie istniał, ani nie został wysłany do Windsoru żaden plan kampanii, już raczej Burowie zostali ostrzeżeni, że przyjdzie im walczyć w osamotnieniu; nigdy nie było żadnych propozycji sojuszu kontynentalnego przeciwko Anglii; większość Niemców nie była Anglii wroga; Niemcy nie miały ambicji zagrożenia Japonii na Dalekim Wschodzie. „Ponoszę całkowitą odpowiedzialność za błędy, jakie popełniono w postępowaniu z manuskryptem – ciągnął Bülow – W moim osobistym odczuciu jest zaś wstrętne wskazywanie kozłów ofiarnych wśród urzędników, którzy całe swoje życie oddali służbie państwu"*. Bülow scharakteryzował kaisera, jako pełne dobrej woli, niezdarne dziecko, które – pozostawione bez opieki – brzydko zbłądziło. „Panowie wiedzą o tym, że opublikowanie jego rozmów nie wywołało w Anglii takich efektów, jakich Cesarz się spodziewał, w naszym zaś kraju wznieciło głębokie poruszenie i ubolewanie, co będzie w przyszłości – jest to moje stanowcze przekonanie, którego nabyłem w tych pełnych napięcia dniach – stanowiło dla Jego Cesarskiej Mości wska-

---

* Dwa tygodnie później Bülow przeniósł Klehmeta z Berlina na stanowisko konsula w Bukareszcie (*przyp. aut.*).

zówkę, aby zachowywać ostrożność, tak konieczną w interesie spójnej polityki, zwłaszcza u tych, którzy są odpowiedzialni za sprawy Korony. Gdyby tak nie miało się stać, ani ja, ani żaden z moich następców, nie podjęlibyśmy się ponoszenia odpowiedzialności”.

Bülow wyszedł ze sprawy jako triumfator. „Gdy wśród grzmiących oklasków usiadłem na miejsce, czułem że sprawa jest wygrana” – powiedział. Holstein, obserwujący wszystko z ubocza, popierał taktykę kanclerza: „Mając na względzie niedyskrecje, jakich dopuścił się kaiser, nie istniała możliwość obrony” – zapisał w swoim dzienniku. „Berliner Tageblatt” otwarcie atakował kaisera Wilhelma: „Mamy ponad sześćdziesiąt milionów ludności, naród wysoce inteligentny, a mimo to los kanclerza jak również wybór jego następcy leży w rękach jednego człowieka! Taka sytuacja nie może być tolerowana przez naród mający szacunek dla samego siebie. Wydarzenia kilku ostatnich dni uwidoczniły, że Niemcy nie powinni dłużej pozwalać na to, by ich żywotne interesy zależały od nastrojów jednego indywiduum, którego impulsywności raz jeszcze mogliśmy być świadkami”.

Podczas debaty w Reichstagu kaisera nie było w Berlinie. Jego program, ustalony grubo wcześniej, nakazywał mu złożyć wizytę arcyksięciu Franciszkowi Ferdynandowi, austriackiemu następcy tronu, a następnie wziąć udział w polowaniu w Donaueschingen, położonych w Czarnym Lesie dobrach jego przyjaciela, multimilionera i niemiecko-austriackiego księcia Maksa von Fürstenberga. Decyzja Wilhelma, aby udać się w podróż w czasie, gdy krajem targały konwulsje związane z niedyskrecjami monarchy, wywołała w Reichstagu gorzkie komentarze. W istocie przed odjazdem Wilhelm pytał Bülowa, czy nie powinien pozostać w Berlinie na czas debaty. Bülow powiedział, aby ruszał w drogę: „Tak już tęsknił za Donaueschingen, gdzie oczekiwało go polowanie na lisy, rozrywki kabaretowe i przyjemności wszelkiego możliwego rodzaju – wyjaśniał kanclerz – Ustąpiłem przed jego pragnieniami”. Gdy już kaiser wyjechał – a tymczasem w Reichstagu na okrągło potępiano Wilhelma za jego nieobecność – Bülow nie uczynił nic, żeby go sprowadzić z powrotem. Gdy Holstein zapytał Bülowa: „Czy, jak ludzie powiadają, odwiodłeś pan kaisera od powrotu do Berlina?”, Bülow odparł: „Nie, nic nie powiedziałem, ani za, ani przeciw”. Naprawdę zaś, podczas swego pobytu w Donaueschingen Wilhelm otrzymał od kanclerza długi, zakodowany telegram, w którym zawarte było stwierdzenie, że jego powrót do Berlina podczas debaty nie jest konieczny.

Gdy kaiser przybył do Donaueschingen, uderzył gospodarza jego wygląd. „Gdybyś spotkał kaisera Wilhelma, nie poznałbyś go" – stwierdził książę Maks. Z początku wizyta odciągnęła kaisera od kłopotów. „Dwa spędzone tutaj dni minęły bardzo harmonijnie i wesoło – napisał do Bülowa – Polowanie udało się wręcz wspaniale. Powaliłem sześćdziesiąt pięć jelonków. Zachowuję cię w pamięci w mojej porannej i wieczornej modlitwie. [...] Nie ma tego złego, co by na dobre nie wyszło. Bóg z Tobą! Twój stary przyjaciel, Wilhelm I.R."[*]. Później, pewnego wieczoru po obiedzie, Wilhelma dosięgnął cios bardzo osobisty. Panie „w pełnym szyku wieczorowym, w klejnotach, panowie w zielonych lub czarnych jaskółkach [...] zgromadzili się w wielkim hallu zamku, przy orkiestrze grającej na klatce schodowej. Nagle pojawił się hrabia Hülsen-Haeseler, przyodziany w spódniczki baletnicy i wieniec z róż, i zaczął tańczyć w takt muzyki. Generał hrabia Hülsen-Haeseler, przyjaciel cesarza jeszcze z czasów chłopięcych, a obecnie szef jego Gabinetu Wojskowego, występował już wcześniej w tym charakterze. „To niezwykłe przeżycie – powiedział jeden z nowych członków cesarskiej świty – oglądać szefa Gabinetu Wojskowego pląsającego w stroju baletnicy". Wyczerpany swoimi piruetami hrabia w pewnym momencie zatrzymał się, ukłonił – a następnie runął na ziemię. W zamku wybuchło istne pandemonium: jakiś doktor zajmował się powalonym tancerzem; księżna von Fürstenberg siedziała na krześle i szlochała; kaiser nerwowo chodził tam i z powrotem. Po upływie półtorej godziny stwierdzono śmierć hrabiego spowodowaną zawałem serca. Doszło już do stężenia pośmiertnego i jedynie z wielkimi trudnościami udało się w końcu zdjąć z ciała generała owo *tutu*[*] i przyodziać go w odpowiedni mundur wojskowy.

Wilhelm, już mocno poruszony aferą z „Daily Telegraph", zdenerwował się jeszcze bardziej. W międzyczasie sukces Bülowa przed Reichstagiem zdążył już się gdzieś rozpłynąć. Aby zabezpieczyć swoją pozycję jako kanclerza, potrzebował on publicznego poparcia Wilhelma dla stanowiska, jakie zajął podczas debaty. 17 listopada Bülow pojechał spotkać się z kaiserem, który zdążył już wrócić do Poczda-

[*] I.R. – Imperator, Rex (łac.) – „Cesarz, Król".
[*] *Tutu* (fr.) – rodzaj spódniczki baletowej, sięgającej do pół łydki.

mu. Wilhelm i Augusta oczekiwali go na frontowym tarasie Nowego Pałacu. Gdy podchodził do nich, cesarzowa wystąpiła o kilka kroków i szepnęła mu do ucha: „Proszę być naprawdę miłym i łagodnym wobec cesarza. Jest całkiem załamany”. Wilhelm poprowadził Bülowa do swojego gabinetu. Kaiser, blady i strapiony, był „w nastroju takiego przygnębienia i pesymizmu, że raczej musiałem go pocieszać, niźli krytykować jego minione postępowanie” – stwierdził Bülow. Nie miał też kanclerz żadnych trudności z pogrążonym w tak głębokiej melancholii monarchą. Od razu wyciągnął z kieszeni przygotowany komunikat:

„Niezrażony przesadną publiczną krytyką, która wydaje mu się nieuzasadniona, Jego Wysokość Cesarz uważa za swoje naczelne zadanie zapewnić ciągłość polityki cesarstwa, a równocześnie zachować swoją odpowiedzialność konstytucyjną. Zgodnie z tym, Jego Królewska i Cesarska Mość zaaprobował wszystkie deklaracje złożone przed Reichstagiem przez kanclerza cesarstwa, równocześnie zapewniając księcia von Bülowa, że nadal darzy go zaufaniem”.

Wilhelm chętnie potwierdził dokument swym podpisem i, mówił Bülow, „konwulsyjnie chwycił mnie za rękę. <<Pomóż mi! Ocal mnie!>>. Objął mnie i serdecznie ucałował w oba policzki”. Gdy Bülow ukłonił się i zbierał do wyjścia, kaiser ponownie powiedział, „Dziękuję! Dziękuję z całego serca!”. Wróciwszy do domu, Bülow powiedział żonie: „Oto raz jeszcze udało mi się wydobyć Koronę i Cesarza z tarapatów”.

Gdy Bülow wyjechał, Wilhelm zaczął szlochać i poszedł do łóżka. Następnego dnia Bülow otrzymał telefoniczną wiadomość, że cesarz zamierza abdykować. Kanclerz pośpiesznie wrócił do Poczdamu. Cesarzowa, z oczami czerwonymi od płaczu, przyjęła go na parterze. „Czy Cesarz musi abdykować? – zapytała – Czy pan chce, żeby abdykował?”. Bülow próbował ją uspokoić, zapewniając, że dzięki jego przemówieniu w Reichstagu „burza zaczęła już tracić na sile”.

Bülow, nie widziawszy się z kaiserem, wyjechał z Poczdamu, dokąd przybył kronprinz. „Pośpieszyłem na górę – zapisał w swoich „Pamiętnikach” – Wydawało się, że ojciec postarzał się o całe lata; utracił wszelką nadzieję i zdawało mu się, że wszyscy go opuścili. Był załamany [...] jego pewność siebie i ufność zdruzgotane. Mówił bardzo gwałtownie [...] zgorzknienie spowodowane niesprawiedliwością [...] ciągle usiłuje odzyskać pewnośc siebie. Pozostałem z nim przez godzinę, siedząc na jego łóżku, co, na ile sięgam wstecz pamięcią, nigdy się dotąd nie zdarzyło".

Wilhelm nigdy już nie wspomniał o abdykacji, lecz jego depresja była widoczna. „Cesarz nie próbował nawet ukrywać głębokiego przygnębienia, jakie trapiło jego duszę" – orzekła angielska guwernantka księżniczki Wiktorii Luizy – Kręcił się po kątach – on, człowiek tak zwykle gadatliwy, tak zadowolony z siebie i z całego świata – pogrążony w żałobnym milczeniu, odzywając się z rzadka, a i wtedy jedynie półgłosem. [...] Także wszyscy wokół niego wydawali się mówić tylko szeptem". Gdy pokazywał się publicznie, co czynił teraz rzadko, Wilhelm popadał w przeciwną skrajność, okazując wymuszoną wesołość, rzucając dowcipami i śmiejąc się głośniej niż ktokolwiek. Kaiser unikał Bülowa. Ustały poranne wizyty na Wilhelmstrasse i spacery po ogrodach Kancelarii; kaiser i kanclerz spotykali się tylko wtedy, gdy wymagał tego bieg spraw. Dopiero po upływie niemal sześciu tygodni Wilhelm zaczął przychodzić do siebie. W dniu Nowego Roku, gdy przejechał ulicami Berlina i zauważył jak tłum wybucha oklaskami, zaczęły stopniowo wracać pewność i szacunek dla samego siebie. Zaczęła też wzrastać sympatia dla cesarza wśród opinii publicznej; jego milczenie i usunięcie się przypisywano nie załamaniu, lecz chęci okazania prawdziwie królewskiej godności. Potępienie zaczęto kierować pod adresem kanclerza; w końcu cesarz zrobił co nakazywała mu konstytucja i pokazał szkic wywiadu księciu von Bülowowi. To kanclerz zdradził swojego władcę, i to dwukrotnie: po raz pierwszy, gdy nie przeczytał dokumentu przed jego opublikowaniem; a po raz drugi przez niewystarczającą obronę monarchy w Reichstagu. Pogląd ten najpierw prywatnie a potem stopniowo w coraz szerszym kręgu, zaczął powtarzać także i Wilhelm. Oto został „pozostawiony samemu sobie" – powiadał; „stałem się kozłem ofiarnym, a mój kanclerz w geście niewinności umył ręce". Do arcyksięcia Franciszka Ferdynanda, austriackiego następcy tronu, napisał: „Ty potrafisz zrozumieć, jaką męką jest dla mnie zachowywać się, jakby nic się nie stało i musieć nadal współpracować z ludźmi, których tchórzostwo i nieodpowiedzialność pozbawiły [sic] mnie ochrony, jaką każdy inny człowiek przyznałby głowie państwa, jako rzecz oczywistą. Naród niemiecki zaczyna spoglądać w swoją duszę i uprzytamniać sobie czyny, które do tego doprowadziły". Bülow, wyczuwając, że opinia publiczna zaczyna brać stronę cesarza, zatrwożył się. 13 lutego napisał do Wilhelma, że wszystko, co powiedział i uczynił w listopadzie, motywowane było „tylko i wyłącznie lojalnością wobec dynastii Waszej Cesarskiej Mości oraz kraju, a także głęboką miłością ku [...] osobie Waszej Cesarskiej Mości". Na marginesie tego listu Wilhelm napisał „Faryzeusz!".

Kiedy kryzys wokół Bośni znajdował się w stadium krytycznym, 11 marca 1909 roku Wilhelm przyjął Bülowa w galerii obrazów na zamku berlińskim. „Przechadzałem się z nim tam i z powrotem – mówił kaiser – między portretami moich przodków i malowidłami przedstawiającymi bitwy wojny siedmioletniej [...] i byłem zdziwiony, gdy kanclerz znów wrócił do wydarzeń jesieni 1908 i zaczął wyjaśniać swoją ówczesną postawę". Bülow zastosował tu technikę, którą z powodzeniem stosował już w przeszłości, mówiąc Wilhelmowi, że „nie mogę nadal dźwigać wielkiego ciężaru swojego urzędu, jeśli nie czuję, iż cieszę się pełnym zaufaniem mego suwerena". Kaiser skontrował go bez osłonek, powiadając że jesienią kanclerz nie „wykazał dostatecznej energii w sprzeciwianiu się napaściom" na Koronę. „Froben – rzekł cesarz – nie mówiłby tak, jak ty podczas debaty w Reichstagu 10 listopada". Gdy to mówił, Wilhelm stał pod portretem Frobena, królewskiego koniuszego, który podczas bitwy pod Fehrbellin w 1675 roku wsiadł na łaciatego konia Wielkiego Elektora, aby odciągnąć uwagę nieprzyjacielskich strzelców i kule z ich muszkietów od swego pana. Jako kanclerz, rzekł Wilhelm, Froben oznajmiłby, że to on poradził cesarzowi, by ten powiedział to, co powiedział w wywiadzie dla „Daily Telegraph". Bülow odparł, że nie mógł tak powiedzieć, ponieważ, znając jego przekonania, opinia publiczna by mu nie uwierzyła. „Co po prostu oznacza – odparował Wilhelm – że uważasz mnie za osła, zdolnego do popełniania tak karygodnych błędów, jakich sam byś się nigdy nie dopuścił". Bülow przepraszał, pod niebiosa wychwalał wspaniałe zalety cesarza – i Wilhelm zmienił front. „Taka szczera rozmowa zlikwidowała istniejące między nami napięcia – oznajmił kaiser – Czy nie mówiłem ci zawsze, że doskonale się wzajemnie uzupełniamy?" – zapytał Bülowa. Potrząsnął ręką kanclerza i zabrał go na lunch. Oczekującej na niego świcie kaiser ogłosił: „Rozmówiliśmy się właśnie z kanclerzem cesarstwa i wszystko między nami zostało wyjaśnione. Jeśli ktoś powie coś przeciwko księciu Bülowowi, rozkwaszę mu nos". Tegoż wieczora Wilhelm telegrafował do swojego brata Henryka: „Właśnie przebaczyłem Bülowowi, który w potokach łez błagał mnie o łaskę". Następnego zaś wieczora, na prośbę Bülowa, para cesarska przybyła do niego na obiad. Wilhelm, wkroczywszy we drzwi, przywitał się z księżną von Bülow: „Jakiż jestem szczęśliwy, że znów tutaj jestem! Jaka okropna była ta zima! Ale teraz wszystko już będzie się układać wspaniale".

Mimo takich beztroskich pogwarek odnowione uczucie kaisera wobec swojego kanclerza było mało warte. Jednemu z przyjaciół cesarz wyznał, że całe pojednanie było „komedią" i że gdy tylko sytuacja polityczna pozwoli, zamierza usunąć Bülowa z urzędu. Taka możliwość nadeszła w czerwcu; okazją była porażka kanclerza w kluczowym głosowaniu w Reichstagu. Wiosną 1909 roku budowa floty spowodowała kryzys fiskalny w Niemczech. Potrzeba było dodatkowych pięciuset milionów marek. W ustępstwie wobec siły konserwatystów w Reichstagu, cztery piąte nowych dochodów – 400 milionów marek – miało zostać zebrane z podatków od sprzedaży, co uderzało najbardziej w niższe i średnie klasy. Trzeba jednak było uczynić jakieś ustępstwa także wobec liberałów; Bülow więc zaproponował, aby jedna piąta potrzebnej sumy – sto milionów marek – została zebrana z właścicieli dóbr przez nałożenie podatku spadkowego. Konserwatyści sztywno sprzeciwiali się takiemu podatkowi, który nigdy dotąd nie obowiązywał w Niemczech. Kaiser poparł kanclerza, lecz dał jasno do zrozumienia, że jeśli Bülowowi nie uda się pozyskać odpowiedniej liczby głosów za podatkiem spadkowym, będzie musiał zrezygnować. A 24 czerwca wniosek o uchwalenie podatku spadkowego został oddalony ośmioma głosami, 195 do 187.

26 czerwca 1909 roku, co do dnia dwanaście lat od chwili, kiedy przyjął Ministerstwo Spraw Zagranicznych z rąk kaisera na pokładzie „Hohenzollerna" w Kilonii, Bülow przybył w to samo miejsce, żeby złożyć swoją rezygnację ze stanowiska kanclerza. Wilhelm oczekiwał go na pokładzie, zniecierpliwiony i nerwowy. „W rzeczy samej, trochę mi się śpieszy – rzekł cesarz – Za godzinę muszę być na lunchu z księciem Monako". Powiedział Bülowowi, że jego następcą zostanie Bethmann-Hollweg, minister spraw wewnętrznych cesarstwa. „Jestem pewien, że zgodzisz się ze mną – powiedział kaiser – Szybko przytrze rogi Reichstagowi. A poza tym, przecież mojego pierwszego kozła ustrzeliłem w jego dobrach w Hohenfinow". Odpowiedź Bülowa była niejednoznaczna: „Jeśli chodzi o politykę wewnętrzną, Bethmann-Hollweg jest niewątpliwie najlepszy [...] ale nie pojmuje on nic z poli-

tyki zagranicznej". „Politykę zagraniczną zostaw mnie – odparł Wilhelm – W końcu sam wiesz, czegoś mnie przecież nauczyłeś". Gdy Bülow zaczął zalecać, aby Cesarz uczynił wszystko co możliwe dla osiągnięcia porozumienia z Anglią w sprawach morskich, Wilhelm zmarszczył brwi. „Nie pozwolę, aby John Bull rozkazywał mi, ile okrętów mogę zbudować". Znacznie bardziej radośnie kaiser wrócił do perspektyw stwarzanych przez Bethmanna-Hollwega: „Zaczekaj tylko, jak ten drab podniesie się w Reichstagu i spojrzy na tych wszystkich <<czcigodnych>> posłów. Ach, przestraszy ich na śmierć. Będą zmykać i kryć się po swoich mysich dziurach". Gdy był już czas odjeżdżać, kaiser zabrał Bülowa ze sobą na lunch na jachcie księcia Monako. Przy stole, gdzie większość pozostałych gości stanowili Francuzi, Wilhelm był w znakomitym nastroju i śmiał się głośno. „Miałem dziwne uczucie, że zjadłem ostatni posiłek skazańca w obecności cudzoziemców" – wspominał Bülow.

Przez trzy tygodnie kanclerz żył zawieszony w próżni, mając nadzieję, że Wilhelm może jeszcze zmienić zdanie. 14 lipca nadeszło zawiadomienie: książę von Bülow, który zrezygnował ze stanowiska kanclerza cesarstwa, miał otrzymać za swoją służbę Order Czarnego Orła oprawiony w diamenty. Tego wieczora kaiser sam się wprosił na obiad u Bülowów. Wilhelm podarował księżnej von Bülow bukiet róż, które, jak powiedział, sam dla niej zerwał; ofiarował jej także swój portret w emalii oprawny w diamenty. W swoich uwagach podczas obiadu był jednak mniej szczodry. Gdy księżna powiedziała, że jest jej przykro z powodu tego, co się wydarzyło, kaiser odparł: „Czuję się jeszcze gorzej niż pani. Walczyłem zębami i pazurami, ale Bernhard zdecydowany był odejść". Księżna von Bülow napomknęła o głosowaniu w Reichstagu nad podatkami, jako o przyczynie rezygnacji męża. Wilhelm nie zgodził się z nią. „Nie powinna pani myśleć, że [...] to Ustawa o podatku spadkowym spowodowała wycofanie się Bernharda – rzekł – Prawdziwą przyczyną są wydarzenia z listopada ubiegłego roku. Widzi pani, ci faceci dali mi prywatnie do zrozumienia, że tak naprawdę nie chodziło im o podatek spadkowy. Odrzucili go, ponieważ wydawało im się, że nie okazał dostatecznej gorliwości w obronie swego Pana i Cesarza". Co takiego, zapytała księżna, powinien był wtedy, według cesarza, uczynić jej mąż? „Powinien oznajmić w Reichstagu: <<Nie będę więcej wysłuchiwał takiej zuchwałej gadaniny

o cesarzu. Jak śmiecie mówić w ten sposób? Biegiem marsz! Wynocha!>>".

Wilhelm rozwijał rozmaite wersje swojej roli w odejściu Bülowa. W swoich „Pamiętnikach" zapisał: „Zdecydowałem się ustąpić wobec życzenia księcia Bülowa i wyrazić zgodę na jego wycofanie się". Krótko po rezygnacji wyjaśniał swojemu otoczeniu, że kanclerz zaczyna cierpieć na uwiąd starczy i nie pamięta już, co mówił poprzedniego dnia. Zaś przed królem Wirtembergii, stojąc pod tym samym drzewem w ogrodach Sans Souci, gdzie odbył swoją ostatnią rozmowę z obalonym kanclerzem, Wilhelm przechwalał się: „To właśnie tutaj dałem mu kopniaka!".

38

Rozmowy w sprawach floty i Bethmann-Hollweg

Podczas gdy kaiser Wilhelm radował się „rozrywkami na świeżym powietrzu" w parku windsorskim, pławił w oklaskach londyńskich tłumów, proklamował przyjaźń w Guildhall oraz „odświeżał się i uspokajał" w towarzystwie pułkownika Stuarta-Wortleya i jego przyjaciół na zamku Highcliffe, niemiecka Admiralicja przygotowywała kolejną Uzupełniającą ustawę morską. Użyteczny okres eksploatacji okrętu liniowego, określony w Ustawie morskiej z 1898 roku na dwadzieścia pięć lat, miał zostać skrócony do lat dwudziestu, po których należało kłaść stępkę pod kolejny okręt. Aby wdrożyć nowe prawo, program roku 1906, wynoszący dwa drednoty na rok, już zwiększony do trzech w roku 1907, miał wzrosnąć do czterech drednotów rocznie. Przez cztery lata – 1908, 1909, 1910 i 1911 – miano zatwierdzać budowę trzech okrętów liniowych i jednego krążownika liniowego rocznie. W roku 1912, gdy te szesnaście okrętów byłoby już zbudowanych lub w budowie, roczny program miał ponownie spaść do dwóch jednostek. W marcu 1908 roku, Uzupełniająca ustawa morska przeszła w Reichstagu.

Nowa niemiecka ustawa morska zaalarmowała rząd brytyjski. Liberałowie, w 1908 roku będący u władzy od dwóch lat, próbowali już obniżyć koszty zbrojeń, aby poświęcić więcej pieniędzy na programy socjalne. Nie czyniono dotąd żadnych wysiłków w kierunku osiągnięcia porozumienia z Niemcami w sprawie budowy okrętów wojennych; zamiast tego Campbell-Bannerman usiłował dać przykład. W latach 1906 i 1907 wcześniejszy program Unionistów, przewidujący budowę czterech drednotów rocznie, został obcięty do trzech. W 1908 roku budowa drednotów została przez Brytyjczyków obcięta jeszcze bardziej – do dwóch jednostek rocznie. Niemcy w tym samym czasie postępowali w dokładnie przeciwnym kierunku. Było to zniechęcające; przecież Niemcy z pewnością rozumieli, że żaden rząd brytyjski – czy to Unionistów, czy liberałów – nie pozwoli potencjalnemu nieprzyjacielowi zrównać się lub prześcignąć Brytyjczyków pod względem sił morskich. Niemieckie konstrukcje mogły spowodować tylko wzmożenie wysiłków brytyjskich, a w konsekwencji – dalsze marnowanie pieniędzy przez oba kraje. Racjonalna dyskusja z pewnością mogłaby przekonać rząd w Berlinie do nałożenia jakichś rozsądnych ograniczeń na jego ambicje morskie.

Jednym z ministrów gabinetu brytyjskiego, na którego działania nowa niemiecka ustawa morska miała znaczący wpływ, był David Lloyd George, kanclerz Izby Rozrachunkowej, który musiałby znaleźć pieniądze na zapłacenie za dalsze powiększenie brytyjskiej floty. Sir Edward Grey zdecydował się skontaktować kanclerza z hrabią Metternichem, niemieckim ambasadorem w Anglii; w ten sposób Lloyd George mógłby osobiście przedstawić swój punkt widzenia przedstawicielowi rządu niemieckiego. 14 lipca 1908 roku Grey zaprosił więc Lloyd George'a i Metternicha na lunch w Ministerstwie Spraw Zagranicznych.

Hrabia Paul Wolff-Metternich był anglofilem. Arystokrata z Nadrenii i rzymski katolik, po raz pierwszy przybył do Londynu w roku 1900, aby pomóc ambasadorowi, hrabiemu Hatzfeldtowi, który stopniowo poddawał się trapiącej go rozedmie. W listopadzie 1901, po śmierci Hatzfeldta, Metternich – zgodnie z przewidywaniami – gładko przejął stanowisko, które miał piastować przez dziesięć lat. Kaiser, przedstawiając swojego nowego reprezentanta wujowi, w 1900 roku jeszcze tylko księciu Walii, nazwał Metternicha „niezwykłym człowiekiem. Jest on wiernym przyjacielem Anglii i z tego właśnie powodu został przeze mnie wybrany. Równocześnie jednak jest on moim prawdziwym i wiernym przyjacielem, cieszącym się moim najwyższym zaufaniem". Metternicha, będącego kawalerem, mało widywano w kręgach londyńskiej socjety, a choć mieszkała z nim jego bratanica, pełniąca obowiązki gospodyni, to podczas jego kadencji ogromna Ambasada Niemiecka przy Carlton House Terrace 9 była zamknięta dla muzyki, tańców i śmiechu. Mimo to ambasador cieszył się szacunkiem obu rządów. Miał on, powiadał Bülow, „otwarty umysł i zauważał [...] ogromną, ukrytą potęgę Imperium Brytyjskiego. Niedocenianie tej potęgi było błędem, jaki zakorzenił się szczególnie [...] w wojskowych i arystokratycznych kręgach pruskich". Sir Edward Grey miał szacunek dla profesjonalizmu Metternicha: „Z Metternichem zawsze czuję – pisał Grey – że cokolwiek powiem zostanie przez niego wiernie przekazane, że żadne przypadkowe i niezamierzone potknięcie z mej strony [...] nie będzie zniekształcone lub błędnie przedstawione".

W prowadzonej podczas lunchu w Ministerstwie Spraw Zagranicznych rozmowie Grey i Lloyd George podkreślali, że stosunki anglo-niemieckie zależały w sposób zasadniczy od współzawodnictwa morskiego. Rujnujące wydatki na okręty liniowe nie polepszą względnej pozycji Niemiec, podkreślali oba ministrowie, ponieważ „każdy Anglik wyda swój ostatni grosz, aby zachować" brytyjskie panowanie na morzu. A równocześnie wyścig zbrojeń morskich i wyrzucanie w błoto milionów funtów i marek pogarsza wzajemne stosunki. Obawy Niemiec przed atakiem ze strony Brytanii i argumenty, że potrzeba floty dla odparcia takiego ataku są bezpodstawne; Lloyd George żartem przypomniał nawet Metternichowi dowcip Bismarcka, że gdyby armia angielska wylądowała na ziemi niemieckiej, to „jej aresztowanie pozostawiłby policji". Lloyd George sugerował, że najskuteczniejszym sposobem uspokojenia angielskiej opinii publicznej byłoby spowolnienie tempa budowy niemieckich pancerników. Brytania, powiedział, będzie „ jak najbardziej gotowa wyjść Niemcom naprzeciw poprzez ustanowienie wspólnej podstawy dla obniżenia rozbudowy obu flot".

Kaiser, który uważał flotę za swoją prywatną działkę, traktował każdą sugestię, że można by ją zmniejszyć, jako osobistą obrazę, a równocześnie atak na jego prerogatywy. Na marginesach depeszy Metternicha nagryzmolił: „Tak bezczelnej mowy ze strony Anglii jeszcze nie słyszano!"; „Tupet – pierwsza klasa!"; Nigdy nie będzie się nam dyktować, jaki powinien być skład naszych sił zbrojnych"; „Powinniśmy na to spojrzeć jak na wypowiedzenie wojny"; „Nie, Nie będzie żadnych rozmów na ten temat!". Na końcu listu Wilhelm dał dłuższy upust swoim uczuciom:

> Brawo, Metternich! Doskonaleś wykonał swoją robotę, poza tym jednym jedynym, najważniejszym punktem. Pan Ambasador całkowicie przeoczył, że nie miał pozwolenia na choćby najbardziej niezobowiązujące i wyrażane jako prywatne poglądy [zgadzanie się] na bezczelne żądania angielskich ministrów, zmierzające do zapewnienia sobie spokoju przez zmniejszenie naszych sił morskich. W ten sposób wkroczył na bardzo niebezpieczną i stromą drogę. Współczuję mu z tego powodu. Trzeba mu będzie wyraźnie podkreślić, że naprawdę nie życzę sobie porozumienia z Anglią kosztem zmniejszenia floty niemieckiej. Jeśli Anglia zamierza jedynie wdzięcznym gestem wyciągać ku nam ręce, równocześnie powiadając nam, że powinniśmy zredukować naszą flotę, to jest to nadmierne zuchwalstwo, zawierające w sobie wielką obrazę dla narodu niemieckiego i jego kaisera, które powinno zostać przez ambasadora odrzucone *a limine*!* Takim samym prawem Francja i Rosja mogłyby potem zażądać od nas ograniczenia naszych sił lądowych. Gdy tylko pozwoli się jakiemukolwiek obcemu mocarstwu wtrącać się we własne zbrojenia, to można się od razu wycofać, jak Hiszpania czy Portugalia! Flota niemiecka nie jest budowana przeciw komukolwiek ani nawet przeciw Anglii! Ale za to zgodnie z naszymi potrzebami! Zostało to powiedziane całkiem jasno w Ustawie morskiej i nie zmieniło się od jedenastu lat! Ustawa ta zostanie wykonana co do joty; nie obchodzi nas, czy to się Brytanii podoba, czy też nie. Jeśli chcą wojny, to oni muszą ją zacząć, my się jej nie obawiamy!
>
> *(Podpisano)* WILHELM R.I.

* *A limine* (łac.) – dosłownie „od progu"; tutaj „z miejsca", „bez dyskusji".

Dwa tygodnie później Metternich zaprosił Greya i Lloyd George'a do ambasady niemieckiej. Obaj ministrowie angielscy powrócili do pierwotnego tematu: „Kwestia marynarki wojennej jako centralny punkt stosunków niemiecko-angielskich". „Pan Lloyd George – raportował Metternich do Berlina – nawiązał potem do swojego ulubionego pomysłu pohamowania tempa budowy nowych okrętów i usilnie namawiał mnie, aby wykorzystać czas, kiedy to przy sterze jest miłujący pokój rząd liberałów". Barwne komentarze kaisera na marginesach nadal pozostawały gwałtowne: „To jest ten rodzaj gadki, jakiego dotychczas używano tylko w stosunku do takich kreatur jak Chińczycy lub Włosi! To niesłychane!"; „Jeśli Anglia chce wojny, pozwólmy jej ją rozpocząć, już my jej damy!". W długim przypisie końcowym do tego drugiego raportu Wilhelm dał upust swojej złości na Metternicha:

„Rozmowa tego rodzaju, jaka się odbyła między Lloyd Georgem i Metternichem jest kompletnie niegodna Niemiec i prowokacyjna względem nich! Muszę go prosić, aby na przyszłość starał się nie mieć nic wspólnego z tego rodzaju plwocinami. Oto tutaj bardzo cierpliwie zaakceptował, jako słuchacz, opinie i rozkazy angielskich polityków i zdobył się tylko na całkowicie nieskuteczny protest. Powinien dać tym panom [...] odpowiedź w rodzaju «Idźcie do diabła!», etc. To by im przywróciło przytomność. To, że ten Lloyd George odważył się nawet wyjść z rozkazem określenia tempa budowy NASZYCH okrętów, przekracza wszelkie granice, ale jest oczywiście rezultatem wkroczenia przez Metternicha podczas pierwszej rozmowy na niebezpieczną ścieżkę w rodzaju «możliwość nie jest wykluczona». Mądrzy Brytyjczycy próbują wziąć go na hak, a wcześniej czy później szarpną za linkę i wyciągną go na brzeg; i to pomimo tych «prywatnych rozmów», «niezobowiązującego charakteru wyrażania opinii», itp.! Powinien on *ab ovo* odrzucać wszystko takimi uwagami jak, «Żaden kraj nie pozwoli sobie dyktować lub być upominanym przez inny kraj odnośnie do wielkości i rodzaju swojego uzbrojenia», «Odmawiam dyskusji nad tymi sprawami» [...] .

Metternich powinien dać takiemu fanatykowi kopa w dupę; jest zbyt miękki!".

Mimo wściekłości kaisera Metternich pozostał na swojej placówce. W dalszym ciągu przekazywał swoje spostrzeżenia i opinie, starając się wyjaśnić Berlinowi brytyjską perspektywę: „Anglicy obawiają się naszej floty, ponieważ jesteśmy ich najbliższymi sąsiadami i wydajemy się im bardziej skuteczni od innych narodów. [...]". Kaiser warknął: Anglicy „będą się musieli po prostu przyzwyczaić do naszej floty. A od czasu do czasu musimy ich zapewnić, że nie jest ona skierowana przeciw nim".

Kaiser nie pragnął walczyć z Mrynarką Królewską i nigdy nie marzył o inwazji na Wyspy Brytyjskie. Budował flotę, aby głosiła wielkość cesarskich Niemiec, aby świat z szacunkiem słuchał niemieckiego cesarza, a ponad wszystko, aby zdobyć aprobatę Anglii i zmniejszyć uzależnienie Niemiec na oceanach świata od łaski Anglików. Ponieważ marynarka brytyjska była znacznie silniejsza, uważał on skargi Brytyjczyków odnośnie wielkości jego własnej floty za impertynenckie i napastliwe. W sierpniu 1908 roku Wilhelm z naciskiem wyraził te opinie wobec Sir Charlesa Hardinge'a, podsekretarza stanu w brytyjskim Ministerstwie Spraw Zagranicznych, który podróżował z królem Edwardem VII do Niemiec. Po lunchu w Kronbergu rozmowa Hardinge'a z kaiserem zeszła na temat ograniczenia zbrojeń morskich. Ponieważ aż do tej chwili kaiser był tak przyjazny, Hardinge zapomniał się i powiedział: „Ale musicie budować wolniej". Wilhelm natychmiast uniósł się i oznajmił, że nikomu nie wolno używać słowa „musi" wobec Cesarza Niemiec. Jeśli Anglia obstaje przy ograniczeniu niemieckich zbrojeń, „to znaczy, że będziemy walczyć. Jest to kwestia honoru i godności narodowej". Później Wilhelm tak opowiadał o tej scenie Bülowowi: „Spojrzałem mu prosto w oczy. Sir Charles zaczerwienił się, skłonił, przepraszał za swoje słowa i prosił wręcz o przebaczenie, zapomnienie i potraktowanie ich jako uwag uczynionych niechcący w prywatnej rozmowie". Po obiedzie, ciągnął kaiser, „gdy nadałem mu Order Czerwonego Orła Pierwszej Klasy, gotów był jeść mi z ręki. [...] Moje szczere słowa, gdy pokazałem mu zęby, odniosły niezawodny skutek. Zawsze tak musisz postępować z Anglikami".

Bülow miał, jako kanclerz, konstytucyjne prawo do ostatniego słowa w sprawach polityki zagranicznej cesarstwa. Popierał on rozbudowę floty; zawdzięczał swoją nominację na ministra spraw zagranicznych i kanclerza swojej zgodzie na przekonanie Wilhelma, że przyszłość Niemiec leży na wodzie. Przyjął nawet „teorię ryzyka" i „strefy niebezpieczeństwa" oraz twierdzenie, że gdy Niemcy przejdą „strefę niebezpieczeństwa", flota niemiecka stanie się narzędziem wywierania presji dyplomatycznej na Wielką Brytanię. Bülow był także świadom politycznej nienaruszalności stosunków pomiędzy Tirpitzem a kaiserem. Każde wyzwanie rzucone ministrowi marynarki było ryzykowne; Bülow czuł, że jedyną osobą w całym rządzie Rzeszy, którą cesarz przedłożyłby nad niego samego był właśnie Tirpitz. Zgodnie z tym przekonaniem, gdy latem 1908 roku Wilhelm uskarżał się gorzko na Metternicha, Bülow ponownie potwierdził swoją wiarę we flotę: „Błagam Waszą Cesarską Mość, aby nie wątpił w to, że popieram plany Waszej Cesarskiej Mości dotyczące marynarki i to tak sercem, jak i głową – pisał – Wiem, że stworzenie floty jest zadaniem, jakie historia zwiąże z Waszą Cesarską Mością".

Mimo wszystko poglądy Metternicha zrobiły wrażenie na Bülowie. Brał on pod uwagę ostrzeżenia ambasadora, że przyśpieszanie budowy drednotów w Niemczech przerażało rząd liberałów i odstręczało angielską opinię publiczną. Kanclerz obawiał się, że gabinet brytyjski, popychany przez Sir Johna Fishera, może zezwolić na atak prewencyjny na młodą flotę niemiecką. W listopadzie 1908 umocniony swoim triumfalnym przemówieniem w Reichstagu w sprawie wywiadu dla „Daily Telegraph", kanclerz wypytał Tirpitza. Rząd i naród angielski są pełni obaw w związku z flotą niemiecka, powiedział, a prasa angielska szeroko wspomina o możliwości wojny prewencyjnej. Tak więc, „muszę Waszej Ekscelencji zadać pytanie, czy Niemcy i naród niemiecki mogą oczekiwać angielskiego ataku ze spokojem i ufnością".

Tripitz odczekał trzy tygodnie, zanim udzielił odpowiedzi, w której przyznawał, że wobec miażdżącej przewagi floty brytyjskiej Niemcy przegrałyby wojnę morską. Był to jednak, zdaniem Tirpitza, argument przemawiający za powiększaniem, nie zaś zmniejszaniem floty niemieckiej: „Naszym obowiązkiem jest zbroić się ze wszystkich sił. [...] Każdy nowy okręt wcielony do naszej floty liniowej zwiększa ryzyko Anglii, jeśli ta zechce nas zaatakować". Poza tym, ciągnął Tirpitz, Metternich błędnie zrozumiał korzenie brytyjskich obaw i antagonizmu, które nie tkwią w rozbudowie naszej floty lecz w niemieckiej konkurencji gospodarczej. Ustępstwa w zakresie marynarki wcale nie zlikwidują tej rywalizacji i nie zmniejszą resentymentów. Tirpitz zlekceważył gadanie o ataku brytyjskim: „Możliwość wojny prewencyjnej to strach na wróble i fikcja stworzona przez naszych dyplomatów [t.j. Metternicha], aby zmiękczyć ludzi którzy im się przeciwstawiają". Z Londynu Metternich przeciwstawiał się Tirpitzowi: „Kardynalnym punktem w naszych stosunkach z Anglią jest wzrost naszej floty. Wysłuchiwanie tego może nie sprawiać nam przyjemności, nie widzę jednak, co można by zyskać na ukrywaniu prawdy".

Wewnętrzna debata na najwyższym szczeblu rządu niemieckiego ciągnęła się przez całą zimę i wczesną wiosnę 1909 roku. W Brytanii nowa niemiecka ustawa morska z jej czterema drednotami rocznie oraz obawa, że Niemcy w tajemnicy przyśpieszają budowę okrętów doprowadziły do przesławnej „paniki morskiej". Rezultat: przemyślny kompromis Asquitha o czterech okrętach teraz, czterech później, jeśli okaże się to konieczne. W Berlinie kaiser stopniowo przychodził do siebie po załamaniu nerwowym związanym z opublikowaniem jego wywiadu w „Daily Telegraph". Reputacja Bülowa, sięgniąwszy szczytu zaraz po jego wystąpieniu w Reichstagu 10 listopada, stopniowo malała. „Czując, że rychło może przestać być kanclerzem", Bülow zwołał na 3 czerwca 1909 konferencję w Pałacu Kanclerskim. Jej przedmiotem była kwestia marynarki i możliwość osiągnięcia porozumienia z Anglią. Z Londynu został wezwany Metternich; obecni byli także, obok Tirpitza: Moltke – szef Sztabu Generalnego, Bethmann-Hollweg – wicekanclerz i przyszły kanclerz oraz Schoen – minister spraw zagranicznych. Bülow rozpoczął od wzięcia w obronę Metternicha: pierwszym obowiązkiem przedstawiciela zagranicznego jest, oznajmił, przekazywać stamtąd prawdę. Następnie ambasador i minister marynarki wymienili znane argumenty, Metternich zapewniał, że rozbudowa floty niemieckiej jest jedyną przyczyną zaniepokojenia Brytyjczyków, a Tirpitz protestował, że powodem jest rywalizacja handlowa. Bülow zapytał, czy jakiś określony stosunek tempa budowy okrętów pomiędzy Niemcami i Anglią byłby do przyjęcia przez Tirpitza. Tirpitz zaproponował trzy niemieckie drednoty na cztery brytyjskie. Metternich wtrącił, że to szybko doprowadziłoby do wojny. Bülow zapytał Tirpitza, jakie byłyby szanse Niemiec w razie wojny. Admirał odparł, że „nasza marynarka nie [jest] obecnie w położeniu umożliwiającym jej wyjście w morze i walkę z Anglią jako zwycięzca". Moltke oznajmił, że w takim razie wydaje się rzeczą rozsądną spróbować porozumienia opartego na spowolnieniu tempa budowy okrętów. Bethmann-Hollweg zgodził się z tym. Bülow próbował ułagodzić Tirpitza poprzez zawężenie zakresu potencjalnego porozumienia. Powiedział, że nie ma na myśli jakiegoś permanentnego porozumienia, lecz tylko takie, które trwałoby dostatecznie długo, aby przeprowadzić Niemcy przez „strefę niebezpieczeństwa" bez wojny prewencyjnej. Zapytany, jak długo miałaby trwać „strefa niebezpieczeństwa", Tirpitz odparł: „Pięć do sześciu lat [...] powiedzmy, do 1915 roku, po poszerzeniu Kanału Kilońskiego i ukończeniu fortyfikowania Helgolandu".

Gdy Bülow złożył kaiserowi sprawozdanie z konferencji, Wilhelm „wyśmiał moje obawy" – powiedział kanclerz. „Anglicy nigdy nie zaatakują nas sami – snuł rozważania kaiser – a w tej chwili nie znajdą sobie sojuszników". Mimo to 23 czerwca Bülow wysłał Metternichowi do Londynu instrukcje, aby rozpoczął działania w kierunku „jakiejś ententy w kwestii wojennomorskiej [...] pod warunkiem, że zostanie to powiązane z generalną reorientacją polityki angielskiej w stronę bardziej korzystną dla Niemiec". Następnego dnia Reichstag odrzucił Bülowowi Ustawę o podatku spadkowym. Dwa dni potem na pokładzie „Hohenzollerna" kanclerz złożył swoją rezygnację, a 14 lipca została ona przyjęta.

Nowy kanclerz cesarstwa, Theobald von Bethmann-Hollweg, był wysokim, chuderlawym, szerokim w ramionach mężczyzną w wieku pięćdziesięciu dwóch lat, z wysokim czołem, bródką jak z obrazów Van Dycka oraz zamyślonym spojrzeniem zawodowca. Dla odprężenia czytywał Platona i grywał na fortepianie sonaty Beethovena. Życie jego upłynęło w Służbie Cywilnej Prus i Cesarstwa, gdzie znany był ze swojej wnikliwości, uczciwości, pragmatyzmu i wytrwałości. Wybijając się wśród biurokratów, nie narobił sobie zbyt wielu wrogów. Korzystał z bliskich więzów rodzinnych, łączących go z kaiserem Wilhelmem II, ożywianych jego własnym szacunkiem dla Korony i tradycji pruskich, a także entuzjazmem okazywanym sprawie jedności niemieckiej. W przeciwieństwie do swojego mądrego i ambitnego poprzednika Bethmann uważany był za człowieka niezainteresowanego osobistym awansem; jego ruch w górę drabiny przypisywano posłusznemu wypełnianiu obowiązków.

Bethmannowi brakowało inteligencji i zręczności Bülowa, a także jego umiejętności jako mówcy. Nie miał też doświadczenia w zakresie spraw zagranicznych. Z powodu skłonności do rozmyślań i spychania spraw z dnia na dzień jego decyzje były często spóźnione. Bülow, przedstawiając go kaiserowi do wcześniejszego awansu, wyraził się, że z Bethmanna nie jest ani koń pełnej krwi, ani też rumak do skoków przez przeszkody, lecz dobry koń do pługa, który będzie postępował powoli, lecz nieustannie. Albert Ballin, armator i przyjaciel kaisera, powiedział, że Bethmann posiada „te wszystkie zalety, które przynoszą zaszczyt mężczyźnie, lecz ruinę mężowi stanu". Z tego powodu, Ballin także często wyrażał się o nowym kanclerzu, którego mianowanie zostało poparte przez jego poprzednika, jako o "zemście Bülowa".

Ojciec Bethmann-Hollwega, Feliks, chadzał własnymi drogami. Wywodzący się z bogatej frankfurckiej rodziny bankierskiej, nobilitowanej w 1840 roku, jako młody człowiek porzucił swoje nadreńskie, mieszczańskie pielesze i został drobnoszlacheckim farmerem w Prusach. Z tego, co odziedziczył, zakupił dobra Hohenfinow, zapuszczone 7500 akrów* lasów, łąk i stawów, położone o trzydzieści mil od Berlina. Przez trzydzieści pięć lat wkładał całą swoją energię w przywrócenie dobrom dawnej świetności. Zakładał pola pszeniczne, importował bydło, zainstalował tartak i założył wylegarnię pstrągów. Próbował także, lecz wkrótce zarzucił, kierowania własną małą hutą. Trzypiętrowy ceglany siedemnastowieczny dwór, stojący na końcu alei majestatycznych lip, został na nowo wyposażony w gobeliny i ręcznie rzeźbione meble. Gburowaty i nieprzejednany, Feliks Bethmann-Hollweg rządził okolicą jako sędzia powiatowy. Jego opinie były konserwatywne, probismarckowskie i antydemokratyczne. W 1865 roku ubolewał nad upadkiem Richmondu* i klęską Konfederacji w amerykańskiej wojnie secesyjnej. „Nie wiem czy bardziej odpychająca jest dla mnie nieprawość niewolnictwa, czy też demokracji Północy" – powiadał. Ożenił się z francuskojęzyczną Szwajcarką, Izabellą de Rougemont, elegancką i wyrafinowaną kobietą, która w tajemnicy tęskniła za życiem, jakie w Paryżu prowadziła jej siostra. Mieli razem dwóch synów i trzy córki. Theobald, drugi syn, urodził się w 1856 roku.

Synowie Feliksa budzeni byli o piątej rano i pakowani do zimnej kąpieli. Byli uczeni przez guwernerów i rygorystycznie szkoleni w jeździe konnej. Theobald, uczuciowy i idealistyczny, przejął od ojca jego namiętne przekonanie o splendorze i przeznaczeniu monarchii pruskiej. W Berlinie był w wieku lat dziesięciu świadkiem spektaku-

* Nieco ponad 3000 hektarów.

* Richmond – stolica Konfederacji stanów południowych, obecnie stolica stanu Wirginia.

larnej parady z pochodniami w wykonaniu powracającej do domu zwycięskiej armii pruskiej po zadaniu przez nią klęski Austrii. „Nie mogę uwierzyć, że nasz ukochany lud niemiecki nie jest zdolny do ustanowienia jednego narodu w jednym państwie" – napisał jako nastolatek. Kilka lat później, stał „późną nocą w otwartym oknie, spoglądając z zamku na rzekę płynącą majestatycznie w świetle księżyca" i zdecydował, że „moja cała istota i całe moje życie są w coraz większym stopniu zdeterminowane i wynoszone na coraz wyższy poziom dzięki mojej niemieckości i memu pragnieniu, aby być prawdziwym i dzielnym synem Niemiec".

W 1877 roku osiemnastoletni książę Wilhelm Hohenzollern, porucznik w pułku Gwardii kwaterującym w pobliżu Hohenfinow, został zaproszony na polowanie na jelenie w parku Bethmann-Hollwegów. Wilhelm zjawił się w mundurze i musiał pożyczyć kurtkę myśliwską od trzy lata starszego i sześć cali wyższego Theobalda. „[Kurtka] wyglądała jak płaszcz letni" – wspominał Wilhelm. Młody książę z powodu niesprawności swojego lewego ramienia nigdy dotąd nie ustrzelił jelenia. „Czy byki są dostatecznie blisko, abym mógł któregoś ustrzelić?" – pytał zaniepokojony. A choć dostarczono na wpół oswojone zwierzęta, Wilhelm trzykrotnie spudłował. Wreszcie gdy już nadchodził zmierzch, Wilhelm oparł swoją strzelbę na ramieniu Feliksa, strzelił i powalił byka. „Ten drobny epizod stał się początkiem wieloletniej przyjaźni" – odnotował starszy Bethmann-Hollweg. Feliks oznaczył miejsce, gdzie padł byk, wielkim głazem i nowo posadzonym drzewem. Odtąd Wilhelm często tu powracał. „Wiele szczęśliwych godzin spędziłem w ich sympatycznym i szczęśliwym kręgu" – mawiał. A kontakty te doprowadziły go do „szacunku dla pracowitości, zdolności i szlachetnego charakteru Bethmanna. [...] Zalety te pozostały mu na cały okres jego kariery".

Starszy brat Bethmanna, Maks, był powodem rozczarowań rodziny. Przystojny i uprzejmy, tak dalece oddał się przyjemnościom jazdy konnej i pijaństwa, że oblał swój pierwszy egzamin z prawa. Nie zamierzając stawać do niego po raz drugi, prysnął do Ameryki. Otrzymawszy od ojca 150 000 marek, Maks stracił je na Wall Street i przeniósł się do Teksasu, gdzie zaczął spekulacje ziemią, którą miał nadzieję sprzedawać niemieckim emigrantom. Przybywało ich jednak niewielu. W roku 1897, w kwiecie wieku, brat przyszłego kanclerza zmarł na raka żołądka.

Theobald czynił ciągłe, choć mało spektakularne postępy. Odbył krótką służbę w elitarnym pułku kawalerii, studiował na uniwersytecie w Bonn, uzyskał doktorat z prawa w Lipsku, po czym powrócił do Hohenfinow, gdzie został następcą ojca na stanowisku sędziego powiatowego. W 1889 roku, w wieku trzydziestu trzech lat, ożenił się z wysoką, wesołą dziewczyną z pruskiej arystokracji. Cztery lata później, w uznaniu dla zasług Theobalda jako sędziego, kaiser nadał mu Order Czerwonego Orła czwartej klasy, a Feliksowi powiedział: „Pewnego dnia zrobię z twojego syna ministra". Dwa lata później Theobald został radcą prowincjonalnym, zaś w 1899 roku został mianowany Oberpräsidentem (gubernatorem) Marchii Brandenburskiej. W 1905 roku Bülow awansował go na stanowisko ministra spraw wewnętrznych Prus. Zaczął już być wymieniany jako możliwy następca Bülowa, mimo protestów żony: „Za każdym razem, gdy to słyszę, jestem zażenowana, gdyż wiem, że w głębi serca Theobald wcale tego nie pragnie". Bethmann-Hollweg nadal awansował. Gdy w 1907 roku został mianowany ministrem spraw wewnętrznych cesarstwa i wicekanclerzem, zazwyczaj krytyczna „Die Zukunft" napisała o nim, że jest „człowiekiem potężnych talentów". Wiosną 1909 roku pogłoski o objęciu kanclerstwa przez Bethmanna były już powszechne. Początkowo kaiser się opierał. „Już ja go dobrze znam – mawiał o Bethmannie – zawsze robi mi wykłady i wydaje mu się, że wie wszystko". Poza tym zdawało się, że nie jest w smak kaiserowi lojalne poparcie Bethmanna dla Bülowa podczas listopadowej debaty w Reichstagu. „Nie potrafię z nim pracować" – oznajmił Wilhelm. Mimo to gdy Bülow padł na głosowaniu nad podatkiem spadkowym, kaiser skorzystał z okazji. 8 lipca 1909 roku Bethmann został powiadomiony, że otrzyma nominację. Przyjął ją „z wielkimi wątpliwościami". „Drogi Theo, nie możesz tego zrobić" – wykrzyknęła jego żona. Bethmann-Hollweg tak to wyjaśnił swemu przyjacielowi: „Jedynie geniusz lub człowiek wiedziony ambicją i żądzą władzy może pragnąć tego stanowiska, ja zaś nie jestem ani jednym, ani drugim. Zwykły człowiek może je objąć tylko zniewolony poczuciem obowiązku".

Podczas kryzysu związanego z wywiadem kaisera dla „Daily Telegraph", kiedy to Reichstag domagał się, aby cesarz przestrzegał konstytucji i pozostawił prowadzenie polityki zagranicznej kanclerzowi, Bethmann-Hollweg naciskał na Bülowa, żeby ten bronił autorytetu swego urzędu. „Wasza Ekscelencja jest nie tylko kanclerzem kaisera – powiedział Bülowowi – ale także kanclerzem cesarstwa". Teraz, sam będąc kanclerzem, Bethmann miał nadzieję wcielić ten pogląd w życie. Czekała go ciężka walka. Urząd kanclerza stracił bardzo na znaczeniu od czasów, gdy Bismarck, cieszący się cichym lecz niekwestionowanym poparciem cesarza Wilhelma I, dzierżył niepodważalnie władzę. Bülow dziewięcioma latami nieustannego służalstwa roztrwonił władzę kanclerza na rzecz Korony. Reichstag natomiast względnie zyskał na sile. Choć bowiem kanclerz ponosił odpowiedzialność konstytucyjną tylko przed cesarzem, to aby być skutecznym, potrzebował pieniędzy od Reichstagu. Gdy Bülow utracił zaufanie kaisera, szybko też stracił kontrolę nad Reichstagiem. Kaiser był w roku 1909 już tylko mało znaczącą figurą, lecz zachował niezależną od Reichstagu władzę mianowania i dymisjonowania kanclerzy i ministrów. Bethmann zatem musiał mieć się na baczności przed swawolną tendencją Wilhelma do pakowania się w delikatne układy polityczno-dyplomatyczne. Co prawda afera z „Daily Telegraph" cokolwiek te jego tendencje ukróciła, lecz kaiser nadal wymagał ciągłej czujności.

Początkowo Bethmann i kaiser odnosili się do siebie wielce uprzejmie. Wilhelm wznowił zwyczaj składania codziennych wizyt w Pałacu Kanclerskim, spacerowania po ogrodzie i dyskutowania wydarzeń politycznych, tak jak niegdyś z Bülowem. Często jadał obiad w towarzystwie kanclerza. „Odwiedziny w domu Bethmanna były dla mnie przyjemnością, ponieważ jego małżonka była istnym wzorem prawdziwej niemieckiej żony" – powiedział. Czasami Wilhelm uskarżał się na dydaktyczną manierę i ton kanclerza – „Narzucał swoje zdanie niczym dogmatyczny belfer" – lecz za to Bethmann zawsze okazywał Wilhelmowi wszelkie względy należne mu jako Cesarzowi niemieckiemu i Królowi Prus. Za plecami kaisera kanclerz jednak także się uskarżał: „W jego rozmowach ze mną ciągle powracają pomysły w rodzaju tego, że razem z innymi [książętami niemieckimi] uda mu się ukarać, a ostatecznie obalić Reichstag, albo że wyśle tam jednego ze swoich generałów-adiutantów [z żołnierzami], jeśli nie okażę się dość twardy. Nie biorę tych rzeczy zbyt poważnie, choć coraz bardziej utrudniają one wzajemne zaufanie i dochodzenie do porozumienia w kwestiach, jaką politykę należy prowadzić. Ode mnie osobiście wymagają także silnych nerwów".

Bethmann był upośledzony w kontaktach z innymi ministrami we własnym rządzie. Był przecież cywilem, który wybił się w krajowej służbie cywilnej. Jego brak doświadczenia w zakresie polityki zagranicznej oznaczał, że nie znał osobiście ani ambasadorów niemieckich na placówkach zagranicznych, ani też obcych ambasadorów w Berlinie. Był też całkiem niezdolny do kontrolowania działań Ministerstwa Spraw Zagranicznych; to nie Bethmann-Hollweg wywołał w 1911 roku kryzys wokół Agadiru. Innym ministerstwem pozostającym częściowo poza zasięgiem Bethmanna było Ministerstwo Marynarki Wojennej. Zgodnie z konstytucją, naczelnym dowódcą sił zbrojnych pozostawał kaiser. Tirpitz, jako minister marynarki musiał podobać się tylko jemu. Jak długo stał za nim kaiser, Tirpitz w mniejszym lub większym stopniu pozostawał niezależny od kanclerza i Reichstagu. Komunikaty Bethmanna do Tirpitza przyjmowały formę nie instrukcji, lecz raczej pełnych irytacji apeli: „Jeśli nie może pan uniknąć rozmów z zagranicznymi dyplomatami, to wielce doceniałbym, gdyby zadbał pan o to, by pańskie wypowiedzi nie przekraczały wytycznych polityki zagranicznej cesarstwa, którą kieruję ja".

Bethmann jednak natychmiast postarał się rozciągnąć swą kontrolę nad jedną dziedziną polityki zagranicznej – stosunkami z Anglią. W swoich wspomnieniach nowy kanclerz opisał okoliczności panujące latem 1909 roku: „Anglia twardo stanęła u boku Francji i Rosji w dążeniu do uprawiania swojej tradycyjne polityki przeciwstawiania się temu mocarstwu kontynentalnemu, które w danym czasie było najsilniejsze; [...] Niemcy usilnie trzymały się swojego programu morskiego. [...] Jeśli Niemcy dostrzegały potężną koncentrację wszystkich agresywnych tendencji polityki francuskiej i rosyjskiej w ogłoszonej niedawno przyjaźni Anglii z owym Dwuporozumieniem, to Anglia ze swej strony coraz wyraźniej dostrzegała groźbę w rosnącej w siłę flocie niemieckiej. [...] Po obu stronach padły już rozmaite słowa. Atmosfera pod wpływem obopólnej nieufności była chłodna". 26 lipca, mniej niż dwa tygodnie od chwili objęcia przez Bethmann-Hollwega stanowiska kanclerza, rząd brytyjski ogłosił, że położone zostaną stępki pod drugą czwórkę drednotów z budżetu 1909 roku. „Strefa niebezpieczeństwa, która według Tirpitza miała trwać do roku 1915, ulegała teraz przedłużeniu. Bethmann doszedł do wniosku, że mając przeciwko Niemcom trzy zjednoczone mocarstwa, oraz własną flotę będącą głównym czynnikiem drażniącym Brytyjczyków, jego obowiązkiem jest negocjować z Anglią, a gdyby udało mu się uzyskać jakieś zobowiązania z jej strony, spróbować narzucić jakieś ograniczenia flocie.

Bethmann działał zdecydowanie. Był u władzy zaledwie trzy tygodnie, gdy 3 sierpnia usłyszał, że Alfred Ballin proponuje spotkanie w sprawach marynarki wojennej pomiędzy admirałami Tirpitzem i Fisherem. „Z całym szacunkiem protestuję – powiedział Bethmann cesarzowi, który właśnie powrócił z dorocznego rejsu na wody norweskie – „Uważam ustanowienie pełnych zaufania i naprawdę przyjaznych stosunków z Anglią za swoją szczególną dziedzinę i główny cel wszystkich moich starań. Podczas nieobecności Waszej Cesarskiej Mości przestudiowałem tę sprawę dogłębnie, zapoznając się ze wszystkimi dokumentami. Jest to moja szczególna dziedzina i nie mogę pozwolić, żeby ktoś mi ją naruszał". Kanclerz był tak gwałtowny, że po jego wyjściu Wilhelm zwrócił się do Ballina i rzekł: „Z twojej propozycji nic nie będzie. Sam widziałeś jaki był wzburzony. Nie mogę sobie pozwolić na kryzys z kanclerzem zaledwie kilka tygodni po mianowaniu go". 17 sierpnia Bethmann rozesłał okólnik do wszystkich szefów ministerstw, łącznie z Tirpitzem, że dyskusje zAnglią na temat marynarki wojennej będą nadzorowane osobiście przez niego.

21 sieprnia Bethmann poinformował Sir Edwarda Goschena, ambasadora brytyjskiego, że jest gotów przystąpić do rozmów na wiadome tematy. 15 października kanclerz przekazał Goschenowi swój plan. Podstawowa niemiecka Ustawa morska będzie musiała zostać wykonana, powiedział kanclerz; kaiser, admirał Tirpitz, Reichstag i naród niemiecki nie pozwolą na zmniejszenie docelowej liczby okrętów. Rząd jednak jest gotowy, dla usatysfakcjonowania Anglii, przez dwa lub trzy lata budować mniej okrętów. Nowy, uzupełniający program, przewidujący budowę czterech drednotów rocznie, mógłby być, zasugerował, zmniejszony do trzech. Jednakże takie ustępstwo ze strony Niemiec wymagałoby też czegoś ze strony Brytanii. Naciskany przez Goschena, kanclerz sprecyzował, że w zamian za porozumienie w sprawach morskich, Niemcy chcą zapewnienia brytyjskiej neutralności na wypadek, gdyby Niemcy znalazły się w stanie wojny.

Alfred von Kiderlen-Wachter, którego Bethmann wybrał sobie na stanowisko ministra spraw zagranicznych, poparł propozycję kanclerza: gdyby udało się zneutralizować brytyjskie siły morskie, Niemcy nie potrzebowałyby tak dużej marynarki. „Poważna opinia publiczna w Niemczech nie zrozumiałaby tego, że moglibyśmy utracić korzyści płynące z przyjaznego zbliżenia z Anglią z powodu kilku okrętów mniej lub więcej, dopóki pozostaje zapewniona obrona naszych wybrzeży" – powiedział Kiderlen. 20 października Metternich otrzymał instrukcję polecającą mu podkreślenie wobec Sir Edwarda Greya, że ogólne zapewnienia o przyjaźni nie wystarczą; musi zostać złożona wyraźna obietnica brytyjskiej neutralności. Metternichowi powiedziano także, iż Niemcy żądają ponadto, aby Brytania złożyła taką obietnicę, zanim Niemcy zgodzą się spowolnić rozbudowę floty.

Grey był sceptyczny. Był on od samego początku ostrożny wobec proponowanego przez Bethmann-Hollwega „porozumienia politycznego". „Chcę dobrego porozumienia z Niemcami – powiedział Grey – lecz nie takiego, które godziłoby w stosunki utrzymywane przez nas z Francją i Rosją". Zawodowcy w Ministerstwie Spraw Zagranicznych obawiali się, że Brytania może zostać poproszona o zaakceptowanie *status quo* w Europie, włącznie z uznaniem niemieckiej aneksji Alzacji i Lotaryngii. Choć porozumienie tworzące ententę w roku 1904 nic nie mówiło na temat Alzacji i Lotaryngii, dyplomaci mieli świadomość, że formalne gwarancje udzielone Niemcom w tej tak politycznie wybuchowej sprawie, pociągnęłyby za sobą poważne reperkusje we Francji i mogłyby oznaczać koniec ententy. Troski Greya sięgały jeszcze głębiej. Według niego brytyjskie gwarancje absolutnej neutralności doprowadziłyby ostatecznie do ustanowienia niemieckiej hegemonii nad Europą. Francja i Rosja, porzucone przez Anglię, musiałyby same stawić czoło Niemcom. Wtedy albo dogadałyby się z nimi i znalazły się na ich orbicie, albo też, gdyby doszło do wypowiedzenia wojny, zostałyby pokonane. W obu przypadkach odizolowana Anglia stanęłaby wobec kontynentu zdominowanego przez Niemcy. Stojąc przed wyborem pomiędzy choćby miażdżąco kosztownym wyścigiem zbrojeń morskich a złożeniem obietnicy neutralności prowadzącej do hegemonii Niemiec, Grey, Asquith i ich koledzy liberałowie wybrali pierwszą możliwość. Zrozumiał to Metternich. „Przyjaźń Anglii byłaby dla Francji nic nie warta – przekazał do Berlina – gdyby Anglia miała wręcz powiedzieć, że w żadnych okolicznościach nie pomoże Francji przeciwko nam". Grey odmawiał także negocjowania jakiegokolwiek porozumienia politycznego, nawet najmniej zobowiązujacego, o ile najpierw nie zostałyby przyjęte ograniczenia zbrojeń morskich. Jak mógłby bronić w Izbie Gmin porozumienia politycznego, zapytał minister Metternicha, jeśli od podatników brytyjskich nadal żądano płacenia ogromnych sum na drednoty?

Sprawa nigdy nie doczekała się rozwiązania. Do końca roku 1909, przez cały rok 1910 i część 1911 oba mocarstwa prowadziły coś w rodzaju sparringu. Według Bethmann-Hollwega, ustępstwa w sprawach morskich zależały od wiążącego porozumienia politycznego. Brytyjscy mężowie stanu, choćby nie wiem jak skłonni do narzucenia ograniczeń flocie niemieckiej i zmniejszenia własnych kosztów budowy okrętów, odmawiali zawarcia jakiegokolwiek porozumienia, które uniemożliwiałoby im przyjście z pomocą oblężonej Francji i przeciwdziałanie niemieckiej dominacji. Wyścig zbrojeń trwał. Wiosną 1910 roku, Pierwszy Dywizjon Floty Pełnomorskiej, złożony z czterech najnowszych drednotów niemieckich, został przebazowany z nadbałtyckiej Kilonii do Wilhelmshaven nad Morzem Północnym. Równocześnie Reichstag uchwalił środki na cztery dodatkowe drednoty, doprowadzając łączną ich liczbę do siedemnastu. Niemiecka Liga Morska ostrzegała przed „syrenim śpiewem" porozumienia morskiego z Anglią, które „reprezentuje politykę zmniejszania naszych sił morskich [...] w próżnej nadziei na załagodzenie antagonizmu, tkwiącego w warunkach egzystencji obu narodów". W Brytanii, pierwszy lord Admiralicji, Reginald McKenna, poprosił w parlamencie o pięć nowych drednotów, podnosząc wysokość budżetu marynarki o 5,5 miliona funtów szterlingów, do kwoty ponad 40 milionów. W ciągu niewiele ponad roku Admiralicja otrzymała piętnaście drednotów: osiem z programu cztery-plus-cztery, dwa okręty ofiarowane przez kolonie, a teraz jeszcze pięć. Prasa liberalna nie ukrywała rozczarowania. „Apetyt owego potwora zbrojeń rośnie w miarę jak go karmimy – ostrzegały „Daily News" – Dajcie mu cztery drednoty a zażąda ośmiu, osiem a zechce szesnastu, szesnaście i apetyt wcale mu się nie zmniejszy. Jest to apetyt bez związku z potrzebami czy faktami. Został on stworzony przez irracjonalne nienawiści i tchórzliwe obawy". W gabinecie i w Izbie Gmin taki punkt widzenia prezentował Lloyd George. W lipcu Asquith udzielił swoim kolegom odpowiedzi:

„Widzę równie wyraźnie jak mój wielce szanowny kolega, kanclerz Izby Rozrachunkowej, że każdy nowy drednot, jaki zbuduje, odsuwa w przyszłość realizację jakichś ważnych celów w zakresie reform społecznych, jednak bezpieczeństwo narodowe, zabezpieczenie bytu narodu, jest w końcu pierwszym warunkiem reform społecznych.

Możecie powiedzieć: <<Czyż nie jest możliwe dojście do jakiegoś porozumienia pomiędzy narodami świata, zwłaszcza między nami samymi a wielkim i przyjaznym Cesarstwem niemieckim, które doprowadziłoby do zakończenia takiego biegu spraw?>> Chciałbym, żeby tak było. Rząd Niemiec powiedział nam – nie mogę się skarżyć, nie mam na to żadnej odpowiedzi – że ich postępowanie w tych sprawach reguluje akt Reichstagu, zgodnie z którym program automatycznie postępuje z roku na rok. [...] Gdyby było możliwe, nawet teraz, zredukować tempo budowy okrętów, nikt nie cieszyłby się bardziej niż Rząd Jego Królewskiej Mości. Nawiązaliśmy w tej sprawie kontakty z rządem niemieckim. Uważa on, że nie jest w stanie nic uczynić. Nie może nic uczynić bez aktu ich parlamentu wycofującego ich Ustawę morską. Powiadają nam, bez wątpienia zgodnie z prawdą, że nie uzyskaliby poparcia opinii publicznej Niemiec dla zmodyfikowanego programu. Takie są oto decydujące i niezmienialne fakty odnośnie sytuacji w chwili obecnej".

14 sierpnia 1910 roku rząd brytyjski dokonał częściowej zmiany swojego stanowiska. Poprzednio Grey i Goschen nie okazywali zainteresowania dla niemieckiej propozycji zmniejszenia tempa. Brytania chciała bezpośredniej redukcji liczby okrętów, Niemcy zaś odmawiały. Teraz, jak raportował Goschen Bethmannowi, Anglia była skłonna podjąć negocjacje w oparciu o pierwotną ofertę niemiecką, tzn. zmniejszenia tempa bez zmian podstaw Ustawy morskiej.

Grey przedstawił dodatkową sugestię. Utrzymywał on, że wzajemne obawy znacznie by się zmmiejszyły, gdyby obie marynarki mogły dokonywać okresowej wymiany informacji technicznych na temat wymiarów okrętów będących w budowie, ich uzbrojenia, opancerzenia, prędkości i dat ukończenia. Sugerował, że dla weryfikacji tych informacji *attaché* morscy obu krajów powinni otrzymać zezwolenie na okresowe wizyty w stoczniach dla zapoznania się ze stanem budów. Dwa miesiące później, 14 października, Bethmann formalnie zaakceptował tę propozycję, lecz ponownie podkreślił, że porozumienie polityczne „stanowi nieodwołalny warunek wstępny jakiegokolwiek porozumienia w sprawach morskich".

Brytyjskie wybory powszechne w styczniu 1911 roku odwlekły nieco negocjacje, lecz w lutym Goschen otrzymał polecenia rozpoczęcia dyskusji na temat wymiany informacji. Rząd niemiecki przyjął to dość chłodno. Pomysł ten nie spodobał się kaiserowi, który 3 marca oświadczył publicznie, że wymiana informacji dotyczących marynarki wojennej jest bezwartościowa; kluczową sprawą pozostaje porozumienie polityczne: „Anglia i Niemcy wspólnie mogą zapewnić pokój światowy". Bethmann-Hollweg odmówił porzucenia swoich własnych celów. „Przypomniał mi – wspominał Goschen – że zawsze mówił, iż atmosfera musi zostać gruntownie oczyszczona a wzajemne zrozumienie osiągnięte, zanim można będzie przystąpić do jakichkolwiek redukcji zbrojeń morskich". 30 marca Bethmann wygłosił w Reichstagu bardzo pesymistyczne przemówienie: „Uważam jakąkolwiek kontrolę zbrojeń za absolutnie nie do przyjęcia. [...] Któż byłby zadowolony, gdyby miał osłabiać swoje zdolności obronne, nie mając bezwzględnej pewności, że jego sąsiad w sekrecie nie przekracza przyznanych mu proporcji? [...] Nie, panowie, każdy kto poważnie rozważy tę kwestię [...] musi dojść do nieuniknionej konkluzji, że sprawa jest nierozwiązywalna tak długo, jak ludzie pozostają ludźmi, a państwa państwami".

Mimo pesymizmu kanclerza, nadal trwały rozmowy na temat wymiany informacji technicznych. 1 lipca 1911 roku Ambasada Brytyjska w Berlinie telegrafowała do Londynu, że rząd niemiecki zgodził się wymienić informacje na temat liczby okrętów, których budowę miano rozpocząć w przyszłym roku, a także dostarczyć dodatkowych informacji o każdym z okrętów w momencie położenia stępki.

Tego samego jednak dnia do Ministerstwa Spraw Zagranicznych w Londynie dotarła także inna informacja. Niemiecka kanonierka „Panther" zjawiła się w marokańskim porcie Agadir i rzuciła tam kotwicę. Francja zaprotestowała przeciwko obecności kanonierki, więc zgodnie z warunkami porozumienia z Francją z 1904 roku Brytania była zobowiązana poprzeć pozycję Francji w Maroku. Nim upłynął miesiąc, brytyjscy i niemieccy dyplomaci rozmawiali już o wojnie.

CZĘŚĆ V

Droga do Armageddon

39

Agadir

Alfred von Kiderlen-Waechter, najważniejszy niemiecki cesarski sekretarz stanu do spraw zagranicznych od czasu Bülowa, urodził się w Stuttgarcie w 1852 roku. Jego ojciec, bankier, został wysokim oficjelem na dworze wirtemberskim i miał właśnie zostać nobilitowany, gdy niespodziewanie zmarł. Mający go jednak spotkać zaszczyt został nadany pośmiertnie i Kiderlen, jego matka oraz rodzeństwo uzyskali „von" przed nazwiskiem. Mając lat osiemnaście, Alfred zgłosił się na ochotnika do służby wojskowej podczas wojny francusko-pruskiej. Po wojnie skończył wydział prawa na uniwersytecie i wstąpił do służby zagranicznej. Jego pierwszą placówką zagraniczną był St Petersburg, dokąd przybył w 1881 roku. Ogromnego wzrostu, rumiany, jasnowłosy młodzieniec, o twarzy pokrytej szramami po pojedynkach z lat studenckich, stał się szybko znany jako wielki pijak i rozrabiaka. Młodzi kawalerowie z ambasad kilku krajów europejskich zbierali się co wieczór przy stałym stoliku we francuskiej restauracji, aby poplotkować, pośmiać się i poswawolić. Nad stołem przerzucano się tam wieloma rubasznościami, żadna jednak nie była skierowana pod adresem Kiderlena. Jakakolwiek drażliwa uwaga mogła spowodować groźny ryk, a nawet groźbę wyzwania na szable lub pistolety.

Kiderlen spędził cztery lata w St Petersburgu, dwa w Paryżu i dwa w Konstantynopolu. Zwrócił na siebie uwagę Holsteina. Pierwszym wrażeniem Holsteina było, że Kiderlen to „typowy Wirtemberczyk, na zewnątrz bez ogłady, we wnętrzu zaś chytry i przebiegły", lecz z czasem podejrzliwy starszy z tej dwójki zaczął ufać młodszemu i cenić go. Bülow, który nigdy nie lubił utalentowanych ludzi w służbie dyplomatycznej, oznajmił, że Kiderlen jest „narzędziem Holsteina", lecz przyznawał, iż ma on użyteczne zalety. „Kiderlen był dla Holsteina tym samym, czym Sancho Pansa dla Don Kiszota – głosił Bülow – Był on niezdolny do entuzjazmu oraz jakichkolwiek pomysłowych koncepcji. Nogami stał zawsze mocno na ziemi, lecz posiadał bardzo znaczne poczucie prestiżu i korzyści, jakie mu przynosiła firma, dlatego też z wielką czujnością obserwował wszystkich konkurentów". Podczas kanclerstwa Capriviego, kiedy to brak doświadczenia zarówno kanclerza, jak i sekretarza stanu Marschalla postawił na czele Wilhelmstrasse Holsteina, Kiderlen święcił sukcesy jako szef Wydziału Bliskowschodniego. W roku 1894 jego znaczenie oraz powiązania z Holsteinem zostały zauważone przez „Kladderadatsch", satyryczne czasopismo, opowiadające się za Bismarckiem i wrogie jego przeciwnikom. Gdy gazeta zaatakowała Holsteina, Eulenburga i Kiderlena, każdemu z nich nadając mało sympatyczne przezwisko (Holstein był „Pożeraczem Ostryg", Eulenburg – „Trubadurem", zaś Kiderlen „Spätzle" – „Knedlem", od południowoniemieckiej potrawy, ulubionej przez Wirtemberczyków), Kiderlen wyzwał redaktora na pojedynek, dziabnął go w prawe ramię i został skazany na cztery miesiące twierdzy, które miał spędzić w fortecy Ehrenbreitstein. Został zwolniony po dwóch tygodniach, a jego karierze nic to nie zaszkodziło. W 1895 roku, jako ambasador w Danii, chytrą sztuczką skutecznie odciągnął rozruchy od Ambasady Niemieckiej. Wyśliznąwszy się z ambasady, wmieszał się w tłum, wskazał na pobliski budynek jakiegoś nieszkodliwego magazynu i rycząc z całych sił zaczął ciskać kamienie w jego okna.

W 1888 roku Bismarck wybrał Kiderlena na przedstawiciela Ministerstwa Spraw Zagranicznych mającego towarzyszyć kaiserowi na pokładzie „Hohenzollerna" podczas rejsów do Norwegii. Wilhelm polubił rubasznego, inteligentnego Wirtemberczyka, który opowiadał dobre dowcipy i zdawał się lubić liczne figle oraz niewybredne wybryki, jakie cechowały owe czysto męskie wakacje. Odtąd przez całe dziesięciolecie Kiderlen zapraszany był na jacht każdego roku. Potem, w 1898 roku, nagle skończyło się uczestnictwo Kiderlena w cesarskich rejsach, a także – nieomal – cała jego kariera. W istocie bowiem Kiderlena oburzała fałszywa serdeczność i sztubackie wygłupy praktykowane na pokładzie jachtu i napisał o tych swoich odczuciach w prywatnym liście skierowanym do sekretarza stanu Marschalla. Gdy Marschall opuszczał w 1897 roku Berlin, aby udać się do Konstantynopola objąć tamtejszą ambasadę, nie opróżnił dokładnie swojego biura i nowy sekretarz stanu – Bülow – odnalazł w teczkach listy Kiderlena. Trafiły one do cesarza, który przeczytał sobie kąśliwe opisy zachowań na pokładzie jachtu, o chamstwie wobec księcia Walii, o objawach prostactwa podczas gościny w Royal Yacht Squadron w Cowes. Kiderlen otrzymał zakaz wstępu na jacht i kontaktów z kaiserem, a gdy tylko znaleziono jakieś miejsce, został także wygnany z Berlina. Przez następną dekadę, będąc w wieku od czterdziestu ośmiu do pięćdziesięciu ośmiu lat, pracował w ambasadzie w Bukareszcie. Jeden po drugim, najpierw Tschirschky, a potem Schoen – ludzie znacznie mniej utalentowani – stawali na czele Ministerstwa Spraw Zagranicznych, podczas gdy jeden z najbardziej energicznych i doświadczonych ludzi w służbie dyplomatycznej – wyszkolony przez Bismarcka i Holsteina – utknął w bałkańskim ślepym zaułku.

W Rumunii Kiderlen nie miał zahamowań w okazywaniu pogardy wobec placówki na której służył. Każdego roku w Sylwestra król Karol wydawał przyjęcie dla dyplomatów, po którym odbywał się bal dworski. Było to najważniejsze w ciągu całego roku wydarzenie w życiu dyplomatycznym jego kraju. Każdego też roku Kiderlen wyjeżdżał na wakacje świąteczne niemal w przeddzień balu, dzieląc się z każdym chętnym wysłuchania swoją opinią, że król postępuje bardzo niemądrze, planując imprezy pozostające w poważnym konflikcie z jego własnymi planami urlopowymi.

W czasach Kiderlena najważniejszymi spotkaniami towarzyskimi w poselstwie niemieckim w Bukareszcie były hałaśliwe „wieczorki piwne", podczas których męscy członkowie kolonii niemieckiej gromadzili się, aby pohulać i pośpiewać na sposób przypominający im czasy studenckie. Panie z kolonii niemieckiej nigdy nie odwiedzały Niemieckiego Poselstwa, a to z powodu życia osobistego niemieckiego ministra. Kiderlen bowiem miał kochankę, niejaką Frau Hedwig Krypke, o dwa lata młodszą od niego wdowę, z którą przeżył ostatnie osiemnaście lat swego życia. Była przystojna i dyskretna; mieszkała z nim w Kopenhadze, w Bukareszcie, a nawet gdy został sekretarzem stanu, lecz Kiderlen nigdy nie wykazywał chęci, żeby ją poślubić. W rezultacie ona – a w pewnej mierze także i on – byli poddani ostracyzmowi towarzyskiemu w Berlinie i zagranicznych stolicach, gdzie służył. Zwłaszcza cesarzowa była wzburzona faktem, że ów zatwardziały grzesznik zaszedł tak daleko w rządzie cesarskim. Mimo wszystko Kiderlen twardo opierał się konwencjom i udało mu się ocalić tak swoją karierę, jak i związek z Frau Krypke.

Wilhelmstrasse nie obfitowało znów tak bardzo w utalentowanych dyplomatów, żeby pozwolić sobie na trwałe ignorowanie zalet Kiderlena. Dwukrotnie podczas swego zesłania do Bukaresztu, Kiderlen był czasowo przenoszony do Konstantynopola, gdzie zastępował Marschalla, gdy tamten był na urlopie. W 1908 roku, gdy baron Schoen, ówczesny sekretarz stanu, zachorował, Kiderlen został wezwany do Berlina, aby czasowo objąć stanowisko. „Jestem po to, aby wyciągnąć wózek z błota, a potem mogę sobie iść" – żymał się Wirtemberczyk. Kaiser nie przebaczył jednak Kiderlenowi; gdy ten udał się do pałacu, aby złożyć wyrazy uszanowania, suweren uścisnął mu rękę bez słowa. Krótka kadencja Kiderlena jako zastępcy była wypełniona ważnymi wydarzeniami. Przybył do Berlina w samym szczycie kryzysu wokół Bośni i dopomógł w zmuszeniu Rosji do odwrotu bez wojny. Z Julesem Cambonem (bratem Paula Cambona), ambasadorem francuskim w Berlinie, wynegocjował nowe porozumienie francusko-niemieckie w sprawach Maroka, wzmacniając gwarancje dla niemieckiego handlu i inwestycji w tym kraju. Kiderlen potknął się, gdy Bülow, mocno skrytykowany w Reichstagu za sposób pokierowania aferą z wywiadem dla „Daily Telegraph", kazał p.o. sekretarza stanu zjawić się przed deputowanymi, aby odciągnąć uwagę od siebie. Przemówienie Kiderlena nie okazało się sukcesem, zaś jego próba wyjaśnienia deputowanym wszystkich zawiłości funkcjonowania Ministerstwa Spraw Zagranicznych, wraz z propozycją polepszenia jego sprawności poprzez zwiększenie personelu, wywołała „wybuch powszechnej wesołości". Bülow podrwiwał sobie później z zakłopotania swojego pomocnika, porównując pogardliwą uciechę deputowanych do uczuć okazywanych przez grupkę studentów czy młodszych oficerów pułku w zetknięciu z nowym, dziwacznym kolegą. „Do klęski Kiderlena – zauważył Bülow – przyczynił się też „jego zauważalny szwabski akcent oraz [...] jaskrawożółta kamizelka, jaką nosił przy tej okazji”. Sam Kiderlen zachował przez cały czas stoicki spokój; nie dbał o to, co myśli sobie o nim kanclerz, a nawet cały Reichstag. Według niego kanclerz był skończony jako kanclerz, zaś parlament nie miał ani kompetencji, ani prawa mieszać się do polityki zagranicznej.

Odejście Bülowa przetarło drogę do trwałego powrotu Kiderlena do Berlina. W roku 1909 osoba kanclerza obrzydła kaiserowi w znacznie większym stopniu niż zesłany do Bukaresztu minister. Gdy Bethmann-Hollweg, który sam niewiele wiedział o sprawach zagranicznych, został wybrany następcą Bülowa, odchodzący kanclerz radził kaiserowi, aby Ministerstwo Spraw Zagranicznych powierzyć komuś o zdolnościach większych od dobrodusznego Schoena. Wilhelm miał odmienne zdanie. „Politykę zagraniczną po prostu zostaw mnie – powiedział Bülowowi – Czegoś się od ciebie nauczyłem. Wszystko dobrze się ułoży”. Bethmann jednak był świadom własnych ograniczeń i gdy tylko objął urząd, do Kiderlena w Bukareszcie wyszło pilne wezwanie: „Nowy szef gwałtownie chce się z tobą widzieć”. Schoenowi nie przeszkadzał fakt, że ktoś ma zająć jego miejsce. „Bethmann jest z natury miękki – zauważył – a ja sam też jestem dość ślamazarny. Z nami dwoma – zdecydowana polityka jest niemożliwa”. Mimo wszystko trzeba było prawie roku i całego chóru głosów, do którego w końcu dołączył nawet kronprinz Wilhelm, aby przezwyciężyć sprzeciw kaisera. W czerwcu 1910 roku, gdy Kiderlen został ostatecznie mianowany sekretarzem stanu, Wilhelm ostrzegał Bethmanna: „Wpuszczasz wesz do kożucha”.

Objąwszy urząd, Kiderlen przejął ster w sposób nie znoszący sprzeciwu. Podwładni rychło zaczęli mówić o nim jako o Bismarcku II. Ignorował własnych ambasadorów w obcych stolicach, włącznie z obydwoma byłymi ministrami, Marschallem w Konstantynopolu i Schoenem, którego wysłano do Paryża. Wszelkie negocjacje przeprowadzał sam z ambasadorami zagranicznymi w Berlinie. Gdy odkrył, że kaiser komunikuje się prywatnie z Metternichem w Londynie, wzburzył się i zagroził rezygnacją. Kiderlena irytował też zwyczaj Wilhelma składania codziennych wizyt na Wilhelmstrasse, aby zobaczyć co się dzieje, i odtąd wydzielał informacje suwerenowi w najkrótszej możliwej formie. Nie zostawił bynajmniej w Bukareszcie ani swoich gburowatych manier, ani też braku taktu. Pewnego razu oznajmił, że nigdy nie postawił stopy na jakimkolwiek kontynencie poza Europą. „Naprawdę?" – zainteresował się obecny przy tym ambasador amerykański. „Nie, chwała Bogu, ani razu!" – odpowiedział sekretarz stanu. Stosunki Kiderlena z Bethmannem początkowo cechował wzajemny szacunek, potem pogarszały się, zwłaszcza odkąd minister uznał, że pojęcia kanclerza na temat polityki zagranicznej nigdy nie przekroczą progu amatorszczyzny. Bethmann mawiał o Kiderlenie „Dickkopf" („Twardogłowy"), zaś Kiderlen o kanclerzu – „Regenwurm" („Glista"). Czasami Kiderlen traktował Bethmanna jak podwładnego, powiadając, że po prostu nie może podać kanclerzowi szczegółów pewnych spraw dotyczących polityki zagranicznej, ponieważ Bethmann i tak ich nie zrozumie. Gdy Bethmann się dąsał – Kiderlen proponował własną dymisję. Gdy zagraniczni ambasadorzy skarżyli się, że Kiderlen nic im nie mówi, kanclerz odparł: „No i co. Myślicie, że mi mówi więcej?". Bethmann nie mógł także u kaisera liczyć na współczucie z powodu kłopotów z Kiderlenem; Wilhelm natychmiast przypominał mu, że niegdyś ostrzegał przed wpuszczaniem *eine Laus in den Pelz.*

Maroko, za którego przyczyną Europa znalazła się w 1905 roku na skraju przepaści, było źródłem nieustannego zamieszania w stosunkach międzynarodowych. Na papierze akt z Algeciras potwierdził niepodległość kraju sułtana i gwarantował drzwi otwarte dla handlu wszystkich krajów. W istocie czołową rolę polityczną przejęła Francja, choć nie był to pełen protektorat, jakiego pragnęła, zaś Niemcy musiały zadowolić się gwarancją praw handlowych i swobody dostępu. Wielka Brytania, której handel w Maroku przewyższał handel niemiecki czy francuski, zadowalała się możliwością milczenia, choć udzielała poparcia partnerowi z ententy. Mimo istniejącego porozumienia nadal trwały tarcia między Francją a Niemcami. W 1908 roku niemieccy urzędnicy konsularni dopomogli kilku Niemcom zdezerterować z francuskiej Legii Cudzoziemskiej przez Casablankę. Francuzi to odkryli i dość szorstko potraktowali winnych dyplomatów. Berlin się wściekł i od razu gadano o wojnie. W styczniu 1909 roku Kiderlen, wtedy tylko zastępujący Schoena, wynegocjował z Julesem Cambonem, ambasadorem francuskim, nowy układ dwustronny. W podpisanej 8 lutego 1909 roku deklaracji, rząd niemiecki uznawał „specjalne interesy polityki francuskiej w Maroku" i deklarował, że jest „zdecydowany nie naruszać tych interesów". W zamian rząd francuski obiecywał „zabezpieczyć zasadę równości gospodarczej i konsekwentnie nie szkodzić przemysłowym i handlowym interesom niemieckim w tym kraju". Obie strony były chwilowo uszczęśliwione. Kiderlen otrzymał w nagrodę serwis obiadowy z sewrskiej porcelany, który mógł sobie zabrać do Bukaresztu.

Odprężenie w Maroku było krótkotrwałe. Gdy Francja zdecydowanie poruszała się w sferze politycznej, zakładając, że zwrot „specjalne interesy polityczne" daje jej wolną rękę w postępowaniu z sułtanem, to Niemcy zaczęli się uskarżać, że ich firmy nie otrzymują większych koncesji, jakie według nich się im należały. Na przykład południowe Maroko uznawano w Niemczech za kraj „niezmiernie żyzny" i "wielce dogodny dla osadnictwa europejskiego". Powiadano też, że prawdziwe skarby, w postaci rud żelaza i innych metali, zalegają tam tuż pod powierzchnią ziemi, więc owe domniemane bogactwa przyciągały uwagę firm niemieckich. W 1909 roku firma metalurgiczna braci Mannesmann z Düsseldorfu założyła filię Maroko-Mannesmann, dla odkrycia i eksploatacji rud południowego Maroka. Mniej więcej w tym samym czasie Maks Warburg utworzył Hamburg-Marokko Gesellschaft dla zbadania lokalnych możliwości w dokładnie tym samym zakresie i rejonie. Chociaż rejon ten był zamknięty, zgodnie z aktem z Algeciras, dla wszelkiego handlu międzynarodowego, to niemieckie firmy zakładały, że przy współpracy ze strony francuskiej, ograniczenia te da się jakoś obejść. Francuzi jednak odmówili współpracy. W grudniu 1910 roku w Reichstagu podniósł się Bethmann, aby wygłosić ostrzeżenie: „Proszę nie wątpić, że będziemy energicznie bronić praw i interesów kupców niemieckich". Nie pomogło. Dwa miesiące później, pewien dyplomata niemiecki donosił, iż „w Casablance trudno oprzeć się wrażeniu, że mieszka się w czysto francuskiej kolonii".

W międzyczasie sułtan Abdul-Aziz, zdążywszy zmienić zainteresowania z karabinów maszynowych Gatlinga i rowerów na fotografię i kolekcjonowanie drogich zegarków, został w 1908 roku obalony przez swojego brata, Mulaj Hafida, w trakcie wojny domowej, która ostatecznie pogrążyła skarbiec państwowy. W 1909 roku nowy sułtan stanął wobec żądań, przede wszystkim francuskich i hiszpańskich, odszkodowań za straty spowodowane walkami. Żądania te wynosiły łącznie szesnastokrotnie więcej niż roczny dochód sułtana. Aby spłacić długi, Mulaj Hafid nałożył nowe podatki, co wywołało nową falę niezadowolenia. W styczniu 1911 roku doszło do zamordowania oficera francuskiego. W kwietniu zbuntowały się plemiona wokół stolicy, Fezu, co doprowadziło do tego, że sułtanem ogłosił się kolejny brat Abdul-Aziza. Konsul francuski w Fezie meldował, że sytuacja staje się groźna, a przebywającym w mieście Europejczykom grozi masakra. Zgodnie z aktem z Algeciras, każde z wielkich mocarstw miało prawo interweniować, jeśli zagrożone było życie lub własność jego obywateli. Zgodnie z tymi postanowieniami, Francja poinformowała, że zamierza wysłać kolumnę swoich wojsk z Casablanki do Fezu.

Kiderlen, zawsze uwrażliwiony na wszelkie preteksty, z jakich mogliby skorzystać Francuzi dla zwiększenia swojej kontroli nad Marokiem, ostrzegł 13 marca Cambona, że francuska akcja wojskowa może spowodować komplikacje. 4 kwietnia, poinformowany przez Cambona, że Europejczycy w Fezie znajdują się w niebezpieczeństwie, sekretarz stanu ripostował, iż meldunki konsula niemieckiego wskazują na brak powodów, aby w mieście bić na alarm. 28 kwietnia, gdy Cambon oznajmił, że sytuacja jest już tak złowieszcza, iż sam sułtan zaapelował o pomoc, więc Francja musi ocalić Europejczyków lecz wycofa się z miasta, gdy tylko przywrócony zostanie tam porządek, Kiderlen trzeźwo zauważył: „Jeśli wkroczycie do Fezu, to już się nie wycofacie. Jeśli zaś oddziały francuskie pozostaną w Fezie, tak że sułtan będzie rządził tylko z pomocą francuskich bagnetów, Niemcy uważać będą, że akt z Algeciras utracił swoją moc obowiązującą, a tym samym ponownie mają całkowitą swobodę działania".

Kiderlen stał na mocnej pozycji. Niemcy miały w Maroku interesy handlowe i prawa traktatowe, Francja zaś wyraźnie zamierzała zmienić podstawy swojej pozycji w tym kraju. Francja wiedziała, że Niemcy w następstwie akcji francuskiej mają tytuł do roszczeń i kompensacji, jednak żadna oferta kompensacji nie nadchodziła. Kiderlen mógł oczywiście poprzestać na notyfikacji u Cambona kolejnych skarg i mieć nadzieję, że wcześniej czy później, Francja zareaguje na niemieckie apelacje. Wilhelmstrasse nie uznało jednak tego za sposób, w jaki reagują wielkie mocarstwa, gdy zagrożone są ich interesy. Nie wyglądało też na to, aby taki sposób postępowania znalazł uznanie

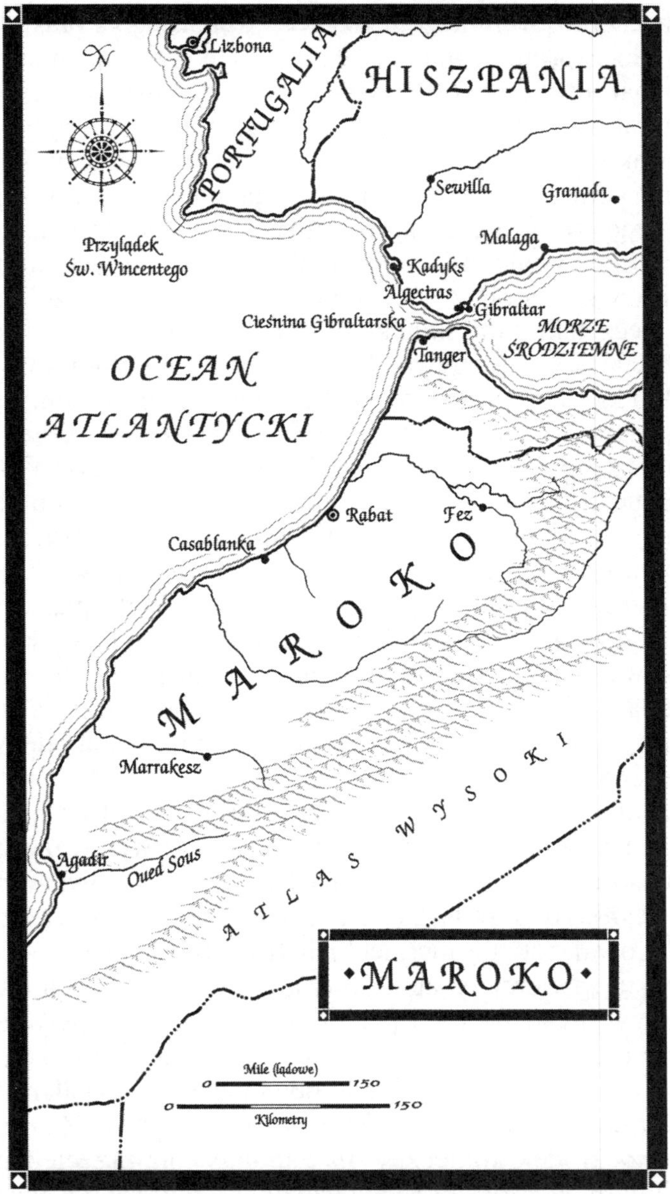
Lizbona
PORTUGALIA
HISZPANIA
N
Sewilla
Granada
Malaga
Przylądek Św. Wincentego
Kadyks
Algectras
Gibraltar
Cieśnina Gibraltarska
MORZE ŚRÓDZIEMNE
Tanger
OCEAN ATLANTYCKI
Rabat
Fez
Casablanka
MAROKO
Marrakesz
Agadir
Oued Sous
ATLAS WYSOKI
•MAROKO•
Mile (lądowe)
0
150
0
150
Kilometry

w kręgach krzykliwych nacjonalistów w Reichstagu i prasie. Rozwiązanie zostało zaproponowane w datowanym 30 maja memorandum, autorstwa barona Langwertha von Simmern, który w Ministerstwie Spraw Zagranicznych odpowiadał m. in. za sprawy Maroka. Jeśli północne Maroko stanie się wkrótce francuskie, w sprzeczności z postanowieniami aktu z Algeciras, a Francja usprawiedliwia swoje działania, twierdząc, że w Fezie zagrożeni są obywatele francuscy, to dlaczegóżby Niemcy nie miały spróbować tych samych argumentów w południowym Maroku? Nie było tam, co prawda, żołnierzy niemieckich, lecz taki sam skutek można było osiągnąć wysyłając dla ochrony życia i mienia obywateli niemieckich w południowym Maroku jeden lub kilka okrętów wojennych. Stosownym portem, sugerował Simmern, byłby Agadir. Ostatecznie Francja i Niemcy dojdą do kompromisu i podzielą się na nowo ochłapami Maroka albo Francja wyrówna Niemcom straty, ustępując im skrawek Konga Francuskiego, przylegający do niemieckiej kolonii Kamerun. W międzyczasie obecność na miejscu niemieckich okrętów wojennych spowoduje, że głos Niemiec zostanie wysłuchany. Memorandum zostało puszczone w obieg i przedyskutowane. Bethmann miał wątpliwości. Nie podobał mu się pomysł wysyłania okrętów. Przyznawał jednak, że „bez nich rzecz się nie uda". Ostatecznie wycofał się z podnoszenia odpowiedzialności i pozostawił „pełną swobodę działania i całą odpowiedzialność Kiderlenowi".

Niemieckie pociągnięcie było czysto polityczne, lecz musiało wyglądać na ochronę interesów handlowych. 19 czerwca wezwano zatem na Wilhelmstrasse doktora Wilhelma Regendanza, nowego dyrektora Hamburg-Marokko Gesellschaft Maksa Warburga, i powiedziano mu, żeby zredagował petycję niemieckich firm działających w południowym Maroku, zawierającą apel do rządu o ochronę przed rabującymi krajowcami. Regendanz miał pozbierać podpisy pod petycją od tylu firm, ile się da. Jego zadanie było szczególnie delikatne i trudne, ponieważ nie wolno mu było pokazać potencjalnym sygnatariuszom, co takiego właściwie podpisują; Ministerstwo Spraw Zagranicznych uważało to za środek konieczny dla zapobieżenia przeciekom. Mimo tego utrudnienia, doktorowi Regendanzowi udało się zyskać poparcie dla petycji ze strony jedenastu firm.

Cała intryga jednak kryła w sobie pewien haczyk, otóż w tym momencie, w południowym Maroku nie było ani niemieckich obywateli, ani interesów handlowych. Mimo napuszonego gadania Braci Mannesmann oraz Hamburg-Marokko Gesellschaft, żadni niemieccy odkrywcy nie udali się jeszcze do Maroka, aby samemu zobaczyć ową „niezmiernie żyzną" dolinę rzeki Sous czy też przeprowadzić próbne wiercenia w wyimaginowanych złożach rud w górach Południowego Atlasu. Dr Regendanz uważał to jednak tylko za tymczasowy kłopot. Obiecał, że gdy w Agadirze zjawią się okręty wojenne, znajdą się już tam zagrożeni Niemcy, aby je powitać.

W międzyczasie trwały negocjacje z Francją. 11 czerwca Cambon odwiedził w Berlinie kanclerza, ponieważ Kiderlen wyjechał do Kissingen na coroczną kurację. Ambasador zastał kanclerza w stanie niezwykłego wzburzenia, mówiącego coś o "nadzwyczaj poważnych trudnościach". Cambon beztrosko powiedział mu, że nikt nie jest w stanie zapobiec temu, że pewnego dnia Maroko znajdzie się w naszej sferze wpływów", lecz także po raz pierwszy mówił coś na temat kompensacji, czegoś, „co pozwoliłoby niemieckiej opinii spoglądać na rozwój wypadków bez obaw". Bethmann, nerwowy świadomością, że właśnie realizowany jest plan wysłania okrętów do Agadiru, poradził Cambonowi, aby „udał się do Kissingen i zobaczył z Kiderlenem". Cambon wyruszył i 21 czerwca powiedział w uzdrowisku sekretarzowi stanu, że ma nadzieję, iż Cesarstwo niemieckie nie będzie nastawać na podział Maroka, ponieważ „francuska opinia publiczna tego by nie zniosła. Ale – dodał znacząco – można by się rozejrzeć gdzie indziej". Kiderlen oznajmił, że jest gotów wysłuchać „propozycji". Cambon odparł, że jest właśnie w drodze do Paryża, gdzie będzie dyskutował te sprawy z rządem. Przy rozstaniu, Kiderlen powiedział ambasadorowi: „Niechżeż pan coś ze sobą przywiezie".

Gabinet, do którego Cambon miał zamiar się zwrócić, znajdował się w stanie wyjątkowego zamieszania. Doszło bowiem do przerażającego wypadku. Rankiem 20 maja pan Ernest Monis, premier, stał na skraju małego lotniska w Issy-les-Molineaux, obserwując start do wyścigu lotniczego Paryż-Madryt. Jeden z samolotów podczas startu doznał awarii silnika, nieco tylko oderwał się od ziemi, skręcił i runął w tłum widzów. Premier doznał uderzenia śmigłem w twarz i w ramię, co pozbawiło go przytomności; stojący obok niego minister wojny został zabity. Przez kilka dni życie pana Monisa było zagrożone, potem zaś, częściowo doszedłszy do siebie, lecz poturbowany, próbował kierować sprawami kraju z łóżka. 27 czerwca zrezygnował jednak i przekazał premierostwo panu Josephowi Caillaux, dotychczasowemu ministrowi finansów. Caillaux, uważany za zdolnego, ale pozbawionego skrupułów, był jednym z grupy francuskich międzynarodowych finansistów, utrzymujących ścisłe związki z Berlinem, oczekiwano więc, że jego polityka zagraniczna będzie zmierzać do zbliżenia francusko-niemieckiego. Na ministra spraw zagranicznych Caillaux wybrał pana de Selves, urzędnika samorządu lokalnego, bez żadnego doświadczenia w sprawach międzynarodowych, czy choćby ogólnokrajowych. Obserwatorzy wzięli to za znak, że premier zamierzał prowadzić politykę zagraniczną osobiście.

Świadom faktu, że rząd francuski pozostawał w nieładzie, minister Kiderlen podjął decyzję. 24 czerwca, po wyjeździe Cambona do Paryża, Kiderlen udał się do Kilonii, aby złożyć raport kaiserowi i przekonać Wilhelma, żeby wysłał okręt.

Wilhelm przeczuwał jeszcze wyraźniej niż Kiderlen, czy Bethmann, że nowa awantura w Maroku prawdopodobnie raz jeszcze doprowadzi do zaognienia stosunków Niemiec z Anglią. Kaiser wcale tego nie pragnął; teraz, gdy jego okropny wuj, „Edward Okrążacz", wreszcie odszedł na tamten świat, Wilhelm czuł się swobodnie wobec swego kuzyna „Jerzyka", którego mógł tyranizować i zastraszać, podobnie jak czynił to z carem. Chętnie przyjął zaproszenie króla Jerzego V, aby być świadkiem odsłonięcia pomnika ich wspólnej babki – królowej Wiktorii – przed pałacem Buckingham. 16 maja kaiser przybył tam razem z cesarzową i dziewiętnastoletnią córką, księżniczką Wiktorią Luizą. Jak zwykle Wilhelm był oczarowany pokazem piękności brytyjskich żołnierzy: „Ogromna przestrzeń przed pałacem Buckingham została otoczona trybunami [...] wypełnionymi do ostatniego miejsca. Przed nimi stały oddziały wszystkich broni i ze wszystkich pułków Armii Brytyjskiej [...] Gwardii [...] Górali Szkockich. [...] Ich przemarsz odbywał się na obszarze koła, wszystkie oddziały ciągle musiały zataczać kręgi; skrzydło zewnętrzne musi wtedy przyśpieszać kroku, zaś wewnętrzne – wstrzymywać krok – najtrudniejsze zadanie dla oddziałów. Ewolucje zostały jednak wykonane wspaniale; ani jeden żołnierz nie popełnił błędu". Publiczność zauważyła dobry nastrój panujący między kuzynami. Jednego wieczoru król zabrał gości na sztukę w teatrze Drury Lane. Pomiędzy aktami opuszczano tam kurtynę, na której przedstawione były naturalnej wielkości postacie króla i kaisera na koniach, jadących naprzeciw siebie i salutujących sobie nawzajem. Publiczność zerwała tujących sobie nawzajem. Publiczność zerwała się z miejsc i biła brawo. Haldane, który wcześniej już sugerował, że podejmie u siebie lunchem niemieckich generałów ze świty kaisera, otrzymał wiadomość, że chętnie przybyłby do niego sam cesarz. Haldane zadbał zatem o dość eklektyczną listę gości, obejmującą lorda Kitchenera, pierwszego lorda morskiego – Sir Arthura Wilsona, lorda Morleya, lorda Curzona, Ramsaya MacDonalda – przywódcę Partii Pracy, oraz malarza – Johna Singera Sargenta. Wilhelmowi bardzo się podobało, choć nie do końca potrafił uwierzyć, że brytyjski minister wojny może mieszkać w domu tak małym, że cesarz nazwał go „domkiem dla lalek".

Przed wyjazdem kaisera do Anglii Bethmann prosił go, aby poruszył kwestię Maroka w rozmowie ze swoim brytyjskim kuzynem. Wilhełm posłusznie zapytał, czy król Jerzy nie uważa, że polityka Francji wydaje się być w sprzeczności z konwencją z Algeciras. Odpowiedź króla była szczera. „Prawdę mówiąc – powiedział – konwencja z Algeciras już nie obowiązuje i najlepsze, co wszyscy mogą zrobić, to jak najszybciej o niej zapomnieć. Poza tym Francuzi nie czynią w Maroku niczego takiego, czego byśmy sami nie zrobili wcześniej w Egipcie. Nie będziemy więc stawiać Francji przeszkód. Najlepszą rzeczą, jaką mogą zrobić Niemcy, to uznać *fait accompli* francuskiej okupacji Maroka i układać się z Francją w kwestii ochrony niemieckich interesów handlowych". Wilhelm wysłuchał go i przyrzekł królowi, że przynamniej „nie będziemy nigdy toczyć wojny o Maroko". Powróciwszy do domu, powtórzył tę swoją konwersację kanclerzowi, konkludując, że Anglia nie będzie się sprzeciwiać francuskiej okupacji Maroka, więc jeśli Niemcy noszą się z podobnym zamiarem, będą musiały zrobić to na własną rękę.

Miesiąc później, 21 czerwca, gdy plany wysłania okrętu dawno już się wykluły, a doktor Regendanz zbierał podpisy w niemieckich firmach pod petycją w sprawie obrony ich zagrożonych interesów, kaiser ciągle pozostawał w nieświadomości co do planów swojego ministra spraw zagranicznych. Wilhelm nadal mawiał, że nie ma nic przeciwko większemu francuskiemu zaangażowaniu w Maroku, ponieważ „Francja wykrwawi się tam na śmierć". Zgodnie z konstytucją, rozkaz wysłania okrętu musiał zostać wydany przez kaisera, najwyższego wodza, jakoś więc trzeba mu było o tym powiedzieć, a następnie przekonać. 26 czerwca Wilhelm znajdował się na pokładzie „Hohenzollerna", uczestnicząc w Regatach Dolnej Łaby. Na pokładzie obecny był także Bethmann, spodziewano się też Kinderlena. Gdy ten przybył, obaj panowie zabrali się za cesarza. Wilhelm stanął okoniem; oczywiście pragnął ekspansji Cesarstwa niemieckiego, lecz wykazywał niewielką chęć rzucenia Francji bezpośredniego wyzwania militarnego. Protestował, twierdząc, że wysłanie okrętu wojennego stanowi zbyt wielkie ryzyko, że nikt nie potrafi przewidzieć konsekwencji takiego kroku, a poza tym działań o tak daleko sięgających implikacjach nie powinno się podejmować bez konsultacji z narodem. Kanclerz i sekretarz stanu obstawali jednak przy swoim. „Musimy zająć zdecydowane stanowisko, aby uzyskać korzystny rezultat – twierdził Kiderlen – Nie możemy pozostawić Maroka Francuzom. [...] Jeśli tak zrobimy, nasza wiarygodność w świecie nieznośnie ucierpi, nie tylko teraz, lecz także we wszystkich przyszłych działaniach dyplomatycznych". Wreszcie monarcha, który tak lubił przechwalać się wobec krewnych oraz na marginesach raportów dyplomatycznych, że sam jeden jest panem niemieckiej polityki zagranicznej, niechętnie się zgodził. W swoich pamiętnikach wyrzeka się odpowiedzialności: „Podczas Regat Tygodnia Kilońskiego, Ministerstwo Spraw Zagranicznych poinformowało mnie, że zamierza wysłać kanonierkę „Panther" do Agadiru. Dałem wyraz swoim zdecydowanym obiekcjom wobec takiego kroku, lecz musiałem ustąpić przed usilnymi argumentami ministerstwa". Z kabiny radiowej „Hohenzollerna" Kiderlen wysłał lakoniczny telegram do Berlina: „Okręty zatwierdzone".

Z Admiralicji Niemieckiej wybiegł zaraz sygnał do kanonierki „Panther", zdążającej właśnie na północ wzdłuż wybrzeży zachodniej Afryki i kierującej się do kraju po rejsie wokół Przylądka Dobrej Nadziei. Dwukominowa, jasnoszara, zbudowana przed dziesięcioma laty z przeznaczeniem do służby w koloniach „Panther" nie była okrętem, jaki kaiser wybrałby do reklamowania swojej potężnej floty. Był to okręt krótki, przysadzisty, lekko uzbrojony*, w składzie jego stutrzydziestoosobowej załogi znajdowała się orkiestra dęta, zaś głównym jego zadaniem było raczej robienie wrażenia na krajowcach i bombardowanie wiosek z mułu, aniżeli walka na morzu z innymi okrętami. Nadawała się do swej misji, czy też nie, los wskazał na „Pantherę", która 1 lipca 1911 roku wkroczyła na scenę historii, po-

* 64,5 m długości, 9,8 m szerokości, jedno działo 4-calowe (102 mm) na dziobie i jedno na rufie.

woli wpływając do Zatoki Agadirskiej i rzucając kotwicę kilkaset jardów od plaży.

Widok z okrętu był wspaniały. Szeroka zatoka, o iskrzącej się w słońcu błękitnej wodzie, otoczona była stromymi brązowymi klifami, wznoszącymi się siedemset stóp* nad powierzchnię morza. Na ich szczycie tkwiły mury i baszty zamku Agadir, imponującego bastionu zbudowanego kilka wieków temu, gdy posiadłości Portugalii sięgały wokół całej kuli ziemskiej. Poniżej, nad samym morzem, w małej rybackiej wiosce Funti ludzie mieszkali i pracowali w sposób niezmieniony przez wieki. Nie widać było żadnych Europejczyków ani nawet ich śladów; od wielu lat port był zamknięty dla żeglugi międzynarodowej.

Jeden Europejczyk był wszakże w drodze, starając się jak mógł, aby zgodnie z instrukcjami przybyć na miejsce przed mającym go chronić okrętem wojennym, niejaki Herr Wilburg, później nazwany „Zagrożonym Niemcem". Był on przedstawicielem hamburskiego konsorcjum handlowego w Maroku. 28 czerwca był jeszcze w Mogadorze, siedemdziesiąt pięć mil na północ od Agadiru. Ponieważ wszystkie telegramy do Maroka musiały być pisane w języku francuskim i francuscy urzędnicy mogli je swobodnie czytać, trzeba było opracować szyfr, w którym instrukcje dla Wilburga i cel jego podróży były ukryte w pozornie niewinnym tekście. Potrzeba było aż trzech telegramów, więc Wilburg był w stanie wyruszyć dopiero 1 lipca wieczorem. Jego podróż była uciążliwa i żałosna. Upały, jakie dotknęły tego lata Europę, w Afryce dawały się jeszcze bardziej we znaki. Wilburg stwierdził, że wszystka trawa i krzaki były do cna wypalone przez słońce; nawet kozy wspinały się w wyżej położone, zadrzewione rejony, aby uniknąć palących promieni. Droga była zaledwie wąską koleiną, szeroką czasem tylko na kilka stóp (1-2 m), wijącą się wśród wzgórz usianych skałami i kamieniami. Na nadmorskich półkach skalnych podróżnik z jednej strony ocierał się o skałę, z drugiej – spoglądał w przepaść. Z naprzeciwka ciągnęły karawany mułów i wielbłądów, zmuszając go do wpierania się koniem w skały.

Gdy 4 lipca po południu Wilburg przybył do Agadiru, „Panther" stała już na kotwicy od trzech dni. Wilburg widział okręt, lecz był zbyt wyczerpany, by podjąć próbę nawiązania kontaktu. Następnego

* Niespełna 215 metrów.

ranka po przebudzeniu ujrzał drugi, większy okręt niemiecki, który nocą wszedł do zatoki i także zarzucił kotwicę. Był to lekki krążownik „Berlin", o wyporności 3200 ton, z dziesięcioma działami 4-calowymi (102 mm) i trzystuosobową załogą. Wilburg natychmiast podjął próbę, żeby dać znać rodakom o swojej obecności. Początkowo nie miał szczęścia, marynarze „Berlina" wzięli biegającego tam i z powrotem po plaży, wymachującego rękami i wydającego ledwo słyszalne okrzyki człowieka za podnieconego krajowca, być może chcącego im coś sprzedać. Admiralicja wydała okrętom ścisłe rozkazy, aby nie wysadzać ludzi na brzeg bez uprzedniego otrzymania dalszych instrukcji. Wilburg, widząc, że marynarze na okrętach gapią się na niego bez widocznego zainteresowania, podupadł na duchu i stał bez ruchu, spoglądając na dwa szare okręty leżące na spokojnej wodzie w jaskrawym świetle słonecznym. Zdradziła go jego postawa. Jakiegoś oficera na „Pantherze" uderzył widok samotnej postaci na brzegu, stojącej z rękami opartymi na biodrach. Afrykanie nie przyjmują takiej postawy. Spuszczono więc łódź i wkrótce Wilburg, „Zagrożony Niemiec", został wzięty pod ochronę Cesarskiej Marynarki. Był to już wieczór 5 lipca.

Nowiny o *Panthersprung* (skoku pantery) wywołały w Europie sensację. W samo południe 1 lipca ambasadorzy Niemiec we wszystkich stolicach dostarczyli rządom krajów-gospodarzy następującą notę:

„Niektóre firmy niemieckie, mające siedzibę w południowym Maroku, zwłaszcza w Agadirze i jego okolicy, zostały zaalarmowane fermentem dającym się zaobserwować wśród miejscowych plemion. [...] Firmy te wystąpiły do niemieckiego Rządu Cesarskiego z prośbą o ochronę życia ich pracowników oraz własności firm. Odpowiadając na tę prośbę, Rząd Cesarski zdecydował się wysłać okręt wojenny do portu w Agadirze, aby w razie potrzeby udzielił pomocy i wsparcia niemieckim poddanym i pracownikom, a także chronił ważne niemieckie interesy na odnośnym terytorium. Gdy tylko sytuacja w Maroku powróci do wcześniejszego, spokojnego stanu, okręt obciążony ową misją ochronną opuści port w Agadirze".

W samej Rzeszy, pociągnięcie Kiderlena spotkało się z przytłaczającym poparciem. „Hurra! Oto czyny! – krzyczały nagłówki „Rheinish Westfälische Zeitung" – Nareszcie działanie, wyzwalający czyn [...] Raz jeszcze widać, że polityka zagraniczna wielkiego narodu i potężnego państwa nie może poprzestawać na cierpliwej bezczynności". Pangermanie zakładali, że rozbiór Maroka jest w zasięgu ręki i że Niemcy pozyskają kawałek wybrzeża. 12 czerwca kronprinz, gorący nacjonalista, wyraził taki pogląd wobec Cambona. Zaprosiwszy ambasadora do loży cesarskiej podczas wyścigów w Grunewald, mówił o Maroku jako o *un joli morceau**, dodając: „Dajcie nam naszą działkę, a wszystko się ułoży". W samym dniu „skoku «Panthery»" Arthur Zimmermann z Ministerstwa Spraw Zagranicznych zapewniał Ligę Pangermańską: „Obejmujemy ten rejon raz na zawsze. Potrzeba nam ujścia dla naszej ludności". Kiderlen milczał, odmawiając ujawnienia czy jego celem jest kawałek Maroka, czy większy skrawek terytorium gdzie indziej. Tak czy tak wyczyn „Panthery" mógł się przydać: „Krok po kroku zadomowimy się w portach i na zapleczu, a potem, we właściwym momencie, przyjdzie czas na próbę porozumienia się z Francją w oparciu o podział Maroka lub kompensatę w postaci części Konga Francuskiego".

Nagły ten zamach odbił się na Julesie Cambonie, ambasadorze francuskim w Berlinie. Zaledwie tydzień temu opuszczał Kiderlena w Kissingen, będąc przy tej okazji proszony „o przywiezienie czegoś" z Paryża. We własnej stolicy zastał rząd pogrążony w nieładzie, a Ministerstwo Spraw Zagranicznych wręcz w chaosie. Zanim cokolwiek dało się zdecydować, „Panthera" stała już na kotwicy w Zatoce Agadirskiej. Cambon nie miał pojęcia, co trzeba uczynić, aby spowodować odpłynięcie okrętu. Wiedział tylko, że negocjacje muszą trwać dalej i że trzeba będzie rozważyć „poważne rekompensaty kolonialne". Teraz jednak wyglądało na to, że Kiderlen serio myślał o zaanektowaniu części południowego Maroka. Sam Kiderlen nie był zbyt pomocny w odgadnięciu celów, jakie przyświecały polityce niemieckiej; sekretarz stanu zachowywał się jak sfinks, podobnie jak to zrobił Bülow w 1905 roku. „Im ciszej będziemy siedzieć, tym bardziej nieswojo czuć się będą Francuzi" – zauważył radośnie Kiderlen.

Negocjacje rozpoczęły się 9 lipca, gdy ambasador francuski, lodowato poważny, złożył wizytę Kiderlenowi. „*Eh bien?*" – powiedział, zapraszając sekretarza stanu do wyjaśnienia powodów skoku „Panthery". „*Vous avez du neuf?*" („Ma pan coś nowego?") – odparł Kiderlen, odrzucając piłeczkę swojemu gościowi. Stopniowo zaczął wy-

* *Un joli morceau* (fr.) – „rozkoszny kąsek".

łaniać się zarys negocjacji. Rząd francuski nie mógł się zgodzić na objęcie przez Niemcy terytorium marokańskiego z powodu nastawienia francuskiej opinii publicznej, lecz był gotów zaoferować rekompensatę gdzie indziej, na przykład w Kongu Francuskim. Kiderlen, pewien swojej przewagi w negocjacjach, zauważył, że nadzieje opinii publicznej w Niemczech na uzyskanie części Maroka wzrosły do tego stopnia, iż zaspokoić je mogłaby tylko znaczna rekompensata w innym miejscu. Jednemu ze swoich przyjaciół powiedział: „Pozycja rządu niemieckiego jest doskonała. Pan Cambon wije się przede mną jak glista".

Choć Kiderlen spodziewał się pertraktować bezpośrednio – i wyłącznie – z Francją, to przybycie „Panthery" do Agadiru wzbudziło zatroskanie także w innych mocarstwach. Kiderlen, kalkulując swoje posunięcia, nie zawracał sobie szczególnie głowy reakcjami innych krajów. Rosja, jak wyczuwał, miała udzielić swojemu sojusznikowi tylko połowicznego poparcia; St Petersburg nigdy nie palił się szczególnie, żeby toczyć wojnę w sprawie jakiejś francuskiej kolonii w Afryce. Roli Anglii w całej sprawie Kiderlen właściwie w ogóle nie poświęcił uwagi. Gdy więc Sir Edward Grey odwiedził 4 lipca hrabiego Metternicha, żeby poznać intencje Niemców, ambasador niewiele mógł mu pomóc. Sam nic nie wiedział; Kiderlen nie poinformował go o niczym. Gdy Grey zapytał, czy przewiduje się lądowanie oddziałów niemieckich, Metternich przyznał się do niewiedzy. Grey podkreślił, że podczas gdy Niemcy podjęli jawne kroki poprzez wysłanie okrętu, to Brytania „nie podjęła żadnych kroków, choć nasze interesy w Maroku są większe od niemieckich". Pożegnał ambasadora stwierdzeniem, że postawa Brytanii wobec tego, co się wydarzyło w Maroku, „nie może być postawą niezainteresowanego" i przypomniał mu także o „naszych zobowiązaniach traktatowych względem Francji".

Zaniepokojenie Wielkiej Brytanii pojawieniem się „Panthery" w Agadirze wypływało z kilku źródeł. Przede wszystkim nie podobał się tam niespodziewany i gwałtowny charakter pociągnięcia niemieckiego; nosiło ono posmak tej samej taktyki wstrząsowej, jaką zastosowali Bülow i Holstein podczas niespodziewanego lądowania kaisera w Tangerze. Istniały też obawy, że Niemcy zamierzają uzyskać bazę morską na atlantyckim wybrzeżu Maroka; mogło to zagrozić trasom morskim Imperium do Afryki Południowej i dalej, wokół Przylądka Dobrej Nadziei. (Ostrożni analitycy w Admiralicji i w prasie odrzucali takie zagrożenie, wskazując, że baza w Agadirze, odległa o 1500 mil morskich od Morza Północnego, byłaby narażona na znaczne niebezpieczeństwo i w ostatecznym rachunku stanowiłaby dla cesarskiej marynarki raczej źródło słabości niż siły. Pierwszy lord morski, Sir Arthur Wilson, zapewniał Greya, że ani Agadir, ani żadne inne miejsce na wybrzeżu Maroka nie może być szybko i łatwo przekształcone w silną, ufortyfikowaną bazę morską). Wreszcie Grey niepokoił się o Francję i ententę. Raz jeszcze, jak niegdyś w Tangierze i Algeciras, wyglądało na to, że Niemcy nastawione są na upokorzenie Francji czy to poprzez wymuszony podział Maroka, czy też przez kłopotliwie wielkie żądania odnośnie innego kawałka francuskiego terytorium. Taka utrata francuskiego prestiżu, z Anglią stojącą na uboczu, straszliwie zaszkodziłaby entencie. Grey był zdecydowany co do tego, że Anglia nie powinna trzymać się na uboczu.

Berlin zachowywał milczenie wobec zatroskania Londynu i pytań Greya. Asquith, przemawiając 6 lipca w parlamencie, sugerował, że rząd z zadowoleniem przyjąłby deklarację zamiarów niemieckich. Crowe*, pisząc 17 lipca, zapytywał sam siebie: „Do czego zmierzają Niemcy? Postępowanie Herr von Kiderlena wydaje się całkiem niezrozumiałe". Z Paryża nadeszły raporty, iż na rząd francuski wywierany jest nacisk, aby zgodził się na ustąpienie całego Konga Francuskiego; z Maroka – że w Agadirze wylądowały już oddziały niemieckie i trwają negocjacje między niemieckimi oficerami a wodzami plemiennymi. Mijały dni, a Niemcy ciągle nie udzielali żadnych wyjaśnień ponad to, że chronieni są zagrożeni Niemcy. Ten upływ czasu wprowadzał element obrazy i w widoczny sposób zwiększał jeszcze możliwe szkody. W swojej rozmowie z Metternichem w dniu 4 lipca Grey stwierdził, że Wielka Brytania jest żywotnie zainteresowana przyszłością Francji w Maroku, a mimo to od ponad dwóch tygodni rząd Cesarstwa ignoruje ową troskę. Urzędnicy w Ministerstwie Spraw Zagranicznych, z których wielu było znacznie większymi germanofobami od Greya, byli zatrwożeni i wściekli. „Jest to po prostu próba sił – twierdził Crowe – Jeśli [Francja] ustąpi, nie będzie to

* Sir Eyre Crowe (1864-1925) – Alexander Barby Wichart – dyplomata brytyjski, zwolennik polityki antyniemieckiej w latach przed I wojną światową. Nobilitowany w 1911 roku, od 1912 roku zastępca wiceministra spraw zagranicznych Wielkiej Brytanii. Członek delegacji brytyjskiej na konferencji pokojowej w Wersalu. Od 1920 – stały podsekretarz stanu w Ministerwstwie Spraw Zagranicznych.

oznaczało wyłącznie straty w interesach, czy straty prestiżu. Będzie to po prostu porażka. A porażka Francji jest sprawą o żywotnym znaczeniu dla tego kraju". Sir Arthur Nicolson, który w 1910 roku powrócił z Sankt Petersburga, aby objąć stanowisko stałego podsekretarza stanu w Ministerstwie Spraw Zagranicznych, zgadzał się z tym stanowiskiem. Bez zdecydowanego sygnału o poparciu ze strony Anglii, uprzedzał ministra Greya, nacisk niemiecki zmusi wkrótce Francję albo do walki, albo do ugięcia się. Gdyby zaś Francja się ugięła, ciągnął, Niemcy utrwaliłyby swoją hegemonię na kontynencie.

19 lipca Grey był przekonany, że musi uzyskać jakieś informacje co do zamiarów niemieckich. Poprosił więc Asquitha o pozwolenie na „przekazanie do Niemiec pewnych komunikatów, aby dać tam do zrozumienia, że gdyby ich negocjacje z Francją do niczego nie doprowadziły, to musimy stać się stroną w dyskusji nad zaistniałą sytuacją". W przeciwnym razie, obawiał się Grey, „tak długie ignorowanie rozwoju sytuacji i milczenie z naszej strony muszą doprowadzić Niemców do przekonania, że cała sprawa zanadto nas nie obchodzi". Premier się zgodził i Grey wezwał Metternicha na rozmowę w dniu 21 lipca po południu.

Z perspektywy brytyjskiej dwudziesty pierwszy lipca był szczytowym dniem kryzysu agadirskiego. Rano zebrał się gabinet, po południu minister spraw zagranicznych spotkał się z ambasadorem niemieckim, a wieczorem doszło do wygłoszenia historycznego przemówienia. Podczas dnia kilka rozmów pomiędzy czołowymi członkami rządu brytyjskiego pozwoliło na wyraźniejsze zdefiniowanie polityki kraju. Poprzedniego ranka „Times" opublikował rzetelny, choć niepodpisany reportaż z Paryża, opisujący wszechogarniające żądania Niemiec wobec Francji. Brytyjska opinia publiczna, jak dotąd mająca wątpliwości co do polityki Francji w Maroku, zwróciła się przeciwko Niemcom. Gdy rano spotkał się gabinet, Grey przedstawił tam podsumowanie stanu negocjacji francusko-niemieckich, tak jak mu je przedstawił rząd francuski. Podkreślił w nim, że upłynęło siedemnaście dni bez żadnej reakcji niemieckiej na brytyjskie zapytanie odnośnie zamiarów Niemców. Oznajmił, że po południu spotyka się z Metternichem i będzie go prosił o wyjaśnienia. Spotkawszy się z ambasadorem o czwartej, Grey stwierdził, że Brytania czekała tak długo w nadziei na to, że Francja i Niemcy osiągną porozumienie, lecz teraz zdążyły już i tutaj dojść wieści, iż niemieckie żądania są zbyt daleko idące i nie do zaakceptowania dla Francji. W międzyczasie zaś w Agadirze ciągle obecni byli Niemcy i nikt nie wiedział, „czy wysadzono tam na ląd niemieckie oddziały, czy zawarte zostały jakieś traktaty mogące szkodzić czyimś interesom gospodarczym", czy wreszcie, być może, podniesiono tam nawet niemiecką flagę. Metternich, tak samo ciemny w tych sprawach jak i Grey, „znajdował się w takim położeniu, że nie mógł dostarczyć żadnych informacji", jak donosił minister w szczegółowym raporcie.

Równolegle przez cały dzień rozgrywał się w Whitehallu inny dramat. Od tygodni już David Lloyd George, wybuchowy, germanofilski kanclerz Izby Rozrachunkowej, zmagał się z implikacjami skoku „Panthery". Pragnął on dać Niemcom czas na wyjaśnienia, jednak długie milczenie ze strony Berlina wróżyło źle. Tego ranka, jeszcze przed spotkaniem gabinetu, odwiedził go w jego biurze Winston Churchill. „Spotkałem odmienionego człowieka – miał później napisać Churchill – Wreszcie się zdecydował. Całkiem wyraźnie widział, jaki obrać kurs. Wiedział, jak ma dalej postępować, co zrobić, jak i kiedy to zrobić. [...] Powiedział mi, że wieczorem ma wygłosić okolicznościowe przemówienie na dorocznym obiedzie bankierów i że zamierza tam całkiem jasno powiedzieć, iż jeśli Niemcy pragną wojny, to zastaną Wielką Brytanię wśród swoich przeciwników. Pokazał mi, co już przygotował i powiedział, że pokaże to również premierowi i Sir Edwardowi Greyowi po posiedzeniu gabinetu". Lloyd George był poirytowany i zatroskany: „Gdy arogancka obojętność rządu Niemiec wobec naszych zapytań trwała już siedemnaście dni [...] czułem, że sprawy stają się napięte do krytycznych granic i że w nieładzie dryfujemy ku wojnie" – napisał kanclerz. „Nie chodziło już tylko o to, że nie wysyłając choćby formalnego potwierdzenia otrzymania listu od naszego ministra spraw zagranicznych, Niemcy traktowali nas z bezczelnością, jakiej nie mogliśmy dłużej tolerować, ale o to, że ich milczenie mogło również oznaczać, iż kompletnie nie rozumieli sposobu, w jaki pojmowaliśmy nasze zobowiązania zaciągnięte traktatem [z 1904 roku] i mogli nie uprzytomnić sobie na czas, że czujemy się zobowiązani stanąć u boku Francji".

Lloyd George nie odezwał się jednak przy okazji spotkania gabinetu, tak więc gdy Grey spotkał się z Metternichem, minister nie był świadom nowych postanowień swojego kolegi. Minister spraw zagranicznych dowiedział się o nich dopiero późnym wieczorem, kiedy to, jak napisał: „Nagle powiedziano mi, że do ministerstwa przybył Lloyd George i chce się ze mną spotkać. Przyszedł on do mojego pokoju i zapytał, czy rząd niemiecki udzielił jakiejś odpowiedzi na mój list z 4 lipca. Powiedziałem mu, że nic takiego do mnie nie dotarło. [...] Wtedy Lloyd George zapytał, czy takie postępowanie – pozostawianie naszych komunikatów bez odpowiedzi – nie jest czymś niezwykłym, na co odparłem mu, że z pewnością jest. Powiedział mi, że tegoż wieczora musi wygłosić mowę w londyńskim City i pomyślał sobie, że powinien chyba coś na ten temat powiedzieć, po czym wyjął z kieszeni kartkę i odczytał mi, co uważał za stosowne na niej napisać. Pomyślałem sobie, że to co proponuje jest całkowicie uzasadnione, a może być nawet zbawienne, więc z całego serca się zgodziłem. [...] Przemówienie to było od początku do końca własnym pomysłem Lloyd George'a. Nie uczyniłem niczego, żeby je sprowokować, lecz przyjąłem je z radością". Idąc za radą Greya, także i Asquith wyraził aprobatę.

Tak więc wieczorem 21 lipca Lloyd George powstał wśród bankierów londyńskiego City, zgromadzonych na bankiecie wydawanym dla nich przez lorda Mayora w Mansion House. Większość jego mowy traktowała o polityce, budżecie, nierównym rozkładzie własności i bogactw oraz o perspektywach światowej prosperity. A „pierwszym warunkiem prosperity" – jak oznajmił – jest pokój. Potem, przerwawszy potok improwizowanych słów, wyciągnął kartkę i wolno odczytał starannie wyważone słowa, które pokazał Greyowi i Asquithowi:

„Uczyniłbym wiele dla zachowania pokoju. Uważam, że nic nie usprawiedliwia zakłócenia dobrej woli w stosunkach międzynarodowych prócz kwestii o najwyższym znaczeniu państwowym. Gdyby jednak została nam narzucona sytuacja, w której pokój mógłby zostać zachowany tylko przez rezygnację z wielkiej i korzystnej pozycji, jaką zdobyła sobie Brytania dzięki stuleciom bohaterstwa i wysiłków, poprzez dopuszczenie do tego, aby Brytania była traktowana – w sprawach o żywotnym znaczeniu dla jej interesów – tak jakby się nie liczyła wśród rządów narodów, wtedy z naciskiem powiadam, że pokój za taką cenę byłby upokorzeniem nie do zniesienia przez tak wielki kraj, jak nasz. [...]".

Wiadomość zawarta w tych słowach nie była niczym szczególnym. Brytania nie zamierzała po prostu dać się ignorować w sprawach dotyczących jej interesów. Od sześciu i pół roku Sir Edward Grey przekazywał to stwierdzenie wszystkim kancelariom dyplomatycznym Europy. Tym, co nadawało przemówieniu w Mansion House szczególną rangę były usta, z których padły jego słowa. Lloyd George był radykałem i pacyfistą. Jego poglądy na sprawy międzynarodowe, na ile były znane, uważane były za proniemieckie; na pewno zawsze zdecydowanie opowiadał się za porozumieniem anglo-niemieckim. Fakt, że to właśnie on wstał i publicznie ostrzegł, że Brytania będzie walczyć dla zachowania swojego prestiżu, stanowił wstrząs dla wielu osób, zarówno w Anglii, jak i w Niemczech. Podczas furii, jaka potem nastąpiła. Grey uznał, że mowa odniosła pozytywny skutek. „Lloyd George'a łączono zwykle z tym, co uważano za element proniemiecki w rządzie i Izbie Gmin – napisał minister spraw zagranicznych – Zatem, gdy to on przemówił, Niemcy wiedzieli, iż trzeba się naprawdę liczyć z całym rządem i Izbą Gmin. W mojej więc ówczesnej opnii, a nadal jestem tego zdania, mowa Lloyd George'a w znacznym stopniu przyczyniła się do zachowania pokoju w roku 1911. Doprowadziła ona do wielkiej erupcji słów w Niemczech, lecz kazała szowinistom zwątpić w słuszność natychmiastowego strzelania z armat".

W wystąpieniu Lloyd George'a nie było mowy o żadnym konkretnym kraju, lecz Niemcy uznali, że ostrzeżenie kanclerza skierowane było właśnie do nich. Niemiecka prasa natychmiast zaczęła okazywać wrogość wobec Anglii, protestując, że oto doszło do jeszcze jednego epizodu w starej grze Brytanii, jak zwykle wtrącającej się w nieswoje sprawy. Jej prawdziwym celem, oznajmiała „Germania", jest zapewnienie sobie udziału w rozbiorze Maroka: „Gdzie tylko jakiś kraj zajmie choćby jedną wioskę, Anglia natychmiast domaga się trzech, a jeszcze lepiej – czterech". Okrzyki urażonej dumy mieszały się z wściekłymi pogróżkami. „Naród niemiecki nie pozwoli, aby obce mocarstwa dyktowały mu co ma robić" – powiadała „Kölnische Zeitung". „Silne słusznością swojej sprawy Niemcy upominają głupich burzycieli pokoju, <<Ręce precz od Niemiec!>>" – krzyczał „Lokal Anzeiger".

Na Wilhelmstrasse Kiderlen był wściekły, ponieważ przemówienie brytyjskiego kanclerza Izby Rozrachunkowej, dodając otuchy Francuzom, mogło jedynie utrudnić mu negocjacje z Paryżem. Dodatkowo sekretarz stanu był wściekły na to, co uważał za złamanie etykiety dyplomatycznej. Przecież brytyjski minister spraw zagranicznych prosił niemieckiego ambasadora o wyjaśnienia odnośnie do niemieckiego stanowiska wobec Maroka. Ambasador obiecał skontaktować się ze swoim rządem, próbując dostarczyć to, o co był proszony. A tu tego samego wieczora, zanim jeszcze wiadomość od ambasadora mogła być odszyfrowana w Berlinie, jeden z ważniejszych ministrów rządu brytyjskiego wygłosił publiczne ostrzeżenie dla rządu cesarskiego. Kiderlen zakładał, że cały gabinet brytyjski brał udział w redagowaniu, a co najmniej zaaprobował przemówienie Lloyd George'a, a potem jeszcze wybrał spośród siebie czołowego pacyfistę i germanofila jako swoją tubę, aby zwiększyć efekt i pogłębić obrazę. Kiderlen aż kipiał: „Jeśli rząd angielski zamierzał skomplikować sytuację polityczną i doprowadzić do gwałtownego wybuchu, to z pewnością nie mógł znaleźć sobie lepszego sposobu niż przemówienie kanclerza Izby Rozrachunkowej".

Kiderlen musiał coś zrobić. Gdyby całkowicie zignorował przemówienie, Francja mogłaby uznać, że ma za sobą poparcie Anglii i zerwać negocjacje. A gdyby zignorował żądanie przedstawione przez Greya Metternichowi, to nieprzewidywalni Anglicy mogliby zachęcić Francuzów do przeciwstawienia się Cesarstwu niemieckiemu. Brytania musiała być zmiękczona sposobem, który nie wyglądałby jak odpowiedź na przemówienie w Mansion House czy na jakąkolwiek inną formę nacisku brytyjskiego; nacjonalistyczna opinia w Niemczech nigdy by mu tego nie przebaczyła. Kiderlen zdecydował się więc na konfidencjonalny kontakt z Greyem i wyjaśnienie mu w końcu niemieckich celów w Maroku.

W poniedziałek 24 lipca Metternich poprosił o spotkanie z Greyem, powiadając, że przynosi wieści z Berlina. Ambasador rozpoczął od oznajmienia, że „Panther" została wysłana „w celu ochrony niemieckich interesów [...] szczególnym powodem był atak krajowców na niemiecką farmę". Grey podjął ten temat: „Zauważyłem, że, jak mi się zdaje, nie słyszałem dotąd o tym ataku. Zawsze rozumiałem, że wysłanie okrętu było spowodowane obawami przed czymś co może się zdarzyć, a nie jako reakcja na coś, co się rzeczywiście zdarzyło". Hrabia Metternich przyznał, że on także nie słyszał wcześniej o tym ataku. „Z kolei, uczyniłem uwagę, że w rejonie tym nie ma przecież Niemców – ciągnął swoje sprawozdanie Grey – Hrabia Metternich stwierdził, że nie dysponuje informacjami w tym względzie". Ambasador jednak zapewnił ministra spraw zagranicznych, że „ani jeden żołnierz nie został wysadzony na brzeg" i że nie planuje się lądowania oddziałów wojskowych. „Niemcy nigdy nie myślały nawet o stworzeniu bazy morskiej na wybrzeżu marokańskim i nigdy nie będą żywić takich zamiarów". Niemcy nie mają także zamiaru zaboru terytorium Maroka. Wszystko, o co proszą, to rekompensata za złamanie przez Francję aktu z Algeciras. Grey wyraził zadowolenie i zapytał, czy może zakomunikować Izbie Gmin to, co Metternich właśnie mu powiedział. Metternich odparł, że musi poprosić o pozwolenie z Berlina.

Przekazane przez Metternicha żądanie Greya jeszcze bardziej rozeźliło Kiderlena. Następnego dnia, we wtorek 25 lipca ambasador niemiecki ponownie przybył na spotkanie z Greyem, aby zakomunikować mu odpowiedź z Berlina: Kiderlen nie pozwalał ministrowi oznajmić w parlamencie tego, co zostało mu przekazane konfidencjonalnie. Powodem była mowa Lloyd George'a. „Mowa ta została bez cienia wątpliwości zinterpretowana jako zawierająca ton prowokacji wobec Niemiec, zatem rząd niemiecki nie może dopuścić, by powstało przekonanie, iż jego deklaracja intencji wobec Maroka została spowodowana przez tę mowę" – oto jak Grey raportował swoją rozmowę z Metternichem. Co się tyczy niemieckich negocjacji z Francją, to: „Jeśli po tak wielu prowokacjach ze strony Francji i jej lekceważącym postępowaniu w Maroku, tak jakby nie istniały Niemcy ani traktat, Francja miałaby odrzucić rękę wyciągniętą do niej przez Niemcy, to honor Niemiec jako wielkiego mocarstwa będzie wymagał, aby wszelkimi możliwymi sposobami zapewniły one sobie, jeśli trzeba – unilateralnie, pełne respektowanie przez Francję niemieckich praw traktatowych". Greya rozeźliło ledwo co zamaskowane oskarżenie, że ze swoimi kolegami z gabinetu knuł z zamiarem uchybienia honorowi narodowemu Niemiec, więc zabrał się za obronę godności rządu brytyjskiego. Ponieważ Niemcy „utrzymują, że po przemówieniu kanclerza Izby Rozrachunkowej udzielenie wyjaśnień na temat tego, co się właściwie zdarzyło w Agadirze, jest nie do pogodzenia z ich honorem", więc Grey oznajmił, iż „nie do pogodzenia z naszą godnością jest udzielanie wyjaśnień odnośnie przemówienia kanclerza". Kanonierka w Agadirze, niemieckie zamiary wobec Maroka, negocjacje francusko-niemieckie – wszystko to zostało teraz podporządkowane sprawie utrzymania prestiżu narodowego. Atmosfera była pełna napięcia. Wielu – wśród nich Lloyd George – myślało, że wojna jest tuż, tuż.

Tegoż popołudnia około wpół do szóstej Lloyd George i Churchill, jak wspominał potem ten ostatni, „spacerowali sobie obok fontann przy pałacu Buckingham", kiedy dogonił ich zdyszany posłaniec, prosząc, żeby kanclerz natychmiast udał się na spotkanie z Sir Edwardem Greyem. Churchill poszedł z Lloyd Georgem i obydwaj odnaleźli ministra spraw zagranicznych w jego pokojach w Izbie Gmin. Grey, który przed chwilą przybył tam z ministerstwa po swojej rozmowie z Metternichem, był blady. „Otrzymałem właśnie od ambasadora niemieckiego komunikat tak sztywny, że obawiam się iż nasza flota może w każdej chwili zostać zaatakowana. Posłałem już po McKennę, aby go ostrzec" – powiedział swoim kolegom minister spraw zagranicznych. Podczas tej rozmowy zjawił się pierwszy lord Admiralicji, przysłuchiwał się jej przez kilka minut, po czym pośpiesznie wyszedł, żeby wydać rozkazy flocie.

Grey był zatrwożony; już wcześniej tego samego dnia wysłał do McKenny notatkę, w której podkreślał, że „mamy do czynienia z ludźmi nieuznającymi w stosunkach między narodami żadnego prawa oprócz prawa silniejszego, zaś ich flota jest w chwili obecnej zmobilizowana". Cztery dni wcześniej, dwudziestego pierwszego, „Times" doniósł, że niemiecka Flota Pełnomorska, w sile szesnastu okrętów liniowych i czterech krążowników pancernych, wyszła w morze i "znikła w odległych obszarach Morza Północnego"*. Ostrzeżenie McKenny przez Greya spowodowało postawienie całej floty brytyjskiej w stan alarmu. Krążyły pogłoski, wywołane historią w „Time-

* W istocie Admiralicja Brytyjska była świadoma planów i miejsca przeznaczenia, do którego udawała się flota niemiecka. Brytyjska Flota Atlantycka, pod Sir Johnem Jellicoem, znajdowała się w Rosyth nad Firth of Forth, szykując się do wspólnych ćwiczeń z niemiecką Flotą Pełnomorską na wodach norweskich. Marynarze obu stron upatrywali w tych manewrach okazji do odnowienia starych znajomości i nawiązania nowych oraz do zapoznania się z taktyką i sprzętem potencjalnego wroga. Ani jednak w Whitehallu, ani na Wilhelmstrasse nie życzono sobie, by floty spotkały się w okresie takich napięć. „Po upływie trzech dni – powiedział Kiderlen Goschenowi 14 czerwca – albo doszłoby między nimi do zbytniej fraternizacji [...] albo – wręcz przeciwnie – mogliby sobie wzajemnie wygrażać pięściami przed nosem". Na wodach norweskich znajdował się także, na pokładzie „Hohenzollerna", sam kajzer, a perspektywa że jeszcze i on miałby się wdać w całą aferę, powodowała niemniejsze obawy Kiderlena. „Znasz pan przecież dobrze cesarza – powiedział do Goschena – i potrafisz sobie wyobrazić jak by się podniecił na widok obu eskadr. Na pewno zechciałby skorzystać z takiej okazji – istnieją na to wszelkie szanse – że jako admirał w obu marynarkach dla rozrywki postawiłby się sam na czele połączonych eskadr i przeprowadził serię manewrów morskich, zakończoną wielkim bankietem, toastami i Bóg wie czym jeszcze!" (*przyp. aut.*).

sie", że Niemcy mogą spróbować zaatakować Marynarkę Królewską jak „grom z jasnego nieba". „Przypuśćmy, że Flota Pełnomorska, zamiast udać się, zgodnie z ujawnionymi zamiarami, do Norwegii, udała się wprost do Portland, poprzedzana dywizjonem niszczycieli, i po niespodziewanym nocnym ataku torpedowym, wprowadzi nad ranem do akcji swoje główne siły przeciw naszym okrętom, nie będącym pod parą, pozbawionym węgla, bez załóg [...]".

Pierwszy lord morski, Sir Arthur Wilson, najwyraźniej nie czuł się dostatecznie zaalarmowany i 21 lipca wyjechał na tygodniowe polowanie w Szkocji. Winston Churchill poczuł się tym zaszokowany. „Praktycznie wszyscy ważni i posiadający władzę ludzie wyjechali na wakacje" – skarżył się Lloyd George'owi. Jako minister spraw wewnętrznych, Churchill nie miał żadnych szczególnych obowiązków w związku z kryzysem agadirskim, poza ogólnymi, wynikającymi z samego faktu, że był członkiem gabinetu. Mimo to krew się w nim burzyła. Gdy w samym szczycie kryzysu dowiedział się, że rezerwy materiałów wybuchowych marynarki pozostają bez ochrony, rzucił się do działania:

„27 lipca po południu brałem udział w przyjęciu na Downing Street 10. Spotkałem tam głównego komisarza Policji. [...] Zwrócił mi uwagę, że jakimś dziwnym trafem Ministerstwo Spraw Wewnętrznych [za które odpowiadał Churchill] ponosi – poprzez Policję Metropolitalną – odpowiedzialność za ochronę magazynów [...] w których składowane są wszystkie rezerwy należącego do marynarki kordytu. Od wielu lat magazyny te strzeżone były, bez żadnych zakłóceń, czy nieprzewidzianych wypadków, przez kilku zaledwie konstabli. Zapytałem go, co by się zdarzyło, gdyby dwudziestu zdecydowanych na wszystko, dobrze uzbrojonych Niemców, zjawiło się tam nocą dwoma lub trzema samochodami. Powiedział, że zapewne mogliby zrobić, co by im się żywnie spodobało. Natychmiast opuściłem garden party.

Kilka minut później telefonowałem do Admiralicji z mojego pokoju w Ministerstwie Spraw Wewnętrzych. Kto tam jest na służbie? Czuwał tam admirał [...] (niech jego imię pozostanie niewymienione). Zażądałem natychmiastowego wystawienia piechoty morskiej dla ochrony tych tak ważnych dla marynarki magazynów. [...] Admirał odpowiedział mi przez telefon, że Admiralicja nie ponosi za to odpowiedzialności, ani też nie zamierza jej przyjmować; z jego sposobu wyrażania się było oczywiste, że czuł się urażony takim wtrącaniem się panikującego cywilnego ministra. «Zatem odmawia pan wysłania piechoty morskiej?» Po chwili wahania odparł: «Odmawiam». Odłożyłem słuchawkę, a po chwili zadzwoniłem do Ministerstwa Wojny. Był tam pan Haldane. Powiedziałem mu, że wzmacniam i uzbrajam na tę noc policję* i poprosiłem dodatkowo o kompanię piechoty dla każdego magazynu. W ciągu kilku minut wydane zostały rozkazy, w ciągu kilku godzin oddziały dotarły na miejsce. Do następnego ranka, należące do marynarki rezerwy kordytu były już bezpieczne”.

Kiderlen był nieświadomy ruchów floty brytyjskiej, lecz z mowy Lloyd George’a oraz raportów Metternicha odnośnie do jego spotkań z Greyem, było dla niego jasne, że Anglia bynajmniej nie żartowała w sprawach Francji i Maroka. Te objawy „wtrącania się” Anglii w sprawy Niemiec mogły być źle widziane w Niemczech, lecz na Wilhelmstrasse pomogły w skoncentrowaniu się na rzeczywistości. Jeśli Francja zostałaby pchnięta do wojny pod naciskiem Niemiec, Anglia walczyłaby u boku swojego partnera z ententy. Cele niemieckie w Maroku czy gdziekolwiek indziej w Afryce nie były warte wojny z Francją, Anglią, a być może także z Rosją. Gdy Kiderlen wreszcie to pojął, zaczął ograniczać swoje żądania, wypatrywać kompromisu i przemawiać tonem pojednawczym.

26 lipca Metternich otrzymał z Berlina nowe instrukcje i we czwartek dwudziestego siódmego ponownie złożył Greyowi wizytę w Ministerstwie Spraw Zagranicznych. Tym razem, opowiadał Grey, atmosfera była „nadzwyczaj przyjazna”. Rząd niemiecki zdecydował się zmienić swoje dotychczasowe stanowisko. Teraz Metternich prosił nawet, by powiadomić parlament, że choć negocjacje francusko-niemieckie pozostaną wyłącznie dwustronnymi, to nie dotkną one w żaden sposób interesów brytyjskich. Wszelkie wymieniane terytoria będą wyłącznie francuskie lub niemieckie, choć tutaj akurat Metternich nalegał, żeby Grey nie podawał posłom żadnych szczegółów. Co więcej, ambasador powiedział, że gdyby rząd brytyjski mógł wydać publiczne oświadczenie, iż byłby zadowolony z pomyślnego zakończenia negocjacji, mogłoby to wywrzeć dobroczynny wpływ. Miał na myśli – wpływ na Francję.

* W owym czasie (i jeszcze w drugiej połowie XX wieku) policjanci brytyjscy pełnili służbę bez broni palnej. W szczególnych okazjach decyzja o wydaniu broni musiała być każdorazowo wydawana właśnie przez ministra spraw wewnętrznych.

Informacja o tym wszystkim została przekazana Izbie Gmin jeszcze tego samego popołudnia, i to nie przez ministra spraw zagranicznych, lecz przez samego premiera. Asquith powiedział: „Pomiędzy Francją a Niemcami trwają rozmowy. Nie jesteśmy stroną w tych rozmowach; ich przedmiot nie dotyczy interesów brytyjskich. Dopóki nie znamy ostatecznych rezultatów, nie możemy się wypowiadać w tej kwestii. Pragniemy jednak, aby negocjacje te wydały owoc w postaci honorowego, zadowalającego obie strony układu, o którym rząd Jego Królewskiej Mości mógłby z głębi serca orzec, iż w żaden sposób nie dotyka interesów brytyjskich. Wierzymy, że jest to możliwe. Jak najszczerzej pragniemy, aby do takiego właśnie zakończenia doszło. Sama kwestia Maroka zdaje się najeżona trudnościami, lecz poza Marokiem, w innych częściach Afryki Zachodniej, nie mamy zamiaru się wtrącać w uzgodnienia terytorialne, w które nie jesteśmy bezpośrednio zaangażowani. Jakiekolwiek stwierdzenia, że próbowaliśmy wpłynąć na negocjacje między Niemcami a Francją, są złośliwymi wymysłami, nie mającymi najmniejszego pokrycia w faktach. Jednakże od samego początku uważaliśmy za słuszne, by dać do zrozumienia, że gdyby porozumienie, jakie tu wcześniej opisałem, nie doszło do skutku, musielibyśmy stać się aktywną stroną w dalszych dyskusjach nad zaistniałą sytuacją. Byłoby to nasze prawo, jako sygnatariuszy traktatu z Algeciras, a byłoby to także naszym obowiązkiem zgodnie z warunkami naszego porozumienia z Francją z roku 1904. Ponad wszystko zaś byłoby to naszym obowiązkiem w ramach obrony interesów brytyjskich bezpośrednio zagrożonych dalszym biegiem wypadków".

Anglo-niemiecka faza kryzysu już minęła. Umiarkowana prasa niemiecka odczuła znaczną ulgę. „Pokój czy wojna – wszystko zależało od słów pana Asquitha – napisała nazajutrz rano «Vossische Zeitung» – Spadła na niego chyba największa odpowiedzialność, jaką musiał ponieść jakikolwiek mąż stanu w ostatnich latach. Była to jednak mowa pokojowa". Spór francusko-niemiecki nie został rozwiązany. Jednakże wystąpienia Lloyd George'a i Asquitha, jak również rozmowy pomiędzy Metternichem a Greyem dały francuskim i niemieckim negocjatorom wyraźnie do zrozumienia, że Brytania spodziewa się pozytywnych rezulatów rozmów oraz że doradza ona Francji rozsądne ustępstwa w zamian za wzmocnienie francuskiej roli w Maroku. Gdyby jednak Francja oparła się temu, co uważałaby za nadmierne żądania niemieckie, było rzeczą równie jasną, że Brytania stanęłaby u jej boku.

Od tej chwili aż do momentu ostatecznego rozstrzygnięcia kryzysu agadirskiego w październiku negocjacje były wyłącznie dwustronne – francusko-miemieckie – prowadzone w Berlinie pomiędzy Kiderlenem a ambasadorem francuskim, Julesem Cambonem. Brytyjskie ostrzeżenie w sprawie Maroka ograniczyło ambicje niemieckie, lecz polityka Kiderlena musiała przynieść jakieś owoce. Rozmowy więc obróciły się w kierunku kompensaty, przy czym Kiderlen zażądał całego Konga Francuskiego. Francuzi odmówili ustąpienia całej kolonii; ich rząd by tego nie przeżył. Francja, czując za sobą poparcie Brytanii, stała się oporna. Pierre Messimy, francuski minister wojny, oznajmił że „nie zamierzamy dłużej wysłuchiwać tych bzdur z Berlina [...] a mamy za sobą cały naród". Były nawet pogłoski o wysłaniu do Agadiru francuskiego krążownika. W rzeczywistości oba zainteresowane rządy twierdziły, że stoją wobec wielce upartej własnej opinii publicznej. W Londynie Grey odnotował, że: „Niemcy początkowo narzucili tak wielkie żądania co do Konga Francuskiego, że było jasne, iż żaden rząd francuski nie może się na to zgodzić. Było faktem, że oba rządy znalazły się w bardzo trudnym położeniu – każdy obawiał się swojej opinii publicznej. Rząd niemiecki nie odważał się obniżyć żądań. Niemieckie stronnictwo kolonialne było bardzo podniecone, a jego paszcza – szeroko otwarta. Gdyby jej czymś nie zatkać – a wymagało to zaiste dużego kąska – podniosłoby ono wieli wrzask. Z drugiej strony – francuskie stronnictwo kolonialne doprowadziłoby do rewolty, gdyby jego rząd zgodził się na zbytnie ustępstwa. Po jakimś czasie zdawało się, że rząd niemiecki był równie skłonny jak francuski do jakiegoś wywikłania się z tej sytuacji, niemniej żaden z nich nie odważył się pójść na ugodę".

Kiderlen znalazł się w pułapce pomiędzy odmówieniem przez Francję wielkiej rekompensaty, która zamaskowałaby jego klęskę w Maroku, a gwałtownymi krzykami niemieckich nacjonalistów. Większość z tych ostatnich niewiele obchodziły parne równikowe dżungle Konga, „gdzie bakterie febry i pchły piaskowe mówią sobie dobranoc" i gdzie „jedyną perspektywą zyskownego handlu był piasek dla naszych hodowców kanarków". Ciągle żądali oni kawałka Maroka, a gdy zaczęli rozumieć, że możliwość ta rozpływa się gdzieś w oddali, zaczęli głośno trąbić o swoim zniecierpliwieniu i zawiedzionych nadziejach. „Czyżby duch Prus gdzieś zginął? – zapytywał <<Post>> – Czyżbyśmy byli pokoleniem starych bab? Co się stało z Hohenzollernami?”. Powiadano, że zajęcie Maroka przez Francję stanowi militarne zagrożenie dla Rzeszy; Francuzi mieli użyć żołnierzy tubylczych dla uzupełnienia luk w armii francuskiej wynikłych ze zmniejszonej liczby urodzin. (Niemiecki dowcip rysunkowy przedstawiał bezładny oddział małpiszonów w mundurach francuskich, paradujących przed francuskim oficerem. Podpis pod rysunkiem brzmiał: „Ostatni rocznik rezerwistów”). Generał Moltke, szef Sztabu Generalnego, był oburzony: „Jeśli wyjdziemy z tej afery z podkulonym ogonem i nie przedstawimy żądań, które bylibyśmy gotowi poprzeć siłą miecza, to obawiam się o przyszłość Cesarstwa”.

Kaiser był dość bojaźliwy. W miarę jak narastał kryzys w stosunkach z Anglią, Wilhelm – obawiając się wojny z Wielką Brytanią – nerwowo telegrafował do Kiderlena i Bethmanna, żeby spotkali się z nim w Sweenemünde*. Wilhelm skarżył się, że Kiderlen przekroczył granice uzgodnione wcześniej na pokładzie „Hohenzollerna”. Kiderlen zareagował na to listem, w którym podawał się do dymisji. Francja, twierdził w nim, pójdzie na większe ustępstwa tylko wtedy, gdy będzie przekonana, że Niemcy traktują całą sprawę serio: „Nie wierzę, aby podjęli rzuconą im rękawicę, muszą jednak czuć, że jesteśmy gotowi na wszystko”. Gdyby jego suweren nie był skłonny zaakceptować takiej polityki – minister był gotów zrezygnować. Bethmann był do tego stopnia zgodny z Kiderlenem, że zdecydował, iż musi go poprzeć. Gdyby sekretarz stanu otrzymał zgodę na rezygnację, powiedział, także i on musiałby podać się do dymisji. „W Sweenemünde kaiser był bardzo ugrzeczniony. Kiderlen wrócił bardzo zadowolony” – zanotował Kurt Riezler, osobisty asystent kanclerza. Jednak Bethmann, nie będąc niemal w ogóle dopuszczony do głosu, był już mniej radosny. „Kiderlen nie informuje nikogo o niczym. Nawet samego kanclerza – zanotował Riezler – Wczoraj Bethmann powiedział, że chce Kiderlenowi dać się wieczorem tak spić, aby nareszcie dowiedzieć się czego ten właściwie chce”. W międzyczasie Wilhelm, czując żądło prasy nacjonalistycznej, zaczął swoje zwykłe, bombastyczne wypowiedzi. „Nie zamierzam ani chwili dłużej tańczyć jak mi Francuzi zagrają – oznajmił 7 sierpnia – Muszą natychmiast złożyć jakąś

* Dzisiejsze Świnoujście.

możliwą do przyjęcia ofertę, albo weźmiemy sobie więcej, i to niezwłocznie". 13 sierpnia mówił już, że użyje swojego miecza: „Będziemy obstawać przy swoich żądaniach, jest to bowiem sprawa honoru Niemiec". O ile Francuzi nie zdecydują się dać Kiderlenowi wszystkiego, czego by ten nie zażądał, oznajmił Wilhelm, to on sam „nie zadowoli się niczym, dopóki ostatni Francuz nie zostanie przegoniony z Maroka – jeśli będzie trzeba, pod groźbą miecza".

16 sierpnia, Kiderlen i Cambon wspólnie ogłosili, że sytuacja jest „śmiertelnie poważna". Sześć francuskich ofert ustępstw terytorialnych zostało odrzuconych przez Niemcy, zaś Francuzi odrzucili siedem propozycji niemieckich. Osiemnastego sierpnia rozmowy w Berlinie zostały zawieszone. Cambon udał się do Paryża po dalsze intrukcje, zaś Kiderlen, co zdawało się nie do pojęcia, wybrał się na wakacje do Chamonix w Alpach Francuskich. Towarzyszyła mu Frau Krypke; na miejscu witał ich miejscowy prefekt, który otrzymał od pana Caillaux instrukcje, aby w najwyższym możliwym stopniu umilić pobyt niemieckiej parze. Najwyraźniej Kiderlen doprowadził do zawieszenia negocjacji w nadziei na to, że narastające napięcie zmusi Francuzów do ustąpienia. W istocie upływ czasu pracował przeciw sekretarzowi stanu. Z końcem sierpnia z Paryża powrócił Cambon z instrukcjami, żeby zapewnić sobie ostateczną zgodę na francuski protektorat nad Marokiem *przed* wyrażeniem zgody na *jakiekolwiek* dalsze dyskusje odnośnie do kompensacji w Kongo. Gdy Francuzi trzymali się mocno, pewność siebie Kiderlena zaczęła się chwiać. Baronowie gospodarki, tacy jak Ballin, którzy z początku bili brawo skokowi „*Panthery*", teraz, w obliczu pogłosek o możliwej wojnie, nie zgadzali się z wysuwanymi przez Kiderlena żądaniami całego Konga Francuskiego. Dziewięć tygodni bezowocnych targów stworzyło atmosferę niepewności i wyczerpało cierpliwość opinii publicznej. Także i kaiser był zniecierpliwiony i niespokojny. „Co, do diabła, może się teraz stać? – pytał – To czysta farsa. Negocjują i negocjują i nic się nie dzieje".

Wznowienie rozmów między ambasadorem francuskim a niemieckim ministrem spraw zagranicznych wyznaczone było na piątek 1 września. Zostało jednak odłożone bez podania przyczyn. Cambon był trochę chory, lecz Kiderlen zdecydował się nie przekazać tej wiadomości prasie. Rezultatem takiego postępowania była panika na giełdzie berlińskiej rankiem 2 września. A choć ostatecznie rozmowy rozpoczęły się w poniedziałek 4 września, to run na banki trwał i nerwowi ciułacze usiłowali wycofać swoje wkłady. Z prowincji dotarła do stolicy fala zleceń sprzedaży i dzień ten zyskał sobie miano czarnego poniedziałku. W ciagu tygodnia rynek się uspokoił, lecz w sobotę, dziewiątego, załamał się ponownie. Było to już zbyt wiele dla Ballina, który powiedział przyjaciołom, że dzięki Kiderlenowi Niemcy znalazły się w potrzasku; albo będą musiały ruszać na wojnę o jakieś afrykańskie bagno, albo ustąpić i wyjść na głupka. Pod naciskiem ze wszystkich stron sekretarz stanu zatrąbił na odwrót. Zgodził się uznać *de facto* francuski protektorat nad Marokiem, pod warunkiem, że samo słowo „protektorat" nie pojawi się nigdzie na piśmie. 11 października, Kiderlen i Cambon parafowali projekt dokumentu zwanego Konwencją marokańską. W zamian za protektorat (słowo to nie padło) polityczny, Francja zobowiązywała się do utrzymania w Maroku zasady otwartych drzwi przez trzydzieści lat. Do dwudziestego drugiego października uzgodniono ofiary, jakie miała ponieść Francja w ramach rekompensaty: scedowała ona 100 000 mil kwadratowych terytorium Konga Francuskiego, które miały zostać połączone z sąsiadującą niemiecką kolonią – Kamerunem. 4 listopada w Berlinie podpisane zostało ostateczne porozumienie francusko-niemieckie. Po przeszło stu spotkaniach Kiderlen i Cambon poczuli ku sobie żywy afekt. Wymienili między sobą fotografie podpisane „*A mon terrible ami*" i „*A mon amiable ennemi*"*.

Ostateczny rezultat był triumfem Francji i porażką Niemiec. Sir Edward Grey nazwał to „niemal fiaskiem dla Niemców; cała ta góra wywołanego przez nich kryzysu urodziła mysz w postaci wymiany terytoriów kolonialnych w Afryce". Kiderlen wiele zaryzykował, dał pokaz prężenia dyplomatycznych muskułów i w Maroku niczego nie uzyskał: ani kawałka terytorium, ani bazy morskiej nad Atlantykiem, ani wycofania się Francuzów z Fezu. Nawet w Kongo dostał mniej niż połowę tego, co wcześniej określał jako absolutne minimum. I aby to uzyskać, sprowokował przeciągający się kryzys międzynarodowy, zwrócił uwagę świata na brytyjskie poparcie dla Francji, a wreszcie doprowadził do tego, że prestiż Francji wzrósł do poziomu, jakim kraj ten nie cieszył się od czasów Drugiego Cesarstwa.

* „Mojemu strasznemu przyjacielowi" i „Mojemu przyjaznemu nieprzyjacielowi".

Nie było sposobu na zamaskowanie tych faktów, więc też atmosfera w Berlinie pełna była złości i wzajemnego obwiniania się. Prasa nacjonalistyczna krzyczała, że porozumienie „jest ostatnim gwoździem do trumny niemieckiego prestiżu”. Harden skarżył się: „Niczego w tej chwili nie uzyskując, staliśmy się bardziej niepopularni niż kiedykolwiek”. Friedrich von Lindequist, niemiecki minister d.s. kolonii, podał się do dymisji, twierdząc, że nie jest w stanie obronić zawartego porozumienia w Reichstagu. Bülow nazwał cały ten epizod „pożałowania godnym [...] fiaskiem [...] niczym mokry fajerwerk, zabłysło, zabawiło, aby w końcu spowodować, że wyszliśmy na głupców”. Według Bülowa, sam Kiderlen odpowiedzialnością za klęskę obarczał wyłącznie Wilhelma II, który „podczas całej kampanii dyplomatycznej przeskakiwał od szaleńczych gróźb i żądań do kompletnego rozczarowania i pesymizmu, prowadzących do zbędnych ustępstw”.

W rzeczywistości odpowiedzialnym za skok „Panthery” był Kiderlen, lecz w Reichstagu sam kanclerz podniósł się z miejsca, żeby bronić porozumienia francusko-niemieckiego. Podkreślił, iż rząd osiągnął „znaczne poszerzenie niemieckiej domeny kolonialnej” bez ustępowania czegokolwiek ze swoich wcześniejszych praw w Maroku, a także, iż „ważny spór z Francją został rozstrzygnięty w sposób pokojowy”. „Nakreśliliśmy program i zrealizowaliśmy go” – oznajmił Bethmann, co wywołało w izbie śmiechy i obraźliwe okrzyki. Gdy kanclerz zakończył stwierdzeniem: „Nie oczekujemy pochwał, lecz nie obawiamy się także oskarżeń”, atmosfera zmieniła się, lecz bynajmniej nie na lepsze. „Cisza w izbie – raportował <<Berliner Tageblatt>> – była zaiste grobowa. Nie ruszyła się ani jedna ręka, nie było słychać aplauzu”. Odpowiedź na wystąpienie kanclerza, głównie ze strony nacjonalistów, lecz z udziałem wszystkich partii, była okrutna. Ernst Bassermann, przywódca narodowych liberałów, chciał się dowiedzieć, dlaczego nie wywarto nacisku na Francję w Wogezach, gdzie armia niemiecka była potężna, zamiast czynić to w Agadirze jedną mizerną kanonierką. Ernst von Heyderbrand, przywódca konserwatystów, głośno uskarżał się na spadek niemieckiego prestiżu i palcem wskazywał winnego – Anglię:

„Niczym błyskawica nocą całe to wydarzenie pokazało narodowi niemieckiemu, gdzie jest jego wróg. Teraz już wiemy, kto rości sobie pretensje do panowania nad światem zawsze wtedy, gdy zapragniemy ekspansji, gdy zażądamy naszego miejsca pod słońcem. [...] Panowie, my Niemcy nie mamy w zwyczaju pozwalać na takie rzeczy i naród niemiecki będzie wiedział, jak odpowiedzieć na takie postępowanie. [...] Zapewnimy światu pokój nie ustępstwami, lecz niemieckim mieczem".

Przemówienie Heyerbranda przerywane było serdecznym, ostentacyjnym aplauzem z loży królewskiej, gdzie zasiadał kronprinz wraz z jednym z młodszych braci. Taka demonstracja stronniczych, antyrządowych sentymentów doprowadziła Bethmanna do furii. Zażądał on, by kaiser zdyscyplinował swego następcę. Wilhelm przychylił się do jego prośby. Wezwawszy do siebie obydwu, syna i kanclerza, pozwolił Bethmannowi na upomnienie kronprinza i wyjaśnienie mu szczegółowo stanowiska rządu Cesarstwa. Po wszystkim Bethmann był zadowolony z odegranej przez siebie roli. „Moje sumienie pozwala mi spać spokojnie – powiedział – Wojna za sułtana Maroka, o kawałek Konga czy za firmę Bracia Mannesmann byłaby zbrodnią. [...] Gdybym doprowadził do wojny, stalibyśmy teraz gdzieś we Francji, większość naszej floty spoczywałaby na dnie Morza Północnego, Hamburg i Brema byłyby zablokowane lub zbombardowane, a cały naród pytałby się mnie, dlaczego? [...] I słusznie powiesiliby mnie na najbliższym drzewie". Mniej więcej w tym samym czasie, gdy jego przyjaciel, ambasador brytyjski, Sir Edward Goschen, zapytał go, czy nadal znajduje czas na odegranie swojej ulubionej sonaty Beethovena przed pójściem do łóżka, Bethmann odparł: „Drogi przyjacielu, ty i ja lubimy muzykę klasyczną z jej prostą i bezpośrednią harmonią. Jak mogę grać moje ukochane stare melodie, gdy atmosfera pełna jest współczesnych fałszywych brzmień?"

Dla Kiderlena cała sprawa nosiła charakter osobisty. W styczniu 1912 roku, mniej niż dwa miesiące od podpisania konwencji z Cambonem, Kiderlen zjawił się w Rzymie, gdzie zamieszkiwał Bülow. „Zdawał mi się chory – zauważył Bülow – Jego twarz wyglądała na znużoną i opuchniętą, na pewno też zbyt wiele pił". Bülow ostrzegał go, by nieco zmniejszył tempo, lecz Kiderlen odparł mu na to, że i tak już długo nie pożyje. Jego wpływy w rządzie spadły niemal do zera. Gdy do Berlina przybył Haldane, brytyjski minister wojny, aby przedyskutować stosunki angielsko-niemieckie, niemiecki minister spraw zagranicznych został wyłączony z większości negocjacji. 30 grudnia 1912, rok po swoim upokorzeniu, przebywający na Święta Bożego

Narodzenia w swoim rodzinnym Stuttgarcie Kiderlen wypił po obiedzie sześć szklaneczek koniaku, runął na ziemię i zmarł na zawał serca.

40

„Wierzę, że jestem robaczkiem świętojańskim"

Jedną z konsekwencji kryzysu agadirskiego była zmiana w gabinecie brytyjskim. Na stanowisku pierwszego lorda Admiralicji Winston Churchill zastąpił Reginalda McKennę. Przyczyną zmiany była nagła obawa o przyszły kierunek rozwoju marynarki. W połowie sierpnia, zanim jeszcze Kiderlen opuścił Berlin, udając się na swe alpejskie wakacje, a Cambon wrócił do Paryża po instrukcje, rząd brytyjski uległ poważnej panice wojennej. Sir Edward Grey nastawał, aby marynarkę trzymać w stanie gotowości, stosownie do czego skoncentrowano Flotę Atlantycką w Portland i nie pozwolono jej wypłynąć na doroczny letni rejs ćwiczebny w rejon Norwegii. Przed Admiralicją wystawiono specjalne warty nocne, a tunele i mosty Kolei Południowo-Wschodniej były patrolowane dniem i nocą. Równocześnie brytyjscy i francuscy oficerowie sztabowi pochylali się nad mapami, aby przygotować lądowanie na kontynencie od czterech do sześciu dywizji brytyjskich.

Po posiedzeniu parlamentu 23 sierpnia Asquith zwołał tajne całodniowe zebranie Imperialnego Komitetu Obrony, mające na celu przedstawienie planów wojny Brytyjskiej Armii i Marynarki Wojennej. Obecni byli Grey i Lloyd George, a także Churchill, który jako minister spraw wewnętrznych normalnie nie byłby wzywany na takie spotkanie. Obie służby* reprezentowane były przez swoich ministrów – członków gabinetu, Haldane'a i McKennę; Sir Williama Nicholsona, szefa Imperialnego Sztabu Generalnego; Sir Henry'ego Wilsona, dyrektora Operacji Wojskowych i Sir Arthura Wilsona, pierwszego lorda morskiego. Spotkanie rozpoczęło się o jedenastej trzydzieści przed południem i trwało do szóstej wieczorem, przy czym armii poświęcono ranek, marynarce zaś popołudnie.

Generał Sir Henry Wilson w szczegółowym referacie przedstawił plany wojenne armii. Stojąc przed dużą mapą północno-zachodniej Europy, opisał zagrożenia odczuwane przez Sztaby Generalne Francji i Brytanii. Mobilizacja niemiecka dawałaby armię liczącą 110 dywizji, mobilizacja francuska – jedynie 85 dywizji. Z chwilą rozpoczęcia wojny Moltke zwróciłby trzy czwarte swoich sił przeciwko Francji, pozostawiając jedną czwartą dla osłony wschodu przed Rosją. Prawe skrzydło niemieckiej ofensywy na Francję przetoczyłoby się przez Belgię w celu obejścia systemu fortec na granicy francusko-niemieckiej. Nawet gdyby armia belgijska podjęła walkę, co wcale nie było pewne, jak najwcześniejsze wysłanie Brytyjskich Sił Ekspedycyjnych wzmocniłoby lewą flankę Francuzów. Rolę tę wyznaczono sześciu regularnym dywizjom piechoty brytyjskiej i jednej dywizji kawalerii, łącznie liczących 160 000 ludzi, i razem z Francuzami starannie opracowano plany ich przerzucenia przez Kanał, a następnie na linię frontu. Rozkłady jazdy opracowano tak szczegółowo, że uwzględniono nawet dziesięciominutowe przerwy, żeby oddziały mogły wypić tradycyjną herbatę. Ministerstwo Wojny wydrukowało tysiące map terenowych Belgii i północnej Francji, a Haldane wyznaczył już Sir Johna Frencha na dowódcę Sił Ekspedycyjnych. Siły brytyjskie, jak ujął to Wilson, miały pomóc w zatamowaniu zalewu niemieckiego, a ponadto ich obecność miała ważne znaczenie psychologiczne. Żołnierze francuscy wiedzieliby że nie walczą w osamotnieniu. Zanim Wilson usiadł, poprosił Sir Arthura Wilsona o udzielenie przez Admiralicję gwarancji zapewnienia osłony transportu Sił Ekspedycyjnych przez Kanał siłami marynarki. W spotkaniu zarządzono przerwę na lunch o godzinie drugiej.

* Tj. Armia i Marynarka Wojenna.

Gdy ponownie zebrano się o trzeciej, admirał floty, Sir Arthur Wilson podniósł się z miejsca, żeby przedstawić plany marynarki. Coś takiego jak Sztab Wojenny Marynarki nie istniało, jako że tak Wilson jak i poprzednio Fischer, twardo przeciwstawiali się jakiemukolwiek rozwadnianiu prerogatyw pierwszego lorda morskiego. Obaj admirałowie woleli zachować absolutną władzę nad zarządzaniem, szkoleniem i dyslokacją floty. Wierzyli oni, iż plany wojenne powinny być przygotowywane i utrzymywane w wielkiej tajemnicy przez pierwszego lorda morskiego i głównodowodzących poszczególnych flot, a z obawy przed przeciekami nieujawniane Armii ani politykom. Mimo takich przekonań w tej chwili, wobec bezpośredniego rozkazu premiera, Sir Arthur Wilson nie miał wyboru.

Referat admirała Wilsona był bezładny i nieprzejrzysty. Strategią marynarki w wojnie z Niemcami, ogłosił, będzie zaciśnięcie bliskiej blokady wokół wybrzeży Niemiec, sprowokowanie wielkiej bitwy morskiej i unicestwienie niemieckiej floty. Siły lekkie, niszczyciele i lekkie krążowniki, miałyby podpełzać pod sam brzeg, podczas gdy poza widnokręgiem, okręty liniowe i krążowniki liniowe czaiłyby się w oczekiwaniu na Flotę Pełnomorską. Wszystkie jednostki pływające marynarki wojennej byłyby związane tymi zadaniami i Wilson wyraził żal, że nie może udzielić zapewnień odnośnie do eskorty transportowców wojska na kontynent. Być może, gdy już flota niemiecka byłaby pokonana, a morza wymiecione do czysta, można by przetransportować oddziały. Ale nie do Francji, myślał głośno Wilson, gdzie niewielkie Brytyjskie Siły Ekspedycyjne byłyby zalane i wchłonięte przez potężne armie kontynentalne*. Wilson zgadzał się tu z tezą Fishera; Armia Brytyjska powinna być użyta jak pocisk wystrzelony przez marynarkę. Wybór obszaru walk, według marynarki, to zajęcie Helgolandu, potem zaś, w ostateczności, lądowanie gdzieś na Bałtyku, na wybrzeżu Pomorza, skąd Armia Brytyjska mogłaby zagrozić Berlinowi.

Słuchacze Wilsona, zwłaszcza Haldane i generałowie, byli przerażeni. Tyle wysiłku włożono już w zbudowanie sprawnej Armii Regularnej, która mogła być użyta w charakterze Sił Ekspedycyjnych, tyle czasu zużyto na przygotowanie skoordynowanych z Francuzami po-

* Sir Arthur Wilson na poparcie tezy, że Armia Brytyjska nie może walczyć we Francji, użył także argumentu, że żołnierze brytyjscy nie mówią po francusku (*przyp. aut.*).

cząstkowych operacji, a oto teraz marynarka odmawia nawet przetransportowania oddziałów na pole bitwy. Na propozycję pierwszego lorda morskiego, żeby „wystrzelić" Armię Brytyjską na wybrzeża Niemiec, zdegustowany Haldane aż prychnął. Jakakolwiek siła wysadzona na Pomorzu byłaby z konieczności tak mała że, jak wyraził się Bismarck, mogłaby zostać „otoczona przez kilku pruskich policjantów". Sir William Nicholson zapytał, czemuż to Marynarka Brytyjska uważa się za bardziej powołaną i przygotowaną od Armii Brytyjskiej do planowania działań przeciwko Armii Niemieckiej. Czy Admiralicja posiada mapy niemieckiego systemu kolejowego? Admirał Wilson lekceważąco odparł, że nie jest sprawą marynarki posiadanie takich map. „Proszę wybaczyć – rzekł Nicholson – ale jeśli ktoś wtrąca się w problemy wojskowe, to powinien nie tylko mieć takie mapy, ale także je przestudiować". McKenna poparł swojego lorda morskiego, argumentując że wysłanie Brytyjskich Sił Ekspedycyjnych do Francji pogrążyłoby je i że wysiłki wojenne Brytanii powinny koncentrować się na wojnie morskiej. Sir Henry Wilson kontrował, przypominając komitetowi, gdzie kryje się podstawowe niebezpieczeństwo, mianowicie w skoncentrowanej sile Armii Niemieckiej. Francuscy generałowie, stojący twarzą w twarz z owym molochem, nie cenią sobie zbytnio sił morskich. Korespondent morski „Timesa" napisał, że brytyjska potęga morska warta jest dla Francji 500 000 bagnetów. I oto generał Wilson powiada, że „nasza marynarka nie jest dla nich warta nawet 500 bagnetów. W rzeczy samej generał [Joffre] nie ceni jej sobie na więcej niż jeden bagnet".

Do momentu rozwiązania zebrania marynarka zdążyła wyrządzić sama sobie wielką szkodę. Wobec zasadniczo odmiennych strategii wojennych obu służb nie podjęto żadnych decyzji, lecz jasnym było, że staranna analiza i szczegółowe planowanie uczyniły znacznie lepsze wrażenie, niźli tyleż nieprzytomny co władczy monolog admirała Wilsona. Szczególnie zszokowany był Haldane, który spędził pięć lat w Ministerstwie Wojny przekształcając Armię Brytyjską w narzędzie współczesnej wojny. Udał się bezpośrednio do Asquitha i zagroził rezygnacją jeśli coś nie zostanie z tym zrobione. „Jest faktem, że admirałowie żyją w swoim własnym świecie – napisał do premiera – Metoda Fishera, zgodnie z którą wydaje się postępować Wilson, polegająca na tym, że plany wojenne powinny być zamknięte w mózgu pierwszego lorda morskiego, jest przestarzała i nie do zastosowania.

Problemy naszej obrony są zbyt liczne i zbyt złożone, aby je traktować w ten sposób. [...] O ile problem ten nie zostanie potraktowany w zdecydowany sposób, to nie mogę pozostawać na moim urzędzie”. Asquith odpowiedział, że plan Admiralicji był „dziecinny i odrzuciłem go z miejsca jako całkowicie niewykonalny” oraz że poinformował Admiralicję, iż gabinet zgadza się z Ministerstwem Wojny: Siły Ekspedycyjne muszą zostać przetransportowane do Francji. Gdy McKenna i admirałowie nadal się opierali, dla wszystkich stało się jasne, że dojść musi do zasadniczych zmian.

Najłatwiej było zastąpić McKennę. Haldane wierzył, że rozwiązanie problemu polegało na pozbawieniu urzędu pierwszego lorda morskiego jego autokratycznej władzy przez utworzenie Sztabu Wojennego Marynarki, analogicznie do istniejącego już Sztabu Generalnego Armii; wierzył także że jest najlepszym kandydatem do tej roboty. Jego zadanie w Ministerstwie Wojny było zakończone. „W 1911 roku zacząłem odczuwać, że większość koniecznej pracy już się przewaliła i obawiać się iż popadam w zastój” – napisał później. Oznajmił Asquithowi, że nie odczuwa szczególnego pragnienia, by zostać pierwszym lordem ale że, ujmując rzecz praktycznie, nikt inny nie potrafiłby stworzyć Sztabu Wojennego Marynarki. Asquith, w charakterystyczny dla niego sposób, unikał podjęcia decyzji. Z uczuciami pomiędzy obiema służbami rozpalonymi do białości byłoby obrazą dla marynarki wysyłać tam armijną miotłę, aby wymieść Admiralicję. Poza tym Haldane, zostawszy właśnie wicehrabią, przeniósł się z Gmin do Lordów. Asquith pragnął, aby jego pierwszy lord zasiadał raczej wśród Gmin, gdzie mógł przewodniczyć debatom nad projektami budżetu marynarki i rozprawiać się z narzekającymi starymi admirałami oraz amatorskimi ekspertami morskimi, którzy mieli zwyczaj sprawiania kłopotów i wymagali uciszenia.

W dodatku był jeszcze inny kandydat. Winston Churchill uczestniczył w zebraniu 23 sierpnia – ponieważ w okresie lata kryzysu agadirskiego rzucił się w wir zagadnień polityki zagranicznej i obronnej. 13 sierpnia wysłał on Asquithowi potężne memorandum, analizujące pierwsze stadia wojny na kontynencie, w których armia niemiecka rzuca się na Francję przez Belgię. „Dwudziestego dnia – przewidywał Churchill – armie francuskie zostaną odepchnięte z linii Mozy i będą odsuwać się na Paryż”. Aby stępić tę groźbę, Churchill zalecał natychmiastowe wysłanie do Francji czterech dywizji Armii Regularnej,

107 000 żołnierzy, a dwóch następnych – kolejne 53 000, gdy tylko przeprowadzona zostanie blokada wybrzeży Niemiec. W międzyczasie, powiadał, trzeba sprowadzić do Francji, poprzez Morze Śródziemne i port w Marsylii, 100 000 żołnierzy z Brytyjskiej Armii Indyjskiej. Ujęcie tematu przez Churchilla i jego elokwencja na papierze wywarły wrażenie na premierze. Wypowiadając się za planem armii, Churchill równocześnie siał wątpliwości co do marynarki. Po 23 sierpnia wysłał do Asquitha serię listów, szukających słabych punktów w planowaniu Admiralicji. „Jesteś pewien, że okręty które mamy w Cromarty wystarczą do pokonania całej Floty Pełnomorskiej? – pisał do Asquitha 13 września – Jeśli nie, eskadra ta powinna ulec niezwłocznie wzmocnieniu".

Asquith potrzebował pięciu tygodni, żeby podjąć decyzję. W połowie września Kiderlen i Cambon wrócili do stołu rozmów w Berlinie i niebezpieczeństwo wojny szybko zanikało. Asquith zaczął wyjeżdżać do wynajętego wiejskiego domu na wybrzeżu w szkockim hrabstwie East Lothian, podróżując tam z Londynu w przedziale sypialnym w piątek wieczorem, zaś powracając nocą z niedzieli na poniedziałek. Było to miejsce spokojne, z aleją lipową, nadzwyczajną biblioteką i polem golfowym rozciągającym się aż do morza. Nawet tam podążał za nim Churchill, pozornie aby grać w golfa w blaskach jesiennego słońca. Był obecny także 27 września, gdy ze swojego domu rodzinnego w Cloan zajechał tam Haldane, aby spotkać się z premierem. „Gdy wjechałem na podjazd [...] zobaczyłem stojącego w drzwiach Winstona Churchilla – zanotował Haldane – Przeczuwałem, że słyszał już o możliwych zmianach i przybył natychmiast na spotkanie z premierem". Nieszczęśliwy z powodu konieczności dokonania wyboru, wziął w końcu Asquith pięćdziesięciopięcioletniego Haldane'a i trzydziestosześcioletniego Churchilla do jednego pokoju i tam powiedział im wszystko, żeby zadecydowali co począć. Haldane był świadomy minusów swojej kandydatury i zaproponował, że obejmie Admiralicję na rok, aby potem ustąpić ją Churchillowi. Wyczuwając wygraną, minister spraw wewnętrznych odmówił. W końcu Asquith się zdecydował. „Grał z moim ojcem w golfa – wspominała Violet Asquith, córka premiera – Właśnie kończyłam herbatę gdy weszli. Zerknęłam na nich i od razu zauważyłam, że twarz Winstona promienieje jak słońce". Zapytała czy nie chciałby herbaty. Spojrzał na nią „oczami poważnymi lecz błyszczącymi. <<Nie, nie chcę herbaty, nie

chcę już nic, nic na świecie. Twój ojciec właśnie ofiarował mi Admiralicję>>”.

Sam Churchill wspominał ten dzień językiem mocy i znaków złowieszczych: „Pan Asquith [...] zapytał mnie, dość bezceremonialnie, czy chciałbym pójść do Admiralicji. [...] Odrzekłem: <<Oczywiście, że tak>>. [...] Zanikające już wieczorne światło zdołało jeszcze ukazać mi dwie bardzo odległe sylwetki pancerników wypływających powoli z Firth of Forth. Od tej chwili wydawały się mieć dla mnie całkiem nowe znaczenie”.

„Tej nocy, gdy poszedłem do łóżka, [...] umysł mój był opanowany przez otrzymane wiadomości o całkowitej zmianie mojego stanowiska i powierzonym mi zadaniu. Myślałem o zagrożeniu dla Brytanii, miłującej pokój, nieświadomej, kiepsko przygotowanej, o jej sile i cnotach, o jej misji szerzenia zdrowego rozsądku i poczucia fair play. Rozmyślałem o potężnych Niemczech, wznoszących się w splendorze swego Imperialnego Państwa i pogrążających się w głębokich, zimnych, cierpliwych i bezwzględnych kalkulacjach. Myślałem o tych korpusach armijnych które obserwowałem przechodzące obok mnie, fala za falą, dzielnych żołnierzy, na manewrach pod Wrocławiem w 1907 roku; o tysiącach silnych koni wlokących działa i wielkie haubice po drogach i na szczyty wzgórz pod Würzburgiem w 1910. Myślałem o wykształceniu i dokładności Niemców, także o tym czego można się było spodziewać po wszystkich ich osiągnięciach w nauce i filozofii. Myślałem o nagłych i uwieńczonych sukcesami wojnach, które doprowadziły je do obecnej potęgi”.

Pełen podniecenia i niespokojny, Churchill otworzył Biblię leżącą na nocnym stoliku. Otworzywszy ją na chybił trafił, czytał oto z dziewiątego rozdziału Księgi Powtórzonego Prawa: „Słuchaj, o Izraelu! Ty przejdziesz dziś Jordan, abyś wszedłszy posiadł narody większe i potężniejsze niżeś ty. [...] Przetoż wiedz dzisiaj, że Pan, Bóg twój, który idzie przed tobą, jest ogień trawiący i zniszczy je. [...]”[*].

Dla Winstona Churchilla, który w całym swym życiu nigdy nie kwestionował ani cnót Brytanii, ani nikczemności jej wrogów, „wydawało się to być bardzo krzepiącym przesłaniem”.

---

[*] Deuteronomium, 9, 1,3; użyto tłumaczenia wg wydania Brytyjskiego i ZagranicznegoTowarzystwa Biblijnego, Warszawa 1972, która to wersja może być bliższa temu, co czytał młody Churchill.

Od samego początku Winston Churchill wiedział, że jest jedyny w swoim rodzaju. Młodość i wczesne lata męskie umocniły tylko to jego przekonanie. Pewnego wieczora w roku 1906, kiedy to liberałowie dostali się do władzy i Churchill pełnił urząd podsekretarza stanu do spraw Kolonii, posadzono go na uroczystym obiedzie obok Violet Asquith, córki nowego Kanclerza Izby Rozrachunkowej. Przez długi czas Churchill milczał. „Potem nagle jakby uświadomił sobie moją obecność – pisała Violet – Obrócił ku mnie posępne spojrzenie i obcesowo zapytał ile mam lat. Odrzekłam, że dziewiętnaście. <<A ja – on na to z niemalże desperacją w głosie – mam już trzydzieści dwa. Mniej jednak od kogokolwiek z tych co się liczą>> dodał, jakby chcąc pocieszyć sam siebie". Potem Churchill rzucił się do szalonego ataku na krótkotrwałość ludzkiego życia, co pozostaje w takiej opozycji do „bezmiaru możliwych ludzkich osiągnięć: [...] „Przeklęty niech będzie bezwzględny czas! Przeklęta niech będzie nasza śmiertelność! Jakżeż okrutnie krótki jest okres czasu przyznany nam na to wszystko co musimy w nim upchnąć". W końcu Violet była nieco oszołomiona, lecz nie na tyle aby nie zapamiętać słów, którymi zakończył swój wybuch: „Wszyscy jesteśmy robakami. Lecz ja naprawdę wierzę, że jestem robaczkiem świętojańskim".

Dziadek Winstona był siódmym diukem Marlborough i Winston urodził się w jednym z 320 pokojów Pałacu Blenheim, który został zbudowany z nadania parlamentu dla wynagrodzenia wyczynów militarnych pierwszego diuka. Jego ojciec, lord Randolph Churchill, był drugim synem, który spisawszy się wyśmienicie w Eton i Oksfordzie, w wieku lat dwudziestu pięciu spotkał dziewiętnastoletnią amerykańską dziedziczkę, Jennie Jerome, i oświadczył się jej podczas trzeciego ich wspólnego wieczoru. Ojciec Jennie pracował na Wall Street, czym diuk lekko pogardzał. Randolph trwał jednak przy swoim, aż wreszcie dopomógł mu, jak zawsze romantyczny, sam książę Walii. Młodzi pobrali się w kwietniu 1873 w kaplicy przy ambasadzie brytyjskiej w Paryżu. Zaraz potem Jennie zaszła w ciążę.

Siedem i pół miesiąca później przybyła ona do Blenheim na polowanie, podczas którego przydarzył się jej lekki upadek z konia i zaczęła odczuwać skurcze. Ponieważ nie udało się jej wejść po schodach do swojej sypialni, urodziła Winstona w małym pokoju na parterze, zaraz obok wielkiej biblioteki. Jennie miała ledwo lat dwadzieścia i jej własne życie zdawało się dopiero zaczynać, tak więc obyczajem przyjętym w klasach wyższych maleńkie niemowlę z różowawymi loczkami i zadartym noskiem zostało natychmiast przekazane niańce, pani Everest. „Woom”, jak Winston zawsze ją nazywał, wywarła matczyny wpływ na jego życie. Jennie nigdy nie było w domu: „Wydajemy się żyć w wirze przyjemności i podniecenia – wspominała później – Odbyło się wiele uroczych bali, na które poszłam a które [...] trwały do piątej nad ranem”. W jej nieobecności „Woom” kołysała Winstona, karmiła go a także wysadzała, osuszała mu łzy i dawała odczuć, że jest kochany. „To właśnie pani Everest doglądała mnie i dbała o wszelkie moje potrzeby – zanotował Churchill – I to jej zwierzałem się ze swoich kłopotów”.

Kłopoty zaś pojawiły się wcześnie w małżeństwie jego rodziców. Jakimś sposobem Randolph złapał syfilis, niektórzy powiadali, że od starzejącej się prostytutki, gdy był w Oksfordzie, inni, że od pokojówki w Blenheim, z którą miał sypiać krótko po narodzinach Winstona. Choć objawy nie czyniły go jeszcze kaleką, gdy tylko choroba została jednoznacznie zdiagnozowana, nie mógł już dłużej sypiać z żoną. Jennie była nadzwyczajną pięknością. Ktoś, kto ją widział, opisał ją jako „ciemną, gibką figurkę [...] zdającą się być z innego materiału niż wszyscy wokół niej – świetlistą, niemal przeźroczystą, uczuciową. Diamentowa gwiazda we włosach, jej ulubiona ozdoba, zdawała się tracić swój blask przy migotliwym pięknie jej oczu. W spojrzeniu jej więcej jest z pantery niż z kobiety”. Margot Asquith, która spotkała Jennie Churchill w Newmarket, także użyła tej kociej metafory: „Ma czoło jak u pantery i wielkie dzikie oczy, które przewiercają cię na wylot”. Jennie brała sobie kochanków, według jednego z szacunków miała ich nawet dwustu. Socjeta nie miała wątpliwości, że jedną z jej zdobyczy był także Albert Edward, książę Walii. Jennie nie afiszowała się ze swymi kochankami i Randolph, który zresztą nie miał wyboru, akceptował ich, choć przy jednej okazji wyprosił księcia Walii z domu, a przy innej zaatakował pięściami jednego z jej towarzyszy. Oboje korzystali z długich, oddzielnych wakacji w Szwajcarii, Paryżu czy na południu Francji, czasem tygodniami nie widując jedno drugiego. Gdy Winston miał lat siedem, matka spędzała wakacje w irlandzkich dobrach pułkownika Johna Strange'a Jocelyna, słynnego koniarza. Zaszła tam w ciążę, a gdy urodziło się dziecko, nazwała je John Strange Churchill [...] Był to jedyny brat Winstona, Jack.

Nieszczęśliwie dla Winstona te osobiste okoliczności pogłębiały tylko naturalny u wiktoriańskich rodziców z wyższych sfer brak zainteresowania w tym, aby mieć zbyt wiele do czynienia z własnymi dziećmi. Winston widywał rodziców rzadko. Jego najwcześniejsze wspomnienie matki to: „w Irlandii [...] w stroju do konnej jazdy, ściśle dopasowanym, jak druga skóra, tu i ówdzie pięknie zbryzganym błotem [...] Matka moja wydawała mi się zawsze księżniczką z bajki, promienną istotą obdarzoną nieograniczonym bogactwem i potęgą. [...] Przyświecała mi jak Gwiazda Wieczorna. Kochałem ją wielce – lecz na odległość”. Własny syn Winstona, Randolph, wnuk lorda Randolpha i Jennie Jerome, stwierdził o dzieciństwie ojca: „Zaniedbanie i brak zainteresowania okazywany mu przez rodziców rzucały się w oczy, nawet oceniając podług norm obowiązujących w owych dniach późnej ery wiktoriańskiej i edwardiańskiej”. William Manchester prezentuje bardzo wnikliwe spojrzenie na skutki takiego pozbawienia miłości rodzicielskiej: „Większość dzieci jest kochana dla nich samych, przyjmują one tę miłość tak jak przyjmują pokarm i ciepło. [...] Lecz w przypadku Winstona to, że ktoś go kochał, stało się dla niego źródłem zdziwienia. Na afekt ze strony innych trzeba było zasłużyć, ostatecznie miał go zdobyć dokonując wielkich czynów. Równocześnie – a odbijało się to na jego postępach szkolnych – pozbawienie go rodzicielskiego przywiązania wywoływało w nim niechęć do autorytetów. Ktoś mógłby oczekiwać, że właśnie ojciec i matka – oboje winni – staną się celami jego wrogości. Nieprawda. Oto pozbawione miłości rodziców dziecko z radością wita te resztki uwagi ofiarowane mu przez rodziców, nie może ryzykować utraty nawet tego. Co więcej, winę za swój zły los zrzuca na samego siebie. Szukając ujścia dla swej wzbierającej potrzeby adorowania kogoś lub czegoś, buduje swoim rodzicom świątynię, tworząc sobie ich obrazy na których wyglądają tak, jakimi chciałby ich widzieć. A im mniej ich widzi, tym łatwiej przychodzi mu taka ich transformacja. W następstwie takiego oto dziwacznego procesu, lord Randolph staje się dla Winstona bohaterem, a matka [...] <<księżniczką z bajki>>. [...] Jego własne urazy muszą być skierowane pod innym adresem. W ten sposób staje się, według jego własnych słów, <<kłopotliwym chłopcem>>”.

Mając lat siedem, Winston został wyrwany spod opieki pani Everest i pewnego ciemnego listopadowego popołudnia pozostawiony w Szkole św. Jerzego w Ascot, modnej wówczas szkole przygotowawczej*. „Nienawidziłem tej szkoły [...] i pełnego obaw życia, jakie pędziłem tam przez ponad dwa lata – wspominał Churchill – Czyniłem bardzo słabe postępy w nauce, a prawie żadnych w grach sportowych. [...] Moi nauczyciele widzieli we mnie jednocześnie kogoś cofniętego w rozwoju i zarazem przedwcześnie rozwiniętego, czytającego książki ponad swoje lata, a mimo to kompletnie nie w formie. Czuli się urażeni. Mieli do dyspozycji znaczne środki przymusu, ale ja byłem uparty. Tam gdzie nie był zaangażowany mój rozum, wyobraźnia lub zainteresowanie, nie uczyłem się lub nie potrafiłem się uczyć". Kłótliwe, nie znoszące dyscypliny zachowanie Winstona prowokowało użycie owych „środków przymusu", które później zostały opisane przez innego chłopca z tej szkoły. Chłopcy, którzy źle spisywali się na lekcjach, wzywani byli do gabinetu Dyrektora. „Pośrodku pokoju znajdowało się duże pudło pokryte czarnym materiałem i tam winowajca wzywany był ostrym tonem do spuszczenia spodni i uklęknięcia przed tym pieńkiem egzekucyjnym, na którym ja i drugi dyżurny przytrzymywaliśmy go. Wychowawca smagał z całej siły. Wystarczały dwa, trzy uderzenia, aby wszędzie pojawiły się krople krwi, ale trwało to dalej, do piętnastu i dwudziestu uderzeń, kiedy siedzenie nieszczęsnego chłopca zmieniało się w masę krwi. Oczywiście, na ogół chłopcy wytrzymywali to siłą woli, lecz czasami dochodziło do scen wrzasków, wycia i szamotaniny, co czyniło mnie prawie chorym z obrzydzenia*.

Brunatne pręgi na pośladkach Winstona, pokazane w domu najpierw Woom, potem Jennie, stanowiły dostateczne dowody. Winston został zabrany od św. Jerzego, aby wstąpić do szkoły w Brighton, gdzie „pozwolono mi się uczyć rzeczy które mnie interesowały: francuskiego, historii, mnóstwa poezji na pamięć, a nade wszystko – jazdy konnej i pływania". Jego najgorętsze jednak pragnienie nie zostało spełnione. „Czy przyjedziesz, aby spotkać się ze mną [...] będzie mi smutno jak nie przyjedziesz [...] Proszę, przyjedź, tyle już razy spoty-

* W oryginale *preparatory school*, w wiktoriańskiej Anglii szkoła przygotowująca do wstąpienia do prywatnych szkół średnich, zwanych *public schools*.

* Bicie małych chłopców w angielskich *public schools* nie było niczym nadzwyczajnym. Nieco wcześniej, też w dziewiętnastym wieku, dyrektorem Eton był niejaki Dr Keate, „który znany był z tego, że w gwałtownej potrzebie potrafił był wychłostać ponad osiemdziesięciu chłopców jednego tylko letniego dnia, i który w zmierzchu życia żałował jedynie, iż nie wychłostał wielu więcej (*przyp. aut.*).

kało mnie rozczarowanie" – listy płynęły do Jennie, tydzień po tygodniu, rok po roku, w setkach odmian. Nigdy nie znalazła czasu. Razu pewnego ojciec Winstona przybył do Brighton na mityng polityczny i nie zdobył się na przejście na drugą stronę ulicy, aby odwiedzić syna. Winston czekał na próżno, a potem ze smutkiem napisał: „Byłem bardzo rozczarowany, ale myślę, że chyba musiałeś być bardzo zajęty".

W wieku lat dwunastu Winston poszedł do Harrow. Najpierw był egzamin wstępny. „Powinienem to lubić, jeśliby mnie pytali, żebym powiedział co wiem – napisał – Ale zawsze próbowali mnie pytać o to, czego nie wiedziałem. Gdy ja chętnie wykazałbym się moją wiedzą, oni dążyli do wyeksponowania mojej ignorancji. Ten sposób traktowania miał tylko jeden rezultat; na egzaminach nie wypadłem dobrze". Egzamin do Harrow nie obejmował gramatyki ni francuskiego, ani historii, ani geografii, a kilka zaledwie pytań z arytmetyki. Większość pytań opierała na tłumaczeniach z łaciny i greki. „Stwierdziłem, że nie jestem w stanie odpowiedzieć na ani jedno pytanie na pisemnym z łaciny – wspominał Churchill – Napisałem swoje nazwisko na górze kartki. Napisałem numer pytania: <<1>>. Po dłuższym namyśle ująłem go w nawiasy, tak więc było teraz: <<(1)>>. Ale potem nie potrafiłem już nic wymyślić, co byłoby prawdziwe lub na temat". Harrow przyjęło go mimo to – w końcu dziadkiem jego był diuk Marlborough, a ojcem lord Randolph Churchill – aby przez pięć lat pozostawał na szarym końcu swojego rocznika. „Uważano nas za takich osłów – pisał Churchill – że mogliśmy uczyć się tylko angielskiego". Dzień po dniu brnął przez rozbiory zdań. „Uczyłem się tego gruntownie. Tym oto sposobem weszła mi w krew zasadnicza struktura zwyczajnego brytyjskiego zdania, co jest szlachetną rzeczą. A gdy całe lata później moi koledzy szkolni, biorący wtedy nagrody i wyróżnienia za pisanie pięknych wierszy łacińskich czy zwięzłych greckich epigramów, musieli zniżyć się do używania gminnej angielszczyzny, żeby zarobić na życie czy wybić się, nie czułem się w najmniejszym stopniu upośledzony".

Winston także z Harrow kontynuował swoje prośby o wizyty. „Spróbuj namówić Tatę aby przyjechał. Nigdy jeszcze tutaj nie był" – pisał do matki. Jennie odpowiadała: „Przyjechałabym do ciebie, lecz mam tyle spraw na głowie w związku z przyjęciem w Ascot w przyszłym tygodniu, że nie mogę się pozbierać". Gdy miał lat siedemnaście, powstał kryzys. Winstonowi odmówiono zezwolenia na przyjazd do domu na Boże Narodzenie, zamiast tego miał zostać wysłany na święta do nieznanej mu rodziny francuskiej w Wersalu, w celu doskonalenia swojej francuszczyzny. Błagał o zmianę decyzji. Jennie była twarda: „Przeczytałam tylko jedną stronę twojego listu i odsyłam ci go – jego styl mi się nie podoba". Winston odpisał: „Moja kochana Mamusiu, nigdy bym nie uwierzył, że potrafisz być tak niemiła. Jestem do głębi zrozpaczony. Najbardziej zaś boli mnie to, że nie chciałaś nawet przeczytać mojego listu. Nie zawierał on niczego co dawałoby ci podstawy do odrzucenia go. [...] Nie potrafię ci powiedzieć, jak bardzo uczyniłaś mnie nieszczęśliwym. [...] O, moja mamusiu". Bez odpowiedzi. Winston pisał codziennie tworząc crescendo: „Kochana Mamusiu [...] Jestem taki nieszczęśliwy. Nawet teraz szlocham. Proszę, moja kochana mamusiu, bądź miła dla swojego kochającego syna. Nie dopuść, aby moje głupie listy tak cię złościły. Pozwól mi chociaż myśleć, że mnie kochasz – Droga Mamusiu, błagam. Jestem taki nieszczęśliwy. Nie wiem co robić. Nie złość się że jestem taki przygnębiony. [...] Proszę, napisz coś miłego. Bardzo cię przepraszam, jeśli cię poprzednio <<wkurzyłem>>. Chciałem tylko wyjaśnić rzeczy z mojego punktu widzenia. Do widzenia, moja kochana Mamusiu. Pozostaję z miłością, Twój zawsze kochający syn, Winston". Jennie skarżyła się Randolphowi: „Robi tyle hałasu, jakby miał wyjechać do Australii na dwa lata". Winston pozostał na szarym końcu swego rocznika; jego jedynym wyróżnieniem w Harrow było zdobycie mistrzostwa szkoły w szermierce. Podczas tych lat na dobitkę do swojego seplenienia zaczął się jąkać.

Okres pobytu Winstona w Harrow utwierdził lorda Randolpha w przekonaniu, że wykazywana przez syna trwała tępota w nauce nie kwalifikuje go do Oksfordu czy Cambridge i że właściwym celem dla tego przygłupiego chłopaka będzie próba dostania się do Królewskiego College'u Wojskowego w Sandhurst. Gdy Winston miał lat czternaście, ojciec zapytał go, czy chciałby wstąpić do armii. Winston natychmiast odpowiedział, że tak. „Przez lata całe myślałem, że ojciec mój, ze swoim doświadczeniem i sprytem, odkrył we mnie zalety przyszłego geniusza wojskowego. Ale potem powiedziano mi, że po prostu doszedł do wniosku, że nie jestem dość mądry, aby dostać się do palestry". Dwa pierwsze podejścia Winstona do egzaminów wstępnych do Sandhurst wydawały się usprawiedliwiać ponure przewidywania ojca. Nie zdał, a w dodatku w okresie przed trzecią próbą omalże się nie zabił. Zabawiali się razem z bratem, Jackiem, i kuzynem w dobrach ciotki w pobliżu Bournemouth. Winstonowi przypadła rola ściganego. W pewnym momencie znalazł się na moście nad głęboką przepaścią, zaś na każdym z końców mostu widział jednego ze swoich prześladowców: „Zdawało się pewne, że mnie złapią. Lecz oto w oka mgnieniu wpadł mi do głowy wspaniały pomysł. Wąwóz, nad którym przerzucono most, pełen był młodych jodeł. Ich cienkie wierzchołki sięgały prawie poziomu kładki. «Czy nie byłoby możliwe – zapytałem sam siebie – abym przeskoczył na jedno z drzew i po nim ześlizgnął się na dół [...] ?» Spojrzałem. Obliczyłem. Zastanowiłem się. Równocześnie właziłem już na balustradę. Moi młodzi prześladowcy stali jak osłupiali na końcach mostu. Za sekundę skoczyłem z wyciągniętymi rękoma, aby móc chwycić wierzchołek jodły. Rozumowanie było poprawne, lecz dane w nim użyte – absolutnie błędne. Trwało trzy dni zanim odzyskałem przytomność, a ponad trzy miesiące zanim zwlokłem się z łóżka. Zmierzona wysokość upadku wynosiła 29 stóp* – na twardy grunt". Skok Winstona, który spowodował pęknięcie nerki, ściągnął wreszcie do niego rodziców. Właśnie w okresie jego dochodzenia do zdrowia wynajęto Winstonowi sławnego korepetytora do egzaminów na Sandhurst. Za swoją trzecią próbą zdał lecz z wynikiem zbyt słabym, by mógł zostać przyjęty do piechoty, lecz wystarczającym na przyjęcie do kawalerii. Jego radość z powodu tego osiągnięcia została zdruzgotana takim oto listem od ojca:

> Mój drogi Winstonie,
>
> Jestem dość rozczarowany twoim radosnym tonem z powodu dostania się na listę przyjętych do Sandhurst. [...] Pierwszą wyjątkowo fatalną stroną twych działań jest to, że nie dostałeś się do piechoty, a także, że potwierdziłeś w sposób niezaprzeczalny ten swój niechlujny, byle jaki styl radosnej twórczości w pracy, który zawsze wyróżniał cię we wszystkich twoich rozmaitych szkołach. Od żadnego z twoich dyrektorów czy wychowawców nigdy nie dostałem naprawdę dobrego raportu o twoim sprawowaniu się i pracy. [...] Wieczne zaległości, nigdy wyżej nie sklasyfikowany, nieustanne skargi na całkowity brak pilności [...] tym więc sposobem straciłeś okazję aby trafić do „60 Strzelców", jed-

* Prawie 9 metrów.

> nego z najlepszych pułków w armii. [...] Przez [...] dostanie się do kawalerii naraziłeś mnie na ekstra wydatki około 200 funtów rocznie.
>
> [...] Jest teraz właściwy moment, żeby przedstawić ci to jasno. Nie myśl, że zamierzam trudzić się pisaniem do ciebie długich listów za każdym razem, gdy popełniasz jakieś szaleństwo lub spotyka cię niepowodzenie. Nie będę więcej pisał do ciebie o tych sprawach i ty też nie potrzebujesz sprawiać sobie kłopotu pisaniem [...]nie przywiązuję bowiem odtąd najmniejszej wagi do czegokolwiek, co możesz powiedzieć o swoich osiągnięciach i wyczynach. [...] Jeśli twoje sprawowanie się i postępowanie w Sandhurst będzie podobne temu, jakie zademonstrowałeś w innych instytucjach [...] wtedy moja odpowiedzialność za ciebie jest skończona.
>
> Pozostawiam cię, abyś polegał sam na sobie, dając ci jedynie taką pomoc, jaka może być niezbędna do prowadzenia przyzwoitego życia. [...] Jeśli nie potrafisz powstrzymać się od jałowego, bezużytecznego i nie przynoszącego korzyści życia, jak to miało miejsce w twoich czasach szkolnych i późniejszych miesiącach, to staniesz się jedynie darmozjadem, nicponiem wśród towarzystwa, jednym z setek nieudaczników opuszczających ekskluzywne szkoły, aż wreszcie zdegenerujesz się i popadniesz w poszarganą, nieszczęśliwą i czczą egzystencję. [...] Twoja matka zasyła serdeczności. [...]

List zranił. Odpowiedzi Winstona były pełne szalonych przeprosin. Kilka miesięcy później, podczas swojego drugiego semestru na Sandhurst, pewien wypadek znów wzbudził gniew lorda Randolpha. Podarował on był Winstonowi drogi, złoty zegarek, a Winston dopuścił, by ten wyśliznął mu się z kieszeni do potoku. Zdarzyło się, że ojciec zauważył go, kiedy był w reperacji u zegarmistrza i zapytał Winstona co się stało. „Spacerując sobie brzegiem strumienia Wish, pochyliłem się, aby podnieść laskę i wtedy wypadł mi z kieszeni i wpadł do wody, w jedyne głębokie miejsce w promieniu paru mil” – wyjaśniał Winston.

Potok miał tylko z pięć cali głębokości, ale zegarek wpadł w dół głęboki na blisko sześć stóp*. Od razu zdjąłem ubranie i zanurkowałem, lecz dno było tak nierówne a woda tak zimna, że nie mogłem wytrzymać dłużej niż 10 minut i musiałem się poddać.

Następnego dnia użyłem dragi i próbowałem coś wyłowić z dołu – bez rezultatu. [...] Wypożyczyłem więc sobie 23 ludzi z pułku piechoty: przekopałem nowe łożysko dla strumienia, załatwiłem maszynę strażacką i wypompowałem dół do sucha odzyskując wreszcie zegarek. Opowiadam ci to wszystko, aby ci pokazać, że w pełni doceniam wartość zegarka i że nie potraktowałem całego zdarzenia lekceważąco. Robocizna kosztowała mnie 3 funty.

Jest mi bardzo, bardzo przykro, że musiało się tak stać. Lecz nie dzieje się tak ze wszystkimi moimi rzeczami. Wszystko co mi kiedykolwiek podarowałeś jest w tak dobrym stanie, jak wtedy gdy mi to dawałeś.

Proszę, nie oceniaj mnie wyłącznie na podstawie wypadku z zegarkiem. Jest mi z tego powodu bardzo, bardzo przykro.

Bardzo cię przepraszam za napisanie takiego długiego i głupiego listu. [...]

W Sandhurst Winston odniósł sukces; dostał się jako jeden z ostatnich, ukończył zaś jako jeden z pierwszych na 102 słuchaczy swojego rocznika. „Sandhurst dało mi szansę rozpocząć wszystko od nowa – wyjaśniał – Musieliśmy się teraz uczyć całkiem nowych rzeczy, a więc mieliśmy wszyscy równy start”. To prawda, że gdy zjawił się po raz pierwszy na placu ćwiczeń, zadziwił oficerów chęcią dyskutowania nad komendami musztry defiladowej. Lecz był wytrwały, został ponownie mistrzem szermierki i jeźdźcem-pasjonatem. W Aldershot, gdzie po otrzymaniu stopnia oficerskiego wstąpił do pułku kawalerii, spędzał w siodle osiem do dziewięciu godzin dziennie, czy to na ćwiczeniach, czy też grając w polo.

Potrafił postawić się matce, a było to w sprawie jedynej osoby, którą gorąco kochał – pani Everest. Gdy już Winston i Jack opuścili dom i udali się do szkół, Woom zatrudniona została u babki chłop-

* Głębokość strumienia około 15 cm, dołu – ponad 1,80 m.

ców, diuszesy Marlborough. Stojąc w obliczu braku pieniędzy, diuszesa zaproponowała, aby wyrzucić niegdysiejszą nianię, która pracowała dla jej rodziny od dziewiętnastu lat. Winston zbuntował się i raz jeszcze Jennie odmówiła przeczytania jego listu. Tym razem Winston nie dał za wygraną: „Bardzo łatwo ci przychodzi powiedzieć, droga Mamo, że to nie mój interes lub odmawiać przeczytania tego, co mam do powiedzenia, lecz mimo to czuję, że w poczuciu prostej przyzwoitości powinienem ci napisać nieco obszerniej o tej sprawie. [...] W mej pamięci wiąże się ona przede wszystkim – bardziej niż wszyscy - z domem. [...] Jest teraz starą kobietą, która była oddaną ci służką przez blisko 20 lat – darzy Jacka i mnie uczuciem większym niż ktokolwiek inny na świecie, więc kazać się jej spakować tak, jak wyobraża to sobie diuszesa, prawdopodobnie, jeśli nie na pewno, załamałoby ją całkowicie. [...] W jej wieku sugeruje się jej, żeby znalazła sobie nowe miejsce i zaczęła wszystko praktycznie od początku. [...] Uważam takie postępowanie za okrutne i dość podłe. [...] Jesteś w stanie wytłumaczyć diuszesie, że nie wolno jej tak odesłać, dopóki nie znajdzie sobie jakiegoś przyzwoitego miejsca. [...] Jeśli nie możesz, to ja napiszę i wyłuszczę sprawy Tacie. [...]". Nie było na to odpowiedzi i pani Everest pozwolono odejść. W Sandhurst Winston regularnie wygrzebywał pieniądze z własnych skąpych funduszy, aby wysłać je swojej ukochanej Woom.

Bolesne doświadczenia Winstona i jego zaniedbywanie przez rodziców działy się równolegle z jednym z najdramatyczniejszych epizodów w historii polityki brytyjskiej, a w części były prze niego spowodowane. Ojciec Winstona, lord Randolph Churchill, wzbił się krótko, błyszcząc jak meteor, ponad politycznym krajobrazem Brytanii. W roku 1886 był już, w wieku lat trzydziestu siedmiu, zarówno kanclerzem Izby Rozrachunkowej, jak i liderem Izby Gmin w drugim rządzie lorda Salisbury. Randolph, torysowski demokrata, czując się niespokojnie pod ostrożną, konserwatywną ręką lorda Salisbury, pozwolił, aby poniosła go jego własna ambicja. Rzucając wyzwanie ministrowi wojny, premierowi i całemu gabinetowi zażądał dokonania cięć w projekcie budżetu armii. Aby postawić na swoim, zagroził rezygnacją ze stanowisk. Gdy to nie pomogło, rzeczywiście zrezygnował, będąc pewnym, że partia stanie po jego stronie. Tak się nie stało. Lord Salisbury odmówił ponownego powołania go do rządu powiadając: „Gdy miałeś wrzód na szyi i został wreszcie usunięty, to nie pragniesz aby się tam na powrót znalazł". Randolph odsunął się i ograniczył do trzymania stajni koni wyścigowych, chodzenia na przyjęcia i podróży zagranicznych. Stopniowo też zaczynała dawać mu się we znaki jego choroba. Jego przemówienia, tak w Izbie Gmin, jak i na przygodnych mównicach, zaczynały wprawiać słuchaczy w zakłopotanie – plątało mu się, gubił wątek własnej argumentacji, a przyjaciele dyskretnie wymykali się lub zażenowani, siedzieli cicho. „Nie było ani spuszczenia kurtyny, ani odejścia na emeryturę – wspominał swojego przyjaciela lord Rosebery – Umierał na oczach wszystkich, cal po calu".

Latem 1894 roku, kiedy Winston był na drugim roku w Sandhurst, stanu lorda Randolpha nie dało się już przed nikim ukryć. Był chudy i blady, z głębokimi bruzdami na twarzy. Włosy mu prawie całkiem wypadły. Ręce mu się trzęsły, a jego mowa stała się niewyraźna i drżąca. Podczas obiadu jeden z gości zauważył „błyski nienawiści, złości i strachu w jego oczach". W pewnym momencie Randolph, nie mogąc mówić, wskazał na półmisek i pisnął „Eeeeee!". Gość zapytał, czego by chciał. Randolph pokazał i ponownie zaskowyczał: „Eeeeee! Chce tego!". Gość był przekonany, że Randolph doszedł już do „tego stadium obłędu, który nazywam <<stadium złośliwej małpy>>".

Jennie zabrała go w rejs dookoła świata w nadziei, że mu się polepszy, a jeśli nawet nie, to że usunie go przynajmniej sprzed świateł reflektorów*. Gdy towarzystwo osiągnęło Madras stało się jasne, że lord Randolph jest umierający. Przerwali rejs i wrócili do domu. Winston, który dotychczas widywał ojca tak rzadko, że doznał szoku na samą wiadomość, iż ten jest chory, spędzał właśnie swój ostatni miesiąc w Sandhurst. Szansa, na którą miał nadzieję, zasłużyć sobie na szacunek ojca, zaprzyjaźnić się z nim, stanąć przy jego boku, miała pozostać niespełnioną. Musiał przylgnąć pamięcią do tego jednego, jedynego spotkania, kiedy to ojciec, najpierw wściekłszy się na niego za jakieś wykroczenie, po chwili się uspokoił i smutno rzekł do Winstona: „Pamiętaj, że moje sprawy nie zawsze dobrze się układają. Wszystkie moje działania są mylnie oceniane, a każde słowo przekręcane. [...] Tak że miej to na uwadze". Pomimo swojego surowego i samotnego dzieciństwa Winston był zdruzgotany, gdy ojciec zmarł 21

---

* Podczas jego choroby, jak i po śmierci, Jennie zdecydowanie odmawiała zezwolenia komukolwiek na nazwanie choroby, która zabiła jej męża. Winston nigdy tego nie uczynił, a nawet w 1966 roku syn Winstona, też Randolph, określał swojego dziadka jako cierpiącego na „ciężką chorobę psychiczną" (*przyp. aut.*).

stycznia 1895 roku. „Oto skończyły się wszystkie moje marzenia o przyjaźni z nim, o wejściu do parlamentu u jego boku i za jego wsparciem – napisał wiele lat później – Pozostawało mi tylko realizować jego cele i oczyścić pamięć o nim”.

W sześć miesięcy po śmierci lorda Randolpha Woom także już nie żyła. Oddanie, jakie jej okazywał Winston, nigdy się nie zachwiało. Gdy przyjeżdżała odwiedzić go w Harrow czy w Sandhurst, w swoim starym, sfatygowanym czepku, zawsze oprowadzał ją pod rękę po terenie szkoły, aby potem, na oczach wszystkich, pocałować ją na pożegnanie. Latem 1895 poraziło ją zapalenie otrzewnej. Winston pośpieszył z Aldershot, zatrzymując się po drodze w Londynie, żeby zabrać doktora. Podszedł do jej łóżka tak jak stał, prosto z deszczu, i natychmiast Woom zaczęła się martwić. „Maja marynarka była mokra – wspominał Winston – Gdy poczuła to swoimi rękoma, zatrwożyła się wielce z obawy, że mogę się zaziębić. Musiałem marynarkę zdjąć i gruntownie wysuszyć, zanim wreszcie się uspokoiła”.

Pani Everest zmarła w ramionach Winstona, który natychmiast wyjechał do Harrow, aby podzielić się wiadomością z bratem, Jackiem. Winston zorganizował pogrzeb, a nawet dostarczył wieniec w imieniu swojej matki, która w tym czasie bawiła w Paryżu, zbyt zajęta, by wziąć udział w pogrzebie. Te dwa zgony, ojca i pani Everest, oznaczały dla Winstona Churchilla koniec młodości. Ojca swego upamiętnić miał dwutomową biografią; zdjęcie Woom pozostawało w jego pokoju do dnia jego własnej śmierci siedemdziesiąt lat później.

Śmierć Randolpha dała Winstonowi wolność. „Byłem teraz panem własnego losu” – zapisał. Porucznik Winston Churchill ukończył Sandhurst tej samej zimy, kiedy jego ojciec zmarł. „W górę podnieśmy znów dumny sztandar – miał napisać potem, wspominając swe ówczesne uczucia – Nie przyjmuj Nie za odpowiedź. Nigdy nie poddaj się niepowodzeniu. [...] Będziesz popełniał wszelkie możliwe błędy, lecz tak długo, jak długo pozostaniesz wielkoduszny i prawdziwy, a także zawzięty, nie jesteś w stanie światu zaszkodzić, a nawet sprawić mu poważniejszej nieprzyjemności. Został stworzony po to aby młodość go kusiła, a w końcu zdobyła. Żył on i rozkwitał tylko dzięki kolejnym podbojom”.

Opis następnych pięciu lat życia Churchilla czyta się raczej jak fabułę „dwupensowej” wiktoriańskiej powieści niż jak rzeczywiste sprawozdanie z przygód młodego oficera brytyjskiego. Jakimś cudem, w owym krótkim okresie czasu, naznaczonym szczytowym natężeniem kolonializmu europejskiego, młody ten człowiek zdołał znaleźć się pod ogniem w czterech różnych wojnach, toczonych w czterech oddalonych od siebie kątach ziemi. Jesienią 1895 uczestniczył w kampanii armii hiszpańskiej przeciwko partyzantom na Kubie; w 1897 walczył w kampanii przeciw plemieniu Pathanów na północno-zachodnim pograniczu Indii; w 1898 służył pod Kitchenerem w Sudanie i razem z 21 Pułkiem Lansjerów uczestniczył w słynnej „ostatniej szarży kawalerii Armii Brytyjskiej"; rok później brytyjski pociąg pancerny, którym przemierzał prowincję Natal, został schwytany w pułapkę przez Burów, a sam Churchill – wzięty do niewoli. Zbiegł, powrócił do domu jako bohater, napisał trzecią z trzech swoich sławnych książek o własnych przygodach i – teraz już jako najsławniejszy młody człowiek w Anglii – został wybrany do Izby Gmin w „wyborach barwy khaki" w roku 1900.

Nic z tego nie mogło się zdarzyć bez nieugiętej, wciąż pchającej go naprzód, ambicji Winstona i bez potężnej pomocy ze strony Jennie. Prawie z chwilą śmierci lorda Randolpha, jego stosunek do niej się zmienił. Churchill w ten sposób podsumował ten nowy rodzaj związku między nimi: „Szło mi teraz na dwadzieścia jeden lat, a ona nigdy przecież nie zamierzała egzekwować rodzicielskiej kontroli. W rzeczy samej rychło stała się żarliwym sojusznikiem, wspomagając moje plany i broniąc moich interesów, używając całego swego wpływu i bezgranicznej energii. Mając czterdziestkę, nadal była młoda, piękna i fascynująca. Współpracowaliśmy ze sobą na równych prawach, bardziej jak brat i siostra aniżeli matka i syn". Winston wiedział o jej kochankach; mając jeszcze lat szesnaście pisał do brata, że przybył nieoczekiwanie z Harrow do domu i „zastał Mamę jedzącą śniadanie z hrabią Kińskim". Wydawało się to nie mieć dla niego znaczenia, a rychło miał wykorzystywać kochanków matki, będąc wobec nich tak samo natarczywy jak wobec niej.

W przygotowaniach do swojej pierwszej wojny, kampanii na Kubie, Winston nie potrzebował od matki nic więcej niż jej zgody. Jego nowy pułk, 4 Pułk Huzarów, miał wypłynąć na dziewięcioletnią służbę w Indiach i wszystkim oficerom dano dziesięciotygodniowy urlop. Większość wybrała się, aby gonić konno za lisem, skakać przez płoty lub żeglować, lecz Winston zdecydował się złożyć wizytę na wojnie.

Wśród armii oficerów znudzonych pokojową rutyną istniała tradycja podróżowania na własny koszt do rejonów działań wojennych i wpraszania się do akcji w niemalże dowolnym charakterze. Winston zabrał się do sprawy poprzez ambasadora brytyjskiego w Madrycie, który był dawnym przyjacielem jego ojca. Gdy załatwił już sobie w ten sposób zezwolenie na obserwację wojny na Kubie, wytłumaczył matce, że 37 funtów potrzebnych na bilet powrotny do Nowego Jorku i Hawany to mniej niż kosztowałyby 2 miesiące polowania na lisy. I oto 30 listopada 1895 roku obchodził swoje dwudzieste pierwsze urodziny, słuchając jak kule świszczą mu nad głową i ze stukiem wbijają się w palmowe pnie. Stwierdził, że to mu się podoba: „Nic bardziej nie doda ci animuszu niż gdy cię ostrzeliwują bezskutecznie" – napisał. Jego sprawozdania, publikowane jako „Listy z frontu", przynosiły mu pięć gwinei za odcinek od redakcji „Daily Graphic".

Winston odczuł dreszczyk emocji związany z pozostawaniem pod ogniem, ale po powrocie do Londynu ujrzał perspektywy swej kariery w armii w dość ponurym świetle. Dziewięć lat w Indiach, życie koszarowe bez udziału w akcji, bez awansu i bez sławy zblakło w jego oczach, zanim się jeszcze zaczęło. Dzięki koneksjom matki spotkał się i obiadował z Chamberlainem, Balfourem, Asquithem i innymi czołowymi politykami. Planował objąć schedę po ojcu, zostać wybranym do parlamentu. Ale jak miał ujść z rąk armii, gdzie miałby znaleźć pieniądze, aby wkroczyć do polityki? Zwrócił się do Jennie: „Nie mogę uwierzyć abyś ze wszystkimi swoimi wpływowymi przyjaciółmi i tymi, którzy mogliby coś dla mnie zrobić przez wzgląd na ojca, nie potrafiła czegoś załatwić". Prosił, żeby skierować go do Egiptu lub Południowej Afryki. Tym razem nie zdołała mu pomóc. Odpłynął do Indii. Stacjonował tam w Bangalore, na wzgórzach południa Indii, trzy tysiące stóp ponad poziomem morza*, gdzie ranki i wieczory były rześkie i chłodne. Winston mieszkał w „bungalowie – pałacyku, wszystko w różu i bieli", o dachu krytym dachówką i werandzie otoczonej kolumnami, wychodzącej na ogród, gdzie kwitły fioletowe bougainville. Oficerowie ćwiczyli co rano przez półtorej godziny, potem zaś Winston grywał w polo i czytał. Młody człowiek, który nigdy nie uczęszczał na uniwersytet, z determinacją brnął przez 12 tomów

* Ok. 1000 m n.p.m.

Macaulaya* i 4000 stron Gibbona.* Ćwiczył dykcję; całe życie cierpiał na wadę wymowy, po części jąkanie, po części seplenienie. Miał trudności z wymawianiem litery „S" i zwykł był przechadzać się po pokoju, powtarzając: „Hiszpańskie statki postawiły marsle i sterując wschodnim kursem niestrudzenie halsowały". Znudzony, bombardował matkę apelami, aby znalazła mu jakąś wojnę. Gdy w kwietniu 1897 wybuchły walki między Grecją a Turcją, zdawało mu się że ujrzał swoją szansę. Wziąłby urlop i obsługiwał tę wojnę, jako specjalny korespondent. Nie dbał o to, po której miał być stronie, pisał do Jennie. „Jeśli możesz zdobyć dla mnie dobre listy polecające do Turków – pojadę do Turków. Jeśli do Greków – to do Greków". Wojna skończyła się, zanim mógł pojechać dokądkolwiek.

Sierpień 1897 roku Winston spędzał na urlopie w Anglii, gdy zbuntowały się plemiona Pathanów na pograniczu indyjsko-afgańskim. W celu stłumienia powstania miały tam zostać wysłane trzy brytyjskie brygady, nazwane Grupą Operacyjną Malakand. Churchill spotkał się z dowódcą grupy, generałem majorem Sir Bindonem Bloodem i wyciągnął od niego przyrzeczenie, że jeśli ów w ogóle wprowadzałby oddziały do akcji, pozwoliłby Churchillowi na przyłączenie się do niego. Winston, opierając się na obietnicy Blooda, skrócił swój urlop i wsiadł na pierwszy parowiec do Bombaju. Pozostawił za sobą instrukcje dla matki, aby znalazła mu gazetę na rzecz której działałby jako korespondent. Jennie znalazła „Daily Telegraph", zaś Blood, nie znajdując miejsca dla Churchilla w charakterze oficera, zgodził się zabrać go jako dziennikarza. Pathani nie potrafili odróżnić oficera od dziennikarza i gdy grupa znalazła się w pułapce w pobliżu przełęczy Chyberskiej, Winston walczył z nimi swoim rewolwerem. Gdy kampania się skończyła, wrócił do Bangalore i zaczął pracować nad książką pt. „Historia Grupy Operacyjnej Malakand"*. Jego opisy stawiały teren walk jak żywy przed oczami czytelnika: „Himalaje nie są tylko łańcuchem, lecz całym krajem gór. Stojąc na jakiejś wyniosłej przełęczy lub w punkcie dowodzenia [...] widać pasmo za pa-

* T. B. Macaulay, baron Rothley (1800-1859) – angielski liberalny polityk, eseista, poeta i historyk, autor pięciotomowej „Historii Anglii" obejmującej lata 1688-1802.

* Edward Gibbon (1737-1794) – angielski historyk i badacz, najbardziej znany ze swego monumentalnego dzieła „Historia zmierzchu i upadku Cesarstwa Rzymskiego", obejmującego okres od II w n.e. do 1453 roku.

* Tytuł oryginału: „The Story of the Malakand Field Force".

smem, jak długie fale atlantyckiego przyboju, a gdzieś w dali jakiś migocący w słońcu, ośnieżony szczyt udaje falę większą od pozostałych”. [...] „Jaskrawe słońce oświetlające wijące się błotniste wody, czarne odstręczające skały, białe namioty brygady o milę w górę doliny, długie pasma żywej zieleni pól ryżowych wzdłuż rzeki, a na pierwszym planie brązowo odziani zbrojni ludzie”. Napisał ją w dwa miesiące i wysłał matce, aby znalazła wydawcę. Jennie poprosiła o radę Arthura Balfoura i wydawca się znalazł. Wszystko zależało teraz od szybkości – ktoś pisał już drugą książkę o ekspedycji – i gdy Winston zobaczył szczotki, aż skręcał się z zakłopotania i wstydu. Książka zawierała „około 200 literówek, omyłek i błędów”, które „odbierały wszelką przyjemność z czytania, jakiej oczekiwałem i zostawiały jedynie poczucie wstydu, że taka impertynencja ma być zaprezentowana publiczności – chyba jako przykład bezładnego i niedbałego ducha epoki – a także tego, co ojciec mój ani chybi nazwałby moimi niechlujnymi i niezaradnymi obyczajami”. Churchill był zbyt wrażliwy. Książka spotkała się z entuzjastycznym przyjęciem. Recenzenci i czytelnicy pospołu przechodzili do porządku nad błędami i chwalili „mądrość”, „wszechstronność” i „styl” autora. Churchill był zdziwiony i poruszony. „Nikt nigdy dotąd mnie nie chwalił – napisał – Jedyne uwagi, jakie kiedykolwiek czyniono na moich pracach szkolnych to: <<Mierne>>, <<Niechlujne>>, <<Złe>>, <<Bardzo złe>>, itp. A teraz cały wielki świat, z jego wiodącymi pismami literackimi, oczytanymi i czujnymi krytykami, wypisuje całe kolumny pochlebstw”. Książę Walii przeczytał książkę i wysłał egzemplarz swojej siostrze, cesarzowej Wiktorii. „Drogi mój Winstonie – napisał do autora – Nie mogę oprzeć się potrzebie skreślenia kilku linijek, aby pogratulować ci sukcesu twojej książki! Przeczytałem ją z największym możliwym zainteresowaniem i uważam opisy i generalnie język za znakomite. Wszyscy ją czytają i zewsząd słyszę tylko słowa pochwały”.

Winston zawsze chciał być tam gdzie trwały najgorętsze walki, lecz jako korespondent, a nie jako oficer. Jeszcze przed publikacją swej książki wściekał się na Jennie za dopuszczenie, aby „Daily Telegraph” drukował jego depesze anonimowo. „Pisałem je wszystkie z myślą [...] zaprezentowania mojej osobowości wyborcom – powiedział matce – Jeśli mam dokonać czegoś na tym świecie, to powinnaś zdecydować się na nadanie sprawie rozgłosu. [...] Oczywiście, pewna liczba ludzi się obrazi”. Z powodu anonimowych nagłówków orzekł:

„Muszę uważać doskonałą okazję zaprezentowania swojego nazwiska krajowi we właściwym i korzystnym świetle – przy pomocy obrazowych a przekonujących listów – za straconą”.

Następną słynną kampanią stać się miał marsz Kitchenera w górę Nilu w celu odbicia Sudanu i pomszczenia śmierci generała Gordona. W kwietniu 1898, gdy jeszcze „Historia Grupy Operacyjnej Malakand” była czytana w londyńskich salonach, Churchill błagał matkę, żeby pociągała za wszelkie dostępne jej sznurki. „Musisz załatwić mi Egipt. [...] Masz tyle możliwych kierunków natarcia. Proszę cię, nie miej skrupułów, lecz dokuczaj na prawo i lewo i nie akceptuj odmowy”. Dwa miesiące później, ciągle w Indiach, zaczynał popadać w rozpacz: „Och, jakbym chciał urobić cię w sprawie Egiptu. Wiem, że ze swoimi wpływami i tymi wszystkimi ludźmi których znasz, możesz tego dokonać. Jest to wiek rozpychania się łokciami, a my musimy przepchnąć się z najlepszymi”. Jennie podjęła wyzwanie i – jak później napisał Winston – nie było „ani jednego kamienia, pod który by nie zajrzała, ani jednego sznurka, za który by nie pociągnęła, ani jednego kotleta którego by nie dosmażyła”, słowem – poruszyła niebo i ziemię. Książę telegrafował do Kitchenera w imieniu Winstona, ale Sirdar, który nie cierpiał młodszych oficerów piszących sprawozdania z kampanii, i to takie, w których krytykowało się starszych oficerów, odmówił. „Nie chcę Churchilla bo nie mam miejsca” – stwierdził. Jennie udała się do Kairu, aby otworzyć ogień na krótki dystans. Bez efektu. W czerwcu Winston wziął więcej urlopu i wybrał się z Indii do domu, aby przedstawić swą sprawę osobiście. W Ministerstwie Wojny spotkał dwustu oficerów zgłaszających się do udziału w kampanii. A potem interweniowało przeznaczenie. Lord Salisbury przeczytał „Historię Grupy Operacyjnej Malakand” i zaprosił syna lorda Randolpha, aby przyszedł i opowiedział mu coś więcej. Premier przyjął porucznika w swoim dużym pokoju w Ministerstwie Spraw Zagranicznych z widokiem na Horse Guards Parade i ze staroświecką kurtuazją poprowadził go do małej kanapy. Powiedział Winstonowi, że uznał książkę za fascynującą „nie tylko w treści ale i w formie” i że był w stanie „z twojego pisania wyrobić sobie lepszy pogląd na walki toczące się w tych odległych dolinach górskich”, aniżeli ze wszystkich urzędowych dokumentów, które dawano mu do przeczytania. Pod koniec rozmowy, odprowadzając swojego gościa do drzwi, lord Salisbury dodał, „Jeśli kiedykolwiek będzie coś, co byłoby ci pomocą, a mógłbym to

Lord Salisbury

Joseph Chamberlain

Minister kolonii z żoną Mary

Cecil Rhodes

Lord Lansdowne

Arthur Balfour jako premier w roku 1902

Komandor John Fisher, dowódca HMS „E x c e l l e n t", rok 1883

Wiceadmirał Fisher jako głównodowodzący Floty Sródziemnomorskiej w salonie admiralskim na pokładzie okrętu liniowego HMS „R e n o w n" w roku 1900

Pierwszy lord morski

Lord Charles Beresford

Sir Henry Campbell-Bannerman

H.H. Asquith

Margot Tennant

Venetia Stanley

Rodzina Asquithów z przyjaciółmi w Irlandii w 1912 roku. Pierwszy rząd: premier (drugi od lewej), Margot Asquith (trzecia od lewej), Violet Asquith – córka Asquitha z pierwszego małżeństwa (ostatnia po prawej). W drugim rzędzie stoją dwaj synowie Asquitha z pierwszego małżeństwa: Arthur (drugi od lewej) i Cyril (piąty od lewej)

David Lloyd George

Richard B. Haldane

Sir Edward Grey

Trzydziestodziewięcioletnia Jennie Churchill w 1893 roku

Winston Churchill z matką w 1912 roku.
Winston miał wtedy 37 lat, Jennie – 58

Winston Churchill w roku 1904,
gdy porzuciwszy Uniomistów,
przeszedł na stronę liberałów

Pierwszy lord Admiralicji dokonuje inspekcji kadetów marynarki wojennej w 1912 roku

HMS „D r e a d n o u g h t” w roku 1907 zostaje okrętem flagowym Floty Ojczyźnianej (*Home Fleet*)

dla ciebie uczynić, proszę, abyś się nie krępował i dał mi znać". Winston zebrał całą swoją odwagę i trzy dni potem napisał: „Drogi lordzie Salisbury: Bardzo pragnę pojechać do Egiptu i udać się do Chartumu wraz z ekspedycją". Jego celem było, jak wyjaśniał, napisanie drugiej książki. „Z niechęcią zawracam tym panu głowę – stwierdził – Ale mam do wyboru albo właśnie to, albo też porzucenie projektu, który już od dawna leży mi na sercu. [...] Ośmielam się być zdania, że nie wyniknie z tego żadna szkoda, a raczej korzyść. Poza tym sprawa jest całkiem bez znaczenia dla kogokolwiek poza mną". Za kilka dni porucznik Churchill został przydzielony jako nadliczbowy oficer do 21 Pułku Lansjerów na okres kampanii sudańskiej. Winston zawarł umowę z „Morning Post" na napisanie serii artykułów po 15 funtów za odcinek i prysnął do Egiptu. Wziął pociąg do Marsylii, skąd „brudnym trampem" udał się do Aleksandrii, aby przyłączyć się do 21 Pułku Lansjerów w Kairze, właśnie w chwili, gdy ten zajmował miejsca w pociągach i na statkach rzecznych, ruszając w tysiącczterystumilową podróż w górę Nilu, gdzie miał połączyć się z armią Sirdara.

„Nikt już nigdy nie uświadczy czegoś takiego jak bitwa pod Omdurmanem – napisał Churchill – Wszystko widoczne było gołym okiem. Armie maszerowały i manewrowały na szorstkiej powierzchni pustynnej równiny, przez którą szeroko i prosto jak okiem sięgnąć płynął Nil, raz stalowoszary, raz miedzianobrązowy". Armia brytyjsko-egipska, 26 000 żołnierzy, rozłożyła się wielkim łukiem opartym o Nil, gdzie kotwiczyło osiem brytyjskich kanonierek z działami skierowanymi na pustynię. O wschodzie słońca dnia 2 września 1898 roku, armia derwiszów w sile sześćdziesięciu tysięcy zaczęła swój ruch przez piaszczystą równinę. Churchill z patrolem lansjerów spoglądał w dół na wroga: „Front ich miał prawie pięć mil długości [...] ożywiony nieco i urozmaicony dziwacznym migotaniem światła odbijającego się od grotów ich włóczni. [...] Nagle uświadomiłem sobie, że cała ta masa jest w ruchu i szybko postępuje naprzód. Ich emirowie galopowali wokół i przed ich szeregami. [...] Potem zaczęli wznosić okrzyki. [...] Do nas, patrzących ze wzgórza, potworny ryk dotarł w postaci kilku fal dźwiękowych, coś jak szum podnoszącego się wiatru i morza przed sztormem. Pomimo całej ufności, jaką pokładałem w broniach cywilizacji [...] ten aspekt siły zawartej w wielkiej chmarze nieugiętych barbarzyńców, z takim zapałem pędzących do ataku [...] wywołał we mnie poczucie osamotnienia".

Pomimo liczebnej przewagi wojsk kalifa była to nierówna walka. „Bronie cywilizacji" – cztery baterie haubic Kitchenera, działa kanonierek na Nilu, nowoczesne karabiny posiadane przez oddziały Brytyjczyków i Egipcjan – wycinały „szerokie wyrwy i bezkształtne stosy ciał" w nadciągającej armii derwiszów. Zachwiali się oni zanim jeszcze dotarli do linii brytyjskich. Dwadzieścia tysięcy ludzi leżało zabitych i rannych. Z powodu nie bardziej istotnego niż ten, który w swoim czasie przyczynił się do wysłania Lekkiej Brygady w Dolinę Śmierci*, teraz z kolei 21 Pułk Lansjerów został wysłany do szarży. Churchill jechał na czele szwadronu, dzierżąc swojego mauzera: „Zderzenie było już teraz bardzo bliskie. Nie dalej niż dziesięć jardów przede mną zobaczyłem dwóch niebiesko ubranych mężczyzn leżących wprost na mej drodze. Skierowałem się w lukę pomiędzy nimi. Obaj wystrzelili. Przeleciałem przez dym świadom że nic mi się nie stało. Żołnierz bezpośrednio za mną został zabity".

Oto derwisz szarżuje z szablą: „Miałem swobodę i dość czasu, by zawrócić koniem poza jego zasięg i, przechylając się na zewnętrzną stronę, dwakroć do niego wypalić z dystansu około 3 jardów. Gdy wyprostowywałem się w siodle, ujrzałem przed sobą inną postać z podniesioną szablą. Uniosłem pistolet i strzeliłem. Byliśmy tak blisko, że chyba po prostu uderzyłem go pistoletem". Inny derwisz „zamierzył się na mnie włócznią. Zastrzeliłem go z odległości mniejszej niż jard. Opadł na piasek i leżał tam martwy". Potyczka się skończyła. „Ale teraz z kierunku nieprzyjaciela nadciągał korowód przerażających widm: tryskające krwią konie, usiłujące utrzymać się na trzech nogach, utykający ludzie, krwawiący ze straszliwych ran, z haczykowatymi włóczniami przechodzącymi na wylot przez ich ciała, twarze i ramiona posiekane na kawałki, wypływające trzewia, ludzie dyszący, płaczący, upadający i gasnący". 21 Pułk Lansjerów stracił w zabitych i rannych czwartą część swoich ludzi i trzecią koni w ciągu dwóch minut bitwy.

Gdy tylko kampania się skończyła, Churchill wrócił do Anglii. „Przybądź na spotkanie i opowiedz mi o swoich dalszych planach" –

---

* Autor odwołuje się tu do słynnej szarży Lekkiej Brygady pod dowództwem lorda Cardigana w bitwie pod Bałakławą, 25 października 1854, podczas wojny krymskiej. Szarża ta była zarządzona po części omyłkowo, a po części była w ogóle zbędna. Uwieczniona w słynnym poemacie Tennysona właśnie pod tytułem „Szarża Lekkiej Brygady".

pisał książę Walii, który zaprosił Winstona na obiad w Marlborough House, gdzie przynaglał młodego człowieka do napisania kolejnej książki. Churchill wystąpił z armii, zaczął pracować nad „Wojną nad Rzeką”, rzeczą o kampanii sudańskiej, i wystartował w wyborach do parlamentu. Przegrał, ale nie wyglądało to źle. Gdy sprzeczka Brytanii z Burami zakończyła się burskim ultimatum, Churchill wyczuł wojnę i dalsze możliwości znalezienia sławy. 14 października 1899 wypłynął do Afryki Południowej, aby opisywać wydarzenia dla „Morning Post”. W ciągu dwóch tygodni od przybycia do Capetown, Churchill zdążył być w akcji i znaleźć się za drutami kolczastymi w Pretorii jako więzień Burów.

Eskapada ta była natchnionym kawałkiem churchilowskiego melodramatu. Gdy oczekiwał na rozpoczęcie głównej kampanii, zaproszono go, aby towarzyszył brytyjskiemu pociągowi pancernemu, udającemu się przez Natal do oblężonego miasta Ladysmith. Pociąg, wiozący dwie kompanie brytyjskich żołnierzy, „był osłonięty od końca do końca grubymi płytami”, lecz jakiekolwiek uszkodzenie torów natychmiast go unieruchomiało. Generał Louis Botha, dowódca sił burskich oblegających Ladysmith, wyruszył już w pole z pięcioma setkami konnych, gdy zauważył pociąg w kłębach pary podążający na północ. Wszystko, co musiał uczynić, to zawalić tor za pociągiem kilkoma dużymi głazami, potem postraszyć go, oddając kilka strzałów armatnich przed lokomotywę, a potem już tylko czekać, aż zmuszony do wycofania się pociąg wpakuje się idąc całą szybkością wstecz i spiętrzy na głazach. Trzy wagony uległy wykolejeniu i zaskoczeni żołnierze brytyjscy znaleźli się wnet pod ciężkim, dokładnym ogniem burskich strzelców. I chociaż, technicznie rzecz biorąc, Churchill był tylko obserwatorem, przejął odpowiedzialność, aby spróbować ocalić ludzi. Przez siedemdziesiąt minut, w pełni wystawiony na ogień nieprzyjaciela, pracował, żeby oczyścić torowisko z wykolejonych wagonów i oswobodzić lokomotywę. Częściowo mu się to udało i wysłał lokomotywę, załadowaną rannymi, w bezpieczny rejon. Gdy wracał, aby spróbować wyprowadzić resztę żołnierzy, znalazł się nagle twarzą w twarz z wylotem lufy strzelby trzymanej przez burskiego jeźdźca. Jeźdźcem okazał się zaś nikt inny, jak sam Louis Botha, jeden z najlepszych strzelców wyborowych w Południowej Afryce, późniejszy premier Transwalu i dozgonny przyjaciel Churchilla. Winston pamiętał cytat z Napoleona: „Gdy ktoś jest sam, w dodatku nieuzbrojony, można mu wybaczyć kapitulację". Podniósł więc ręce do góry. „Nie zamierzamy pozwolić ci odejść, chłopie, chociaż jesteś korespondentem – powiedział, śmiejąc się, jeden z tych co go schwytali – W końcu syn lorda nie trafia się nam codziennie".

Churchill pozostał w niewoli przez niecały miesiąc. Pewnej nocy wskoczył na mur za obozową latryną, opuścił się z drugiej strony i oto był wolny. Przeszedł z zimną krwią ulicami Pretorii, wskoczył na przejeżdżający pociąg z węglem i opuścił miasto. Nadal jednak znajdował się o trzysta mil od przyjaznego bądź neutralnego terytorium, nie znał języka i posiadał jedynie trochę czekolady i kilka sucharów. Pierwszy dom, do którego spróbował zapukać, należał do angielskiego kierownika kopalni, który ukrywał go na dnie węglowego szybu przez trzy dni, podczas kiedy Burowie porozwieszali po całym Transwalu plakaty opisujące zbiega: „Anglik, wiek 25 lat, około 5 stóp 8 cali wzrostu, przeciętnie zbudowany, lekko utyka, blady, rudobrązowe włosy [...] nie potrafi wymawiać litery <<S>> [...]". Churchill leżał wśród szczurów biegających mu po twarzy, dopóki jego dobroczyńca nie mógł go przeszmuglować skrytego między balami wełny w pociągu kierującym się do Lourenço Marques w Portugalskiej Afryce Wschodniej. Gdy Churchill przybył do pierwszego miasta po drugiej stronie granicy i udał się do Konsulatu Brytyjskiego, pomniejszy urzędniczyna, raz tylko spojrzawszy na jego poszarpaną odzież, kazał mu się wynosić. Churchill cofnął się na środek ulicy, spojrzał na górne piętro, gdzie mieściły się biura konsula i ryknął: „Jestem Winston Cholerny Churchill. Złaź pan w tej chwili na dół".

Po powrocie do Południowej Afryki Churchill stał się bohaterem. Ponownie uzyskał swój stopień oficerski w armii, wstąpił do południowoafrykańskiego pułku kawalerii i walczył w kilku najkrwawszych bitwach tej wojny. Przedstawiony został do Krzyża Wiktorii, co zawetował Kitchener, i jechał w pierwszych kolumnach mających oswobodzić Ladysmith oraz wyzwolić Pretorię i Johannesburg. Wrócił do Anglii, gdzie zastał matkę zamierzającą właśnie poślubić George'a Cornwallisa-Westa, „najprzystojniejszego mężczyznę w Anglii", starszego od Winstona zaledwie o szesnaście dni, zaś od przyszłej panny młodej – młodszego o lat dwadzieścia. Jej przyjaciele byli skonsternowani, ale Jennie o to nie dbała. „Zdaje mi się, że uważasz mnie za bardzo głupią – rzekła do przyjaciółki – ale sprawia mi to taką przyjemność". Winston lojalnie ją popierał. Napisał nową książkę:

„Z Londynu do Ladysmith przez Pretorię”, objechał Stany Zjednoczone, dając wykłady i zebrał 15 000 funtów tytułem tantiem autorskich, honorariów dziennikarskich i wynagrodzeń za wykłady. A potem, najsławniejszy młody człowiek Anglii, mający już stosowne wsparcie finansowe, ponownie wystartował w wyborach parlamentarnych. We wrześniu został wybrany do Izby Gmin, w składzie której miał pozostawać przez sześćdziesiąt pięć lat.

Z początku wygląd młodego człowieka o różowej twarzy, jasnoniebieskich oczach i rudawych włosach budził wspomnienia o jego ojcu. Korespondent „Daily Mail” zanotował: „kanciaste czoło i nieulękłe oczy [...] pośpieszny krok wzdłuż lobby”. Obserwator z „Puncha” podawał, że „gdy młody poseł z Oldham* zwraca się do Izby, z rękoma na biodrach, głową wysuniętą ku przodowi, wysuniętą prawą nogą, ogarniają człowieka wspomnienia dni, które już nie wrócą”. Niezadługo zresztą Winston stał się już znany z powodu swojej osobowości: „niespokojny, egotystyczny, zarozumiały, o płytkim umyśle i wstecznik, ale też o pewnym osobistym magnetyzmie, wielkim zacięciu i niejakiej oryginalności” – uważała Beatrice Webb*. Gdy przemawiał Churchill, galeria prasowa ożywała. Ile koni i mułów zostało wysłanych do Afryki Południowej – chciał się dowiedzieć Churchill od ministra wojny, którego nie lubił. Gdy uzyskał odpowiedź, natychmiast miał kolejne pytanie: „Czy mój Wielce Czcigodny* Przyjaciel potrafi wskazać liczbę osłów wysłanych do Afryki Południowej?” W 1904 roku Churchill nie mógł już dłużej znieść rozłamu pomiędzy Balfourem a Chamberlainem w sprawie wolnego handlu i przekroczył nawę parlamentu, aby zasiąść po stronie Partii Liberalnej. Campbell-Bannermann dał swojemu nowemu rekrutowi ważne, prawie gabinetowe stanowisko podsekretarza do spraw Kolonii w rządzie liberalnym roku 1905; Asquith awansował go do gabinetu, najpierw

---

* Oldham – okręg wyborczy, z którego Churchill został wybrany do Izby Gmin.

* Martha Beatrice Webb (z d. Potter, 1858 -1943) – angielska ekonomistka proweniencji socjalistycznej. Razem z mężem, Sidneyem, należała do socjalistycznego „*Fabian Society*” i była współzałożycielką London School of Economics and Political Sciences.

* Churchill po części nie szydził. W oryginale *Right Honorable*, tytuł przysługujący w Wielkiej Brytanii, Kanadzie i niektórych innych krajach ministrom i pewnym innym oficjelom, podobnie jak *Honorable* – członkom parlamentu, a *Most Honorable* – kawalerom (i damom) najwyższych orderów.

jako przewodniczącego Rady d.s. Handlu, potem jako ministra spraw wewnętrznych.

W roku 1911 Churchill był jedynym człowiekiem w Anglii natychmiast rozpoznawanym po imieniu. „Gdyby nie ja, ten młody człowiek by nie istniał" – powiedział Edward VII lordowi Esherowi. „Jakżeż to, sir?" – zapytał zdumiony Esher. „Zarówno diuk jak i diuszesa przeciwni byli małżeństwu Randolpha – wyjaśnił król – To dzięki Nam w końcu ulegli". W wieku lat trzydziestu sześciu Winston miał prawie wszystko czego chciał: sławę, podium, miejsce przy stole wielkich. Wreszcie owego jesiennego popołudnia na polu golfowym w Szkocji Asquith powierzył mu odpowiedzialność i jednocześnie dał szansę – obie na miarę jego talentów. Oddał w ręce Winstona Marynarkę Królewską.

41

Churchill w Admiralicji

W poniedziałek 25 października 1911 roku Churchill i McKenna zamienili się urzędami. Rano McKenna przybył do Ministerstwa Spraw Wewnętrznych i Churchill przedstawił go czołowym oficjelom; po lunchu Churchill udał się do Admiralicji, gdzie z kolei McKenna przedstawił lordów morskich i naczelników wydziałów. Nastawienie McKenny pozostawało ponure, lecz poprawne. Nie był wcale szczęśliwy, że został spławiony z Admiralicji, a jego zwolennicy, zarówno w marynarce, jak i w całym kraju podzielali jego poglądy. Posypały się telegramy i listy wyrażające mu wdzięczność za jego walkę z oszczędzaczami podczas tych trzech i pół roku na stanowisku pierwszego lorda. Cios wydawał się jeszcze większy z powodu tego, że zastępował McKennę jeden z dwóch arcyoszczędzaczy w gabinecie, Winston Churchill.

Niektórzy w parlamencie i poza nim nie rozumieli naburmuszenia McKenny spowodowanego jego przejściem z Admiralicji do Ministerstwa Spraw Wewnętrznych. W nieformalnej klasyfikacji stanowisk gabinetowych, minister spraw wewnętrznych był numerem trzecim, zaraz po premierze i kanclerzu Izby Rozrachunkowej, a pierwszy lord Admiralicji był daleko z tyłu. Taka zresztą była własna opinia Churchilla jeszcze w 1902 roku, kiedy to skarcił Austena Chamberlaina za jego pragnienie zostania pierwszym lordem, nazywając je „kiepską ambicją".

Wielu żywiło obawy względem nowej postaci wprowadzającej się do Admiralicji. Obserwatorzy widzieli oto wspaniałego, pewnego siebie młodzieńca o wielkiej odwadze fizycznej i niespożytej energii, dysponującego ogromną elokwencją i siłą wyrazu. Przypominał wręcz meteor. Członek gabinetu w wieku lat trzydziestu trzech, dwa lata w Radzie d.s. Handlu, dwadzieścia miesięcy w Ministerstwie Spraw Wewnętrznych; teraz w wielu trzydziestu sześciu lat, ciągle był młodszy o pół pokolenia od swoich kolegów (Lloyd George miał czterdzieści osiem lat, Grey – czterdzieści dziewięć, Haldane – czterdzieści pięć, a Asquith – pięćdziesiąt dziewięć). Pomimo jego talentów ciągnął się za nim wielki ciężar dezaprobaty. Piętno zmiany partii nigdy go nie opuściło. „Renegat", „oportunista", „nadęty pyszałek", „samochwalczy szarlatan", to tylko niektóre z wyzwisk, jakie na niego ciskano. Konserwatywny „Spectator" powitał jego nominację, pisząc: „Nie potrafimy wykryć w jego karierze żadnych zasad, czy choćby ustalonego poglądu na sprawy publiczne; jego ucho zawsze słucha, co w trawie piszczy, jest on prawdziwym demagogiem. [...]".

Churchill nie dbał o to, co ktoś tam o nim mówił. Gdy już minął dwa wyrzeźbione w kamieniu delfiny, strzegące wejścia do budynku Admiralicji a datujące się jeszcze z czasów Nelsona, Churchill wpadł w ekstazę. Później wyjaśniał: „To dlatego, że teraz mogę nareszcie znosić jajka, zamiast jedynie grzebać w pyle i gdakać. Jest to znacznie bardziej satysfakcjonujące zajęcie. Jestem teraz zajęty znoszeniem wielkiej ilości jaj – dobrych jaj". Działał błyskawicznie. Pierwszą rzeczą, jaką uczynił było kazać zawiesić na ścianie za biurkiem wielką mapę Morza Północnego. Każdego dnia oficer dyżurny zaznaczał małymi chorągiewkami pozycje wszystkich najważniejszych okrętów Niemieckiej Marynarki Wojennej. Każdego ranka, wchodząc do pokoju, Churchill stawał przed mapą i studiował rozmieszczenie Floty Pełnomorskiej. Jego celem było, jak to ujął, „wyrobienie w sobie i moich współpracownikach poczucia ciągle obecnego zagrożenia". Szybko podjął decyzje w kilku sprawach. Nie zostały dotąd złożone zamówienia na dwadzieścia niszczycieli przewidzianych projektem budżetu na rok 1911; nowy pierwszy lord Admiralicji spowodował, że natychmiast zostały ulokowane w stoczniach. Niestrzeżone magazyny marynarki, które zeszłego lata nie dawały mu spać jako ministrowi spraw wewnętrznych, zostały przekazane pod nadzór Admiralicji i umieszczone pod ciągłą strażą Królewskiej Piechoty Morskiej. Przed jego przybyciem nocami, podczas weekendów i świąt w Admiralicji trzymał straż tylko jeden urzędnik, aby reagować na raporty i alarmy spływające z całej kuli ziemskiej. Churchill zainicjował system wacht oficerów morskich, którzy odtąd pełnili służbę przez okrągłą dobę. Rozkazał pełnić wachtę nawet lordom morskim; jeden z czwórki musiał odtąd zawsze przebywać w pobliżu budynku Admiralicji.

Dokonał też bardzo kontrowersyjnej nominacji na stanowisko osobistego sekretarza morskiego przy pierwszym lordzie Admiralicji. Kontradmirał David Beatty, będący – mając zaledwie czterdziestkę – najmłodszym oficerem flagowym w całej marynarce, nie był z pewnością konwencjonalnym oficerem. Jego kariera była wspaniała i głośna: na Nilu dowodził kanonierką podczas bitwy pod Omdurmanem; był w składzie Grupy Desantowej Marynarki podczas powstania Bokserów; uzyskiwał szybkie awanse; niektórzy twierdzili, ze stanowczo zbyt szybkie. Przystojny i dziarski, ożenił się z córką Marshalla Fielda, magnata domów towarowych z Chicago, która wniosła mu posag w wysokości 8 milionów funtów szterlingów. Kiepsko to wyglądało wśród komandorów i admirałów, usiłujących związać koniec z końcem na normalnej pensji. Inni znów skarżyli się, że Beatty zanadto lubi życie na lądzie. Admirał i jego piękna żona często spotykani byli w towarzystwie; on sam wspaniale jeździł konno i z lubością uganiał się za chartami – rzecz dobra dla oficera kawalerii, lecz dziwna u admirała. Co gorsza, bywał arogancki: gdy mu oferowano stanowisko zastępcy dowódcy Floty Atlantyckiej, za które wielu oficerów byłoby wdzięcznych, odmówił, twierdząc, że go to nie interesuje. Nie dziwota, że Admiralicja odwróciła się do niego plecami. Beatty został porzucony, aby przez osiemnaście miesięcy marnować się na lądzie na połowie pensji. Perspektywą było dla niego rychłe odesłanie na emeryturę.

Gdy Churchill został pierwszym lordem Admiralicji, Beatty poprosił o spotkanie. Wszystko, co słyszał o nim Churchill, przemawiało na jego korzyść: młodość, przedsiębiorczość, odwaga. Ojciec Beatty'ego służył w 4 Pułku Huzarów – pułku Churchilla. Kanonierka nilowa Beatty'ego używała swoich dział, aby wesprzeć szarżę 21 Pułku Lansjerów pod Omdurmanem. Na Churchilla nie miały wpływu skargi Admiralicji, że jego gość „wybił się zbyt szybko" czy że „miał zbyt wiele interesów na lądzie". Gdy Beatty wszedł, Churchill spojrzał na niego i powiedział: „Wygląda pan bardzo młodo jak na admirała". Beatty, bynajmniej nie dając się zbić z pantałyku, odpalił, „A pan wygląda bardzo młodo jak na pierwszego lorda". Churchill zatrudnił go natychmiast. Beatty zabrał się do roboty w pokoju sąsiadującym z biurem pierwszego lorda Admiralicji, towarzyszył mu podczas wszystkich podróży inspekcyjnych i stanowił dla niego „pudło rezonansowe" we wszystkich sprawach strategii i techniki wojennomorskiej. W kwietniu 1913 roku, gdy opróżniło się jedno z najbardziej upragnionych stanowisk we flocie, dowództwo Eskadry Krążowników Liniowych, Churchill mianował na nie Beatty'ego. I to właśnie Beatty miał poprowadzić krążowniki liniowe do ich najbardziej zażartych akcji w wojnie na Morzu Północnym. Po bitwie jutlandzkiej, jako admirał, objął dowództwo nad owym wielkim zbiorowiskiem drednotów, na którym opierało się bezpieczeństwo Wielkiej Brytanii – nad Wielką Flotą.

Szukając wskazówek, Churchill zwrócił się do Jacky'ego Fishera, obecnie przebywającego na emeryturze. Znali się przecież dobrze, spędziwszy razem dwa tygodnie 1907 roku w Biarritz, w domu ich wspólnego przyjaciela. Fisher, ówczesny pierwszy lord morski, gadał dniami i nocami, Churchill zaś słuchał. Fisher mówił: „zakochałem się beznadziejnie w Winstonie Churchillu. Uważam, że jest on najmilszym facetem, jakiego kiedykolwiek spotkałem, a umysł ma tak bystry, że rozkoszą jest z nim rozmawiać". Obecny wtedy także w Biarritz król Edward zauważył nową parę i powiedział lady Londonderry, że uważa iż „dobrze się ze sobą bawią. Nazywam ich <<gawędziarzami>>". Sprzeciw Churchilla wobec projektu budżetu marynarki w 1909 roku rzucił się cieniem na wzajemne stosunki, choć młodszy napisał do starszego, zapewniając admirała o swoich „niezmiennych uczuciach".

Po odejściu z Admiralicji Fisher opuścił Anglię i żył na emeryturze w Lucernie. Bardzo lubił McKennę i jego żonę (pisując do nich per „Mój ukochany Pierwszy Lordzie" oraz „Moja Ukochana Pamelo"), lecz gdy tylko się dowiedział, że pierwszym lordem Admiralicji ma zostać Churchill, zaraz zaczął wysyłać do niego sugestie i rekomendacje: Battenberg ma zostać pierwszym lordem morskim po Wilsonie, Jellicoe pójść na zastępcę dowódcy Floty Ojczyźnianej, i tak dalej. Churchill spodziewał się listów Fishera. Rankiem 25 października, jeszcze przed opuszczeniem Ministerstwa Spraw Wewnętrznych i przejściem do Admiralicji, napisał do niego:

Mój drogi lordzie Fisher,

Bardzo pragnę się z panem spotkać. Kiedy mam spodziewać się tej przyjemności? Wystarczy, że poda pan tylko, kiedy będzie to mu dogodne, a będę go oczekiwał w Admiralicji.

Najszczerzej panu oddany
WINSTON S. CHURCHILL

Fisher przybył jak strzała. Już trzy dni później Churchill i oboje państwo McKenna oczekiwali na pociąg promowy na dworcu Charing Cross. Fisher spędził trzy godziny z McKennami, znajdując oboje „bardzo przygnębionymi z powodu jego odejścia z Admiralicji", po czym udał się razem z Churchillem samochodem do Reigate, miasteczka na południe od Londynu, gdzie oczekiwali ich Asquith i Lloyd George. Dialog odbywał się głównie pomiędzy pierwszym lordem Admiralicji a starym admirałem. „Miałem pewne zasadnicze pomysły na temat tego co zamierzam zrobić i po co właściwie zostałem posłany do Admiralicji – powiedział Churchill – Zamierzałem przygotować się na atak ze strony Niemiec, tak jakby miał zdarzyć się nazajutrz. Zamierzałem podnieść flotę na najwyższy możliwy stopień siły i gotowości. [...] Zostałem zobowiązany do stworzenia sztabu wojennego. Byłem zdecydowany [...] zabezpieczyć transport armii do Francji, gdyby miało dojść do wojny. [...] Miałem za sobą premiera i kanclerza Izby Rozrachunkowej". W osobie Fishera Churchill znalazł „prawdziwy wulkan wiedzy i inspiracji, a ten, gdy tylko się dowiedział, jakie są moje zasadnicze cele, natychmiast przeszedł w stan gwałtownej erupcji. [...] Gdy już raz zaczął, ledwo potrafił skończyć. Zasypywałem go pytaniami, a on wylewał z siebie pomysły". Gdy zaczynały się rozmowy w Reigate, Churchill nie myślał jeszcze o ponownym powołaniu Fishera do Admiralicji. „Jednak w niedzielę wieczorem, siła przekonań tego człowieka zrobiła na mnie tak głębokie wrażenie, że niemal zdecydowałem się uczynić to, co ostatecznie zrobiłem trzy lata później, i ponownie postawić go na czele Marynarki Wojennej. Następnego ranka, przez całą drogę do Londynu byłem o włos od powiedzenia <<Proszę przybywać i pomóc mi>>. Gdyby choć jednym słowem dał mi do zrozumienia, że chciałby powrócić, na pewno bym się odezwał. Zachował się jednak z godnością, a za godzinę byliśmy już w Londynie". Fisher wrócił do Lucerny.

Trzy tygodnie później wrócił na tajne spotkanie na pokładzie jachtu Admiralicji „Enchantress" w Plymouth, trzy dni „nieprzerwanego gadania, prawie bez snu". Nawiązana została pomiędzy nimi więź profesjonalna i admirał zaczął bombardować nowego pierwszego lorda Admiralicji gęsto zapisanymi dziesięciostronicowymi listami, rozpoczynającymi się od słów „Mój ukochany Winstonie", najeżonymi podkreśleniami i wykrzyknikami, zawierającymi „nowiny i porady wszelkiego rodzaju, od gwałtownych wyrzutów aż po najwyższą inspirację", a wreszcie kończące się tradycyjnym fisherowskim „Pański aż w popiół się obrócę", „Pański, dopóki piekło nie zamarznie" czy „Pański, dopóki węgle nie zakiełkują". Fisher pilnie doradzał mianowanie Jellicoego na stanowisko zastępcy dowódcy Floty Ojczyźnianej, aby dać mu doświadczenie i starszeństwo niezbędne dla objęcia dowództwa najważniejszej floty Brytanii w chwili wybuchu wojny. Churchill przystał na to i Jellicoe otrzymał nominację, choć był dopiero dwudziesty pierwszy starszeństwem wśród wiceadmirałów. Podniecony Fisher przekazywał te nowiny swej synowej:

> „Największym triumfem jest to, że udało mi się dostać dla Jellicoe zastępstwo dowódcy Home Fleet. Jest on Z PEWNOŚCIĄ przyszłym Nelsonem!". W liście do Pameli McKenna rozwodził się: „W ciągu dwóch lat [Jellicoe] będzie Głównodowodzącym Floty Ojczyźnianej. [...] Bitwa pod Armageddon nadejdzie we wrześniu 1914. Ta data jest dobra dla Niemców, jeśli w ogóle mają zamiar walczyć. Zarówno ich armia jak i flota będą wtedy w pełnej gotowości, Kanał Kiloński ukończony, a ich nowe [okręty] skompletowane".

Rozkoszując się swoją nową rolą, Fisher pisał w superlatywach o Churchillu: „Jak dotąd, każdy krok jaki pragnie podjąć jest dobry, a w dodatku jest odważny, co przesądza sprawę. Istny Napoleon pod względem śmiałości, a Cromwell – jeśli idzie o sumienność. Ta pieśń pochwalna gwałtownie ustała w kwietniu 1912, kiedy to Churchill awansował trzech admirałów z kręgów zbliżonych do króla, którzy stanęli po stronie Beresforda podczas schizmy w marynarce. Fisher napisał wtedy do Churchilla: „Ubolewam z powodu tego [...] co zrobił pan w sprawie nominacji Sir Hedwortha Meuxa, Sir Berkeleya Milne'a i Sir Reginalda Custance'a i obawiam się, iż musi to spowodować, że ten mój dzisiejszy kontakt z panem jest ostatnim i to w jakiejkolwiek sprawie. Jest mi przykro z tego powodu, lecz uważam, że dokonując tych nominacji zdradził pan marynarkę i nie pojmuję, jakie naciski na pana mogły doprowadzić do takiego braku oceny". W liście do Eshera Fisher wyraził paskudne przypuszczenie, że nominacje należałoby złożyć na karb młodej żony Churchilla, Klementyny: „Winston, niestety! (musiałem mu to powiedzieć) obawiał się, że jego żonę napotka ostracyzm ze strony dworu i uległ, mianując ostatnio dwóch dworskich faworytów – i paskudnie pomylił się w obu przypadkach! Winston poświęcił kraj dla dworu i wypiął się na swoje wspaniałe czyny [...] tak więc i ja uczyniłem to samo wobec niego!".

Fisher przez dłuższy czas psioczył i gderał, w pewnym momencie określając nawet pierwszego lorda Admiralicji jako „królewskiego rajfura", Churchill jednak ignorował zarówno jego skargi, jak i złośliwości. Fisher rychło chwalił się synowi: „[...] co się tyczy Winstona Churchilla, [...] niewątpliwie wysłałem mu dość niemiły list, on zaś odpowiedział mi bardzo uprzejmie, że nieważne jest, co chciałbym mu powiedzieć, on i tak zamierza trzymać ze mną i popierać wszystkie moje plany, a także utrzymuje, że jestem geniuszem i największym z ludzi dotychczas zarządzających marynarką wojenną, etc., etc., etc. [...] Nie można jednak przejść obojętnie wobec faktu, że płaszczy się przed dworem i ulega jego wpływom [...] ja zaś dałem to WC gruntownie do zrozumienia, co niezbyt mu się podoba. [...] Mimo to, dla dobra marynarki czuję się, choć niechętnie, zobowiązany do służenia mu nadal radą odnośnie do nowych drednotów i innych spraw dotyczących gotowości bojowej".

Churchill wybierał się na Morze Śródziemne, a ponieważ Fisher także miał być w Neapolu, pierwszy lord Admiralicji zdecydował się pozabiegać o względy starego lwa w samym jego legowisku. 15 maja napisał do niego: „Mój drogi Fisher, premier i ja przybywamy do Neapolu 24 maja. [...] Oczekuję z niecierpliwością okazji do odbycia z panem solidnej dyskusji i dlatego też zdecydowałem się nie odpowiadać na pański ostatni list, który powitałem z radością. Jeśli konsekwencje ostatnich nominacji okażą się takie, jakie pan przewidywał, to z pewnością zrozumiem, że pańska krytyka była zasłużona. Jednak tak się nie stanie. Najwyższe stanowiska w Admiralicji oraz we flocie nie będą uzależnione od starszeństwa, a przyszłość Marynarki Wojennej spoczywa w rękach ludzi, którym pan może ufać tak samo jak ja. [...] Co się tyczy pozostałych spraw, to mogą one zaczekać do czasu, gdy swobodnie sobie o nich pogadamy. Pisanie jest tak męczące i nie daje tych wszystkich możliwości, co rozmowa".

Churchill wybierał się na Maltę i do Gibraltaru, aby spotkać się z admirałami dowodzącymi na Morzu Śródziemnym i przedyskutować z nimi – oraz z przybywającym z Egiptu Kitchenerem – zagadnienia obrony życiowej linii komunikacyjnej Imperium, wiodącej przez owo wewnętrzne morze*. Z tego też powodu towarzyszyli mu drugi lord morski, książę Louis Battenberg, oraz Beatty, sekretarz Churchilla d.s. morskich. Winston jednak zamierzał także nieco się zrelaksować pod błękitnym niebem, zaprosił więc dla towarzystwa Klementynę, jej siostrę a swoją szwagierkę oraz Asquitha, który z kolei zabrał ze sobą swoją dwudziestopięcioletnią córkę, Violet. Całe towarzystwo wsiadło na „Enchantress" w Genui, a dwa dni później jacht wchodził już do Zatoki Neapolitańskiej. W swoim dzienniku Violet Asquith opisała, co się wtedy stało: „Niektórzy z nas zeszli na ląd [...] prosto do muzeum [...] wracając na jacht na lunch, gdzie był już lord Fisher! Jego oczy, jak zawsze, wyglądały jak żarzące się węgielki. [...] Był bardzo przyjazny w stosunku do ojca i księcia Louisa, lecz, zdawało mi się, nieco boczył się na Winstona. [...] Gdy dzień miał się ku końcowi, zauważyłam oznaki świadczące o tym, że lord F. mięknie i miałam wrażenie, że niedługo złość stopnieje mu całkowicie. Podczas herbaty, szepnęłam Winstonowi na ucho: <<F. już topnieje>>. Musiał myślami być gdzie indziej, bowiem spojrzał na mnie nieprzytomnie, głośno i wyraźnie pytając: <<Co topnieje?>>. Zaskoczona, odparłam: <<Masło>>, co wywołało staromodne zaskoczone spojrzenie naszej gospodyni [Klementyny], która zaczęła bacznie przyglądać się chlebowi i masłu na stole. Gdy wróciliśmy na „Enchantress", lord F. i W. zamknęli się zaraz na czymś w rodzaju morskiego konklawe. [...] Jestem pewna, że w bezpośrednim kontakcie nie mogli się sobie nawzajem opierać". Fisher został na pokładzie jachtu na noc, a następnego ranka

* Rezultatem tej wizyty miała być decyzja o przesunięciu brytyjskich pancerników z Morza Śródziemnego na Morze Północne i pozostawieniu obrony interesów Brytanii w rejonie Śródziemnomorza w rękach floty francuskiej (*przyp. aut*).

Violet raportowała: „Tańczyłam z lordem Fisherem bardzo długo, jeszcze przed śniadaniem. [...] Wirowałam w jego ramionach aż do zawrotu głowy i chyliłam ku jego mężnemu sercu". Znalazłszy się między tańcami z Violet i umizgami Winstona, Fisher musiał ulec. „Zostałem niemal porwany i uwiedziony na jachcie Admiralicji – napisał potem do przyjaciela – Wszyscy byli dla mnie niewymownie uprzejmi! Moja dawna kabina pierwszego lorda morskiego była gotowa na moje przyjęcie! Mile spędziłem czas i w dodatku postawiłem na swoim! Premier jest <<kompletnie zdecydowany>> na mój powrót i nakłaniał mnie do tego tak bardzo, że choć odczuwam wielką niechęć do ponownego wkroczenia w szranki, to prawdopodobnie się zgodzę. [...]". W liście do lady Fisher mąż-admirał wyliczał komplementy, jakimi obsypywał go Churchill: „WC powiedział, że król zawsze wspominał mnie w rozmowach z nim i często wyrażał uznanie dla tego, jak wiele osiągnąłem, choć kiedyś powiedział, że często byłem zanadto przywiązany do pewnych pomysłów, z którymi nie mógł się zgodzić. WC zwrócił się wtedy do niego [króla] i powiedział mu, że wszystko, cokolwiek teraz mówi się w kraju i zagranicą na temat <<obecnej przytłaczającej przewagi i sprawności Marynarki Brytyjskiej>>, należy przypisać całkowicie i wyłącznie moim zasługom! Powiedział mu też, że <<wkrótce będziemy mieli 16 okrętów z działami kalibru 13½ cala, gdy żaden niemiecki okręt nie ma nic lepszego od dział 12 calowych, co w porównaniu z brytyjskimi 13½ calowymi jest po prostu armatką na groch>>, na co, powiada Churchill, król się wreszcie zamknął. Pośrednio słyszałem także od Eshera, że poza królem, Winston Churchill zawsze popiera mnie także wobec innych ludzi na dworze. [...]".

Stosunki nowego pierwszego lorda Admiralicji z podległą mu marynarką nie polegały wyłącznie na robocie papierkowej i dyskusjach nad strategią. Dla Churchilla, tryskającego wręcz energią i podnieceniem, jego praca była Przyjemnością. Jedną z ubocznych korzyści przynależnych do jego urzędu był przywilej wyboru kobiet mających dokonywać ceremonii chrztu nowych drednotów. Już siedem tygodni po swojej nominacji Winston stał obok Klementyny, gdy ta nadawała imię pancernikowi „Centurion". Dwa lata później Jennie dokonała chrztu okrętu liniowego „Benbow". Były zresztą jeszcze słodsze kąski: pierwszy lord Admiralicji był, poza monarchą, jedynym człowiekiem w królestwie, mającym jacht opłacany z sakiewki publicznej.

Jacht Admiralicji „Enchantress", zgrabny statek o wyporności 3500 ton, wyposażony był w wygodne, nawet luksusowe kabiny, piwniczkę doskonałych win oraz stuosobową załogę, mogącą zabrać pierwszego lorda wszędzie, dokąd by zapragnął. Winston uczynił z jachtu „do pewnego stopnia swoje biuro, a nieomal dom", zaś podczas pierwszych osiemnastu miesięcy sprawowania urzędu, spędził na jego pokładzie 182 dni, odwiedzając wszystkie bazy i stocznie Marynarki Królewskiej w samym Zjednoczonym Królestwie i w rejonie Morza Śródziemnego. Jako „pan na <<Enchantress>>" mógł gościć na niej kogo tylko chciał, włącznie z premierem, który przecież nie posiadał jachtu, a tak bardzo lubił pływać pod gorącym słońcem Śródziemnomorza.

Churchill używał jachtu także do składania wizyt we flocie, której okręty i ludzi chciał poznać – swoje okręty i swoich ludzi, jak szybko przywykł o nich myśleć. „Były to wspaniałe dni – napisał w <<Kryzysie światowym>>[*] – Od świtu do północy, dzień po dniu, miało się umysł całkiem zajęty. [...] Soboty, niedziele, każdy wolny dzień zwykłem spędzać z flotą, czy to w Portsmouth, czy w Portland, w Devonport, lub z flotyllami w Harwich. Oficerowie wszystkich stopni przybywali na pokład <<Enchantress>> na lunch lub obiad. [...] Zdołałem dowiedzieć się jak wszystko wygląda, gdzie się znajduje i jak wszystkie elementy nawzajem się zazębiają. W końcu mogłem dotknąć wszystkiego, czego tylko zachciałem".

W marynarce nigdy nie wiedziano, w którą stronę jej nowy minister może się zwrócić. Impulsywny i niezmordowany, pojawiał się niespodziewanie, wspinając się po trapach drednotów, znikając w głębi włazów łodzi podwodnych, pragnąc wszystko zobaczyć i wysłuchać wyjaśnień. Swój entuzjazm dzielił z każdym, z kim się zetknął. Arthura Balfoura i lorda Morleya zabrał ze sobą do jednej z wież artyleryjskich drednota „Orion", gdzie „w zatłoczonej i zapaskudzonej smarami przestrzeni, z całą masą maszynerii mierzącą w nich ze wszystkich stron" wygłosił im wykład o tym, jak funkcjonują działa. Asquitha bawiła wylewność Churchilla. Premier wybrał się pewnego razu na ćwiczenia w strzelaniu do celu i zaraz pierwszy lord „tańczył naokoło dział, podnoszących się, obniżających i nastawianych na cel". „Mój młody przyjaciel – zauważył Asquith – uważa chyba siebie za

[*] Tytuł oryginalny: *The World Crisis*. Książka o przyczynach i przebiegu I wojny światowej, zawierająca elementy autobiograficzne, wydana w 1921 roku.

Otella i musi się zawsze kompletnie ubrudzić, aby lepiej odgrywać tę rolę". Gdy Violet Asquith towarzyszyła ojcu podczas podróży śródziemnomorskiej, zauważyła, że „Winston znajduje się we wspaniałej formie, choć jest odrobinę zanadto skoncentrowany na narzędziach zniszczenia. Zadawanie ciosów i rozbijanie na kawałki stanowią teraz jego *ideés fixes*. Gdy pewnego razu opieraliśmy się o reling stojąc tuż obok siebie i przepływając niedaleko cudownego, wręcz uśmiechającego się do nas, skąpanego w słońcu wybrzeża Adriatyku, westchnęłam <<Jakież to doskonałe!>>. Zaskoczył mnie swoją odpowiedzią: <<Tak, dystans doskonały, widzialność doskonała>> – po czym nastąpiły szczegóły mające wyjaśnić, jak skutecznie moglibyśmy zniszczyć ten piękny krajobraz i wysadzić gnieżdżące się tam miasteczka pod samo niebo". Beatty, także obecny podczas tego rejsu, napisał do żony, że „Winston nie mówi o niczym innym jak o marynarce i wszystkich tych wspaniałych rzeczach, jakie zamierza zrobić". Po powrocie do Londynu Lloyd George strofował swojego dawnego sojusznika od oszczędności w marynarce: „Stałeś się stworzeniem wodnym. Wydaje ci się, że wszyscy mieszkamy w morzu i wszystkie swoje myśli poświęcasz życiu morskiemu, rybom i innym stworom wodnym. Zapominasz, że większość z nas żyje na lądzie".

W maju 1912 roku doszło do pierwszej wielkiej rewii morskiej za kadencji Churchilla jako pierwszego lorda Admiralicji. „Flagi dobrego tuzina admirałów i proporce co najmniej tyluż komodorów oraz proporczyki stu pięćdziesięciu okrętów równocześnie łopotały na wietrze. Monarcha przybył na jachcie królewskim. [...] Jednego dnia odbył się długi rejs we mgle, gęstej i całkowicie dezorientującej – cała flota płynęła razem bez widoczności, utrzymując pozycje dzikimi porykiwaniami syren i gwizdkami. Było niemal nie do wiary, że nie doszło do żadnego nieszczęścia. A potem mgła się nagle podniosła, w oddali dało się dostrzec cele, i cała długa linia pancerników wyłaniała się z mgły, jeden po drugim, aby wybuchnąć potężnymi płomieniami wystrzałów i wśród ogłuszających wybuchów wyrzucić pociski, których upadki wyrzucały w górę fontanny wody. Teraz flota wraca: trzy eskadry pancerników w szyku czołowym, z krążownikami i flotyllami [niszczycieli] rozrzuconymi przed dziobem i za rufą. Prędkość zostaje podniesiona do dwudziestu węzłów. Pod dziobami wszystkich okrętów podnoszą się strumienie białej piany. Ląd jest coraz bliżej. Szeroka zatoka obejmuje już swoimi ramionami szybko poruszającą się ogromną armadę. Formacje okrętów niemalże ją wypełniają. Oficerowie zagraniczni, towarzyszący mi na pomoście «Enchantress», wpatrują się w nie zaniepokojeni. Ciągle płyniemy szybko. Jeszcze pięć minut i czołowe okręty wpakują się na mieliznę. Cztery minuty, trzy minuty. Wreszcie, tam! Jest sygnał! Z rejek pancernika «Neptune» opada ciąg barwnych flag. W jednej chwili rzucone zostają wszystkie kotwice, ich łańcuchy z rykiem przelatują przez kluzy; wszystkie śruby pracują wstecz. Na dystansie stu pięćdziesięciu jardów wszystkie okręty się zatrzymują. Gdy spojrzysz wzdłuż ich linii, na mile w jedną i drugą stronę, zdają się być wyrównane pod sznurek. Zagraniczni obserwatorzy aż westchnęli ze zdziwienia".

Zachęcany przez Fishera, Churchill zainteresował się losami szeregowych marynarzy i podoficerów. Podniesione zostały niezmieniane od sześćdziesięciu lat płace; wyelimowano też uciążliwości w postaci do przesady drobiazgowej dyscypliny, niedostatecznych urlopów i powolnego tempa awansów. „Żaden pierwszy lord Admiralicji w całej historii naszej marynarki nie okazał się w praktyce bardziej rozumiejący warunki panujące na «dolnych pokładach» niż Winston Churchill" – napisał nieoficjalny magazyn marynarki wojennej. Reporter dziennika „Daily Express" towarzyszył mu podczas wizyty na łodzi podwodnej w 1912 roku: „Poplótł sobie niemal z każdym prostym marynarzem z załogi, pytając co, gdzie, dlaczego i jak jest robione. Wszyscy marynarze «daliby się pokroić» za niego, ponieważ nie robi zbyt wielu ceregieli, a poza tym – wziął ich przez zaskoczenie. Jest to tu, to tam, wszędzie". Sympatia dla prostych marynarzy i zachęcanie ich, aby zarówno oni, jak i ich podoficerowie wyrażali swoje skargi, nie zwiększały bynajmniej popularności Churchilla wśród oficerów. Przy pewnej okazji, buszując po jakimś krążowniku, kazał oprowadzającemu go oficerowi pokazać mu areszt okrętowy. Gdy oficer ten wrócił do mesy, powitały go okrzyki kolegów: „Czemuś go tam nie zamknął?". To, co Churchill uważał za właściwe zainteresowanie warunkami życia marynarzy, oficerowie postrzegali jako próbę wkupienia się w łaski u niższych szarż. Pewnego razu, podczas wizyty na pancerniku, pierwszy lord Admiralicji nakazał zbiórkę załogi na pokładzie do inspekcji. Następnie zabrał się do sprawdzania odpowiedzialnego oficera:

„Czy uważa pan, że zna wszystkich swoich ludzi po nazwisku?" – zapytał pierwszy lord.

„Tak myślę, Sir; mieliśmy co prawda ostatnio sporo zmian, lecz tak, uważam że znam ich wszystkich" – odparł oficer.

„Jak nazywa się ten marynarz?"

„Jones, Sir".

„Jak się nazywasz?" – zapytał Churchill, zwracając się do marynarza.

„Jones, Sir".

„Czy naprawdę nazywasz się Jones, czy też tylko tak mówisz kryjąc swojego oficera?".

„Nazywam się Jones, Sir".

Gdy Churchill odjechał, oficer ten i pozostali oficerowie okrętu aż się „dławili ze złości".

Szczególny brak respektu zdawał się Churchill okazywać wobec najstarszych komandorów i admirałów, z których wielu było już w takim wieku, że mogliby być jego ojcami. Oto zarozumiały młodzieniec, zaledwie trzydziestosześciolatek, z rozreklamowanym doświadczeniem wojennym w charakterze młodszego oficera kawalerii, zmieniał profesjonalne opinie, wtrącał się w sprawy techniczne, wyskakiwał z niedorzecznymi wnioskami. Traktowali więc go na swój własny sposób. Pewnego razu Churchill obserwował strzelanie do celu na starym pancerniku „Cornwallis", a gdy tylko umilkły działa, zapragnął dowiedzieć się ile uzyskano trafień.

„Ani jednego" – odparł admirał.

„Ani jednego? Same pudła? Jak pan to wyjaśni?".

„Cóż, widzi pan, pierwszy lordzie, chyba pociski albo padały tuż przed celem, albo przelatywały nad celem i padały tuż za nim".

Lordowie morscy stykali się z tym problemem codziennie. Pierwszy lord Admiralicji traktował ich jak swoich podwładnych i wyglądało na to, że raczej wydaje im rozkazy, aniżeli zasięga ich rady. Od jego osobowości i powiedzonek nie było odwołania; premier i cały gabinet murem stali za nim. Przy jednej pamiętnej okazji, gdy któryś z lordów morskich oskarżył Winstona o lekceważenie wiekowych tradycji Marynarki Królewskiej, pierwszy lord odparował mu z wściekłością, „A cóż to za tradycje? Powiem panom w trzech słowach. Rum, pedalstwo i chłosta. Dobrego dnia, panowie!".

Ostatecznie cięgi, jakie lordowie morscy zbierali od Churchilla, zwróciły uwagę Izby Gmin podczas tak zwanej „afery Bridgemana". Admirał Sir Francis Bridgeman był tyleż kompetentnym, co bezbarwnym oficerem, szczęśliwym gdy służył jako głównodowodzący Floty Ojczyźnianej, kiedy nagle Churchill ściągnął go na ląd, aby zastąpić Sir Arthura Wilsona. Niechętny, lecz posłuszny obowiązkowi Bridgeman przybył objąć stanowisko pierwszego lorda morskiego i „pomóc popychać sprawy naprzód, na ile tylko potrafię". Do października 1912 roku obdarzony łagodnymi manierami Bridgeman zdążył już po wielekroć zetrzeć się z burzliwym pierwszym lordem. Ostatecznie admirał stwierdził, że ciągłe wtrącanie się Churchilla w decyzje techniczne oraz powtarzające się odrzucanie tradycji marynarki podważają autorytet najstarszych stopniem oficerów i mogą zaszkodzić sprawności funkcjonowania całej służby. Pierwszy lord nie przyjął zbyt dobrze owej krytyki, na co Bridgeman zagroził, że pójdzie z tą sprawą do premiera, a nawet króla.

Od tej chwili los Bridgemana był przesądzony. 14 listopada Churchill wspomniał księciu Louisowi, że niedługo pójdzie do góry – na stanowisko pierwszego lorda morskiego. Bridgeman dochodził wtedy do siebie po zapaleniu wyrostka robaczkowego i dwóch atakach zapalenia oskrzeli. W listach do Battenberga i Beatty'ego wspominał o możliwości swojej rezygnacji i z tęsknotą wyrażał się o ciepłych krajach, dokąd mógłby się udać, aby siedzieć na słońcu i odzyskać zdrowie. Doniesienia o tych listach trafiły do Churchilla, który uczepił się stanu zdrowia Bridgemana i napisał do admirała, że jest świadom wielkiego poświęcenia, jakie okazuje pierwszy lord morski pozostając na swoim posterunku. „Gdybyśmy jednak, nieszczęśliwym trafem, znaleźli się w stanie wojny – ciągnął dalej pierwszy lord Admiralicji – to czuję, że brzemię mogłoby okazać się zbyt ciężkie na pana obecną wytrzymałość". Bridgeman błędnie pojął to, co w rzeczywistości było zawoalowaną sugestią podania się do dymisji, jako zwykłą troskę o jego zdrowie, wyrażaną przez kogoś dobrze mu życzącego i odpisał, że już ma się lepiej i jest gotów podjąć swoje obowiązki. Churchill nie powitał tego listu zbyt radośnie, dość bowiem lekkomyślnie zdążył już złożyć wniosek o zdymisjonowanie Bridgemana do premiera i króla. 2 grudnia Churchill porzucił wszelkie pozory troskliwości i bez ogródek poinformował Bridgemana, że jego rezygnacja została przyjęta.

Zmiana na tak wysokim szczeblu przyciągnęła uwagę prasy i wywołała komentarze, zwłaszcza że Churchill zdążył już wcześniej wymusić rezygnacje czterech lordów morskich w ciągu jednego tylko roku. 11 grudnia w Izbie Gmin podniósł się z miejsca lord Charles Beresford, aby zadać pytanie w tej sprawie. Beresford postrzegał Churchilla nie tylko jako młodocianego intruza w Admiralicji, ale także jako agenta swojego arcywroga, Fishera.

„Czy mógłbym zapytać pierwszego lorda Admiralicji, czy przyczyną rezygnacji pierwszego lorda morskiego był wyłącznie stan jego zdrowia i nie kryły się za nią jakieś inne względy?" – zapytał Beresford.

„Na ile mi wiadomo, żadne inne względy" – odparł Churchill.

„A mógłbym zapytać, z czyjej strony wyszła propozycja rezygnacji – z Admiralicji, czy ze strony pierwszego lorda morskiego?" – kontynuował Beresford.

„No i bardzo dobrze – oznajmił Churchill – Ponieważ szlachetny lord tak na to nastaje: propozycja wyszła ode mnie".

Churchill obawiał się, że cała afera wymyka mu się z rąk. Prasa trąbiła, że oto wybitny marynarz, mający za sobą długą i zaszczytną służbę, został w trybie doraźnym odstawiony na bok przez wykazującego tyrańskie zapędy ministra, który kompletnie nie zna się na marynarce, ale za to wyrzuca każdego, kto nie ugina się przed jego żądaniami. Nawet ludzie nie znający wszystkich szczegółów czy też mający dobre zdanie o Winstonie, czuli że Bridgeman został potraktowany niewłaściwie. Próbując umocnić swoją pozycję, Churchill jeszcze bardziej zaatakował Bridgemana, rozkazując mu wydać oświadczenie, że powodem jego rezygnacji były wyłącznie kłopoty zdrowotne, a nie różnice zdań w kwestiach polityki morskiej. Na takie traktowanie Bridgeman odpowiedział szczerym stwierdzeniem, że nie może tego uczynić; wypomniał Churchillowi poszczególne rozbieżności, a nawet fakt, że przy pewnej okazji sam proponował własną rezygnację, aby zapobiec dalszym sprzeczkom.

Zawiedziony i wściekły, Churchill wylał całą swoją złość na Beresforda w Izbie Gmin. Gdy były admirał ponownie podniósł się z miejsca w czasie przewidzianym na pytania i interpelacje poselskie, Churchill zaatakował go gwałtowną retoryką.

„Chciałbym prosić szlachetnego lorda, aby sprecyzował, co właściwie ma na myśli, jeśli w ogóle potrafi myśleć. Jest jego zwyczajem, że w sprawach tego rodzaju wyraża szereg insynuacji" – zaczął Churchill.

„To nieprawda" – przerwał mu Beresford.

„Insynuacji o niezwykle ogólnym charakterze – obstawał przy swoim Churchill – zaś niektóre z nich przekraczają granice przyjętych obyczajów parlamentarnych; jak, dajmy na to, upstrzenie dokumentu rządowego tendencyjnymi i podchwytliwymi pytaniami, których celem było uwiarygodnienie wszystkich plotek i bzdur, jakie tylko mógł pozbierać, aby potem przyjść do tej tu Izby, nie po to, aby spróbować się zmierzyć na fakty i szczegóły [...] ale przyczaić się gdzieś na uboczu, czekając na okazję. [...] Nigdy dotąd, od czasu jak zostałem pierwszym lordem Admiralicji, nie odpowiedziałem ani jednym słowem na ciągłe, ordynarne ataki osobiste ze strony szlachetnego lorda, ani słowem. Nie szukałem z nim zwady. [...] lecz dwa tygodnie temu wygłosił mowę, w której powiedział, że zdradziłem marynarkę [...] i od tego czasu bez przerwy jeździ po kraju rzucając oskarżenia o szpiegostwo, faworytyzm, szantaż, oszustwa i nieskuteczność”.

„Całkowicie temu zaprzeczam – ponownie przerwał mu Beresford – Nigdy nie użyłem słowa <<szantaż>>. Proszę podać miejsce i datę”.

„Z pewnością – odparł spokojnie Churchill –W okręgu wyborczym szanownego posła z Eversham – mam dobrą pamięć do takich szczegółów – użył on szczególnie wielu owych obraźliwych sformułowań, nie trzeba chyba mówić, że nie popartych jakimikolwiek faktami, czy argumentami. [...] Nigdy nie brałem sobie tych rzeczy zanadto do serca. Nie jestem jednym z tych, co traktują szlachetnego lorda poważnie. Znam go na to zbyt dobrze. Oczywiście nigdy nie ma on zamiaru być aż tak obraźliwym, jak w rzeczywistości często mu się zdarza, gdy występuje na publicznych mównicach. Jest on jednym z tych mówców, o których kiedyś ktoś dobrze powiedział, że <<Zanim wstaną, nie wiedzą, o czym zamierzają mówić; gdy mówią – nie mają pojęcia, o czym mówią; gdy wreszcie usiądą – nie pamiętają już, co przed chwilą powiedzieli>>. [...] Pod swoimi wspaniałymi manierami [...] szlachetny lord skrywa wiele zażartych animozji w sprawach marynarki”.

Ostatecznie Izba, świadoma obsesji Beresforda na punkcie Fishera, poparła pierwszego lorda Admiralicji. Co istotne, nawet Bridgeman stanął po stronie Churchilla, pisząc po owej wymianie ciosów w Izbie Gmin: „Mam nadzieję, że cała sprawa wreszcie się zakończyła, ale za to słyszę pogłoski o jakiejś głęboko zakorzenionej agitacji przeciw Churchillowi; użyję wszelkich wpływów jakie posiadam, aby z tym skończyć. [...] Obawiam się, że Beresforda trudno jest utrzymać w ryzach i, niestety, nic na niego nie poradzę".

Stosunki Churchilla z królem Jerzym V były poprawne lecz chłodne. Spędziwszy piętnaście lat w marynarce i doszedłszy – w oparciu o własne zasługi – do stopnia komandora, zanim jeszcze śmierć brata uczyniła go księciem Walii, Jerzy V podzielał większość poglądów i uprzedzeń najstarszych oficerów marynarki. We współzawodnicwie Fisher-Beresford, król był człowiekiem Beresforda, nie sprawiło mu więc przyjemności, gdy Churchill uczynił byłego pierwszego lorda morskiego swoim głównym doradcą. Churchill ze swojej strony okazywał monarsze respekt, lecz nie przywiązywał większej wagi do jego opinii. Po wizycie króla na „Enchantress" Winston donosił swojej żonie, że król wypowiadał się w sprawach marynarki tak głupio, jak nikt, kogo było mu dane dotąd słyszeć. Trzy razy do roku obaj panowie ścierali się ze sobą co do nazw, jakie miały być nadane nowym drednotom. Zgodnie z tradycją pierwszy lord Admiralicji proponował nazwy, zaś król zgłaszał poprawki, kontrpropozycje, a w końcu wyrażał zgodę. W listopadzie 1911 roku, zaraz potem, jak został pierwszym lordem Admiralicji, dla czterech okrętów liniowych przewidzianych w projekcie budżetu na ten rok, Churchill zaproponował nazwy „Africa", „Assiduous", „Liberty" oraz „Oliver Cromwell". Król odrzucił pomysł nazwania drednota „Cromwell" od człowieka, który odciął głowę królowi Karolowi I. Zaakceptował „Africa" i zaproponował „Delhi", „Wellington" i „Marlborough". Cztery okręty wyszły ostatecznie w morze pod nazwami „Iron Duke" (którą to wersję Churchill wolał od „Wellington"), „Marlborough", „Emperor of India" i „Benbow". W roku następnym pierwszy lord Admiralicji zaproponował dla czterech wielkich, wyposażonych w 15 calowe* działa i opalanych ropą superdrednotów z rocznika 1912, nazwy wywodzące się od wielkich wojaków historii Anglii. Na swoim biurku król czytał: „King Richard the First", „King Henry the Fifth", „Queen Elizabeth" i – ponownie – „Oliver Cromwell". Lord Stamfordham, prywatny sekretarz króla, natychmiast napisał do Churchilla, że „musiał trafić się jakiś błąd [...] nazwa ta proponowana już była dla jednego z okrętów ubiegłorocznego programu; Jego Królewska Mość nie mógł się zgodzić i [...] osobiście wyjaśnił panu przy-

* Kaliber 381 mm.

czyny swoich zastrzeżeń". Tym razem Churchill obstawał przy swoim. „Oliver Cromwell był jednym z założycieli naszej marynarki i mało kto uczynił dla niej tyle, co on – napisał do Stamfordhama – Wydaje się rzeczą słuszną, abyśmy nadali jednemu z naszych pancerników imię, przed którym niezawodnie drżeli wrogowie Anglii". Król Jerzy jednak się uparł i nie ustąpił, więc pierwszy lord Admiralicji oznajmił: „uginam się przed królem". Nowy okręt został nazwany „Valiant", zaś z pierwotnych propozycji Churchilla ostała się jeno „Queen Elizabeth". Dwa pozostałe drednoty wyszły w morze pod nazwami „Warspite" i „Barham", zaś piąty, siostrzany okręt tego typu, „Malaya", otrzymał nazwę kolonii, która zapłaciła za jego budowę.

Ostatnie starcie Churchilla z królem w sprawie nazw dotyczyło dwóch okrętów z projektu 1913 roku. Pierwszy lord Admiralicji proponował „Ark Royal" i „Pitt". Król przytaczał najrozmaitsze argumenty przeciw „Ark Royal", lecz „Pitta" odrzucił z miejsca w oparciu o własną intuicję, wynikającą z wielu lat, jakie sam spędził na morzu. Król wiedział, że marynarze zwykli wynajdywać obsceniczne lub skatologiczne przezwiska dla okrętów na których służyli, a nazwa „Pitt" była zdecydowanie zbyt łatwa i dałaby nieunikniony rezultat*. Churchill, gdy przedstawiono mu owe argumenty, żachnął się, że taka sugestia „nie jest godna królewskiego umysłu". Drednoty z rocznika 1913, ostatniego przedwojennego programu ich budowy, otrzymały nazwy, które mogły spodobać się monarsze: „Royal Sovereign", „Royal Oak", „Ramillies", „Resolution" i „Revenge".

Najważniejszym osiągnięciem Winstona Churchilla jako pierwszego lorda Admiralicji w okresie pokoju było zaprojektowanie i zbudowanie superdrednotów typu „Queen Elizabeth". Ten dywizjon pięciu wielkich, szybkich i potężnie opancerzonych okrętów, napędzanych ropą i noszących cięższe działa niż wszystkie wcześniejsze drednoty, odegrał decydującą rolę w bitwie jutlandzkiej, owym z dawna oczekiwanym Armageddonie z marzeń Jacky'ego Fishera. Niezmiernie lepsze od wszystkich wcześniejszych okrętów liniowych, miały one stanowić kręgosłup brytyjskiej potęgi morskiej aż po lata drugiej wojny światowej, kiedy to Winston Churchill, najpierw ponownie jako pierwszy lord Admiralicji, a potem jako premier, miał

* Marynarzom nazwa okrętu niemal na pewno zrymowałaby się z *Shit*, czyli „gówno".

istotne powody, by dziękować sobie za to, że pozostawały one wtedy do jego dyspozycji.

Dominującą bronią morską tej epoki, pomimo wkroczenia na arenę torpedy, pozostawało wielkie działo: długolufowa armata morska, wystrzeliwująca pocisk z gwintowanej rury i miotająca go na tysiące jardów, gdzie, ciągle obracając się wokół swej osi, spadał na okręt nieprzyjaciela, przebijał i wnikał w głąb grubego pancerza, aby wybuchnąć we wnętrzu wież armatnich lub kadłuba, szerząc ogień, zniszczenie i śmierć. Wielkość i ciężar takich pocisków wzrastały w wielkim stopniu ze wzrostem średnicy lufy i samego pocisku. „Dreadnought", pierwszy obdarzony samymi wielkimi działami okręt Fishera, uzbrojony był w dziesięć ciężkich dział, z których każde strzelało pociskami o średnicy 12 cali i wadze 850 funtów*. W programach na kolejne lata, od 1906 do początku 1909 roku, w Brytanii zbudowano łącznie szesnaście drednotów – dziesięć okrętów liniowych i sześć krążowników liniowych – wyposażonych w działa 12-calowe. W programie na rok 1909, na pilne ponaglenia ze strony Fishera, średnica lufy i kaliber pocisku wzrosły drastycznie – do 13,5 cala*. Drobny dodatek, zaledwie półtora cala średnicy pocisku, zwiększył jego wagę od 850 do 1250 funtów.

Do czasu kiedy w Admiralicji zjawił się Churchill, zdążono już zwodować, rozpocząć budowę lub zatwierdzić 18 drednotów z działami 13,5 calowymi, choć ani jeden nie wyszedł jeszcze w morze. Mimo to, gdy tylko został pierwszym lordem Admiralicji, Churchill natychmiast zapragnął posunąć się o jeden numer w górę. Za kilka miesięcy miał stanąć przed Izbą Gmin i w ramach projektu budżetu marynarki na rok 1912, poprosić o pieniądze na zbudowanie pięciu kolejnych gigantycznych okrętów. Zdecydował się zaproponować jeszcze większe działa, które miały miotać mamucie wręcz pociski – kalibru 15 cali i o wadze 1920 funtów* – na odległość 35 000 jardów. Wziął swój plan, aby pokazać go Fisherowi. „Nikt kto sam tego nie

---

* Średnica (kaliber) 305 mm, waga 386 kg.

* Dwa pierwsze okręty ze słynnego programu „My chcemy ośmiu!" na rok 1909, „Colossus" i „Hercules", zostały wyposażone w działa 12-calowe. Kolejne sześć: „Orion", „Conqueror", „Monarch", „Thunderer", „Lion" i „Princess Royal", otrzymały nowe działa 13,5-calowe (*przyp. aut.*).

* Nowe kalibry: 13,5 cala – 343 mm, waga 568 kg; 15 cali – 381 mm; waga 872 kg, zasięg tych ostatnich – 32 kilometry.

doświadczył, nie potrafi pojąć pasji i elokwencji, jaką okazywał ów stary lew, gdy naprawdę zapalił się do jakiegoś zagadnienia technicznego" – napisał potem Churchill. Fisher ryknął od razu: „Uchylić się od tego przedsięwzięcia – to zdradzić Imperium. Cóż takiego pozwalało Jackowi Johnsonowi[*] nokautować przeciwników? Potężny cios!".

Pokrzepiony tym Churchill nakazał zaprojektowanie i produkcję nowych dział. Przeprojektowanie drednotów, aby dostosować je do nowej broni, było zadaniem skomplikowanym i ryzykownym. Jeśli powiększano działa, trzeba było powiększyć także opancerzenie, wieże artyleryjskie i same okręty. Oznaczało to znaczny wzrost kosztów. A w dodatku wszystko to trzeba było zrobić, zanim jeszcze było wiadome, czy nowe działa będą sprawować się zgodnie z przewidywaniami. „Gdybyśmy mogli wyprodukować choćby jedną taką próbną armatę i dokładnie ją przetestować przed zamówieniem ich kompletu dla pięciu okrętów, to nie byłoby żadnego ryzyka – pisał Churchill o swoim ówczesnym dylemacie – Wtedy jednak stracilibyśmy cały rok, a pięć potężnych jednostek weszłoby do linii z uzbrojeniem gorszym od tego, jakie moglibyśmy im dać". Pełen obaw, młody pierwszy lord Admiralicji ponownie udał się do Fishera: „Obstawał on przy swoim w sposób niemal gwałtowny. Zdobyłem się więc na odwagę i skoczyłem w tę aferę". Zamówione zostało czterdzieści ogromnych armat. Przyśpieszono jednak o cztery miesiące produkcję jednego egzemplarza, aby przetestować go na naprężenia, zasięg i celność w rzeczywistym strzelaniu. Tak czy owak, Churchill i cała marynarka wojenna zaangażowali się w sposób nieodwracalny. Pierwszy z nowych okrętów, „Queen Elizabeth", miał wyjść w morze dopiero za trzy lata. Przez cały ten czas Churchill pozostawał w napięciu: „Wyobrażam sobie, co by się działo, gdyby armaty okazały się niewypałem. Cóż za klęska! Jakie ryzyko! Nie przyjęto by żadnych tłumaczeń. A wszystko skrupiłoby się na mnie: <<pochopnym i niedoświadczonym>>, <<nie będącym na stanowisku nawet miesiąc>>, <<zmieniającym wszystkie plany swoich poprzedników>> i powodującym <<takie okropne fiasko>>, <<okaleczenie wszystkich okrętów rocznego programu>>. I cóż mógłbym odpowiedzieć?". Działo okazało się jednak

[*] Właściwe nazwisko John Arthur Johnson (1878-1946), pierwszy czarnoskóry mistrz świata w boksie wagi ciężkiej. Walczył w latach 1897-1928 (w walkach pokazowych aż do 1945). Tytuł zdobył w roku 1908 i obronił go trzykrotnie, utrzymując do 1915 roku. Łącznie stoczył 114 walk, zwyciężając 80, z czego 45 przez nokaut.

wspaniałym sukcesem i uzbrojone w nie brytyjskie drednoty mogły strzelać pociskami o 40 procent cięższymi od najcięższych, jakimi same mogły być ostrzeliwane. Nawet jednak podczas owego długiego okresu niepewności i obaw Churchill był oczarowany tym, co zdecydował się stworzyć. W maju 1912 roku, podczas dorocznego bankietu w Akademii Królewskiej, powiedział, że „w świecie marynarki wojennej wszystko skupia się na tym, aby w określonym miejscu, w przeciągu kilku minut, być w stanie okazać siłę – unicestwiającą, rozbijającą, przygniatającą siłę". Kilka dni później, opisując skutki trafienia ciężkiego pocisku w okręt, przedstawił w Izbie Gmin wyrazistą i obrazową metaforę. Aby wyobrazić sobie „bitwę pomiędzy dwoma wielkimi, współczesnymi pancernikami, nie powinniście myśleć w kategoriach [...] dwóch zakutych w pancerz rycerzy, nacierających na siebie ciężkimi mieczami. Walka taka jest raczej bitwą pomiędzy dwiema skorupkami jaj, walącymi w siebie młotami. [...] Znaczenie trafiania jako pierwszy, trafiania mocno i nieustannie [...] doprawdy nie potrzebuje lepszego dowodu".

Nowe okręty potrafiły więc zadawać nokautujące ciosy, pozostawało tylko zapewnić im odpowiednie opancerzenie i prędkość. Na okrętach typu „Queen Elizabeth" nie szczędzono na pancerzu; kluczowe miejsca, takie jak linia wodna oraz wieże artyleryjskie pokryto trzynastoipółcalową warstwą litej stali. Okręty Churchilla mogły więc ciosy wyprowadzać i przyjmować. Ciągle jednak nie był zadowolony. Chciał, aby były szybkie. Standardowe dla brytyjskich drednotów dwadzieścia jeden węzłów nie wystarczało do przechwycenia salwującego się ucieczką wroga i zmuszenia go do bitwy. Churchill potrzebował więc prędkości krążownika liniowego – dwudziestu pięciu albo i dwudziestu sześciu węzłów.

W tej kwestii, podobnie jak niemal we wszystkich, szedł za nieustannymi okrzykami Fishera: „Prędkość! Prędkość! Czy pamiętacie przepis na duszonego zająca z <<Książki kucharskiej pani Glasse>>? Najpierw trzeba złapać zająca. [...]". „Prędkość jest potrzebą najważniejszą, a to dlatego, żeby móc walczyć Kiedy chcesz, Gdzie chcesz i Jak chcesz. [...]".

Krążowniki liniowe osiągały odpowiednią prędkość dzięki poświęceniu wagi pancerza. Tego Churchill by nie zrobił. „Nie jestem przekonany o zaletach krążownika liniowego – napisał – Jest fałszywą polityką pakować pieniądze godne pierwszorzędnego okrętu liniowego w okręt niepotrafiący zbierać cięgów w ciężkim starciu". Pierwszy lord Admiralicji i jego projektanci spróbowali więc innej drogi. Zdecydowali, że mogą zrezygnować z jednej wieży artyleryjskiej. Wszystkie poprzednie drednoty nosiły po dziesięć dział dwunasto lub trzynastoipółcalowych, rozmieszczonych parami w pięciu wieżach. Ciężar pełnej salwy burtowej z dziesięciu dział okrętów należących do typu „Orion", „King George V" czy „Iron Duke" wynosił czternaście tysięcy funtów. Jednak wielka waga piętnastocalowych pocisków na okrętach nowego typu dawała jeszcze większy ciężar salwy burtowej – szesnaście tysięcy funtów – z ośmiu zaledwie luf*. Poświęcono więc dwa działa, całą jedną wieżę, aby zaoszczędzone w ten sposób dwa tysiące ton przeznaczyć na urządzenia napędu głównego. Zainstalowano odpowiednio większa liczbę kotłów. Wszystko to okazało się jednak niewystarczające.

Rozwiązaniem było zastosowanie jako paliwa ropy naftowej*. Ropa spala się gwałtowniej niz węgiel i wydziela więcej ciepła w tym samym czasie. Para wytworzona w wyższej temperaturze miała wyższe ciśnienie i mogła obracać wały i śruby znacznie szybciej. Ostatecznie okręty poruszały się po wodzie z większą prędkością. Ropa miała też inne zalety. Można ją było przetłaczać ze zbiornikowców na okręty wojenne w morzu, uwalniając się od konieczności zachodzenia po bunkier do portów.

„Męka bunkrowania okrętu kompletnie wyczerpywała całą jego załogę – pisał Churchill – [...] A tutaj – wystarczało połączyć kilka rur z brzegiem lub ze zbiornikowcem i okręt ssał sobie paliwo, a niemal nikt nie musiał przy tym kiwnąć nawet palcem. [...] Ropa mogła też być przechowywana w takich miejscach okrętu, skąd wydostanie węgla byłoby niemożliwe. Poza tym w miarę jak okręt zużywał swój zapas węgla, trzeba było zatrudniać coraz większą liczbę marynarzy, zabierając ich choćby od dział, wyłącznie do szuflowania węgla z oddalonych i niedogodnych bunkrów do bunkrów położonych bliżej palenisk, a wreszcie do samych palenisk, co osłabiało zdolność bojową jednostki. [...] Na takim „Lionie", na przykład, niemal setka ludzi zatrudniona była wyłącznie przy szuflowaniu węgla z jednej stalowej

* Ciężar obu salw burtowych: starej – 6356 kg, nowej – 7264 kg.

* Słowo ropa jest tu oczywiście umowne i oznacza uzyskiwany z niej odpowiedni olej napędowy.

komory do drugiej, pozbawiona widoczności światła dziennego, a nawet ognia palenisk".

Ropa stosowana już była jako paliwo na wielu mniejszych okrętach. Okrętów podwodnych w ogóle nie dało się opalać węglem, a gdy Churchill zjawił się w Admiralicji, zbudowane lub w budowie były już siedemdziesiąt cztery okręty podwodne i pięćdziesiąt sześć niszczycieli całkowicie uzależnionych od ropy. Zamówione w 1911 roku dwa amerykańskie okręty liniowe, „Oklahoma" i „Nevada", także miały być napędzane ropą. Ameryka jednak produkowała własną ropę, czego nie można było powiedzieć o Wyspach Brytyjskich. Tu właśnie tkwiło dodatkowe ryzyko, wręcz hazard, na jakie musiał zdecydować się Churchill. Przestawienie drednotów na ropę oznaczało nadanie im większej prędkości; oznaczało jednak także oparcie brytyjskiej supremacji morskiej na paliwie pozyskiwanym ze źródeł zamorskich. Ropę trzeba było znaleźć, zakupić, przetransportować i zmagazynować w ogromnych zbiornikach rezerwowych, w ilościach wystarczających na wiele miesięcy walk.

Nawet pełen wigoru Churchill nie potrafił tego zrealizować jednym zarządzeniem. Potrzebował porady. Potrzebował przemawiających za nim faktów. Potrzebował entuzjazmu dla sprawy. Zwrócił się więc do Fishera i poprosił admirała, aby wrócił do Anglii i objął przewodnictwo Królewskiej Komisji d.s. Zaopatrzenia w Ropę. List Churchilla był ciepły, bezpośredni, zdecydowany i uniżony: „Trzeba rozwiązać cały ten problem paliwa ciekłego. [...] Wymaga to zdecydowania i entuzjazmu wielkiego człowieka. Chciałbym, aby to pan zgryzł ten orzech. Nikt inny nie uczyni tego tak dobrze jak pan, jeśli w ogóle ktoś potrafi tego dokonać. Postawię pana na stanowisku, na którym uda się zgryźć ten orzech, jeśli w ogóle jest on do zgryzienia".

„Przyznaję, że niewiele mogę panu zaoferować. Jednak pańskie talenty, siły i nadzieje należą do całej marynarki [...] a ja, jako pański admirator, stojąc na czele Marynarki Wojennej, odwołuję się teraz do nich i wiem, że ich pan nie poskąpi. Potrzebuje pan pługa, aby orać. Pańskie śruby obracają się bezużytecznie w powietrzu".

Fisher nie zdołał się oprzeć; natychmiast wrócił do kraju i pogrążył się cały w pracach Komisji Królewskiej. W ciągu sześciomiesięcznych prac komisja sformułowała swoje zalecenia: korzyści, jakie flota mogła odnieść ze stosowania ropy były tak przytłaczające, że powinno się pozyskać i zmagazynować jej czteroletnią rezerwę. Parlament zatwierdził wydatki w wysokości 10 milionów funtów szterlingów na zbiorniki. Równocześnie Churchill wysłał ekspertów do Zatoki Perskiej, aby zbadali potencjał pól naftowych tego regionu. W lipcu 1914 roku zatwierdzono kolejne 2,4 miliona funtów szterlingów na zakup kontrolnego pakietu akcji Anglo-Perskiej Kompanii Naftowej. Począwszy od „Queen Elizabeth" wszystkie nowe okręty Marynarki Królewskiej miały spalać ropę. „Pożałowania godnym wyjątkiem" – jak to określał Churchill, były należące do programu roku 1913 okręty typu „Revenge", również wyposażone w piętnastocalowe działa, które z powodu obaw, że dostawy ropy podczas wojny mogą okazać się niewystarczające, zostały zaprojektowane jako opalane węglem. Gdy z wybuchem wojny Fisher powrócił na stanowisko pierwszego lorda morskiego, jeden z pierwszych rozkazów jakie wydał – dotyczył decyzji przeprojektowania pancerników „Revenge", „Royal Oak", „Royal Sovereign", „Resolution" oraz „Ramillies", których kadłuby tkwiły jeszcze na pochylniach, na opalanie ich kotłów ropą.

W latach zajmowania przez Churchilla stanowiska pierwszego lorda Admiralicji marynarka wojenna odczuła dobroczynne skutki jeszcze jednej innowacji technicznej, choć w tym przypadku pierwszy lord odegrał raczej rolę rozjemcy, aniżeli pomysłodawcy. Sir Percy Scott nigdy nie był zadowolony ze stanu umiejętności artyleryjskich w Marynarce Królewskiej. Większy zasięg nowych dział stwarzał jeszcze większe problemy w trafianiu do celu. Na lądzie artylerzyści naprowadzają działo w kierunku celu, podnoszą lufę pod kątem zapewniającym właściwy dystans strzelania, po czym strzelają, dopóki cel nie zostanie zniszczony lub nie otrzymają rozkazu wstrzymania ognia. Na morzu nigdy nie było to takie proste. Poza nieustającym kołysaniem pokładu, co wymaga ciągłych zmian kąta podniesienia, oba okręty – strzelający i jego cel – poruszają się po wodzie, zmieniając bez przerwy kąt kierunkowy. Tradycyjnie, rozwiązywanie tych kątów, ocenianie dystansu i wyczuwanie chwiejby pokładu stanowiły zadanie celowniczych, po jednym na każde wielkie działo w wieżach okrętu liniowego. Podczas pokoju system ten zdawał egzamin. Ćwiczenia w strzelaniu odbywały się do nieruchomych celów, umieszczonych w odległościach nie przekraczających dwóch tysięcy jardów*. W takich

* Nieco mnie od jednej mili morskiej, czyli niespełna 1850 metrów.

warunkach celowniczowie, spoglądając wzdłuż luf swoich dział, mogli dostrzec, gdzie padają ich pociski, wprowadzić poprawki i – ku zachwytowi starszych oficerów oraz zaskoczonych widzów – rozbić cel w proch. Sir Percy Scott uważał takie postępowanie za niebezpieczne fantazje. Podczas wojny, argumentował, indywidualni celowniczowie poszczególnych dział będą musieli walczyć nie tylko ze wstrząsami związanymi z hukiem dział, kłębami gęstego dymu i pyłem wodnym wzbijanym z odkosów dziobowych pędzących okrętów, ale także z faktem, że cele będą się odstrzeliwać. Przy dystansach cztero-, a nawet pięciokrotnie większych niż w okresie pokoju, indywidualni celowniczowie na poziomie wież nie będą mogli nawet dostrzec, gdzie padają ich pociski. Rezultaty będą katastrofalne: celowniczowie, którzy nie widzą; działa, których nie można naprowadzić na cel; pociski, które nie trafiają – cała flota ślepa i bezradna. Rozwiązaniem tej sytuacji miało być coś, co Scott nazwał Centralnym Systemem Kierowania Ogniem.

Odtąd naprowadzać na cel i równocześnie odpalać wszystkie ciężkie działa okrętu miał tylko jeden główny celowniczy, umieszczony w wieży dowodzenia lub na przednim maszcie. Z tego bocianiego gniazda, ponad poziomem dymu i błysków własnych dział oraz pyłu wzbijanego rozbryzgami padających pocisków wroga, mając zapewnioną doskonałą widoczność celu, on sam i jego asystent mogli obserwować gejzery wzbijane padającymi w pobliżu okrętów wroga własnymi pociskami. Mogli następnie obliczyć niezbędne poprawki, elektrycznie przekazać je na stanowiska dział, a potem, gdy wszystkie były gotowe, nacisnąć guzik, żeby odpalić je naraz w potężnej salwie burtowej. Strzelanie pełną salwą burtową stanowiło integralną część koncepcji Scotta: główny celowniczy nie tylko miał większe szanse na wybranie właściwego celu niż oślepieni celowniczowie poszczególnych dział, ale ponadto nadciągająca nawała równocześnie wystrzelonych ciężkich pocisków miała okazać się znacznie bardziej niszcząca od najlepiej nawet wystrzelonego i wycelowanego pojedynczego pocisku.

Marzenie Scotta pozostawało tylko w jego głowie, nawet gdy w 1910 roku odszedł z marynarki i zaczął pracować dla Vickersa. Pozostawał jednak w ciągłym kontakcie z Jellicoem, który jako dyrektor Biura Uzbrojenia Marynarki zalecił, aby wszystkie ciężkie okręty wyposażyć w centralny system kierowania ogniem. Entuzjazm ten Jellicoe przeniósł do Floty Ojczyźnianej, gdy w grudniu 1911 roku Churchill mianował go zastępcą dowódcy tej floty. Jednak innowacja ta nadal napotykała na opory. Admirał Sir Francis Bridgeman, głównodowodzący Floty Ojczyźnianej, a zatem przełożony Jellicoego, był jednym z wielu admirałów, którzy zdecydowani byli utrzymać stary – a według nich – także wypróbowany i godny zaufania system niezależnego celowania. System centralnego kierowania ogniem, argumentowali ci panowie, oznaczał stawianie wszystkiego na jedną, i to bardzo wątłą, kartę. Co by się stało, gdyby kable elektryczne łączące bocianie gniazdo z działami zostały uszkodzone przez nieprzyjacielskie pociski, nie mówiąc już o możliwości odstrzelenia całej platformy z kierującymi strzelaniem?

Scott był przekonany o słuszności swojej koncepcji, a gdy znalazł się poza marynarką, nie można już było go uciszyć. Udał się ze sprawą do Churchilla, gdzie z iście Churchillowskim uporem nastawał na to, aby pierwszy lord Admiralicji go wysłuchał. Churchill był ostrzeżony, że lordowie morscy są temu przeciwni, ale w końcu przemówiło do niego żądanie Scotta, by poddać jego system próbie w postaci zawodów strzeleckich. Z rozkazu samego pierwszego lorda Admiralicji, nowiuteńki drednot z działami kalibru 13,5 cala, „Thunderer", został wyposażony w centralny system kierowania ogniem pomysłu Scotta. Oficerowie okrętu byli rozczarowani: „Nie byliśmy bynajmniej zadowoleni z tego, że narzucono nam ów nowy i niepopularny system" – dyskretnie skarżył się oficer artylerii – lecz pracowali z oddaniem nad opanowaniem tej techniki.

12 listopada 1912 roku w rejonie Berehaven doszło wreszcie do pojedynku, do którego tak dążył Scott. Dwa nowe drednoty, identyczne – za wyjątkiem tego, że jeden wyposażony był w centralny system kierowania ogniem, a drugi nie – miały wykonać strzelanie w warunkach tego samego dystansu, widoczności i stanu morza. Konkurentem „Thunderera" był jego siostrzany okręt „Orion", który, stosując stary system indywidualnego celowania i odpalania dział, miał najlepsze wyniki strzelań w całej flocie. Morze było dość wzburzone, nadając okrętom przechyły boczne do pięciu stopni. Obie jednostki zwiększyły prędkość do dwunastu węzłów i idąc w szyku liniowym naprowadziły swoje działa na niezależne cele holowane w odległości dziewięciu tysięcy jardów*. Od momentu wydania rozkazu otwarcia ognia

* Niespełna 8250 metrów.

każdy okręt miał trzy minuty na zbombardowanie swojego celu. Raz za razem, salwy „Thunderera", czasem z pięciu, czasem ze wszystkich dziesięciu dział, przetaczały się nad morzem i nakrywały cel. W ciągu trzech minut okręt wystrzelił trzydzieści dziewięć ciężkich pocisków, zaliczając trzynaście bezpośrednich trafień, dwa rykoszety w cel oraz dziesięć „możliwych trafień" (dostatecznie bliskich aby trafić w prawdziwy okręt, znacznie większy od holowanej tarczy). Indywidualni celowniczowie na „Orionie" z ledwością mogli dostrzec cel. Pancernik wystrzelił dwadzieścia siedem razy, zaliczając dwa trafienia, jeden rykoszet i jedno „możliwe trafienie". Zaproszeni w charakterze obserwatorów przedstawiciele prasy otrąbili wielkie zwycięstwo Scotta: trzykrotnie więcej trafień dla „Thunderera", powiadał „Daily Telegraph"; pięciokrotnie więcej – głosił „Times"; właściwą liczba było – sześciokrotnie więcej. Nawet jednak po takim teście „bardzo wielu oficerów pozostawało sceptykami – pisał Jellicoe – Nadal istniała znacząca opozycja i wiele okrętów nie zostało wyposażonych [w nowy system]". Postęp był istotnie powolny, lecz nieustanny. Pod Jutlandią, tylko dwa spośród trzydziestu sześciu brytyjskich drednotów w Wielkiej Flocie Jellicoego otworzyło ogień pozbawionych dobrodziejstwa przemyślnego systemu Percy'ego Scotta.

Jako pierwszy lord Admiralicji Churchill skupił całą swoją cudowną energię i zdolności koncentracji na marynarce wojennej. Fascynował go postęp w zakresie innowacji technicznych, jakie po wprowadzeniu na okręty mogły zapewnić flocie margines przewagi w dniu bitwy. Było w tym jednak coś jeszcze. Churchill był romantykiem obdarzonym wielką wizją historyczną. Postrzegał on wielkie okręty powierzone jego pieczy jako postacie w gigantycznym dramacie przeznaczenia. To na nich, na ich marynarzach i oficerach, na Admiralicji, a wreszcie na nim samym spoczywał ogromny ciężar odpowiedzialności za przyszłość Brytanii. W pamiętnym fragmencie „Kryzysu światowego" tak opisywał te swoje uczucia:

„Pamiętam jak żywo moją pierwszą podróż z Portsmouth do Portland, gdzie kotwiczyła flota. Szare popołudnie miało się ku końcowi. Gdy po raz pierwszy dostrzegłem flotę wyłaniającą się z mgły, przyjaciel przypomniał mi o <<tej odległej linii znękanych sztormami okrętów, których Wielka Armia nigdy nie widziała>>, a które jednak niegdyś <<stanęły między Napoleonem a panowaniem nad światem>>. W porcie Portland jacht stanął na kotwicy, otoczony wielkimi okrętami;

cały port ożywiony był pływającymi we wszystkich kierunkach motorówkami i stateczkami wszelkiego rodzaju, zaś gdy zapadła noc, ukazało się dziesięć tysięcy świateł na morzu i na brzegu, a szczytówki na masztach zaczęły migotać, gdy okręty i eskadry porozumiewały się ze sobą. Któż mógłby zawieść w pracy dla tak wspaniałej Służby? Któż mógłby zawieść, gdy sama ciemność zdawała się naładowana groźbą nadciągającej wojny?

Bo też spójrzmy na te okręty, niby tak wielkie same w sobie, a jednak tak małe, tak łatwo mogące zniknąć z oczu na morskich przestrzeniach. Jak ufaliśmy, w danej chwili wystarczały one do spełnienia stawianych przed nimi zadań, ale być może tylko o włos. Były wszystkim, co posiadaliśmy. Rozumieliśmy, że to na nich unosiła się potęga, majestat, panowanie i władza Imperium Brytyjskiego. Cała nasza historia, budowana przez stulecia, wszystkie nasze wielkie sprawy rozgrywające się na krańcach kuli ziemskiej, wszystkie źródła utrzymania i bezpieczeństwa naszej wiernej, pracowitej, tak aktywnej ludności, zależały od tych okrętów. Otwórzcie tylko zawory denne i pozwólcie im zniknąć pod powierzchnią wody – jak to miała pewnego dnia uczynić inna flota w innym, daleko na północy położonym porcie brytyjskim*, a za parę minut – najwyżej za pół godziny, zmieni się cały obraz świata. Imperium Brytyjskie rozpływa się jak sen; wszystkie izolowane wspólnoty walczą w osamotnieniu o przetrwanie; centralna władza unii załamana; potężne prowincje – niemal imperia same w sobie – pozbawione kontroli dryfują bezwładnie i padają łupem obcych; wreszcie Europa po nagłych konwulsjach popada w żelazny chwyt władzy Teutonów i wszystkiego, co stanowi teutoński system. Pozostanie tylko oddalona po drugiej stronie Atlantyku, nieuzbrojona, nieprzygotowana i nieświadoma rzeczy Ameryka, aby samotnie podtrzymywać prawo i pokój między ludźmi. [...]".

* Churchill miał na myśli samozatopienie niemieckiej Floty Pełnomorskiej, internowanej po I wojnie światowej w Scapa Flow, do którego doszło 21 czerwca 1919 na rozkaz wiceadmirała von Reutera, gdy dotarły do niego informacje, że flota nie zostanie zwrócona Niemcom.

42

Misja Haldane'a

Kryzys wokół Agadiru stanowił okazję dla admirała von Tirpitza. W tym samym tygodniu, kiedy Kiderlen zasiadał, aby targować się z Julesem Cambonem, a giełda berlińska zachwiała się, wzrosła, aby wreszcie się załamać, Tirpitz udał się do pałacu i poprosił kaisera o poparcie dla nowej Uzupełniającej ustawy morskiej. Prasa, opinia publiczna i Reichstag były nastawione przeciwko Anglii. Niektórzy Niemcy pragnęli odkryć karty: „Wszyscy wiemy, że wkrótce musi dojść do rozlewu krwi, a im dłużej czekamy, tym będzie on większy" – deklarowała „Post". Odsłonięcie kart, naciskał Tirpitz, powinno objawić się pod postacią nowych okrętów. Wilhelmowi pomysł się wielce spodobał i *Novelle* została zredagowana. „Teoria floty ryzyka", która uzasadniała rozbudowę floty niemieckiej od czasu przedstawienia przez Tirpitza pierwszej Ustawy morskiej w 1898 roku, „spełniła swoje zadanie" – oznajmił Wilhelm. Nowym celem miało być osiągnięcie stosunku liczby drednotów niemieckich do brytyjskich jak 2:3. Do dwóch znajdujących się obecnie w budowie eskadr miała zostać dodana trzecia, złożona z ośmiu okrętów liniowych. Aby to osiągnąć, trzeba było narzucić większe tempo budowy nowych jednostek. Zamiast budować dwa drednoty rocznie, począwszy od 1912 roku i przez pięć następnych lat flota niemiecka miała budować w co drugim roku po trzy nowe okręty. W sześcioletnim okresie tempo miało więc wzrosnąć z 2-2-2-2-2-2 do 3-2-3-2-3-2. Do roku 1918 stan Floty Pełnomorskiej miał sięgnąć piętnastu nowych drednotów, zamiast dwunastu.

Bethmann-Hollweg był świadomy, że ogłoszenie docelowego stosunku 2:3 zaalarmuje Brytyjczyków. Z pewnością musieli zareagować na zwiększoną liczbę okrętów oraz na to, że Niemcy budowały je teraz jawnie przeciwko Wielkiej Brytanii; jak dotąd, flota niemiecka budowana była „wyłącznie na nasze potrzeby", bez wymieniania jakiegokolwiek mocarstwa. Jesienią 1911 roku kaiser i jego admirał starali się jak mogli, aby przekonać kanclerza o sensowności stosunku 2:3. „Przecież w sposób oczywisty daje on Anglikom wyraźną przewagę i ucina wszelkie gadki o «współzawodnictwie w budowie» – pisał Wilhelm do Bethmann-Hollwega – Jest to także nasze zobowiązanie względem nich, czego tak zawsze pragnęli, a niespodzianki z naszej strony są wykluczone, jako że stosunek ten jest ustalony raz na zawsze. [...] Nieważne jest przy tym, czy zgadzają się na taki stosunek, czy nie".

Tirpitz argumentował nieco szerzej: „Celem naszej polityki morskiej jest polityczne uniezależnienie się od Anglii – najwyższe możliwe zabezpieczenie się przed atakiem Anglików. [...] Aby to osiągnąć [...] musimy zmniejszać dystans militarny dzielący nas od Anglików, nie zaś powiększać go. Jeśli tego nie osiągniemy, będzie to oznaczać, że polityka morska, jaką prowadziliśmy od czternastu lat, poszła na marne".

Raporty o nowej Ustawie morskiej i dalszym powiększaniu floty niemieckiej dotarły w końcu i do Anglii. W swoim pierwszym przemówieniu w charakterze pierwszego lorda Admiralicji, wygłoszonym 9 listopada 1911 roku, Churchill wysunął ofertę pojednania i kompromisu. Powiedział, że gdyby Niemcy nie wprowadzili zmian do swojego długofalowego programu budowy floty, to Brytania mogłaby poczynić znaczne redukcje w projekcie budżetu marynarki. Lloyd George zgadzał się z pierwszym lordem. „Odczuwał on, że należy zdobyć się na wszelki wysiłek, aby załagodzić tarcia z Niemcami i dojść do porozumienia co do sił morskich – napisał Churchill – Wiedzieliśmy, że w Niemczech szykuje się nowa, znacząca ustawa morska. Gdyby Niemcy ostatecznie zdecydowały się na rzucenie wyzwania Wielkiej Brytanii, to musielibyśmy je podjąć; było jednak jeszcze możliwe, aby przez przyjazne, szczere i poufne rozmowy uniknąć tak groźnego rozwoju wydarzeń. Nie byliśmy przeciwni niemieckiemu programowi kolonialnemu. [...]". Gdyby te wysiłki spaliły na panewce, kolejny krok byłby już łatwiejszy; „Czułem, że moja pozycja przy domaganiu się pieniędzy [dla marynarki] od gabinetu i Izby Gmin będzie znacznie silniejsza, jeśli będę szedł ręka w rękę z kanclerzem Izby Rozrachunkowej i będę w stanie zeznać, iż próbowaliśmy, choć bezskutecznie, wszystkiego, aby zredukować rywalizację obu flot".

W obu krajach istniało poparcie dla wznowienia rozmów; istniała jednak także opozycja. Z powodu tej właśnie opozycji nie można było rozpocząć rozmów na szczeblu oficjalnym. Lepiej byłoby, gdyby doszło do prywatnych, nieoficjalnych konwersacji pomiędzy dyskretnymi osobistościami z kręgów pozarządowych. Gdyby takie rozmowy rozpoznawcze zakończyły się sukcesem, zawsze można było otworzyć oficjalne furtki.

Dwaj ludzie, prywatni obywatele i przyjaciele, jeden w Londynie, drugi w Hamburgu i Berlinie, skłonni byli posłużyć jako łącznicy między swoimi rządami. Obaj byli biznesmenami: jeden finansistą, drugi magnatem żeglugowym. Obydwaj pozostawali na bliskiej stopie ze swoimi monarchami. Choć jeden z nich był obecnie poddanym brytyjskim, to obaj urodzili się w Niemczech. A choć jeden był teraz wyznania rzymskokatolickiego, obaj urodzili się w rodzinach żydowskich.

Najbardziej zaufany przyjaciel króla Anglii urodził się w roku 1852 w Kolonii, w rodzinie niemieckich Żydów. Ernest Cassel był ambitny, pewny siebie i wytrwały w dążeniu do celu; przez całe życie okazywał zdolność trafnego sądu, motywację i nieskazitelną uczciwość wewnętrzną. Ojciec Cassela, wysoki urzędnik bankowy, uznał za całkiem naturalne, gdy jego najmłodszy szyn porzucił szkołę w wieku czternastu lat, aby zostać prostym pracownikiem biurowym, podobnie, gdy w wieku lat siedemnastu chłopak wyjechał do Anglii, biorąc ze sobą tylko jedną walizkę i swoje skrzypce. W wieku dwudziestu dwóch lat młody Cassel został dyrektorem londyńskiego oddziału międzynarodowego domu finansowego Bischoffsheim i Goldschmidt z płacą 5000 funtów szterlingów rocznie. Mając lat dwadzieścia sześć ożenił się z Annette Maxwell, Angielką wyznania rzymskokatolickiego, celebrując to wydarzenie podwójnie, bowiem tego samego dnia został naturalizowanym poddanym monarchy brytyjskiego. Trzy lata później, w 1881 roku, gdy Cassel miał dwadzieścia dziewięć lat, Annette Cassel zmarła na gruźlicę, pozostawiając męża i córkę Maud. Cassel nigdy nie ożenił się powtórnie.

Cassel inwestował pieniądze w ryzykowne projekty zamorskie o potencjalnie wysokiej stopie zwrotu. Jego specjalnością były koleje. Zyskał fortunę w Szwecji na rozbudowie tamtejszych linii kolejowych, mających dostarczać przeznaczoną na eksport szwedzką rudę żelaza do portów. Nabywał udziały w Egipcie, Meksyku, Południowej Ameryce i w Stanach Zjednoczonych, gdzie budowa kolei w znacznym stopniu uzależniona była od kapitału europejskiego.

Jako częsty gość w Nowym Jorku, nawiązał tam dozgonną przyjaźń z Jacobem Schiffem, amerykańskim finansistą w dziedzinie kolejnictwa z domu handlowego Kuhn i Loeb. Cassel miał zresztą wielu przyjaciół wśród Amerykanów, którzy podziwiali nie tylko jego wielkie sukcesy i mądrość decyzji finansowych, lecz także otwartość w rozmowach i gotowość dzielenia się kontaktami i informacjami.

Wejście w świat arystokracji ziemskiej w Anglii było znacznie trudniejsze. Bogactwo zdobyte poprzez prowadzenie interesów zamykało tyle samo drzwi, co i otwierało. Cassel jednak uparcie dobijał się do bram świata patrycjuszy. Wynajął, a potem nabył szereg dóbr ziemskich i wiejskich dworów, hojnie rozdając zaproszenia tak wśród pomniejszej szlachty, jak i pomiędzy parami. Przedstawiał się im więc w miejscach, gdzie czuli się swobodnie; widywano go też na polowaniach, na torach wyścigów konnych i przy stolikach karcianych. Nauczył się jeździć konno i polować, choć w siodle nie siedział zbyt pewnie, a skoki przez bramy i żywopłoty wymagały odwagi. Choć preferował mężczyzn i kobiety, którzy wybili się własnymi talentami na peryferia elity towarzyskiej – Randolpha Churchilla i jego syna Winstona, czy Asquithów – to potrafił wytrzymać z beznadziejnymi nudziarzami, jeśli tylko ich krew była wystarczająco błękitna. Sukcesem dla niego było małżeństwo Maud z Czcigodnym Wilfredem Ashleyem, prawnukiem lady Palmerston i dziedzicem wspaniałego Broadlands House w hrabstwie Hampshire.

Mimo wszystko to właśnie reputacja, jaką Cassel się cieszył w kręgach biznesu, a nie jego awans towarzyski, doprowadziła do jego kontaktów z księciem Walii. Książą lubił ludzi wybijających się własnymi siłami; rozmowy z nimi były, generalnie rzecz biorąc, bardziej interesujące. Lubił też ludzi skorych wydawać pieniądze dla urozmaicenia sobie życia. Niektórzy z nich – Rotszyldowie, baron Moritz Hirsch, Cassel – byli Żydami, inni – jak Sir Thomas Lipton, jachtsmen i producent herbaty, czy Sir Blundell Maple, producent mebli – nie; książę nie dbał o to, czy i gdzie ktoś wielbił Boga. Hirsch, urodzony w Niemczech i posiadający wielkie dobra ziemskie w Austrii, pozostawał w zażyłości z księciem mimo ciągłych dąsów ze strony arystokracji z Anglii i z kontynentu. Cassel zetknął się z księciem właśnie przez Hirscha; po śmierci Hirscha w 1896 został wykonawcą jego testamentu. Przejął także po nim rolę głównego doradcy finansowego księcia. Objął kontrolę nad wszystkimi inwestycjami księcia Walii i umożliwił następcy tronu jego objęcie w stanie wolnym od długów. Z wdzięczności nowy król uczynił Cassela tajnym radcą w 1901 roku. Podczas związanej z tym awansem ceremonii Cassel zaskoczył wszystkich obecnych – oprócz króla – żądając złożenia przysięgi na katolicką wersję Biblii; Sir Ernest ujawnił wtedy, że jego żona błagała go na łożu śmierci, aby przystąpił do Kościoła Katolickiego i że krótko po jej śmierci dopełnił konwersji.

Przyjaźń Cassela z królem oparta była na harmonii opinii i gustów. W późniejszych latach swego panowania król niemal codziennie odwiedzał dom Cassela przy Park Lane, aby grywać w brydża. Śmierć króla Edwarda w 1910 roku była dla Cassela ciosem; jeszcze cięższy spadł na niego rok później, gdy zmarła mu córka, tak jak niegdyś jej matka – na gruźlicę. Cassel pozostał z dwiema wnuczkami, na które przelał swoje uczucia. Mieszkał wtedy w Brook House, ogromnym dworze przy Park Lane, wypełnionym płótnami starych mistrzów, renesansowymi brązami, chińskim jadeitem, drezdeńską porcelaną, starymi angielskimi srebrami oraz francuskimi i angielskimi intarsjowanymi meblami. Dom ten chlubił się wyłożoną dębową boazerią jadalnią, gdzie do stołu mogła zasiąść setka osób, sześcioma wyłożonymi marmurem kuchniami oraz hallem wejściowym o ścianach wykładanych na przemian płytkami z lapis lazuli i zielono żyłkowanego marmuru barwy kremowej. Cassel posiadał wtedy także dwory wiejskie w stylu angielskim, farmę rozpłodową w Newmarket, mieszkanie w Paryżu oraz wille w Szwajcarii i na południu Francji.*

---

* Podczas wojny, Cassel, jak wielu naturalizowanych poddanych brytyjskich urodzonych w Niemczech, stał się z tego powodu obiektem ataków. Zmarł w 1921 roku, w

Albert Ballin, który rozbudował Linie Żeglugowe Hamburg-Ameryka i uczynił z nich największego armatora na świecie, był Hamburczykiem. Urodził się zaledwie o kilkadziesiąt metrów od basenów portu tego wielkiego miasta, położonego nad Łabą, sześćdziesiąt mil w głąb lądu od wybrzeży Morza Północnego. Jego kariera była ściśle związana ze statkami, wolnym handlem oraz pokojowym współzawodnictwem międzynarodowym. Tradycje Hamburga jako wolnego miasta hanzeatyckiego i jego rola bramy wiodącej do rozlicznych, położonych na wschodzie i na południu, państw i państewek niemieckich, sięgała jeszcze średniowiecza. Prusy, bliskie geograficznie, ze swoją sztywną militarną strukturą i rolniczą gospodarką, wydawały się jednak bardzo odległe od demokratycznego i kupieckiego Hamburga. Przez większą część historii miasta głównym partnerem handlowym Hamburga była Anglia. Jeszcze dobrze w dziewiętnastym wieku w porcie hamburskim było więcej statków brytyjskich, aniżeli pod banderą jakiegokolwiek innego kraju, łącznie z Niemcami. Z Anglii docierały tutaj ładunki wełny i węgla; na podróż powrotną statki napełniano zbożem i wszelką żywnością. Gdy upłynęła połowa stulecia w dokach Hamburga zaczął dominować inny ładunek: ludzie. W miarę wzrostu ludności Cesarstwa niemieccy chłopi zaczęli opuszczać ziemię. W latach sześćdziesiątych, siedemdziesiątych i osiemdziesiątych dziewiętnastego wieku, przez Hamburg i położoną nad Wezerą Bremę przewalały się fale emigracji. W 1881 roku w dół Łaby wyruszyło z Hamburga 123 000 pasażerów, rozpoczynając podróż do Nowego Jorku bez biletów powrotnych.

Ruch pasażerski przez Północny Atlantyk był dziedziną, w której miał się sprawdzić Albert Ballin. W 1886 roku, mając dwadzieścia dziewięć lat, Ballin był szefem Oddziału Pasażerskiego Linii Żeglugowych Hamburg Ameryka (HAPAG). Konkurencyjna Północnoniemiecka Kompania Żeglugowa Lloyda*, z bazą w Bremie, zdominowała Północny Atlantyk. NDL posiadał czterdzieści siedem parowców

---

wieku sześćdziesięciu dziewięciu lat, siedząc za biurkiem w Brook House. Choć zdążył rozdać ponad 2 miliony funtów szterlingów, przede wszystkim na szkoły i szpitale, scheda po nim warta była ciągle ponad siedem milionów. Znaczna suma trafiła się jego wnuczce, Edwinie Ashley, która wkrótce potem poślubiła lorda Louisa Mountbattena. Po swoim ojcu Edwina odziedziczyła Broadlands, który w ten sposób trafił w ręce rodziny Mountbattenów (*przyp. aut.*).

* Znana jako *Norddeutscher Lloyd*, stąd używany skrót NDL.

transatlantyckich, Hamburg-Ameryka jedynie dwadzieścia cztery. Ballin zaczął wodować statki, wśród nich była nowa klasa szybkich, luksusowych liniowców, zaprojektowanych z myślą, aby z podróży morskiej uczynić przyjemne doświadczenie, oczywiście dla tych, których było stać na opłacenie biletów pierwszej klasy. Sam Ballin często podróżował na pokładach swoich statków, zawsze mając oko na wszelkie możliwe niedociągnięcia. Na pokładzie, przechodząc od pasażera do pasażera, wypytując o wrażenia i uwagi, podczas gdy załoga nerwowo krążyła w pobliżu, czynił zapiski w swoim notesie. Jedna tylko podróż do Nowego Jorku dostarczyła materiału do następujących notatek: „Ogłoszenia na pokładzie powinno się ograniczyć do minimum; te absolutnie niezbędne muszą być gustownie oprawione – brak miejsca na walizy i kufry – ręczniki są zbyt małe – szafki na brudną pościel zbyt małe – maselniczki zbyt małe – grzanki należy podawać w serwetkach gorące". Do roku 1899, gdy Ballin miał czterdzieści dwa lata, jego innowacje i nieustanne zwracanie uwagi na detale zdążyły przynieść efekty; jego kompania była już największą na świecie, posiadając statki o tonażu większym od całej floty handlowej jakiegokolwiek kraju poza Wielką Brytanią i samymi Niemcami. Albert Ballin został mianowany dyrektorem naczelnym firmy, które to stanowisko miał piastować aż do śmierci.

Ballin miał dużą, okrągłą głowę, otoczoną przylegającymi do niej czarnymi lokami, z dużym nosem i wydatnymi wargami. Mimo to potrafił się zmienić w obraz wyszukanego czaru. Zapuścił wąsik, używał pince-nez i zawsze występował w eleganckich strojach, czy to nosząc cylinder na hamburskiej giełdzie papierów wartościowych, czy w stroju jachtowym na pokładzie jednego ze swoich liniowców. Emanował ciepłem i wdziękiem, posiadał nieskazitelne maniery oraz licznych przyjaciół w swoim mieście rodzinnym, Anglii i Ameryce. Jego żona, którą poślubił w wieku lat dwudziestu sześciu, była protestantką wywodzącą się z klasy średniej, o kilka lat starszą i kilka cali wyższą od swojego męża. Gdy po jedenastu latach małżeństwa nie doczekali się dzieci, adoptowali córkę.

Jako naczelny dyrektor, Ballin miał możliwości powiększenia przewagi HAPAG-u nad konkurentami. Inne kompanie i kraje nie rezygnowały jednak ze współzawodnictwa. W 1902 roku rząd brytyjski, zaniepokojony tym, że trójząb, przynajmniej w zakresie marynarki handlowej, trafił już w niemieckie ręce, przyznał Cunardowi roczne subsydium w wysokości 150 000 funtów szterlingów. W latach następnych Cunard rozpoczął budowę dwóch ekspresowych liniowców transatlantyckich, „Mauretanii" i „Lusitanii", po 32 000 ton wyporności. Brytyjska White Star Line odpowiedziała zwodowaniem „Olympica", „Tytanica" i „Gigantica". Ballin odrzucił myśl, że ktoś może zbudować więcej od niego. W stoczniach Vulcan w Szczecinie oraz Blohm & Voss w Hamburgu zamówione zostały trzy nowe liniowce pasażerskie dla Linii Hamburg-Ameryka. W 1912 roku spłynął z pochylni „Imperator", a po nim nastąpiły „Vaterland" – w 1913 i „Bismarck" w 1914 roku. Najsłynniejszym z tych statków był „Vaterland", 54 000 tonowy mamut, będący nie tylko największym statkiem świata, ale także, co armator podkreślał z dumą – największym ruchomym obiektem kiedykolwiek zbudowanym ludzką ręką. Został on zaprojektowany, aby móc przewozić przez Atlantyk ponad pięć tysięcy ludzi (1234 osoby załogi i 4050 pasażerów) z szybkością dwudziestu czterech węzłów, co oznaczało czas podróży krótszy niż tydzień. Pasażerowie pierwszej klasy mieli na nim podróżować w otoczeniu niezrównanego luksusu. Panie mogły kąpać się w krytym „basenie pływackim" w stylu pompejańskim, który rozciągał się na trzy pokłady i posiadał wodę o głębokości ośmiu stóp. Panowie, po spożyciu obiadu w restauracji Ritz-Carlton, gdzie stoły udekorowane były kwiatami z okrętowej cieplarni, mogli wycofać się na spoczynek do głębokich foteli przed żarzącym się kominkiem w palarni o wysokich sklepieniach, obitej dębową wykładziną, która przypominała raczej jakiś zamek w Bawarii niż liniowiec oceaniczny. Dla tych, co mogli sobie na to pozwolić, statek oferował nadzwyczajną przestrzeń; największe apartamenty na „Vaterlandzie" liczyły sobie po dwanaście pokojów.

Do pierwszego spotkania Ballina z kaiserem doszło w 1981 roku, kiedy to młody cesarz sprowadził swoją żonę, aby obejrzała sobie nowo zbudowany liniowiec „Augusta Victoria", który Ballin nazwał tak na jej cześć. Wilhelm po raz pierwszy docenił jednak Ballina podczas konferencji na zamku berlińskim w 1895 roku, zwołanej przez suwerena, aby przedyskutować obchody, jakie miały zostać zorganizowane w związku z otwarciem Kanału Kilońskiego. Kaiser ogłosił na niej, że zostało już ustalone, iż „Hohenzollern" miał spłynąć z Hamburga w dół Łaby ku wejściu do kanału, a bezpośrednio za nim statek kompanii *Norddeutscher Lloyd*, następna w kolejności miała być jednostka HAPAG-u. Ballin poprosił o głos: ponieważ ceremonialna podróż miała się rozpocząć w Hamburgu, powiedział, to może byłoby właściwsze, aby honorowe miejsce za jachtem cesarskim zajął parowiec Linii Hamburg-Ameryka. Kaiser odparł lodowato, że obiecał już to miejsce kompanii z Bremy. Ballin oznajmił, że w takim razie sprawa jest oczywiście załatwiona, „i że wycofuje swoje sugestie, lecz równocześnie uważa, iż miał pełne podstawy, aby je uczynić".

Rozwój wielkiej marynarki handlowej łączył się ściśle w umyśle Wilhelma z rozbudową Cesarskiej Marynarki Wojennej, był więc dumny z sukcesów HAPAG-u. Przybrał postawę właściciela wobec serii budowanych parowców i często uszczęśliwiał Ballina sugestiami, a nawet rysunkami odnośnie do ich wyposażenia i architektury. Podczas każdej okazji, gdy o kompanii robiło się głośno, czy to z okazji wodowania nowej jednostki, czy otwarcia nowej linii – na biurku Ballina zjawiał się telegram z gratulacjami od cesarza. Wilhelm lubił także Ballina osobiście; podzielali przecież fascynację statkami i morzem, skłonność do podróżowania i pragnienie wielkości dla Niemiec. Kaiser wysyłał Ballinowi kartki na Boże Narodzenie oraz pocztówki ze swoich podróży. Gdy Ballin cierpiał na bóle neuralgiczne, Wilhelm polecił mu doktorów a nawet zaproponował wysłanie z Berlina do biura Ballina urzędnika dworskiego, który pomógłby zmniejszyć obciążenie nadmiernie zapracowanego przyjaciela.

Począwszy od zaproszenia przez Ballina w 1899 roku, kaiser i jego świta zaczęli regularnie brać udział w corocznym obiedzie wydawanym przez HAPAG w czerwcu, tuż przed Regatami Dolnej Łaby oraz Tygodniem Kilońskim. Ballin rozumiał słabość swojego suwerena do pokazania się i elegancji, a miał środki na to, by móc tę słabość odpowiednio wykorzystać. Jego statki, prawdziwe pływające pałace, zawsze były do dyspozycji cesarza. Każdego roku Ballin wyprawiał jeden ze swoich najwspanialszych statków, aby spełniał rolę pływającego hotelu dla gości kaisera, dworu i rządu. Wznoszący się poza liniami szarych okrętów wojennych i trzódką parowych i żaglowych jachtów, wielki liniowiec HAPAG-u, o czarnym kadłubie z białymi nadbudówkami i niebieskim wykończeniem, dodawał zgromadzeniu statków odrobiny splendoru. Przy kilku okazjach sam kaiser decydował się nawet na rejs jednym ze statków HAPAG-u zamiast „Hohenzollernem". (Do jednej z takich podróży doszło w 1905 roku, kiedy to kaiser spuścił się po burcie HAPAGowskiego „Hamburga", aby wykonać swoje sławne lądowanie w Tangerze). Przez wiele lat na wszystkich liniowcach HAPAG-u utrzymywano w gotowości kilka kabin dla użytku kogoś wskazabego przez cesarza. W 1905 roku, podczas swojej wizyty w Hamburgu, Wilhelm zaczął bywać na obiadach w domu Ballina. Z czasem wizyty te stały się tak częste, że dom Ballina zyskał sobie miano *Klein Potsdam* (Mały Poczdam). Gdy jednak korzystał z gościnności Ballina, kaiser nie zabierał ze sobą żony. Cesarzowa Augusta Wiktoria nie aprobowała przyjaźni męża z właścicielem parostatków. Ballin był przecież Żydem.

Heinrich von Treitschke z Uniwersytetu Berlińskiego dodawał poloru niemieckiemu antysemityzmowi. W swoich pismach i wykładach ostrzegał on przed wzrastającą potęgą żydostwa i podkopywaniu przez nie niemieckich ideałów. Treitschke uważał, że Żydzi, którzy pragną cieszyć się pełnią przywilejów związanych z posiadaniem niemieckiego obywatelstwa, powinni odrzucić swoją religię i przejść na chrześcijaństwo. W przeciwnym razie Żydom powinno się zabronić służby w instytucjach państwowych. W praktyce tak się właśnie sprawy miały. W Cesarskiej Służbie Dyplomatycznej nie było w ogóle praktykujących Żydów, zaś w korpusie oficerskim armii – bardzo nieliczni. Ci, którzy już się tam dostali, byli mianowani na mało znaczące stanowiska i nigdy nie awansowali. Żydom, którzy nie chcieli zrezygnować ze swej wiary i dać się ochrzcić, zakazano także wstępowania do Cesarskiej Marynarki Wojennej, jako przyczynę podając „trudności dietetyczne".

Niemieckim Żydem, który w latach Cesarstwa wspiął się najwyżej w społeczeństwie Niemiec, był Gerson Bleichroder, bankier Bismarcka. Był on najbogatszym człowiekiem w Berlinie, a być może i w całych Niemczech. Zarządzał fortuną kanclerza i uczynił go bogatym. Był też pierwszym niemieckim Żydem, który został podniesiony do stanu szlacheckiego bez przechodzenia na chrześcijaństwo. Bleichroder pragnął zostać przyjęty do najwyższych kręgów towarzyskich Prus. W swoim wielkim pałacu berlińskim wydawał huczne bale, zapraszając na nie śmietankę towarzyską, udało mu się nawet przekonać do brania w nich udziału samą księżnę von Bismarck. Wielu jednak trzymało się z dala, włączając w to młodych oficerów, których obecność uświetniała wszystkie inne bale. Córka Bleichrodera siedziała na krześle podczas balów w swoim własnym domu, ponieważ żaden młodzieniec nie poprosiłby jej do tańca. Na przyjęcia te nie zapraszano żadnych Żydów, nawet krewnych gospodarzy, aby nie urazić innych gości.

Antysemityzm Bismarcka był łagodny, lecz tkwił w nim głęboko. Dał on Bleichroderowi jego *von*, lecz nigdy nie pozwolił bankierowi zapomnieć o jego pochodzeniu. Mówiąc o Hardenie, wydawcy „Zukunft", kanclerz wyrażał przekonanie, że jest on „cichym i bezpretensjonalnym człowiekiem o wielkim takcie, całkiem niepodobnym do Żyda". Komentując zalety dwóch pruskich oficjeli, których niemieccy ojcowie wzięli sobie za żony Żydówki, Bismarck zauważył, że „sparzenie niemieckiego ogiera z semicką klaczą czasami daje niezłe rezultaty". Inni arystokraci pruscy wyrażali się jasno i otwarcie. „Nie jestem przyjacielem Żydów" – mawiał Eulenburg. Holstein w swoim dzienniku zanotował: „Kilka dni temu usłyszałem, że Bleichroder chce umieścić swojego syna w służbie dyplomatycznej. Nie uda mu się".

Nastawienie Wilhelma II wobec Żydów było podobne jak wielu jego rodaków. Bülow uważał kaisera za całkowicie pozbawionego uprzedzeń względem Żydów", lecz rozmowy i korespondencja Wilhelma zaprzeczają takiemu rozgrzeszeniu. Stosunki Wilhelma z bogatymi Żydami, odnoszącymi sukcesy w świecie biznesu i finansów, były dobre, a nawet serdeczne; za to w stosunku do żydowskich magnatów prasowych oraz socjalistów pałał on mściwą i szyderczą wrogością. Kiedyś, w samym środku antyżydowskiej diatryby, Wilhelmowi przypomniano, że jego przyjaciele, Ballin i bankier Franz von Mendelssohn, są Żydami. Kaiser przerwał, aby po chwili oświadczyć, że wcale nie uważa ich za Żydów. Fakt bycia przyjmowanym przez monarchę nie oznaczał bynajmniej, że owi żydowscy finansiści i przemysłowcy byli dopuszczani do pruskiej socjety. Widywali się oni z cesarzem za dnia, podczas lunczów na zamku lub w Poczdamie, czy nawet na polowaniach w Rominternie. Bardzo jednak rzadko otrzymywał Żyd zaproszenie na jeden z owych formalnych wieczorów dworskich, jakie stanowiły szczyt berlińskiego życia towarzyskiego. Arystokracja pruska nie odnosiła się też entuzjastycznie do przyjaźni kaisera z pewnymi Żydami. Na powierzchnię wypływały stare oskarżenia: starodawna supremacja właścicieli ziemskich jest oto podminowywana przez pieniądz; Żydzi nabierają zbytnich wpływów i uznania towarzyskiego; zbyt wielu Żydów wydaje swoje córki za zubożałych arystokratów i oficjeli rządowych. Księżna Daisy von Pless mówiła o "żydowskim niebezpieczeństwie". Tytuł kaisera „Seine Majestät" (Jego Cesarska Mość) był szyderczo przekręcany na „Siegfried Meyer".

Ballin czynił co mógł, aby ignorować antysemityzm. Nie był człowiekiem religijnym. Rzadko uczęszczał do synagogi, woląc pracować także i w weekendy, czy to w szabat żydowski, czy chrześcijański. Uważał siebie za Hamburczyka, więc też jadł, pił, palił i mówił jak Hamburczyk. Był świadom faktu, że i w Hamburgu zauważalny był antysemityzm, lecz linie podziału były jasno określone i w kosmopolitycznej atmosferze starego miasta portowego nie dochodziło do animozji. Jego koledzy w interesach oraz jego pracownicy byli w większości chrześcijanami, gdy jednak siadał na kawę przy stoliku w Alster Pavillon, jego towarzyszami byli zwykle Żydzi. Jego największym przyjacielem był Maks Warburg, pochodzący z dynastii od osiemnastego wieku przewodzącej jednemu z najstarszych międzynarodowych domów bankierskich Europy. Większość swoich wakacji Ballin spędzał na pokładach własnych statków; gdy jednak udawał się do sanatorium w Kissingen, aby odprężyć się czytaniem książek kryminalnych, resztę gości sanatorium stanowili wyłącznie Żydzi. Poglądy Ballina w tym względzie polegały na przyjmowaniu świata takim, jaki jest. Nie cierpiał usiłowań niektórych bogatych Żydów, zamierzających na siłę wedrzeć się do najwyższych sfer niemieckiej socjety; uważał że takie wysiłki wzmagają tylko antysemityzm.

Choć Ballin miał niewiele wspólnego z pruską arystokracją, to podzielał jej gorącą wiarę w konieczność utrzymania porządku oraz ochronę prawa własności. Był on oddanym monarchistą – w 1909 roku pisał do Hardena, że „tron jest sprawą zasadniczą", zaś „republikanie [...] budzą obrzydzenie" – i głośno popierał politykę rządu zmierzającą do promocji gospodarczej roli Niemiec na świecie. Nie znosił Partii Socjaldemokratycznej i martwiła go rosnąca siła socjalistów w Reichstagu. Niemieckie Ministerstwo Spraw Zagranicznych uważał za „bardzo duży, specjalny rezerwat dla niekompetentnych arystokratów", a całą rządową biurokrację za małostkową i głupią. W codziennej jednak działalności była ona przewidywalna i skuteczna, a to było dobre dla interesów. Ballin był przekonany, że rolą rządu jest oczyszczanie drogi dla rzeczywistych pionierów przyszłości Niemiec, wielkich finansistów i przemysłowców. W tym sensie, zbudowanie przez niego Linii Żeglugowych Hamburg-Ameryka z entuzjastycznym poparciem cesarza było przykładem, jak to wszystko powinno funkcjonować.

Gdy w 1898 roku Tirpitz przedstawił projekt pierwszej Ustawy morskiej, Ballin znalazł się wśród jego najbardziej zdecydowanych popleczników. Linie Hamburg-Ameryka były przecież przedsiębiorstwem żeglugowym, którego operacje i możliwość funkcjonowania zależały całkowicie od zapewnienia jego statkom wolnego dostępu do szlaków żeglugowych i światowych rynków. Wielka flota liniowców pasażerskich oraz frachtowców, jaką Ballin zbudował, nie mogła pozostawać bez ochrony okrętów wojennych. W roku 1898 HAPAG poinformował cesarza, że „wzmocnienie floty wojennej dla dobrobytu Niemiec" wywołało „wielką radość" w kompanii. W roku 1900 poparcie Ballina brzmiało już górnolotnie: „Flota jest [...] ucieleśnieniem celów narodowych «Wielkich Niemiec» i władzy cesarskiej. [...] W brutalnej walce o światło i powietrze liczy się tylko siła. [...] Niemcy posiadają niezrównaną armię lądową, lecz za morzami jedynie ich okręty wojenne mogą im zdobyć szacunek. Bez wsparcia przez silną flotę Niemcy nie posiadają żadnej realnej władzy nad choćby maleńkim egzotycznym państewkiem". Ballin asystował Tirpitzowi na rozmaite praktyczne sposoby, przesyłając admirałowi ciągły strumień informacji w sprawach interesujących marynarkę, czy to z własnych lektur Ballina, czy też z raportów składanych mu przez kapitanów i mechaników jego statków. Udzielał się też w zarządzie hamburskiego oddziału Ligi Morskiej, a ilekroć Liga odbywała swój zjazd w Hamburgu, zapraszał setki jej członków na przejażdżki po Łabie na pokładach parowców HAPAG-u.

W miarę jak Flota Pełnomorska ciągle się powiększała, stawało się jasne, że nie była ona budowana przeciwko „egzotycznym państewkom". Ballin wiedział, że budowana była przeciw Anglii i publicznie wyraził swoją akceptację „teorii ryzyka" admirała Tirpitza. Ostatecznie jednak doszło do konfliktu pomiędzy jego niemiecką dumą narodową, a zdrowym rozsądkiem właściciela statków. Ballin znał Anglię tak dobrze, jak mało który z cudzoziemców. Często odwiedzał Londyn, miał wielu angielskich przyjaciół i był regularnym czytelnikiem gazet londyńskich. Jako biznesmen, dostrzegał on w Anglikach konkurentów, a nie wrogów. Przez wszystkie te lata, mimo swojej przytłaczającej przewagi na morzu, Wielka Brytania nie uczyniła przecież nic, aby przeszkodzić Niemcom w zdobyciu kolonii czy stworzeniu największej kompanii żeglugowej na świecie. W Singapurze, Hongkongu czy w tuzinach innych brytyjskich portów kolonialnych statki niemieckie były witane równie serdecznie i obsługiwane tak samo szybko i sprawnie, jak statki jego brytyjskich konkurentów. Gdziekolwiek pojawiało się zagrożenie dla obywateli lub statków jakiegokolwiek kraju europejskiego, czy to ze strony piratów, czy egzotycznych potentatów, zaraz pojawiała się Królewska Marynarka w charakterze międzynarodowych sił policyjnych. Oczywiście, byłoby lepiej, gdyby taka przygniatająca, wszechświatowa siła morska należała do Niemiec, lecz ponieważ Brytania czyniła wszystko, co potrzeba dla utrzymania swojej supremacji morskiej, Niemcy miały małe szanse na jej prześcignięcie. Gdy więc flota niemiecka osiągnęła już budzące szacunek rozmiary, dlaczegóż by nie zatrzymać się w punkcie, który Brytyjczycy zaczynali uważać za zagrożenie dla swoich interesów?

Taki właśnie sposób rozumowania, wraz z narastającą świadomością, że rozbudowa floty niemieckiej wzbudza obawy brytyjskie i zmusza Anglię do tworzenia antyniemieckich układów dyplomatycznych, doprowadził do tego, że w 1908 roku Ballin zwrócił się przeciw admirałowi von Tirpitzowi. Już po wybuchu wojny Ballin pisał do Hardena o obsesji, jaką admirał miał na punkcie okrętów. Przez implikację przyznawał się do błędu, polegającego na tym, że nie rozpoznał owej obsesji wcześniej, kiedy jeszcze mógłby coś zrobić, aby jej zapobiec:

„Tirpitz [...] nie pragnął negocjować. Nie chciał porozumienia, chciał tylko budować okręty. Stwarzał przeszkody na drogach porozumienia z Anglią, nawet w czasie [Ballin mówi tu o latach 1908-1909], gdy każdy inteligentny człowiek musiał przyznać, że niczym nie ograniczona rozbudowa obu flot była wyścigiem, w którym Anglia zawsze musiała wygrać z powodu znacznie większych zasobów".

W czerwcu 1908 roku Maks Warburg przedstawił swojego hamburskiego przyjaciela swojemu londyńskiemu przyjacielowi – Ernestowi Casselowi. Obaj mężczyźni rozmawiali o pogorszeniu stosunków anglo-niemieckich. Cassel szczerze powiedział, że jego przyjaciel, król Edward, niepokoił się groźbą, jaką dla Brytanii stanowił gwałtowny wzrost sił floty niemieckiej. Ballin odparował, że Brytyjska Marynarka Wojenna, tak przytłaczająca liczebnie, nie ma się czego obawiać ze strony Niemiec. Złożył on meldunek o tej rozmowie kaiserowi, Bülowowi (wtedy nadal jeszcze kanclerzowi) oraz sekretarzowi stanu Schoenowi. Rok później, w czerwcu 1909 roku, Ballin ponownie spotkał się z Casselem. Atmosfera była już wtedy zakłócona listem Wilhelma do lorda Tweedmouth i jego wywiadem dla „Daily Telegraph". Wcześniej, jeszcze na wiosnę, Cassel napisał do Ballina, że budowa okrętów wojennych przez Niemcy stanowiła „Alfę i Omegę nieufności Anglików". Podczas Tygodnia Kilońskiego, tuż przed swoim wyjazdem do Londynu, Ballin zaproponował kaiserowi, że wysonduje Cassela w sprawie widoków na bezpośrednie, anglo-niemieckie rozmowy na temat ograniczenia zbrojeń morskich. Ballin wykoncypował sobie, że Tirpitz powinien spotkać się z Fisherem. Cassel przekazał Ballinowi poufną informację, że rząd liberalny odczuwa ciężar wyścigu zbrojeń i chciałby skupić uwagę raczej na programach socjalnych. Brytania miałaby nastawać na zachowanie supremacji morskiej, lecz nie była przeciwna poszukiwaniu jakiegoś pozostającego do przyjęcia przez obie strony stosunku sił morskich. Rząd, zapewniał Cassel, byłby gotów sprawę przedyskutować. „Spotkanie takie – donosił Ballin kaiserowi – musiałoby być zachowane w absolutnej tajemnicy, a obie strony musiałyby uzgodnić, że jeśli zawarte zostanie porozumienie, to nie będzie w nim ani zwycięzcy, ani pokonanego". Wilhelm pogratulował Ballinowi umiejętności, z jaką ten zrealizował swoją misję.

Te prywatne starania dwóch biznesmenów zostały zepchnięte na boczny tor przez wydarzenia polityczne, jakie nastąpiły zaledwie cztery dni po raporcie Ballina u kaisera: 4 czerwca 1909 roku ustąpił ze stanowiska Bülow. Bethmann, nowicjusz na urzędzie i nieotrzaskany w dyplomacji, czuł się zakłopotany koncepcją, aby prywatni obywatele odbywali dyskusje dyplomatyczne, nawet za aprobatą swoich rządów. Bethmann był przekonany, że instytucjami powołanymi do prowadzenia polityki zagranicznej jest urząd kanclerza cesarstwa i Ministerstwo Spraw Zagranicznych, zamierzał więc sprawy stosunków anglo-niemieckich przejąć we własne ręce, i to zdecydowanie. Stosunki z Anglią były „jego działką" i „jego specjalnością", oznajmił kanclerz. I to był koniec pierwszej wspólnej próby Ballina i Cassela powstrzymania wyścigu zbrojeń.

Wysiłki Bethmanna okazały się nieskuteczne, zaś z początkiem 1912 roku, Kryzys Agadirski i projekt nowej niemieckiej Uzupełniającej Ustawy Morskiej sprawiły, że perspektywy ograniczenia zbrojeń jawiły się jeszcze bardziej ponuro. Ani Ballin, ani Cassel nie stracili jednak nadziei, a mianowanie Winstona Churchilla pierwszym lordem Admiralicji wydawało się otwierać nową furtkę dla negocjacji. Na początku stycznia Ballin napisał do Cassela list, w którym sugerował mu, aby podczas swojej następnej wizyty w Niemczech przybył w towarzystwie Churchilla. Gdyby dało się to załatwić, Ballin postarałby się dostarczyć admirała von Tirpitza, tak aby obaj ministrowie mogli zasiąść twarzą w twarz, jak czynią to biznesmeni, i zniwelować dzielące ich różnice. Cassel rozmawiał z Churchillem, który uchylił się od towarzyszenia mu w podróży, lecz powiedział, że mógłby się wybrać w świcie króla Jerzego V, gdyby kaiser dał się namówić na zaproszenie swojego angielskiego kuzyna do Berlina. W takich okolicznościach, pod warunkiem że Asquith i Grey wyrażą zgodę, powiedział Churchill, „czułby się wielce zaszczycony" zasiąść do stołu z Tirpitzem. Cassel z entuzjazmem wspierał odczucia Ballina względem nowego pierwszego lorda Admiralicji:

„Znane ci są jego przyjazne uczucia wobec Niemiec. Znam go od czasów, gdy był jeszcze całkiem młody, a nigdy nie czynił tajemnicy z podziwu jaki żywi dla kaisera i narodu niemieckiego. Postrzega on istniejący między obydwoma krajami rozdźwięk jako bezsensowny i jestem pewien, że uczyni wszystko, co w jego mocy, aby doprowadzić do ustanowienia między nimi przyjaznych stosunków.

Prawdziwym sednem problemu jest to, że Wielka Brytania uważa nadzwyczajny wzrost niemieckiej marynarki wojennej za poważne zagrożenie swoich życiowych interesów. Takie przekonanie jest tam głęboko zakorzenione i w Londynie nie znajdziesz dwóch odmiennych zdań co do powagi sytuacji. Gdyby było możliwe uczynić coś, co bez zagrożenia bezpieczeństwu Niemiec uwolniłoby Brytanię od tej zmory, to moim zdaniem, ludzie tutaj posunęliby się bardzo daleko, aby dogodzić niemieckim aspiracjom".

Poprzez Churchilla propozycja Ballina i Cassela, aby wznowić negocjacje tylnymi drzwiami, dotarła do gabinetu brytyjskiego. Lloyd George i Churchill gorąco poparli ten nietypowy pomysł. W końcu gabinet upoważnił Cassela, aby udał się do Berlina i ustalił, czy Ballin mówił tylko sam za siebie, czy też istnieją ludzie podzielający jego poglądy.

Rankiem 29 stycznia 1912 roku Ballin zjawił się w zamku berlińskim i poprosił o audiencję u cesarza. Wilhelm przypuszczał, że przyjaciel składa mu po prostu wizytę z okazji urodzin i był zaskoczony, gdy Ballin powiedział mu, że w Berlinie przebywa Sir Ernest Cassel, wysłany z tajną misją przez rząd brytyjski i pragnie zostać przyjęty na najwyższym szczeblu. W istocie, ciągnął Ballin, Sir Ernest Cassel powiedział mu, że gabinet w Londynie udzielił mu wyraźnych instrukcji, aby unikał wszelkich oficjeli dyplomatycznych, czy to brytyjskich, czy niemieckich. Wilhelm był zaintrygowany i posłał po Cassela. Gdy Anglik przybył, wręczył cesarzowi dokument, który, jak powiedział kaiserowi, został „przygotowany za wiedzą i aprobatą rządu brytyjskiego". Memorandum zawierało trzy propozycje, które mogły prowadzić do zmniejszenia napięcia, gdyby zostały zaaprobowane przez rząd niemiecki. We własnych słowach kaisera były to, po pierwsze „Zaakceptowanie brytyjskiej przewagi na morzach, rezygnacja z rozszerzania niemieckiego programu morskiego – redukcja tego programu na ile to możliwe"; po drugie, Wielka Brytania nie będzie czyniła „przeszkód wobec naszej ekspansji kolonialnej"; po trzecie, memorandum proponowało „wzajemną deklarację, że oba mocarstwa nie wezmą udziału w żadnych agresywnych porozumieniach skierowanych przeciwko sobie nawzajem".

Później w swoich wspomnieniach Wilhelm twierdził, że natychmiast zauważył iż „nota werbalnie skierowana była przeciwko naszej Ustawie morskiej i sformułowana tak, aby ją opóźnić lub udaremnić". W tym momencie kaiser był jednak na tyle zainteresowany, że polecił wezwać Bethmana, który przybył natychmiast. Podobnie jak kaiser, był on bardzo zaskoczony. Wezwano Tirpitza. Cassel poprosił, żeby, jeśli to możliwe, pozwolono mu powrócić do Londynu jeszcze tej nocy ze wstępną reakcją rządu niemieckiego. Kaiser wyraził zgodę. Zdecydowano, że odpowiedź niemiecka powinna zostać napisana w języku angielskim, „z obawy niejasności i nieporozumień, jakie mogłyby powstać, gdyby nota tłumaczona była w Londynie". Kanclerz poprosił cesarza, aby zredagował notę, „ponieważ najlepiej znałem angielski", jak wspominał Wilhelm. Doszło wtedy do następującej sceny, którą własnymi słowami tak oto opisał kaiser:

„Usiadłem przy stole do pisania w pokoju adiutantów, a pozostali panowie stanęli kręgiem wokół mnie. Miałem czytać na głos kolejne zdania noty [brytyjskiej] i szkicować odpowiedź, która także była odczytywana na głos. Potem następował krytycyzm z prawa i z lewa; jeden uważał zdanie za zbyt ustępliwe, inny znów za nazbyt szorstkie; było więc ono potem przekształcane, przetwarzane, ulepszane i wygładzane. Zwłaszcza kanclerz poddawał moją gramatykę i styl istnym torturom, co miało związek z jego filozoficznym podejściem do sprawy. [...] Po wielu godzinach pracy nota została wreszcie ukończona, a po kilkukrotnym przejściu z rąk do rąk i kolejnym odczytaniu na głos – podpisana".

Gdy grupa się rozeszła, Bethmann zapytał Cassela, kto z Anglii przyjechałby na negocjacje. Cassel odparł, że nie wie, lecz zakłada, iż byłby to któryś z ministrów, prawdopodobnie Churchill. Cassel, zadowolony z przyjęcia, jakie spotkało go w Berlinie, wrócił do Londynu, przywożąc ze sobą notę kaisera, wyrażającą zgodę na prywatne negocjacje i zapraszającą ministra gabinetu angielskiego do Berlina. Cassel przywoził także długą wypowiedź Bethmann-Hollwega odnośnie nowej Uzupełniającej ustawy morskiej, której, zgodnie z deklaracja kanclerza, rząd niemiecki nie miał zamiaru modyfikować. Przybywszy do Londynu, Cassel udał się bezpośrednio do Churchilla i dostarczył mu owo memorandum. „Pożeraliśmy wręcz ten dokument w Admiralicji przez całą noc" – napisał Churchill, zaś nad ranem przekazał swoją analizę Sir Edwardowi Greyowi. „Duch może jest i dobry, ale fakty dość ponure" – oznajmiał pierwszy lord Admiralicji. Brytania oczekiwała, że Niemcy przez sześć kolejnych lat, począwszy od 1912, utrzymają tempo budowy dwóch drednotów rocznie, wyposażając Flotę Pełnomorską do roku 1918 w dwanaście najcięższych okrętów najnowszego typu. Nowa ustawa morska proponowała dodanie co drugi rok trzeciego okrętu, doprowadzając łączną ich ilość w roku 1918 do piętnastu. Przeciwko tej wcześniejszej formule program rozbudowy Marynarki Królewskiej przewidywał w tym samym okresie tempo 4-3-4-3-4-3, tak aby dwunastu okrętom niemieckim móc przeciwstawić dwadzieścia jeden nowych drednotów brytyjskich. Teraz zaś, gdyby nowa ustawa przeszła w Reichstagu – a Churchill powiadał Greyowi, że jej przegłosowanie jest praktycznie pewne, „nawet socjaliści się nie opierają" – Anglia musiałaby zwiększyć swój program budowy okrętów do schematu 5-4-5-4-5-4, żeby osiągnąć liczbę dwudziestu siedmiu drednotów przeciw piętnastu niemieckim. Churchill odnotował także utworzenie trzeciej eskadry pancerników oraz zwiększenie personelu floty niemieckiej, pozwalające na „pełne obsadzenie 25 okrętów liniowych" i wystawiające Wielką Brytanię na „ciągłe niebezpieczeństwo, zbliżone do warunków wojennych". Można było temu zapobiec, konkludował pierwszy lord, jedynie poprzez zwiększenie projektu budżetu marynarki o 3 miliony funtów szterlingów rocznie. „Nie jest to z pewnością zarzucenie rywalizacji na morzu". Churchill odnotował także niemiecką reakcję na brytyjską ofertę pomocy w rozwoju niemieckiej ekspansji kolonialnej: „Cassel powiada, że co się tyczy kolonii, to wydawali się nie wiedzieć, czego właściwie chcą. Nie wyglądało na to, aby się szczególnie kłopotali dalszą ekspansją. <<W Berlinie istnieją cztery wielkie firmy sprowadzające robotników do Niemiec>>. Przeludnienie nie stanowi dla nich problemu".

Gdy wreszcie spotkał się gabinet, zadecydowano, że ani Churchill, ani Grey nie powinni jechać do Berlina. Churchill napisał potem, że „ani przez chwilę nie istniała kwestia mojego wyjazdu [...] ani też sam nie miałem wtedy ochoty jechać". Grey nie pojechał z kilku powodów. Został wcześniej poproszony przez Asquitha o mediację pomiędzy właścicielami kopalń a strajkującymi górnikami, a negocjacje te znajdowały się właśnie w punkcie krytycznym. Gdyby minister spraw zagranicznych udał się do Berlina, byłoby niemożliwe utrzymanie negocjacji anglo-niemieckich na poziomie prywatnych rozmów, ani też obniżanie ich znaczenia w przypadku niepowodzenia. Wreszcie, co było najważniejsze dla samego Greya, jego pojawienie się w Berlinie wzbudziłoby podejrzenia i nieufność w Paryżu. Kluczową sprawą w polityce zagranicznej Greya, ważniejszą niż jakiekolwiek ograniczenia w budowie okrętów, było poparcie dla Francji i ententy.

Wybranym ministrem okazał się Haldane.

Chociaż od 1714 roku, kiedy to Jerzy Ludwik, Elektor Hanowerski, wstąpił na tron jako król Jerzy I, brytyjska rodzina królewska była w przeważającej mierze niemiecka, ministrowie korony brytyjskiej nigdy nie nauczyli się mówić po niemiecku*. Jedynym wyjątkiem był Richard Burton Haldane, minister wojny, a następnie lord Kanclerz u Asquitha. Haldane mówił płynnie po niemiecku, uwielbiał niemiecką filozofię i czerpał przyjemność ze swych niezliczonych długich pobytów w niemieckich miastach i wsiach.

W żyłach Richarda Burtona Haldane'a nie płynęła ani jedna kropla niemieckiej krwi. Był on Szkotem z Perthshire i Edynburga, gdzie je-

* Jeśli w ogóle uczyli się jakiegoś obcego języka, to był nim francuski. W liberalnym gabinecie Asquitha żaden z ministrów nie znał nawet francuskiego, za wyjątkiem Churchilla, który jednak mówił z bardzo kiepskim akcentem (*przyp. aut.*).

go ojciec był aplikantem adwokackim i zagorzałym baptystą. Gdy Richard dożył wieku wstąpienia na uniwersytet, chciał wybrać się do Balliol, lecz jego rodzice zżymali się na dominujące w Oksfordzie wpływy Kościoła Anglikańskiego. Haldane, z pomocą edynburskiego profesora greki, przekonał wreszcie Haldane'a seniora do wyrażenia zgody na program studiów w zakresie filozofii na uniwersytecie w Getyndze. Tak oto, w wieku lat siedemnastu, Haldane po raz pierwszy przybył do Niemiec. Jego pierwszym wrażeniem, owego szarego poranka w Getyndze, był „widok kobiety z psem, którzy ciągnęli wózek, w którym znajdował się jakiś mężczyzna i cielę". Jego profesorowie wyglądali rozpaczliwie: „wydawali się stykać z książkami znacznie częściej niż z mydłem czy krawcem. Większość z nich to mężczyźni około sześćdziesiątki, noszący kolorowe okulary, szerokie tyrolskie kapelusze, z brudnymi, kiepsko ogolonymi twarzami i ubraniami, które prawie z nich opadały. Wygłaszali oni swoje wykłady czasem po łacinie, a czasem po niemiecku". Haldane zapuścił długie włosy oraz wąsy i kąpał się w rzece, która podobnie jak całe miasto cuchnęła garbarnią. Przeniósł się potem na Uniwersytet Drezdeński, gdzie rozczytywał się w Kancie i Heglu.

Powróciwszy do Szkocji, Haldane stanął wobec żądania ojca, aby się ochrzcił. Zgodził się na to pod warunkiem, że będzie mógł po ceremonii wygłosić deklarację. Ceremonia się skończyła, „wyskoczyłem z chrzcielnicy, ociekając wodą i stojąc wobec kongregacji oznajmiłem im, że zgodziłem się przejść przez to wszystko, co właśnie miało miejsce, jedynie aby spełnić pragnienie moich rodziców, ale że [...] nie mogę przyjąć ich doktryny i uważam wszystko, co zaszło, za ceremonię wyłącznie zewnętrzną; oraz że w przyszłości nie będę poczuwał się do żadnych związków z ich kościołem lub jego nauczaniem jak zresztą z żadnym innym kościołem. Nastąpiła wielka konsternacja, lecz nic nie powiedziano, chyba dlatego, że nie było nic do powiedzenia".

W 1877 roku dwudziestojednoletni Haldane wkroczył do sal sądowych Londynu, czytając i redagując dokumenty dla adwokatów w Lincoln's Inn. W prawie nie znalazł niczego, „co wydawałoby się trudne w porównaniu z cedzeniem książek niemieckich metafizyków", zapisał w swoich „Wspomnieniach". Prawo stało się jego pasją, nocami przesiadywał na łóżku czytając książki prawnicze. W 1880 roku otworzył własną praktykę, a zebrane przez niego opłaty wyniosły 31 funtów i 10 szylingów. W roku 1881 jego dochód wzrósł do 109 funtów szterlingów, rok później – wynosił już 160 funtów. W 1884, podskoczył do 1100 funtów. (W roku 1905, gdy zostawał ministrem wojny, Haldane zarabiał ponad 20 000 funtów rocznie, choć jego obowiązki polityka powstrzymywały go od przykładania się do pracy w pełnym wymiarze). Jako młody człowiek pracował w swoim biurze do północy i unikał wakacji. „W swoich wczesnych dniach w Londynie niewiele co widziałem ze sportu i towarzystwa – napisał – Rezultatem tego był pewien stopień dziwactwa. Ponadto nie miałem pociągającej prezencji [...] a także miałem kiepski głos. Były to poważne braki, jeśli myślało się o karierze w palestrze. Z drugiej strony potrafiłem przysiąść i myśleć systematycznie oraz miałem doskonałą pamięć, której umykało niewiele z tego, co przeczytałem. [...] Byłem aktywny i wytrwały [...] byłem też pewien, w stopniu chyba nieuzasadnionym, że jestem zdolny odnieść sukces we wszystkim czego się podejmę".

Reputacja Haldane'a powodowała, że często pojawiał się przed Tajną Radą oraz Izbą Lordów na ich posiedzeniach w charakterze sądów. W 1885 roku, w wieku dwudziestu dziewięciu lat, wszedł do Izby Gmin jako poseł liberalny z okręgu East Lothian. W następnym roku zaaranżował sprawy tak, aby jego przyjaciel, prawnik, H. H. Asquith, także wszedł do parlamentu z okręgu East Fife*.

Haldane był wstydliwy wobec kobiet. Zakochał się tylko raz, w 1890 roku, gdy miał trzydzieści cztery lata. Doszło do zaręczyn, po których nastąpiły „tygodnie nieprzerwanego szczęścia". Potem „nagle, bez żadnego ostrzeżenia, jak grom z jasnego nieba, nadeszła do mnie notatka, że jest już po wszystkim [...] podjęta decyzja była tak nieodwołalna, jak szybka. [...] Przez całe życie widziałem ją jeszcze tylko raz czy dwa razy, a i to jedynie przelotnie i przypadkowo. Odczuwałem przytłaczający smutek. [...] Aż do tej chwili cenię sobie wspomnienia owych pięciu szczęśliwych tygodni i błogosławię jej imię. [...] Zmarła w 1897 roku". Haldane pozostał kawalerem, bardzo kochał psy. Mieszkał ze swoją niezamężną siostrą w małym domku przy Queen Anne's Gate i codziennie pisywał do matki. Począwszy od 1898 roku, rozpoczął serię regularnych wizyt w Weimarze podczas wielkanocnej przerwy w obradach parlamentu. Jego towarzyszem był profesor Hume Brown z Uniwersytetu Edynburskiego, który pracował

* Oba okręgi położone są w Szkocji.

nad życiem Goethego. Haldane'a radowały te wizyty w kraju jego lat studenckich, i kontynuował te wycieczki nawet wtedy, gdy został już ministrem wojny, choć podróżował wtedy incognito, jako „Mr. Brown".

Cel wizyty Haldane'a w Berlinie został zamaskowany ogłoszeniem, że minister wojny, który był także przewodniczącym Komisji Królewskiej d.s. Uniwersytetu Londyńskiego, złoży w Niemczech wizytę w celu przestudiowania rozwoju niemieckiej edukacji technicznej. Wiózł ze sobą posłanie od gabinetu brytyjskiego, deklarujące, że „nowy program niemiecki pociągnie za sobą poważne i natychmiastowe zwiększenie brytyjskich wydatków na marynarkę [...] Utrudniłoby [to] lub nawet uniemożliwiło negocjacje". Haldane otrzymał instrukcje, aby zasugerować Niemcom spowolnienie tempa budowy nowych okrętów.

Wizyta, którą zwykło nazywać się „misją Haldane'a", trwała cztery dni. 8 lutego, we czwartek, Haldane przybył do Berlina nocnym pociągiem na Dworzec Friedrichstrasse. Samochód Sir Edwarda Goschena zabrał go stamtąd do Hotelu Bristol w pobliżu ambasady. O dziesiątej rano przybył do niego Goschen, aby przekazać mu najświeższe informacje: w południe do ambasady przybywał na lunch Bethmann, który miał potem zatrzymać się na prywatną rozmowę. Kanclerz dopytywał się już czy status Haldane'a jest publiczny, czy prywatny, mówiąc że on sam nie może zarzucić swojej urzędowej pozycji; powiedziano mu, że minister wojny przybywa w imieniu gabinetu, lecz że rozmowy będą miały charakter rozpoznawczy i że Haldane nie jest władny czynić żadnych trwałych zobowiązań.

O drugiej po południu, po lunchu, Bethmann i Haldane spotkali się sam na sam. Rozmawiali przeważnie po niemiecku, choć od czasu do czasu Haldane przechodził na angielski, aby wyjaśnić jakiś wrażliwy punkt, po czym kanclerz także mówił po angielsku, aby podkreślić, że właściwie go zrozumiał. Pierwsze tematy były natury politycznej. Haldane opisał obawy Anglików spowodowane rozrostem niemieckiej marynarki wojennej. Była to jedyna przeszkoda stojąca na drodze dobrym stosunkom, ponieważ „kwestia Maroka jest już nieistotna, a nie mamy żadnych porozumień z Francją i Rosją, poza tymi, które zostały zawarte na piśmie i opublikowane na całym świecie". Przerywając mu, kanclerz zapytał, czy rzeczywiście jest to prawdą; Haldane uroczyście przyrzekł, że tak jest w istocie. Rozmawiali też o Agadirze.

Bethmann skarżył się na przygotowania wojenne, jakie podczas kryzysu miały miejsce w brytyjskiej flocie i armii. Haldane odrzucił te skargi powiadając, że Brytania postąpiła tylko w sposób, który niemieccy oficerowie – na przykład generał Moltke – uznaliby za „sprawę rutynową". Bethmann przyjął takie tłumaczenie. Kanclerz podniósł kwestię neutralności: czy Anglia i Niemcy mogłyby zgodzić się stać na uboczu wojny z udziałem drugiego z partnerów? Haldane podkreślił, że Anglia nie mogła pozwolić na to, by Francja została rozbita, podczas gdy sama stałaby z boku, w takim samym stopniu jak Niemcy nie mogły dopuścić, by Anglia zdobyła Danię lub zaatakowała Austrię. Później, mówiąc o Haldane'ie, Bethmann napisał: „naprawdę wyraźnie się obawiał, że moglibyśmy rzucić się na Francję, gdybyśmy byli pewni neutralności Anglii. Odparłem, że pokojowa polityka, jaką Niemcy prowadzą od ponad czterdziestu lat, powinna oszczędzić im takich pytań. Gdybyśmy planowali atakować jak rabusie, to mieliśmy przecież najlepszą okazję podczas wojny w Afryce Południowej, czy też wojny rosyjsko-japońskiej". Haldane przyznał, że Anglia prawdopodobnie zaakceptowałaby wzajemne porozumienie o neutralności na wypadek, gdyby druga strona musiała odeprzeć niesprowokowany atak ze strony trzeciego mocarstwa. Kanclerz powiedział, że nie można łatwo zdefiniować „agresji", czy „niesprowokowanego ataku". Haldane odparł na to, że „nie można określić liczby ziaren potrzebnych, aby utworzyć kupę zboża, lecz każdy rozpozna kupę zboża, gdy ją zobaczy".

Następnie rozmowa obróciła się na sprawę floty niemieckiej i nowej niemieckiej ustawy morskiej. Jaką wartość miały, zapytał Haldane, próby ustanowienia lepszych stosunków, jeśli Niemcy zamierzały powiększyć swoją flotę liniową, zaś Brytania musiała na to zareagować powiększeniem własnej? Jeśli Niemcy utworzyliby trzecią eskadrę, to Brytania musiałaby odpowiedzieć pięcioma lub nawet sześcioma eskadrami, być może sprowadzając na wody macierzyste okręty z Morza Śródziemnego. Propozycja dodania do programu budowy co drugi rok trzeciego okrętu pociągała za sobą jeszcze poważniejsze konsekwencje. „Z pewnością musielibyśmy kłaść dwie stępki za każdą dodatkową położoną w Niemczech" – oznajmił Haldane. Kanclerz zapytał, czy naprawdę by do tego doszło? Haldane odparł, że gdyby tak nie postąpiono, to gabinet zostałby obalony. Mimo to, powiedział Bethmann, dla Niemiec było koniecznością utworzenie trzeciej eskadry, zaś aby to uczynić, trzeba było zbudować kilka dodatkowych okrętów. Kanclerz zapytał Haldane'a, czy ten widzi jakąś drogę wyjścia z wzajemnego dylematu? Zgodnie z instrukcjami swojego gabinetu Haldane zaproponował wtedy rozciągnięcie w czasie nowego programu budowy, po prostu zmniejszenie tempa. „Pewnie na osiem albo i dziewięć lat, zamiast sześciu?" – zapytał kanclerz. „Albo dwanaście" – powiedział Haldane. Bethmann potrząsnął głową ze zwątpieniem. „Moi admirałowie to bardzo trudni ludzie" – powiedział.

Pomimo przeszkód obaj mężczyźni rozmawiali otwarcie, określili kłopotliwe obszary i przedyskutowali możliwe rozwiązania. Bethmann, który od dwóch lat próbował doprowadzić do porozumienia między Anglią a Niemcami, wyszedł, aby zdać cesarzowi optymistyczne sprawozdanie. Nadzieje Haldane'a były równie wysokie. „Nie był to przypadek, kiedy dwaj dyplomaci prowadzą szermierkę słowną – stwierdził w swoich <<Wspomnieniach>> – Był to przypadek, kiedy dwaj ludzie próbują spotkać się na wspólnym gruncie, aby zrealizować najwyższy ideał dostępny śmiertelnikom". „Wytworzona została cudowna atmosfera – napisał tej nocy do matki – W tej chwili perspektywy są bardzo dobre. Wydaje się, jakby wstąpiły we mnie nowe siły".

Ten przypływ ducha optymizmu wpłynął nawet na kaisera. Następnego dnia przewidziane było, że on sam i Tirpitz zasiądą do rozmów z Haldanem, zanim więc jeszcze przybył angielski minister, Wilhelm napisał do swego doradcy morskiego, „Nie ma wątpliwości, że w znacznej mierze losy ententy, Niemiec i całego świata zależą od dzisiejszej rozmowy pomiędzy Tirpitzem i Haldanem. Jest konieczne, aby Tirpitz był tego świadomy. Musi współpracować w sposób otwarty i szczery, bez żadnej podejrzliwości ani zahamowań psychicznych. Jeśli mu się uda i Anglia z Niemcami dojdą do porozumienia, wtedy ogłoszę to w taki sposób, że Niemcy i cały świat będą mu wdzięczni, jako człowiekowi, który doprowadził do pokoju. Wtedy też osiągnie on taką pozycję na świecie, jaką nie cieszył się żaden niemiecki minister od czasu Bismarcka.

W piątek 9 lutego w południe Haldane udał się do zamku na lunch w towarzystwie kaisera, cesarzowej, ich córki księżniczki Victorii Luizy, kanclerza i admirała Tirpitza. Po posiłku Wilhelm wyciągnął swój słynny różowy szampan oraz srebrny talerz z doskonałymi cygarami, po czym odczytał fragmenty poematu Goethego „Ilmenau". Zaprosił

Haldane'a i Tirpitza – ale nie Bethmanna – do swojego osobistego gabinetu, aby przedyskutować współzawodnictwo w budowie okrętów. Ze względu na admirała Tirpitza, wyjaśnił Wilhelm, konwersacja będzie musiała się odbywać przeważnie po niemiecku. Cesarz oznajmił jednak z uśmiechem, że znalazł właśnie sposób na ustalenie „równowagi sił". Poprowadziwszy obu panów do wąskiego stolika, usadził Haldane'a w większym fotelu u jego szczytu, admirała umieścił po lewej stronie gościa, sam zaś zasiadł na prawo od Haldane'a. Gdy już usiedli, kaiser wyciągnął rękę i podpalił Haldane'owi cygaro. Potem zaczęło się całe popołudnie rozmów, jedyna okazja w ciągu siedemnastu lat, od 1897 do 1914, kiedy Tirpitz, architekt i budowniczy Floty Pełnomorskiej, zasiadł przy stole z ministrem gabinetu brytyjskiego.

Wilhelm rozpoczął rozmowę, powiadając, że choć mają tutaj dyskutować kwestie marynarki wojennej, to jest oczywiste, że jakieś porozumienie dobrze przysłuży się obu krajom i całemu światu. Haldane ponownie oznajmił, że dla Anglii sprawą fundamentalną jest rozbudowa floty niemieckiej. Zanim osiągniemy jakiekolwiek porozumienie polityczne, powiedział, musi dojść do poważnych modyfikacji niemieckiego programu w tym względzie; jakiekolwiek ogólne porozumienie polityczne byłoby „kośćmi bez ciała", gdyby Rzesza powiększała swoją flotę, zmuszając Wielką Brytanię do podobnego postępowania i to w tempie dwie stępki na jedną niemiecką. Brytyjska opinia publiczna „wyśmiałaby takie porozumienie i [...] uznałaby, że zostaliśmy wyprowadzeni w pole". Tirpitz zaproponował ustalić stosunek sił obu flot na 3:2 (trzy brytyjskie okręty liniowe na każde dwa niemieckie), oznajmiając, że obstawanie Brytyjczyków przy „standardzie dwóch mocarstw" było „trudne" dla Niemiec. Haldane grzecznie uchylił się od odpowiedzi, zaznaczając, że Anglia, jako państwo wyspiarskie, musi być równa na morzu każdej możliwej kombinacji przeciwników.

Tirpitz wskazał na to, że *Novelle* z roku 1912 już przecież została zmodyfikowana; pierwotnie planował on żądać trzech nowych okrętów corocznie, a potem zredukował program do trzeciego okrętu co drugi rok. Okręty te, podkreślił, były niezbędne dla utworzenia trzeciej eskadry, potrzebnej do obrony Cesarstwa. „Admirał Tirpitz jest mocnym i trudnym człowiekiem – typowym Prusakiem – i walczyliśmy ze sobą twardo – relacjonował później Haldane – Zachowywaliśmy idealną uprzejmość, lecz żaden z nas nie ustąpił ze swoich pozycji. Pod naciskiem ze strony cesarza osiągnąłem jednak znaczące ustępstwo".

Według Haldane'a, kaiser był „tak zakłopotany" zaistniałym impasem i tak pragnął, by spotkanie zakończyło się jakimś porozumieniem, że zastosował taktykę, jakiej poprzedniego dnia użył Bethmann i zapytał Haldane'a, coż mógłby zasugerować. Haldane powtórzył: „Czy nie możemy spowolnić tempa rozkładając budowy na więcej lat?", przesuwając pierwszego ekstra drednota z roku 1912 na 1913, a dwa następne dodając w 1916 i 1919 zamiast w 1914 i 1916. Kaiser i Tirpitz zgodzili się ostatecznie na ten plan i takie opóźnienie było prawdopodobnie owym „znaczącym ustępstwem", o którym wspominał potem Haldane. Nawet jednak w takiej sytuacji, przypomniał Haldane obu Niemcom, Brytania będzie kłaść dwie nowe stępki w odpowiedzi na każdą niemiecką. Zatem inicjatywa w sprawie przyśpieszania lub spowalniania leżała po stronie niemieckiej. Około piątej po południu, po niemal trzech godzinach, rozmowa się zakończyła i kaiser poprosił Tirpitza, aby ten odwiózł Haldane'a do Hotelu Bristol. Gdy goście wyszli, cesarz usiadł za stołem, aby napisać radosną notatkę do Ballina: „Trzecia eskadra będzie postulowana i przegłosowana, lecz budowa potrzebnych do tego trzech dodatkowych jednostek nie rozpocznie się przed 1913 rokiem, zaś po jednym dodatkowym okręcie zażąda się dopiero w 1916 i 1919. Haldane przystał na to i wyraził zadowolenie. Nie położyłem jeszcze końca ustępstwom. [...] Haldane był bardzo miły i rozsądny. Proszę przypomnieć o mnie Casselowi".

Dla Haldane'a dzień się bynajmnie nie skończył. Opuścił Bristol i udał się na Wilhelmstrasse 76, aby złożyć wizytę sekretarzowi stanu Kiderlenowi, który jak dotąd był całkowicie pominięty. Haldane rozmawiał z Kiderlenem tylko bardzo ogólnie, „gdyż odniosłem silne wrażenie, iż kanclerz nie życzył sobie, aby brał on udział w rozmowach". Następnie Haldane udał się do domu kanclerza, aby zjeść tam obiad w towarzystwie Bethmanna, Kiderlena i generała Paula von Hindenburga. Po obiedzie kanclerz wziął Haldane'a na stronę. Bethmann wydawał się przygnębiony i powiedział, że doszło do niego, „iż jestem rozczarowany niewielkim tylko spowolnieniem niemieckiego programu. Mogłem dostrzec, że ów wielki, prosty człowiek czuł, że będzie miał równie wielkie kłopoty ze swoimi własnymi ludźmi". Może, gdyby kanclerz wiedział, lub Haldane powiedział mu właśnie wtedy, że Brytyjczyk uważa ustępstwo ze strony Tirpitza i cesarza za

„znaczące", mogłoby to ulżyć Bethmannowi w jego obawach. Haldane jednak nic nie powiedział.

Brytyjski minister wojny miał tego dnia jeszcze jedno spotkanie, zanim mógł w końcu udać się do łóżka. O dziesiątej wieczorem spotkał się w ambasadzie brytyjskiej z ambasadorem francuskim, Julesem Cambonem, aby poinformować go o przebiegu dwóch dni dyskusji. Cambon okazywał nerwowość; oto najbardziej germanofilski minister gabinetu brytyjskiego negocjuje poza normalnymi kanałami dyplomatycznymi z trzema największymi figurami rządu cesarskiego. Haldane uspokoił go: „Powiedziałem mu z naciskiem, że nie mamy zamiaru okazać się nielojalni wobec Francji czy Rosji i że kanclerz zrozumiał i zgodził się z taką postawą". Cambon znalazł dyplomatyczne wyrażenie dla określenia wysiłków Haldane'a: pan minister próbował stworzyć „raczej *détente* aniżeli *entente*".

Następnego dnia, w sobotę, Haldane ponownie usłyszał, tym razem od barona von Stumma z Ministerstwa Spraw Zagranicznych, że kanclerz, z którym minister wojny miał się spotkać później tegoż dnia, jest „przygnębiony" myślą, że Haldane wierzy, iż porozumienie jest niemożliwe z powodu zbyt ograniczonych ustępstw strony niemieckiej. „Kanclerz – wyznał Stumm – nie zamierza pozwolić, aby to porozumienie – które było marzeniem jego życia – upadło z powodu Tirpitza". Stumm zasugerował, że szanse Bethmanna na przekonanie cesarza do rezygnacji z [dodatkowych] okrętów znacznie wzrosną, jeśli Haldane „przyjmie bardzo zdecydowaną linię postępowania w tym sensie, że konieczne są dalsze ustępstwa odnośnie marynarki".

Gdy Haldane spotkał się z kanclerzem o piątej po południu, ów wyraził wątpliwość, czy gabinet brytyjski zadowoli się wyłącznie rozłożeniem w czasie nowego programu rozbudowy floty. Bethmann oznajmił, że niemiecka opinia publiczna oczekuje trzeciej eskadry, więc on ją musi utworzyć, lecz co do liczby okrętów i rozłożenia w czasie ich budowy, zrobi, co tylko będzie mógł. Ponownie podkreślił, że spodziewa się, iż niemieckie ustępstwa w sprawach morskich da się połączyć z porozumieniem o neutralności. Haldane powtórzył, że wszelkie porozumienie polityczne zależy od porozumienie w sprawie budowy okrętów. Obaj panowie rozmawiali jak najbardziej przyjaźnie. „Usiedliśmy przy stole z ołówkami i papierem i wyruszyliśmy w podróż odkrywczą – powiedział później Haldane – W końcu [...] kanclerz wstał, ujął mnie za rękę i trzymając ją powiedział, że zdaje mu się, iż w jego życiu nadeszła wreszcie ta chwila, za która tęsknił od tak dawna. Jeśli nam się nie uda, to trudno – Przeznaczenie, lecz jest przekonany, że uczyniliśmy wszystko, co leży w mocy dwóch ludzi". „Czy sukces czy też klęska uwieńczą nasze wysiłki [...] to on nigdy nie zapomni, że spotkałem się z nim z otwartością i zrozumieniem dla jego trudności". „Dotarłem do hotelu o ósmej [...] dość gruntownie zmęczony".

Jakiekolwiek zwiększone żądania mógł przedstawić kanclerzowi Haldane – zachęcany przez Stumma – podczas ich ostatniego spotkania i jakiekolwiek obietnice „uczynienia wszystkiego co w jego mocy" złożył mu Bethmann, to istniała powszechna zgoda, że Niemcy zgodziły się rozciągnąć w czasie budowę okrętów do jednego dodatkowego co trzeci rok. Gdy Haldane opuścił Berlin, cesarz był przekonany, że wracał do Londynu zadowolony z tego, iż propozycja niemiecka stanowiła „znaczące ustępstwo". Bethmann oznajmił: „Dokonany został obiecujący początek. Dobrze było mieć szansę porozmawiać otwarcie z członkiem gabinetu brytyjskiego".

Minister wojny wrócił do Londynu w poniedziałek 12 lutego i tego samego popołudnia uczestniczył w posiedzeniu gabinetu. Haldane przedstawił swoje sprawozdanie. Cesarz, powiedział zebranym ministrom, „był wobec mnie wręcz zachwycający. [...] Jestem pewien, że całkiem autentycznie pragnie on pokoju, lecz musi liczyć się z Niemcami". Haldane nie miał wątpliwości, że także i kanclerz był szczery w swoim pragnieniu polepszenia stosunków. Problem tkwi w tym, powiedział, że Brytyjczycy mają tendencję do przeceniania władzy tak cesarza, jak i kanclerza. „Odniosłem wrażenie, że naprawdę decydujące wpływy ma tam admirał Tirpitz. Ma on najsilniejszą pozycję w całych Niemczech". Uwzględniając siłę Tirpitza i partii nacjonalistycznych w Niemczech, raportował Haldane, na pewno będą tam upierać się przy nowej ustawie morskiej. Istnieje nawet możliwość, powiedział, że Tirpitz zastąpi Bethmanna na stanowisku kanclerza. Pierwszą reakcją gabinetu było zadowolenie i pogratulowanie Haldane'owi przeprowadzenia tak trudnej misji. Grey powiedział Metternichowi, że jest zadowolony, a kilka dni później Asquith powiedział Izbie Gmin, że rozmowy okazały się „pomocne".

Harmonia ta miał się wkrótce załamać. Przed opuszczeniem przeze mnie Berlina, pisał Haldane, „cesarz [...] z przyjacielską szczerością wręczył mi egzemplarz proponowanej nowej ustawy [morskiej] z pozwoleniem, abym pokazał ją kolegom". Ustawa była skomplikowanym dokumentem technicznym i Haldane, nie posiadając odpowiedniej wiedzy fachowej, nie przeczytał jej w drodze. Zamiast tego, „wetknąłem ją do kieszeni i wręczyłem pierwszemu lordowi Admiralicji" na popołudniowym posiedzeniu gabinetu dwunastego lutego. W Admiralicji Churchill i jego sztab poddali dokument gruntownej analizie, a na następnym spotkaniu gabinetu, 14 lutego, Churchill przedstawił swoje sprawozdanie. Nowa niemiecka ustawa morska, powiedział, jest szerzej zakrojona i znacznie groźniejsza niż ktokolwiek w Brytanii sobie wyobrażał. Utworzenie trzeciej eskadry liniowej i budowa trzech dodatkowych drednotów – sprawa, którą negocjował Haldane – nie była tym, co najbardziej martwiło Admiralicję. Jej niepokój wzbudzał raczej ogromny wzrost liczby nowych niszczycieli i łodzi podwodnych, zaś najbardziej ze wszystkiego – dwudziestoprocentowe zwiększenie czynnego personelu marynarki wojennej, który mógłby umożliwić „nadzwyczajny wzrost siły uderzeniowej okrętów wszystkich klas, które byłyby teraz dostępne przez okrągły rok". Flotę Pełnomorską zasilić miało piętnaście tysięcy nowych oficerów i marynarzy, zamiast przewidywanych pierwotnie trzech do czterech tysięcy. Zamierzano zbudować siedemdziesiąt dwie nowe łodzie podwodne i zapewnić pełne załogi dla 99 do 144 niszczycieli. Z taką siłą ludzką flota niemiecka, dotąd najczęściej w miesiącach zimowych demobilizowana i stojąca w portach, miała być teraz utrzymywana na stopie wojennej przez cały rok. Dotychczas Admiralicja uznawała, że będzie musiała stawić czoła siedemnastu niemieckim okrętom liniowym i czterem krążownikom liniowym. Dla zapobieżenia tej groźbie Marynarka Królewska utrzymywała szesnaście okrętów liniowych na wodach macierzystych, sześć dalszych we Flocie Atlantyckiej z bazą w Gibraltarze, o trzy lub cztery dni rejsu, i kolejne sześć na Morzu Śródziemnym, zwykle na Malcie, odległych o dziewięć dni szybkiej żeglugi. To wydawało się zapewniać odpowiedni margines bezpieczeństwa. Teraz, jeśli nowa ustawa morska stanie się rzeczywistością, Anglia stanie wobec dwudziestu pięciu okrętów liniowych, ośmiu krążowników liniowych i licznych flotylli niszczycieli oraz stad łodzi podwodnych gotowych do uderzenia przez okrągły rok. Wstępny koszt podjęcia tego wyzwania, szacował Churchill, oznaczałby dodatkowe wydatki w kwocie 3 milionów funtów szterlingów rocznie; przez sześć lat wyniosłoby to co najmniej osiemnaście milionów funtów.

W następnym tygodniu, dwudziestego drugiego lutego, Grey i ciężko doświadczony Haldane spotkali się z Metternichem. Minister wojny wyjaśnił mu, że w Berlinie okazał zrozumienie dla tak silnie odczuwanej potrzeby powołania trzeciej eskadry liniowej, lecz że zwiększone plany powołania nowego personelu oraz zamiary budowy ogromnej ilości mniejszych okrętów nie były wspominane. Jest odczuciem gabinetu, poinformowano ambasadora, że wszystkie te kroki ze strony niemieckiej będą oznaczały ściągnięcie dalszych okrętów brytyjskich na wody macierzyste, budowę nowych okrętów kosztem zwiększonych wydatków, zaś w konsekwencji – niemożliwość wypracowania jakiegokolwiek porozumienia politycznego. O uzgodnieniach w sprawie kolonii, jak na przykład proponowany zwrot Zanzibaru Niemcom, absolutnie nie może być mowy. Metternich, którego Wilhelmstrasse poinformowała o rozmowach Haldane'a, odparł iż rząd niemiecki poczynił znaczące ustępstwa dotyczące dat budowy trzech nowych drednotów i że zwiększenie liczby innych klas okrętów oraz personelu marynarki pozostawało poza zakresem obecnych negocjacji anglo-niemieckich. Grey powiedział, że sprawy te będą jednak musiały zostać do nich włączone. „Innymi słowy – zauważył Metternich – gabinet nie zgadza się na uzgodnienia poczynione przez Haldane'a". „Ma pan całkowitą słuszność" – odparł Grey.

Gdy Metternich poinformował Berlin, że gabinet brytyjski zdezawuował warunki oferowane przez Haldane'a, kaiser był oburzony. Później on i inni przedstawiciele rządu niemieckiego mieli twierdzić, że minister wojny przybył do Berlina reprezentując gabinet i był zaopatrzony we wszelkie pełnomocnictwa, a jego sugestie były ostatecznymi ofertami. Haldane zaprzeczał temu, wskazując, że wielokrotnie stwierdzał w Berlinie, iż jego misja ma charakter rozpoznawczy, bez upoważnienia do podejmowania wiążących decyzji, oraz że wszelkie prowizoryczne porozumienie, jakie zabierze ze sobą do Londynu, będzie podlegać zbadaniu i akceptacji przez gabinet. Na oskarżenia kaisera, że Anglicy działali w złej wierze, gdy z opóźnieniem zaprotestowali przeciwko zwiększaniu liczebności personelu, łodzi podwodnych oraz niszczycieli, Haldane replikował, że nie miał przecież o nich pojęcia; nie czytał tekstu *Novelle*; nikt go nie czytał przed jego powrotem do Londynu. Teraz, co całkiem zrozumiałe, gabinet reagował na kompletną informację, nie zaś częściową, jaką Haldane otrzymał w Berlinie. Bethmann, który rozumiał, że Haldane był tylko zwiadowcą i który już na wpół przeczuwał, że ustępstwa poczynione wobec Haldane'a okażą się niewystarczające, okazywał mniejsze zaskoczenie i urazę. Tirpitz w ogóle nie był zaskoczony. Od początku był on przekonany, że misja Haldane'a jest jedynie pułapką, mającą na celu zablokowanie, a co najmniej spowolnienie niemieckiego programu rozbudowy floty i zalecał teraz natychmiastową publikację projektu ustawy i skierowanie jej do Reichstagu. „Im szybciej opublikujemy *Novelle*, tym bardziej ograniczymy Brytyjczykom szanse stawiania nam jeszcze bardziej wygórowanych żądań".

1 marca Haldane spotkał się ponownie z Metternichem i powtórzył swoje wcześniejsze ostrzeżenie, że Brytania będzie kładła dwie stępki za każdą dodatkowo położoną pod niemieckie ciężkie okręty. Zaś aby przeciwdziałać natychmiastowemu zagrożeniu stworzonemu przez wzrost liczebności personelu niemieckiej marynarki wojennej i podwyższenie gotowości floty, Admiralicja rozważa ściągnięcie na wody ojczyste okrętów liniowych z Morza Śródziemnego. Gdy wieści te trafiły w meldunku ambasadora do Berlina, wywołały u kaisera paroksyzm wściekłości. Bez konsultacji z kanclerzem, do czego był konstytucyjnie zobowiązany, Wilhelm zatelegrafował do Metternicha, aby ten ostrzegł Brytyjczyków, że „będę uważał każde przesunięcie Eskadry Śródziemnomorskiej na Morze Północne, jako *casus belli*". Niemcy się zmobilizują, oraz – jak praktycznie dodał po namyśle – ustępstwa poczynione wobec Haldane'a zostaną wycofane. Gdy Bethmann usłyszał o wybuchu Wilhelma, natychmiast zredagował pismo z rezygnacją. Cesarz nie tylko ignorował konstytucyjne prawo kanclerza do prowadzenia polityki zagranicznej oraz instruowania ambasadorów, lecz także wspomagał wysiłki Tirpitza zmierzające do pokrzyżowania głównego celu polityki kanclerza – porozumienia z Anglią. Wilhelm, pochwycony między dwóch ministrów realizujących odmienną politykę, musiał ustąpić. Ponieważ nie pragnął dymisji Bethmanna, ustąpił tymczasowo kanclerzowi. Przełknąwszy swoją złość, odroczył publikację ustawy morskiej i zadecydował o kontynuowaniu rozmów z Anglią.

Bethmann wycofał swoją rezygnację i wykorzystał odroczenie dla rozpoczęcia własnej ofensywy dyplomatycznej w Londynie. Celem kanclerza było uzyskanie gwarancji neutralności brytyjskiej na wypadek uwikłania się Niemiec w wojnę. Gdyby można było to osiągnąć, to pewien był, że kaiser, a nawet admirał Tirpitz zapłaciliby za to cenę w postaci okrętów. Ustawa morska, na razie wstrzymana, mogłaby zostać jeszcze zmodyfikowana, trzeci przewidywany w niej okręt, drednot z rocznika 1919, mógłby zostać odłożony bezterminowo; mogłoby dojść do redukcji planów powiększenia personelu; wszystko byłoby możliwe, gdyby tylko rząd brytyjski mógł przedłożyć jakieś porozumienie o neutralności, które byłoby do przyjęcia. Ministrem, do którego kanclerz postanowił zwrócić się z tą ofertą był ponownie Haldane. 12 marca Metternich przybył na Queen Anne's Gate, aby spotkać się z Haldanem, a tegoż wieczora minister wojny napisał do matki: „Wierzę, że nasze modlitwy zostały wysłuchane i że dobry kanclerz przeważył nad Tirpitzem i jego admirałami. Okazuje się, że w końcu moja misja, która wydawała się już zatopiona niemiecką torpedą, przyniesie jednak rezultaty, z którymi wiązaliśmy nasze nadzieje". Haldane złożył sprawozdanie o niemieckiej próbie kontaktu w memorandum dla gabinetu:

„[Metternich] otrzymał wiadomość od kanclerza. [...] Dowiedział się z Berlina, że jeśli rząd brytyjski zaoferuje stosowną formułę polityczną, to proponowana ustawa morska w jej obecnej postaci zostanie wycofana. Niemcy muszą mieć jakąś ustawę morską, lecz zostanie przedstawiona inna, o znacznie mniejszym zakresie. [...] Redukcje [...] będą znaczne [...] uważa on, że obejmą także personel. Chciał też powiedzieć, że czas nas goni, jako że odpowiednie oświadczenie będzie musiało zostać niemal natychmiast przedstawione w Reichstagu [...] a kanclerz chce otrzymać od nas propozycję odpowiedniej formuły, co stanowiłoby dla niego powód, dla którego odstąpiłby od swoich pierwotnych propozycji. Zapytałem się, czy formuła ta musi wykraczać poza zrzeczenie się agresywnych zamiarów i układów. Dał do zrozumienia, iż uważa, że nie. [...] Powiedziałem mu, że natychmiast spotkam się z Sir Edwardem Greyem".

Grey napisał formułę z Haldanem, siedzącym obok niego. 14 marca została ona zaaprobowana przez gabinet i wręczona hrabiemu Metternichowi w celu przekazania do Berlina. Oświadczenie głosiło:

„Anglia nie przypuści niesprowokowanego ataku na Niemcy i nie będzie prowadzić wobec nich agresywnej polityki.

Agresja wobec Niemiec nie jest przedmiotem i nie stanowi części żadnego traktatu, porozumienia czy układu, którego Anglia jest stroną w chwili obecnej, ani też nie zostanie stroną czegokolwiek co miałoby takie cele".

Gdy Metternich przeczytał tę formułę, zaczął się obawiać. Jeszcze tego samego dnia napisał do Greya, że o ile w projekcie sformułowania nie pojawi się słowo „neutralność", to obawia się, że zostanie ono odrzucone w Berlinie. Sugerował dodanie zdania: „Anglia zachowa zatem dobrowolną neutralność, gdyby Niemcy zostały zmuszone do wojny". Grey odmówił dostawienia takiego zdania, z jego przerażającymi implikacjami dla Francji, Rosji i przyszłości ententy. Bethmann z rozczarowaniem czytał angielską formułę, wiedząc, że angielskie przyrzeczenie „nie wychodzi nawet w pół drogi"; coś takiego nie mogło wytrzymać ciężaru stanowiska admirała Tirpitza i stronnictwa morskiego. Metternich otrzymał instrukcje, aby powiedzieć Anglikom, że o ile nie będzie gwarancji bezwzględnej i bezwarunkowej neutralności ze strony Brytanii, to ustawa morska trafi do Reichstagu w pierwotnej postaci. 16 marca Metternich otrzymał z Berlina dwa telegramy, domagające się w sposób niezwykle pilny, odpowiedzi ze strony rządu brytyjskiego. Przekazując to żądanie Greyowi, ambasador uczynił wzmiankę, że jednym z powodów takiego pośpiechu była możliwość „zmian personalnych w Berlinie". W tym przypadku „personel" oznaczał Bethmanna; Grey został poinformowany, że jeśli porozumienie nie zostanie osiągnięte, prawdopodobna jest rezygnacja kanclerza. Świadomy dobrej woli Bethmanna i pragnąc dopomóc mu utrzymać się przy władzy, Grey powiedział Metternichowi, że „dopóki pozostaje on [Bethmann] kanclerzem, dopóty może liczyć na naszą z nim współpracę dla zachowania pokoju w Europie. [...] Jeśli miałoby to coś znaczyć w kwestiach personalnych, rozgrywanych teraz w Berlinie, to hrabia Metternich może oczywiście zawrzeć to stwierdzenie w swoim raporcie". Metternich przekazał uwagę ministra spraw zagranicznych, że osoba Bethmanna uważana jest w Anglii za jedyną i najlepszą gwarancję pokoju. Kaiser przeczytał depeszę Metternicha. Raz jeszcze wybuchła w Wilhelmie stara furia na protekcjonalne traktowanie go przez Anglików. „Nigdy w życiu nie słyszałem, aby zawierać porozumienie, mając na uwadze jednego konkretnego męża stanu, i to niezależnie od panującego suwerena – ryknął – Jest oczywiste, że Grey nie ma pojęcia, kto tutaj jest właściwie panem, a przecież to ja nim jestem. Dyktuje mi z góry, kto ma być moim ministrem, jeśli mam zamiar zawrzeć porozumienie z Anglią".

18 marca Grey potwierdził, że Anglia nie zgodzi się złożyć przyrzeczenia bezwarunkowej neutralności, jako warunku dla ograniczenia niemieckich planów rozbudowy floty. Cesarz, odwiedzając kanclerza na Wilhelmstrasse, zastał go osłabionego i wmusił w niego kieliszek portwejnu. Bethmann nie mógł walczyć dłużej. Odmowa Greya w sprawie przyrzeczenia neutralności wytrąciła kanclerzowi z ręki ostanią broń przeciwko opublikowaniu ustawy morskiej. Uprzytomniwszy sobie, że dalsze negocjacje są bezużyteczne, 19 marca kanclerz poinformował kaisera, że nie sprzeciwia się już wprowadzeniu *Novelle*. Ustawa została opublikowana 22 marca, po czym Wilhelm natychmiast wyjechał do Wiednia, Wenecji i na Korfu. Grey i Metternich kontynuowali rozmowy, lecz 10 kwietnia Asquith napisał do Greya, że „zaczyna mieć coraz większe wątpliwości co do sensowności przedłużania tych wszystkich dyskusji z Niemcami na temat formuły. Jestem przekonany, że nie zadowoli ich z naszej strony nic poza obietnicą neutralności, obietnicą której dać im nie możemy".

Klęska rozmów w sprawach marynarki przypieczętowała też koniec misji Metternicha jako ambasadora w Anglii. Uwagi Wilhelma na marginesach raportów i telegramów Metternicha stawały się wyłącznie negatywne; ambasador był „niepoprawny", „oklapły", „beznadziejnie nieuleczalny". 9 maja 1912 roku, po dziesięciu latach na placówce, Metternich został odwołany, a jego odjazd tłumaczono słabym stanem zdrowia. Następcą Metternicha okazał się Marschall von Bieberstein, były minister spraw zagranicznych, który po opuszczeniu Wilhelmstrasse w 1897 roku, spędził piętnaście lat jako ambasador w Turcji. Marshall, liczący sobie teraz sześćdziesiąt dziewięć lat, przyjechał do Anglii, pozostał tam kilka tygodni, a potem wybrał się na urlop do domu, do Niemiec, gdzie niespodziewanie zmarł. Po Marschallu nastąpił książę Karl Maks von Lichnowsky, przyjazny, bogaty posiadacz ziemski ze Śląska, który przez ostatnie osiem lat nie miał przydzielonej żadnej placówki dyplomatycznej. Ku rozczarowaniu kaisera, raporty Lichnowsky'ego z Londynu na temat alarmu wywołanego w Brytanii przez wzrost Niemieckiej Marynarki Wojennej, rychło zaczęły przypominać raporty Metternicha.

43

Projekt budżetu marynarki i „wakacje morskie"

Podobnie jak wielu dobrze urodzonych Brytyjczyków Winston Churchill uważał Niemców za wiejskich kuzynów z kontynentu, którzy niegdyś byli wiernymi sprzymierzeńcami w wielkich wojnach przeciwko Ludwikowi XIV i Napoleonowi. Nowe Cesarstwo Niemieckie, potężne lecz prymitywne, prowadzone było przez Bismarcka ścieżkami, które nie zdawały się zagrażać Wielkiej Brytanii. Brytyjczycy, świadomi siły militarnej Niemiec, byli jednak pewni, że nie jest ona w stanie zagrozić Anglii, jej imperium, jej handlowi światowemu czy jej bogactwu. W latach chłopięcych i młodzieńczych Churchilla, rywalami i potencjalnymi wrogami Anglii były Francja i Rosja.

Churchill po raz pierwszy zobaczył kaisera gdy miał szesnaście lat. Hrabia Kinsky, kochanek jego matki, zabrał chłopaka z Harrow na wystawę w Pałacu Kryształowym, gdzie Wilhelm był gościem honorowym. Opisując taką okazję swojemu bratu, Jackowi, Winston skoncentrował się na spektakularnym uniformie cesarza: „hełm ze świecącego mosiądzu, zwieńczony białym orłem o wysokości niemal sześciu cali* [...] pancerz z polerowanej stali i nieskazitelnie biały mundur z butami do konnej jazdy". Ponownie Churchill ujrzał kaisera piętnaście lat później, w 1906 roku, kiedy to, jako podsekretarz d.s. Kolonii, został zaproszony do uczestnictwa w manewrach armii niemieckiej na Śląsku. Niemiecki *attaché* wojskowy w Londynie poinformował go, że jako osobisty gość cesarza będzie potrzebował munduru. Winston, który aktualnie nie miał żadnego, próbował pożyczyć od swojego brata czapkę z pióropuszem i narzutę z lamparciej skóry przynależne pułkowi Oxfordshire Hussars. Gdy Jack odpowiedział, że pióropusz gdzieś się zgubił, zaś skórę lamparcią już kilka lat temu przerobił na dywanik, Winston pożyczył mundur od swojego kuzyna, księcia Marlborough.

Na Śląsku Churchill spotkał kaisera nadal noszącego „bialutki uniform i zwieńczony orłem hełm" oraz dosiadającego „wspaniałego konia [...] otoczonego królami i książętami, podczas gdy jego legiony maszerowały przed nim w zdającym się nie mieć końca pochodzie". Churchill „odbył z NIM* około dwudziestominutową rozmowę. [...] Był bardzo przyjazny, a z pewnością ma też wielce fascynującą osobowość". Na Churchillu zrobiła wrażenie „prostota i zmasowana siła" niemieckiej machiny wojennej, więc napisał do ciotki: „jestem bardzo wdzięczny, że pomiędzy tą armią a Anglią istnieje morze". Z powodu tego morza Churchill nie widział niebezpieczeństwa dla Anglii ze strony Niemiec i jako kandydat na posła w 1908 roku, powiedział swoim słuchaczom w Manchesterze i Dundee, że zagrożenie niemieckie jest wytworem wyobraźni torysów. W 1909 roku, podczas wywołanej „paniką morską" bitwy w łonie gabinetu, Churchill stanął po stronie Lloyd George'a i oszczędności, a przeciwko McKennie. Latem 1909 roku Churchill został ponownie zaproszony do obserwacji manewrów armii niemieckiej. Tym razem zrobiła na nim jeszcze większe wrażenie: armia niemiecka, powiedział, jest „straszną maszyną. Czasami maszeruje nawet 35 mil* dziennie. Jej żołnierze są tak liczni, jak ziarnka piasku w morzu". Tym razem cesarz był też jeszcze bardziej

---

* Około 15 centymetrów.

* Churchill do swojego opisu wprowadził nieprzetłumaczalny żart, używając zwrotu „ *[...] twenty minutes talk with H.I.M.*", który to skrót, czytany jako słowo prowadzi do znaczenia użytego w tłumaczeniu (z NIM), lecz oznacza także „*His Imperial Majesty*", czyli „Jego Cesarska Mość".

* Nieco ponad 56 kilometrów.

kordialny: było tam „<<Mój drogi Winstonie>> i tak dalej" – pisał Churchill do żony.

To Agadir zmienił sposób myślenia Churchilla. „Akcja Niemiec w Agadirze postawiła je po niewłaściwej stronie i zmusiła nas do rozważenia ich żądań w świetle ich polityki i jej metod" – napisał w memorandum adresowanym do samego siebie na papierze firmowym Ministerstwa Spraw Wewnętrznych. W samym szczycie kryzysu wysłał do Lloyd George'a list pełen pilnych propozycji militarnych: armia brytyjska powinna ruszyć do Belgii, aby zagrozić niemieckiemu skrzydłu; flota winna zająć pozycje wyjściowe w Szkocji. „To wcale nie z powodu [...] Belgii wziąłbym udział w tej straszliwej awanturze – zakończył – Jeden jedyny powód wystarcza, aby usprawiedliwić nasz w tym udział – zapobieżenie zdeptaniu i obrabowaniu Francji przez pruskich Junkrów – nieszczęściu dla świata, które bardzo rychło okazałoby się fatalne i dla naszego kraju".

Gdy kryzys już minął, Churchill – zostawszy pierwszym lordem Admiralicji – wypatrywał sposobów zmniejszenia narastających napięć w stosunkach pomiędzy swoim krajem a Niemcami. Problem stanowiła Niemiecka Marynarka Wojenna. „Wiemy, że w przygotowaniu znajduje się nowa [niemiecka] ustawa morska, o potężnym znaczeniu, która wkrótce ma zostać ogłoszona. Jeśli Niemcy definitywnie zdecydowały się na zantagonizowanie Wielkiej Brytanii przeciw sobie, musimy podjąć rzuconą nam rękawicę; może by się jednak dało, poprzez przyjazne, szczere i bliskie rozmowy, uniknąć tak groźnego rozwoju wydarzeń". Churchill z całego serca popierał wysiłki Sir Ernesta Cassela mające na celu wysłanie do Berlina ministra gabinetu brytyjskiego w celu odbycia prywatnych negocjacji z kaiserem, Bethmann-Hollwegiem i Tirpitzem. „Dopóki Niemcy nie skończą z wyścigiem morskim, dopóty ich polityka będzie tutaj traktowana z rosnącą podejrzliwością i obawą – pisał Churchill do Cassela 7 stycznia 1912 roku – Lecz [...] jakiekolwiek spowolnienie z ich strony wytworzy natychmiastowe odprężenie i wiele dobrej woli w całej Anglii. [...] Głęboko ubolewam nad całą tą sytuacją, ponieważ, jak dobrze wiecie, zawsze okazywałem tylko przyjazne uczucia wobec tego wielkiego narodu oraz jego suwerena i uważam powstały między nami antagonizm za bezsensowny. Chętnie uczynię wszystko, co w mojej mocy, aby go zakończyć".

Choć Churchill sprzyjał misji Haldane'a, to jednak podczas pobytu ministra wojny w Berlinie wygłosił mowę, którą trudno byłoby uznać za ułatwiającą tę misję. Mowa Churchilla została sprowokowana wystąpieniem kaisera na otwarcie sesji Reichstagu. Na londyńskim dworcu, w drodze do Belfastu i Glasgow, pierwszy lord Admiralicji wziął z kiosku popołudniówkę. „Jedno zdanie [z przemówienia Wilhelma] wybijało się jaskrawo z tekstu" – wspominał Churchill. „Jest moim nieustannym obowiązkiem i troską – powiedział kaiser – aby utrzymać i wzmocnić siłę defensywną narodu niemieckiego na lądzie i na morzu, a sile tej nie zbywa młodych mężczyzn chętnych do noszenia broni". Dwa dni później w Glasgow Churchill ripostował: „Naszej wyspie nigdy nie brakowało i nigdy nie zabraknie wyszkolonych i twardych marynarzy, od dzieciństwa wychowanych do służby na morzu". Następnie zaś Churchill wyliczył różnice pomiędzy brytyjską i niemiecką potęgą morską:

„Cele brytyjskiego panowania na morzu są z istoty swej defensywne. Nie myślimy nawet [...] o agresji i nie przypisujemy podobnych myśli żadnemu z wielkich mocarstw. Istnieje jednak pewna różnica pomiędzy brytyjską potęgą morską a potęgą morską wielkiego i przyjaznego cesarstwa – które, mam nadzieję, na długo pozostanie wielkim i przyjaznym cesarstwem – Niemiec. Marynarka wojenna jest dla Wielkiej Brytanii koniecznością, zaś z pewnego punktu widzenia, dla Niemiec jest ona czymś w rodzaju luksusu. Nasza siła na morzu decyduje o naszym istnieniu. [...] To właśnie nasza marynarka wojenna czyni z Wielkiej Brytanii wielkie mocarstwo. A Niemcy były wielkim mocarstwem, uznawanym i szanowanym przez cały świat, zanim jeszcze posiadały choćby jeden okręt".

Prasa niemiecka ryknęła wściekle na określenie niemieckiej marynarki wojennej jako floty „luksusowej". Sam Churchill odnotował, że w Niemczech „określenie to powtarzano sobie ze złością z ust do ust". Pierwszy lord Admiralicji wrócił z Glasgow do Londynu, gdzie stwierdził, że jego koledzy z gabinetu są obrażeni, choć Asquith przyznał, że Churchill „po prostu stwierdził oczywistą prawdę". Churchillowi ulżyło nieco, gdy Haldane, powróciwszy z Berlina, stwierdził, iż „jego mowa w Glasgow nie tylko nie była żadną przeszkodą, lecz przeciwnie – okazała się wielce pomocna. Haldane opisał, jak odczytywał kluczowe fragmenty mojego przemówienia kaiserowi i von Tirpitzowi na dowód i potwierdzenie tego co sam im mówił podczas ich wcześniejszej dyskusji".

Churchilla bardzo zasmuciła porażka misji Haldane'a oraz następujących po niej negocjacji, zmierzających do spowolnienia tempa rozbudowy niemieckiej floty. W kwietniu 1912 roku tak wyraził swoje odczucia Casselowi: „Przypuszczam, że każdy kraj z trudnością wyobraża sobie, jak potężnym wydaje się w oczach innych. Dla Niemiec musi być nieomal niemożliwe, z ich wspaniałymi armiami i wojennie nastawioną ludnością, zdolną do odparcia ze swojej ziemi wszystkich intruzów, ze wspaniałą komunikacją drogową i kolejową, zrozumienie uczuć z jakimi kraj wyspiarski, taki jak Brytania, obserwuje ciągły i pozbawiony skrupułów wzrost wspaniałych sił morskich rywalizującego z nią mocarstwa. Im bardziej podziwiamy wspaniałą robotę wykonaną podczas tak gładkiego stworzenia niemieckiej potęgi morskiej, tym silniejsze, głębsze i bardziej absorbujące stają się owe uczucia".

Kaiser przekazał Haldane'owi tekst nowej niemieckiej ustawy morskiej. W maju owa nowelizacja przeszła przez Reichstag. Przewidywała ona na rok 1920 istnienie marynarki wojennej w sile pięciu eskadr liniowych, w tym trzy eskadry drednotów (dwadzieścia cztery okręty) i jedenaście krążowników liniowych. Jej personel miał wtedy liczyć sobie łącznie 101 500 osób. Mimo wszelkich nadziei na pokój i zmniejszenie wydatków na zbrojenia, obowiązkiem pierwszego lorda Admiralicji było „podjęcie rzuconej rękawicy".

18 marca 1912 roku Churchill przedstawił Izbie Gmin swój pierwszy projekt budżetu marynarki. Był on w znacznej mierze rezultatem pracy jego poprzednika, McKenny, i przewidywał budowę czterech drednotów, ośmiu lekkich krążowników, dwudziestu niszczycieli oraz bliżej niesprecyzowanej liczby łodzi podwodnych. Koszty tego wszystkiego także określił jeszcze McKenna. Miały one wynosić 44 miliony funtów szterlingów, 4 miliony więcej niż w roku poprzednim. W przemówieniu pierwszego lorda Admiralicji znalazł się pewien zwrot, który jednak dla jego słuchaczy wydawał się zwykłą rutyną: „Przedstawiony tutaj projekt budżetu został oparty na założeniu, że istniejące programy innych mocarstw morskich nie zostaną zwiększone. Gdyby doszło do ich powiększenia, będę zmuszony do przedłożenia uzupełnień do budżetu". Było to stwierdzenie nieszczere. Jeszcze przed przedstawieniem projektu budżetu Churchill doskonale wie-

dział, że pewne mocarstwo szykowało się do zwiększenia swojego programu rozbudowy floty. Ponieważ jednak tekst niemieckiej Uzupełniającej ustawy morskiej został przekazany przez kaisera Haldane'owi w zaufaniu, pierwszy lord Admiralicji nie mógł wspomnieć o tym w Izbie.

Churchill przygotował parlament i brytyjską opinię publiczną na nieuniknione uzupełnienia w budżecie marynarki poprzez zmianę tradycyjnej miary brytyjskich sił morskich. Od dziesięcioleci Brytania trzymała się tak zwanego „standardu dwóch mocarstw", ogłoszonego zresztą przez nią samą. Zgodnie z nim miała ona utrzymywać flotę zdolną pokonać połączone floty dwóch dowolnych innych państw. W swoim przemówieniu z 18 marca pierwszy lord Admiralicji formalnie zrezygnował z utrzymywania „standardu dwóch mocarstw". Powiedział, że stając wobec wyzwania niemieckiego, Brytania nie może sobie dłużej pozwolić na utrzymanie floty zdolnej przeciwstawić się flotom dwóch mocarstw. Od tej pory, powiedział, celem rozbudowy jej floty będzie utrzymanie sześćdziesięcioprocentowej przewagi w drednotach nad pojedynczym państwem – tym, które stanowi dla niej zagrożenie. Na każde dziesięć pancerników Floty Pełnomorskiej – Wielka Brytania musi posiadać szesnaście. „Musimy być zawsze gotowi, w całkiem przeciętnym momencie, stawić czoła wszystkiemu, co możliwy wróg może rzucić na nas w momencie przez siebie wybranym". A taki stosunek miał być utrzymany wobec rozmiarów floty niemieckiej, określonych pierwotną ustawą morską bez uzupełnienia z roku 1912. Na każdą stępkę położoną w Niemczech zgodnie z nieopublikowaną jeszcze *Novelle*, Brytania miała odtąd kłaść dwie. „Moim zdaniem – pisał Churchill do Fishera – nic nie zniechęci Niemiec bardziej niż świadomość, że w wyniku wszystkich ich bieżących i przyszłych wysiłków, w roku 1920 będą jeszcze bardziej w tyle za nami niż obecnie". Pierwszy lord Admiralicji mógł brzmieć potężnie, lecz jego przemówienie zawierało także pewien pomysł, którego zamiar wynikał tyleż z pacyfizmu, co ze skąpstwa. Dlaczegóżby nie zmniejszyć obciążenia wynikającego ze zbrojeń morskich przez ogłoszenie „wakacji morskich"?

„Pozwolę sobie stwierdzić całkiem jasno, że każde opóźnienie lub zmniejszenie rozbudowy floty niemieckiej spotka się, w pewnych oczywiście granicach, z szybką, podobną reakcją z naszej strony. [...] Weźmy dla przykładu [...] rok 1913. W roku tym [...] Niemcy mają zbudować trzy wielkie okręty, co w konsekwencji oznacza dla nas konieczność budowy pięciu. Przypuśćmy, że obie strony zdecydują się zrobić sobie w tym roku wakacje i umieścić pustą kartę w księdze nieporozumień; przypuśćmy, że Niemcy nie zbudują w tym roku żadnych okrętów, czym oszczędzą sobie od sześciu do siedmiu milionów funtów szterlingów. Ale to jeszcze nie wszystko. W normalnych okolicznościach nie rozpoczynamy budowy naszych okrętów, zanim Niemcy nie zaczną budować swoich. Zatem trzy okręty, których nie zbudują, oznaczają automatycznie skreślenie nie mniej niż pięciu potencjalnych brytyjskich superdrednotów. Pięciu superdrednotów – to więcej, śmiem przypuszczać, niżby mogli sobie obiecywać po wspaniałej akcji na morzu".

Był to pomysł wielce nieortodoksyjny, sugestia, że wyścig zbrojeń może być po prostu zatrzymany, zamrożony w czasie, pozostawiając oba mocarstwa dokładnie z takim samym stosunkiem uzbrojenia. Propozycja ta nie spotkała się w Niemczech z dobrym przyjęciem, ponieważ tamtejsza prasa ciągle przypominała czytelnikom, że Churchill był tym właśnie ministrem brytyjskim, który zaledwie kilka tygodni temu oczerniał ich flotę określając ją mianem „luksusowej". Kaiser przyjął propozycję chłodno, przekazując Churchillowi przez Ballina uwagę, że „takie uzgodnienia możliwe są jedynie między sojusznikami".

Na razie obowiązkiem Churchilla pozostawało utrzymanie brytyjskiej supremacji na morzu. Mógł on przedsięwziąć pewne kroki praktyczne, nie wymagające ani czasu (jak budowa nowych okrętów), ani zgody potencjalnego przeciwnika (jak jego zgoda na wzajemne powstrzymanie zbrojeń), a mianowicie ściągnąć na wody ojczyste dalsze jednostki. Proces ten rozpoczął jeszcze Fisher w roku 1904, kiedy to pozbawił pancerników eskadrę chińską oraz północnoamerykańską i zlikwidował liczne inne bazy zamorskie. Teraz miała zostać wezwana do powrotu reszta pancerników. Ściągnięto okręty liniowe Floty Śródziemnomorskiej, bazujące na Malcie. Cztery wróciły do kraju, cztery pozostawiono w Gibraltarze, skąd zawsze mogły wyruszyć albo na północ, w kierunku Kanału i Morza Północnego, bądź na wschód – z powrotem na Morze Śródziemne.

Wycofanie się z Malty miało wielopoziomowe znaczenie. Strategicznie było ono oparte na stwierdzeniu Fishera: „Nie możemy mieć wszystkiego ani być silni w każdym miejscu. Jest próżną rzeczą być silnym na podrzędnym teatrze wojny, równocześnie nie górując absolutnie na teatrze decydującym". A decydującym teatrem było Morze Północne. 6 maja 1912 roku Churchill pisał do Haldane'a: „Chyba nie możemy utrzymać Morza Śródziemnego ani gwarantować naszych interesów w tym rejonie, dopóki nie uzyskamy rozstrzygnięcia na Morzu Północnym. [...] Byłoby bardzo głupie stracić Anglię, strzegąc bezpieczeństwa Egiptu. Gdy wygramy wielką bitwę na rozstrzygającym teatrze wojny, wszystko potrafimy jeszcze potem naprawić. Jeśli ją przegramy – nie będzie już żadnego «potem»".

Sytuacja na Morzu Śródziemnym uległa zmianie po utworzeniu ententy. Francja, tradycyjny wróg, była odtąd partnerem Brytanii. Obie pozostałe potęgi morskie Śródziemnomorza, Włochy i Austria, były nominalnie sojusznikami w ramach trójprzymierza, lecz obie rozbudowywały swoje floty właściwie przeciw sobie. Nawet gdyby Włochy i Austria zjednoczyły swoje siły przeciwko Brytanii, to argumentacja za wycofaniem się nie traciła bynajmniej racji bytu. Sześć przestarzałych predrednotów brytyjskiej Floty Śródziemnomorskiej nie równoważyło nowych włoskich i austriackich drednotów. 26 lipca Churchill powiedział gabinetowi, że pozostawić tam owe stare okręty „oznaczałoby narazić na niemal pewne zniszczenie flotę brytyjską, stanowiącą niemal jedną trzecią naszych sił liniowych i obsadzoną przez 12 000 naszych najlepszych oficerów i marynarzy". Zaiste, przy rozważaniu kwestii wycofania sił należało brać pod uwagę przede wszystkim marynarzy, a dopiero potem okręty; wyszkoleni ludzie z Floty Śródziemnomorskiej byli potrzebni do obsadzenia nowych drednotów wchodzących do linii we flotach na wodach ojczystych.

Churchill energicznie prezentował wszystkie te argumenty. To właśnie dyskusja nad nimi była głównym powodem jego wizyty na Malcie w maju 1912 na pokładzie „Enchantress"*. Wyrazem sprzeciwu wobec tych decyzji było walenie w stół przez rządzącego wtedy Egiptem, w charakterze generalnego przedstawiciela, Kitchenera. Obstawał on przy twierdzeniu, że Morze Śródziemne stanowiło życiodajną arterię Imperium. Wycofanie floty miało, według niego, oznaczać utratę Egiptu, Cypru i Malty oraz osłabienie wpływów brytyjskich w Indiach, Chinach i Australazji. W poszukiwaniu kompromisu Asquith obiecał, że jakieś wielkie okręty, jeśli już nie okręty liniowe,

* To właśnie podczas tej wizyty Churchill i Asquith skutecznie uwiedli będącego na emeryturze Jacky'ego Fishera podczas postoju w Zatoce Neapolitańskiej (*przyp. aut.*).

to przynajmniej krążowniki liniowe, pozostaną na Morzu Śródziemnym, bazując na Malcie.

W lipcu dyskusja przeniosła się do Imperialnego Komitetu Obrony, gabinetu oraz Izby Gmin. McKenna, wspierany przez Eshera, obstawał przy pozostawieniu pancerników na Morzu Śródziemnym. Churchill z kolei uparcie powtarzał, że nie powinno się tego robić. Morze Śródziemne nie stanowi wcale takiej znów życiodajnej arterii Imperium, twierdził; w razie konieczności, dostawy żywności i pozostały handel można skierować trasą wokół Przylądka Dobrej Nadziei, którą przecież chodziły, zanim zbudowano Kanał Sueski. Naprawdę życiowo istotny punkt, upierał się Churchill – i krytyczna groźba dla przyszłości Imperium – leżały nie na Morzu Śródziemnym, lecz na Północnym. Ostatecznie jednak pierwszy lord Admiralicji przystał na obietnicę Asquitha, złożoną Kitchenerowi na Malcie; stare pancerniki miały zostać wycofane, w zamian za to eskadra złożona z czterech nowych krążowników liniowych oraz czterech nowiutkich krążowników pancernych miała na stałe bazować na Malcie. Krążowniki liniowe ze swoimi dwunastocalowymi działami stanowiłyby potężną siłę odstraszającą wobec austriackich i włoskich predrednotów. Gdyby Austriacy zdecydowali się wychylić nosa poza Adriatyk, to nawet Churchill się zgadzał, że cztery jednostki typu „Invincible” ze wsparciem krążowników stanowiłyby więcej niż równorzędnego dla nich przeciwnika. A nawet gdyby krążowniki liniowe znalazły się w tarapatach w walce z wolniejszymi lecz silniej opancerzonymi okrętami wroga, zawsze mogły po prostu zwiększyć prędkość i umknąć. Admiralicja miała nadzieję, że do roku 1915 będzie dysponowała dostateczną liczbą nowo zbudowanych jednostek, aby zapewnić bezpieczeństwo rejonu Morza Północnego i równocześnie ponownie wejść na Morze Śródziemne, tym razem z ośmioma nowoczesnymi drednotami.

Argumentując za wycofaniem, Churchill ani na chwilę nie spuścił oka z najważniejszej groźby. 11 lipca przedstawił swoje poglądy na posiedzeniu Imperialnego Komitetu Obrony: „Ostatecznie skala rozbudowy floty niemieckiej jest bardzo potężna. [...] Cały charakter floty niemieckiej wskazuje na to, że została zaprojektowana na potrzeby agresywnych działań zaczepnych na największą skalę na Morzu Północnym i Północnym Atlantyku. [...] Konstrukcja niemieckich okrętów liniowych wyraźnie świadczy o tym, że są one projektowane z myślą o ataku i działaniach zaczepnych floty. [...] Nie próbuję tu sugerować, że Niemcy zaatakują nas w sposób nagły lub niespodziewany. Nie powinniśmy zakładać, że jakiekolwiek inne wielkie państwo zniży się tak dalece poniżej cywilizowanych norm, których sami powinniśmy przestrzegać. Jednak my – w Admiralicji – musimy patrzyć i liczyć nie na to, że tego nie uczynią, lecz na to, [że] nie są w stanie tego uczynić".

We wrześniu 1912 roku, gdy brytyjskie okręty liniowe opuszczały Morze Śródziemne, Admiralicja Francuska ogłosiła, że sześć okrętów liniowych Francuskiej Floty Atlantyckiej zostanie przesuniętych na Morze Śródziemne. W roku 1912 Francja miała potężną, choć starzejącą się, marynarkę, posiadającą w swym składzie dwadzieścia okrętów liniowych, w tym czternaście predrednotów i sześć „półdrednotów" (okręty typu „Danton", z czterema działami kalibru 12 cali i dwunastoma 9,4 cala*, podobnych pod względem uzbrojenia i opancerzenia do brytyjskiego typu „Lord Nelson"). Sześć z tych okrętów znajdowało się w Breście, czternaście zaś w Tulonie, gdzie wypełniały najważniejszą misję marynarki francuskiej – zabezpieczanie morskich linii komunikacyjnych pomiędzy Francją metropolitalną a francuskim imperium w Afryce Północnej, skąd płynęła żywność, surowce i siła ludzka. Argumentacja za wycofaniem okrętów z Atlantyku brzmiała całkiem podobnie do użytej przez Admiralicję brytyjską dla uzasadnienia wycofania jej okrętów liniowych z Morza Śródziemnego – otóż marynarka francuska także koncentrowała się na pierwszorzędnym teatrze działań. Sześć dodatkowych okrętów dawało Francji przewagę nad połączonymi flotami jej dwóch potencjalnych przeciwników: Austrii i Włoch. Podobnie też sześć francuskich predrednotów, gdyby pozostawić je w Breście, mogło zostać zmasakrowanych przez nowoczesne drednoty niemieckiej Floty Pełnomorskiej. Decyzja francuska wydawała się sugerować, że całe długie atlantyckie wybrzeże Francji oraz porty nad Kanałem mają być bronione jedynie przez torpedowce i łodzie podwodne. Poczucie narażenia na atak, jakie ogarnęło część obywateli tych rejonów, zostało natychmiast przekazane Admiralicji Francuskiej przez tamtejszych deputowanych. Udzielono im, tak dyskretnie jak tylko było to możliwe, odpowiedzi, że poczynione

* Ten nietypowy kaliber odpowiada 239 mm.

zostały odpowiednie uzgodnienia – porty i wybrzeże miały być bronione przez flotę zaprzyjaźnionego mocarstwa.

Niemal równoczesne przegrupowania obu flot – brytyjskiej i francuskiej – było zbyt dogodne i zbyt przejrzyste, aby można je było uznać za czysto przypadkowe. W Berlinie założono więc, że Brytania i Francja dobiły targu: ta pierwsza miała strzec północnych wybrzeży Francji, zaś ta druga doglądać interesów brytyjskich na Morzu Śródziemnym. W istocie, choć Francuzi gorąco pragnęli takiego właśnie porozumienia, to Brytyjczycy odmówili jakichkolwiek formalnych zobowiązań. Wiosną 1912 roku, po porażce misji Haldane'a, władze marynarki francuskiej zaczęły naciskać na odbycie rozmów sztabowych w celu przedyskutowania wspólnych działań na wypadek wojny. Churchill wyraził zgodę i sam uczestniczył w rozmowach z hrabią de Saint-Seine, francuskim *attaché* morskim w Londynie. Mimo to pierwszy lord Admiralicji ostrzegł oficera francuskiego, że „musi jasno zrozumieć, iż nie może dojść do żadnych dyskusji pomiędzy ekspertami z ramienia obu armii i flot, które mogłyby w jakikolwiek sposób wpłynąć na pełną swobodę działania obu krajów. W takich sprawach pogląd Rządu Jego Królewskiej Mości wyrazi Ministerstwo Spraw Zagranicznych. [...] Francuski *attaché* morski powiedział, że doskonale rozumie takie stanowisko i w pełni się z nim zgadza". Po takim ostrzeżeniu Churchill zauważył, iż interesom francuskim dobrze przysłużyłoby się skoncentrowanie na Morzu Śródziemnym sił równych lub przewyższających połączone floty Austrii i Włoch, co, jak dobrze wiedziały obie strony, mogło zostać osiągnięte tylko przez przesunięcie Francuskiej Floty Atlantyckiej do Tulonu. Zachęciwszy w ten sposób Francuzów do działania, Churchill – razem z Asquithem i Greyem – martwił się, żeby Francja nie uwierzyła, iż posiada teraz argument moralny, aby skłonić do akcji Wielką Brytanię. W przededniu ogłoszenia przez Francję, że eskadra z Brestu zostanie przesunięta, pierwszy lord Admiralicji wyraził tę swoją troskę oraz swoje własne rozumienie zaistniałego dylematu w liście do premiera i ministra spraw zagranicznych:

Sprawa, jaką chcę przede wszystkim zapewnić, to nasza swoboda działania. [...] Swoboda ta jednak zostałaby znacząco naruszona, gdyby Francja powiedziała, że oto ogołociła swoje wybrzeże atlantyckie i skoncentrowała siły na Morzu Śródziemnym, wierząc w porozumienie z nami. Nie byłoby to bowiem prawdą. Nawet gdybyśmy nie istnieli, nie mogliby wymyślić lepszego sposobu rozwinięcia swoich sił. [...] Nie są przecież dość silni, aby przeciwstawić się samym tylko Niemcom, nie mówiąc już o utrzymaniu obu teatrów działań. Całkiem więc słusznie koncentrują swoją marynarkę na Morzu Śródziemnym, gdzie będzie bezpieczna, mając zapewnioną przewagę, oraz zapewni bezpieczeństwo ich liniom komunikacyjnym z Afryką. Nie jest też prawdą, że my z kolei polegamy na Francji w kwestii utrzymania naszej pozycji na Morzu Śródziemnym. [...] Gdyby Francja nie istniała, także nie rozmieścilibyśmy inaczej naszych sił. [...] Rozważcie, jaką potężną bronią dysponowałaby Francja, gdyby mogła powiedzieć: <<Zgodnie z radą i w porozumieniu z władzami waszej marynarki zostawiliśmy nasze północne wybrzeża bez osłony. Prawdopodobnie nie uda nam się zawrócić floty na czas>>".

Władze francuskie ubolewały nad brytyjską powściągliwością w zaciąganiu zobowiązań. Całe porozumienie z rozmieszczeniem floty było dość jednostronne, protestował Paul Cambon; pozostawiało ono Anglii „wolną rękę w udzieleniu Francji pomocy". Mimo to Brytyjczycy nie ustąpili. W wymianie not, do jakiej doszło 22 i 23 listopada, Grey i Cambon uzgodnili, że dyskusje pomiędzy ekspertami armii i flot obu mocarstw ententy nie tworzą „zobowiązania, które wiązałoby którykolwiek z rządów do działania na ewentualność, do której nie doszło i może nigdy nie dojść". Uzgodniono, że w sytuacji skrajnego zagrożenia – gdyby którekolwiek z mocarstw miało podstawy przypuszczać, że stanie się celem niespodziewanego i nie sprowokowanego ataku ze strony trzeciego mocarstwa – oba rządy powinny przedyskutować, czy będą działać wspólnie, a jeśli tak – to w jaki sposób. Na żądanie Brytyjczyków stwierdzono też, że „Na przykład, obecne rozmieszczenie floty francuskiej i brytyjskiej nie jest oparte na porozumieniu pociągającym za sobą współdziałanie podczas wojny". Wyglądało na to, że Wielka Brytania postawiła na swoim. W istocie jednak, włożyła Francji do ręki ową „potężną broń", jak to przewidywał Churchill.

W okresie lata 1912, wszystkim dyskusjom na temat przesunięcia obu flot, czy to w Imperialnym Komitecie Obrony, w gabinecie, w parlamencie, czy też w rozmowach z Francuzami, towarzyszył łomot bębnów równoległej debaty prowadzonej w prasie i wśród opinii publicznej. „Porzucenie Morza Śródziemnego" było na okrągło atakowane przez prasę konserwatywną, Ligę Morską, oraz pewną liczbę liczących się osób spoza rządu, w tym Eshera, lorda Robertsa i Beresforda. „Z powodu naszej manii na punkcie Morza Północnego utraciliśmy oto panowanie na Morzu Śródziemnym, stanowiącym tętnicę szyjną naszego Imperium" – oznajmiał „Standard". Sam pomysł, aby uzależnić się od marynarki francuskiej w strzeżeniu linii życia Imperium „jest absolutnie odpychający dla większości Anglików" – deklarował „Daily Express". Zaiste, myśl taka „oznaczała granicę tego co może wytrzymać szanujący się naród" – dodawał „Globe". To „Rzym musiał wzywać pomocy obcych, gdy nadeszła chwila jego schyłku" – powiedział Esher. Żaden z przeciwników decyzji nie kwestionował wagi supremacji floty brytyjskiej na Morzu Północnym; ich punkt widzenia wyrażał konieczność utrzymania zarówno Morza Północnego, jak i Śródziemnego, a rozwiązaniem miało być zbudowanie jeszcze większej liczby okrętów. „Mamy do wyboru albo takie wzmocnienie naszych sił morskich, jakie zapewniłoby nam panowanie na Morzu Śródziemnym [...] albo kompletne odwrócenie tradycyjnej polityki Wielkiej Brytanii odnośnie do jej szlaków handlowych i połączeń wojskowych ze Wschodem" – przedstawiał sprawę królowi Esher. Król zgodził się z nim. Churchill, Grey i Asquith też się zgadzali. Problem stanowiły pieniądze.

Po wojnie Tirpitz rechotał z zadowolenia, wspominając wycofanie się Brytanii z Morza Śródziemnego: „Aby właściwie ocenić siłę karty atutowej, jaką nasza flota wetknęła w ręce energicznej dyplomacji, powinno się pamiętać, że w efekcie koncentracji sił angielskich na Morzu Północnym, kontrola Anglików nad Morzem Śródziemnym i wodami Dalekiego Wschodu praktycznie spadła do zera". Trudno, co prawda, było dostrzec, jakich korzyści miałoby to przysporzyć Niemcom, które na Dalekim Wschodzie miały jedynie mało liczącą się eskadrę, a na Morzu Śródziemnym jeden krążownik liniowy. Churchill, także piszący po wojnie, tak to skomentował: „Jedyną <<kartą atutową>>, jaką zdobyły sobie Niemcy taką polityką, było dalsze zbliżenie pomiędzy Francją a Brytanią. Z chwilą, gdy obie floty zostały rozmieszczone w nowy sposób, nasze wspólne interesy w tej dziedzinie stały się naprawdę ważne".

Równocześnie z budową nowych drednotów i przesuwaniem już istniejących pancerników na wody macierzyste, Churchill odkrył jeszcze inny sposób na zwiększenie przewagi brytyjskiej na Morzu Północnym. Pomyślał sobie mianowicie, że może dałoby się namówić

Kanadę na zbudowanie drednotów dla Marynarki Królewskiej. Logika i precedensy przemawiały za nim. Było przecież oczywiste, że rozrastanie się Marynarki Wojennej Niemiec wywierało wpływ na bezpieczeństwo i pomyślność dominiów, tradycyjnie chronionych przez Marynarkę Królewską. Już przecież w 1909 roku, zaraz po „panice morskiej", Australia i Nowa Zelandia zaofiarowały się zapłacić – każda za jednego drednota. Zaraz w roku następnym w stoczniach brytyjskich położono stępki pod dwa krążowniki liniowe noszące nazwy obu dominiów. W 1911 roku rządy tych dominiów zgodziły się, że w czasie wojny ich okręty miały „stanowić integralną część floty brytyjskiej i pozostawać pod kontrolą Admiralicji brytyjskiej". Do tej chwili Kanada nie zdecydowała się wystąpić z ofertą, lecz gdy do władzy w Ottawie doszedł rząd konserwatywny, Churchill zdecydował się zapytać. Dla zrównoważenia niemieckiej *Novelle*, Brytania potrzebowała trzech drednotów. Churchill jednak wyjaśniał, że „gdybyśmy wykonali nagły ruch i dodali do naszych sił trzy nowe jednostki, mogłoby to nawet wzmóc współzawodnictwo w rozbudowie flot, a [Niemcy] zapytaliby nas, jakież to wchodzą w grę nowe czynniki, które by usprawiedliwiały lub wymagały takiego zwiększenia z naszej strony. Gdybyśmy mogli jednak powiedzieć, że nowym czynnikiem jest po prostu fakt, iż Kanada zdecydowała się zaangażować w obronę Imperium Brytyjskiego, to byłaby to odpowiedź, która nie wywołałaby złośliwych porównań i oszczędziłaby nam wdawania się w szczegółowe kalkulacje liczby jednostek austriackich i niemieckich w jakimś tam momencie".

Sir Robert Borden, premier Kanady, przyjął propozycję pierwszego lorda Admiralicji pozytywnie. Aby wzmocnić go w czekającej go rozgrywce w parlamencie kanadyjskim, Admiralicja brytyjska przygotowała oświadczenie na temat sił morskich: „Panowanie na morzu ma dwojakie znaczenie: ogólne i lokalne. Ogólne panowanie na morzu polega na zdolności do pokonania w bitwie i wyparcia z mórz najsilniejszej wrogiej marynarki lub kombinacji wrogich flot, gdziekolwiek się je napotka. [...] To właśnie ogólna supremacja morska Wielkiej Brytanii jest najważniejszym elementem zapewniającym bezpieczeństwo i interesy wielkich dominiów Korony. [...]".

5 grudnia Borden przedłożył w parlamencie Kanady Ustawę morską, wnioskującą o 7 milionów funtów szterlingów na zbudowanie trzech drednotów, mających pozostawać pod kontrolą i na utrzymaniu

Marynarki Królewskiej dla celów wspólnej obrony Imperium. Ustawa wywołała polityczną burzę. Opozycja liberalna oznajmiła, że nie dostrzega żadnego niebezpieczeństwa dla Kanady. Gdyby już jednak okręty te miały zostać zbudowane, twierdziła opozycja, to powinny one zostać zbudowane w stoczniach kanadyjskich, obsadzone kanadyjskimi załogami i pozostawać pod kontrolą rządu kanadyjskiego. Churchill wskazał na to Bordenowi, że w Kanadzie nie ma nawet stoczni zdolnej do budowy drednotów, a stworzenie choćby jednej kosztowałoby 15 milionów funtów. Poza tym, w takich okolicznościach, położenie pierwszej stępki odwlekłoby się o co najmniej cztery lata. Powołując się na ten argument, Borden potrafił przepchnąć ustawę przez izbę niższą parlamentu w lutym 1913 roku, lecz w maju została ona ostatecznie odrzucona przez Senat Kanady. W listopadzie tegoż roku do Australii i Nowej Zelandii dołączyły jednak Państwa Malajskie, ofiarując się zapłacić za jednego drednota. Do rozpoczęcia pierwszej wojny światowej ani jeden wielki okręt kanadyjski nie trafił do dyspozycji Admiralicji.

Admirał von Tirpitz zawsze twierdził, że Niemcy budują okręty wyłącznie dla własnych potrzeb, bez odnoszenia się do sił morskich innych państw. Z początkiem 1913 roku Tirpitz zmienił swoje stanowisko. W oświadczeniach złożonych przed Komisją Budżetową Reichstagu 6 i 7 lutego, uznał on oficjalnie 60-procentowy stosunek sił, ogłoszony przez pierwszego lorda Admiralicji i oznajmił, że Niemcy będą się do niego stosować. Nie wspomniał co prawda o liczbie okrętów, lecz mówił w kategoriach eskadr liniowych: Brytania miała mieć ich osiem, Niemcy – pięć. Przemówienie Tirpitza spodobało się liberalnej prasie brytyjskiej, zawsze mającej nadzieję na cięcia w wydatkach na marynarkę. Zrobiło ono jednak niewielkie wrażenie na brytyjskim ministrze spraw zagranicznych i pierwszym lordzie Admiralicji. Grey, węszący w negocjacjach z Niemcami zagrożenie dla ententy z Francją, szczególnie chłodny po załamaniu się rozmów, do jakiego doszło po klęsce misji Haldane'a, zakładał, iż oświadczenia Tirpitza odzwierciedlały żądania stawiane Reichstagowi przez armię niemiecką. „To, co mówi Tirpitz niewiele znaczy – orzekł Grey – a właściwą tego przyczyną nie są nasze piękne oczy lecz 50 ekstra milionów potrzebnych do powiększenia niemieckiej armii". Także i Churchill ostrzegał swoich kolegów, aby nie robili sobie zbytnich nadziei: „Nie powinniśmy doszukiwać się w ostatnich niemieckich deklaracjach w sprawach morskich znaczenia, jakiego byśmy pragnęli się doszukać, a którego w żadnej mierze nie posiadają" – powiedział w Izbie Gmin 26 marca 1913 – Gdybym na przykład miał powiedzieć, że admirał Tirpitz uznał, iż brytyjska przewaga w stosunku szesnaście do dziesięciu drednotów jest dla Niemiec zadowalająca, że taka relacja niemal dokładnie istnieje w chwili obecnej [istniała!] i że wobec tego Niemcy nie powinny rozpoczynać budowy żadnych wielkich okrętów, zanim my tego nie uczynimy, to może i byłaby to logiczna argumentacja, lecz obawiam się, że mogłaby ona spowodować wiele szkód".

W tym swoim przemówieniu, prezentującym Izbie projekt budżetu marynarki na rok fiskalny 1913-1914, Churchill ponowił swoją propozycję „wakacji morskich": „Gdyby w przeciągu roku [...] żaden z krajów nie zbudował nowych okrętów, w jaki sposób miałoby to zaszkodzić czy inaczej wpłynąć na interesy któregoś z nich? Propozycja [...] nie pociąga za sobą zmian w istniejącym stosunku sił obu flot. Nie sugeruje żadnych zmian w planach organizacji czy rozbudowy tych flot. Jest raczej przeciwna systemowi pozbawionemu ustaw morskich. A finanse obu krajów odczują ulgę". Pierwszy lord Admiralicji podkreślił, że Brytania miała skreślić cztery, zaś Niemcy dwa zaplanowane drednoty. W ich ślady mogły pójść Francja, Włochy, Austria i Rosja. Jeśli zaś jego sugestia miałaby zostać odrzucona, powiedział, to „wydarzenia w dalszym ciągu rozwijać się będą ustaloną wcześniej drogą, na której każdym etapie morska supremacja Imperium Brytyjskiego będzie opierać się na jeszcze bardziej niekwestionowanych podstawach".

Admiralicja Niemiecka wysłuchała propozycji Churchilla wielce zatrwożona. Żądania budżetowe Armii Niemieckiej wywołały sprzeciwy wśród podatników oraz w Reichstagu. Na takim tle – „wakacje" w wydatkach na marynarkę mogły wydawać się atrakcyjną propozycją. Zaczęto więc gromadzić argumenty przeciw niej: Wielka Brytania, twierdzono, potrzebowała „wakacji" ponieważ jej stocznie były zatłoczone i cierpiały na brak robotników; gdy „wakacje" się skończą i budowy zostaną wznowione, Brytania znajdzie się w korzystniejszej sytuacji, ponieważ jest w stanie budować okręty szybciej niż Niemcy. A co się stanie ze stoczniami niemieckimi i ich pracownikami podczas roku obowiązywania „wakacji"? Przypuśćmy, że gdy „wakacje się skończą i trzeba będzie podjąć budowy na nowo, siła robocza zdąży opuścić stocznie i znaleźć sobie inne zatrudnienie? A co z planami rozbudowy innych flot – Francji i Rosji – które także są wrogami Niemiec?

Przemówienie [Churchilla] w Izbie Gmin nie było formalną propozycją rządu brytyjskiego, więc Tirpitz szybko podjął kroki mające zapewnić uniknięcie otrzymania jakiejś oficjalnej noty ze strony brytyjskiego Ministerstwa Spraw Zagranicznych w sprawie „wakacji morskich". Tirpitz przekazał instrukcje komandorowi Müllerowi, niemieckiemu *attaché* morskiemu w Londynie, jak ma on postępować w tej kwestii: „Niech pan działa tak, jakbyśmy z punktu widzenia marynarki nie wydawali się tak całkiem nieprzejednani [...] a jednocześnie podkreśla, że pomysł ten spotkał się z niekorzystnym, a nawet pogardliwym przyjęciem w prasie angielskiej i niemieckiej. [...] Generalnie rzecz biorąc, powinien pan w całej tej sprawie grać na zwłokę, ile tylko się da, a także traktować ją jako kwestię mniej dotyczącą marynarki, a raczej jako sprawę czysto polityczną. [...] Powinien pan porozmawiać z Greyem na temat niebezpieczeństw związanych z dyskusjami prasowymi na ten temat i powiedzieć mu, że Churchill swoim planem „wakacji morskich" może tylko zaszkodzić delikatnej roślince odprężenia anglo-niemieckiego". Niemieckie Ministerstwo Spraw Zagranicznych skwapliwie poszło tym samym torem; książę Karl von Lichnowsky, ambasador w Londynie, zapewnił Gottlieba von Jagowa, ministra spraw zagranicznych, że uczyni wszystko, aby zapobiec dotarciu do Berlina jakiejkolwiek oficjalnej propozycji brytyjskiej dotyczącej „wakacji morskich". Wkrótce potem wspomniał on w rozmowie z Greyem, że rząd niemiecki wolałby nie być zmuszonym do udzielenia oficjalnej odpowiedzi na propozycje pierwszego lorda Admiralicji.

Nie złożono więc żadnych urzędowych propozycji, lecz nie powstrzymało to Churchilla. 18 października 1913 ponownie powrócił do swego ulubionego tematu. Wiedząc, że wielkość projektu budżetu marynarki na rok 1914, wtedy będącego na etapie przygotowania, zaszokuje gabinet i cały kraj, pierwszy lord znów zaoferował swoją radykalną alternatywę: „W przyszłym roku mamy położyć stępki pod cztery wielkie okręty, zaś Niemcy pod dwa. Powiadamy więc naszym wielkim sąsiadom Niemcom teraz, kiedy pozostaje nam jeszcze wiele czasu, w całkowitej przyjaźni i szczerości: Jeśli odłożycie rozpoczęcie budowy swoich dwóch okrętów na dwanaście miesięcy poza normalnie przewidziany dla nich termin, to my uczynimy to samo z naszymi czterema, w absolutnie dobrej wierze, na dokładnie taki sam okres. [...] Będzie to oznaczać oszczędności [...] blisko sześć milionów funtów szterlingów dla Niemiec i około dwunastu milionów dla naszego kraju, zaś względne siły obu państw pozostaną absolutnie niezmienione".

I znów ulewa krytyki z kraju i z zagranicy spadła na pierwszego lorda Admiralicji. Esher oznajmił, że „Winston gra pod radykalną publiczkę [...] ponieważ jest dla mnie niepojęte, jak taki mądry facet mógłby być na tyle głupi, żeby wyobrażać sobie, iż jego propozycja ma jakiekolwiek szanse doczekania się pozytywnej odpowiedzi". Inni krytycy wskazywali, że takie „wakacje" ograniczone do wielkich okrętów pozwolą Niemcom wydać więcej na łodzie podwodne i statki powietrzne. Prasa paryska protestowała, że odjęcie Niemcom konieczności wydania sześciu milionów na marynarkę, pozwoli im przerzucenie tej kwoty na armię. W Londynie „Morning Post" radziła pierwszemu lordowi, by „wziął sobie raczej roczne wakacje od wygłaszania przemówień, przynamniej co się tyczy kwestii ograniczenia zbrojeń". W Berlinie Jagow powiedział Goschenowi, że pomysł ten jest „utopijny i niewykonalny" i spowodowałby „wyrzucenie na bruk niezliczonej ilości ludzi". Tirpitz uroczyście wyjaśniał w Reichstagu w lutym 1914, że cały pomysł jest bezprawny i wprowadza tylko zamieszanie. Gdyby „budowy odłożyć [po prostu] na jeden rok [...] musiałoby to zostać nadrobione w roku następnym. Wprowadziłoby to zaburzenia w naszych finansach, wybiło z rytmu prace w stoczniach. [...] Gdyby jednak ciągle się domagano zarzucenia budowy okrętów w dyskutowanym tutaj roku „wakacji", to ponieważ budujemy jedynie okręty mające zastąpić starsze jednostki, oznaczałoby to zaburzenie naszej organizacji floty, która jest przecież określona prawem". Kaiser mówił niewiele; powiedział tylko Bethmann-Hollwegowi, że odmawia ponownego otwarcia „niekończącego się i niebezpiecznego rozdziału na temat ograniczenia zbrojeń".

3 lutego 1914 roku Sir Edward Grey wyraził, przed zgromadzonymi w Manchesterze słuchaczami, swój pogląd na kwestię „wakacji morskich" i wyścig zbrojeń morskich. „Jest to [wydatki na zbrojenia] rzeczywiście sprawa międzynarodowa [...] a nie wyłącznie brytyjska. [...] Jakikolwiek większy wzrost programu budowy okrętów, w którymkolwiek mocarstwie europejskim, odnosi natychmiastowy skutek w postaci zwiększenia wydatków w innych krajach [ale] nie oznacza

to, że zmniejszenie wydatków w jednym kraju spowoduje podobne ich obniżenie w pozostałych. [...] Można odnieść ogólne wrażenie, że w Europie pojmuje się to jako jakiś wyścig, z jakąś nagrodą na mecie dla jego zwycięzcy. Jest to idea bardzo myląca, lecz przypuśćmy że świadomie lub nieświadomie funkcjonuje; jednak wcale z niej nie wynika, że jeśli prowadzący w wyścigu koń zwolni w wyniku wyczerpania, to skutkiem tego pozostałe konie w wyścigu także zwolnią. Można by raczej oczekiwać, że pozostałe konie przyśpieszą. Podczas gdy brytyjskie wydatki na marynarkę wojenną stanowią znaczący czynnik dla podobnych wydatków w Europie, [...] to do wzrostu wydatków na drednoty [...] dochodzi [w znacznej mierze] bez powoływania się na Anglię. Okręty, jakie budują Niemcy, są budowane zgodnie z Ustawą morską, która nie może zostać zmieniona, cokolwiek byśmy uczynili. [...] Gdybyśmy mieli nawet całkowicie zlikwidować nasz program i zaprzestać budowy czegokolwiek w tym roku [...] to wątpię, czy spowodowałoby to jakiekolwiek zmiany w budownictwie okrętów w Europie. [...] Mimo wszystko uważam, że ta era drednotów jest czymś godnym pożałowania i bardzo marnotrawnym. [...] Jesteśmy krajem ludzi interesu i jesteśmy zaszokowani rozmiarami tego marnotrawstwa. [...] Jako ludzie myślący mamy przeczucie, że na dłuższa metę, tak wyjątkowe wydatki na zbrojenia, prowadzone w nadmiernym stopniu, muszą doprowadzić do katastrofy, a nawet mogą zatopić okręt europejskiej prosperity i cywilizacji”.

Intencją mowy Greya, podobnie jak wcześniejszych propozycji Churchilla odnośnie „wakacji morskich”, było wyciszenie niepokojów w ich własnej partii, wywołanych poziomem wydatków na zbrojenia morskie. Każdy rok istnienia rządu liberałów przynosił ze sobą zwiększenie kosztów utrzymania marynarki wojennej. Po programie budowy ośmiu wielkich okrętów następował program budowy pięciu wielkich okrętów; nieważna zresztą była ich liczba, w każdym razie koszty rosły. Admirałowie żądali, zaś projektanci marynarki projektowali coraz to większe i bardziej kosztowne jednostki. „Dreadnought” kosztował 1 850 000 funtów; „Queen Elizabeth” i jej siostrzane okręty miały kosztować po 4 miliony funtów szterlingów. Budżet marynarki wojennej rósł niepohamowanie: 1907-1908, 31 250 000 £; 1908-1909, 32 180 000 £; 1909-1910, 35 730 000 £; 1910-1911, 40 420 000 £; 1911-1912, 44 390 000 £; 1912-1913, 45 075 000 £. Całkowita suma tych wydatków mogła oszołomić: w ciągu sześciu lat rząd liberałów wydał lub przyznał na potrzeby Marynarki Wojennej kwotę 229 000 000 £. Niektórzy sądzili, że połowa tej sumy wystarczyłaby do zlikwidowania większości niedostatków socjalnych Anglii.

Churchill zwiększył jeszcze obawy liberałów swoim wystąpieniem w londyńskim Guildhall 10 listopada 1913. Oznajmił tam, że z powodu kwot przeznaczanych na budowę nowych okrętów za granicą, przyszłoroczny projekt budżetu marynarki wojennej będzie musiał wzrosnąć w stopniu znaczącym. Na uroczystości obecny był Asquith, którego nikt nie poinformował, o czym zamierza mówić Churchill. Premier był „wściekły". Również obecny tam Lloyd George nazwał przemówienie „szaleństwem".

Wypowiedź Churchilla wyzwoliła nową falę krzyku przeciwko „rozdętym" wydatkom na marynarkę. „Kiedy wreszcie pierwsi lordowie i eksperci morscy uprzytomnią sobie, że rezerwa finansowa jest jedną z podstaw machiny wojennej?" – zapytywała „Daily Chronicle". „Jeśli inne kraje nie chcą przyłączyć się do nas w sprawie <<wakacji morskich>>, to zróbmy je sobie sami" – zaproponował były gubernator Banku Anglii. Czterdziestu posłów z ramienia Partii Liberalnej złożyło grupową wizytę premierowi, aby wyrazić swój sprzeciw wobec dalszego zwiększania budżetu Marynarki Wojennej. Margot Asquith w zdecydowanym tonie pisała do Lloyd George'a: „Nie pozwól, żeby Winston dostał zbyt dużo pieniędzy – może to zaszkodzić naszej partii na wiele sposobów. [...] Jeśli nie można okazać się choć trochę oszczędnym, kiedy wszystkie obce kraje są nastawione pokojowo, to doprawdy nie wiem *kiedy* można". Nawet własna ciotunia pierwszego lorda Admiralicji, lady Wimbourne, napisała do bratanka, przypominając mu „błąd w ocenie", jaki popełnił jego „drogi ojciec", a który przyczynił się do tego, że do końca życia „rozczarowanie i gorycz trawiły mu serce": „Tymi wydatkami na marynarkę zrywasz z tradycją liberalizmu – ostrzegała go – Istnieje niebezpieczeństwo, że staniesz się wyłącznie <<człowiekiem marynarki>>, tracąc z oczu daleko większy cel – zostać wielkim przywódcą Partii Liberalnej. [...] Nic tak nie szkodzi obecnemu rządowi jak te wydatki na flotę. Albo będą musieli cię odrzucić, albo poniosą porażkę".

Unioniści mieli odmienny pogląd na całą sprawę. Ich obraz niegdysiejszego apostaty uległ zmianie, zwłaszcza w oczach konserwatywnych zwolenników silnej floty. Witali teraz Churchilla jako bohatera walczącego z siłami ignorancji. „Punch" odnotował tę zmianę jego statusu rysunkiem satyrycznym, przedstawiającym pierwszego lorda Admiralicji w stroju marynarskim, a za nim chórek torysów wyśpiewujący: „Zmusiłeś mnie do miłości, choć wcale tego nie chciałam [...]".

Publiczna bitwa trwała już w najlepsze, gdy 5 grudnia Churchill przedstawił gabinetowi konkretne liczby projektu budżetu marynarki. Łączna kwota wynosiła 50 694 800 funtów szterlingów, co oznaczało wzrost o prawie 3 miliony w stosunku do roku ubiegłego. A i tak poczyniono wszelkie możliwe oszczędności. Pierwszy lord Admiralicji domagał się tylko czterech nowych drednotów, zamiast ubiegłorocznych pięciu i tylko dwunastu, zamiast dwudziestu niszczycieli. Zwiększenie kosztów, jak wyjaśnił, spowodowane było przede wszystkim wzrostem kosztów budowy: „boom w przemyśle okrętowym spowodował podwyżkę cen materiałów o około 15 procent".

Gabinet natychmiast pogrążył się w debacie. „Mieliśmy posiedzenie gabinetu trwające prawie trzy godziny, z czego dwie godziny i trzy kwadranse zabrał nam Winston" – pisał Asquith do Venetii Stanley o północy 8 grudnia. Głównymi antagonistami byli niegdysiejsi sprzymierzeńcy: Churchill i Lloyd George. Ponieważ pierwszy lord zwiększył projekt budżetu Admiralicji, kanclerz stanął wobec alternatywy: deficyt albo zwiększenie podatków. W oczach kanclerza Izby Rozrachunkowej była to zdrada. „Gdy [Churchill] obejmował Admiralicję, dobiłem z nim targu – powiedział 13 grudnia Lloyd George jednemu ze swych przyjaciół – Nie dotrzymał słowa. Jest ekstrawagancki [w swoich żądaniach]". Trzy dni później na kolejnym posiedzeniu gabinetu Churchill wspierał swoje stanowisko, przedstawiając szczegółowe fakty i liczby, punkt po punkcie. Lloyd George mu się sprzeciwiał. Doszło do wymiany liścików przez stół, przy którym obradował gabinet.

Churchill do Lloyd George'a:

Uważam, że cofasz dane słowo, próbując wysadzić mnie z siodła po tym, jak doszliśmy do uzgodnienia stanowisk i obiecałeś poprzeć projekt mojego budżetu.

Lloyd George do Churchilla:

Zgodziłem się z liczbami na ten rok i popierałem je, w znacznym stopniu wbrew moim ekonomicznym przyjaciołom. Powiedziałem ci jednak wyraźnie, że będę naciskał na obniżenie nowego programu z perspektywą roku 1915 i z całym szacunkiem uważam, że niepotrzebnie się upierasz. Jest to wyłącznie kwestia sześciomiesięcznego przesunięcia dat położenia stępek. Nie może to przecież zagrozić naszemu bezpieczeństwu.

Churchill do Lloyd George'a:

Nie. Powiedziałeś, że poprzesz projekt budżetu.

W dniu Nowego Roku 1914 kanclerz Izby Rozrachunkowej udzielił wywiadu „Daily Chronicle", w którym publicznie zaatakował projekt budżetu marynarki. Stosunki anglo-niemieckie są obecnie bardziej przyjacielskie, niż w ciągu wielu ostatnich lat; Niemcy wydają wielkie sumy na swoją armię, co uniemożliwia im podważenie naszej supremacji morskiej. Co więcej, masy [robotników] przemysłowych wszystkich krajów są zrewoltowane owym „zorganizowanym szaleństwem" wyścigu zbrojeń. Dla tych też przyczyn kanclerz obstawał przy żądaniu obniżenia, a nie wzrostu kwot w projekcie budżetu marynarki. W wywiadzie tym kanclerz posunął się poza granice polityki i wymierzył osobisty policzek pierwszemu lordowi Admiralicji. Przypomniał bowiem czytelnikom, że lord Randolph Churchill wolał niegdyś zrezygnować, niż zgodzić się na „rozdęte i rozrzutne" szacunki w budżecie marynarki. Gdy Churchill, spędzający właśnie czas na polowaniu na dziki w północnej Francji w towarzystwie swojego przyjaciela, diuka Westminster, przeczytał ten wywiad, napisał do kolegi, „Wywiad kanclerza Izby Rozrachunkowej [...] jest doskonałą ilustracją jego metod [postępowania]". Churchill oganiał się przed prasą, twierdząc, że nie jest jego polityką „udzielanie wywiadów gazetom w sprawach o tak [poważnym] charakterze, w czasie gdy gabinet jeszcze nad nimi debatuje". W tym punkcie większość kolegów Lloyd George'a poparła Churchilla; Asquith nazwał wywiad „niepotrzebną głupotą"; Grey był „wściekły [...] i nie dawał się udobruchać".

W styczniu 1914 roku kryzys sięgnął szczytu. Churchill zwierzył się przyjacielowi, że jest „przyparty do muru"; Lloyd George oznajmił, iż „premier musi wybierać pomiędzy Winstonem a mną". Antagonizm skupił się na kwestii czy budować cztery, czy dwa drednoty. Churchill obiecał lordom morskim oraz całej marynarce, że „jeśli ogłoszony program budowy czterech okrętów zostanie obcięty", to poda się do dymisji. Jeśli liczba [okrętów] zostanie zmniejszona poniżej czterech, poinformował Asquitha pierwszy lord Admiralicji, „nie ma najmniejszych szans na to, abym pozostał na stanowisku”. Napisał też do króla, że uważa sprawę za „życiowo istotną” i ”fundamentalną”. Król zgodził się z tym stanowiskiem: „Należy niewątpliwie [...] utrzymać tegoroczny program budowy czterech okrętów liniowych”. Asquith, wcale nie pragnący tracić kogoś z tej dwójki, rozkazał Lloyd George’owi i Churchillowi dojść do porozumienia przed kolejnym posiedzeniem gabinetu. Dwaj starzy przyjaciele – ciągle odnosili się do siebie per „Mój drogi Dawidzie” i ”Mój drogi Winstonie” – spotkali się więc i kanclerz zaproponował kompromis: Churchill miał obiecać, że jeśli obecne liczby zostaną zaakceptowane, to następny projekt budżetu marynarki będzie niższy. Churchill twardo odmówił: „Żaden z moich poprzedników nigdy nie był pytany, ani nawet nie próbował przewidywać kosztów na więcej niż rok do przodu, więc i a nie potrafię teraz tego uczynić. [...] Dopóki jestem odpowiedzialny [za marynarkę], trzeba będzie jej zapewnić wszystko co niezbędne. [...] Nie potrafię kupować sobie jeszcze jednego roku sprawowania urzędu poprzez targowanie się, i to pod presją, odnośnie mojego projektu budżetu na rok 1915-1916”.

27 stycznia Lloyd George napisał listy do pierwszego lorda i do premiera. Do Churchilla zwracał się tak: „Mój drogi Winstonie [...] Twój list doprowadził mnie niemal do desperacji, więc muszę uchylić się od dalszych negocjacji i pozostawić sprawę do rozstrzygnięcia przez premiera i gabinet. [...] Teraz dopiero całkowicie pojąłem, jak rozumiesz dobicie targu: jest to argumentacja, która związuje ręce skarbowi – ma on nawet nie próbować oszczędzać na wydatkach w interesie podatnika, zaś równocześnie w najmniejszym stopniu nie narzucać ograniczeń Admiralicji w zaciąganiu nowych zobowiązań”. Do Asquitha kanclerz napisał: „Mój drogi Premierze, na próżno męczyłem się, aby doprowadzić do porozumienia między Churchillem a krytykami jego projektu budżetu. [...] Poniosłem całkowitą porażkę”.

Spotkanie gabinetu w dniu 29 stycznia znów poświęcone było przede wszystkim projektowi budżetu marynarki. Pomimo silnych sprzeciwów ze strony kanclerza, zgodzono się wydać 52 800 000 £ i zbudować cztery drednoty. Lloyd George podkreślił, iż oznaczać to będzie deficyt wydatków rządowych w wysokości 9 000 000 £, który trzeba będzie pokryć przez podniesienie lub nałożenie nowych podatków. Prosił o zmniejszenie chociażby kosztów bieżącego utrzymania i funkcjonowania marynarki. Po spotkaniu Asquith wysłał notatkę do Churchilla:

> „Mój drogi Winstonie,
>
> W znacznym stopniu ustępując wobec mojego apelu, niebezpieczne stado [wilków] (które bardzo dobrze zdaje sobie sprawę z faktu, że znaczna część naszej partii ich popiera) zwolniło swój pościg. Myślę, że ze swej strony [...] powinieneś okazać podobne nastawienie i zrzucić im z sanek jedno lub dwoje dzieci na pożarcie".

Churchill odparował, że koszty utrzymania zostały już „przeszukane i oskrobane [...] jak nigdy dotąd. [...] Nie widzę absolutnie żadnej nadziei na ich zmniejszenie. [...] Wszystkie te wydatki wcale mi się nie podobają i przykro mi, że przypadło mi w udziale realizować takie zadanie. Lecz sam jestem tylko niewolnikiem faktów. [...] na saniach nie ma już dzieci, a choćby i wilki zeżarły kości woźnicy, to nie spowoduje to bynajmniej końca zimy".

Churchill cieszył się poparciem króla, ministra spraw zagranicznych, a ostatecznie także i premiera. Lloyd George dobrze o tym wiedział. Wieczorem, w przeddzień posiedzenia gabinetu, na którym miały zapaść ostateczne decyzje, powiedział Churchillowi: „Wpadnij jutro na śniadanie i załatwimy wreszcie tę sprawę". Churchill zjawił się u niego, czując, że jeszcze tego samego dnia jeden z nich będzie musiał podać się do dymisji. Lloyd George przywitał się z nim i powiedział: „Dziwna sprawa, ale wczoraj wieczorem moja żona odezwała się do mnie w sprawie naszych drednotów. Powiedziała mi, <<Wiesz, mój drogi, że nigdy nie wtrącam się do polityki, ale teraz powiadają, że kłócisz się z tym sympatycznym panem Churchillem na temat budowy drednotów. Oczywiście, nie znam się na tych rzeczach, ale pomyślałam sobie, że chyba byłoby lepiej mieć ich za dużo niż za mało>>. Zdecydowałem się więc pozwolić ci je zbudować. Wejdźmy lepiej na to śniadanie".

17 marca 1914 roku Churchill przedstawił w Izbie Gmin ostatni przed wojną projekt budżetu marynarki. Jego przemówienie trwało dwie i pół godziny i zostało określone przez „Daily Telegraph" jako „najdłuższe, a chyba także i najbardziej elokwentne oraz największej wagi przemówienie, jakiego w obecnym pokoleniu Izba Gmin-

wysłuchała ze strony pierwszego lorda Admiralicji". Pierwszy lord mówił o roli brytyjskiej marynarki wojennej, naturze Imperium Brytyjskiego oraz niebezpieczeństwie wojny:

„Brzemię odpowiedzialności, jaka spoczywa na Brytyjskiej Marynarce Wojennej jest ciężkie, a ciężar ten z roku na rok jeszcze wzrasta. Cały świat buduje okręty wojenne. [...] Żadne jednak z mocarstw nie potrzebuje marynarki dla rzeczywistej obrony ich niepodległości lub bezpieczeństwa tak, jak my jej potrzebujemy. Budują je tylko po to, aby odgrywać jakąś rolę w wydarzeniach światowych. Dla nich jest to igraszka. Nam chodzi o życie. [...] Trzeba rozważyć dwie rzeczy. Po pierwsze, skuteczność naszej dyplomacji zależy w znacznej mierze od pozycji naszej marynarki wojennej, a nasze siły morskie są jedyną siłą wprowadzającą równowagę, jaką możemy skierować na utrzymanie tak własnego bezpieczeństwa, jak i pokoju światowego. Po drugie, nie jesteśmy jakimiś młodzikami, bez własnego dorobku i z niewielkim dziedzictwem. W czasach, gdy inne potężne państwa były sparaliżowane barbarzyństwem i wojnami wewnętrznymi, zdobyliśmy sobie wyjątkowy, nieproporcjonalny udział w bogactwie i handlu światowym.

Pod względem terytorium mamy wszystko, czego byśmy pragnęli, lecz nasze żądania, abyśmy mogli w spokoju cieszyć się rozległymi i wspaniałymi posiadłościami, w znacznym stopniu zdobytymi na drodze wojny i w równym stopniu utrzymywanymi siłą, często wydają się innym mniej uzasadnione niż nam samym. [...]

Mamy dzisiaj zobowiązania na wszystkich krańcach globu. Nie izolujemy się bynajmniej od problemów Europy [...] których przyczyny, mogące doprowadzić do powszechnej wojny, wcale nie zostały usunięte. [...] Wręcz przeciwnie, w tym roku jesteśmy świadkami, jak mocarstwa kontynentalne zwiększają wydatki na zbrojenia ponad wszystko, czego doświadczono dotychczas. Świat uzbrojony jest jak nigdy dotąd".

Projekt budżetu marynarki został uchwalony. Zatwierdzono budowę czterech okrętów liniowych o wyporności po 27 000 ton z działami 15-calowymi, czterech lekkich krążowników i dwunastu niszczycieli. Pod żaden z tych okrętów nie zdążono jeszcze położyć stępki, gdy pięć miesięcy później wybuchła wojna.

44

„Kotwice wytrzymały. [...] Wyglądało na to, że jesteśmy bezpieczni”

W miarę jak Imperium Otomańskie nadal się rozpadało, kolejne prowincje odpadały od niego „niczym tynk ze ścian starego domu”. W 1878 roku – Cypr, w 1881 – Tunezja, w 1882 – Egipt, w 1908 – Bośnia i Hercegowina, wreszcie w 1911 – Trypolitania. Obnażenie słabości Turcji przez Włochy, które wydarły jej Trypolitanię, rozbudziło ambicje małych chrześcijańskich państw Bałkanów – Serbii, Czarnogóry, Grecji i Bułgarii – niegdyś także będących prowincjami Imperium Otomańskiego. W październiku 1912 roku cztery te państwa zaatakowały nagle Turcję europejską. Armia turecka załamała się. 3 listopada armia bułgarska stała już pod murami Konstantynopola. 8 listopada wojska greckie wkroczyły do Salonik. 28 listopada Serbowie zajęli port Durazzo* nad Adriatykiem, zdobywając dla Serbii dostęp do morza. 3 grudnia rząd turecki poprosił bałkańskich sojuszników o zawieszenie broni.

Klęska Imperium Otomańskiego zdziwiła i rozczarowała trzy wielkie mocarstwa Środkowej i Wschodniej Europy. Niemcy hołubili swoje stosunki z Turcją i budowali linię kolejową Berlin-Bagdad. Au-

* Obecnie Dürres w Albanii.

stria, oczekująca raczej szybkiego upokorzenia serbskich parweniuszy, ujrzała oto Serbię triumfującą nad Adriatykiem. Gdy oddziały serbskie wkroczyły do Durazzo, Austria powołała pod broń 900 000 żołnierzy i zażądała wycofania się Serbów. Gdyby Austria wystąpiła przeciwko Serbii, to Rosja, która popierała powstanie Ligi Bałkańskiej i przyrzekła bronić jej zdobyczy na Turkach, także zostałaby wciągnięta do konfliktu i wojna europejska stałaby się nieunikniona. Paradoksalnie Rosja wcale nie cieszyła się z sukcesu Bułgarii; w intencjach Rosji zawsze leżało zajęcie Konstantynopola przez armię rosyjską, nie zaś bułgarską.

Sir Edward Grey, próbując ograniczyć zasięg konfliktu, zaproponował zwołanie konferencji wielkich mocarstw. Mocarstwa zgodziły się spotkać w Londynie, więc 10 grudnia 1912 roku konferencja rozpoczęła obrady. Turcy byli skłonni ustąpić z tego, co stracili do Serbii i Grecji, lecz odmówili oddania Bułgarii Adrianopola (dziś Edirne w Turcji), nadal trzymanego przez armię turecką. Bułgarzy naciskali; Turcy nie mieli zamiaru się wycofać. W lutym doszło do zerwania zawieszenia broni i rozpoczęła się druga wojna. Tym razem Adrianopol padł przed połączonymi armiami Bułgarii i Serbii. Turcy ponownie wystąpili o pokój. Austriacy obstawali przy warunku, że jeśli port Durazzo ma nie wrócić do Turcji, to powinien stać się niepodległy; ich zdaniem nie mógł on pozostać w rękach Serbii. Pod presją rosyjską Serbowie zrezygnowali z Durazzo. 30 maja 1913 roku podpisano traktat londyński. Adrianopol został przyznany Bułgarii, Saloniki dano Grekom, zaś z Durazzo i otaczającego je terytorium utworzono nowe państwo – Albanię. Pokój trwał tylko jeden miesiąc. 29 czerwca Bułgaria zaatakowała swoich byłych sojuszników, Serbię i Grecję, zajęła Saloniki i pokonała kiepsko przygotowaną armię serbską. W tym momencie Rumunia, która podczas pierwszej wojny bałkańskiej pozostawała neutralna, napadła na nieosłonięte tyły Bułgarów. Armia rumuńska przekroczyła Dunaj i zagroziła Sofii. Ze świeżych kłopotów Bułgarii wnet skorzystali Turcy, wyszli z Konstantynopola i odbili Adrianopol. Kaiser popierał swojego kuzyna, rumuńskiego króla Karola; car Mikołaj II nie śpieszył się z poparciem dla chodzącego swoimi drogami cara Bułgarii – Ferdynanda. Trzecia wojna bałkańska zakończyła się 6 sierpnia podpisaniem traktatu bukareszteńskiego. Bułgarię pozbawiono w nim większości jej zdobyczy na Turkach, Saloniki powróciły do Grecji, odkrojono kawałek terytorium bułgarskiego i wcielono do Rumunii.

Znaczenie wojen bałkańskich dla Europy nie polegało na wzajemnym zadawaniu sobie ciosów w plecy przez sojuszników, ani nawet na towarzyszących im zmianach terytorialnych, lecz na decyzji wielkich mocarstw, która nie dopuściła do rozprzestrzenienia się tych małych wojen. W konferencji londyńskiej udział wzięli: Grey, który objął fotel przewodniczącego oraz londyńscy ambasadorzy Niemiec, Austrii, Rosji, Francji i Włoch. Posiedzenia konferencji, odbywające się w Pałacu św. Jakuba, były bardzo swobodne w formie. „Spotykaliśmy się popołudniami, zazwyczaj około czwartej – zanotował Grey – i z krótką przerwą na herbatę, na którą przechodziliśmy do przyległego pokoju, obrady ciągnęły się do szóstej lub siódmej wieczorem". Posiedzenia zwoływano na życzenie któregokolwiek z ambasadorów; niektóre były tak nudne, że Paul Cambon obawiał się, iż konferencja może potrwać tak długo, aż „za stołem zasiadać będzie sześć szkieletów". Mimo wszystko wykonano wiele pożytecznej pracy. Gdy Austria oznajmiła, że Serbia musi zrezygnować ze swoich zdobyczy nad Adriatykiem i zezwolić na powstanie niepodległej Albanii, ambasador rosyjski Benckendorff – ku radości Austriaka Mensdorffa – oznajmił, że Rosja się zgadza. Było oczywiście trochę targowania się o przygraniczne wioski. Austria domagała się, aby Czarnogóra zwróciła zajęte przez siebie miasto Scutari; mocarstwa poparły Austrię i rozważały sposoby skłonienia Czarnogóry do wycofania się. „Ostatecznie – powiedział Grey – mieszanina gróźb zastosowania przymusu i obietnic rekompensaty finansowej załatwiła sprawę ku zadowoleniu Austrii, może nawet także ku zadowoleniu króla Czarnogóry, i w ten sposób złożono do grobu kolejne zagrożenie dla pokoju w Europie".

W sierpniu 1913, po dziesięciu miesiącach posiedzeń i podpisaniu traktatu bukareszteńskiego, konferencja zakończyła działalność. „Nie było formalnego zakończenia – wspominał Grey – Nikt z uczestników nie wyjeżdżał, nie pozowaliśmy do wspólnej fotografii, nie wyrażano oficjalnych podziękowań, ani nie wygłaszano mów końcowych; po prostu przestaliśmy się spotykać. Niczego nie rozstrzygnęliśmy, choćby wszystkich szczegółów granic Albanii, lecz mimo wszystko służyliśmy pożytecznemu celowi. Byliśmy ciałem, do którego można się było zwrócić z każdą sprawą, punkt po punkcie; byliśmy też sposobem na utrzymywanie bliskiego i przyjaznego kontaktu między wszystkimi sześcioma mocarstwami. Sam fakt istnienia naszej konferencji i konieczność jej zerwania, zanim doszłoby do zerwania pokoju, już stanowiły znaczącą barierę na drodze do wojny. Byliśmy sposobem na zyskanie czasu, a im dłużej funkcjonowaliśmy [jako konferencja], tym mniej wykazywaliśmy chęci do rozwiązania się. Zainteresowane rządy przyzwyczaiły się do naszego istnienia i do korzystania z naszych usług. Gdy spotkania ustały, groźba dla pokoju europejskiego była już za nami; to czego nie rozwiązaliśmy nie stanowiło dla niego zagrożenia; udało nam się wyeliminować groźne elementy ze spraw zagrażających stosunkom między wielkimi mocarstwami w latach 1912-1913”.

Grey skromnie opisał swój udział w konferencji jako „bardzo monotonny i wyciszony”, lecz jego prestiż wzrósł niezmiernie. Dla jego kolegów oraz ich rządów stało się jasne, że Grey nie jest zainteresowany prestiżem osobistym, ani triumfem dyplomacji brytyjskiej, lecz pracuje po prostu na rzecz zachowania pokoju w Europie. Już po wielkiej wojnie Grey ze smutkiem wspominał nadzieje wzniecone przez konferencję londyńską i rozwianie się tych nadziei, do jakiego wkrótce miało dojść:

„W latach 1912-1913 prąd wydarzeń w Europie znosił nas ku wojnie. Zgoda na konferencję [...] była jakby zarzuceniem przez nas wszystkich kotwic, które miały zabezpieczyć nas przed zniesieniem przez ów prąd. Kotwice wytrzymały. Później prąd zdawał się słabnąć i kotwice znów podniesiono. Pozwolono rozwiązać konferencję. Wydawało się, że jesteśmy bezpieczni. Rzeczywistość była jednak odmienna. Kierunek prądu się nie zmienił i za rok wszyscy zostaliśmy zniesieni w wiry i katarakty wojny”.

Konferencja londyńska jeszcze na dobre się nie rozpoczęła, gdy zmarł Alfred von Kiderlen-Waechter. Aby go zastąpić, Bethmann-Hollweg wezwał z ambasady niemieckiej w Rzymie pewnego pruskiego szlachcica o niewielkim wzroście, znanego w Berlinie przede wszystkim ze swojej skłonności do unikania rozgłosu oraz przesadnego zainteresowania własnym zdrowiem. Gottlieb von Jagow był protegowanym Bülowa. W 1895 roku, gdy Bülow był ambasadorem we Włoszech, otrzymał list od swojego przyjaciela z czasów wspólnej służby w jednym pułku, Hermanna von Jagowa. Z listu wynikało, że młodszy brat Hermanna, Gottlieb, maleńki mężczyzna o słabowitym zdrowiu, pragnie zostać dyplomatą. Czy Bernhard, jego dawny towarzysz broni, nie mógłby znaleźć dla niego jakiegoś miejsca? Bülow, w duchu pułkowego koleżeństwa, załatwił wszystko, co trzeba w Ministerstwie Spraw Zagranicznych i zaprosił młodzieńca, aby dołączył do jego personelu w Palazzo Caffarelli. Zaproszenie Bülowa było „dla Gottleba spełnieniem najbardziej szaleńczych marzeń i nadziei" i nowoupieczony dyplomata zameldował się na stanowisku, gdzie, jak wspominał Bülow, był „traktowany jak syn".

Gdy Bülow opuścił Rzym, aby objąć stanowisko sekretarza stanu w Ministerstwie Spraw Zagranicznych, nadal patronował karierze Gottleba. Jagow był przydzielany, dokąd tylko sobie zażyczył: do Hamburga, do Monachium, potem ponownie na dłuższy okres do Rzymu. W 1906 roku został wezwany na odbycie tury obowiązkowej służby na Wilhelmstrasse. Jagow pośpiesznie udał się na spotkanie z Bülowem, wtedy już kanclerzem. Powołując się na wpływ pracy biurowej na jego delikatne zdrowie, Jagow poprosił o przydział zagraniczny; Bülow dał mu placówkę w Luksemburgu, gdzie obciążenie pracą było minimalne. W 1909 roku Bülow zaproponował go na stanowisko ambasadora we Włoszech. Kaiser był zaskoczony. On i Jagow byli niegdyś członkami tej samej, ekskluzywnej korporacji studenckiej na uniwersytecie w Bonn. Obaj mieli prawo do noszenia kaszkietu z daszkiem oraz czarno-białej wstążeczki elitarnej korporacji *Borussia*. Przypadkowi słuchacze często bywali zaskoczeni słysząc, jak cesarz zwraca się do Jagowa, używając stosowanego normalnie między burszami poufałego *Du*. Braterskie stosunki nie wpływały jednak na kiepską opinię, jaką Wilhelm wyrobił sobie o Jagowie. „Co? – powiedział, gdy Bülow zaproponował, aby wysłać Jagowa do Rzymu – Czy naprawdę zamierza pan wysłać tego małego zarozumialca w świat jako ambasadora?" Bülow jednak nalegał, więc Wilhelm się zgodził. Jagow popadł w ekstazę „Moja miłość dla Waszej Wysokości nie zagaśnie, dopóki żyję" – powiedział Bülowowi i z radością wyruszył do Rzymu.

Cztery lata, jakie spędził tam jako ambasador, były bardzo przyjemne, zatem wezwanie do Berlina, aby zastąpił von Kiderlena stanowiło niemiłą niespodziankę. W stanowisku ministra spraw zagranicznych Jagow widział jedynie ciężką pracę połączoną z niezliczonymi okazjami poniesienia porażki. Od czasu Bülowa żaden ambasador nie rezygnował chętnie z ambasady na rzecz objęcia ministerstwa przy Wilhelmstrasse, a z czterech poprzedników Jagowa – dwóch zmarło na posterunku. Jagow opierał się więc swojemu nowemu przydziałowi, argumentując, że brakuje mu fizycznej wytrzymałości i umiejętności zawodowych. Na próżno. 5 stycznia 1913 roku napisał do Bülowa, wtedy już na emeryturze: „Nic nie pomogło. Otrzymałem nominację”.

Na Wilhelmstrasse Jagow okazał się całkowitym przeciwieństwem swojego poprzednika. Kiderlen był wielki i mocno zbudowany, Jagow – maleńki i delikatny. Zachowanie się Kiderlena oscylowało pomiędzy ciepłym, dobrym humorem a grubiaństwem, uważał też, że nic nikomu do jego osobistych układów z Frau Krypke. Czterdziestodziewięcioletni Jagow był nieżonaty; był zimny, zamykający się w kręgu elity, niepewny siebie, zerkający ciągle, jak inni reagują na jego osobę. Przez osiemnaście miesięcy, jakie miał spędzić na stanowisku ministra spraw zagranicznych do momentu wybuchu wojny*, jego celem było utrzymanie własnej reputacji, jaką zyskał sobie w Rzymie oraz zadowolenie swoich dwóch panów – kanclerza i cesarza. Nie podejmował żadnych inicjatyw dyplomatycznych. Tak naprawdę, to pojawienie się Jagowa oznaczało, iż polityka zagraniczna, pozostająca aż do porażki w sprawie Agadiru w rękach Kiderlena, ostatecznie przeszła w ręce Bethmanna. Ambicją kanclerza było polepszenie stosunków z Anglią. 7 lutego 1913, zaledwie czternascie dni po przeprowadzce na Wilhelmstrasse, Jagow powiedział w Reichstagu:

„Bliska wymiana opinii, do jakiej dochodzi między nami a rządem brytyjskim [Jagow miał tu na myśli konferencję londyńską] w znacznym stopniu przyczyniła się do usunięcia wszelkiego rodzaju trudności. [...] Widzimy teraz, że nie tylko mamy z Anglią punkty styczne natury raczej sentymentalnej, lecz że istnieją również wspólne interesy. Nie jestem prorokiem, lecz pozwalam sobie wyrazić nadzieję, że na gruncie wspólnych interesów, co w polityce jest podstawą najpewniejszą, możemy nadal współpracować z Anglią i może nawet doczekać się z tego jakichś owoców. Muszę jednak zaznaczyć, że mamy tu do czynienia z roślinkami bardzo wrażliwymi; nie powinniśmy ich zniszczyć przedwczesnymi działaniami lub słowami”.

Jagowowi udało się zadowolić kaisera. Zaledwie miesiąc po przybyciu nowego ministra do Berlina, Wilhelm powiedział o nim do Müllera: „Staje się coraz bardziej zahartowany; podziwu godne. Mały

* Jagow pozostawał na stanowisku jeszcze przez ponad dwa lata po wybuchu I wojny światowej. Zrezygnował dopiero pod koniec 1916 roku w związku ze sporem o nieograniczoną wojnę podwodną, której „raczej” się sprzeciwiał.

człowieczek powiada, że będzie pierwszym, który zaleci cesarzowi wojnę, jeśli ktokolwiek spróbuje podważyć prawa Niemiec w Azji Mniejszej".

W latach następujących po wypadkach agadirskich, dyplomacja niemiecka zmieniła taktykę. Choć misja Haldane'a spotkała się z odrzuceniem, a propozycje Churchilla odnośnie „wakacji morskich" zostały odłożone na bok, to polityka niemiecka wobec Anglii była, w słowach tegoż Churchilla, „nie tylko poprawna, lecz także rozważna. [...] Osoby formułujące politykę zagraniczną Niemiec, po raz pierwszy wydawały się być ludźmi, z którymi dało się rozmawiać a nawet współdziałać". „Przez cały okres wojen bałkańskich kaiser był bardzo ostrożny – zanotował Bethmann – a w listopadzie [1912] rzucił nawet uwagę, że «Nie powinienem maszerować na Paryż lub Moskwę z powodu Albanii czy Durazzo»". Wilhelm nie potrafił się powstrzymać od parskania z irytacji podczas konferencji i uwag o „eunuchowatych politykach" z ich „niekończącym się gadaniem o pokoju", lecz ogólnie jego zachowanie było umiarkowane i stosunki anglo-niemieckie były bardziej serdeczne niż kiedykolwiek od czasów sprzed wojny burskiej.

Owa era dobrej woli zbiegła się z przybyciem do Londynu nowego ambasadora Niemiec, księcia Karla Maksa Lichnowsky'ego. Książę, wysłany, by zastąpił porażonego udarem Marschalla von Biebersteina, dotarł do Londynu w listopadzie 1912 roku, na krótko przed otwarciem obrad konferencji londyńskiej. Wśród dyplomatów niemieckich Lichnowsky wyróżniał się bogactwem i pozycją towarzyską. Spędził dwadzieścia lat w korpusie dyplomatycznym, służąc na placówkach w Bukareszcie, Londynie i Wiedniu, oraz – przez pięć lat (1899-1904) – jako dyrektor Wydziału Personalnego przy Wilhelmstrasse. Odpowiadał wtedy za wybór odpowiednich ludzi spomiędzy kandydatów, pragnących służyć w dyplomacji. Lichnowsky preferował młodzieńców z dobrych rodzin. „Moja praktyka w takich przypadkach polegała na starannej obserwacji kandydata, gdy wchodził do mojego pokoju – wyjaśniał – Od razu całkiem dobrze wiedziałem z kim mam do czynienia". W wewnętrznych wojnach ministerstwa – pomiędzy Bülowem a Holstenem – Lichnowsky stał po stronie Bülowa, pod którym służył w Bukareszcie. Holstein zareagował na to przypięciem Lichnowsky'emu etykietki: „zamęt w głowie"; Lichnowsky z kolei opisywał Holsteina jako człowieka, „którego nawet bliscy mu uważają za nie całkiem normalnego”.

W 1904 roku Lichnowsky zmęczył się tymi utarczkami i wycofał, żeby doglądać swoich dóbr, spędzając osiem lat na Śląsku, w otoczeniu „lnu i rzepy, wśród łąk i koni”. Pod koniec życia powiadał, że nadal nie ma pojęcia dlaczego Wilhelm II niespodziewanie wyrwał go z tej sielanki i wysłał do Londynu. Gdy Bethmann, z którym nikt nie konsultował się w tej sprawie, zgłosił wątpliwości, kaiser się rozgniewał. „Do Londynu wysyłam tylko m o i c h ambasadorów, którzy cieszą się m o i m zaufaniem, są posłuszni m o j e j woli, wypełniają m o j e rozkazy i m o j e instrukcje” – powiedział kanclerzowi. Gdy tylko Lichnowsky zainstalował się w potężnym budynku Ambasady Niemieckiej, natychmiast szeroko otworzył jej drzwi, które preferujący samotność Metternich trzymał zamknięte. Na socjetę londyńską spłynął potok zaproszeń na lunche, obiady i bale. Niemiecki ambasador stał się regularnym mówcą przed publicznością z brytyjskich kręgów handlowych i finansowych. W wystąpieniach tych podkreślał wspólne potrzeby kręgów businessu niemieckiego i brytyjskiego oraz ich interesy handlowe. Otrzymał honorowe obywatelstwo kilku miast, a w czerwcu 1914 roku Uniwersytet Oksfordzki nadał mu tytuł doktora honoris causa z zakresu prawa.

Opinie Lichnowsky'ego o Anglikach były bardzo bezpośrednie:

„Król, choć żaden geniusz, jest prostym i dobrze wszystkim życzącym człowiekiem o dużej dozie zdrowego rozsądku. [...]”

„Anglik albo już należy do towarzystwa, albo gorąco tego pragnie. [...]”

„Brytyjscy dżentelmeni z obu partii odbywają taką samą edukację, chodzą na te same uniwersytety czy college, oddają się takim samym rozrywkom – golfowi, krykietowi, tenisowi czy polo – i spędzają weekendy na wsi. [...]”

„Brytyjczyk nie cierpi nudziarza, intryganta czy zrzędy; lubi za to dobrego kompana. [...]”

Lichnowsky nigdy nie dbał o Asquitha, którego opisał jako „jowialnego *bon vivanta*, przepadającego za damami, zwłaszcza młodymi i ładnymi [...] skłaniającego się ku wesołemu towarzystwu i dobrej kuchni [...] zwolennika porozumienia z Niemcami, podchodzącego do wszystkich kwestii z pełnym optymizmu spokojem [...]”. Asquith podobnie, nie skłaniał się zbytnio ku księciu czy księżnej Lichnowskym, uskarżając się nawet Venetii Stanley, że głos ambasadora jest „ochrypły" i „płaczliwy", że wieczór z Lichnowsky'mi jest „dość ciężką próbą [...] on jest gadatliwy i zanadto dociekliwy w sprawach jakichś błahostek [...] ona zaś zawładnęła taboretem przy fortepianie, na którym przez resztę wieczoru fałszywie wygrywała i wybijała piekielne kawałki jakiejś muzyki". Margot Asquith lubiła jednak księżnę Lichnowsky i napisała, „pomimo czarnych skarpetek, białych butów i jej zwariowanych diademów, mogę ją tylko podziwiać".

Ulubionym Anglikiem Lichnowsky'ego był Sir Edward Grey: „Prostota i uczciwość jego metod zdobyły mu uznanie nawet wśród przeciwników. [...] Jego autorytet był niepodważalny. [...] Przy ważnych okazjach zwykł mawiać, «Najpierw muszę to przedstawić gabinetowi», lecz ten zawsze zgadzał się z jego poglądami". Już od pierwszego ich spotkania, do którego doszło 14 listopada 1912, obaj dyplomaci pracowali „ręka w rękę" na rzecz zbliżenia między swoimi krajami. Ku zaniepokojeniu Berlina, a zwłaszcza kaisera, który przecież wybrał Lichnowsky'ego na placówkę w Londynie jako „swojego ambasadora", książę raportował do Berlina prawdy, których tam wcale nie chciano słyszeć. „Sir Edward Grey powiedział, że nade wszystko pragnie uniknąć powtórki z [...] 1909 roku [tzn. kryzysu bośniackiego] – pisał ambasador w przededniu otwarcia obrad konferencji londyńskiej – Jest bowiem przekonany – zdanie to wypowiedział dwukrotnie ze szczególnym naciskiem – że Rosja nie zatrąbi na odwrót po raz drugi lecz raczej chwyci za broń. [...] Gdyby do wojny europejskiej miało dojść w wyniku ataku Austrii na Serbię, a Rosja pod naciskiem opinii publicznej wolałaby ruszyć w pole [...] zamiast znieść upokorzenie podobne jak w 1909, zmuszając w ten sposób Niemcy do przyjścia z pomocą Austrii, to w nieunikniony sposób wciągnięta zostałaby do wojny Francja i nikt nie byłby w stanie przewidzieć jak dalej potoczą się wypadki [podkreślenie Lichnowsky'ego]. [...] Polityka Anglii wobec nas jest polityką pokoju i przyjaźni, lecz [...] żaden rząd brytyjski nie uzna jej za zgodną z życiowymi interesami kraju, gdyby miała ona doprowadzić do dalszego osłabienia Francji. Takie nastawienie nie wynika ani z tajnych traktatów, ani z intryg Edwarda VII, ani nawet nie jest skutkiem ubocznym kryzysu marokańskiego, lecz ma swoje źródło we wniosku, iż po powtórnym upadku Francji, podobnym do tego, jakiego doświadczyła w 1870 roku, naród brytyjski stanąłby wobec jednego, wszechmocnego mocarstwa kontynentalnego, którego to niebezpieczeństwa należy uniknąć za wszelką cenę”.

Podczas ambasadorstwa Lichnowsky'ego doszło do zakończenia długotrwałej dysputy wokół niemieckiej penetracji Środkowego Wschodu poprzez budowę kolei Berlin-Bagdad, kiedy to Brytania ostatecznie wycofała swój sprzeciw wobec owej linii. Ustępstwo brytyjskie zostało odwzajemnione przez udzielenie handlowcom brytyjskim na całej długości linii kolejowej takich samych przywilejów, jakimi cieszyli się kupcy niemieccy. Kontrolę żeglugi na rzece Tygrys i w Zatoce Perskiej przyznano Wielkiej Brytanii. Traktat został parafowany 15 czerwca 1914 roku, zaś Grey przedstawił go Izbie Gmin 29 czerwca, dzień po zamachu w Sarajewie.

W kwietniu 1914 roku na stosunki anglo-niemieckie padł cień. Od 1908 roku rząd niemiecki, obawiając się „okrążenia”, martwił się też, że Wielka Brytania poszerzy zakres swojej ententy z Francją i Rosją do statusu pełnego sojuszu wojskowego. Wiosną 1914 roku obawy te, ciągle pobudzane pogłoskami o rozmowach toczonych między sztabami wojskowymi Francji i Brytanii, zostały dodatkowo pogłębione raportami, że Brytania i Rosja mają wkrótce rozpocząć rozmowy w sprawach morskich. Raporty te były prawdziwe.

Rosjanie już wcześniej chcieli doprowadzić do ściślejszych powiązań militarnych z Anglią. Spotkała ich jednak odmowa. W 1912 roku, gdy rosyjski minister spraw zagranicznych, Siergiej Sazonow, zasugerował porozumienie anglo-rosyjskie odnośnie do sił morskich, Grey grzecznie zignorował tę sugestię. W lutym 1914 car Mikołaj II zaproponował Sir George'owi Buchananowi, brytyjskiemu ambasadorowi w St Petersburgu, zawarcie anglo-rosyjskiego sojuszu obronnego. Buchanan odparł, że parlament nie pozwoliłby na zawarcie sojuszu w czasie pokoju. Car zaproponował więc konwencję morską, podobną do istniejącej między Anglią i Francją. Buchanan ponownie zgłosił obiekcje. Rosjanie naciskali. W połowie kwietnia król Jerzy V wyruszył w pierwszą za swojego panowania ceremonialną wizytę do Paryża, stolicy najważniejszego kontynentalnego partnera Brytanii. Suwerenowi towarzyszył Grey, który po raz pierwszy od dziewięciu lat sprawowania urzędu ministra spraw zagranicznych wyjechał poza granice Anglii. Pogoda była wspaniała; kwitły kasztany. Grey jechał w długiej procesji powozów w towarzystwie francuskiego premiera Domerguego, który nie mówił po angielsku. Francuszczyzna Greya także wkrótce się wyczerpała. Jechali w milczeniu, od czasu do czasu machając ręką do tłumów, zaś Grey miał doskonałą okazję, aby dobrze się przyjrzeć dwóm francuskim kawalerzystom, jadącym tuż za ich powozem. Jeden był „ogorzały [...] grubokościsty, krzepki [...] typowy syn ziemi. [...] Drugi był jasnowłosy, szczupły, niemal delikatnej postury, [z] wrażliwą twarzą, nasuwającą na myśl artystę lub poetę. [...] Jego hełm nie trzymał się dobrze na głowie. [...] Widok ten uprzytomnił mi, jak nigdy dotąd, co właściwie oznacza pobór. [...] Obaj ci tu młodzieńcy w wieku, gdy ich życie powinno rozwijać na tak wiele sposobów [...] muszą ćwiczyć, aby zabijać albo dać się zabić w obronie swojego kraju".

Ostatniego ranka wizyty Grey spotkał się z francuskim ministrem spraw zagranicznych przy Quai d'Orsay, gdzie postawiono przed nim pewne pilne żądanie. W imieniu swojego rosyjskiego sojusznika francuski minister naciskał na Greya, aby ustąpił przed prośbą cara w sprawie konwencji morskiej. Grey wziął tę usilną prośbę ze sobą do Anglii, aby ją rozważyć. Wchodzące w rachubę zagadnienia strategiczne były stosunkowo proste: Admiralicja nie uważała floty rosyjskiej za wartościowego, a nawet potencjalnie użytecznego sojusznika. Większość floty cara została unicestwiona w Port Arthurze i pod Cuszimą, a choć w 1912 roku Duma przegłosowała nowy pięcioletni program budowy okrętów liniowych, to okręty te nadal pozostawały na deskach kreślarskich. Dodatkową barierę stanowiła geografia. „Dla mnie – powiedział Grey – zanosi się na to, że podczas wojny z Niemcami flota rosyjska nie wydostanie się z Bałtyku, ani też flota brytyjska nie będzie się tam pchać". Dyplomatyczna strona zagadnienia wyglądała jednak na znacznie bardziej delikatną kwestię. Odmówić wręcz oznaczałoby urazić Rosjan, stwarzając wrażenie, że nie są traktowani na równi z Francją. Grey uważał, że istotne jest, aby „dodać Rosji ducha i zapewnić sobie jej lojalność". W połowie maja gabinet – przy założeniu, że nie miało dojść do zaciągnięcia żadnych zobowiązań mogących wciągnąć Brytanię do wojny na kontynencie – niechętnie wyraził zgodę na rozpoczęcie tajnych rozmów w sprawach wojennomorskich. Benckendorff poinformował o tym Sazonowa w St Petersburgu.

Od 1909 roku niemiecki szpieg w Ambasadzie Rosyjskiej w Londynie przekazywał do Berlina całą korespondencję hrabiego Benckendorffa z hrabią Sazonowem. Raport szpiega na temat zbliżających się rozmów wywołał alarm na Wilhelmstrasse. Stratedzy niemieccy byli daleko mniej pewni niż Grey co do tego, czy flota brytyjska nie spróbuje wtargnąć na Bałtyk, aby wesprzeć morską inwazję Rosjan na Pomorzu. Zdając sobie sprawę z faktu, że w Wielkiej Brytanii było wielu przeciwników jakiegokolwiek dalszego zacieśnienia stosunków z Rosją, na Wilhelmstrasse zdecydowano się ujawnić raporty szpiegowskie w nadziei na udaremnienie rozmów, jeszcze zanim się zaczęły. Zgodnie z tą decyzją, przekazano całą historię redakcji „Berliner Tageblatt”, choć jej źródło było nadal chronione. Prasa londyńska pochwyciła nowiny z „Tageblatt” i Grey, ku swojemu rozczarowaniu, został powiadomiony, że dojdzie do pytań w Izbie Gmin. 11 czerwca ministrowi spraw zagranicznych zadano pytanie, czy doszło do jakichś rozmów mających na widoku porozumienie w sprawach wojennomorskich. Odpowiedź Greya, choć prawdziwa w najwęższym sensie, była jednak z rozmysłem myląca: „Żadne takie negocjacje nie są w toku i do żadnych prawdopodobnie nie dojdzie, na ile mogę sądzić”. Zaraz potem minister przeszedł do obietnic, że rząd nie uwikła się w rozmowy „mogące ograniczyć lub spętać swobodę decyzji parlamentu lub rządu w podejmowaniu decyzji, czy Wielka Brytania powinna wziąć udział w wojnie”.

Lichnowsky, utrzymywany przez własny rząd w nieświadomości odnośnie do działań szpiega, został zapewniony, że nie istnieje sojusz wojskowy między Brytanią a Rosją i że do takowego nie dojdzie. Ambasador poinformował Bethmanna, że zapewnienia Greya „nie pozostawiają nic do życzenia”. Kanclerz, choć znał prawdę, zdecydował się podjąć grę z Greyem i przekazał Lichnowsky’emu, iż komunikat ministra spraw zagranicznych był „jak najbardziej zadowalający”. Jagow powiedział Goschenowi, jak bardzo się cieszy i że deklaracja Greya sprawiła mu „wielką ulgę”. W St Petersburgu Sazonow nie tylko wsparł *dementi* Greya, ale nawet jeszcze bardziej oddalił się od prawdy, powiadając ambasadorowi Niemiec, że anglo-rosyjskie rozmowy morskie istnieją tylko „w umysłach [redakcji] „Berliner Tageblatt” i na księżycu”. Wilhelmstrasse doszło do wniosku, że nic szczególnego się nie dzieje, więc lepiej na wszelki wypadek utrzymać szpiega na miejscu i nadal mieć wgląd w rozwój sytuacji, aniżeli ujawnić go i narobić Greyowi kłopotów. Sprawie pozwolono przyschnąć.

W rzeczywistości działo się bardzo niewiele. Pełen gotowości komandor Wołkow, rosyjski *attaché* morski w Londynie, odbył jedną rozmowę z księciem Louisem Battenbergiem, pierwszym lordem morskim. Książę Louis niewiele miał do powiedzenia i odłożył wszelkie rozmowy do czasu swojej wizyty w St Petersburgu, planowanej na sierpień 1914. Benckendorff zameldował o tym Sazonowowi, dodając, że Sir Edward Grey życzy sobie, aby rozmowy postępowały raczej wolno. „Uważałby za trudne – odnotował Benckendorff – w jednej i tej samej chwili ogłaszać *dementi* i prowadzić negocjacje".

W Brytanii alarmistyczne nastroje kilku ostatnich lat odnośnie doniemieckiej rywalizacji na morzu zostały zastąpione poczuciem spokoju i bezpieczeństwa. Prośba Churchilla o ogłoszenie „wakacji morskich" została co prawda odrzucona i po obu stronach Morza Północnego gorączkowo kontynuowano budowę okrętów, lecz margines przewagi brytyjskiej, wyrażanej liczbą drednotów, stale wzrastał. W 1909 roku, podczas „paniki morskiej", Admiralicja Brytyjska zamówiła osiem drednotów wobec niemieckich czterech. W 1910 roku stosunek obsunął się do siedem do czterech, a w roku 1911 – zaledwie pięć do czterech. Jednak w 1912 roku pięciu superdrednotom typu „Queen Elizabeth" Niemcy przeciwstawili tylko okręt liniowy „Kronprinz Wilhelm" oraz krążownik liniowy „Lützow". W roku 1913 zamówiono kolejne pięć superdrednotów typu „Revenge", zaś Niemcy odpowiedziały trzema okrętami. W roku 1914 projekt budżetu marynarki przegłosowano w przededniu wojny. Marynarce Królewskiej zezwolono zbudować kolejne cztery drednoty, zaś Flota Pełnomorska otrzymała tylko jeden nowy okręt. Razem wziąwszy, liczby te – trzydzieści cztery drednoty brytyjskie przeciwko osiemnastu niemieckim – znacznie przekraczały stosunek 16:10, na jaki zgodził się Tirpitz. W rzeczywistości Brytanii brakowało jedynie dwóch jednostek, aby jej przewaga wyrażała się stosunkiem 2:1. Zwracając się do Izby Gmin w lipcu 1913 roku, Churchill obiecał, że „nadchodzące miesiące ujrzą największą liczbę okrętów wojennych przekazywanych Admiralicji w całej historii floty brytyjskiej: [...] co tydzień torpedowiec [...] co trzydzieści dni lekki krążownik [...] co czterdzieści pięć dni – superdrednot".

W lutym 1913 Tirpitz zgodził się na stosunek 16:10, ponieważ nie miał wyboru. Przyczyną były koszty. W 1913 roku zwiększono pokojowe stany armii niemieckiej o 170 000 żołnierzy, doprowadzając je łącznie do liczby 870 000. Kosztowało to podatników dodatkowe 50 milionów funtów szterlingów. Dodanie do tej sumy żądania kolejnych drednotów byłoby wielkim błędem politycznym, pisał Tirpitz do Müllera w Londynie. „Nasz łuk jest nadmiernie napięty, podobnie jak w Anglii” – wyjaśniał. Poza tym, dodawał ponuro, każde zwiększenie sił niemieckich dałoby tylko Churchillowi powód do zwiększenia programu brytyjskiego.

Lichnowsky zawsze sprzeciwiał się zawodom w budowie drednotów. Rychło po przybyciu do Anglii raportował Bethmannowi: „Jest dla mnie całkiem oczywiste, że Imperium Brytyjskie, w tak wielkim stopniu uzależnione od importu zamorskiego, musi uważać ochronę swoich szlaków handlowych za sprawę dla siebie niezbędną. [...] Być albo nie być Wielkiej Brytanii, jako mocarstwa światowego, zależy od jej panowania na morzu. Gdybyśmy sami byli odpowiedzialni za zabezpieczenie imperium podobnego brytyjskiemu, bez wątpienia dokładalibyśmy wszelkich wysiłków, aby utrzymać nasze siły morskie [na odpowiednim poziomie], z taką samą starannością, jaką obecnie wykazują ministrowie brytyjscy”. Kilka miesięcy później ambasador poparł pogląd wyrażony w „Westminster Gazette”: „Gdyby Niemcom udało się wyrwać Wielkiej Brytanii panowanie na morzach, rezultatem tego byłoby praktycznie zniknięcie Kanału Angielskiego, zaś Anglia zmuszona byłaby do zawarcia ścisłych sojuszy wojskowych i morskich z innymi mocarstwami”.

30 kwietnia 1913 roku, podczas obiadu na cześć króla, Lichnowsky po raz pierwszy zetknął się z Churchillem. Pierwszy lord Admiralicji natychmiast oznajmił, że „flota niemiecka stanowi jedyną przeszkodę na drodze do rzeczywiście bliskiego porozumienia między obydwoma krajami”. Lichnowsky stwierdził, że Churchill jest „całkiem przyjemny i towarzyski, ale – jak pisał do Bethmanna – ponieważ jest on bardzo próżny i zdecydowany odegrać za wszelką cenę czołową rolę, będzie nam trudno zaspokoić tę jego próżność i uniknąć uczynienia czegoś, co mogłoby go ośmieszyć. Nie mam chyba skłonności do przeceniania jego roli i wpływu na politykę zagraniczną rządu. Sir Edward Grey i pan Asquith [...] uważają go za impulsywnego i zmiennego”. Churchill naprawdę zdecydowany był odgrywać ważną rolę. W październiku 1913 pierwszy lord Admiralicji powiedział na spotkaniu kobiet – liberałów w Dundee, że dla utrzymania pokoju sprawą zasadniczą jest wzmocnienie Marynarki Królewskiej. To su-

premacja morska Brytanii, oznajmił, powodowała stałe polepszanie stosunków z Niemcami. „To właśnie uczucie niedostatecznego bezpieczeństwa, nie zaś spokojna ufność we własne siły, powoduje wzrost zadrażnień między narodami. Gdyby ludzie wiedzieli, że są zabezpieczeni przed wszelkim ryzykiem ataku, w całym kraju dałoby się odczuć poczucie spokoju i bezpieczeństwa, co spowodowałoby polepszenie stosunków z innymi krajami".

Przemówienie Churchilla, przetelegrafowane do Berlina, wywołało entuzjastyczny aplauz ze strony kaisera, który uchwycił się tezy Churchilla jako usprawiedliwienia istnienia Niemieckiej Marynarki Wojennej. „Jakiż to triumf dla Tirpitza! – pisał Wilhelm II – Piękne dzięki za komplement, Winstonie Churchillu! Dla mnie i dla tych wszystkich, którzy razem ze mną określili ramy, a potem poszerzali Ustawę morską [...] nie można sobie wyobrazić ani oczekiwać lepszego uzasadnienia. [...] Oto nowy dowód na starą teorię, jaką tak często powtarzałem, że tylko bezwzględna, męska i nieustraszona dbałość o własne interesy robi wrażenie na Anglikach i na dłuższą metę zniewala ich do szukania z nami *rapprochement**, nie zaś tak zwane dostosowanie się, które oni biorą niezmiennie tylko za oznakę ślamazarności i tchórzostwa Będę zatem bezwzględnie i nieubłaganie zmierzał do wypełnienia ustaw morskich do ostatniej literki, wbrew wszelkiej opozycji. [...] Anglia przychodzi do nas nie mimo, lecz z powodu istnienia mojej Cesarskiej Marynarki Wojennej!!".

Pod koniec maja 1914 roku Admiralicja ogłosiła, że w czerwcu dojdzie do ceremonialnych wizyt wielkich jednostek floty brytyjskiej w portach bałtyckich. Wiceadmirał Sir George Warrender poprowadzi do Kilonii Drugą Eskadrę Liniową, cztery spośród najnowszych drednotów: „King George V", „Ajax", „Audacious" i „Centurion". Kontradmirał Sir David Beatty zabierze Pierwszą Eskadrę Krążowników Liniowych, obejmującą „Liona", „Princess Royal", „Queen Mary" i „New Zealand", aż do Kronsztadu, portu wojennego St Petersburga.

Przez chwilę wydawało się, że do Kilonii przybyć może także sam Winston Churchill, aby spotkać się tam ze swoim odpowiednikiem w rządzie niemieckim, admirałem Tirpitzem, na pokładzie drednota. Ballin i Cassel, niezrażeni porażką misji Haldane'a przed dwoma laty,

---

* Rapprochement (fr.) - zbliżenie, pojednanie.

mieli nadzieję, że jeśli ci dwaj spotkają się osobiście, to pierwszy lord Admiralicji potrafi nakłonić sekretarza stanu do spowolnienia wyścigu zbrojeń. Cassel donosił, że Churchill był podekscytowany perspektywą wzięcia się za bary z Tirpitzem. 20 maja Churchill zaproponował Greyowi, że złoży taką wizytę, sugerując, iż mógłby przy tej okazji poruszyć zmniejszenie wyporności wielkich jednostek, redukcję koncentracji okrętów na wodach macierzystych; wznowić kwestię „wakacji morskich”; wreszcie rozwiać tajemnicę spowijającą budowę okrętów w stoczniach Wielkiej Brytanii i Niemiec. „Polityka utrzymywania tego w sekrecie została zapoczątkowana kilka lat temu przez naszą Admiralicję, co dało jednak jak najgorsze rezultaty, ponieważ na ogół znacznie gorzej udaje się utrzymać tajemnicę nam niż Niemcom – pisał do Greya Churchill – Powinniśmy dać naszym *attaché* morskim równe i wzajemne prawa wizytacji stoczni, gdzie mogliby zobaczyć co się tam dzieje. Zredukowałoby to obustronne szpiegostwo, które bez przerwy jest przyczyną mnóstwa podejrzeń i złej krwi”. Grey miał wątpliwości wobec wizyty Churchilla, obawiając się, że takie spuszczenie ze smyczy pierwszego lorda na admirała von Tirpitza może spowodować więcej złego niż dobrego. W Berlinie weto wobec zaproszenia Churchilla zgłosił kaiser, stawiając warunek, aby najpierw wystąpił o nie Asquith. Gdyby do tego doszło, pierwszy lord Admiralicji „zostanie przyjęty z radością”. Grey nie odniósł się do tego z entuzjazmem, więc Asquith nie poprosił. Churchill nie towarzyszył zatem pancernikom w ich drodze do Kilonii, choć do ostatniej niemal minuty utrzymywano w Kilonii rezerwację beczki cumowniczej dla „Enchantress”.

Wczesnym rankiem 23 czerwca szare kształty jednostek Drugiej Eskadry Liniowej wyłoniły się z mgły o dziesięć mil od niemieckich wybrzeży Bałtyku. Gdy okręty wchodziły do portu, mgła wyparowała i cała reda kilońska skąpała się w promieniach słońca. Jachty i motorówki marynarki wojennej okrążały przybywające okręty, a brzegi były aż czarne od tłumów widzów. Sir George Warrender i dowódcy jego okrętów udali się na pokład niemieckiego okrętu flagowego, „Friedrich der Grosse”, gdzie powitał ich admirał Friedrich von Ingenohl, głównodowodzący Floty Pełnomorskiej.

Wszyscy udali się potem na brzeg, gdzie książę Henryk Pruski i księżna Irena powitali ich w pozbawionej śladu akcentu angielszczyźnie. Po południu książę Henryk złożył wizytę na brytyjskim flagowcu,

„King George V" i opisał go jako „najwspanialszy okręt pływający obecnie po wodach świata". Następnego dnia z Berlina przybył admirał von Tirpitz, podniósł swoją flagę na pancerniku „Friedrich Karl" i zaprosił oficerów angielskich do swojej kabiny. Ponownie rozmawiano po angielsku, a Tirpitz, sącząc szampana, opisał gościom rozwój Niemieckiej Marynarki Wojennej. Tegoż popołudnia wszystkie okręty, tak niemieckie, jak i brytyjskie, ryknęły salutem z dwudziestu jeden wystrzałów, gdy na pokładzie „Hohenzollerna", po przejściu Kanału Kilońskiego, przybył sam kaiser. Nad głowami widzów krążyły samoloty i zeppelin; ceremonia została nieco przyćmiona, gdy jeden z samolotów rozbił się w morzu. Udając się na swoje kotwicowisko, złocisto-biały „Hohenzollern" przechodził obok mastodonta – „King George V" – którego pokłady i wieże artyleryjskie obsadzone były przez paradę marynarzy w białych mundurach i piechoty morskiej w czerwonych. Gdy tylko jacht cesarski rzucił kotwicę, na rejce zatrzepotał sygnał zapraszający wszystkich starszych oficerów brytyjskich na jego pokład. W pełnych mundurach galowych brytyjski admirał i komandorowie wspinali się po trapie „Hohenzollerna", gdzie powitał ich pałający entuzjazmem cesarz. 25 czerwca kaiser, w mundurze brytyjskiego admirała floty, odbył swoja pierwszą i jedyną wizytę na pokładzie brytyjskiego drednota. Admirał Warrender wydawał lunch. Jego goście zostali poprowadzeni do osobistej jadalni admirała, wyłożonej mahoniową boazerią i umeblowaną wygodnymi, skórzanymi fotelami i sofami. Jedli przy małych stolikach, udekorowanych kwiatami, i przysłuchiwali się orkiestrze grającej utwory niemieckich kompozytorów. Warrender wystąpił z przemówieniem, w którym głosił pochwałę ducha przyjaźni pomiędzy flotami Brytanii i Niemiec. Wilhelm był w doskonałym nastroju; opowiadał dowcipy, stroił żarty z cylindra obecnego na przyjęciu dyplomaty i zapytywał, czy angielscy marynarze w ogóle kiedyś klną.

Tego samego dnia rozpoczęły się regaty. Do końca tygodnia, port i podejścia do Kilonii upstrzone były żaglami. W piątek, dwudziestego szóstego, kaiser zaprosił Warrendera, ambasadora brytyjskiego, Sir Edwarda Goschena, księcia Henryka i Tirpitza do wzięcia razem z nim udziału w wyścigu na pokładzie „Meteora". W międzyczasie oficerowie i marynarze eskadry brytyjskiej fraternizowali się z oficerami niemieckimi i mieszkańcami Kilonii. Oficerowie niemieccy, w białych kamizelkach, ze złotymi lampasami na spodniach, siedzieli w mesach okrętów brytyjskich, pijąc whisky z wodą sodową. Młodsi oficerowie brytyjscy brali udział w meczach tenisowych, podwieczorkach tanecznych, przyjęciach, obiadach i balach, gdzie flirtowali z niemieckimi dziewczętami. Żonaci angielscy oficerowie otrzymali zaproszenia do domów także żonatych oficerów niemieckich. Miasto Kilonia zapewniło rozrywki i zawody dla angielskich marynarzy: mecze piłkarskie, wyścigi sztafetowe, przeciąganie liny. Admiralicja niemiecka oferowała codziennie setki darmowych biletów kolejowych, aby marynarze angielscy mogli zwiedzić Berlin i Hamburg. W trzeźwej chwili brytyjscy i niemieccy oficerowie wspólnie stanęli z obnażonymi głowami podczas pogrzebu pilota zabitego w katastrofie podczas wchodzenia „Hohenzollerna” do portu.

Były jednak także chwile, gdy nie dawało się ukryć faktu, że obie floty budowane były nawzajem przeciw sobie. Brytyjscy oficerowie słyszeli szeptane pogłoski, że cesarzowa i jej synowie nie przybyli na uroczystości, ponieważ tak bardzo nie znosili Anglii. Oficerowie niemieccy, z kolei, którzy – zdawało się – chwilami dawali się porwać przyjaznemu nastawieniu Brytyjczyków, natykali się na komandora porucznika von Müllera, niemieckiego *attaché* morskiego w Londynie, syczącego im niemal w ucho: „Zważajcie na Anglików. Anglia jest gotowa do uderzenia; wojna wisi na włosku, a celem tej wizyty jest wyłącznie szpiegostwo. Chcą zobaczyć jak jesteśmy przygotowani. Cokolwiek się zdarzy, nie mówcie im nic o naszych U-bootach!”. Jedynym dowodem brytyjskiego „szpiegostwa” był trzęsący się z nadmiaru alkoholu stary lord Brassey, zażarty jachtsmen i przyjaciel kaisera, który jednego dnia wybrał się na ląd z jednym tylko marynarzem małą łódką ze swojego jachtu „Sunbeam” i znalazł się w samym środku kilońskiej stoczni okrętów podwodnych, na terenie zamkniętym dla cywilów. Aresztowany i zatrzymany w areszcie do chwili identyfikacji, został zwolniony w sam czas na obiad. Admirał Warrender zaoferował admirałowi von Ingenohlowi i jego oficerom kompletny dostęp do wszystkich okrętów brytyjskich, za wyjątkiem radiostacji oraz sekcji kontroli ognia w wieżach dowodzenia. Niemiecki admirał zmuszony był odmówić skorzystania z tego przywileju, gdyż nie mógł zrewanżować się oficerom brytyjskim zwiedzaniem okrętów niemieckich. Gdy Tirpitz i von Ingenohl przybyli spożyć lunch na pokładzie „King George V”, Warrender ponowił zaproszenie. Tirpitz odmówił, lecz Ingenohl zgodził się wejść do jednej z wież artyleryjskich kalibru 13,5 cala, która była obracana, a działa podnoszone, aby mógł dokonać inspekcji.

W niedzielę 28 czerwca kaiser ponownie wybrał się ścigać na pokładzie „Meteora". O drugiej trzydzieści do Kilonii dotarł telegram donoszący o zabójstwie arcyksięcia Franza Ferdynanda. Admirał von Müller, szef gabinetu morskiego cesarza, rozkazał podstawić motorówkę i ruszył spotkać się ze swym władcą. „Doganialiśmy «Meteora» żeglującego z łagodną bryzą kursem północnym – pisał Müller – Kaiser stał na rufie wśród swoich gości i z pewną obawą obserwował przybycie naszej motorówki. Zawołałem, że przynoszę ze sobą wiadomości najwyższej wagi i że za chwilę przerzucę na ich pokład wiadomość na piśmie. Kaiser nastawał jednak, aby dowiedzieć się natychmiast, co się dzieje, więc przekazałem mu wiadomość ustnie. [...] Kaiser był bardzo spokojny i zapytał jedynie: «Czy nie byłoby lepiej wycofać się z wyścigu?»".

Charakter Tygodnia Kilońskiego uległ natychmiastowej zmianie. Flagi zostały opuszczone do połowy masztów, a przyjęcia, obiady i bal na zamku królewskim odwołano. Nazajutrz wczesnym rankiem kaiser wyjechał, zamierzając udać się do Wiednia, aby wziąć udział w pogrzebie arcyksięcia. Warrender starał się utrzymać panującego dotąd ducha. Przemawiając do sali wypełnionej marynarzami obu flot, mówił o przyjaźni między obu krajami i wezwał do wzniesienia potrójnego okrzyku na cześć Niemieckiej Marynarki Wojennej. Admirał niemiecki wezwał do podobnego okrzyku na cześć Marynarki Królewskiej. Obaj admirałowie uścisnęli sobie ręce. Rankiem 30 czerwca eskadra brytyjska podniosła kotwice i wyszła z portu. Na masztach sygnałowych okrętów niemieckich powiewał sygnał „Przyjemnej podróży!". Z pokładu swego flagowca Warrender przekazał telegrafem bez drutu wiadomość dla floty niemieckiej: „Przyjaciele w przeszłości i przyjaciele na zawsze!".

45

Armageddon nadciąga – Berlin

Winston Churchill 17 marca 1914 roku przedstawił Izbie Gmin swój ostatni w czasie pokoju projekt budżetu marynarki. Trzeźwo oceniał sytuację w Europie:

„Powody, jakie mogą doprowadzić do wojny powszechnej, nie zostały wyeliminowane i często dają nam o sobie znać. Nie doszło choćby do minimalnego obniżenia poziomu przygotowań militarnych na morzu i lądzie. Wręcz przeciwnie, w tym roku jesteśmy świadkami wzrostu wydatków na zbrojenia wśród mocarstw kontynentalnych ponad wszelką dotychczasową miarę. Świat zbroi się tak jak nigdy dotąd. Wszelkie sugestie powstrzymania lub ograniczenia [zbrojeń] okazały się jak dotąd nieskuteczne".

W arsenałach państw żywiących wobec siebie zażarte pretensje gromadziła się broń. Francja czterdzieści cztery lata czekała na okazję do *revanche*[*] i ponownego przyłączenia Alzacji i Lotaryngii. Rosja, pokonana w 1905 roku na Dalekim Wschodzie, upokorzona na Bałkanach w 1908, nie mogła sobie pozwolić na dalsze umniejszenie swo-

[*] *Revanche* (fr.) – zemsta, rewanż.

jego znaczenia; gdyby pojawiło się kolejne wyzwanie ze strony Austrii i Niemiec, rzucona rękawica miała być podjęta. Austro-Węgry, stojąc wobec perspektywy rozkładu od wewnątrz, wierzyły, iż mogą temu zapobiec przez uderzenie w zewnętrzne źródło swoich trudności – Królestwo Serbii. Monarchia habsburska miała obietnicę poparcia ze strony Niemiec. Niemcy byli gotowi do wojny. Stopniowe coraz ściślejsze wiązanie się Brytanii w ramach trójporozumienia powodowało, że zmora okrążenia stawała się [dla Niemców] coraz bardziej realna. Brytania, chwilowo zajęta kwestią Irlandii, widziała w Europie źródło swoich obaw – przede wszystkim w postaci floty niemieckiej – lecz nie rościła wobec niej pretensji. W istocie rzeczy, jej tradycyjne spory z Francją i Rosją zostały rozwiązane. Pozostawało niejasne, czy i z jakiego powodu Brytania będzie walczyć.

Według słów Churchilla: „czary gniewu były pełne".

„Ja nie pożyję dostatecznie długo, aby ujrzeć wojnę światową – powiedział Bismarck w 1891 roku do Ballina –ale ty tak. A zacznie się ona na Wschodzie".

Do lata 1914 roku Cesarstwo Austro-Węgierskie skurczyło się w porównaniu z rozmiarami, jakie miało w dniach świetności Habsburgów, lecz nadal było większe od wszystkich państw europejskich oprócz Rosji. Ziemie pod władaniem cesarza Franciszka Józefa były obszarem pozszywanych byle jak prowincji, ras i narodowości, rozciągającym się w poprzek Europy Środkowej i północnej części Bałkanów. Trzy piąte czterdziestomilionowej ludności cesarstwa stanowili Słowianie – Polacy, Czesi, Słowacy, Serbowie, Bośniacy i Czarnogórcy – lecz było ono rządzone przez jego dwie jedyne rasy niesłowiańskie: austriackich Niemców i madziarskich Węgrów. Struktura władzy, podwójna monarchia, odzwierciedlała ten stan rzeczy: cesarz Austrii był równocześnie królem Węgier; Austriacy i Madziarzy wspólnie kontrolowali całą biurokrację cesarstwa, dla Słowian nie było miejsca ani na dworze, ani w rządzie.

Nemesis Austro-Węgier, kraj wolnych Słowian, młode, niezależne Królestwo Serbii, było niemal otoczone przez rozczłonkowane terytorium wielonarodowego imperium. Istnienie Serbii działało jak magnes na niespokojną ludność południowosłowiańskich prowincji Austrii: Bośni, Hercegowiny i Czarnogóry. W tych prowincjach jak również w samej Serbii nacjonaliści wyczekiwali okazji do zerwania z imperium Habsburgów i zespolenia dysydenckich prowincji z Serbią, w jedno

Wielkie Południowosłowiańskie Królestwo. Belgrad, stolica Serbii, stanowił centrum drażniącej propagandy słowiańskiej rozprowadzanej po całym imperium.

Ostatecznie to cesarz Franciszek Józef albo jego następca, arcyksiążę Franciszek Ferdynand, miał zdecydować, jak Austria ma postąpić wobec wyzwania ze strony Serbów. Gdyby dane mu było żyć dostatecznie długo, byłby to obecny cesarz, lecz w 1914 roku Franz Joseph miał już osiemdziesiąt cztery lata. Jego sześćdziesięciosześcioletnie panowanie, najdłuższe w nowoczesnej Europie, nacechowane było serią porażek politycznych i nieszczęść osobistych. Mały, łysy starszy pan z wielkimi bokobrodami wstąpił na tron w roku 1848, jako szczupły osiemnastolatek o falistych włosach. Był nadal młodzieńcem, gdy odpadły od cesarstwa jego północnowłoskie prowincje, Lombardia i Wenecja. Klęska zadana Austrii przez Prusy w 1866 roku doprowadziła do upadku wpływów habsburskich w Niemczech. W roku 1867 brat cesarza, jasnowłosy marzyciel Maksymilian, na krótko zainstalowany jako cesarz Meksyku, został rozstrzelany przez pluton egzekucyjny na zboczu jakiegoś meksykańskiego wzgórza. Jedyny syn Franciszka Józefa, zawadiacki kronprinz Rudolf, zabił siebie i swoją kochankę w samobójczym akcie w Mayerling. Żona Franciszka Józefa, cesarzowa Elżbieta, niegdyś najpiękniejsza księżniczka Europy, wycofała się po sześciu latach małżeństwa i przez cztery dziesięciolecia włóczyła się po Europie, dopóki nie dosięgnął jej nóż anarchisty. Reakcją Franza Josepha na wszystkie te ciosy było powściągnięcie emocji i opancerzenie swej duszy w oczekiwaniu dalszych ciosów. Stojąc wobec wyzwania politycznego, ślubował utrzymać władzę korony i integralność cesarstwa. Nie miał zamiaru ułagodzić Południowych Słowian przez zmodyfikowanie struktury władzy i dopuszczenie ich do głosu.

Kurs pojednawczy proponował bratanek i następca Franciszka Józefa. Arcyksiążę Franciszek Ferdynand, niezgrabny, rumiany mężczyzna o przystrzyżonych na jeża włosach obraził swojego stryja poślubiając Czeszkę niedość wysokiej rangi, hrabiankę Zofię Chotek. Stary cesarz zażądał, aby arcyksiążę zrzekł się tronu w imieniu wszystkich dzieci, jakie mógłby mieć z tego małżeństwa; hrabina Zofia, żona przyszłego cesarza, choć podniesiona do godności księżnej, musiała nawet publicznie kroczyć w orszaku za czterdziestoma czterema arcyksiężniczkami habsburskimi. Samemu Franciszkowi Ferdynandowi pozostawiono funkcje głównie ceremonialne; wolno mu było inspekcjonować koszary armii, uczestniczyć w manewrach, a od czasu do czasu odwiedzać stolice poszczególnych prowincji. Czas pracował dla niego, lecz obawiał się, że gdy wreszcie obejmie tron, rozpad cesarstwa sięgnie stadium nienaprawialnego. Proponowanym przez niego rozwiązaniem problemu nacjonalistycznej agitacji w prowincjach południowosłowiańskich było pojednanie z ich ludnością poprzez radykalną rekonstrukcję systemu rządów cesarstwa – przekształcenie dualistycznej monarchii w triadę, w której Słowianie Południowi dzieliliby władzę z Austriakami i Madziarami. Z powodu tych poglądów arcyksiążę był serdecznie nielubiany, zwłaszcza przez Madziarów, którym nie podobała się idea osłabienia własnego silnego chwytu, w jakim trzymali administrację cesarstwa.

W międzyczasie na popularności zyskiwało inne rozwiązanie narastających problemów Austrii, polegające na wyeliminowaniu źródła agitacji słowiańskiej przez rozbicie Serbii. Dla konserwatywnej klasy rządzącej cesarstwem wojna prewencyjna wydawała się korzystniejsza od takiego rozkładu, na jaki cierpiało już Imperium Otomańskie i bardziej do zniesienia niż długotrwałe negocjacje i bolesne kompromisy, jakie byłyby konieczne dla przekształcenia struktury dualistycznej w trialistyczną. „Austria – raportował 13 grudnia 1913 roku francuski ambasador w Wiedniu – znajduje się w impasie, nie wiedząc jak z niego wybrnąć. [...] Ludzie tutejsi stają się coraz bardziej oswojeni z myślą o powszechnej wojnie jako o jedynym możliwym remedium". Główny zwolennik i głosiciel wojny prewencyjnej, generał hrabia Franz Conrad von Hötzendorf, szef Sztabu Generalnego Armii Austriackiej, mawiał o Serbii jako o „niebezpiecznej żmijce" i pragnął zmiażdżyć „żmiję" w jej własnym gnieździe. Austria dwukrotnie już mobilizowała się przeciwko Serbii, podczas kryzysu związanego z aneksją Bośni w latach 1908-1909 oraz podczas wojen bałkańskich w latach 1912-1913. Za każdym razem Conrad został powstrzymany; w 1908 ponieważ „w ostatniej chwili Jego Cesarska Mość sprzeciwił się temu"; w 1912-1913 skarżył się, że został „wystawiony do wiatru" przez Niemców.

W roku 1914, jak dobrze wiedział Conrad, monarchia habsburska była zbyt słaba, aby podejmować inicjatywy militarne czy dyplomatyczne bez zapewnienia sobie poparcia ze strony Niemiec. Conrad wiedział jednak też, że poparcie niemieckie musi nadejść.

Dalsze istnienie Austro-Węgier było sprawą życiowej wagi dla Cesarstwa Niemieckiego. Austria była jedynym sojusznikiem, na którym Niemcy mogły polegać. Gdyby Austria się rozpadła, Niemcy stanęłyby osamotnione naprzeciw Francji, Rosji, a może i Anglii. Zatem na Wilhelmstrasse zachowanie Austrii jako wielkiego mocarstwa stało się kardynalnym punktem polityki Niemiec. Niektórzy dyplomaci niemieccy obawiali się takiego zasadniczo bezwarunkowego poparcia dla monarchii habsburskiej. W maju 1914 baron von Tschirschky, ambasador niemiecki w Wiedniu, niemal wydał z siebie okrzyk rozpaczy: „Ciągle się zastanawiam, czy rzeczywiście opłaca się nam wiązać się z tym widmem państwa, które trzeszczy ze wszystkich stron". Okrzyk Tschirschky'ego został zignorowany. „Nasze własne, życiowe interesy wymagają zachowania Austrii" – zadeklarował kanclerz von Bethmann-Hollweg.

Rząd austriacki rozumiał i był gotów wykorzystać tak kłopotliwe położenie Niemiec. Od miesięcy już kaiser i generał von Moltke, szef Niemieckiego Sztabu Generalnego, wyraźnie i gorąco zachęcali Austrię do podjęcia działań przeciw Serbii, nawet gdyby miało to oznaczać dla Niemiec konfrontację z sojusznikiem Serbii – Rosją. 26 października 1913 roku doszło w Wiedniu do rozmowy kaisera z hrabią Berchtoldem, austriackim ministrem spraw zagranicznych. Wilhelm rozpoczął ją górnolotną gadką na temat „światowego procesu historycznego", oznajmiając że nieuniknona jest wojna, w której ludy germańskie będą musiały dać odpór „potężnemu naciskowi Słowiańszczyzny". Po czym kontynuował: „Słowianie urodzili się, aby służyć, nie rządzić i musi to do nich wyraźnie dotrzeć". W szczególności zaś na temat Serbii: „Jeśli Jego Cesarska Mość, Franciszek Józef, czegoś żąda, to rząd serbski musi się ugiąć, jeśli zaś tego nie zrobi, to Belgrad będzie zbombardowany i okupowany tak długo, aż wola Jego Cesarskiej Mości zostanie spełniona. Możecie czuć się zapewnieni, iż stoję u waszego boku i gotów jestem wyciągnąć miecz". Gdy to mówił, Wilhelm położył rękę na głowni swojej broni. Rozmowa zakończyła się kolejną obietnicą. „Jego Cesarska Mość ostentacyjnie skorzystał z okazji, aby zapewnić mnie, że możemy polegać na nim absolutnie i całkowicie – powiedział Berchtold. „Była to czerwona nić, która przewijała się ciągle w wypowiedziach znakomitego suwerena, a gdy, żegnając się, to podkreśliłem i dziękowałem mu za wszystko, Jego Cesarska Mość zaszczycił mnie stwierdzeniem, iż cokolwiek nadchodzi z wiedeńskiego Ministerstwa Spraw Zagranicznych jest dla niego rozkazem".

Moltke nie miał wątpliwości co do tego, że wojna wisi na włosku. Był gotowy. Podobnie jak Conrad, zdawał się wyczuwać, że upływ czasu szkodzi trójprzymierzu, że równowaga sił w Europie ulega przesunięciu, i że sprawę z Rosją i Serbią trzeba załatwić zanim wyposażenie armii rosyjskiej zostanie odnowione, a "taran słowiański" trzeba zawrócić. 12 maja 1914 roku Conrad odwiedził Karlsbad, gdzie Moltke odbywał właśnie kurację. „Generał von Moltke wyraził opinię, że wszelka zwłoka oznacza zmniejszenie naszych szans" – zanotował Conrad. Austriacki szef sztabu zgodził się z tym stanowiskiem, dodając z naciskiem, iż „nastawienie Niemiec w ostatnich latach spowodowało, że dopuściliśmy do tego, aby wiele korzystnych okazji wymknęło nam się z rąk". Zapytał też, jak długo nadchodząca „wspólna wojna przeciwko Francji i Rosji może potrwać; znaczy się, ile czasu upłynie zanim Niemcy będą w stanie zwrócić się przeciw Rosji znacznymi siłami". Moltke odparł: „Mamy nadzieję, że w sześć tygodni od chwili rozpoczęcia operacji wojennych rozprawimy się z Francją, przynamniej w takim stopniu, że pozwoli nam to skierować nasze główne siły na Wschód".

Dwa tygodnie po spotkaniu obu generałów kaiser odwiedził arcyksięcia Franciszka Ferdynanda na jego zamku Konopiszt w Czechach. Ogród arcyksięcia słynął z róż, więc oficjalnie cesarz niemiecki przybywał podziwiać rozkwitające cuda. Przez dwa dni Wilhelm i Franciszek Ferdynand omawiali zagrożenia stwarzane przez Serbię dla podwójnej monarchii i trójprzymierza. Zgodzili się, że coś z tym trzeba zrobić. Istotnym czynnikiem była tutaj Rosja, lecz w opinii arcyksięcia wewnętrzne trudności w imperium carskim były zbyt wielkie, aby Rosja mogła sobie pozwolić myśleć o wojnie.

Franciszek Ferdynand miał wyznaczone kolejne obowiązki na koniec czerwca. Przewidziane było jego uczestnictwo w manewrach armii w górach Bośni, a przy okazji – jako gest w kierunku ludności słowiańskiej – zdecydował się też na oficjalną wizytę w stolicy Bośni, Sarajewie. Dla okazania dobrej woli poprosił, aby zrezygnowano z oddziałów wojska, jakie normalnie obstawiały ulice podczas wizyt cesarskich. Poza rozproszonymi wśród tłumów lokalnymi policjantami widzowie mieli mieć swobodny dostęp do Następcy Tronu. Rankiem 28 czerwca Franciszek Ferdynand, ubrany w jasnoniebieską kurtkę i czarne, ozdobione czerwonymi lampasami spodnie generała kawalerii, z zielonym pióropuszem falującym na czapce, zajął miejsce na tylnym siedzeniu otwartego, drugiego w kolumnie samochodu, obok swojej żony Zofii. Wokół siebie na ulicach widział uśmiechnięte twarze i machające ku niemu ręce. Z balkonów zwisały flagi i barwne kilimy, zaś z okien sklepów i domów spoglądały na niego jego własne portrety.

Gdy kawalkada pojazdów zbliżyła się do ratusza, szofer arcyksięcia zauważył jakiś przedmiot ciśnięty z tłumu. Nacisnął pedał gazu i bomba, która inaczej wylądowałaby na kolanach Zofii, wybuchła pod kołami następnego samochodu w kolumnie. Rannych zostało dwóch oficerów, a młody zamachowiec został ujęty przez policję. Franciszek Ferdynand przybył do ratusza wstrząśnięty i wściekły. „Przyjeżdża się tu z wizytą – krzyczał – i jest się witany bombami”. W trybie pilnym zwołano naradę. Jeden z członków świty arcyksięcia zapytał, czy nie można by jednak załatwić eskorty wojskowej. „Czy myśli pan, że Sarajewo pełne jest zamachowców?” – odparł gubernator prowincji.

Zdecydowano się powracać przez miasto, wszakże drogą odmienną od uprzednio ogłoszonej. W drodze kierowca pierwszego samochodu, zapominając o zmianach, skręcił w jedną z wcześniej wybranych ulic. Szofer arcyksięcia, kierujący kolejnym wozem, na chwilę się zawahał. Zaczął jednak skręcać. Jakiś oficjel krzyknął: „To zła droga!”. W tym właśnie momencie, szczupły, dziewiętnastoletni chłopak wyszedł z tłumu, wycelował pistolet w samochód i dwukrotnie wypalił. Zofia osunęła się na pierś męża. Franciszek Ferdynand siedział wyprostowany i przez chwilę nikt nie zauważył, że także i on został trafiony. Wtedy właśnie siedzący na przednim siedzeniu gubernator usłyszał go jak cicho powiedział: „Zofio! Zofio! Nie umieraj! Żyj dla naszych dzieci!”. Potem ciało arcyksięcia osunęło się, a krew z uszkodzonej tętnicy szyjnej zbryzgała jego mundur. Zmarł prawie natychmiast. Zofia, księżna Hohenberg, zmarła wkrótce potem. Piętnaście minut później oba ciała spoczywały w pokoju przylegającym do sali balowej, gdzie kelnerzy chłodzili już szampana na ich przyjęcie.

Zabójca, Gawriło Princip, był urodzonym Bośniakiem, który podczas procesu oświadczył, że działał aby „zabić wroga Południowych Słowian”, a także dlatego, że arcyksiążę był „człowiekiem energicznym, który jako władca mógłby zrealizować pomysły i przeprowadzić reformy, jakie stały nam na drodze". Princip należał do zespołu młodych zamachowców, z których wszyscy byli Bośniakami, a więc poddanymi Austro-Węgier, jaki stanowił część ruchu rewolucyjnego, mającego na celu odłączenie Bośni i pozostałych prowincji słowiańskich od monarchii habsburskiej i wcielenie ich do Królestwa Wielkiej Serbii. Otrzymali oni sześć pistoletów i sześć bomb wziętych z Arsenału Państwowego Serbii i z serbską pomocą przeszmuglowanych przez granicę. Rząd serbski nie brał w tym udziału, lecz spisek został uknuty w Belgradzie. Jego organizatorzy byli członkami tajnej organizacji skrajnych nacjonalistów serbskich, znanej pod nazwą Czarnej Ręki.

Zabójstwo arcyksięcia przeraziło Europę. W przeważającej większości wyrażano współczucie dla dynastii Habsburgów. Mało kto kwestionował prawo Austro-Węgier do jakiejś formy odpłaty. Spoglądając wstecz, Sir Edward Grey wspominał: „Żadna zbrodnia nie wywołała dotąd głębszego czy bardziej powszechnego przerażenia w całej Europie. [...] Współczucie dla Austrii było powszechne. Tak rządy, jak i opinia publiczna gotowe były poprzeć wszelkie jej kroki, choćby najbardziej surowe, jakie mogła uznać za konieczne dla ukarania mordercy i jego wspólników". Mimo tego szoku większość Europejczyków nie dopuszczała do siebie myśli, że zamach mógłby doprowadzić do wojny. Wojna, rewolucja i zamachy stanowiły normalne składniki polityki na Bałkanach. „Nic, czego należałoby się obawiać" – oznajmiało w Paryżu „Le Figaro". „Okropny wstrząs dla drogiego staruszka, cesarza" – zanotował w swoim dzienniku król Jerzy V.

W Wiedniu, Franciszek Józef przyjął odejście bratanka z rezygnacją, mrucząc: „Dla mnie to jeden wielki kłopot mniej". Conrad von Hötzendorf z dyskretną radością powitał nadejście długo oczekiwanego pretekstu do wojny prewencyjnej. Teraz miało dojść nie tylko do ukarania „mordercy i jego wspólników", ale do zmiażdżenia „żmiji" i rozbicia kłopotliwego państwa serbskiego. Hrabia Berchtold, który aż dotąd sprzeciwiał się wojnie prewencyjnej, zmienił zdanie i zażądał, aby „Monarchii nie zadrżała ręka [...] gdy będzie drzeć nici, z których jej wrogowie odważyli się snuć sieć nad jej głową". Rosja, patron Serbów, mogła zgłaszać obiekcje, lecz Rosji można było stawić czoła i zmusić do wycofania się, tak jak w 1909 roku, dzięki sojusznikowi Austrii – Niemcom. Klucz do rozwoju sytuacji leżał więc w Berlinie; austriacka decyzja o wojnie musiała być oparta na niemieckiej gwarancji zabezpieczającej przed interwencją rosyjską. Cesarz był ostrożny. Conrad powrócił z rozmowy z Franciszkiem Józefem i zanotował, że cesarz „nie jest pewien Niemiec, zatem waha się z podjęciem decyzji". Stawało się koniecznością, aby poznać poglądy Niemców.

Rankiem 5 lipca hrabia Szögyény, ambasador austriacki w Berlinie, poinformował Wilhelmstrasse, że otrzymał osobisty, odręcznie pisany list od cesarza Franciszka Józefa, z zadaniem wręczenia go kaiserowi. Wilhelm natychmiast zaprosił Szögyény'ego na lunch w Poczdamie, w towarzystwie własnym i cesarzowej. Ambasador przybył do Nowego Pałacu w południe, wręczył list gospodarzowi i czekał w milczeniu, gdy Wilhelm go czytał. Trzęsącą się ręką osiemdziesięcioczteroletni cesarz opisywał własną interpretację wypadków związanych z Sarajewem: „Zbrodnia na moim bratanku jest bezpośrednią konsekwencją agitacji prowadzonej przez rosyjskich i serbskich panslawistów, których jedynym celem jest osłabienie trójprzymierza i rozbicie mojego cesarstwa. Ten krwawy czyn nie był robotą jednostki, lecz dobrze zorganizowanym spiskiem, którego nici sięgają Belgradu. Choć udział w tym wszystkim rządu serbskiego może okazać się nie do udowodnienia, to nie może być wątpliwości, że jego polityka zjednoczenia wszystkich Słowian Południowych pod flagą Serbii zachęca do takich zbrodni i że dalsze przeciąganie się takiej sytuacji stanowi ciągłą groźbę dla mojej dynastii i moich terytoriów. Wysiłki moje muszą być zatem skierowane na odizolowanie Serbii i zmniejszenie jej obszaru". List kończył się pytaniem: Jaka będzie polityka Niemiec, jeśli Austria zdecyduje się „ukarać [...] to centrum zbrodniczej agitacji w Belgradzie?".

Wilhelm odłożył list na bok i zaczął bardzo ostrożnie. Powiedział Szögyény'emu, że współczuje cesarzowi, lecz z powodu „poważnych komplikacji na miarę europejską" nie może udzielić mu odpowiedzi, zanim nie przedyskutuje jej z kanclerzem. Kaiser wziął ambasadora na lunch. Gdy skończono posiłek, Szögyény ponownie poruszył sprawę listu, podkreślając pilność odpowiedzi. Tym razem nastawienie Wilhelma było odmienne. Odsunąwszy precz wszelką ostrożność, zapewnił ambasadora, że Austria może „polegać na pełnym poparciu ze strony Niemiec". A choć konstytucyjnie nadal musiał skonsultować sprawę z kanclerzem Cesarstwa, kaiser przedstawił swoje własne „zdanie, że z działaniem nie należy zbyt długo zwlekać". W istocie – jak donosił w telegramie do Berchtolda zadowolony Szögyény – Wilhelm oznajmił, że „jeśli [Austria] naprawdę uznawaliśmy za konieczne podjąć przeciw Serbii akcję noszącą znamiona wojny, to żałowałby, gdybyśmy nie skorzystali z chwili obecnej, która całkowicie przemawia na naszą korzyść". Co do możliwych „poważnych komplikacji na miarę europejską", jakie trapiły kaisera przed lunchem, to wydawały mu się one teraz mniej poważne. „Nastawienie Rosji będzie bez wątpienia wrogie – raportował Szögyény słowa kaisera – ale na to był on już przygotowany od lat. Jeśli wojna pomiędzy Austro-Węgrami a Rosją będzie nieunikniona, możemy być przekonani, że Niemcy, nasz stary, wierny sojusznik, staną po naszej stronie". Ryzyko, uważał Wilhelm, było niewielkie: „Rosja pod żadnym względem nie jest gotowa do wojny".

Była to historyczna chwila. Najwyższy Pan Wojny Imperium Niemieckiego, pozwoliwszy aby górę w nim wzięła bardziej wojownicza strona jego natury, wystawił oto swojemu sojusznikowi czek in blanco w postaci zezwolenia na uderzenie na Serbię. Gdyby do biegu wypadków wtrąciła się Rosja, to akceptował ryzyko wojny między Niemcami a Rosją. Zaś w oparciu o plan jego własnego sztabu generalnego, Niemcy miały w takim wypadku walczyć także z Francją.

Gdy tego samego popołudnia kanclerz został wezwany do Nowego Pałacu, poparł to, co zostało tam wcześniej powiedziane. „Poglądy kaisera odpowiadały moim własnym" – zanotował w swoich pamiętnikach. Przybywszy z Hohenfinow, zastał kaisera w towarzystwie generała Ericha von Falkenhayna (ministra wojny), dwóch innych generałów i przedstawiciela marynarki wojennej. Wilhelm odczytał list Franciszka Józefa i zrelacjonował, co powiedział Szögyény'emu. Nikt z obecnych nie zgłosił zastrzeżeń wobec takiego czeku in blanco. „Im szybciej Austria wystąpi przeciw Serbii, tym lepiej" – powiedział obecny tam generał Plessen i wszyscy przytaknęli. Wszyscy zgodzili się też z oceną Wilhelma, że ryzyko ze strony państw ententy jest niewielkie: car nie stanie po stronie „dzikiego, królobójczego państwa"; Francja „ledwo może sobie pozwolić ruszyć na wojnę, ponieważ brakuje jej ciężkiej artylerii". Wydawało się tak odległe i nieprawdopodobne, że w sprawy mogłaby się wdać Wielka Brytania, że nawet jej nie dyskutowano. Mimo wszystko Falkenhaynowi zadano pytanie, czy gdyby te kalkulacje okazały się fałszywe, armia niemiecka „jest gotowa na każdą okoliczność". Pruski oficer trzasnął obcasami i zapewnił Najwyższego: „Z pewnością, Wasza Cesarska Mość!".

Wilhelm zastanawiał się głośno, czy z powodu kryzysu nie powinien odłożyć dorocznego rejsu do fiordów Norwegii oraz czy Flota Pełnomorska powinna wypłynąć na letnie ćwiczenia na Morzu Północnym. Bethmann zachęcał, żeby kaiser i flota postępowali zgodnie z wcześniejszymi planami, wszelkie ich zmiany mogły wywołać alarm w Europie. Następnego ranka, 6 lipca, Wilhelm spotkał się z admirałem Eduardem von Capelle, pełniącym obowiązki sekretarza stanu d.s. Marynarki Wojennej pod nieobecność Tirpitza, i powiedział mu, iż „nie wierzy, że dojdzie do jakichś dalszych kroków militarnych". Tegoż popołudnia kaiser wyruszył pociągiem specjalnym do Kilonii, gdzie wszedł na pokład „Hohenzollerna" i wypłynął do Norwegii.

Tego samego popołudnia Bethmann wezwał hrabiego Szögyény'ego i potwierdził to, co austriacki ambasador usłyszał dzień wcześniej od kaisera. „Przyjąłem do wiadomości, że kanclerz cesarstwa, podobnie jak jego cesarz i władca, uważa natychmiastową akcję z naszej strony za najlepsze rozwiązanie naszych trudności na Bałkanach" – telegrafował Szögyény do Berchtolda w Wiedniu. Bethmann wzmocnił jeszcze ten przekaz, przekazując instrukcje dla hrabiego Tschirschky'ego, ambasadora niemieckiego w Wiedniu, że „cesarz Franciszek Józef może polegać na zapewnieniu, iż Jego Cesarska Mość [Kaiser] wiernie stanie u boku Austro-Węgier, jak tego wymagają zobowiązania sojusznicze i starodawna przyjaźń".

Jasność gwarancji niemieckich i żywość, z jaką ich udzielono, zrobiły wrażenie w Wiedniu. 7 lipca, po wysłuchaniu zapewnień z Berlina, Rada Ministrów podwójnej monarchii zasiadła, aby zadecydować o wojnie i pokoju. Teraz, gdy zarówno kaiser, jak i kanclerz Niemiec obiecali poparcie i sugerowali szybkie działanie, nie potrafiono znaleźć żadnych powodów, dla których należałoby zwlekać z wyrównaniem rachunków z Serbią. Rada zdecydowała za wojną, choć premier węgierski, hrabia István Tisza, nastawał na zachowanie dyplomatycznych uprzejmości przez poprzedzenie ataku wystosowaniem ultimatum. Choć z oporami, rada wyraziła zgodę, zakładając, że uprzejmości nie staną na przeszkodzie działaniom. Stenogram posiedzenia Rady Ministrów głosi: „Wszyscy obecni, poza premierem Królestwa Węgier, pozostają przekonani, iż sukces czysto dyplomatyczny, nawet zakończony jaskrawym upokorzeniem Serbii, będzie nic nie warty, zatem trzeba przedstawić Serbii tak sztywne i surowe żądania, aby uczyniły one odmowę z jej strony niemal pewną, tak że droga do radykalnego rozwiązania środkami militarnymi pozostanie otwarta".

Do decyzji o wojnie, zaaprobowanej w Berlinie zanim jeszcze właściwie zapadła w Wiedniu, doszło 5, 6 i 7 lipca. Przez następne piętnaście dni, kiedy rząd austriacki redagował swoje ultimatum wobec Serbii, Berlin naciskał na pośpiech. Jagow, powróciwszy 9 lipca ze swojego miesiąca miodowego, powiedział ambasadorowi austriackiemu w Berlinie, że „proponowana akcja przeciwko Serbii [...] powinna zostać podjęta bez zwłoki". 12 lipca Tschirschky złożył wizytę Berchtoldowi „zasadniczo po to, aby raz jeszcze, z naciskiem przekonać ministra, że [sytuacja] wzywa do szybkiej akcji". Dzień po dniu Tschirschky zjawiał się u Berchtolda, nawołując do pośpiechu. Niemcy nie rozumieli, dlaczego Austriacy mieliby zrezygnować z tak wspaniałej okazji do uderzenia. Przekazywano nawet zawoalowane groźby: „Niemcy będą uważać dalsze negocjacje z Serbią za oznakę słabości z naszej strony, co osłabi naszą pozycję w trójprzymierzu i może mieć wpływ na dalszą politykę Niemiec". Na Wilhelmstrasse odczuwano zakłopotanie, gdy dowiedziano się że cesarz Franciszek Józef odmówił zmobilizowania armii, zanim ultimatum do Serbii nie zostanie zredagowane, wysłane i odrzucone. Niemiecki Sztab Generalny był zmartwiony, gdy usłyszał, że Armia Austriacka potrzebowała szesnastu dni na ukończenie mobilizacji od chwili wydania rozkazu jej rozpoczęcia przez cesarza. Według pruskich standardów Austria wybierała się na wojnę dość lekkomyślnie, zgoła frywolnie.

Poza obawą, że Austrii może zabraknąć woli do zadania ciosu, w Berlinie zarysowała się inna troska. Inne mocarstwa mogły przecież wywąchać, co się święci, i przedsięwziąć kroki mające na celu zapobieżenie takiemu rozwojowi wypadków poprzez propozycje mediacji. Berlin i Wiedeń wspólnie przeciwstawiły się takiej możliwości poprzez skonstruowanie przemyślnej fasady zwodów i kłamstw. Lato sprzyjało takiej strategii: czołowi przedstawiciele rządu niemieckiego przebywali na wakacjach. Moltke, szef Sztabu Generalnego, przebywał na kuracji w Karlsbadzie; Tirpitz był na wakacjach w Szwajcarii; Jagow, który spędzał swój miesiąc miodowy, wrócił do Berlina w chwili, gdy minister wojny, generał von Falkenhayn, opuszczał miasto. Powiadano, że Bethmann oddaje się obserwacjom gwiazd z ganku swojego domu w Hohenfinow, choć przez cały ten miesiąc często przyjeżdżał w sekrecie do Berlina. Sam Najwyższy pływał wśród klifów i wodospadów we fiordach norweskich. Wszystkie te nieobecności pomogły stworzyć pozory, które bawarski minister w Berlinie prywatnie rozpoznał i przekazał do Monachium swoim zwierzchnikom: „[Niemiecka] administracja cesarska po przedstawieniu austriackiego ultimatum w Belgradzie [...] będzie twierdzić, że jest zaskoczona akcją Austriaków tak samo jak inne państwa, wskazując na fakt, że kaiser odbywa właśnie swój północny rejs, a szef Sztabu Generalnego i minister wojny wyjechali na urlop". Wiedeń stosował tę samą taktykę: przez cały okres kryzysu cesarz Franciszek Józef przebywał w swojej rezydencji myśliwskiej w Bad Ischl; 8 lipca, gdy zapadła już decyzja za wojną, Berchtold powiedział Conradowi: „Byłoby dobrze, gdybyście pan i minister wojny wyjechali na pewien czas na urlop, aby wyglądało, że nic się nie dzieje".

Podczas dwóch tygodni, jakie zajęło Austriakom redagowanie ich ultimatum, rząd niemiecki był informowany o wszystkim na bieżąco. Później, próbując uniknąć odpowiedzialności za wybuch wojny, Wilhelmstrasse utrzymywało, iż nie znano tam treści noty austriackiej aż do chwili, gdy została ona rozesłana do rządów wszystkich mocarstw. W istocie, choć Bethmann i Jagow nie zapoznali się z rzeczywistym językiem noty przed 23 lipca, dobrze wiedzieli, że jest ona pomyślana nie jako podstawa do negocjacji, lecz jako preludium do wojny. 14 lipca Tschirschky informował Bethmanna: „Nota jest skomponowana tak, że możliwość jej przyjęcia jest praktycznie wykluczona". Nie można tego było, oczywiście, ujawnić pozostałym mocarstwom. Dla uniknięcia zaalarmowania reszty Europy i stworzenia wrażenia, że Berlin, podobnie jak inne stolice, zastanawia się jak Wiedeń zareaguje na Sarajewo, Wilhelmstrasse z rozmysłem i wielokrotnie kłamała zagranicznym dyplomatom w Berlinie, a za pośrednictwem własnych ambasadorów także ministrom spraw zagranicznych obcych rządów. Gdy ambasadorzy lub *chargés d'affaire* Brytanii, Francji i Rosji w Berlinie odwiedzali Ministerstwo Spraw Zagranicznych, aby dowiedzieć się co Niemcy wiedzą o zamiarach swojego sojusznika, Wilhelmstrasse łagodząco zapewniała, że rozważa całą sytuację z pełnym spokojem; czyż kaiser, kanclerz i wszyscy dowódcy wojskowi nie przebywają na wakacjach? W tej sytuacji brytyjski i rosyjski ambasador w Niemczech także udali się na wypoczynek. 21 lipca Jules Cambon, ambasador Francji, specjalnie pytał Jagowa, czy ten wie coś na temat treści przygotowywanej noty austriackiej. Sekretarz stanu „zapewnił mnie, że nic nie wie" – napisał później Cambon. Rosyjskiemu *chargé d'affaires* Jagow oznajmił stanowczo, iż nie posiada żadnych informacji na temat natury noty austriackiej. Rząd austriacki uprawiał podobnie zwodnicze działania. 18 lipca w St Petersburgu, gdy minister spraw zagranicznych Sazonow wezwał ambasadora austriackiego i zapytał go o wiadomości, ambasador „w najbardziej pokojowy sposób mówił, że w Austrii nie istnieją zamiary zaostrzenia stosunków z Serbią. Był [ambasador] tak łagodny jak baranek" – zapisał Sazonow. Trzy dni później rosyjski ambasador w Wiedniu został zapewniony, że także może udać się na wakacje; nota do Serbii, zapewniano go w austriackim Ministerstwie Spraw Zagranicznych, nie będzie stawiać żądań, które mogłyby doprowadzić do komplikacji międzynarodowych. Nawet Włochy, partner Niemiec i Austrii w ramach trójprzymierza, zostały oszukane. Obawiając się przecieków, lub obiekcji ze strony Włochów – trójprzymierze było paktem obronnym i nie wchodziło w grę w przypadku, gdy jeden z sojuszników sam stawał się agresorem – Wilhelmstrasse nie udzieliło ambasadorowi włoskiemu żadnego ostrzeżenia przed nadchodząca burzą.

Za całą tą fasadą Austriacy starannie szykowali swoje ultimatum wobec Serbii. Europa wiedziała, że coś się szykuje; państwa ententy doradzały umiarkowanie. 21 lipca Sazonow powiedział hrabiemu Pourtalèsowi, niemieckiemu ambasadorowi w St Petersburgu, że Rosja uczyni wszystko, aby przekonać Belgrad do uczynienia rozsądnych ustępstw, lecz ostrzegł, iż nota austriacka nie powinna stanowić ultimatum. Następnego dnia w Londynie Sir Edward Grey oznajmił, że „wszystko zależeć będzie od żądanej formy udzielenia satysfakcji oraz czy zachowany zostanie umiar". Anglia będzie wywierać na Serbię nacisk, aby ta spełniła żądania Austrii, pod warunkiem, że „są one umiarkowane i do pogodzenia z niepodległością państwa serbskiego". Ponieważ żądania stawiane w nocie nie były bynajmniej umiarkowane, najistotniejszym zagadnieniem stawało się odpowiednie rozegranie sprawy w czasie. Początkowo w odpowiedzi na niemieckie ponaglenia, ustalono datę jej wręczenia na 18 lipca. Potem Berchtold przypomniał sobie, że od 20 do 23 lipca w St Petersburgu miał przebywać z wizytą oficjalną prezydent Francji Raymond Poincaré. Austriacki minister spraw zagranicznych zdecydował się być ostrożnym: „Powinniśmy uznać za nierozsądne, aby podejmować jakiekolwiek kroki grożące Belgradowi właśnie w chwili, gdy miłujący pokój car Mikołaj i niezaprzeczalnie ostrożny Herr Sazonow pozostają pod wpływem tych dwóch, którzy zawsze opowiadali się za wojną, Izwolskiego [ówczesnego ambasadora Rosji w Paryżu] i Poincarégo". Zgodnie z tą sugestią nota miała zostać wręczona w chwili wyjazdu prezydenta Francji ze stolicy Rosji – 23 lipca o godzinie piątej po południu. Ultimatum przewidywało czterdziestoośmiogodzinny limit czasu na jego przyjęcie, termin miał więc upływać 25 lipca o tej samej godzinie. (Później, dla uzyskania pewności, że Poincaré będzie już w morzu, dostarczenie noty zostało przesunięte o jedną godzinę, na szóstą).

Gdy wreszcie doszło do wręczenia ultimatum w Belgradzie, Serbowie – spodziewający się kary, lecz nie poniżenia – byli oszołomieni. Wysuwało ono oskarżenie, że „morderstwo w Sarajewie zostało przygotowane w Belgradzie". W dalszym ciagu zawierało ono dziesięć żądań, każde pociągające za sobą uszczerbek dla serbskiej suwerenności: Należy położyć kres wszelkim serbskim publikacjom krytycznym wobec Austro-Węgier. Wszystkie podręczniki szkolne, zawierające „propagandę skierowaną przeciw Austro-Węgrom", muszą zostać wycofane. Wszyscy serbscy oficjele rządowi, oficerowie armii i nauczyciele, prezentujący takie poglądy, muszą zostać zdymisjonowani; poszczególni – wymienieni w nocie – urzędnicy państwowi i oficerowie, muszą zostać aresztowani. Wprowadzanie tych zmian miało być nadzorowane na terytorium Serbii przez przedstawicieli Austrii.

Żądania były tego rodzaju, jakich państwo pokonane w wojnie mogłoby oczekiwać od zwycięzcy. Austriacy byli przynajmniej szczerzy co do natury i implikacji swojej noty. „Rosja nigdy się na to nie zgodzi – powiedział cesarz Franciszek Józef – Będzie wielka wojna".

Kopie ultimatum zostały dostarczone do ministerstw spraw zagranicznych we wszystkich stolicach rankiem 24 lipca. Sir Edward Grey scharakteryzował je jako „najmocniejszy dokument kiedykolwiek skierowany przez jedno państwo do drugiego". W St Petersburgu, hrabia Sazonow ze złością powiedział ambasadorowi austriackiemu: „Podkładacie ogień pod Europę!". W następnych dniach doszło do wyścigu pomiędzy państwami ententy, desperacko usiłującymi oddalić groźbę wojny przez znalezienie jakiejś podstawy do mediacji, a rządem niemieckim, nieustannie popychającym Austrię ku wojnie, zanim owe wysiłki mediacyjne mogłyby zaowocować. Poszukując swobody manewru, Grey i Sazonow natychmiast poprosili, aby przedłużyć czas na udzielenie odpowiedzi. Żądanie to zostało odrzucone. Wiedeń poinformował St Petersburg, że Rosja zdaje się pozostawać w „błędnym przekonaniu", iż austriacka „nota do wszystkich mocarstw była pomyślana jako sposób na wysondowanie ich opinii o sytuacji. Wszystko, co zamierzaliśmy, to poinformować mocarstwa o podjętych przez nas krokach, czyniąc w ten sposób zadość wymogom międzynarodowej etykiety. Uważamy naszą akcję za sprawę dotyczącą wyłącznie nas oraz Serbii". Berlin kurczowo popierał takie stanowisko i żądał wojny. „Uważa się tutaj, że wszelkie opóźnienie rozpoczęcia działań wojennych zwiększa niebezpieczeństwo wtrącenia się innych państw" – telegrafował ambasador austriacki w Berlinie. Wszyscy dyplomaci niemieccy uparcie powtarzali fałszywe stwierdzenia, jakoby na Wilhelmstrasse nie znano wcześniej treści noty austriackiej; sam Jagow przekazał to „bardzo szczerze" brytyjskiemu *chargé* w Berlinie.

Nieświadome tego, że Austria i Niemcy zdecydowały się już na wojnę, zarówno Anglia, jak i Rosja wywierały nacisk na Serbię, aby okazała pojednawcze stanowisko. Serbowie, powiedział Grey, powinni „udzielić pozytywnej odpowiedzi na tyle punktów, na ile się da w określonym czasie". Sazonow naciskał na Belgrad, aby poszedł na wszelkie ustępstwa, będące do pogodzenia z godnością narodu, i doradzał, że gdy dojdzie do wojny Belgrad powinien odłożyć na bok wszelkie pomysły stawiania oporu, pozwolić się okupować i zaapelować do mocarstw o ochronę na drodze mediacji. Prywatnie Sazonow przyznawał, że Serbowie zasłużyli na „nauczkę". Ostatecznie jednak rosyjski minister spraw zagranicznych nie był gotów ujrzeć, jak niepodległość Serbii zostaje obalona. Wobec ambasadorów Austrii i Niemiec obstawał przy zdaniu, że sprawa jest międzynarodowa i że wojna austriacko-serbska nie da się zlokalizować. Zaproponował arbitraż, który miano oddać w ręce Niemiec, Włoch, Brytanii i Francji; car Mikołaj II sugerował później, żeby sprawę przekazać Trybunałowi Międzynarodowemu w Hadze. Rosja była skłonna zaakceptować każdy kompromis, który nie naruszałby suwerenności Serbii. Rząd serbski uznawał, że wiele spośród austriackich żądań będzie musiało zostać spełnionych. Nawet jeszcze przed otrzymaniem ultimatum rząd serbski poinformował mocarstwa, że Serbia „nie będzie w stanie spełnić tylko takich żądań, które okażą się nie do pogodzenia z godnością i niepodległością narodu serbskiego". Do południa dwudziestego piątego, kiedy do wygaśnięcia terminu ultimatum pozostawało tylko sześć godzin, Serbia poinformowała ambasadorów Brytanii i Francji w Belgradzie, że zamierza zgodzić się na warunki austriackie z minimalnymi jedynie zastrzeżeniami.

Gdy odpowiedź serbska została wręczona baronowi Gieslowi, austriackiemu ministrowi w Belgradzie, zawierała ona podporządkowanie się we wszystkich punktach oprócz jednego: żądania, aby przedstawiciele Austrii otrzymali zezwolenie na udział w śledztwie w sprawie spisku, który doprowadził do zabójstwa arcyksięcia; to, twierdzili Serbowie, byłoby pogwałceniem ich konstytucji oraz przepisów kodeksu postępowania karnego. Gdziekolwiek przeczytano tę odpowiedź, czy to w Europie, czy w Stanach Zjednoczonych, uznano ją za znaczące ustępstwa wobec przygniatających żądań. Serbowie zwiększyli jeszcze swoją uległość przez ofertę przedłożenia całej sprawy, za zgodą Austriaków, pod arbitraż wielkich mocarstw lub pod osąd Trybunału Międzynarodowego w Hadze. Ustępstwa serbskie były oczywiście ostatnią rzeczą, jakiej życzyłby sobie Wiedeń czy Berlin. Giesl otrzymał odpowiedź serbską o godzinie 5.58 po południu. Spojrzał na nią tylko tyle, że wystarczyło mu, by dostrzec serbską odmowę dopuszczenia urzędników austriackich do udziału w śledztwie. Tutaj dojrzał wystarczające podstawy do wojny. Giesl wziął swoją torbę, już spakowaną, i wsiadł do normalnego pociągu, który o szóstej trzydzieści wyruszał z Belgradu i przejeżdżał przez Dunaj, gdzie znajdował się już na terytorium austriackim. Stamtąd Giesl zatelegrafował do Wiednia. Gdy tylko w Wiedniu dowiedziano się, że Giesl opuścił Belgrad, miasto wybuchło demonstracjami radości. Tłumy maszerowały po ulicach, śpiewając pieśni patriotyczne. Austro-Węgry miały oto zmiażdżyć serbską „żmiję".

Stosunki dyplomatyczne zostały zerwane, lecz wojna nie była jeszcze wypowiedziana. Mocarstwa Ententy kontynuowały swoje wysiłki mediacyjne. 26 lipca Grey telegrafował do Berlina, Paryża i Rzymu, proponując zwołanie konferencji czterech mocarstw w Londynie. Francja i Włochy natychmiast wyraziły zgodę; Niemcy szorstko odrzucili propozycję. Kaiser oznajmił, że wziąłby udział w konferencji jedynie za wyraźną zgodą Austrii, co do której wątpił, czy nadejdzie, „jako że w ważnych sprawach ludzie nie radzą się nikogo". W Wiedniu oferta brytyjska została z rozmysłem pominięta. Po zerwaniu stosunków z Serbią Berchtold natychmiast wyjechał do

Bad Ischl, aby zdać sprawę cesarzowi oraz aby uniknąć ambasadorów ententy gotowych do rozmów w sprawie mediacji. Pozostali w stolicy oficjele austriaccy ciągle powtarzali jedynie oficjalną argumentację, że sprawa dotyczy wyłącznie Austrii i Serbii oraz że „Austro-Węgry zostały do takich działań zmuszone".

Dualistyczna monarchia była zdecydowana ostatecznie policzyć się ze swym sąsiadem; zdecydowano się na wojnę i otrzymano obietnicę poparcia niemieckiego. To, że rząd austriacki nie był w stanie udowodnić udziału rządu serbskiego w zbrodni sarajewskiej, przestało się już liczyć. W istocie rzeczy hrabia Berchtold uważał za stosowne ukryć, i to zarówno przed Berlinem, jak i własnym cesarzem, raport niejakiego Herr Wiesnera, urzędnika, którego on sam wysłał do Sarajewa, aby zbadał okoliczności zabójstwa. Wiesner w swoim raporcie doniósł, że „nie było niczego, co by potwierdzało, lub nawet stwarzało przypuszczenia, że rząd serbski znał kroki, jakie doprowadziły do tej zbrodni".

Przez trzy tygodnie Najwyższy Pan Wojny Cesarstwa Niemieckiego pływał wśród wspaniałości natury we fiordach Norwegii, relaksując się słuchaniem wykładów na temat amerykańskiej wojny secesyjnej. Nieobecność Wilhelma nie była wynikiem jego własnej decyzji. Ponaglany przez Bethmanna, aby opuścił Berlin po podjęciu historycznej decyzji z 5 lipca, kaiser utrzymywany był z dala od centrum wydarzeń, ponieważ kanclerz, wspierany przez Jagowa, uważał, iż łatwiej będzie poradzić sobie z kryzysem pod nieobecność łatwo podniecającego się kaisera. 18 lipca, gdy poruszona została możliwość powrotu Wilhelma, Jagow powiedział: „Nie możemy sobie pozwolić na zaalarmowanie świata przedwczesnym powrotem Jego Cesarskiej Mości". Wilhelm kontynuował więc rejs po wodach Utenefiordu, otrzymując z Berlina jedynie skąpe informacje, dopóki nie dowiedział się, co się dzieje:

Gdy przebywałem na swojej wakacyjnej wycieczce [...] otrzymywałem z Ministerstwa Spraw Zagranicznych jedynie mizerne informacje i byłem zmuszony polegać głównie na gazetach norweskich, z których wiadomości odnosiłem wrażenie, że sytuacja się pogarsza. Wielokrotnie telegrafowałem do kanclerza i Ministerstwa Spraw Zagranicznych, że uważam za wskazane wrócić do domu, lecz za każdym razem proszono mnie, abym nie przerywał podróży. [...] Gdy [...] dowiedziałem się z gazet norweskich – nie z Berlina – o ultimatum austriackim do Serbii i zaraz potem o serbskiej nocie do Austrii, zdecydowałem się na powrót bez dalszych ceregieli. [...]".

W poniedziałek 27 lipca kaiser dotarł do Berlina. Wyczerpany i blady Bethmann oczekiwał na peronie kolejowym. „Jak do tego wszystkiego doszło?" – zapytał Wilhelm. Kanclerz zaproponował mu swoją rezygnację. „Nie, pan sam nawarzył tego piwa i teraz sam musi je wypić" – poinformował go kaiser. Wczesnym rankiem dnia następnego Wilhelm po raz pierwszy przeczytał tekst serbskiej odpowiedzi na austriackie ultimatum. Wręcz pałał radością. „Wspaniałe osiągnięcie, zważywszy na jedynie czterdziestoośmiogodzinny limit czasu – napisał do Jagowa – To więcej niż można by oczekiwać. Wielkie moralne zwycięstwo Wiednia; wraz z tym odpadają wszystkie racje za wojną". Wilhelm rozkazał sekretarzowi stanu zainicjować natychmiastową mediację pomiędzy Austrią a Serbią, z Belgradem w roli tymczasowego zakładnika, zapewniającego odpowiednie sprawowanie się Serbów. Jagow i Bethmann byli zaszokowani rozkazem cesarskim. Czy ich władca nie uświadamiał sobie, że celem ultimatum było właśnie uzyskanie pewności jego odrzucenia i stworzenie podstaw do wypowiedzenia wojny? Wiedeń nie był zainteresowany „wielkim moralnym zwycięstwem"; miał na uwadze sprowadzenie Serbii do roli państwa wasalnego. Reakcja kanclerza polegała po prostu na zignorowaniu kaisera. Tegoż wieczora wysłał on instrukcje do ambasadora Niemiec w Wiedniu, miały one wyjaśniać Tschirschky'emu czarno na białym, że musi „jak najstaranniej unikać wywołania wrażenia, że chcielibyśmy powstrzymywać Austrię". Owo powstrzymywanie nie było konieczne zbyt długo; tegoż wieczora deklaracja z wypowiedzeniem wojny przez Austrię została przekazana Serbii w formie otwartego telegramu od hrabiego Berchtolda do serbskiego Ministerstwa Spraw Zagranicznych. Następnego ranka, 29 lipca, artyleria austriacka, stojąca po drugiej stronie Dunaju naprzeciw Belgradu, rozpoczęła ostrzeliwanie serbskiej stolicy.

Wypowiedzenie wojny przez Austrię i rozpoczęcie działań wojennych pogrążyło St Petersburg w ponurym nastroju. Aż do tej chwili Sazonow okazywał stanowisko pojednawcze, rozsyłając zapewnienia, że pragnie znaleźć pokojowe rozwiązanie i „jest gotów posunąć się do wszelkich granic, aby tylko dogodzić Austrii". Przyznawał, że Austria ma powody do uskarżania się, lecz obstawał, iż „musi się znaleźć jakiś sposób udzielenia Serbii nauczki, na jaką zasługuje, a równocześnie nie naruszający jej suwerennych praw". Car Mikołaj II także był przerażony myślą o wojnie. Próbując ocalić pokój i odpierając naciski wojskowych, aby ogłosić powszechną mobilizację, car wyciągnął rękę do Niemiec, wykorzystując kanał w formie osobistego apelu do bratniego monarchy. O pierwszej w nocy z 28 na 29 lipca, gdy austriacka deklaracja z wypowiedzeniem wojny została już wysłana, lecz zanim jeszcze działa otworzyły ogień, Mikołaj II wysłał telegram do Wilhelma II: „Jestem zadowolony, że wróciłeś [...] Wypowiedziano haniebną wojnę małemu krajowi. [...] Błagam cię, w imię naszej starej przyjaźni, abyś uczynił wszystko, co tylko możesz, aby powstrzymać twoich sojuszników od posunięcia się zbyt daleko". Wilhelm, czytając telegram cara, zanotował na marginesie: „Wyznanie własnej słabości i próba zrzucenia odpowiedzialności na moje ramiona [...]". Kaiser odpowiedział Mikołajowi, że nie może się zgodzić z terminem „haniebna wojna". Oskarżył Serbię o „pozbawiona skrupułów agitację" i „nikczemne morderstwo".

Mikołaj, wierzył Wilhelm, „niewątpliwie zgodzi się ze mną, że my obaj [...] podobnie jak wszyscy inni Suwerenowie, mamy wspólny interes w tym, aby wszelkie królobójstwo zostało ukarane"*.

Ostrzał Belgradu zmniejszył szanse na utrzymanie pokoju europejskiego. Sazonowa poinformowano o tym fakcie podczas konferencji z ambasadorem austriackim; wiadomość ta „odmieniła" ministra spraw zagranicznych, raportował jego niewygodny gość. Tegoż popołudnia Mikołaj II podpisał ukaz z rozkazem mobilizacji w czterech okręgach wojskowych – Moskwa, Kijów, Odessa i Kazań – grupujących trzynaście korpusów armijnych skierowanych przeciw Austrii. Północne okręgi, graniczące z Niemcami, nie zostały objęte ukazem. Kaiser natychmiast zaczął bombardować i tak już przyciśniętego do muru cara zastraszającymi telegramami, domagając się natychmiastowego odwołania częściowej mobilizacji rosyjskiej i ostrzegając, iż „cały ciężar decyzji spoczywa teraz wyłącznie na twoich ramionach, które muszą unieść odpowiedzialność za [...] wciągnięcie Europy w najpotworniejszą wojnę, jakiej dotąd była świadkiem". 29 lipca rząd niemiecki formalnie wystąpił z żądaniem zatrzymania rosyjskiej mobilizacji,

* Były to pierwsze ze słynnej serii telegramów na linii „Wiluś-Nikuś", przesyłanych tam i z powrotem między Peterhofem a Poczdamem przez trzy dni i noce w przededniu wojny. Wszystkie napisane były w języku angielskim – wspólnym języku obu monarchów (*przyp. aut.*).

oznajmiając, że tylko natychmiastowe jej zawieszenie może zapobiec mobilizacji sił niemieckich.

Niemcy stały teraz wobec wzrastającego prawdopodobieństwa wojny z Rosją. Polityka niemiecka miała dotąd zachęcać do lokalnej wojny na Bałkanach, ukarania królobójczego państwa i przywrócenia pomyślności podupadającego sojusznika. Interwencji rosyjskiej nie brano pod uwagę. Armię cara uważano za nieprzygotowaną i kaiser oraz jego doradcy spodziewali się, że Rosja ustąpi, tak jak zrobiła to pięć lat temu podczas kryzysu bośniackiego. Perspektywy były wspaniałe: lokalizacja konfliktu osiągnięta; uniknięto wojny powszechnej; Serbia rozbita; Austria odrodzona; Rosja odarta ze statusu wielkiego mocarstwa; równowaga sił na Bałkanach i w Europie zmieniona. Mobilizacja rosyjska przeciw Austrii zdruzgotała wszystkie te marzenia.

Perspektywa wielkiej wojny nie zniechęcała niemieckich i austriackich generałów. Wręcz przeciwnie, Moltke, Conrad i inni dowódcy wojskowi od dawna byli przekonani, że wojna z Rosją jest nieunikniona, a im szybciej do niej dojdzie, tym lepiej; słowiańskie imperium z każdym rokiem rosło w siłę. Bethmann nie sprzeciwiał się już tym poglądom, lecz nastawał – jeśli wojna miała wybuchnąć w każdej chwili – aby zmusić Rosję do zmobilizowania się jako pierwszą. Kanclerz obawiał się o zachowanie pozorów w Niemczech i za granicą. W samej Rzeszy socjaliści mogli odmówić walki. Jedynym niebezpieczeństwem, jakie mogło naprawdę zgromadzić niemieckich robotników u boku Hohenzollernów, była groźba najazdu przez słowiańskie hordy. „Rosja musi bezwzględnie zostać przedstawiona jako zło” – tłumaczył Bethmann kaiserowi. Ta właśnie konieczność zwalenia winy na Rosję miała wpłynąć na oba systemy sojusznicze Europy. Zarówno trójprzymierze jak i dwuporozumienie były z istoty sojuszami obronnymi. Przynależność Włoch do trójprzymierza, a może nawet honorowanie przez Francję sojuszu z Rosją zależały od kwestii: Kto Zaczął Wojnę. Sprawa szczególnie ostro miała wyglądać w Anglii. Brytyjczycy, zawsze niesk łonni do uwikłania się w kłótnie na kontynencie, z pewnością nie byliby zainteresowani w wojnie rozpoczętej na Bałkanach, w której okazałoby się, że Rosja atakuje Niemcy. Wszystkie te owoce, w kraju i za granicą, można było zebrać, gdyby Niemcy mogły jakoś doprowadzić Rosję do stanu, w którym zmuszona byłaby ogłosić powszechną mobilizację jako pierwsza. To właśnie stało się teraz celem kanclerza.

Tylko Bethmann i Lichnowsky przejmowali się reakcją Brytanii na rozwój wydarzeń. Niemcy i Austria miały przewagę wojskową na kontynencie, zaś niemiecki Sztab Generalny zasadniczo gwarantował zwycięstwo trójprzymierza w wojnie czysto europejskiej. Kanclerz jednak, bardziej przewidujący od swoich generałów, wzdragał się na myśl o wojnie z udziałem Imperium Brytyjskiego. Należało spróbować wszystkiego, aby wzmóc naturalną niechęć Brytanii do uwikłania się w sprawy kontynentu. Nadzieje kanclerza otrzymały prawdziwy cios taranem 29 lipca wieczorem, gdy nadszedł telegram od Lichnowsky'ego, że po południu został wezwany przez Sir Edwarda Greya. Dogłębnie zaalarmowany minister spraw zagranicznych powiedział ambasadorowi niemieckiemu, że „jeśli wybuchnie wojna, będzie to największa katastrofa jaką świat dotychczas oglądał". Aby jej zapobiec, Grey zaproponował, żeby Austria po zajęciu Belgradu wstrzymała dalsze działania i poddała się mediacji Niemiec, Włoch, Francji i Wielkiej Brytanii. Jeśli Austria nie wyrazi zgody, ostrzegł Grey, nie będzie można liczyć na neutralność brytyjską. „Rząd brytyjski [...] mógł stać z boku, dopóki konflikt ograniczał się do Austrii i Rosji. Jeśli jednak [...] Niemcy i Francja miałyby zostać do niego wciągnięte, wtedy sytuacja ulegnie natychmiastowej zmianie i rząd brytyjski [...] czułby się zmuszony do podjęcia szybkiej decyzji".

Telegram ten wstrząsnął Bethmannem. Zanosiło się oto na wojnę pomiędzy Niemcami a Rosją, zaś plan Schlieffena nakazywał rozpocząć tę wojnę szybką, miażdżącą ofensywą przeciwko sojusznikowi Rosji – Francji. Jeśli, jak groził Grey, wciągnięcie do wojny Francji oznaczałoby możliwość interwencji Anglii po stronie francuskiej, to wynik wojny stawał się znacznie mniej pewny. Bethmann znajdował się już u granic własnej wytrzymałości fizycznej. „Na Wilhelmstrasse panuje wielki niepokój. Nikt nie śpi" – donosił osobisty asystent kanclerza. Tej nocy Bethmann nie poszedł do łóżka. O godzinie 2.55 nad ranem, przerażony dostrzeżonymi możliwościami, postanowił spróbować odwrócić bieg wypadków na Bałkanach. Telegram do Tschirschky'ego poinformował ambasadora, że jeśli Austria odrzuci mediację, „Anglia będzie przeciwko nam. [...] W takich okolicznościach, musimy pilnie i usilnie zasugerować [...] gabinetowi w Wiedniu wyrażenie zgody na mediację". O trzeciej nad ranem do Tschirschky'ego wyszedł kolejny pełen przerażenia telegram: „Jesteśmy oczywiście gotowi wypełnić zobowiązania, wynikające z naszego sojuszu, lecz musimy uchylić się od niepotrzebnego wciągnięcia nas przez Wiedeń w pożar o światowym zasięgu, i to bez zwracania najmniejszej uwagi na nasze rady". Osiemnaście godzin później zdesperowany kanclerz telegrafował po raz trzeci: „Jeśli Wiedeń uchyla się od ustępstw w jakimkolwiek zakresie [...] trudno będzie zwalić winę za wybuch wojny na barki Rosji. [...] Wiedeń da udokumentowany dowód, że bezwzględnie pragnie wojny, w którą i my zostaniemy wciągnięci, zaś Rosja uniknie wszelkiej odpowiedzialności. Postawi to nas w nieznośnym położeniu, nawet w oczach naszych własnych ludzi. Możemy zatem jedynie pilnie zalecać, aby Austria przyjęła propozycję Greya".

Było już za późno. Gdy Tschirschky dostarczył wiadomość od Bethmanna Berchtoldowi, austriacki minister spraw zagranicznych wysłuchał go w milczeniu, a potem chłodno oznajmił, że „wstrzymanie austriackich działań wojennych przeciwko Serbii nie wchodzi w rachubę z punktu widzenia uczuć armii i narodu". Trzydziestego pierwszego rano apel Bethmanna do podjęcia mediacji był przedmiotem dyskusji gabinetu austro-węgierskiego. Niemieckie żądanie, aby Austria poddała się mediacji, zostało oddalone poprzez wysunięcie trzech warunków nie do spełnienia: należy pozwolić na kontynuację wojny przeciwko Serbii; wszelka mobilizacja rosyjska musi zostać zatrzymana; Serbia musi bezwarunkowo przyjąć wszystkie punkty ultimatum austriackiego. Panowała obawa, że Berlin, po dwóch tygodniach nacisków na Austrię, aby rozpoczynała wojnę, teraz zacznie domagać się jej powstrzymania. W stenogramie posiedzenia gabinetu austriackiego fałszywie zidentyfikowano źródło takiej rejterady Niemców: „Mieliśmy bardzo wątpliwe wsparcie w osobie przedstawiciela Niemiec w Londynie. Po księciu Lichnowskym można się było spodziewać wszystkiego, prócz tego, że będzie tam gorąco prezentował nasze interesy".

Bethmann także był bliski desperacji. Klucząc i czyniąc zwroty, aby uciec przed implikacjami tego, co się działo, kanclerz wykonał gwałtowny ruch mający zapewnić neutralność Brytyjczyków. Tuż przed północą 29 lipca wezwał ambasadora brytyjskiego, Sir Edwarda Goschena, na Wilhelmstrasse i zaoferował mu układ. Kanclerz powiedział mu, że rozumie, iż „Wielka Brytania nigdy nie dopuści do zmiażdżenia Francji". Lecz przypuśćmy, że Niemcy pokonają Francję w wojnie, lecz następnie jej nie „zmiażdżą"? Czy Anglia pozostanie neutralna, jeśli Rzesza z góry zagwarantuje powojenną integralność terytorialną Francji i Belgii? (Oferta kanclerza obejmowała jedynie europejskie metropolie; Bethmann odmówił złożenia obietnicy, że Niemcy nie podzielą francuskich i belgijskich imperiów kolonialnych w Afryce). Goschen przekazał zapytanie do Londynu, gdzie zostało ono określone przez Crowe'a jako „zdumiewające" i odrzucone przez Greya jako „nikczemne" i „haniebne".

Podczas gdy wycieńczony kanclerz prowadził swoją walkę, niemieccy generałowie zaczynali tracić cierpliwość. Plan Schlieffena nie zakładał wojny wyłącznie przeciw Rosji, lecz przeciwko obydwu stronom sojuszu, Rosji i Francji. Na froncie zachodnim dystanse były mniejsze, nieprzyjaciel nie tak liczny, mniej również było nieprzewidzianych czynników. Zgodnie z tym plan niemiecki przewidywał rzucenie głównej masy armii niemieckiej przeciwko Francji, w dążeniu do zadania powalającego ciosu i zajęcia Paryża w ciągu sześciu tygodni, zanim dałoby się zmobilizować i puścić w ruch rosyjskiego kolosa. Fakt, że Francja nie miała aktualnie żadnych punktów spornych z Niemcami, nie czynił generałom żadnej różnicy. 30 lipca Jagow powiedział Sir Edwardowi Goschenowi, że jeśli Niemcy ogłoszą mobilizację, to Francja zostanie zaatakowana. „Wyrażał z tego powodu ubolewanie – raportował Goschen do Londynu – ponieważ wiedział, że Francja nie pragnie wojny, lecz będzie to koniecznością militarną". W miarę jak upływały kolejne dni, niemieccy generałowie zaczynali się obawiać, że dyplomaci ententy, z ich próbami mediacji w Wiedniu, do spółki z ich własnym kanclerzem i jego żądaniem, by Rosja pierwsza ogłosiła mobilizację, mogą namieszać w ich doskonale zgranych planach. Generałów mało obchodziła kwestia, kto zaczął wojnę; ich troską było, kto ją wygra. Zaczęli przejmować kontrolę nad biegiem wydarzeń.

W środę 29 lipca generał von Moltke przesłał kanclerzowi długie memorandum polityczne, w którym scharakteryzował marsz Austriaków na Serbię jako „czysto prywatną kłótnię", przedsięwziętą „dla wypalenia rozżarzonym żelazem raka grożącego zatruciem organizmu Europy". Ponieważ „Rosja znalazła się po stronie zbrodniczego kraju", nadchodziła „wojna która na dziesięciolecia unicestwi cywilizację niemal całej Europy" – kontynuował Moltke. Niemcy nie pragną brać udziału w tej wojnie, lecz odwrócić się plecami do Austrii oznaczałoby „pogwałcić głęboko zakorzenione poczucie wierności zobowiązaniom, które jest jedną z najpiękniejszych cech niemieckiego charakteru". Tego samego popołudnia, na posiedzeniu Rady Koronnej w Poczdamie, minister wojny, generał von Falkenhayn, ponaglał kaisera, aby ogłosił „stan zagrożenia wojną" (*Kriegsgefahr*). Na usilne błagania Bethmanna kaiser chwilowo odmówił. Zdegustowany tym Moltke wysłał do Wiednia własny telegram, naciskając na Conrada, aby Austria natychmiast przeszła do pełnej mobilizacji, obiecując, że Niemcy pójdą w jej ślady. W czwartek 30 lipca cesarz Franciszek Józef proklamował pełną mobilizację Cesarstwa Austro-Węgier. Tego samego popołudnia w St Petersburgu car Mikołaj II ugiął się pod naciskami swoich generałów i nakazał powszechną mobilizację w Rosji. Zanim zapadła noc wieści o tym dotarły do Berlina. Generałowie niemieccy zażądali podjęcia decyzji o własnej mobilizacji. Oznajmiwszy, że nie otrzymał dotąd żadnych oficjalnych wiadomości z St Petersburga, zmizerowany Bethmann pozbył się Moltkego i Falkenhayna na jeszcze jedną noc. Obiecał im jednak, że do południa dnia następnego udzieli im odpowiedzi.

W piątek 31 lipca o godzinie 11.55, oficjalny telegram od Pourtalèsa dotarł na Wilhelmstrasse, gdzie zebrali się polityczni i wojskowi przywódcy Cesarstwa Niemieckiego. „Powszechna mobilizacja rosyjskiej armii i floty" – donosił telegram. „Pierwszy dzień mobilizacji – 31 lipca". Cokolwiek było to warte, Bethmann wygrał – Rosjanie mobilizowali się pierwsi. Kanclerz i minister wojny wspólnie zatelefonowali do kaisera i poprosili o ogłoszenie *Kriegsgefahrt*. Wilhelm wyraził zgodę. Tego jeszcze popołudnia ultimatum niemieckie, skierowane do St Petersburga, nakazywało carowi demobilizację w ciągu dwunastu godzin i „ogłoszenie wyraźnej deklaracji w tej sprawie". W przeciwnym razie Niemcy zmobilizują się i wypowiedzą wojnę. Drugie ultimatum, bardziej obraźliwe w tonie, zostało wysłane do Paryża. Berlin domagał się informacji, czy Francja pozostanie neutralna w nadchodzącej wojnie niemiecko-rosyjskiej. Gdyby odpowiedź brzmiała „tak", Niemcy domagały się wydania im przez Francję twierdz Toul i Verdun, jako zabezpieczenia owej obietnicy neutralności. (Ten wielki system fortec stanowił podstawę obrony Francji wzdłuż jej granicy wschodniej). Paryż otrzymał osiemnaście godzin na udzielenie odpowiedzi. Ogłoszenie niemieckiego ultimatum wobec Rosji (ale nie wobec Francji) nastąpiło w specjalnych wydaniach gazet berlińskich wieczorem 31 lipca, gdy po Unter den Linden krążyły tłumy ludzi.

W sobotę 1 sierpnia w południe minął termin niemieckiego ultimatum skierowanego do Rosji bez żadnej odpowiedzi z St Petersburga. O 12.52, pięćdziesiąt dwie minuty po upływie terminu, hrabia Pourtalès otrzymał instrukcje, aby złożył wizytę Sazonowowi i oznajmił mu, że Niemcy znajdują się w stanie wojny z Rosją. O piątej po południu, cesarz podpisał dekret o powszechnej mobilizacji, a o siódmej-dziesięć wieczorem, hrabia Pourtalès wręczył Sazonowowi niemieckie wypowiedzenie wojny. „Niech spadnie na was przekleństwo narodów" – oznajmił Sazonow. „Bronimy naszego honoru" – odparł Pourtalès. Następnie zachwiał się i zaszlochał. „Taki jest oto koniec mojej misji" – powiedział. Sazonow poklepał go po plecach i odprowadził go aż za drzwi. „Do widzenia, do widzenia" – wymamrotał starzejący się, załamany na duchu ambasador.

Wojna zaczęła się już na wschodzie, ale jeszcze nie na zachodzie. Po południu dotarł do Berlina telegram z Londynu. Lichnowsky donosił, że rozmawiał z Sir Edwardem Greyem. Minister spraw zagranicznych zapytał go, czy w zamian za obietnicę zachowania przez Francję neutralności w wojnie niemiecko-rosyjskiej, Niemcy powstrzymają się od zaatakowania Francji. Na własną odpowiedzialność Lichnowsky udzielił odpowiedzi pozytywnej. Wilhelm podpisał właśnie rozkaz o powszechnej mobilizacji i wręczył go Moltkemu, który wracał samochodem z Poczdamu do Berlina. Podekscytowany Wilhelm wysłał pośpiesznie adiutanta w pościg za Moltkem, aby sprowadzić go z powrotem do Nowego Pałacu. Zanim generał przybył, kaiser zatelegrafował do swojego kuzyna, króla Jerzego V: „Jeśli Francja oferuje mi neutralność, która musi być gwarantowana przez brytyjską flotę i armię, to oczywiście odstąpię od zaatakowania Francji i zatrudnię moje oddziały gdzie indziej. Mam nadzieję, że Francja nie stanie się zbyt nerwowa. Oddziały na granicy otrzymują właśnie telefonicznie i telegraficznie rozkazy powstrzymania się przed wkroczeniem do Francji". Ostatnie zdanie odnosiło się do nagłego odwołania planowanego zajęcia Luksemburga przez 16 Dywizję, co miało być wstępem do najazdu na Francję. Bethmann nastawał, aby armia nie przekraczała granicy zanim nadejdzie odpowiedź od króla Jerzego V, a Wilhelm – bez konsultacji z Moltkem – rozkazał swojemu adiutantowi zatelefonować do dowództwa 16 Dywizji i wstrzymać operację.

Gdy Moltke ponownie stanął przed Wilhelmem, ten oznajmił zaskoczonemu generałowi: „Teraz możemy ruszyć na wojnę wyłącznie przeciw Rosji. Po prostu pomaszerujemy całą armią na wschód".

Moltke, będąc świadkiem, jak załamuje się cała jego strategia, był „zdruzgotany". „Wasza Cesarska Mość, tego się nie da zrobić – argumentował – Rozwinięcia milionów żołnierzy nie można zaimprowizować. Jeśli Wasza Cesarska Mość upiera się przy wysłaniu całej armii na wschód, nie będzie to armia gotowa do bitwy, lecz zdezorganizowany motłoch. [...] Uzgodnienie tego wszystkiego zajęło cały rok skomplikowanej pracy, a gdy raz już wszystko zostało ustalone, nie da się tego zmienić".

Kaiser słuchał go z zakłopotaniem. „Twój stryj udzieliłby mi innej odpowiedzi" – rzekł do Moltkego. Było to wymówka, która, jak napisał później generał, „głęboko mnie zraniła". Moltke udał się z powrotem do siedziby Sztabu Generalnego i „w skrajnej desperacji wybuchnął płaczem [...] Myślałem, że serce mi pęknie". Gdy oficer sztabowy dostarczył mu rozkaz oficjalnie odwołujący wtargnięcie do Luksemburga, „rzuciłem pióro na stół i odmówiłem złożenia podpisu. «Rób z tym telegramem co chcesz – powiedziałem – Ja go nie podpiszę»". O jedenastej wieczorem Moltke był z powrotem w pałacu, gdzie spotkał kaisera noszącego płaszcz wojskowy narzucony na nocną koszulę. Kolejny telegram od Lichnowsky'ego ujawnił, że ambasador błędnie zinterpretował intencje Sir Edwarda Greya. „Ogólnie rzecz biorąc, nie należy spodziewać się pozytywnej propozycji ze strony Anglii" – kablował Lichnowsky. Kaiser przywitał Moltkego sztywno, powiedział: „Teraz pan może robić, co mu się podoba" – i wrócił do łóżka. Moltke próbował się pozbierać, lecz nie całkiem mu się to udało. „Było to moje pierwsze doświadczenie wojenne" – napisał później – Nigdy nie doszedłem do siebie po szoku związanym z tym incydentem. Coś we mnie pękło i nigdy już nie byłem taki sam [jak przedtem]".

Niemieckie ultimatum wobec Francji wygasało 1 sierpnia o pierwszej po południu. O godzinie 1.05 ambasador niemiecki, baron von Schoen, zażądał odpowiedzi na Quai d'Orsay.

Powiedziano mu chłodno, że „Francja działać będzie w zgodzie z własnym interesem". O trzeciej czterdzieści zmobilizowane zostały Francuska Armia i Marynarka Wojenna. Niemcy zrozumiały, że z francuskiej neutralności nic nie będzie; Republika stanie u boku rosyjskiego sojusznika. Odpowiedź niemiecka była automatyczna: „Gdy gabinet francuski, na nasze zapytanie [...] odparł, że Francja będzie postępować tak, jak wymagają tego jej interesy, nie mieliśmy wyboru, lecz musieliśmy wypowiedzieć wojnę Francji" – powiedział Bethmann.

Cztery wielkie mocarstwa znajdowały się obecnie w stanie wojny: Niemcy i Austria przeciwko Rosji i Francji. Włochom udało się wyłamać. 31 lipca włoska Rada Ministrów przegłosowała neutralność swojego kraju, wyjaśniając, że „ani litera, ani duch trójprzymierza nie zobowiązują [...] Włoch do wzięcia udziału w wojnie, która nie nosi charakteru wojny obronnej". Dla Rzymu było oczywiste, że wojna spowodowana została atakiem austriackim na Serbię i tego chwycił się rząd włoski. Włochy zawsze obawiały się narażenia swojej długiej linii brzegowej na atak brytyjskiej marynarki wojennej; teraz zaś, gdy wydawało się możliwe, że Brytania wejdzie do wojny po stronie ententy, Włochy skorzystały z języka traktatu tworzącego trójprzymierze, aby z niego uciec.

Na koniec trafił się jeszcze element ironii. Nawet gdy Niemcy wypowiedziały już wojnę Rosji, rzekomo dlatego, iż sojusznik Niemiec, Austria, był zagrożony rosyjską mobilizacją – dyplomaci Rosji i Austrii kontynuowali rokowania. 27 lipca Austria oficjalnie zadeklarowała, że „nie dąży do żadnych zdobyczy terytorialnych w Serbii oraz że nie ma zamiaru naruszyć integralności królestwa; jej wyłącznym celem jest zapewnienie sobie spokoju". Hrabia Sazonow uznał to za wystarczającą podstawę do rozmów.

Austria pomimo puszenia się Conrada nie pragnęła wojny z Rosją i miała nadzieję, że car się cofnie, co pozwoliłoby jej na załatwienie się z Serbami. Tempo, jakiego nabrał rozwój wypadków w Berlinie, zaalarmowało Wiedeń. 1 sierpnia, w dniu kiedy Niemcy wypowiadały wojnę Rosji, ambasador austriacki w St Petersburgu złożył wizytę Sazonowowi, aby kontynuować negocjacje austro-rosyjskie. Przedmiotem dyskusji były różnice interpretacyjne na temat tego, co stanowi naruszenie suwerenności Serbii; po spotkaniu ambasador austriacki raportował hrabiemu Berchtoldowi, iż wierzy, że różnice są do przezwyciężenia. W międzyczasie Sazonow przekonywał swojego gościa, że Wiedeń nie powinien czuć się zatrwożony rosyjską mobilizacją. „Nie ma obaw, że działa same wystrzelą – powiedział rosyjski minister spraw zagranicznych – a [...] armia rosyjska [...] jest tak dobrze zdyscyplinowana, że car jednym słowem może odwołać ją znad granicy". Tego samego ranka rosyjski ambasador w Wiedniu złożył wizytę hrabiemu Berchtoldowi. Przybył, zanotował Berchtold, „z jak najbardziej przyjaznym nastawieniem [...] ciągle miał nadzieję, że będzie możliwe załatwić sporne kwestie w drodze bezpośrednich negocjacji. [...] Odszedł, czyniąc uwagę, że pomiędzy nami a Rosją doszło jedynie do wielkiego nieporozumienia".

Tego wieczora, 1 sierpnia, w Wiedniu i w St Petersburgu wiedziano już o wypowiedzeniu przez Niemcy wojny Rosji. Negocjacje austro-rosyjskie nie mogły być kontynuowane. Austria nie miała już wyboru, jak tylko pójść w ślady sojusznika. Przez następne pięć dni, choć Niemcy były już w stanie wojny z Rosją, Austria – strona pierwotnie zagrożona – utrzymywała z nią pokój. Z Berlina nadejść musiała seria ostrych telegramów, zanim 6 sierpnia Austro-Węgry ostatecznie wypowiedziały wojnę Rosji.

46

Armageddon nadciąga – Londyn

W piątek 24 lipca po południu, gabinet brytyjski spotkał się w pokoju premiera w budynku Izby Gmin. Tematem obrad była Irlandia. Przez całą wiosnę przez parlament raz jeszcze przetaczała się *Home Rule*, wielka sprawa, a równocześnie zmora Partii Liberalnej. Debata skupiała się na kwestii, czy protestanckie hrabstwa Ulsteru, nie pragnące, aby rządził nimi katolicki parlament w Dublinie, będą miały prawo zdecydować o pozostawaniu poza *Home Rule*. W miarę jak przegłosowanie ustawy stawało się coraz pewniejsze, Ulsterczycy burzyli się coraz goręcej. Ponieważ byli niemal pewni, że wkrótce zostaną zdradzeni przez Westminster, postanowili ująć sprawy we własne ręce. Toczyły się wśród nich rozmowy o ustanowieniu tymczasowego rządu Ulsteru; trwały też aktywne przygotowania do zbrojnego oporu. Do lata w rękach protestantów znalazło się 36 000 sztuk broni palnej i trzy miliony sztuk amunicji. W swoim oporze Oranżyści spotkali się z otwartą zachętą ze strony brytyjskiej Partii Konserwatywnej i cichym poparciem pewnej liczby oficerów Armii Brytyjskiej. Oficerowie ci, z których wielu znajdowało swe korzenie wśród anglo-irlandzkiej drobnej szlachty, sprzeciwiali się *Home Rule* i byli niechętni uczestnictwu w militarnym podporządkowaniu Ulsteru. 20 marca głównodowodzący siłami brytyjskimi w Irlandii przemawiał do dużej grupy oficerów w koszarach Curragh i stwierdził, iż stoi wobec faktu, że większość z nich odmawia poprowadzenia swoich żołnierzy do Ulsteru. Powiadali oni, że raczej podadzą się do dymisji niż będą walczyć z protestanckimi Oranżystami. Ten niemal-bunt wstrząsnął parlamentem i krajem. Konserwatyści oskarżali rząd liberalny o poświęcenie Ulsteru; Liberałowie oskarżali opozycję o zachęcanie do rebelii przeciw Koronie. 21 lipca król wezwał przedstawicieli zainteresowanych stron do pałacu Buckingham, aby znaleźć jakieś rozwiązanie. Trzy dni kłótni zakończyło się impasem i 24 lipca przerwano obrady. Wszystkie te fakty, przekazywane ze szczegółami do Berlina przez niemieckich dyplomatów, pomogły przekonać Wilhelmstrasse, że brytyjskie uwikłanie się w Irlandii jest tak znaczne, iż Anglia nie musi być poważnie rozpatrywana jako czynnik w dyplomacji europejskiej.

Po południu tego samego dnia impas w sprawie Irlandii został przedstawiony na posiedzeniu gabinetu. Spotkanie właśnie się kończyło i większość członków gabinetu już stała, gotowa udać się do domów, gdy Sir Edward Grey poprosił kolegów, aby pozostali jeszcze parę minut. Ponownie zajęli miejsca. Opisanie przez Greya sytuacji w Europie Środkowej i na Bałkanach było pierwszą dyskusją na temat spraw zagranicznych od ponad miesiąca. Gdy odczytywał ultimatum austriackie skierowane do Serbii, zaabsorbowanie słuchaczy sprawami Irlandii zaczęło zanikać. Churchill wspominał to tak: „[Grey] czytał już czy przemawiał od kilku minut, zanim zdołałem oderwać mój umysł od nużącej i kłopotliwej, zakończonej przed chwilą debaty. [...] Stopniowo, gdy zwroty i zdania płynęły jedno po drugim, w umyśle moim zaczęły kształtować się wrażenia całkiem innego rodzaju. [...] Gminy Fermanagh i Tyrone znikły gdzieś wśród mgieł i szkwałów Irlandii, a natychmiast ujrzałem jakieś dziwne światło, rozjaśniające się, to znów gasnące nad mapą Europy”. Słowa Greya, starannie wymawiane jego spokojnym głosem, robiły wrażenie. Tego wieczora w raporcie dla króla Asquith określił ultimatum austriackie jako „najpoważniejsze wydarzenie w polityce europejskiej od wielu lat, jako że może stać się ono przygrywką do wojny z prawdopodobnym udziałem przynajmniej czterech wielkich mocarstw”. Do Venetii Stanley zaś napisał: „Znajdujemy się w wymiernej, a przynamniej wyobrażalnej, odległości od prawdziwego Armageddonu. Na szczęście, zdaje się, nie ma powodów, abyśmy mieli być w tym czymś więcej, niż tylko widzami".

Optymizm Asquitha, przynajmniej co się tyczyło Anglii, opierał się na historii dyplomacji ostatnich lat. W ciągu ośmiu lat trzykrotnie (1905, 1908, 1911) Europa znajdowała się na krawędzi wojny i za każdym razem zwyciężała dyplomacja. Wiosną 1914 roku kontynent wydawał się spokojny. Suwerenowie i głowy państw jeździli pomiędzy stolicami, kłaniając się i pozdrawiając wiwatujące tłumy. Stosunki anglo-niemieckie osiągnęły równowagę; sprawy wojennomorskie przycichły; do ostatecznego zakończenia sporu o kolej Berlin-Bagdad brakowało wyłącznie podpisu strony niemieckiej. Ambasador Niemiec, książę Lichnowsky, stronnik polepszenia stosunków, był popularny wśród socjety londyńskiej. 23 lipca, na dzień przed poinformowaniem przez Greya gabinetu o ultimatum austriackim, Lloyd George powiedział w Izbie Gmin, że stosunki z Niemcami są najlepsze od wielu lat i że jest w stanie zapowiedzieć „znaczące oszczędności w wydatkach na marynarkę". Rozwijając ten przynoszący nadzieje temat, kanclerz Izby Rozrachunkowej oznajmił: „Uparcie przychodzi mi do głowy, że cywilizacja, zdolna poradzić sobie ze sporami pomiędzy osobami i małymi wspólnotami w kraju, która potrafi je rozwiązywać i regulować stosując jakieś zdrowe i dobrze pomyślane zasady arbitrażu, powinna także poradzić sobie w działaniach na większą skalę, obejmujących także spory między państwami".

Nawet po wypadkach w Sarajewie nastroje w Londynie nie zmieniły się. Ludzie w Brytanii reagowali na nie tak, jak wszyscy inni: z przerażeniem, z oburzeniem na zbrodniarzy, ze współczuciem dla starzejącego się Franciszka Józefa. Brytyjczycy spodziewali się, że winni zostaną wykryci i ukarani. Obawy przed konsekwencjami międzynarodowymi rozpływały się w atmosferze spokoju, rozmyślnie tworzonej przez rządy Austrii i Niemiec. Minister spraw zagranicznych, odpowiedzialny za obserwację zachowań innych krajów, nie wspominał o niczym w gabinecie aż do 24 lipca. Milczenie Greya nie oznaczało jednak, iż był on nieświadom biegu wypadków. 6 lipca do Londynu powrócił z Berlina Lichnowsky i dał Greyowi do zrozumienia, że za fasadą spokoju w Wiedniu i Berlinie zaczynały grać temperamenty. Austriacy zdecydowani byli rozprawić się z Serbią, powiedział [ambasador], zaś rząd Cesarstwa Niemieckiego uważał, że musi poprzeć swego sojusznika. Grey okazał zrozumienie. Przyznając, że Austria została potężnie sprowokowana, minister spraw zagranicznych zadeklarował, iż „istota sporu pomiędzy [...] Austrią a Serbią nie jest przedmiotem zainteresowania Rządu Jego Królewskiej Mości". Rozważałby raczej sprawę „po prostu i wyłącznie z punktu widzenia pokoju w Europie"; był tutaj „bardzo zaniepokojony jakie stanowisko zajmie Rosja". Grey próbował wpłynąć na to stanowisko, pracując nad przekonaniem St Petersburga, aby było ono pojednawcze wobec Austrii, lecz, jak powiedział Lichnowsky'emu dziewiątego lipca, będzie to w znacznym stopniu zależeć od kroków, do jakich podjęcia szykuje się Austria. Ogólnie rzecz biorąc, powiedział Grey ambasadorowi, „nie widzi on powodu, aby pesymistycznie spoglądać na sytuację".

Te nadzieje Greya, przekazane do Berlina, spowodowały zadowolenie na Wilhelmstrasse. 12 lipca ambasador austriacki w Berlinie telegrafował do Wiednia: „Rząd niemiecki jest przekonany, iż posiada dowód, że Anglia nie weźmie udziału w wojnie wywołanej zaburzeniami na Bałkanach, nawet gdyby wciągnięte do niej zostały Rosja i Francja. [...] Anglia z pewnością nie zechce narażać się na niebezpieczeństwo z powodu Serbii czy nawet Rosji". Grey wyłożył czarno na białym Lichnowsky'emu, jak również Rosjanom, że istnieją granice ukarania Serbii przez Austrię, które mogłyby uzyskać aprobatę Wielkiej Brytanii. Z pewnością, ciągnął minister spraw zagranicznych, Wiedeń nie myśli o aneksji jakiegoś serbskiego terytorium. Jagow zrozumiał i 18 lipca telegrafował: „Anglia nie przeciwstawi się Austrii, gdy ta wezwie Serbię do zdania rachunku; nie pozwoli ona jedynie na zniszczenie państwa".

Wszystko zależało teraz od warunków noty austriackiej. 24 lipca o drugiej po południu hrabia Mensdorff, austriacki ambasador w Londynie, wręczył jej kopię Greyowi. Grey scharakteryzował dokument jako „obcesowy, niespodziewany i apodyktyczny", co potem miał wzmocnić określeniem „najmocniejszy dokument kiedykolwiek wystosowany przez jedno państwo do drugiego". Zabrał go ze sobą na mające się odbyć w tym samym dniu posiedzenie gabinetu i gdy skończyła się dyskusja na temat Irlandii, poinformował o nim swych kolegów. Po powrocie do ministerstwa pierwszą reakcją Greya było poprosić o wydłużenie czterdziestoośmiogodzinnego limitu czasu (w chwili, gdy minister spraw zagranicznych otrzymywał dokument, pozostawało już z niego tylko trzydzieści jeden godzin). Zbiegiem okoliczności reakcja Sazonowa w St Petersburgu była taka sama i on również przedstawił identyczne żądanie. Austria odrzuciła obydwa apele. Wtenczas Grey poradził Serbom, aby okazali pojednawczość i „dali [Austrii] pozytywną odpowiedź na tyle punktów, ile to możliwe przy danym limicie czasu". Minister zaproponował także wznowienie spotkań konferencji sześciu mocarstw w Londynie, która z sukcesem prowadziła mediację podczas awantur na Bałkanach w latach 1912-1913. W Londynie nadal przebywali ci sami ambasadorzy – Lichnowsky z Niemiec, Mensdorff z Austrii, Imperiale z Włoch, Cambon z Francji i Benckendorff z Rosji – i można było doprowadzić do ich spotkania w ciągu kilku godzin. Wszyscy osobiście byli przyjaciółmi. „Gdyby tylko nasze rządy zdecydowały się skorzystać z naszych usług, zaufać nam i dać nam szansę – napisał Grey – potrafilibyśmy utrzymać pokój w Europie [...] honorowy pokój, nie chełpienie się jednej strony, a upokarzanie drugiej".

Klucz do propozycji Greya leżał w Berlinie; gdyby tam zgodzono się na mediację, Wiedeń musiałby się zgodzić. Dlatego też Grey chciał najpierw wysondować Lichnowsky'ego. Minister spraw zagranicznych zakładał, że Niemcy są skłonni wyciszyć bałkańskie zawirowania i zapobiec wojnie. To przypuszczenie Greya wydawało się znajdować poparcie, gdy rankiem 25 lipca ambasador niemiecki odczytał mu telegram z Wilhelmstrasse, potwierdzający, że Niemcy nie znały wcześniej tekstu ultimatum austriackiego. Lichnowsky, rozmyślnie niedoinformowany przez Berlin, zareagował na złożoną przez Greya propozycję konferencji z otwartym sercem. „Upatruję w tym jedyną możliwość uniknięcia wojny światowej – telegrafował do Jagowa dwudziestego piątego po południu – Grey nie ruszy się drugi raz. [...] Raz jeszcze usilnie doradzam przyjęcie propozycji angielskiej".

Mając nadzieję na pozytywną odpowiedź z Berlina, Grey zwlekał z wysłaniem propozycji pozostałym rządom. 25 lipca przypadała sobota i wczesnym popołudniem minister spraw zagranicznych opuścił Londyn, udając się do swojej stanicy rybackiej w Hampshire. Tekst telegramu z propozycją pozostał w rękach Sir Arthura Nicolsona. W niedzielę 26 lipca o trzeciej po południu stały podsekretarz stanu zdecydował się rozesłać propozycję oraz wezwać ministra spraw zagranicznych do powrotu do Londynu. Telegramy z podpisem Greya wyszły natychmiast do ministerstw spraw zagranicznych w Paryżu, Rzymie i Berlinie. „Niech pan poprosi ministra spraw zagranicznych, jeśli będzie skłonny, o poinstruowanie swojego tutejszego ambasadora, aby przyłączył się do przedstawicieli [pozostałych zaproszonych mocarstw] wraz ze mną, w celu spotkania się na konferencji, jaka odbyłaby się tutaj". Jeśli odpowiedź będzie pozytywna, „bieżące operacje militarne powinny zostać zawieszone w oczekiwaniu na rezultaty konferencji".

Lichnowsky, popierający inicjatywę Greya, wysłał dwudziestego siódmego do Jagowa aż trzy telegramy w ciągu zaledwie sześciu godzin. Jego język zdradza zawiedzione nadzieje i narastającą panikę: „Sir E. Grey właśnie poprosił mnie o spotkanie. [...] Przeczytał on przed chwilą serbską odpowiedź na notę austriacką. Dla niego sprawa wygląda tak, że Serbia zgodziła się na żądania austriackie w stopniu, o którym nigdy by nie pomyślał, że jest możliwy. [...] Gdyby Austria nie została usatysfakcjonowana tą odpowiedzią [...] wtedy stałoby się całkiem jasne, że Austria szukała jedynie pretekstu do zmiażdżenia Serbii. [...] Po raz pierwszy widziałem ministra [Greya] poirytowanego. Mówił bardzo poważnym tonem i wydawał się absolutnie oczekiwać, że skutecznie użyjemy naszych wpływów, aby załatwić całą sprawę. [...] Wszyscy tutaj są przekonani [...] że klucza do rozwiązania sytuacji należy szukać w Berlinie i że jeśli poważnie pragną tam pokoju, to Austria może zostać powstrzymana od prowadzenia – jak to wyraził Sir E. Grey – szaleńczej polityki". A później: „Cała przyszłość naszych stosunków z Anglią zależy od sukcesu pociągnięcia Sir Edwarda Greya. Gdyby ministrowi się udało [...] gwarantuję, że nasze stosunki z Anglią pozostaną [...] bliskie i pełne ducha wzajemnego zaufania. [...] Jeśli intencja Austrii, aby skorzystać z zaistniałej okazji w celu obalenia Serbii [...] stanie się bardziej wyraźna, to Anglia, jestem pewien, stanie bezwarunkowo po stronie Francji i Rosji. [...] Jeśli w takich okolicznościach dojdzie do wojny, będziemy mieli Anglię przeciwko nam".

Berlin pozostał nieporuszony. Przecież trzy tygodnie wysiłków poszły właśnie na to, aby zapobiec wtrącaniu się innych mocarstw z ich mediacją. Jagow czuł się zobowiązany do przekazania noty angielskiej do Wiednia, lecz poprzedził ją własną klauzulą: Rząd niemiecki oznajmia „w jak najbardziej zdecydowany sposób, że nie identyfikuje się z tymi propozycjami; wręcz przeciwnie, doradza

[Austrii] ich zlekceważenie, lecz musi je przekazać dla usatysfakcjonowania rządu angielskiego". W Berlinie Jagow oznajmił Sir Edwardowi Goschenowi, że proponowana konferencja „praktycznie oznaczałaby sąd arbitrażowy" i nie można jej było rozważać bez zgody Austrii. W Londynie Lichnowsky otrzymał instrukcje, aby udzielić Sir Edwardowi Greyowi takich samych wyjaśnień.

W poniedziałkowy poranek, 27 lipca, dotarły do Londynu wieści o podporządkowaniu się przez Serbię ultimatum austriackiemu. Asquith opisał swoje reakcje Venetii Stanley: „Serbia skapitulowała w głównym punkcie, lecz wątpliwe jest, czy jakiekolwiek jej zastrzeżenia zostaną przyjęte przez Austrię, zdecydowaną na kompletne i ostateczne upokorzenie [Serbii]. Jest rzecza dziwną, że w wielu, jeśli nie w większości punktów, Austria ma słuszność, a Serbia stoi na przegranej pozycji, lecz Austriacy są po prostu największymi głupcami w całej Europie. [...] Jest to najniebezpieczniejsza sytuacja od czterdziestu lat". Gdy o jedenastej przed południem spotkał się gabinet, Grey zameldował, iż hrabia von Mensdorff powiedział mu, że Austria uważa odpowiedź serbską za niezadowalającą. Opisał też swoją propozycję zwołania konferencji sześciu mocarstw, oznajmiając, że Francja i Włochy natychmiast ją przyjęły; odpowiedź niemiecka jeszcze nie nadeszła. Następnie podniesiona została kwestia zobowiązań Wielkiej Brytanii do utrzymania neutralności Belgii i gabinet zgodził się przedyskutować to zagadnienie w szczegółach na następnym posiedzeniu. Zatwierdzono też rozkaz pierwszego lorda Admiralicji, aby nie rozpraszać floty, skoncentrowanej w tej chwili w Portland.

Gdy 28 lipca, we wtorek, nadeszły wiadomości, że Austria wypowiedziała Serbii wojnę, Haldane stracił nadzieję. „Niemiecki Sztab Generalny siedzi już w siodle" – stwierdził. Tegoż popołudnia Grey powiedział w Izbie Gmin: „Dla każdego, kto zastanawia się nad sytuacją musi być oczywiste, że od chwili, w której spór przestaje dotyczyć wyłącznie Serbii i Austro-Węgier i zostanie weń uwikłane choćby jedno inne wielkie mocarstwo, nie może się zakończyć inaczej, jak tylko największą katastrofą, jaka kiedykolwiek spadła na kontynent europejski. Nikt nie potrafi powiedzieć, gdzie będą granice spraw, jakie mogą wyniknąć z takiego konfliktu, zaś jego konsekwencje, bezpośrednie i pośrednie, będą wręcz nie do oszacowania". Asquith nastawiony był pesymistycznie. Tego dnia wieczorem on i Margot przyjmowali Churchillów i Benckendorffów obiadem. Gdy goście wyszli, premier przeszedł się do Ministerstwa Spraw Zagranicznych, gdzie zastał Greya i Haldane'a. Cała trójka rozmawiała do pierwszej w nocy. Zdaniem Asquitha „nic, poza cudem nie mogło już zapobiec wojnie, lecz ciągle jeszcze nie była to brytyjska wojna".

Począwszy od środy 29 lipca gabinet spotykał się codziennie, czasami dwa razy dziennie. Po środowym posiedzeniu wysłano telegram do wszystkich baz morskich, wojskowych i kolonialnych, z ostrzeżeniem, że wojna jest prawdopodobna. Grey otrzymał instrukcje, aby poinformował ambasadorów Niemiec i Francji, że „w obecnym stadium nie jesteśmy w stanie przyrzekać niczego z góry: ani że w jakichkolwiek warunkach będziemy stać z boku, ani że w jakichkolwiek warunkach włączymy się [czynnie]". Gabinet doszedł do wniosku, że decyzja odnośnie pogwałcenia neutralności Belgii, jeśli kiedykolwiek zostanie podjęta, „będzie sprawą bardziej o charakterze politycznym, aniżeli kwestią zobowiązań prawnych".

Rozczarowany odrzuceniem przez Berlin propozycji zwołania konferencji sześciu wielkich mocarstw, Grey nie stracił jeszcze nadziei urobienia Niemiec. Dwudziestego dziewiątego po południu minister spraw zagranicznych poprosił Lichnowsky'ego o przybycie i powiedział mu, że jeśli Wilhelmstrasse nie akceptuje brytyjskiego przewodnictwa w mediacji, to Brytania zgodzi się na przewodnictwo Niemiec, zgadzając się z każdym podejściem do mediacji, jakie Berlin uzna za możliwe do realizacji. Grey ponownie podkreślił swoje przekonanie, że skargi Austrii pod adresem Serbów są całkiem uzasadnione, a nawet sugerował, że Austria mogłaby okupować Belgrad, aby zapewnić sobie dotrzymanie warunków. Grey był przekonany, że wojna pomiędzy Austrią a Serbią musi w sposób nieunikniony eskalować w wojnę austriacko-rosyjską, lecz nawet to, powiedział ambasadorowi, nie musiałoby dotyczyć Wielkiej Brytanii. Dopóki konflikt ograniczał się do Austrii i Rosji, Anglia mogła trzymać się na uboczu, lecz gdy zostaną nim objęte Niemcy i Francja, to zagrożone zostaną życiowe interesy Anglii. Jakiekolwiek zagrożenie dla roli Francji jako wielkiego mocarstwa spowoduje, że każdy rząd brytyjski, liberalny bądź konserwatywny, przystąpi do wojny.

Lichnowsky pośpiesznie wysłał uwagi Greya do Berlina. Telegram ambasadora przybył do kaisera. Uwagi Wilhelma na marginesach tej depeszy były szczególne:

Najgorszy i najbardziej skandaliczny przykład angielskiego faryzeizmu, jaki kiedykolwiek widziałem! Nigdy nie zawrę konwencji morskiej z takimi łajdakami.

To eliminuje mnie z rozgrywki.

Sir E. Grey właśnie znów przysłał po mnie. Minister był całkiem spokojny, lecz bardzo poważny i przywitał mnie słowami, że sytuacja ciągle rozwija się w kierunku dalszego jej zaostrzenia. Sazonow stwierdził, że po wypowiedzeniu wojny nie będzie już dłużej mógł negocjować z Austrią bezpośrednio i zażądał sprowadzenia ich tutaj [do Londynu] w celu podjęcia prób mediacji.

I to pomimo apelu Cara d[o] mnie!

Sir E. Grey powtórzył swoją już wspomnianą sugestię, abyśmy wzięli udział w mediacji *á quatre*, jaką już zaakceptowaliśmy co do zasady. Dla niego odpowiednią podstawą do mediacji byłoby, gdyby Austria po zajęciu Belgradu na przykład czy innych miejscowości miała ogłosić swoje warunki. Gdyby jednak Wasza Ekscelencja [depesza adresowana była do Jagowa] podjął mediację, którą to perspektywę mogłem mu przedstawić wczesnym rankiem, to oczywiście także by mu [Greyowi] pasowało. Ale mediacja wydawała mu się sprawą pilną i konieczną, jeśli nie ma z tego wyniknąć katastrofa europejska.

Dobre. To właśnie od paru dni usiłowaliśmy osiągnąć, na próżno!

Zamiast mediacji należałoby dać poważnie do zrozumienia w St. Petersburgu i Paryżu, że Anglia im nie pomoże, co uspokoiłoby sytuację w domu.

Sir Edward Grey powiedział mi następnie, że ma dla mnie przyjazny przekaz natury prywatnej, a mianowicie, że nie chciałby, aby zmyliły mnie nasze ciepłe stosunki osobiste oraz serdeczność naszych rozmów

Acha! Zwyczajne oszustwo!

Znaczy to, że mamy wystawić Austrię do wiatru. Podłe i mefistofeliczne! Całkiem jednak do Anglików podobne!

Już je podjęli.

To znaczy, że nas zaatakują.

Okazywał tę swoją złą wiarę przez wszystkie te lata, aż do ostatniego przemówienia.

My też!

Nowy wymysł! Gdyby ich rząd chciał, mógłby kręcić i sterować opinią publiczną, ponieważ prasa jest mu bezwarunkowo posłuszna.

na wszelkie tematy polityczne, bowiem chciałby oszczędzić sobie późniejszych oskarżeń o działanie w złej wierze. Rząd brytyjski pragnie teraz, jak pragnął i poprzednio, utrzymać naszą dotychczasową przyjaźń i może trzymać się na uboczu tak długo, jak długo konflikt pozostawał ograniczony do Austrii i Rosji. Gdybyśmy jednak zostali do niego wciągnięci my i Francja, wtedy sytuacja uległaby natychmiastowej zmianie i w takich okolicznościach rząd brytyjski czułby się zmuszony do podjęcia szybkich decyzji. W takim wypadku nie byłoby możliwe trzymanie się na boku i czekanie choćby i krótko. „Jeśli wojna wybuchnie, będzie to największą katastrofą, jaką świat dotąd oglądał". Jest jak najdalszą od jego pragnień rzeczą wyrażanie jakichkolwiek gróźb; pragnie jedynie oszczędzić mi rozczarowań a sobie samemu oskarżeń o złą wiarę, dlatego też wybrał formę prywatnego wyjaśnienia.

Sir E. Grey dodał także, iż rząd musi się naturalnie liczyć z opinią publiczną. Aż do chwili obecnej, była ona generalnie korzystna dla Austrii, ponieważ uznawano iż słusznie należy się jej pewna satysfakcja; obecnie jednak zaczyna się ona odwracać, w rezultacie uporu Austrii, niemal kompletnie na stronę przeciwną.

Pozostaje.

Absolutnie mu to nie wyszło.

Z pomocą jingoistycznej prasy.

> Sir E. Grey powiedział, że uważa, jeśli mediacja zostanie zaakceptowana, iż powinien być w stanie zabezpieczyć wszelką możliwą satysfakcję dla Austrii, dla której nie istnieje już kwestia upokarzającego ją odwrotu, ponieważ Serbowie zostaną w każdym razie ukarani i zmuszeni, za zgodą Rosji, do podporządkowania się żądaniom Austrii. W ten sposób Austria miałaby uzyskać gwarancje na przyszłość bez wojny, która mogłaby zagrozić pokojowi Europy.

Gdy tylko skończył gryzmolić na marginesach, Wilhelm wziął czystą kartkę i dał upust swoim uczuciom:

„Anglia odsłania się teraz i pokazuje swoje prawdziwe oblicze w momencie, gdy wydaje się jej, iż zostaliśmy złapani w sidła i, żeby tak powiedzieć, wyrzuceni na śmietnik! Ta nędzna masa sklepikarzy próbowała nas zwieść obiadami i przemówieniami. Największym zaś oszustwem były słowa króla do Henryka przeznaczone dla mnie: «Pozostaniemy neutralni i będziemy próbować trzymać się z dala od tego wszystkiego, tak długo jak możliwe». Grey potwierdza, że król jest kłamcą, zaś jego słowa do Lichnowsky'ego są wyrazem nieczystego sumienia, ponieważ czuje, że nas oszukał. Tak jak sprawy stoją, jest to faktycznie groźba połączona z blefem, a mająca na celu rozdzielenie nas od Austrii, powstrzymanie nas od ogłoszenia mobilizacji oraz zrzucenie na nas odpowiedzialności za wojnę. Wie doskonale, że gdyby wypowiedział jedno poważne, ostre słowo ostrzeżenia pod adresem Paryża i St Petersburga, gdyby ostrzegł ich, aby pozostali neutralni, że [*sic*] obie strony natychmiast by ucichły. Lecz zdecydował się nie pisnąć ani słowa, a zamiast tego zaczyna grozić nam! Zwyczajna z niego szelma! Teraz już nie na nas, a wyłącznie na Anglii spoczywa odpowiedzialność za wojnę lub pokój! To właśnie należy wyjaśnić światu".

Bethmann-Hollweg odmiennie zareagował na ostrzeżenie Greya, że Brytania nie pozwoli na eliminację Francji jako wielkiego mocarstwa. Tego wieczora – ciągle był jeszcze 29 lipca – kaiser zwołał do Poczdamu Radę Koronną. Kanclerz wyjaśnił zatroskanie Greya o przyszłość Francji i pilnie doradzał podjęcie jakichś kroków, które wyciszyłyby obawy brytyjskie i zapewniły neutralność Brytanii. Uzgodniono, jaki kurs należy obrać i Bethmann pośpieszył do Berlina. Wezwał Sir Edwarda Goschena. Brytyjski ambasador pojawił się na Wilhelmstrasse o godzinie 1.30 w nocy; był już teraz czwartek, 30 lipca. Wysłuchał starannie słów kanclerza i powrócił do ambasady, aby wysłać telegram do Londynu. Donosił w nim, że kanclerz powiedział mu, iż wojna z udziałem Niemiec, Francji, Austrii i Rosji jest już niemal nie do uniknięcia. „[Bethmann] złożył następnie mocną ofertę na rzecz brytyjskiej neutralności. Powiedział, że [...] na ile może to ocenić, główną zasadą polityki brytyjskiej jest nigdy nie stać z boku, dopuszczając do zmiażdżenia Francji". Nie jest to wcale celem Niemiec, tłumaczył Bethmann. Aby to potwierdzić, obiecał – pod warunkiem zachowania przez Brytanię neutralności – że zwycięskie Niemcy nie zabiorą pokonanej Francji żadnych terytoriów. Goschen zapytał, czy odnosi się to także do francuskich kolonii w Afryce i gdzie indziej. Bethmann uchylił się od złożenia takiego zapewnienia. Kanclerz złożył podobną ofertę dotyczącą niemieckich działań wojskowych na terytorium Belgii: „Gdy wojna się skończy, integralność Belgii będzie respektowana, o ile wcześniej sama nie stanie po stronie Niemiec".

Propozycje Bethmanna zaskoczyły Whitehall. Nie polegało to nawet na fakcie otwartego ujawnienia przez Niemcy ich zamiaru zaatakowania Francji, a prawdopodobnie także i Belgii. Chodziło przede wszystkim o bezwstydną sugestię kanclerza, aby Anglia cynicznie zdradziła Francję, polegając na niemieckiej obietnicy. W reakcji Greya mieszały się rozpacz i oburzenie: „Dokument ten wyjaśnia, że Bethmann uważa teraz wojnę za prawdopodobną. [...] Gdybyśmy przyjęli tę propozycję, oznaczałoby to dla nas wieczną hańbę. [...] Czy Bethmann nie dostrzega, że czyni nam propozycję, która okryłaby nas hańbą, gdybyśmy się na nią zgodzili? Co to za człowiek, który tego nie dostrzega? A może ma o nas tak złe mniemanie, że uważa, iż może my tego nie dostrzeżemy?".

Grey natychmiast napisał odpowiedź Goshenowi: „Rząd Jego Królewskiej Mości nie może ani na chwilę wziąć pod uwagę propozycji kanclerza. [...] Byłoby dla nas hańbą, gdybyśmy dobili targu z Niemcami kosztem Francji – hańbą, z której dobre imię tego kraju nigdy nie zdołałoby się oczyścić". Z telegramem w ręce przeszedł na drugą stronę ulicy, na Downing Street 10. Asquith zgodził się, że nie muszą z tym czekać na zaakceptowanie przez gabinet i depesza została wysłana. Po południu zarówno telegram Goschena, jak i odpowiedź Greya zostały odczytane przed gabinetem. Decyzja Greya spotkała się z aprobatą.

Bethmann sygnalizował, że jeśli dojdzie do wojny, Niemcy mają zamiar uderzyć na Francję. Potwierdził to jeszcze później Jagow, który trzydziestego powiedział ambasadorowi brytyjskiemu, że jeśli Niemcy się zmobilizują, to będzie to skierowane zarówno przeciw Francji jak i Rosji. Rząd francuski wiedział na co się zanosi. Od momentu wręczenia austriackiego ultimatum Serbii, dyplomacja francuska była poważnie sparaliżowana nieobecnością w Paryżu zarówno prezydenta Poincarégo, jak i ministra spraw zagranicznych René Vivianiego. Powracając z St Petersburga na pokładzie okrętu liniowego „France", odwołali oni przewidzianą wcześniej oficjalną wizytę w Danii, lecz zdołali wrócić do stolicy dopiero 29 lipca po południu. Gdy Francja z jednej strony popierała wysiłki brytyjskie, zmierzające do zmontowania machiny negocjacyjnej, to równocześnie ciągle zapewniała rosyjskiego sojusznika o swoim zdecydowaniu wypełnienia zobowiązań wynikających z ich aliansu. Trwały tajne przygotowania wojskowe; dwudziestego szóstego odwołani zostali do swoich jednostek oficerowie i żołnierze zwolnieni na okres żniw; dwudziestego siódmego wezwano do powrotu francuskie bataliony w Maroku. 28 lipca francuski Sztab Generalny poinformował rosyjskiego *attaché* wojskowego w Paryżu o „pełnej i aktywnej gotowości [Francji] do wypełnienia swoich zobowiązań sojuszniczych".

Francja, stojąc wobec przytłaczającej groźby armii niemieckiej, prosiła Brytanię o zobowiązanie się do interwencji. Jednym z pierwszych pociągnięć Vivianiego po powrocie na Quai d'Orsay była prośba do Paula Cambona w Londynie, aby „przypomniał" Sir Edwardowi Greyowi o listach z roku 1912, obiecujących, że oba mocarstwa podejmą „wspólne kroki [...] w przypadku napięć w Europie". 30 lipca wieczorem prezydent Poincaré wezwał Sir Francisa Bertiego, brytyjskiego ambasadora we Francji, i ponaglał Brytanię do zajęcia stanowiska. „[Poincaré] jest przekonany, że [...] gdyby Rząd Jego Królewskiej Mości ogłosił, iż w przypadku konfliktu pomiędzy Niemcami a

Francją [...] Anglia przyjdzie Francji z pomocą, wtenczas do wojny nie dojdzie, ponieważ nastawienie Niemiec ulegnie natychmiastowej zmianie – raportował Bertie – Jest on przekonany, że zachowanie pokoju [...] leży w rękach Anglii". Bertie został zobowiązany powiedzieć Prezydentowi Republiki, „jak trudno będzie Rządowi Jego Królewskiej Mości wydać takie oświadczenie".

Nawet gdy Austria wypowiedziała już wojnę i zbombardowała Belgrad, w Brytanii niewielu tylko miało przeczucie, że za siedem dni ich kraj wejdzie do wojny. Przeciętny człowiek, tak jak większość gabinetu i Izby Gmin, nadal postrzegał kryzys jako odległe szaleństwo wokół „serbskich morderców". Partia Liberalna w Izbie Gmin czuła, że jest to walka pomiędzy wielkimi sojuszami kontynentalnymi i że – jak wspominał później Churchill – „udział brytyjski w walkach na kontynencie byłby [...] zbrodniczym szaleństwem". Gabinet zaaprobował użycie wpływów Brytanii na rzecz utrzymania pokoju i jednogłośnie zatwierdził propozycję Greya, aby zwołać konferencję sześciu mocarstw w Londynie. Równocześnie gabinet poparł podyktowane ostrożnością decyzje Admiralicji o utrzymaniu koncentracji floty w Portland, a następnie wysłaniu jej w morze. Gabinet był nawet skłonny poprzeć niemrawe ostrzeżenie wystosowane przez Greya do Niemców, że absolutnie nie powinni liczyć na neutralność brytyjską. Nie był jednak skłonny udzielić Francji gwarancji poparcia, o które dopominali się Poincaré i Cambon. Istniała w łonie gabinetu silna i wymowna mniejszość, która była absolutnie przeciwna brytyjskiemu udziałowi w jakiejkolwiek wojnie na kontynencie. W miarę jak prawdopodobieństwo wojny coraz bardziej majaczyło nad Europą, grupa ta stawała się coraz bardziej aktywna i przejawiała coraz większe zdecydowanie, aby utrzymać Brytanię poza nią. Brytyjczycy pragnęli pokoju; kraj nie miał żadnych zobowiązań, czy to moralnych, czy prawnych, które wymagałyby wzięcia udziału w wojnie. Gdyby premier i minister spraw zagranicznych obrali kurs na wojnę, to przeciwnicy interwencji, wśród nich Lloyd George, zagroziliby rezygnacją. Grey miał związane ręce. „Było dla mnie jasne – zapisał – że nie da się uzyskać od gabinetu upoważnienia do złożenia obietnicy, o którą Francuzi dopominali się coraz gwałtowniej, zaś naciskanie gabinetu w sprawie takiej obietnicy mogłoby okazać się fatalne, spowodowałoby bowiem rezygnację tej czy innej grupy [ministrów], a w konsekwencji rozpad całego gabinetu".

Wewnątrz gabinetu cały ciężar kryzysu spadł na barki Greya. Pięćdziesięciodwuletni minister spraw zagranicznych, wdowiec od lat dziewięciu, bezdzietny, stopniowo tracił wzrok. Jesienią 1913 roku zmuszony był do zrezygnowania z gry w squasha, ponieważ nie był w stanie dojrzeć piłki. W maju 1914 jego stan jeszcze się pogorszył. Powiedziano mu, że w końcu utraci możliwość czytania. Doktorzy sugerowali sześć miesięcy wypoczynku i zamieszkania na wsi. Grey, który zawsze dotąd pracował bardziej z poczucia obowiązku, aniżeli z miłości do swego urzędu, odmówił pójścia za ich radą. Podczas tych tak absorbujących dni lipcowych i sierpniowych, będących szczytem jego kariery, spotkania gabinetu, trwające po dwie, trzy godziny każde, odbywały się codziennie, później nawet dwa razy dziennie. Do obowiązków Greya należało spotykanie i informowanie obcych ambasadorów o ostatnich wydarzeniach w polityce brytyjskiej. W miarę jak wzrastał nacisk ze strony Francji i Niemiec, Cambon i Lichnowsky niemal nie odchodzili od jego drzwi, każdy pilnie przedstawiając stanowisko swego kraju. Po każdej z takich rozmów, Grey dyktował podsumowanie, które było następnie przekazywane telegraficznie do przedstawicielstw brytyjskich na całym świecie. Bez przerwy napływały komunikaty z ambasad brytyjskich we wszystkich stolicach Europy. Grey zobowiązany był je czytać i odpowiadać ze szczególną starannością Buchananowi w St Petersburgu, Bertiemu w Paryżu i Goshenowi w Berlinie. Nieważne jak byłby zmęczony, Grey nie mógł sobie pozwolić na odpoczynek. Był kluczową postacią nie tylko przy formułowaniu brytyjskiej polityki zagranicznej w ramach gabinetu, ale także w prowadzeniu dyplomacji, która politykę tę realizowała.

Haldane robił co mógł, aby dopomóc Greyowi. Minister spraw zagranicznych wynajmował w owym czasie dom Churchilla przy Eccleston Square 33 (pierwszy lord Admiralicji zamieszkiwał w domu zapewnionym mu przez jego własne ministerstwo), lecz na czas kryzysu wprowadził się tymczasowo do Haldane'a na Queen Anne's Gate. Nocą telegramy i depesze dla ministra były mu dostarczane co godzinę. Aby więc Grey mógł przespać się nieco dłużej bez przerwy, Haldane utrzymywał służącego, który miał za zadanie siedzieć przy drzwiach i przynosić tekę z depeszami, gdy tylko przybyła, do jego własnej sypialni i zbudzić go. Lord Kanclerz otwierał tekę, czytał jej zawartość i decydował, czy sprawy są na tyle pilne, aby obudzić Greya.

Sympatie Greya leżały całkowicie po stronie Francji. Uznawał on, że Francja ma moralne, jeśli już nie prawne, podstawy aby liczyć na poparcie Wielkiej Brytanii. Nie istniał, co prawda, traktat sojuszniczy, lecz podczas dziewięcioletniej służby Greya w Ministerstwie Spraw Zagranicznych więzy pomiędzy Anglią a Francją stawały się coraz ściślejsze. Uczucia Greya nie opierały się po prostu na frankofilii; on „czuł, że stać na uboczu oznaczałoby pozwolić na dominację Niemiec, podporządkowanie im Francji i Rosji, izolację Wielkiej Brytanii. Ostatecznie Niemcy zagarnęliby pełną władzę na kontynencie. Jak by jej użyły wobec Anglii?". Zawodowi dyplomaci, stojący na czele Ministerstwa Spraw Zagranicznych, byli jeszcze bardziej przekonani, że Anglia musi stanąć u boku Francji. Natarczywy był zwłaszcza głos Crowe'a. „Argument, że nie istnieje pisany dokument wiążący nas z Francją jest, ściśle rzecz biorąc, słuszny – napisał on w bardzo przekonującym memorandum dla ministra spraw zagranicznych – Nie istnieją żadne zobowiązania o charakterze kontraktu. Doprowadzono jednak do ententy, umocniono ją, poddano próbie i świętowano w sposób uzasadniający przekonanie, że doszło do zawarcia więzi natury moralnej. Cała polityka ententy nie może posiadać żadnego znaczenia, jeśli nie oznacza ona, że w słusznej sprawie Anglia nie stanie u boku swoich przyjaciół. Podniesiono teraz kwestię tych honorowych zobowiązań. Nie możemy ich odrzucić i nie spełnić oczekiwań bez narażania naszego dobrego imienia na bardzo poważną krytykę. [...] Odczuwam pewność, że zostanie dostrzeżone, iż nasz obowiązek i nasz interes leżą w tym, aby stanąć przy Francji w chwili, gdy tego potrzebuje. Francja nie szukała zwady. Została jej ona narzucona".

W tygodniu poprzedzającym wyruszenie Brytanii na wojnę Grey skupiał swoje myśli wokół czterech rzeczy, o których słuszności był przekonany. Po pierwsze, uważał, że wielka wojna europejska będzie niewyobrażalną katastrofą, związaną ze stratami w ludziach i bogactwie narodów. Gdy państwa to dojrzą, wtedy, racjonalnie rzecz biorąc, muszą cofnąć się od krawędzi przepaści. Po drugie, uznał, że klucz do rozwiązania sytuacji dzierżą Niemcy. „Niemcy były tak niezwykle silne, zaś Austria tak uzależniona od siły Niemiec, że to Niemcy mieć będą głos decydujący. [...] Zatem powinniśmy się zwracać właśnie do Niemiec". Po trzecie, jeśli już mimo wszystko dojdzie do wojny, to długofalowy interes Wielkiej Brytanii wymagał, aby wzięła ona stronę Francji. Jeśli większość w gabinecie, parlamencie i kraju nie dałaby się przekonać do tego poglądu, Grey gotów był zrezygnować ze stanowiska. Po czwarte, w czasie gdy gabinet, parlament i kraj przyswajali sobie dopiero owe fakty i ich implikacje, on sam nie powinien czynić żadnych obietnic w imieniu Anglii, których kraj nie mógłby spełnić. Lepiej rozczarować, odmawiając w tej chwili angażowania się, niż później zdradzić przez wycofanie się.

Zmagania psychologiczne sięgnęły szczytu w piątek 31 lipca. Francja otrzymała ultimatum niemieckie, domagające się przekazania Niemcom fortec Toul i Verdun, jako gwarancji neutralności w nadchodzącej wojnie rosyjsko-niemieckiej. Rząd francuski szykował się do odmowy i wydania rozkazu mobilizacji*. Dla Francji nakazem chwili stawało się dowiedzieć, po czyjej stronie stoi Brytania. Paul Cambon udał się na spotkanie z Sir Edwardem Greyem. Umysł ambasadora zajęty był masywną koncentracją oddziałów niemieckich wzdłuż wschodnich granic Francji i Belgii. Jego zadaniem było wydobyć od Anglików możliwie najsilniejsze zobowiązanie. Był on świadom ostrożności gabinetu brytyjskiego; wiedział, że Grey dotąd nie odważył się poinformować parlamentu o istnieniu listów z 1912 roku, choć listy te jasno wyrażały ograniczoną naturę ententy anglo-francuskiej. Cambon posiadał jednak dwie mocne karty. Jedną z nich było przekonanie Greya że Brytania należna była Francji lojalność. Cambon musiał jednak być ostrożny, aby nie przycisnąć Greya zbyt mocno; gdyby minister spraw zagranicznych zażądał od gabinetu zbyt wiele, spotkał się z odmową, a w konsekwencji zrezygnował, to Cambon i Francja byliby zgubieni. Grey i tak wychodził Francji naprzeciw tak daleko, jak tylko mógł. Drugą kartą Cambona było przesunięcie w 1912 roku floty francuskiej na Morze Śródziemne, któremu towarzyszyło niepisane porozumienie, że flota brytyjska będzie chronić północne wybrzeża Francji. Listy z 1912 roku specjalnie zaznaczały, że owym ruchom okrętów nie towarzyszyły żadne gwarancje współpracy

* Francja dopiero po wojnie doczekała się docenienia swojej odwagi przez Anglików. Nadeszło ono w formie słów Churchilla:

„Nie było żadnych szans, aby Francji udało się ujść przed próbą, jak była jej przeznaczona. Nie ocaliłyby jej nawet tchórzostwo i hańba. Niemcy zdecydowali, że z jakiegokolwiek powodu dojdzie do wojny, od razu – w ramach swojej pierwszej operacji –zajmą i złamią Francję. Niemieccy wodzowie aż palili się, żeby dać sygnał [do ataku] i byli pewni wyniku. Francja na próżno błagałaby o litość. Ale nie błagała". (*przyp. aut.*)

podczas wojny, lecz tak Grey jak i Churchill dobrze wiedzieli, że tego właśnie spodziewała się Francja.

Myśl Greya była jasna: gabinet mógł zasłonić się tymi listami i zrzec się odpowiedzialności, lecz gdyby tak postąpił, minister zdecydowany był złożyć rezygnację. Na razie mógł tylko pozbyć się zdesperowanego ambasadora francuskiego. Był to bolesny moment: „stawką było samo istnienie jego kraju jako wielkiego państwa i musiał się dowiedzieć co uczyni Brytania" – stwierdził Grey. Lecz minister spraw zagranicznych nie odważył się rozbudzać nadziei, które mogły się okazać nieuzasadnione. Nie pozwolił sobie „posunąć się ani na cal poza to, na co miał pełnomocnictwa gabinetu". Cambon raportował wypowiedź Greya: „Gabinet uważa, że w tym momencie rząd brytyjski nie jest w stanie zagwarantować nam ich interwencji. Opinia publiczna Wielkiej Brytanii i aktualne nastroje w parlamencie nie pozwalają rządowi w obecnej chwili na formalne związanie się Brytanii". Cambon pozwolił sobie zapytać, czy Anglia „będzie zwlekać z interwencją, aż do inwazji na terytorium francuskie"; w takim przypadku, dodał sucho, „interwencja byłaby spóźniona". Przypomniał też ministrowi spraw zagranicznych, o czym Grey dobrze wiedział, że izolowana Brytania, stojąc naprzeciw zwycięskich Niemiec, „znajdzie się w stanie zależności". Grey mógł tylko powtórzyć, że rząd nie był w stanie podejmować zobowiązań bez konsultacji z parlamentem. W tym względzie, dodał znacząco, „ważnym czynnikiem może stać się kwestia neutralności Belgii i prawdopodobnie to jest właśnie ten punkt, który parlament i gabinet poruszą jako pierwszy".

Punktem łączącym tych członków gabinetu, którzy pragnęli uniknąć uwikłania kraju w wojnę, było to, że choć Brytania mogła mieć wobec Francji zobowiązania moralne, a nawet strategiczne interesy we Francji, to jednak rząd brytyjski nie był związany traktatem i nie musiał przyjść jej z pomocą. Z Belgią było jeszcze inaczej. Od szesnastego wieku Anglia niechętnie widziała Niderlandy we władzy innych mocarstw. Aby utrzymać wybrzeża kanału z dala od chciwych rąk, Anglia walczyła z Filipem II Hiszpańskim, Ludwikiem XIV i cesarzem Napoleonem. Państwo belgijskie powstało na ruinach imperium Bonapartego, a w roku 1839 jego wieczysta neutralność została zagwarantowana przez Francję, Brytanię, Prusy i Austrię. Gdy w 1870 roku wybuchła wojna między Prusami a Francją, Gladstone upewnił się, że Bismarck rozumie brytyjskie przywiązanie do neutralności

Belgii. Kanclerz pruski udzielił mu takiego zapewnienia i armia Moltkego starszego wkroczyła do Francji bez wchodzenia po drodze do Belgii. Język traktatu z 1839 roku był w jednym punkcie niezwykły: dawał on sygnatariuszom prawo do interwencji w przypadku jego naruszenia, choć nie narzucał im takiego obowiązku. W 1914 roku, gdy pojawiła się możliwość naruszenia [traktatu] przez Niemcy, przeciwnicy interwencji w gabinecie chwycili się tego punktu. Brytania, powiadali, nie była zobowiązana bronić Belgii, zwłaszcza gdyby sama Belgia nie zdecydowała się walczyć. Gdyby Armia Belgijska po prostu obstawiła drogi i pozwoliła Armii Niemieckiej przejść obok siebie, oddziały brytyjskie nie musiałyby się w to angażować. Nikt jednak nie wiedział, co uczyni Belgia. Nawet Churchill, boleśnie świadomy groźby, jaką stanowiła Belgia w rękach niemieckich, był przekonany, że po otrzymaniu niemieckiego ultimatum, Belgia złoży jedynie formalny protest i ulegnie.

W tym krytycznym tygodniu przywódca Partii Konserwatywnej, Andrew Bonar Law, codziennie przychodził do pokoju Greya obok sali posiedzeń Izby Gmin, aby otrzymać najświeższe wiadomości. Bonar Law powiadał, że stanowisko jego partii jeszcze się nie wyklarowało. Wątpił on, czy konserwatyści głosowaliby w zdecydowanej większości za wojną, gdyby nie doszło do inwazji na Belgię; gdyby jednak doszło, powiedział, jego partia przemówi jednym głosem.

W Partii Liberalnej zdecydowanie przeważały uczucia antywojenne. Grey opisywał to tak: „Mniej więcej w tym samym czasie pewien wielce aktywny poseł liberalny podszedł do mnie w lobby i powiedział mi, że życzy sobie, abym zrozumiał, iż w żadnych absolutnie okolicznościach ten kraj nie powinien wziąć udziału w wojnie, gdyby do niej doszło. Przemawiał tonem dyktatorskim, manierą zwierzchnika, zwracającego się do podwładnego, któremu według niego należała się bura. [...] Odpowiedziałem mu dość niegrzecznie [...] że mam nadzieję, iż nie zostaniemy wciągnięci do wojny, lecz że nonsensem jest mówić, iż nie można wyobrazić sobie okoliczności, w których jednak powinniśmy wziąć w niej udział. «W żadnych okolicznościach» – było odpowiedzią [posła]. – «Przypuśćmy, że Niemcy naruszają neutralność Belgii?» – [zapytał Grey]. Przerwał na moment, jak ktoś, kto szybko biegnąc, natyka się nagle na niespodziewaną i nieprzewidywaną w tym miejscu przeszkodę. Potem z naciskiem powiedział, «Tego nie zrobią». «Nie mówię, że zrobią, ale przypuśćmy, że jednak zrobią» – [upierał się Grey]. «Tego nie zrobią» – powiedział z przekonaniem i z tym zapewnieniem mnie opuścił".

Późnym wieczorem trzydziestego pierwszego, po tym jak Niemcy wystosowali swoje dwunastogodzinne ultimatum do Rosji, Grey spróbował wydostać Belgię poza arenę działań wojennych. W depeszach o zbliżonej treści, skierowanych do rządów Francji i Niemiec, prosił o zapewnienie, że neutralność Belgii zostanie uszanowana, pod warunkiem, że nie zostanie pogwałcona przez inne z mocarstw. Francja natychmiast wyraziła zgodę. Odpowiedź niemiecka była wymijająca. Jagow powiedział Goschenowi, że zanim odpowie, będzie musiał poradzić się cesarza i kanclerza. Stwierdził poza tym, że „raczej wątpi, czy będą oni mogli w ogóle odpowiedzieć, ponieważ jakiejkolwiek nie udzieliliby odpowiedzi, ta z pewnością, w przypadku wojny, spowoduje niepożądane efekty w postaci ujawnienia w pewnym stopniu części ich planu kampanii".

Oficjalnymi kontaktami Greya w Berlinie byli: kanclerz Bethmann i sekretarz stanu Jagow. Choć po odrzuceniu przez nich jego propozycji konferencji, Grey odczuwał rozczarowanie, to nie przypisywał winy żadnemu z nich. Bethmann pozostawał kanclerzem, więc, powiadał Grey, „sprawy wojny i pokoju ciągle zdawały się zależeć w większym stopniu od niego niż od kogokolwiek innego". Mimo wszystko, w miarę upływu dni bez żadnego pozytywnego sygnału z Berlina, Grey zaczął odnosić wrażenie, że „w siedzibie władzy w Niemczech działają jakieś siły poza Bethmann-Hollwegiem. On sam nie był już panem sytuacji". Obawy Greya, że Bethmann traci kontrolę nad wydarzeniami, były bardziej uzasadnione, niż minister spraw zagranicznych mógł przypuszczać. U władzy znajdował się niemiecki Sztab Generalny. Nic, co uczynił kanclerz, nie miało już znaczenia, nawet gdyby twierdził, że wie na pewno, iż pogwałcenie neutralności Belgii spowoduje przystąpienie Brytanii do wojny. W oczach generałów stawką było zwycięstwo lub klęska. Jedynie ścisłe przestrzeganie starannie opracowanego, wielce szczegółowego planu Schlieffena mogło zagwarantować zwycięstwo. A plan Schlieffena oznaczał zaatakowanie Francji drogą przez Belgię.

Wzajemnie zazębiające się tryby systemu sojuszy europejskich nadawały biegowi wydarzeń ponury odcień czegoś nieuniknionego. Niemcy zobligowane były warunkami swojego sojuszu z Austrią do pomocy w jej wojnie z Rosją. Francja, związana warunkami sojuszu z Rosją, musiała wziąć udział w każdym konflikcie z udziałem Rosji i Niemiec. W ten sposób Niemcy wiedziały już od dwudziestu lat, że jeśli wyruszą na wojnę, będzie to wojna na dwa fronty, przeciw Rosji i Francji. Przestrzegając zasady koncentracji sił, hrabia Alfred von Schlieffen, szef niemieckiego Sztabu Generalnego w latach 1891-1906, zadekretował, że w wojnie na dwa fronty, „całość sił niemieckich musi zostać rzucona na jednego wroga, najsilniejszego, najpotężniejszego, najbardziej niebezpiecznego wroga, a mogła nim być tylko Francja". Armia rosyjska, choć większa, była ociężała i źle wyekwipowana; Rosja mogła zawsze zniweczyć nadzieje przeciwnika na zwycięstwo przez odwrót, tak jak to uczynił Kutuzow, gdy stawiał czoła Napoleonowi. Francja, pierwsza ofiara, miała zatem zostać zgnieciona nagłością i potęgą niemieckiego sztychu; w 1906, przed odejściem na emeryturę, Schlieffen przeznaczył siedem ósmych armii niemieckiej do działań na zachodzie, podczas gdy jedna ósma miała odpierać Rosjan na wschodzie. Oceniał on, że kampania francuska zajmie sześć tygodni.

Armia Francuska ustępowała niemieckiej pod względem liczebności, lecz nie pod względem wyposażenia, patriotyzmu czy odwagi. Okopana za masywnym systemem fortec wzniesionym wzdłuż granicy francusko-niemieckiej, opierała swoje skrzydła o terytoria neutralnej Belgii na północy i neutralnej Szwajcarii na południu. Armia Francuska czuła się pewna, że powstrzyma Teutonów do czasu, zanim słowiański walec parowy zacznie miażdżyć tyły niemieckie. Schlieffen uwzględnił to w swoich rachubach i doszedł do nieuniknionego wniosku, że dla zagwarantowania szybkiego zwycięstwa na zachodzie nie mógł pozwolić, by Belgia pozostała neutralna. Wyruszając przez Belgię, mógł uniknąć frontalnego ataku na fortece francuskie, okrążyć francuskie lewe skrzydło, runąć w dół na Paryż i zniszczyć całą Armię Francuską. Zgodnie z tymi przewidywaniami, przeznaczył szesnaście korpusów armijnych (700 000 żołnierzy w trzydziestu czterech dywizjach) na masywne prawe skrzydło Armii Niemieckiej na zachodzie. Taki właśnie moloch miał przetoczyć się przez Belgię. Schlieffen miał nadzieję, że Armia Belgijska, złożona z sześciu zaledwie dywizji, nie będzie stawiać oporu, a zwłaszcza, że nie zniszczy linni kolejowych i mostów, które były mu potrzebne dla zachowania bardzo ścisłego harmonogramu. Gdyby Belgia zdecydowała się walczyć – miała zostać unicestwiona. Plan Schlieffena nigdy nie był poważnie kwestionowany przez kaisera, ani przez żadnego z cywilnych przywódców Rzeszy. Został on przejęty i udoskonalony w szczegółach przez jego następcę, Helmutha von Moltkego, bratanka zwycięzcy w wojnie francusko-pruskiej. Moltke nie miał skrupułów: „Musimy odłożyć na bok wszelkie komunały o odpowiedzialności za agresję – powiedział – Jedynie sukces usprawiedliwia wojnę".

Przeciętny Anglik, Izba Gmin, ani nawet gabinet nie mieli pojęcia o planie Schlieffena. Dla nich neutralność Belgii była czymś ustalonym i niezmiennym. Złamanie traktatu z 1839 roku i pogwałcenie belgijskiej neutralności były chyba jedynym wydarzeniem na kontynencie, jakie mogło skłonić przeciętnego Anglika do wojny. Niemieccy generałowie wiedzieli o tym, jednak nie przejmowali się zanadto. Spodziewając się krótkiej i zwycięskiej wojny na kontynencie, wzięli w rachubę możliwość wrogiego nastawienia Anglii i uznali, że nie ma ona większego znaczenia. Wielkość Brytyjskich Sił Ekspedycyjnych – cztery lub sześć dywizji – była dobrze znana; gdyby Anglicy zdecydowali się postawić tych żołnierzy na drodze niemieckiego rydwanu wojennego, zostaliby oni starci razem z Francuzami czy Belgami, jacy by się tam znaleźli. „Im więcej Anglików, tym lepiej" – powiedział Moltke do Tirpitza, mając na myśli to, że gdyby Armia Brytyjska została zmarnowana w Belgii, to nie musiałby się martwić, że pojawi się gdzie indziej*. Bethmann w sprawie neutralności Belgii nikczemnie uległ Sztabowi Generalnemu. Po wojnie napisał: „Zdaniem wojskowych, przejście przez Belgię jest warunkiem sukcesu. Urażenie Belgii było oczywiste, zaś ogólne konsekwencje polityczne takiej obrazy [t.j. reakcja Anglii] nie były bynajmniej nieznane. [...] Generał von Moltke nie pozostawał ślepy na takie rozważania, lecz oznamił, że jest to przypadek bezwzględnej konieczności militarnej. Musiałem więc dostosować swoje poglądy do jego punktu widzenia. [...] Wziąć na siebie odpowiedzialność za zburzenie planów wojskowych, opracowanych we wszystkich szczegółach i uznanych za sprawę zasadniczej wagi, byłoby zbyt wielkim ciężarem dla władzy cywilnej".

Gdy Austria przygotowywała i wręczała swoje ultimatum, Moltke pozostawał w uzdrowisku w Karlsbadzie. W Berlinie generał był nie-

---

* Niemiecki sztab generalny był do tego stopnia pewny, że wpływ Brytyjskich Sił Ekspedycyjnych będzie minimalny, iż Moltke radził nawet Tirpitzowi, aby nie ryzykował żadnych okrętów w jakichś próbach zapobieżenia ich transportowi na kontynent (*przyp. aut.*).

potrzebny, bowiem każdy żołnierz, pocisk, kuchnia polowa, czy wagon kolejowy miały już wyznaczone miejsce; dodatkowo nieobecność Moltkego w stolicy sprzyjała stworzeniu obrazu ciszy i spokoju, jaki kreowała Wilhelmstrasse. Gdy Moltke powrócił, natychmiast zaczął rozsyłać memoranda do Bethmanna i Jagowa. 26 lipca przesłał Jagowowi szkic niemieckiego ultimatum, domagającego się prawa do swobodnego przejścia oddziałów niemieckich przez Belgię. Żądanie tłumaczone było stwierdzeniami, jakoby Niemcy posiadali „sprawdzone informacje" o „zamiarze zaatakowania Niemiec przez Francję poprzez terytorium belgijskie". Jeśli Belgia nie stawiałaby oporu, miała po wojnie odzyskać niepodległość, a możliwe także było powiększenie jej terytorium kosztem Francji. Gdyby jednak Belgia stawiła opór, miała zostać potraktowana jak wróg. Jagow upiększył nieco ultimatum łagodzącymi zwrotami („[...] z najgłębszym żalem"; „[...] z najlepszą wolą") i 29 lipca wysłał je do ambasadora niemieckiego w Brukseli, polecając mu schować je w swoim sejfie aż do otrzymania dalszych instrukcji.

W niedzielę 2 sierpnia Moltke przesłał Jagowowi „pewne sugestie natury wojskowo-politycznej". Moltke ujawniał w nich, że zredagował już traktat sojuszniczy ze Szwajcarią i przesłał jego kopię do szefa szwajcarskiego Sztabu Generalnego. Wszystko, co pozostało do zrobienia na Wilhelmstrasse, powiedział, to ratyfikacja tego dokumentu. Moltke sugerował podżeganie do powstania przeciwko Brytyjczykom w Indiach, Egipcie i Południowej Afryce; pilnie zalecał przekonanie Szwecji do zaatakowania Rosji w Finlandii; proponował też wywarcie nacisku na Japonię, aby ta zaatakowała Rosję na Dalekim Wschodzie. 3 lipca ton Moltkego wobec Jagowa stał się apodyktyczny: „Rząd belgijski musi zostać powiadomiony we wtorek, 4 sierpnia [...] że z żalem zmuszeni będziemy [...] zrealizować, w obronie własnej, kroki chroniące nas przed opisywanym już zagrożeniem ze strony Francji. [...] Komunikat ten jest koniecznością, tym bardziej, że nasze oddziały zaczną wkraczać na terytorium belgijskie już jutro rano". 4 sierpnia Moltke rozkazał sekretarzowi stanu powiedzieć Wielkiej Brytanii, że „Postępowanie Niemiec w Belgii zostało na nich wymuszone. [...] Ta wojna [...] jest dla Niemiec nie tylko kwestią ich narodowej egzystencji i przetrwania Cesarstwa Niemieckiego, stworzonego tak wielkimi i krwawymi ofiarami, ale także zachowania i utrzymania niemieckiej cywilizacji i niemieckich zasad zagrożonych przez barbarzyńską Słowiańszczyznę. Niemcy nie mogą uwierzyć, że Anglia zapragnie asystować, przez znalezienie się wśród wrogów Niemiec, przy zniszczeniu tej cywilizacji – cywilizacji, w której angielska kultura duchowa od wieków ma tak wielki udział. Decyzja [...] leży w rękach Anglii". Aby zapewnić, że wszyscy w Londynie przeczytają jego słowa, hrabia von Moltke poinstruował Jagowa, żeby wysłać tę wiadomość „niezaszyfrowaną".

W sobotę 1 sierpnia rano, gdy Asquith spotykał się z gabinetem, a Rosja się mobilizowała, Niemcy i Francja stały jeszcze na krawędzi [wojny]. Gabinet brytyjski był głęboko podzielony w kwestii interwencji; niektórzy przeciwstawiali się jej bez względu na rodzaj i rozmiary prowokacji; większość skłonna była ją rozważyć, ale jedynie w sytuacji zagrożenia neutralności Belgii. Grey, rozdarty między swoimi sympatiami dla Francji oraz lojalnością wobec zasad rządzących odpowiedzialnością w ramach gabinetu, pragnął nastawić ministrów pozytywnie wobec Francji w możliwie najwyższym stopniu, ale bez spowodowania czyjejkolwiek rezygnacji. Asquith prywatnie popierał Greya i był zdecydowany zrezygnować ze stanowiska, gdyby minister spraw zagranicznych miał odejść z gabinetu, lecz publicznie wzywał do umiarkowania, próbując utrzymać jedność rządu. „Winston, bardzo bojowo nastawiony i domagający się natychmiastowej mobilizacji, zajął nam przynamniej połowę czasu – napisał do Venetii Stanley po posiedzeniu – Grożono dymisjami. Morley oznajmił, «Powinniśmy natychmiast ogłosić raz na zawsze, że w żadnych okolicznościach się w to nie wdamy». Osią kontrowersji stała się Belgia i jej neutralność. Rozstaliśmy się w dość przyjaznych nastrojach i mamy się spotkać ponownie jutro, w niedzielę, o jedenastej. [...] Jeśli ruszymy na wojnę, będziemy mieli rozłam w gabinecie. Oczywiście, gdyby odszedł Grey, także powinienem odejść, a wtedy wszystko się rozleci".

Prowadząc swoje manewry w ramach gabinetu, Grey miał na uwadze dwa cele: maksymalne poparcie dla Francji oraz bezwarunkową gwarancję neutralności Belgii. W sobotę rano siła frakcji antywojennej wykluczała jeszcze oba te cele. W sobotę po południu Cambon przypomniał Greyowi przez Nicolsona, że „to na nasze żądanie Francja przesunęła swoją flotę na Morze Śródziemne, ze zrozumieniem, iż my przejmujemy ochronę jej północnych i zachodnich wybrzeży". Teraz, bez ochrony ze strony floty brytyjskiej, francuskie wybrzeża nad Kanałem oraz Atlantykiem leżały odsłonięte i wystawione na atak

Floty Pełnomorskiej. Grey obiecał, że przedstawi ten problem na posiedzeniu gabinetu w niedzielę rano.

Neutralność Belgii była jedyną sprawą potrafiąca zdobyć większość w gabinecie, lecz Niemcy nie zagrozili dotąd Belgii bezpośrednio. Ponadto Brytania nie mogła być pewna, czy Belgia stawi opór najazdowi niemieckiemu. Brytania nie mogła zmusić Belgii do walki, ani też nie mogła przystąpić do wojny w obronie biernej Belgii. W istocie, stanowisko grupy pokojowej w gabinecie brytyjskim opierało się na stwierdzeniu, że „zwykłe przejście przez" terytorium belgijskie oddziałów niemieckich nie będzie dostatecznym powodem interwencji brytyjskiej.

W sobotę rano podczas posiedzenia gabinetu ludzie należący do City, dyrektorzy brytyjskiego kapitału i finansów, nagle się przebudzili i wpadli w panikę w obliczu bliskiej wojny. Gubernator Banku Anglii złożył wizytę Lloyd George'owi, aby dać mu do zrozumienia, że City jest gwałtownie przeciwne interwencji brytyjskiej. Lloyd George wykorzystał później ten epizod dla odrzucenia oskarżeń, że „ta wojna została wywołana, zorganizowana i podyktowana intrygami finansistów i to dla ich własnych celów". „Spotykałem Pieniądz przed wojną – pisał kanclerz – Żyłem z nim całymi dniami i starałem się, jak mogłem, aby poznać jego psychikę, wiedziałem bowiem, jak bardzo zależy on od zaufania. Powiadam więc, że Pieniądz był wtedy stworzeniem przerażonym i drżącym. Pieniądz aż kulił się ze strachu przed taką perspektywą. Nazwać tę wojnę wojną finansistów to po prostu głupie i ignoranckie oszczerstwo". Asquith otrzymywał takie same wiadomości, nie tylko od bankierów i finansistów, ale także od przedstawicieli producentów stali, węgla i wyrobów bawełnianych z północy Anglii. Wszyscy byli „wręcz przerażeni samą myślą o wdawaniu się w konflikt europejski, jak mogłoby to załamać cały system kredytu z centrum w Londynie, jak podcięłoby to handel i produkcję [...]". Premier mocno uderzył w owych krytyków. Ludzie City, powiedział, „są największymi fujarami, z jakimi kiedykolwiek musiałem mieć do czynienia. Gdy ich spotkałem, wszyscy mieli takiego pietra, jak jakieś stare dewotki, trzęsące się nad swoimi filiżankami herbaty".

Przewidywania Asquitha były tak samo błędne, jak większości jego rodaków. Gdy kryzys już narastał, nie widział on jeszcze żadnych powodów, aby Brytania miała być czymś więcej niż tylko widzem kontynentalnego Armageddonu. 26 lipca, gdy pewien gość wspomniał

Belgię, Asquith natychmiast oznajmił: „Nie składaliśmy im żadnych obietnic". W miarę jak kryzys ewoluował i narastał, zwłaszcza w łonie gabinetu, stawało się sprawą jasną, że cokolwiek Asquith uczyni, musi ponieść straty. Gdyby poparł Greya, wtedy odeszliby Morley, Burns i inni; bez Greya – sam musiałby odejść. Klucz do sytuacji leżał w rękach grupy pośredniej, która trwała przy stwierdzeniu, że Brytania nie ma zobowiązań traktatowych wobec Francji, a zobowiązania moralne to za mało, aby zmusić ją do udziału w wojnie, będącej walką pomiędzy dwoma systemami sojuszy kontynentalnych. Ludzie ci odzwierciedlali poglądy ogromnej większości liberałów w Izbie Gmin, prasy liberalnej, wreszcie liberalnych wyborców w całym kraju. Asquith błagał swoich kolegów o kompromis; prosił ministrów, aby przespali się ze swoimi poglądami, aby zobaczyli czy nie są możliwe jakieś ich korekty. W międzyczasie jednak premier żył własnym życiem. Uczęszczał na obiadki, grał w brydża, w weekendy grywał w golfa i jeździł samochodem. Jego umysł nadal skupiał się na Irlandii. 30 lipca, gdy flota udała się już do Scapa Flow, a Grey odrzucił niemiecką ofertę przetargową w sprawie neutralności brytyjskiej, Asquith nadal siedział w sali posiedzeń gabinetu z dużą mapą Ulsteru na kolanach, próbując dojść do ładu ze statystykami ludności i wyznań w sześciu hrabstwach. Kilka razy dziennie pisywał do Venetii Stanley, skarżąc się, że bieg wypadków sprzysiągł się, by ich rozdzielać, i powierzając jej najdrobniejsze szczegóły posiedzeń gabinetu. To właśnie Venetii opisał, jak po północy wyciągnął z łóżka króla w piątek, 31 lipca. Wieczorem dnia poprzedniego doszło do Asquitha, że kaiser się skarży, iż car unicestwił jego starania o pokój, wydając dekret o powszechnej mobilizacji. Asquith zredagował osobisty apel w tej sprawie od króla Jerzego do Mikołaja II i trzy kwadranse po północy wziął taksówkę do pałacu Buckingham, aby uzyskać zgodę suwerena. Obudzony król, wciągnął na nocną koszulę brązowy szlafrok i przybył do Sali Audiencji, aby spotkać się z premierem oraz przeczytać i podpisać proponowany apel. Jedyne zmiany, jakie wprowadził, to nagłówek „Mój drogi Nikusiu", oraz podpis „Jurek"*.

Asquith pozwolił w końcu, aby wypadki na kontynencie wyprzedzały i wpływały na decyzje gabinetu brytyjskiego. Niemieckie ulti-

---

* Car odpowiedział na telegram króla Jerzego, że „z chęcią przyjąłbym twoje propozycje, gdyby nie to, że tego popołudnia ambasador niemiecki przedstawił mojemu rządowi notę z wypowiedzeniem wojny" (*przyp. aut.*).

matum, domagające się uległości Belgii, o zaledwie dwunastogodzinnym terminie, zmusiło Brytanię do dokonania wyboru. Osiągnięciem Asquitha było to, że gdy wyboru wreszcie dokonano, rząd, partia i kraj zjednoczyły się wokół niego.

W sobotę 1 sierpnia wieczorem Churchill siedział w swoim pokoju w gmachu Admiralicji. Nadal myślał, że istnieją szanse na pokój. Pomiędzy wielkimi mocarstwami nie padł jeszcze ani jeden strzał; w eterze aż huczało od osobistych telegramów pomiędzy carem a kaiserem. I wtedy przyszła wiadomość, że Niemcy wypowiedziały wojnę Rosji:

„Przeszedłem przez Horse Guards Parade i wszedłem na Downing Street 10 przez furtkę ogrodową. Zastałem premiera w jego salonie na piętrze; byli z nim Sir Edward Grey [i] lord Haldane. [...] Powiedziałem, że zamierzam natychmiast zmobilizować flotę [...] i że jutro rano wezmę na siebie przed gabinetem całą odpowiedzialność za ten krok. Premier, który uważał się za związanego decyzjami gabinetu, nie powiedział ani słowa, ale jego spojrzenie wyraźnie mówiło, że jest całkiem zadowolony. Gdy razem z Sir Edwardem Greyem schodziliśmy po schodach na Downing Street 10, mój towarzysz nagle się odezwał: <<Powinieneś wiedzieć, że właśnie [...] powiedziałem Cambonowi, że nie dopuścimy, aby flota niemiecka wtargnęła na wody Kanału>>".

Składając takie zobowiązanie, Grey wyprzedzał swój własny plan. Dopiero w niedzielę rano Grey zdobył sobie gabinet, z naciskiem stwierdzając, że „nie do wytrzymania byłby widok floty niemieckiej wchodzącej do Kanału i, w zasięgu wzroku i słuchu z naszych brzegów, bombardującej wybrzeża francuskie". Większość zgodziła się z tym i Grey został upoważniony do oficjalnego przekazania Cambonowi tego, co powiedział mu już poprzedniego wieczora: flota niemiecka miała być powstrzymana. Było to jednak zbyt wiele dla Johna Burnsa, który natychmiast złożył rezygnację.

Dla Asquitha dzień rozpoczął się, gdy jeszcze podczas spożywania przez premiera śniadania, oznajmiono mu przybycie Lichnowsky'ego. „Był mocno poruszony – zanotował Asquith – i błagał mnie, abyśmy nie stawali po stronie Francji. Powiedział, że znacznie bardziej prawdopodobne jest, iż to Niemcy zostaną rozbite, mając armię rozdzieloną pomiędzy Rosję i Francję. Biedny człowiek był bardzo wstrząśnięty i szlochał. Powiedziałem mu, że wcale nie pragniemy interwencji i że uniemożliwienie jej w znacznym stopniu zależało od Niemiec, a w szczególności, gdyby: 1) nie najechały na Belgię i 2) nie wysłały swojej floty do Kanału w celu ostrzelania nieosłoniętych wybrzeży francuskich. Był bardzo zgryźliwy wobec polityki swojego gabinetu, która nie powściągnęła Austrii i wyglądał, jakby pękało mu serce”.

W niedzielę 2 sierpnia odbyły się dwa posiedzenia gabinetu: od jedenastej rano do drugiej po południu i ponownie od szóstej trzydzieści do siódmej trzydzieści wieczorem. Na drugim posiedzeniu większość gabinetu zgodziła się, że gdyby neutralność Belgii została pogwałcona, zaś Belgia zdecydowała się stawić opór, Brytania przystąpi do wojny. Ministrowie nie mogli sobie wyobrazić sytuacji, w której Belgia mężnie walczyłaby z najeźdźcą, na próżno wzywając pomocy Wielkiej Brytanii. W niedzielę wieczorem Grey i Haldane zjedli razem obiad w domu lorda kanclerza przy Queen Anne’s Gate. Było oczywiste, napisał później Haldane, „że kraju [...] nie da się utrzymać poza wojną. Obaj doszliśmy do takich samych wniosków, choć opieraliśmy je na różnych podstawach. On poczuwał się do długu wobec Francji oraz uważał, że nasze własne interesy wiązały się z jej utrzymaniem. Ja wiedziałem, w wyniku moich studiów nad niemieckim Sztabem Generalnym, że gdy niemieckie stronnictwo wojenne poczuje się pewnie w siodle i miecz zostanie wyciągnięty z pochwy, to będzie to wojna nie tylko o obalenie Francji i Rosji, lecz o panowanie nad światem. Wiedziałem, że jeśli będziemy się trzymać na uboczu i pozwolimy Niemcom, choćby tymczasowo, na opanowanie północnowschodnich wybrzeży Francji, to potem przyjdzie kolej na nas. Znajdziemy się w wielkim niebezpieczeństwie, pomimo naszej Marynarki Wojennej, i możemy się pogrążyć, nie mając ani jednego przyjaciela na całym świecie wobec skierowanej przeciw nam potęgi”. Podczas rozmowy obu przyjaciół, dostarczono tekę z Ministerstwa Spraw Zagranicznych z depeszą oznajmiającą o niemieckim ultimatum wobec Belgii. „Grey zapytał mnie, jaka jest moja rada – mówił Haldane –Moja odpowiedź: natychmiastowa mobilizacja. Grey się zgodził. Zdecydowaliśmy, że udamy się bezzwłocznie do premiera. Zastaliśmy go w jakimś towarzystwie i wyciągnęliśmy do sąsiedniego pokoju. [...] Asquith natychmiast się zgodził. Powiedziałem premierowi, który był obecnie także ministrem wojny, że – ponieważ jutro będzie z pewnością bardzo zajęty posiedzeniami gabinetu i informowaniem parlamentu – będzie lepiej, jeśli napisze list polecający mi udanie się do Ministerstwa Wojny i powierzający mi – w jego imieniu – zmobilizowanie mojej dawnej organizacji. Zgodził się”.

W ciągu trzydziestu sześciu godzin nastroje w Londynie uległy zmianie. Jeszcze w niedzielę rano większość Brytyjczyków była zdecydowana, że Brytania nie powinna wikłać się w wojnę na kontynencie. Dziesiątki tysięcy Londyńczyków planowało wziąć udział w wielkiej manifestacji antywojennej zaplanowanej w niedzielę na Trafalgar Square. Wtedy dotarła do Londynu wiadomość o zaplanowanej niemieckiej inwazji na Belgię. Fala oburzenia przetoczyła się przez kraj, porywając ze sobą masy Brytyjczyków, którzy, choć nieskłonni walczyć za Francję, zerwali się, aby stanąć u boku neutralnej Belgii. Demonstracja na Trafalgar Square wyparowała, a w niedzielne popołudnie tłumy, wznoszące okrzyki za wojną z Niemcami, zalały Whitehall, korkując Downing Street. Następnego dnia, w poniedziałek 3 sierpnia przypadał dzień wolny od pracy. Poranek był piękny, panowała bezchmurna, piękna pogoda angielskiego lata. Miasto wypełnione było podekscytowanymi świętem tłumami, pragnącymi wziąć udział w gwałtownie rozwijających się historycznych wydarzeniach. Do południa zbite masy zdążyły wypełnić Whitehall, od Trafalgar Square do gmachu parlamentu; setki ludzi kupowało i powiewało chorągiewkami w barwach narodowych, a grupa młodzieży próbowała odśpiewać Marsyliankę.

O jedenastej przed południem zebrał się gabinet. Nocą król Jerzy otrzymał apel od króla Belgów, Alberta, proszącego w nim Wielką Brytanię o wykonanie swoich zobowiązań traktatowych w obronie neutralności jego kraju. W Londynie nadal nie podano do wiadomości niemieckiego ultimatum oraz decyzji Belgii o przeciwstawieniu się przejściu przez nią trzydziestu czterech niemieckich dywizji Aleksandra von Klucka, lecz to, co było już wiadome wystarczyło, aby zelektryzować gabinet brytyjski. Jeszcze przed zebraniem się gabinetu, zrezygnowało dwóch ministrów, Sir John Simon i lord Beauchamp, którzy dołączyli w ten sposób do Morleya i Burnsa, lecz na tym dymisje się skończyły. Kluczowa osoba, Lloyd George, skłaniała się ku stanowisku Asquitha i Greya. Gabinet usankcjonował mobilizację Brytyjskiej Armii i floty, choć nie powzięto żadnych decyzji odnośnie do wysłania Sił Ekspedycyjnych do Francji. Całe posiedzenie pochłonęła dyskusja nad przemówieniem Greya, które miał po południu wygłosić w Izbie Gmin. Minister spraw zagranicznych dokonał przeglądu spraw, jakie zamierzał w nim poruszyć, a gabinet przychylił się do jego opinii. Gdy posiedzenie gabinetu jeszcze trwało, Haldane udał się do Ministerstwa Wojny. Wrócił do swojego starego pokoju, gdzie urzędował jako minister wojny, i zwołał posiedzenie Rady Armii. „Trochę ich zatkało – napisał – gdy powiedziałem im, że przybyłem z pełnomocnictwami do nakazania natychmiastowej mobilizacji Sił Ekspedycyjnych i Terytorialnych. [...] Powiedziałem generałom, że kwestia, czy Siły Ekspedycyjne rzeczywiście będą wysłane [...] zostanie rozstrzygnięta dopiero wtedy, gdy gabinet, suweren i parlament zadecydują o wojnie i pokoju, lecz że muszą być przygotowani".

Po posiedzeniu rządu w niedzielę wieczorem Grey rozpoczął przygotowywać notatki do swojego przemówienia w Izbie Gmin. Nie skończył przed zaśnięciem. W poniedziałek rano został zalany telegramami. Od jedenastej do drugiej był na posiedzeniu gabinetu, po czym wrócił do swego biura w Ministerstwie Spraw Zagranicznych. Do chwili kiedy miał podnieść się z miejsca w Izbie Gmin pozostawała mu tylko godzina. Miał nadzieję wykorzystać ten czas, aby zdążyć wyśliznąć się na lunch na Queen Anne's Gate, a potem popracować jeszcze nad notatkami. Nie było mu to jednak pisane. Natychmiast po przybyciu do ministerstwa oznajmiono mu, że oczekuje na niego ambasador niemiecki. Grey czuł, że nie ma wyboru – „musiał znaleźć czas, aby go przyjąć". „Już pierwsze słowa Lichnowsky'ego powiedziały mi, że nie przynosił ze sobą żadnych wieści z Berlina", ale ambasador musiał złożyć Berlinowi raport o tym, co się dzieje w Londynie. Co zadecydował gabinet? Co Grey zamierzał powiedzieć Izbie Gmin? Czy będzie to oznaczało wypowiedzenie wojny? Minister spraw zagranicznych odparł, że nie zaproponuje wypowiedzenia wojny, lecz przedłoży pewne warunki. „Jakie warunki?" – zapytał Lichnowsky. Czy wśród nich znajdzie się neutralność Belgii? Minister odpowiedział, że choć bardzo pragnie zadowolić Lichnowsky'ego – „ponieważ nikt nie pracował ciężej od niego aby uniknąć wojny [...] czy też bardziej od niego nienawidził nadchodzącej wojny" – nie może udzielić mu tych informacji przed wygłoszeniem mowy. Lichnowsky błagał, aby nie określać neutralności Belgii jako *casus belli*. Powiedział, że nic nie wie o planach niemieckiego Sztabu Generalnego, i nie mógł uwierzyć, że zawierają one „jakieś poważniejsze naruszenie" belgijskiej neutralności. Może się jednak zdarzyć, że żołnierze Moltkego „przejdą przez jakiś kawałek Belgii". Grey był przekonany, że ambasador niemiecki nie mija się z prawdą w opisie osobistej znajomości niemieckich planów wojskowych. Dogłębnie zasmucony, z uciekającym czasem, nie będąc w stanie powstrzymać niosącej wojnę fali przypływu, Grey przez pół godziny przemawiał do Lichnowsky'ego, stojąc już u drzwi. Wreszcie ambasador odszedł. Był to ostatni raz, gdy tych dwóch spotkało się ze sobą oficjalnie.

Tuż przed trzecią Grey opuścił Ministerstwo Spraw Zagranicznych, aby przejść do gmachu parlamentu. Tłum na Whitehall był tak gęsty, że drogę musiała mu torować policja. Grey zastał salę posiedzeń Izby Gmin przepełnioną: zielone ławy upakowane były posłami, ramię przy ramieniu; ci, którzy się nie zmieścili, siedzieli na krzesłach ustawionych po cztery w jednym rzędzie pośrodku przejścia między ławami. Na galerii parów, lord Lansdowne wciśnięty był obok arcybiskupa Canterbury; lord Curzon, nie mogąc znaleźć miejsca, stał z tyłu w przejściu. Na galerii dyplomatycznej zajęte były wszystkie miejsca, oprócz dwóch, przyciągających uwagę swoją pomarańczową barwą; należały one do ambasadorów Niemiec i Austrii. Mimo nabitej sali, tłum był milczący i posłowie byli zaskoczeni rumorem, jaki powstał, gdy kapelan Izby, cofając się za spikera, wpakował się na krzesła nieoczekiwanie ustawione także i tam.

Grey wkroczył na salę obrad ubrany w lekki letni garnitur, niosąc ze sobą dwie czerwone, dobrze już wytarte teki na depesze z Ministerstwa Spraw Zagranicznych. Jego wejścia niemal nie zauważono. Zdążył zająć swoje miejsce na Ławie Skarbu, zanim został zauważony i przywitany oklaskami. Z galerii prasowej jego twarz wydawała się „nadzwyczaj blada, dziwnie zaczerwieniona wokół oczu, co było rezultatem bezsennych nocy oraz nadmiaru papierkowej roboty". Lloyd George i Churchill przybyli na salę razem; kanclerz miał włosy w nieładzie i całkowicie pozbawioną koloru twarz; pierwszy lord Admiralicji utkwił oczy w podłodze, a w rękach bez przerwy skręcał jakiś stożek z papieru. Izba powitała ich obu brawami, lecz głośniejsze wiwaty przypadły Churchillowi. Nie był już teraz renegatem z partii torysów, lecz człowiekiem odpowiedzialnym za Brytyjską Marynarkę Wojenną. Przybył Asquith z zaróżowioną twarzą i lśniącymi białymi włosami, aby wśród dalszych oklasków zająć swoje miejsce obok skrzynki na depesze.

Gdy Grey usiadł, aby zaczekać na wygłoszenie najważniejszej mowy swego życia, cofnął się myślami dwadzieścia osiem lat wstecz, do kwietnia 1886 roku, kiedy to jako nowy poseł i młody żonkoś obserwował, jak Gladstone przedstawia swój pierwszy projekt ustawy o *Home Rule*, przy równie przepełnionej Izbie. Na myśl o tym, co wydarzyło się w okresie dzielącym te dwa wydarzenia – śmierć żony, nieubłaganie grożąca wojna – Grey (jak wyznał później przyjacielowi) prawie się załamał. Gdy jednak spiker wyczytał jego nazwisko, wspominał później: „Nie pamiętam, abym odczuwał zdenerwowanie. W takiej chwili nie żywi się nadziei na osiągnięcie osobistego sukcesu ani też obaw o poniesienie porażki. Podczas wielkiego kryzysu ktoś, kto musi działać albo przemawiać, jest pozbawiony wyboru. Musi po prostu zrobić, co ma do zrobienia".

O trzeciej dziesięć po południu Grey podniósł się z miejsca i zaczął przemówienie. Jego słowa były „śmiertelnie poważne", „pełne godności", „jasne" i "pozbawione ozdobników", a jednak za jego cichym głosem, jak zauważyli korespondenci, krył się „tłumiony ogień" i "jakieś straszne oburzenie".

„Panie spikerze, w zeszłym tygodniu stwierdziłem, że pracujemy na rzecz pokoju nie tylko dla tego kraju, lecz aby zachować pokój w Europie. Dzisiaj jest już jasne, że pokoju w Europie nie da się zachować". Poprosił Izbę, aby podeszła do zaistniałego kryzysu z punktu widzenia „brytyjskich interesów, brytyjskiego honoru i brytyjskich zobowiązań". Przedstawił historię rozmów wojskowych z Francją. Przypomniał swoim słuchaczom, że zawsze obiecywał, iż „nie będzie narzucał Izbie żadnych tajnych układów" i stwierdził, że jest to nadal prawdą. Francja ma traktat z Rosją, który wciąga ją do wojny, lecz „nie jesteśmy stroną sojuszu franko-rosyjskiego, nie znamy nawet warunków tego sojuszu". Mimo wszystko Wielka Brytania jest związana z Francją, jeśli nie formalnymi zobowiązaniami, to honorem i interesem. Ujawnił istotę porozumienia morskiego, mocą którego flota francuska została przesunięta na Morze Śródziemne, pozostawiając „północne i zachodnie wybrzeża Francji bez jakiejkolwiek obrony". Ponownie podkreślił, że Brytania nie zobowiązała się w żaden sposób do obrony tych wybrzeży. Mimo wszystko powiedział, „czuję, że gdyby obca flota, prowadząca wojnę, której Francja nie chciała i w której nie była agresorem, weszła na wody Kanału i zbombardowała, i zmaltretowała niebronione wybrzeża Francji, to nie moglibyśmy stać z boku [w Izbie wybuchły oklaski] i patrzeć, jak dzieje się to praktycznie na naszych oczach, z założonymi ramionami [coraz głośniejsze oklaski], spoglądając beznamiętnie, nic nie robiąc!".

Grey zacisnął pięść, wzniósł rękę, a na słowa „nic nie robiąc" grzmotnął pięścią w skrzynkę na depesze. Izba, obserwując ten niezwykły u ministra spraw zagranicznych objaw emocji, wybuchła okrzykami. Gdy hałasy wygasły, Grey dodał cicho, „I jestem przekonany, że takie byłyby odczucia całego kraju".

Po jeszcze większym zamęcie, jaki teraz wybuchnął, Grey uznał, że zdobył aprobatę Izby dla niedzielnej decyzji gabinetu o zagrodzeniu drogi flocie niemieckiej do Kanału Angielskiego.

Jeśli obrona Kanału i wybrzeży francuskich była sprawą przede wszystkim honoru, to obrona niepodległości Belgii, do której Grey teraz przeszedł, była sprawą zobowiązań traktatowych, interesu i honoru – wszystkiego razem. Minister spraw zagranicznych cytował język owych traktatów. Zwrócił uwagę na pokusę neutralności: „Przypuszczam, że można by powiedzieć, iż moglibyśmy stanąć z boku, umacniać nasze siły, aby potem, cokolwiek stanie się podczas wojny, pod sam jej koniec, interweniować skutecznie i pozmieniać wszystko zgodnie z naszym punktem widzenia". Taki kurs, ostrzegał Grey, oznaczałby poświęcenie zarówno brytyjskiego honoru, jak i brytyjskich interesów: „Jeśli w takim jak ten kryzysie uciekniemy przed naszymi zobowiązaniami honoru i interesu związanymi z traktatem belgijskim, to wątpię, czy jakakolwiek siła materialna, jaką moglibyśmy dysponować pod koniec wojny, byłaby coś warta wobec utraconego przez nas szacunku". Przyszedł wreszcie czas, aby wysunąć motyw, który kierował dyplomacją Greya przez osiem lat pełnienia przez niego funkcji ministra: „Brytanii nie wolno dopuścić, aby „cały zachód Europy, tu, naprzeciwko nas [...] znalazł się pod dominacją jednego mocarstwa". „Teraz, panie spikerze, proszę tę Izbę, aby rozważyła, z punktu widzenia interesów brytyjskich, jaka może być stawka w tej grze. Jeśli w tej walce na śmierć i życie Francja zostanie pobita, powalona na kolana, tracąc swoją pozycję wielkiego mocarstwa, podporządkowana woli silniejszego od niej [...] i jeśli Belgia wpadnie pod wpływ tej samej dominującej siły, potem Holandia, potem Dania [...]". Grey zakończył, zauważając, że „na rządzie spoczywa najokropniejsza odpowiedzialność, musi bowiem zdecydować [...] co robić". Poprosił o poparcie „nie tylko ze strony Izby Gmin, lecz także, przez okazanie determinacji i zdecydowania, odwagi i wytrwałości, ze strony całego kraju".

Mowa Greya osiągnęła swój cel: przygotowała podzielony parlament brytyjski oraz opinię publiczną na wybuch wojny. Przemawiał przez godzinę i piętnaście minut, a jego słowa były akcentowane i przerywane żarliwymi, ochrypłymi okrzykami z ław unionistycznej opozycji. Jego własna partia była znacznie bardziej opanowana, reagując jedynie „pełną zadumy obawą" i „smętną akceptacją". Asquith, opisując przemówienie Venetii Stanley, był tylko umiarkowanie hojny: „W większej części utrzymane w tonie konwersacji, z kilkoma typowymi dla Greya niewygładzonymi kawałkami, lecz nadzwyczaj dobrze umotywowane i taktowne, naprawdę przekonywujące". Lord Hugh Cecil był ostrzejszy w sformułowaniach, ale też w większym stopniu okazywał swój podziw: „Mowa Greya była nadzwyczaj cudowna – myślę, że w tych okolicznościach można powiedzieć – największa mowa wygłoszona w naszych czasach. [...] Uwzględniając wagę okazji, konieczność przekonania tak wielu wątpiących osób i nadzwyczajny sukces, jaki w tej mierze osiągnęła, wielką godność, gorące emocje i doskonały smak [...] był to najwspanialszy przykład sztuki perswazji, jakiego kiedykolwiek wysłuchałem".

Gdy Grey usiadł, wstawali mówcy, których zróżnicowane przesłania wywołały równie kontrastowe reakcje. Bonar Law oficjalnie potwierdził poparcie Unionistów dla polityki rządu; było to jednak znane z góry i aprobata Izby, choć gorąca, była do przewidzenia. Wtedy jednak zdarzyło się coś całkiem nieoczekiwanego: John Redmond, przywódca nacjonalistów irlandzkich oznajmił, że Irlandia nie stanowi już problemu: „Mówię rządowi, że może wycofać wszystkich, co do jednego, żołnierzy z Irlandii. Wybrzeża Irlandii będą bronione przez jej własnych, uzbrojonych synów [...] uzbrojeni nacjonaliści katoliccy na Południu z chęcią przyłączą się do zbrojnych protestantów z Ulsteru na Północy". Posłowie, krzycząc z radości, zerwali się na nogi i machali chusteczkami. Gdy Redmond później opuszczał salę obrad, posłowie Unionistów, jego nieprzejednani wrogowie sprzed zaledwie tygodnia, występowali z tłumu, aby uścisnąć mu rękę. Przywódca Partii Pracy, Ramsay MacDonald, uderzył w nutę niezgody. Mowa ministra Greya, powiedział, będzie „rozlegać się echem w historii". Ale, ciągnął MacDonald: „Myślę, że Grey się myli. Myślę, że rząd [...] się myli". Grey nie zdołał go przekonać, że kraj naprawdę jest w niebezpieczeństwie. „Nie było takiej zbrodni popełnionej przez mężów stanu, aby owi mężowie nie odwoływali się przed jej popełnieniem do honoru swoich narodów. Walczyliśmy w wojnie krymskiej z powodu naszego honoru. Pośpieszyliśmy do Południowej Afryki z powodu naszego honoru". Izbie nie spodobało się wystąpienie MacDonalda i okazała mu swoje niezadowolenie. Następnego dnia, poranna „Daily Mail" nazwała przemówienie „niezrozumiałym"*.

Debatę zawieszono na obiad. Gdy została wznowiona, Grey, ciągle siedzący na frontowej ławie, otrzymał do ręki wiadomość od ambasadora Belgii w Londynie. Donosiła ona o niemieckim ultimatum wobec Belgii. Belgijska Rada Państwa otrzymała dwanaście godzin na podjęcie decyzji. Radzie wystarczyło dziewięć godzin. Deklarując, że zgodzić się na żądanie Niemców oznaczałoby „poświęcić honor narodu", Belgia wyraziła „swoją zdecydowaną wolę odparcia każdego ataku na jej prawa wszelkimi dostępnymi jej środkami".

Grey przekazał depeszę premierowi, a następnie innym kolegom na frontowej ławie. Opuszczając Izbę Gmin razem z Greyem, Churchill zapytał go: „Co teraz będzie?". „Teraz – odparł Grey – wyślemy im ultimatum, aby powstrzymali inwazję na Belgię w ciągu 24 godzin". Powróciwszy do swego biura, przyjął ambasadora amerykańskiego, Waltera Page'a. „Czy Brytania spodziewa się, że Niemcy ugną się przed jej ultimatum?" – zapytał Page. Grey pokręcił głową: „Nie, oczywiście że nie. Wszyscy wiedzą, że będzie wojna". Przerwał na chwilę, usiłując wydobyć głos. Gdy podjął wypowiedź, jego oczy były pełne łez: „Tak więc, wysiłek całego życia na nic. Czuję się jak człowiek, który zmarnował swoje życie". Tego wieczora, o zmierzchu, Grey stał z przyjaciółmi przy oknie w swoim biurze w ministerstwie spraw zagranicznych, spoglądając w dół, gdzie w St James Park zapalano akurat lampy. To właśnie wtedy ten tak niepoetyczny Sir Edward Grey wypowiedział zdania, które w pamiętny sposób sygnalizowały nadejście pierwszej wojny światowej. „Lampy gasną teraz w całej Europie – powiedział – W naszym życiu nie ujrzymy już, jak zapalą się ponownie".

W tej właśnie godzinie Niemcy wypowiedziały wojnę Francji. Tłumacząc cios, jaki wkrótce miał zadać Moltke, Bethmann powiedział w Reichstagu, że wina leży po stronie Francji. Przytoczył kilka przypadków naruszenia niemieckiej granicy i przestrzeni powietrznej: osiemdziesięciu oficerów francuskich w pruskich mundurach próbo-

---

* W 1924 roku Ramsay MacDonald został pierwszym premierem Wielkiej Brytanii z ramienia Partii Pracy (*przyp. aut.*).

wało przekroczyć granicę w dwunastu samochodach; francuscy lotnicy zrzucili „bomby na dworzec kolejowy w Karlsruhe i Norymberdze". (Późniejsze sprawdzenie niemieckich gazet wydawanych w zbombardowanych ponoć miastach wykazało, że samoloty i bomby jakoś przeszły nie zauważone). Jagow, mając nadzieję wpłynąć na zagraniczną opinię publiczną, przetelegrafował do ambasadorów niemieckich w Londynie i Rzymie, że „lekarz francuski, z pomocą dwóch oficerów w przebraniu, próbował zakazić studnie w [...] Metzu bakcylem cholery. [Lekarz] został zastrzelony".

We wtorek 4 sierpnia rano Armia Niemiecka przekroczyła granicę Belgii. Gabinet brytyjski spotkał się o jedenastej, aby odbyć, jak to sucho ujął Asquith, „interesujące" posiedzenie. „Otrzymaliśmy wiadomość, że Niemcy weszli do Belgii i ogłosili [...] że w razie konieczności przebiją sobie drogę siłą. To upraszcza sprawę, wystosowaliśmy więc do Niemców ultimatum, którego termin upływał o północy". O drugiej, Asquith przeszedł do Izby Gmin, aby poinformować o wysłaniu ultimatum. Whitehall był znów wypełniony podnieconym tłumem, szaleńczo oklaskującym każdego, kto wchodził lub wychodził z Downing Street 10. Izba Gmin przyjęła wiadomość o ultimatum „bardzo spokojnie i z dużą dozą godności" – donosił Asquith. Ten pozbawiony emocji styl zdradza nurtujące go głęboko pasje. „Cała ta sprawa napełnia mnie smutkiem" – wyznał Venetii Stanley – Jesteśmy w przededniu strasznych rzeczy". Margot spotkała się z mężem zaraz po jego przemówieniu, gdy udała się do pokoju premiera w budynku Izby Gmin:

„<<Więc już po wszystkim>> – powiedziałam.

Odpowiedział, nie patrząc na mnie:

<<Tak, już po wszystkim>>.

Usiadłam obok niego z uczuciem drętwienia w kończynach. [...] Henry siedział przy stoliku do pisania odchylony do tyłu. [...] O czym myślał? [...] O swoich synach? [...] Wszyscy będą musieli iść walczyć? [...] Wstałam i przytuliłam głowę do jego głowy; nie mogliśmy już mówić z powodu łez".

Asquith udał się na godzinną przejażdżkę samochodem. Prowadził sam. Wrócił na Downing Street, aby czekać na wygaśnięcie brytyjskiego ultimatum. Mijały godziny. Margot zajrzała do śpiących dzieci, a potem dołączyła do męża, który siedział razem z Greyem, Haldanem i innymi wokół zielonego stołu w pokoju posiedzeń gabinetu, paląc papierosy. O dziewiątej przybył Lloyd George. Nikt nic nie mówił. Oczy jedynie krążyły pomiędzy zegarem a telefonem łączącym pokój z Ministerstwem Spraw Zagranicznych. Przez okno, otwarte na ciepłe, nocne powietrze, doleciał odgłos ogromnego tłumu, śpiewającego „God Save the King". Na tle hymnu dało się słyszeć dźwięki kurantów Big Bena*, oznajmiających nadejście pełnej godziny. A potem – „Buum! – zabrzmiało pierwsze uderzenie. Twarze wszystkich obecnych w pokoju były całkiem białe. „Buum! Buum! Buum!" – jedenaście razy uderzyło serce w wielki dzwon. Gdy przebrzmiało ostatnie uderzenie, Wielka Brytania znalazła się w stanie wojny z Niemcami.

* Przed wybiciem każdej pełnej godziny, mniejsze dzwonki (carillon) Big Bena wygrywają melodię dobrze znaną słuchaczom BBC – używaną jako sygnał tej stacji.

Dodatek

Wyścig zbrojeń morskich 1905 - 1914

DREDNOTY BRYTYJSKIE

nazwa typu i okrętu	*program z lat*	*mc-rok ukończenia*	*wyporność, tony*	*prędkość, węzły**	*artyleria główna***
Dreadnought	1905-06	12-06	17 900	20,9	10×305
TYP BELLEROPHON					
Bellerophon	1906-07	2-09			
Superb	1906-07	5-09	18 600	20,75	10×305
Teméraire	1906-07	5-09			
TYP ST. VINCENT					
St. Vincent	1907-08	5-09			
Vanguard	1907-08	2-10	19 250	21	10×305
Collingwood	1907-08	4-10			
Neptune	1908-09	1-11	19 900	21	10×305
TYP COLOSSUS					
Colossus	1909-10	7-11	20 000	21	10×305
Hercules	1909-10	8-11			
TYP ORION					
Orion	1909-10	1-12			
Conqueror	1909-10	11-12	22 500	21	10×343
Monarch	1909-10	3-12			
Thunderer	1909-10	6-12			

* *prędkość zakładana w projekcie*

** *liczba dział × kaliber w mm, 150 mm –a cali; 152 mm – 6 cali; 210 mm –cali; 280 mm – 11 cali; 305 mm – 12 cali; 343 mm – 13,5 cala; 381 mm – 15 cali (podobnie w następnych tabelach)*

nazwa okrętu i typu	*program z lat*	*mc-rok ukończenia*	*wyporność, tony*	*prędkość, węzły*	*artyleria główna*
TYP KING GEORGE V					
King George V	1910-11	11-12	23 000	21	10×343
Ajax	1910-11	3-13			
Centurion	1910-11	5-13			
Audacious	1910-11	10-13			
TYP IRON DUKE					
Benbow	1911-12	11-14	25 000	21	10×343 12×152
Emperor of India	1911-12	11-14			
Iron Duke	1911-12	3-14			
Marlborough	1911-12	6-14			
TYP QUEEN ELIZABETH					
Queen Elizabeth	1912-13	1-15	27 500	25	8×381 14×152
Warspite	1912-13	3-15			
Barham	1912-13	10-15			
Valiant	1912-13	2-16			
Malaya	1912-13	2-16			
TYP ROYAL SOVEREIGN					
Royal Sovereign	1913-14	5-16	25 750	21	8×381 14×152
Royal Oak	1913-14	5-16			
Revenge	1913-14	3-16			
Resolution	1913-14	12-16			
Ramillies	1913-14	9-17			

BRYTYJSKIE KRĄŻOWNIKI LINIOWE

nazwa typu i okrętu	*program z lat*	*mc-rok ukończenia*	*wyporność, tony*	*prędkość, węzły*	*artyleria główna*
TYP INVINCIBLE					
Invincible	1905-6	3-09	17 250	25,5	8×305
Inflexible	1905-6	10-08			
Indomitable	1905-6	6-08			
TYP INDEFATIGABLE					
Indefatigable	1908-9	4-11	18 750	25,8	8×305
New Zealand	1909-10	11-12	18 800		
Australia	1909-10	6-13			
TYP LION					
Lion	1909-10	5-12	26 350	27	8×343
Princess Royal	1909-10	11-12			
Queen Mary	1910-11	8-13	27 000	28	
Tiger	1911-12	10-14	28 500	28	8×343; 12×152

DREDNOTY NIEMIECKIE

nazwa typu i okrętu	*program z lat*	*mc-rok ukończenia*	*wyporność, tony*	*prędkość, węzły*	*artyleria główna*
TYP NASSAU					
Nassau	1906-7	10-09	18 873	19	12×280 12×150
Westfalen	1906-7	11-09			
Rheinland	1907-8	4-10			
Posen	1907-8	5-10			
TYP HELGOLAND					
Helgoland	1908-9	8-11	22 808	20,5	12×305 14×150
Ostfriesland	1908-9	8-11			
Thüringen	1908-9	7-11			
Oldenburg	1908-9	5-12			

nazwa typu i okrętu	program z lat	mc-rok ukończenia	wyporność, tony	prędkość, węzły	artyleria główna
TYP KAISER					
Kaiser	1909-10	8-12	24 724	21	10×305 14×150
Friedrich der Grosse	1909-10	10-12			
Kaiserin	1910-11	5-13			
Prinzregent Luitpold	1910-11	8-13			
König Albert	1910-11	7-13			
TYP KÖNIG					
König	1911-12	8-14	25 796	21	10×305 14×150
Grosser Kurfürst	1911-12	8-14			
Markgraf	1911-12	10-14			
Kronprinz Wilhelm	1912-13	11-14			
TYP BAYERN					
Baden	1913-14	10-16	28 600	22	8×381 16×150
Bayern	1913-14	3-16			
Sachsen	1914-15	*			
Württemberg	1914-15	†			

** Zwodowany 21 listopada 1916 lecz nigdy nie ukończony.*
† Zwodowany 20 czerwca 1917 lecz nigdy nie ukończony.

NIEMIECKIE KRĄŻOWNIKI LINIOWE

nazwa okrętu	program z lat	mc-rok ukończenia	wyporność, tony	prędkość, węzły	artyleria główna
Blücher	1906-7	10-09	15 842	24,8	12×210; 8×150
Von der Tann	1907-8	9-10	19 370	24,8	8×280; 10×150
Moltke	1908-9	9-11	22 979	25,5	10×280 12×150
Goeben	1909-10	7-12			
Seydlitz	1910-11	5-13	24 988	27	
Lützow	1011-12	8-15	26 741	26,4	8×305; 14×150
Derfflinger	1911-12	9-14	26 600	25,8	8×305; 12×150
Hindenburg	1913-14	10-17	26 947	27,5	8×305; 14×150

Podziękowania

Podczas pisania tej książki pracowałem w szeregu instytucji, w których również zbierałem materiały. Były to: biblioteki Uniwersytetu Yale, Biblioteka Uniwersytetu Tulane, Urząd Archiwów Publicznych, Biblioteka Brytyjskiego Ministerstwa Obrony i Biblioteka Czasopism Biblioteki Brytyjskiej. Jestem wdzięczny personelowi tych bibliotek za jego sprawność i uprzejmość.

Za pomoc okazaną mi we wczesnych stadiach tworzenia tej książki mam dług wobec Roberta Gottlieba i Katherine Hourigan. Miałem też szczęście spotkać mądrego i doświadczonego, wielkiego redaktora Roberta Loomisa z Random House, który nie szczędził mi stymulującej zachęty. Również Harry Evans, Joni Evans i Carsten Fries bardzo ułatwiali mi pracę.

Od chwili, gdy po raz pierwszy opisałem ideę tej książki Davidowi Godwinowi z firmy Jonathan Cape, zawsze reagował z napawającym serce otuchą entuzjazmem. Wysoce sobie cenię również pomoc jego kolegów: Georginy Capel i Jill Black.

W dzisiejszym świecie, gdy gigantyczne korporacje połykają mniejsze wydawnictwa, a księgowi zastąpili redaktorów w podejmowaniu decyzji, autorzy potrzebują zdolnych i oddanych agentów literackich. Ja mam Deborah Karl, Andrew Wylie, Gillona Aitkena i Sandy Riley. Wszyscy oni wielce dbają o pisarzy i ich pisarstwo. Pomagały mi także, i to we właściwym czasie, Bridget Love i Anna Benn.

Janet Byrne i Judith Karl nadrobiły moją nieumiejętność opanowania edytorów tekstu i przepisały cały rękopis. Carmel Wilson w bardzo krótkich terminach dostarczała nowe fotografie. The Hulton Picture Company z Londynu zaoferowała mi tysiące kuszących zdjęć i sprawnie dostarczyła ostatecznie przeze mnie wybrane.

Przez lata, w których książka ta powstawała, wielu przyjaciół wspomagało mnie słowem i czynem. Specjalnie dziękuję Lornie Massie, nieżyjącej już Natalii May, Mary Keeley, Caecelii Davis, Robertowi i Inie Caro, Thomasowi Pynchonowi i Melanii Jackson, Caroline Michel i Mathew

Evansowi, Kenowi Burrowsowi, Gilbertowi Merrittowi, Herbertowi i May Shayne'om, Davidowi Kahnowi i Robertowi Faglesowi.

Moje dzieci, Elizabeth Massie, Bob Massie i Susanna Thomas zawsze ubogacały mnie swoim wsparciem i miłością, a wcale nie mniej otrzymałem od Dany Roberts i Jima Thomasa.

Deborah Karl, córka wykształconej rodziny, przeczytała każdą linijke tej książki i proponowała zmiany, które zawsze okazywały się korzystne. Zawsze będę jej wdzięczny za jej inteligencję, wnikliwość i oddanie.

BIBLIOGRAfIA

Albertini, Luigi. *The Origins of the War of 1914.* („Przyczyny "wojny 1914 roku") New York: Oxford University Press: 1953

Askwith, Lord, *Lord James of Hereford.* („Lord James Hereford") London: Ernest Benn, 1930

Asquith, Herbert Henry, Earl of Oxford and Asquith. *The Genesis of the War.* („Geneza wojny") London: Cassell, 1923

_______ *Fifty Years of Parliament.* („Pięćdziesiąt lat w parlamencie") 2 vols. Boston: Little,. Brown, 1926

_______ *Memories and Reflections, 1852-1927.* („Wspomnienia i refleksje, 1852-1927") 2 vols. Boston: Little, Brown, 1928

_______ *Letters to Venetia Stanley.* („Listy do Venetii Stanley") Selected and edited by Michael and Eleanor Brock. Oxford University Press: 1982

Asquith, Margot. *An Autobiography.* („Autobiografia") 4 vols. New York: George H. Doran, 1920-22

Bacon, Admiral Sir Reginald. *A Naval Scrapbook, 1877-1900.* („Zapiski z Marynarki Wojennej, 1877-1900") London: Hutchinson, 1925

_______ *The Life of Lord Fisher of Kilverstone.* („Życie lorda Fishera Kilverstone") 2 vols. London: Hodder & Stoughton, 1929

_______ *Life of John Rushworth, Earl Jellicoe.* („Życie Johna Rushwortha, hrabiego Jellicoe") London: Cassell, 1936

_______ *From 1900 Onwards.* („Zaczęło się w 1900 roku") London: Hutchinson, 1940

Balfour, Michael. *The Kaiser and His Times.* („Kaiser i jego czasy") Boston: Houghton Mifflin, 1964

Barkeley, Richard. *The Empress Frederick.* („Cesarzowa Fryderykowa") London: Macmillan, 1956

Barker, Dudley. *Prominent Edwardians.* („Wybitne postacie ery Edwardiańskiej") New York: Atheneum, 1969

Barlow, Ima C. *The Agadir Crisis.* („Kryzys agadirski") Chapel Hill: University of North Carolina Press, 1940

Bassett, Ronald. *Battle Cruisers: A History, 1908-1948.* („Historia krążowników liniowych, 1908-1948") London: Macmillan, 1981

Battiscombe, Georgina. *Queen Alexandra.* („Królowa Aleksandra") London:, Constable, 1969

Bell, Quentin, *Virginia Woolf A Biography.* („Virginia Woolf. Biografia") 2 vols. London: Hogarth Press, 1972

Beresford, Lord Charles. *Memoirs.* („Pamiętniki") 2 vols. Boston: Little, Brown, 1914

_______ *The Betrayal.* („Zdrada") London: P. S. King & Son, 1912

Berghahn, Volker L. *Der Tirpitz Plan.* („Plan Tirpitza") Düsseldorf: Droste Verlag, 1971

_______ *Germany and the Approach of War in 1914.* („Niemcy a nadchodząca wojna w 1914 roku") New York: St. Martin's Press, 1973

Bernhardi, General Friedrich von. *Germany and the Next War.* („Niemcy a następna wojna") New York: Longmans, Green, 1914

Bernstein, George L. *Liberalism and Liberal Politics in Edwardian England.* („Liberalizm i polityka liberałów w Edwardiańskiej Anglii") Boston: Allen & Unwin, 1986

Bethmann-Hollweg, Theobald von. *Reflections on the World War.* („Refleksje na temat wojny") London: Butterworth, 1920

Beyens, Baron. *Germany Before the War.* („Niemcy przed wojną") New York: Thomas Nelson and Sons, 1916

Bigelow, Pulteney. *Prussian Memories 1864-1914.* („Pamiętniki pruskie 1864-1914") New York: Putnam's, 1915

Bing, Edward J., ed. *The Secret Letters of the Last Tsar: The Confidential Correspondence Between Nicholas II and His Mother, Dowager Empress Marie Fedorovna.* („Tajne listy ostatniego cara: Poufna korespondencja między Mikołajem II a jego matka, cesarzową wdową Marią Fiodorowną") New York: Longmans, Greim, 1938

Bismarck, Otto von. *Bismarck, the Man and the Statesman: Reflections and Reminiscences.* („Bismarck, człowiek i mąż stanu: Refleksje i Wspomnienia") 2 vols. London: Smith, Elder, 1898

_______ *New Chapters of Bismarck's Autobiography.* („Nowe rozdziały autobiografii Bismarcka") London: Hodder and Stoughton, 1920

Blake, Robert. *Disraeli.* („Disraeli") New York: St. Martin's Press, 1967

Blücher, Evelyn. *An English Wife in Berlin.* („Angielska żona w Berlinie") London: Constable, 1920

Bonham-Carter, Violet. *Winston Churchill: An Intimate Portrait.* („Wisnton Churchill: portret intymny") New York: Harcourt, Brace, 1965

Bradford, Admiral Sir Edward. *Life of Admiral of the Fleet Sir Arthur Knyvet Wilson.* („Życie admirała floty Sir Arthura Knyveta Wilsona") London: John Murray, 1923

Brandenburg, Erich. *From Bismarck to the World War.* („Od Bismarcka do wojny światowej") New York: Oxford University Press, 1927.

Breyer, Siegfried. *Battleships and Battle Cruisers, 1905-1970.* („Okręty liniowe i krążowniki liniowe, 1905-1970") New York: Doubleday, 1973 Bülow, Prince Bernhard von. Memoirs. 4 vols. Boston: Little, Brown, 1931-32

Carroll, Malcolm. *Germany and the Great Powers.* („Niemcy a wielkie mocarstwa") New York: Octagon Books, 1975

Cecil, Algenion. *British Foreign Secretaries, 1807-1916.* („Brytyjascy ministrowie spraw zagranicznych, 1807-1916") New York: G. P. Putnam, 1927

Cecil, Lady Gwendolen. *Life of Robert, Marquis of Salisbury.* („Życie Roberta markiza Salisbury") 4 vols. London: Hodder & Stoughton, 1921-32

Cecil, Lamar. *Albert Ballin: Business and Politics in Imperial Germany.* („Albert Ballin: Biznes i polityka w cesarskich Niemczech") Princeton, N.J.: Princeton

University Press, 1967

_______ *The German Diplomatic Service, 1871-1914.* („Niemiecka służba dyplomatyczna, 1871-1914") Princeton, N.J.: Princeton University Press, 1976

Chamberlain, Sir Austen. *Down the Years.* („Z biegiem lat") London: Cassell, 1935

Chatfield, Admiral of the Fleet Lord. *The Navy and Defence.* („Marynarka Wojenna a obrona kraju") London: Heinemann, 1942 Childers, Erskine. The Riddle of the Sands. New York: Dover, 1976

Churchill, Randolph S. *Winston S. Churchill: Youth, 1874-1900.* („Winston S. Churchill: Młodość, 1874-1900") Boston: Houghton Mifflin, 1966

_______ *Winston S. Churchill: Young Statesman, 1901-1914.* („Winston S. Churchill: Młody mąż stanu, 1901-1914") Boston: Houghton Mifflin, 1967 .

Churchill, Winston S. *The Story of the Malakand Field Force.* („Historia grupy operacyjnej Malakand") London and New York: Longmans, Green, 1898

_______ *The World Crisis, 1911-1918.* („Kryzys światowy, 1911-1918") 4 vols. New York: Scribner's, 1923-29

_______ *A Roving Commission: My Early Life.* („Nieustannie w służbie: Moja młodość") New York: Scribner's, 1930

_______ *Great Contemporaries.* („Wielcy współcześni") New York: G. P. Putnam's Sons, 1937

Clarke, I. F., *Voices Prophesying War, 1763-1984.* („Przepowiednie wojen, 1763-1984") New York: Oxford University Press, 1966

Cowles, Virginia. *The Kaiser.* („Kaiser") New York: Harper & Row, 1963

Crankshaw, Edward. *The Fall of the House of Hapsburg.* („Upadek dynastii Habsburgów") New York: Viking, 1963

_______ *Bismarck.* („Bismarck") New York: Viking, 1981

Cust, Lionel. *King Edward VII and His Court.* („Król Edward VII i jego dwór") London: John Murray, 1930

Dangerfield, George. *The Strange Death of Liberal England.* („Dziwna śmierć liberalnej Anglii") New York: Capricom Books, 1961

Davis, Arthur N. *The Kaiser as I Knew Him.* („Kaiser jakim go znałem") New York: Harper & Brothers, 1918

Dewar, Vice Admiral KG.B. *The Navy from Within.* („Marynarka Wojenna od środka") London: Gollancz, 1939

Dorling, Taprell. *Men o'War.* („Okręty liniowe") London: Phillip Allan, 1929

Dugdale, Blanche E. C. *Arthur James Balfour.* („Arthur James Balfour") 2 vols. London: Hutchinson, 1939

Dugdale, E. T. S., trans. *German Diplomatic Documents. 1871-1914 (selected translations of Die grosse Politik).* („Niemieckie dokumenty dyplomatyczne, 1871-1914") 4 vols. London: Methuen, 1928

Eckardstein, Baron Hermann von. *Ten Years at the Court of St James, 1895-1905.* („Dziesięć lat przy dworze św. Jakuba") London: Butterworth, 1921

Ensor, Robert. *England, 1870-1914.* („Anglia 1870-1914") New York: Oxford University Press, 1936

Escott, T.H.S. *Great Victorians.* („Wielcy epoki Wiktoriańskiej") New York: Scribner's,

1916

Esher, Viscount Reginaid. *The Influence of King Edward and Other Essays.* („Wpływy króla Edwarda i inne eseje") London: John Murray, 1915

_______ *Journals and Letters.* („Dzienniki i listy") 4 vols. London: Ivor Nicholson and Watson, 1934-38

Eyck, Erich. *Bismarck and the German Empire.* („Bismarck i Cesarstwo Niemieckie") New York: Norton, 1964

Fay, Sidney B. *The Origins of the World War.* („Powody wojny światowej") 2 vols. New York: Macmillan, 1929

Fischer, Fritz. *Germany's Aims in the First World War.* („Cele wojenne Niemiec w I wojnie światowej") New York: Norton, 1967

_______ *War of Illusions: German Politics from 1911 to 1914.* („Wojna złudzeń: Polityka niemiecka w latach 1911-1914") London: Chatto & Windus, 1975

Fisher, Lord, Admiral of the Fleet. *Memories and Records.* („Wspomnienia i zapiski") 2 vols. New York: George H. Doran, 1920

_______ *Fear God and Dread Nought: Correspondence of Admiral of the Fleet Lord Fisher,* („Bój się Boga i niczego więcej: Korespondencja admirała floty lorda Fishera") ed. A. J. Marder. 3 vols. London: Jonathan Cape, 1952-59

Fitzmaurice, Lord Edmond. *The Life of Lord Granville.* („Życie lorda Granville") 2 vols. London: Longmans Green, 1905

Fleming, Peter. *The Siege of Peking.* („Oblężenie Pekinu") New York: Harper & Brothers, 1959

Frederick, Empress (Vicky). *Letters of Empress Frederick* („Listy cesarzowej Fryderykowej"), edited by Sir Frederick Ponsonby. London: Macmillan, 1929

Garvin, J. L., and Julian Amery. *The Life of Joseph Chamberlain.* („Życie Josepha Chamberlaina") 6 vols. London: Macmillan, 1932-51 [Garvin wrote the first three volumes, Amery the last three]

Geiss, Imanuel. *July I9I4: The Outbreak of the First World War: Selected Documents.* („Lipiec 1914. Wybuch pierwszej wojny światowej: Wybrane dokumenty") New York: Norton, 1974

Gerard, James W. *My Four Years in Germany.* („Moje cztery lata w Niemczech") New York: George H. Doran, 1917 [Gerard był tam ambasadorem USA w latach 1913-1917]

_______ *Face to Face with Kaiserism.* („Twarzą w twarz z kajseryzmem") London: Hodder & Stoughton, 1918

Gooch, G. P. *History of Modern Europe, I878-I9I9.* („Historia nowoczesnej Europy, 1878-1919") New York: Henry Holt, 1923

_______ *Recent Revelations of European Diplomacy.* („Ostatnio rewelacje dyplomacji europejskiej") New York: Longmans Green, 1928

_______ *Before the War: Studies in Diplomacy.* („Przed wojną: Studia z zakresu dyplomacji") 2 vols. London: Longmans Green, 1926-38

_______ *Studies in Diplomacy and Statecraft.* („Studia z zakresu dyplomacji i sztuki rządzenia") New York: Longmans Green, 1942

_______ *Under Six Reigns.* („Pod panowaniem sześciu władców") London: Longmans,

1958

Gore, John. King George V: *A Personal Memoir.* („Pamiętnik osobisty") London: John Murray, 1941

Goschen, Edward. *Diary, 1900-1914.* („Dziennik, 1900-1914") London: Royal Historical Society, 1980

Gretton, Vice Admiral Sir Peter. *Winston Churchill and the Royal Navy.* („Winston Churchill i Marynarka Królewska") New York: Coward, McCann, 1969

Grey of Fallodon, Viscount. *Twenty-Five Years, 1892-1916.* („Dwadzieścia pięć lat, 1892-1916") 2 vols. New York: Frederick A. Stokes, 1925

_______ *The Fallodon Papers.* („Dolumenty z Fallodon") Boston: Houghton Mifflin, 1926

Haldane, Richard Burdon. *An Autobiography.* („Autobiografia") New York: Doubleday, Doran, 1929

_______ *Before the War.* („Przed wojną") London: Cassell, 1920

Halévy, Elie. *A History of the English People in the Nineteenth Century.* („Historia narodu angielskiego w dziewiętnastym wieku") Vol. 5: 1895-1905; vol. 6: 1905-1915. London: Ernest Benn, 1929-34

Haller, Johannes. *Philip Eulenburg: The Kaiser's Friend.* („Philip Eulenburg: Przyjaciel kaisera") 2 vols. New York: Alfred A. Knopf, 1930

Hamilton, Lord Frederick. *The Vanished Pomps of Yesterday.* („Miniona chwała przeszłych dni") New York: George H. Doran, 1921

Hase, Georg von. *Kiel and Jutland.* („Kilonia i Jutlandia") New York: E. P. Dutton, 1922

Heckstall-Smith, Anthony. *Sacred Cowes.* („Święte Cowes") London: Anthony Blond, 1965

Herwig, Holgar H. *The German Navy Officer Corps, 1890-1918.* („Korpus oficerski Niemieckiej Marynarki Wojennej, 1890-1918") New York: Oxford University Press, 1973

_______ *Politics of Frustration: The United States in German Naval Planning, 1889-1941,* („Polityka frustracji: Stany Zjednoczone w planach Niemieckiej Marynarki Wojennej, 1889-1941") Boston: Little, Brown, 1976

_______ "Luxury Fleet": The Imperial German Navy. London: Allen & Unwin, 1980

Hinsley, F. H., ed. *British Foreign Policy under Sir Edward Grey.* („Brytyjska polityka zagraniczna w czasach Sir Edwarda Greya") New York: Cambridge University Press, 1977

Holstein, Friedrich von. *The Holstein Papers: The Memoirs, Diaries and Correspondence of Friedrich von Holstein.* („Dokumenty Hoslteina: Pamiętniki, dzienniki i korespondencja Friedricha von Holsteina") Edited by Norman Rich and M. H. Fisher. 4 vols. New York: Cambridge University Press, 1955

Hough, Richard. Louis and Victoria: *The Family History of the Mountbattens.* („Historia rodziny Mountbattenów") London: Weidenfeld and Nicolson, 1974

Howarth, David. *Trafalgar: The Nelson Touch.* („Trafalgar: Spod ręki Nelsona") New York: Atheneum, 1969

Hubatsch, Walther. *Die Ära Tirpitz: Studien zur Deutschen Marinepolitik, 1890-1918.*

(„Era Tirpitza: Studia nad niemecką polityką morską, 1890-1918") Göttingen: Musterschmidt Verlag, 1955

Huldermann, Bernhard. *Albert Ballin.* („Albert Ballin") London: Cassell, 1922

Hull, Isabel V. *The Entourage of Kaiser Wilhelm II, 1888-1918.* („Świta cesarza Wilhelma II, 1888-1918") Cambridge University Press, 1982

Humble, Richard. *Before the Dreadnought: The Royal Navy from Nelson to Fisher.* („Przed Drednoughtem: Royal Navy od Nelsona do Fishera") London: MacDonald and Jane's, 1976

Hurd, Archibald, and Henry Castle. *German Seapower: Its Rise, Progress and Economic Basis.* („Niemiecka potęga morska: Jej powstanie, rozwój i podstawy ekonomiczne") New York: Scribner's, 1913

Hynes, Samuel. *The Edwardian Tum of Mind.* („Edwardiański zawrót głowy") Princeton, N.J.: Princeton University Press, 1968

Jameson, Rear Admiral William. *The Fleet That Jack Built: Nine Men Who Made a Modern Navy.* („Flota zbudowana przez Jacka: Dziewięciu ludzi, którzy stworzyli nowoczesną Marynarke Wojenną") New York: Harcourt, Brace, 1962

Jane, Fred T. *Jane's Fighting Ships, 1914.* („Jane's Fighting Ships, 1914" [rocznik flot]) New York: Arco, 1969

Jarausch, Konrad H. *The Enigmatic Chancellor: Bethmann-Hollweg and the Hubris of Imperial Germany.* („Tajemniczy kanclerz: Bethmann-Hollweg i nieposkromiona pycha cesarskich Niemiec ") New Haven: Yale University Press, 1973

Jenkins, Roy. *Asquith.* („Asquith") London: Collins, 1964

Keegan, John. *The Price of Admiralty.* („Cena Admiralicji") New York: Viking, 1988

Kehr, Eckart. *Battleship Building and Party Politics in Germany, 1894-1901.* („Budowa pancerników a partie polityczne w Niemczech, 1894-1901") Chicago: University of Chicago Press, 1973

Kennan, George. *The Decline of Bismarck 's European Order.* („Upadek bismarckowskiego porządku w Europie") Princeton, N.J.: Princeton University Press, 1979

Kennedy, A. L. *Salisbury, 1830-1903.* („Salisbury, 1830-1903") London: John Murray, 1953

Kennedy, Paul. *The Rise of the Anglo-German Antagonism.* („Powstanie antagonizmu anglo-niemieckiego") London: Allen & Unwin, 1980

_______ *The Rise and Fall of British Naval Mastery.* („Powstanie i upadek brytyjskiego panowania na morzu") Malabar, Florida: Krieger, 1982

_______ *The War Plans of the Great Powers, 1880-1914.* („Plany wojenne wielkich mocarstw") London: Allen & Unwin, 1979

_______ *Strategy and Diplomacy, 1870-1945.* („Strategia i dyplomacja, 1870-1945") London: Fontana, 1984

Kerr, Admiral Mark E. F. *Prince Louis of Battenberg, Admiral of the Fleet.* („Książę Louis Battenberg, Admirał floty") London: Longmans, Green, 1934

Kühlman, Richard von. *Thoughts on Germany.* („Przemyślenia na temat Niemiec") London: Macmillan, 1932

Kürenberg, Joachim von. *The Kaiser: A Life of Wilhelm II.* („Kaiser. Życie Wilhelma II") New York: Simon and Schuster, 1955

______ *His Excellency the Spectre: The Life of Fritz von Holstein.* („Jego ekscelencja duch: Życie Fritza von Holsteina") London: Constable, 1933

Lambert, Andrew. *Battleships in Transition: The Creation of the Steam Battlefleet, 1815-1860.* („Okręty liniowe okresu przejściowego: Powstanie parowej floty liniowej, 1815-1860") Annapolis: U.S. Naval Institute Press, 1984

Lambi, Ivo N. *The Navy and German Power Politics, 1862-1914.* („Marynarka Wojenna a polityka mocarstwowa Niemiec, 1862-1914") Boston: Allen & Unwin, 1984

Lee, Sir Sidney. *King Edward VII.* („Król Edward VII") 2 vols. New York: Macmillan, 1925-27

Le Queux, William. *The Invasion of 1910.* („Inwazja roku 1910") London: Eveleigh Nash, 1906

Leslie, Anita. *The Marlborough House Set.* („Kompania z Marlborough House") New York: Doubleday, 1973

Lewis, Davis L. *The Race to Fashoda.* („Wyścig do Faszody") New York: Weidenfeld and Nicolson, 1987

Lichnowsky, Prince Karl. *Heading For the Abyss: Reminiscences.* („Ku przepaści: Wspomnienia") London: Constable, 1928

______ *My Mission to London.* („Moja misja w Londynie") New York: George H. Doran, n.d.

Lloyd George, David. *War Memoirs.* („Pamiętniki wojenne") 6 vols. Boston: Little, Brown, 1933-37

Longford, Elizabeth. *Queen Victoria.* („Królowa Wiktoria") New York: Harper & Row, 1964

______ [Pakenham, Elizabeth, later Countess of Longford]. *Jameson's Raid.* („Rajd Jamesona") London: Weidenfeld and Nicolson, 1960

Ludwig, Emil. *William Hohenzollern.* („Wilhelm Hohenzollern") New York: Putnam, 1926

Mackay, Ruddock. *Fisher of Kilverstone.* („Fisher z Kilverstone") New York: Oxford University Press, 1973

Magnus, Sir Philip. *King Edward the Seventh.* („Król Edward Siódmy") New York: E. P. Dutton, 1964

Mahan, Alfred Thayer. *The Influence of Sea Power upon History, 1660-1783.* („Wpływ potęgi morskiej na historię, 1660-1783") Boston: Little, Brown, 1895

______ *The Influence of Sea Power Upon the French Revolution and Empire, 1793-1812.* („Wpływ potęgi morskiej na Rewolucję Francuską i Cesarstwo, 1703-1815") 2 vols. Boston: Little, Brown, 1898

Manchester, William. *The Arms of Krupp.* („Broń Kruppów") Boston: Little, Brown, 1964

______ *Winston Churchill: The Last Lion, 1874-1932.* („Winston Churchill: Ostatni lew, 1874-1932") Boston: Little, Brown, 1983

Mansergh, Nicholas. *The Coming of The First World War.* („Nadejście pierwszej wojny światowej") New York: Longmans Green, 1949

Marder, Arthur J. *The Anatomy of British Seapower: A History of British Naval Policy in the Pre-Dreadnought Era, 1880-1905.* („Anatomia brytyjskiej potęgi morskiej: Historia brytyjskiej polityki morskiej w okresie przed Drednoughtem, 1880-1905") New York: Octagon Books, 1976

______ *From the Dreadnought to Scapa Flow: The Royal Navy in the Fisher Era, 1904-1919.* („Od Drednoughta do Scapa Flow: Marynarka Królewska w epoce Fishera, 1904-1919") 5 vols. London: Oxford University Press, 1961-65.

Marwick, Arthur. *The Deluge: British Society and the First World War.* („Potop: Społeczeństwo brytyjskie i pierwsza wojna światowa") Boston: Little, Brown, 1960

Maurice, Major General Sir Frederick. *Haldane, 1856-1928.* („Haldane, 1856-1928") 2 vols. London: Faber & Faber, 1937-39

Maurois, Andre. *The Edwardian Era.* („Epoka Edwardiańska") New York: Appleton-Century, 1933

Mayer, Arno J. *The Persistence of the Old Regime: Europe to the Great War.* („Trwałość starego reżimu: Europa w okresie przed wielką wojną") New York: Pantheon, 1981

McKenna, Stephen. *Reginald McKenna, 1863-1943: A Memoir.* („Reginald McKenna, 1863-1943: Pamiętnik") London: Eyre & Spottiswoode,1948

Morgan, Ted. *Churchill: Young Man in a Hurry.* („Churchill: Śpieszący się młodzieniec") New York: Simon and Schuster, 1982

Morley, John. *The Life of William Ewart Gladstone.* („Życie Williama Ewarta Gladstone'a") 2 vols. London: Macmillan, 1905

_______ *Recollections.* („Wspomnienia") 2 vols. New York: Macmillan, 1917

Morris, James. *Pax Britannica.* („Pax Britannica") New York: Harcourt, Brace, 1968

Morton, Frederic. *A Nervous Splendor: Vienna 1888-1889.* („Splendor i nerwy: Wiedeń 1888-1889") New York: Penguin, 1979

Müller, Admiral Alexander von. *The Kaiser and His Court.* („Kaiser i jego dwór") Edited by Walter Gorlitz. New York: Harcourt, Brace, 1959

Munz, Sigmund. *King Edward VII at Marienbad.* („Król Edward VII w Marienbadzie") London: Hutchinson, 1934

Newton, Lord. *Lord Lansdowne: A Biography.* („Lord Lansdowne: Biografia") London: Macmillan, 1929

Nichols, J. Alden. *Germany after Bismarck: The Caprivi Era, 1890-1894.* („Niemcy po Bismarcku: Era Capriviego, 1890-1914") Cambridge, Mass.: Harvard University Press, 1958

Nicolson, Sir Harlid. *Sir Arthur Nicolson: A Study in the Old Diplomacy.* („Sir Arthur Nicolson: Studium dawnej dyplomacji") London: Constable, 1930

_______ *King George the Fifth: His Life and Reign.* („Król Jerzy Piąty, jego życie i panowanie ") London: Constable, 1952

O'Connor, Richard. *The Spirit Soldiers: A Historical Narrative of the Boxer Rebellion.* („Żołnierze ducha: Opowieść historyczna o buncie Bokserów") New York: G. P. Putnam's Sons, 1973

Padfield, Peter. *Aim Straight: A Biography of Sir Percy Scott.* („Mierz celnie: Biografia Sir Percy'ego Scotta") London: Hodder & Stoughton, 1966

_______ *The Battleship Era.* („Epoka pancerników") London: Rupert Hart-Davis, 1972

_______ *The Great Naval Race.* („Wielki wyścig zbrojeń morskich") London: Hart-Davis, MacGinnon, 1974

_______ *Rule Britannia: The Victorian and Edwardian Navy.* („Władaj, Brytanio: Marynarka Wojenna w czasach wiktoriańskich i edwardiańskich") London: Routledge & Kegan Paul, 198]

Paget, Lady Walburga. *Scenes and Memories.* („Sceny i wspomnienia") New York: Scribner's, 1912

Pakenham, Elizabeth: see Longford, Elizabeth

Pakenham, Thomas. *The Boer War.* („Wojna burska") New York: Random House, 1979

Paléologue, Maurice. *An Ambassador's Memoirs.* („Pamiętniki ambasadora") 3 vols. New York: Doran, 1925

Parkes, Oscar. *British Battleships, 1860-1950: A History of Design, Construction and Armament.* („Brytyjskie okręty liniowe, 1860-1950: Historia ich projektowania, budowy i uzbrojenia") London: Seely Service, 1957

Pick, F. W. *Searchlight on German Africa.* („Reflektorem po Niemieckiej Afryce") London: Allen & Unwin, 1939

Pless, Princess Daisy of. *Daisy Princess of Pless.* („Księżna Daisy pszczyńska") New York: E. P. Dutton, 1929

_______ *Better Left Unsaid.* („Lepiej nie opowiadać") New York: E. P. Dutton, 1931

Ponsonby, Sir Frederick, ed. *Letters of the Empress Frederick.* („Listy cesarzowej Fryderykowej") London: Macmillan, 1929

_______ *Recollections of Three Reigns.* („Wspomnienia z okresu trzech władców") London: Eyre and Spottiswoode, 1951

Pope-Hennessy, James. *Queen Mary.* („Queen Mary") London: The Reprint Society, 1960

Porter, Cecil. *Not without a Chaperone: Modes and Manners from 1897 to 1914.* („Nigdy bez przyzwoitki" Moda i maniery w latch 1897 do 1914") London: New English Library, 1972

Reischach, Baron Hugo von. *Under Three Emperors.* („Pod panowaniem trzech cesarzy") London: Constable, 1927

Ritter, Gerhard. *The Sword and the Sceptre: The Problem of Militarism in Germany.* („Miecz i berło: Problem militaryzmu w Niemczech") 4 vols. Miami, Fla.: University of Miami Press, 1970

Robertson, Sir Charles Grant. *Bismarck.* („Bismarck") New York: Henry Holt, 1919

Rohl, John C. G. *Germany Without Bismarck: The Crisis of Government in the Second Reich, 1890-1900.* („Niemcy bez Bismarcka: Kryzys władzy w Drugiej Rzeszy, 1890-1900") London: B. T. Batsford, 1967

_______ and Nicholas Sombart. *Kaiser Wilhelm II: New Interpretations.* („Kaiser Wilhelm II: Nowe interpretacje") New York: Cambridge University Press, 1982

Rose, Kenneth. *King George V.* („Król Jerzy V") London: Macmillan, 1983

Rotberg, Robert I. *The Founder: Cecil Rhodes and the Pursuit of Power.* („Założyciel: Cecil Rhodes a pogoń za potęgą") New York: Oxford University Press, 1988

Sazanov, Serge. *Fateful Years.* („Decydujące lata") New York: Stokes, 1928

Scheer, Admiral Reinhard. *Germany's High Seas Fleet in the World War.* („Niemicka Flota Pełnomorska w wojnie światowej") New York: Peter Smith, 1934

Schmitt, Bernadotte E. *England and Germany, 1740-1914.* („Anglia a Niemcy, 1740-1914") Princeton, N.J.: Princeton University Press, 1916

Scott, Admiral Sir Percy. *Fifty Years in the Royal Navy.* („Pięćdziesiąt lat w Royal Navy") New York: George H. Doran, 1919

Spender, J, A. *The Life of the Right Hon. Sir Henry Campbell-Bannerman.* („Życie wielce czcigidnego Sir Henry'ego Campbella-Bannermana") 2 vols. London: Hodder & Stoughton, 1923

_______ *Fifty Years of Europe: A Study in Pre-War Documents.* („Pięćdziesiąt lat w Europie: Badania dokumentów przedwojennych") London: Cassell, 1933

_______ *The Public Life.* („Życie publiczne") 2 vols. London: Cassell, 1925

______ and Cyril Asquith. *Life of Herbert Henry Asquith, Lord Oxford and Asquith.* („Życie Herberta Henry'ego Asquitha, Lorda Oksford i Asquith") 2 vols. London, Hutchinson, 1932

Stamper, C. W. *What I Know, Reminiscences of Five Years Personal Attendance upon His Late Majesty King Edward VII.* („To, co wiem. Wspomnienia pięciu lat osobistej służby zmarłemu królowi Edwardowi VII") London: Mills & Boon, 1913

Steinberg, Jonathan. *Yesterday's Deterrent: Tirpitz and the Birth of the German Battle Fleet.* („Odstraszanie dnia wczorajszego: Tirpitz i narodziny niemieckiej floty liniowej") New York: Macmillan, 1965

Steiner, Zara S. *The Foreign Office and Foreign Policy.* („Ministerstwo Spraw Zagranicznych i polityka zagraniczna") New York: Cambridge University Press, 1969

______ *Britain and the Origins ofthe First World War.* („Brytania a przyczyny pierwszej wojny światowej") New York: St. Martin's Press, 1977

Stephen, Adrian. *The Dreadnought Hoax.* („Kawał z Drednoughtem") London: Chatto & Windus, 1983

Stem, Fritz. *Gold and Iron: Bismarck, Bleichröder and the Building of the German Empire.* („Złoto i żelazo: Bismarck, Bleichröder i budowa Cesarstwa Niemieckiego") New York: Alfred A. Knopf, 1977

Strachey, Lytton. *Queen Victoria.* („Królowa Wiktoria") New York: Harcourt, Brace, 1949

Taylor, A. J. P. *Bismarck: The Man and the Statesman.* („Bismarck: Człowiek i mąż stanu") New York: Alfred A. Knopf, 1961

______ *Essays in English History.* („Eseje na temat historii Anglii") London: Hamish Hamilton, 1976

Thomas, George M., *The Twelve Days: 24 July to 4 August 1914.* („Dwanaście dni: od 24 lipca do 4 sierpnia 1914") London, Hutchinson, 1964

Tirpitz, Grand Admiral Alfred von. *My Memoirs.* („Moje wspomnienia") 2 vols. New York: Dodd, Mead, 1919

______ *Politische Dokumente, der Aufbau der deutschen Weltmacht.* („Dokumenty polityczne na temat budowy niemieckiej potęgi światowej") 2 vols. Berlin: Cotta, 1924-26

Topham, Anne. *Memories of the Kaiser's Court.* („Wspomnienia z dworu kaisera") London: Methuen, 1914

Trevelyan, G. M. *Grey of Fallodon.* („Grey z Fallodon") New York: Longmans Green, 1937

Trotha, Adolf von. *Grossadmiral von Tirpitz: Flottenbau und Reichsgedanke.* („Wielki admirał von Tirpitz: Budowa floty rozważania o Rzeszy") Breslau, Germany: Wilh. Gottl. Korn Veriag, 1933

Trotter, Wilfrid Pym. *The Royal Navy in Old Photographs.* („Marynarka Królewska na starych fotografiach") London: J. M. Dent & Sons, 1975

Tuchman, Barbara. *The Guns of August.* („Sierpniowe salwy") New York: Macmillan, 1962 wyd. polskie Wyd. MON, Warszawa 1988.

______ *The Proud Tower: A Portrait of the World before the War, 1890-1914.* („Wyniosła wieża: Portret Świata przed wojną, 1890-1914") New York: Macmillan,

1966 wyd. polskie Czytelnik, Warszawa 1986.

Victoria. *The Letters of Queen Victoria, 1886-1901.* („Listy królowej Wiktorii, 1886-1901") Edited by George E. Buckle.3 vols. New York: Longmans Green, 1932

Viktoria Luise, Princess of Prussia. *The Kaiser's Daughter.* („Córka kaisera") Englewood Cliffs, N.J.: Prentice-Hall,1977

Vizetelly, Henry. *Berlin Under the New Empire.* („Berlin w nowym cesarstwie") 2 vols. New York: Greenwood Press, 1968 (first published in 1879)

Waldersee, Count Alfred von. *A Field Marshal's Memoirs.* („Wspomnienia feldmarszałka") London: Hutchinson, 1924

Waldeyer-Hartz, Captain Hugo von. *Admiral von Hipper.* („Admirał von Hipper") London: Rich & Cowan, 1933

Warner, Oliver. Victory: *The Life of Lord Nelson.* („Życie lorda Nelsona") Boston: Little; Brown, 1958

Watson, Alfred E. T. *King Edward VII as a Sportsman.* („Król Edward VII jako sportowiec") New York: Longmans Green, 1911

Wemyss, Lady Wester. *The Life and Letters of Lord Wester Wemyss, Admiral of the Fleet.* („Życie i listy admirała floty lorda Westera Wemyssa") London: Eyre and Spottiswoode, 1935

Wile, Frederic W. *Men around the Kaiser.* („Ludzie wokół kaisera") Philadelphia: Lippincott, 1913

Wilhelm, Crown Prince of Germany. *Memoirs.* („Wspomnienia") New York: Scribner's, 1922

William II. *My Memoirs, 1878-1918.* („Moje wspomnienia, 1878-1918") London: Cassell, 1922

_______ *My Early Life.* („Moja młodość") New York: George H. Doran, 1926 .

Williamson, Samuel R., Jr. *The Politics of Grand Strategy: Britain and France Prepare for War, 1904-1914.* („Polityka i wielka strategia: Brytania i Francja szykują się do wojny, 1904-1914") Cambridge, Mass.: Harvard University Press, 1969

Willis, Edward F. Prince *Lichnowsky: Ambassador of Peace, 1912-1914.* („Książę Lichnowsky: Pokojowy ambasador, 1912-1914") Berkeley: University of California Press, 1942

Willoughby de Broke, Lord Richard G. V. *The Passing Years.* („Mijające lata") London: Constable, 1924

Wilson, John. CB: *A Life of Sir Henry Campbell-Bannerman.* („Życie Sir Henry'ego Campbella-Bannermana") London: Constable, 1973

Winton, John. *Jellicoe.* („Jellicoe") London: Michael Joseph, 1981

Woodward, E. L. *Great Britain and the German Navy.* („Wielka Brytania a Niemiecka Marynarka Wojenna") New York: Oxford University Press, 1935

Young, Kenneth. *Arthur James Balfour.* („Arthur James Balfour") London: G. Bell, 1963

Zedlitz-Trtitzschler, Count Robert von. *Twelve Years at the Imperial German Court.* („Dwanaście lat na niemieckim dworze cesarskim") New York: Doran, 1924

PRZYPISY ŹRÓDŁOWE

TOM I

Trafalgar

XV „te odległe, znękane sztormami okręty": Mahan, *The Influence of Seapower upon the French Revolution and Empire*, 118
XVI „Żaden kapitan nie popełni błędu": Howarth, 73

Wprowadzenie: Potęga morska

XIX „czarnobrewi, nieduzi Hiszpanie": *Daily Mail*, 26 czerwca, 1897
XIX „Centrum zaprowiantowania": PRO, ADM-179, Nr 55
XIX „Pierwsze skrzypce pomiędzy obcokrajowcami": *Daily Chronicle*, 26 czerwca, 1897
XXI „nawet teraz": ibid.
XXII „w żaden sposób": *The Times*, 26 czerwca, 1897
XXII „Czy wytrzymają one ciężkie warunki": *Daily Mail*, 26 czerwca, 1897
XXII „Oficerowie Stanów Zjednoczonych": *Daily Chronicle*, 26 czerwca, 1897
XXIII „Niemcy nie przysłały nam": *Daily Mail*, 26 czerwca, 1897
XXIII „Głęboko żałuję": *Daily News*, 26 czerwca, 1897
XXIV „jak wielka szosa": Mahan, *The Influence of Seapower upon History*, 25
XXVI „Dajcie mi kontrolę": Puleston, 117
XXVII „Francja jest i zawsze pozostanie": Lady Gwendolen Cecil, IV, 106
XXVII „Kraje z którymi możemy": Paul Kennedy, *Antagonism*, 191
XXVIII „Właśnie teraz nie tyle czytam, ile wręcz pożeram": Puleston, 159
XXX „To ona zwarła szeregi Ententy": Churchill, *World Crisis*, I, 114-115
XXXIII „aby nie nadepnąć na odciski": *Daily Mail*, 28 czerwca, 1897
XXXIV „Nikt nie prezentował się lepiej": *Daily News*, 28 czerwca, 1897
XXXV „Być może jej nieposzanowanie prawa": *The Times*, 28 czerwca, 1897
XXXV „Właśnie zaprezentowali się admirałowie": PRO, ADM-179, Nr 55
XXXVI „liniami ognistymi": *Daily Chronicle*, 28 czerwca, 1897
XXXVI „miriadami brylantowych koralików": *Daily News*, 28 czerwca, 1897
XXXVII „bajkową flotą": *Daily Mail*, 28 czerwca, 1897
XXXVII „Z wybiciem dwunastej": ibid.

Przypisy źródłowe

CZĘŚĆ I: NIEMCY RZUCAJĄ WYZWANIE

Rozdział 1
Wiktoria i Bercik

4 „Żywię takie uczucia w stosunku do naszych drogich, małych Niemiec”: Strachey, 177
4 „imbecyl, marnotrawca i bufon”: Longford, 62
4 „Co byś chciała”: ibid., 27
4 „Nie powinnaś ich ruszać”: ibid., 28
5 „Nie ma królewskiej drogi do nauczenia się muzyki”: ibid., 31
5 „Jestem bliżej tronu”: ibid., 32
5 „Jestem bardzo młoda”: ibid., 61
5 „najuprzejmiejszym, najwrażliwszym”: ibid., 66
5 „Wszystkie psy mnie lubią”: ibid., 74
6 „Zamierzam ćwiczyć się”: ibid., 130
6 „Uroda Alberta jest uderzająca”: ibid., 133
6 „delikatne wąsiki ... doskonała talia”: ibid.
6 „Odczuwałam pewną emocję”: ibid., 132
6 „Zapominasz, najdroższy mój ukochany”: ibid., 140
6 „chora czy też nie, NIGDY, PRZENIGDY”: ibid., 143
7 „mężem, niż panem domu”: ibid., 148
7 „Modliliśmy się, żeby nasz chłopaczek”: Esher, 2
7 „mówiły po niemiecku jak w swoim języku ojczystym”: Lee, I, 17
7 „mógł poczuć się zraniony przez przebywanie z królewną”: Magnus, 9
7 „To, co powiadasz o dumie”: Longford, 271
8 „Lunch: mięso i jarzyny”: ibid., 276
9 „Strój ...[jest] jedną z zewnętrznych oznak”: Esher, 11
9 „Dżentelmen nie pozwala sobie”: Lee, I, 49
9 „Powinieneś przyłączyć się do nas”: Magnus, 17
9 „Bardzo mi smutno z jego powodu”: ibid., 25
10 „Ujrzysz Bercika dojrzalszego”: ibid., 27
10 „Bercik posiada znaczne talenty towarzyskie”: ibid.
10 „Naturalną skłonnością Bercika jest nieopisane lenistwo”: ibid., 32
10 „Jest mi bardzo przykro”: ibid., 28
11 „Był wszędzie niezwykle popularny”: ibid., 41
11 „dobry wygląd, zdrowie”: Battiscombe, 17
11 „Jest ona znacznie wyższa”: ibid., 21
11 „perłą, której nie wolno stracić”: ibid., 23
12 „niewiarygodnie piękna”: Magnus, 46
12 „Alix zrobiła na Berciku wrażenie”: ibid., 49
13 „z ciężkim sercem”: ibid., 51

13 „stoczenia mężnej walki”: ibid.
13 „Czuję się jak najgorzej”: ibid., 52
13 „Jak to się stało że żyję”: Longford, 307
13 „Och, ten chłopak”: Magnus, 52
14 „wstrętne kanalie”: Longford, 315
14 „Po kilku zwyczajowych uwagach”: Magnus, 59
14 „Przyznaję Ci otwarcie”: ibid., 60
14 „Jakże pokochałby ją mój ukochany Albert”: ibid., 62
14 „droga, łagodna Alix”: ibid., 66
14 „Oto *On* daje wam swoje błogosławieństwo”: ibid., 67
15 „Możesz myśleć, że wychodzę”: ibid.
15 „Tak oto mój Jerzyk”: Nicolson, *King George V*, 42
15 „Księżna spędziła kolejną paskudną noc”: Battiscombe, 83
16 „Jestem szczerze zdecydowana powtarzać”: Strachey, 303
16 „Po roku 1861”: Magnus, 77
17 „*niczego* bardziej sekretnej czy tajnej natury”: Longford, 365
17 „Książę Walii [...] nie miał i nie ma żadnego prawa do wtrącania się”: Magnus, 166
19 „Freddy, Freddy, jesteś bardzo pijany”: ibid., 92
20 „*odpychającą*, wulgarną, złą i frywolną”: ibid., 120
20 „Bercik i Alix wyjechali dziś [z Windsoru]”: ibid., 73
20 „W tych rozdzierających serce chwilach”: Longford, 389
21 „ponieważ w Wiedniu obecnych jest dwudziestu i siedmioro arcyksiążąt”: Magnus, 101
21 „Podobałoby mi się być pana synem”: Longford, 274
22 „Pogoda jest nadal wspaniała”: Morton, 101
22 „nie potrafił nigdy pozbyć się”: Bülow, IV, 463
23 „wieczną plamę”: Lee, I, 250
23 „Cały kraj i *my* wszyscy”: Longford, 365
23 „Przypominasz mi najdroższa Mamo”: Magnus, 197
24 „Pewnego dnia zdarzyło się [Aleksandrze] wyjrzeć”: Battiscombe, 209
25 „Ma ona tylko tyle do powiedzenia, że K. W. *nigdy* nie gustował w czytaniu”: Magnus, 123
25 „Książę Walii pisze do mnie, że nie ma żadnego sensu w jego dalszym pobycie”: ibid., 236
26 „Doskonale, Pani, gdy tylko wrócę”: William II, *My Early Life*, 78
26 „Nie jesteśmy rozbawieni”: Strachey, 395
27 „Każdy lubi pochlebstwa”: Longford, 401
27 „Dzisiaj lord Beaconsfield”: Strachey, 347
27 „tego *na wpół szalonego zapalczywca*”: Magnus, 165
27 „niebezpieczeństwa dla kraju”: Longford, 518
28 „on mówi do mnie jakbym była zgromadzeniem publicznym”: Strachey, 336
28 „Jakież to różne, jak bardzo różne”: Longford, przypis 569

Rozdział 2:
Wiki i Wiluś

29 „Och, Pani, to księżniczka": Longford, 153
29 „Królowo, królowo, spraw aby mnie posłuchali": Balfour, 64
30 „Wiktorio, idź i podnieś sama": Longford, 259
30 „Bercik jest moją karykaturą": Magnus, 28
30 „nie dopuszczał nawet możliwości": Empress Frederick, *Letters*, 8
31 „Biedne drogie dziecko!": Strachey, 279
31 „Zdaje mi się, że umrę": Barkeley, 60
31 „Nie jestem naturą skorą do uzewnętrzniania uczuć": Longford, 269
31 „Pytasz mnie [...] co myślę": Empress Frederick, 10
32 „Niekończące się, ciemne korytarze": Paget, 53
32 „Rządzenie krajem": Balfour, 67
32 „Nie wyobrażasz sobie jak mi tu nudno": Empress Frederick, 16
32 „Oceniała wszystko": Balfour, 66
32 „Przybywała z kraju": ibid., 65
33 „Nasze [...] kochane wnuczątko [...] samo przyszło": Empress Frederick, 24
34 „mądrym, drogim, dobrym dzieciątkiem": Cowles, 29
34 „Biedne ramię nie ma się nic lepiej": Empress Frederick, 68
34 „Byłby [...] bardzo ładnym chłopcem": ibid., 120
34 „Największe kłopoty": William II, *My Early Life*, 37
35 „szlochający książę": ibid.
35 „wynik usprawiedliwił [...] taką metodę": ibid., 37
35 „Hinzpeter był to naprawdę dobry gość": Kürenberg, 14
35 „Jego edukacja [...] będzie ważnym zadaniem": Lamar Cecil, "History as Family Chronicle," w Röhl i Sombart, *Kaiser Wilhelm II: New Interpretations*, 95
35 „surowym poczuciu obowiązku": William II, *My Early Life*, 31
36 „Wiluś jest kochanym": Balfour, 81
36 „Jestem pewna, że byłabyś zadowolona": Empress Frederick 119
36 „szczęśliwe godziny spędzane": William II, *My Early Life*, 20
36 „Jest rzeczą niemożliwą znaleźć dwóch milszych chłopców": Empress Frederick, 168
37 „Wiluś zadowoliłby się": ibid., 174
37 „Gorączkowy pośpiech i gonitwa": William II, *My Early Life*, 158
37 „namiętnie zainteresowany [...] wyjazdem do Egiptu": ibid., 162
38 „Była tak wielka": ibid., 17
39 „Nic nie wiedziałem": Bismarck, *The Man and the Statesman*, I, 346
39 „Napisał do Fryca szalony list": Empress Frederick, 41
39 „Lojalne stosowanie praw": ibid., 46
39 „Fryc, [...] po raz pierwszy w życiu": ibid., 43
39 „jesteśmy przeraźliwie sami": ibid.
40 „Czuję, iż jestem teraz w każdym calu równie dumna": Empress Frederick, 65
40 „Dla nas i dla wielu": ibid., 138

40 „Dziwię się dlaczego Bismarck": ibid., 191
40 „Na stole stawiano butelkę szampana": Wilhelm II, *My Early Life*, 95
41 „odnalazłem moją prawdziwą rodzinę": Lamar Cecil, "History as Family Chronicle," w Röhl i Sombart, *Kaiser Wilhelm II: New Interpretations*, 96
41 „mój syn, skończony oficer Gwardii": *Holstein Papers*, II, 34
42 „miłą lecz głupawą": Balfour, 86
42 „Wśród kobiet z jej pozycją": ibid., 87
42 „ciotki Alleluja" ... „stado błogosławionych oślic": Lamar Cecil, "History as Family Chronicle," w Röhl i Sombart, *Kaiser Wilhelm II: New Interpretations*, 98
42 „angielskiej kolonii": ibid., 99
43 „fałszywym i intryganckim charakterem": ibid., 100
43 „naszym stanie zależności od Anglii": Wilhelm II, *My Early Life*, 210
43 „Zważywszy niedojrzałość": Bismarck, *New Chapters*, 6
44 „Moja służba w Ministerstwie Spraw Zagranicznych": Wilhelm II, *My Early Life*, 211
44 „Teraz Bismarck rządzi": *Holstein Papers*, II, 202
44 „Czy pytał pan kronprinzessin?": ibid., 195
44 „Każdy się zgodzi": ibid., 164
44 „Wystarczy spojrzeć, co ona": ibid., 195
45 „znając jej upodobanie do duszonych brzoskwiń": ibid., 166
45 „Mój ojciec [...] ma miękkie serce": Thomas Kohut, "Kaiser Wilhelm II and His Parents," w Röhl i Sombart, *Kaiser Wilhelm II: New Interpretations*, 75
45 „Teraz wręcz nie mogę porozmawiać z własnym ojcem": ibid., 76
46 „Wyjątkowa impertynencja": Balfour, 101
46 „starą wiedźmą": *Holstein Papers*, II, 254
46 „Wilhelm zawsze wielce się dziwi": Balfour, 101
46 „Nie zniży się do tego": Empress Frederick, 200
46 „Marzeniem mego życia": ibid., 215
47 „Doktorzy zdecydowali": Bismarck, *The Man and the Statesman*, II, 331
47 „nie bardziej niebezpieczna": Wilhelm II, *My Early Life*, 284
47 „odzyskanie przez mego ojca głosu": ibid., 285
47 „samą myśl o nożu dotykającym jego szlachetnego gardła": Barkeley, 193
47 „największy żyjący autorytet": *Holstein Papers*, II, 344
48 „zwłókniałe nabrzmienie ... jak każdy inny śmiertelnik": Wilhelm II, *My Early Life*, 285
49 „Przybycie moje nie sprawiło mej matce radości": ibid., 288
49 „Pytasz jak się sprawował Wiluś": Empress Frederick, 256
50 „Ojciec mój przyjął swój wyrok śmierci": Wilhelm II, *My Early Life*, 289
50 „I pomyśleć że mam taką straszną, obrzydliwą chorobę": Empress Frederick, 256
50 „Taki oto teraz los czeka mego najdroższego": królowa Wiktoria, I, 359
50 „Im słabszy staje się Cesarz": Longford, 503

50 „Cała postać [ojca] wykazywała, poprzez ogólne wymizerowanie i żółty kolor twarzy": Wilhelm II, *My Early Life*, 294
50 „Dziękuję panu": Empress Frederick, 286
51 „W tej chwili głębokich emocji": królowa Wiktoria, I, 390
51 „W całej swojej ministerialnej karierze": Lamar Cecil, *German Diplomatic Service*, 205
51 „Moja droga Cesarzowo Wiktorio": Longford, 505
51 „Co za kobieta!": ibid., 506
51 „zapewnił mnie że tak uczyni": królowa Wiktoria, I, 405
52 „przyjemną osóbkę": *Holstein Papers,* I, 142
52 „Nie rozumiem": Bülow, IV, 618
52 „To było straszne": królowa Wiktoria, I, 408
52 „Rychło zauważyłem": Wilhelm II, *My Early Life*, 300
52 „Żyjemy teraz w Berlinie w smutnych czasach": Empress Frederick, 229
53 „Zachowanie kronprinzessin jest typowe": *Holstein Papers*, II, 348
53 „angielskiej księżniczki będącej moją matką": Thomas Kohut, "Kaiser Wilhelm II and His Parents," w Röhl i Sombart, *Kaiser Wilhelm II: New Interpretations*, 79
53 „Decydujące było wtrącenie się": Wilhelm II, *My Early Life*, 285
54 „aczkolwiek jest w pełni przekonany": królowa Viktoria, I, 377
55 „Jestem niezmiernie strapiona": ibid., 416
55 „Jestem załamana": ibid., 417
55 „Kochane, kochane, nieszczęsne dziecko": ibid., 507
55 „Żaden z własnych moich synów": ibid., 417
55 „Spróbuj, drogi Jerzyku": Magnus, 202
55 „Pułkownik Swaine przybył z Berlina": królowa Wiktoria, I, 417
56 „Królowej jest niezwykle przyjemnie": ibid., 421
56 „Pozwalam sobie prosić cię abyś znosił jakoś biedną Mamę": ibid., 423
56 „Rozchodzą się plotki": ibid., 424
56 „gdzie spodziewam się spotkać": ibid., 425
57 Wiedz, że będziemy bardzo chłodni": ibid., 429

Rozdział 3
„Krew i żelazo"

61 „nie jak przyjaciół, lecz jak narzędzia, jak noże i widelce": Stern, 231
61 „szwabskiej rodziny": Crankshaw, *Bismarck*, 177
62 „był on mądrym i światowym synem": Taylor, 12
63 „najmniejszego zamiaru": ibid., 18
64 „zapytałem sam siebie, co właściwie zrobili mi Hindusi": Crankshaw, *Bismarck*, 21
64 „Nigdy nie układało mi się dobrze z przełożonymi": Taylor, 20
64 „Lubię pobożność": ibid., 28
64 „Nocy takiej jak ta": ibid.

65 „Ocaliły nas": ibid., 56
66 „Rzeczywiście, bardzo dziś gorąco": Robertson, 85
66 „Jest to jeden z tych domów": Crankshaw, *Bismarck*, 73
66 „Gdy pytają mnie": ibid., 87
67 „pozostawiono go na lodzie": Taylor, 43
67 „Bismarck nie otrzymuje wieści": Crankshaw, *Bismarck*, 103
68 „Ukryty w stromym wąwozie": ibid., 123
68 „Gdybym miała jakiekolwiek skłonności": ibid., 124
68 „PERICULUM IN MORA!": Eyck, 53
69 „Jest tutaj": Taylor, 51
69 „Niemcy nie patrzą": Crankshaw, *Bismarck*, 133
69 „Misja monarchii pruskiej": Robertson, 128
70 „Tutaj w Landtagu": Crankshaw, *Bismarck*, 139
70 „Nie jest naszym zmartwieniem czy Niemcy w Holsztynie": ibid., 164
73 „Austria nie bardziej zbłądziła": Taylor, 87
73 „niewdzięczne zadanie": Robertson, 212
73 „Wie pan, że byłem przeciwny tej wojnie": Bismarck, *The Man and the Statesman*, II, 52
74 „To Francja została pobita pod Sadową": ibid., 220
74 „Jeśli chcecie wojny": ibid., 221
75 „z ciężkim, bardzo ciężkim sercem": Eyck, 168
75 „Zagrożone są teraz tak honor, jak i interesy Francji": Crankshaw, *Bismarck*, 263
75 „zapewnienie że nigdy": ibid., 267
76 „zapięta na ostatni guzik": Robertson, 259
76 „Nie chcę mieć w naszym domu tylu Francuzów": Taylor, 133
77 „Nie spogląda się już na nas": Crankshaw, *Bismarck*, 299
78 „Wolałbym już dostać konia": Taylor, 134
80 „aureolą żelaznego błysku": Crankshaw, *Bismarck*, 304
80 „Jego słowa napawały respektem": Robertson, 299
80 „Cesarz nie jest moim monarchą": Balfour, 21
81 „listka figowego absolutyzmu": ibid., 23
83 „Czy nie moglibyśmy gdzieś skręcić?": Eckardstein, 17
83 „Gdy objąłem swój urząd": Taylor, 164
83 „Bardzo jest trudno być cesarzem": ibid., 137
83 „Jestem znudzony": ibid., 138
84 „Mam już taką nieszczęsną naturę": ibid., 12
84 „Faust skarżył się": ibid.
84 „Daleki jestem od tego. Jestem kłębkiem nerwów": ibid., 12
84 „Widzicie, czasami po prostu szukam zwady": *Holstein Papers*, II, 39
84 „Wydaje mi się to grubiaństwem": ibid., 52
84 „Och, nigdy nie utrzyma ich przy sobie": ibid., I, 126
84 „Częścią problemu było to": ibid.
85 „Nie jestem oratorem": Taylor, 198

86 „Gdy widziałem Bismarcka wchodzącego": Bülow, IV, 307
87 „nieznośnie brzydki": Taylor, 112
87 „Prostota [...] kompletny brak jakichkolwiek ozdób": Bülow, I, 27
87 „Jadają tam aż brzuch pęka": Crankshaw, *Bismarck*, 386
88 „Spędziłem całą noc nienawidząc": Taylor, 137
88 „Ten ucisk w mózgu": Crankshaw, *Bismarck*, 386
88 „W kilku ostatnich miesiącach kanclerz znacznie się postarzał": *Holstein Papers*, II, 97
88 „Nie lubię pytań": Taylor, 196
89 „skłonność Bismarcka do grzeszków": *Holstein Papers*, II, 48
90 „Herbert ma nierówno rozwinięty charakter": ibid., 199
90 „Nawet teraz ambasadorzy rozglądają się raczej za Herbertem": ibid., 200
91 „Sposobem na rozwiązanie Herbertowi języka": ibid.
91 „Tak ojciec jak i syn": ibid., 200
91 „pragnieniu pozbycia się Hatzfeldta": ibid., 208
91 „Nie rozpowiadaj o tym proszę": Stern, 254
91 „W każdym wielkim państwie": Lamar Cecil, *German Diplomatic Service*, 231
91 „Do Paryża nie jeżdżę": Robertson, przypis 482
91 „cesarz który nie może mówić": Lee, I, 643
92 „Te audiencje z młodym Bismarckiem": Bülow, II, 60
92 „Ostatnio wydawało się prawie": ibid., 61
92 „Herbert, który nie ma jeszcze czterdziestki": ibid.
92 „Nie musi pan tak chwalić go": ibid.

Rozdział 4
Wielki plan Bismarcka

93 „Nasze apetyty zostały zaspokojone": Robertson, 341
93 „Wie się kiedy wojna się zaczyna": *Holstein Papers*, I, 92
94 „Zapomina pan o znaczeniu": Mansergh, 18
95 „Pamiętamy, że czekają na nas w Alzacji - Lotaryngii": ibid., 19
95 „Pamiętaj pan, zabraniam panu zająć Tunis": Robertson, 349
96 „Jeśli wybrany zostanie Londyn lub Wiedeń": Dugdale, I, 61: DGP, II, 175
97 „wiązaniu naszej schludnej, zdatnej do żeglugi pruskiej fregaty": Crankshaw, *Bismarck*, 355
97 „wartego kości": Taylor, 167
97 „Jeśli muszę wybierać": Crankshaw, *Bismarck*, 355
98 „Prusy nigdy nie zapomną": Eyck, 188
98 „Książę Bismarck sam mówi": Crankshaw, *Bismarck*, 373
99 „Bismarck jest potrzebniejszy ode mnie": Taylor, 188
99 „Ci, którzy zniewolili mnie do tego kroku": Eyck, 265
99 „Najwspanialsze zwycięstwa nie wystarczą": Stern, 439
101 „Nasza polityka z jej krzyżującymi się zobowiązaniami": *Holstein Papers*, II, XV
102 „ten wielki utopijny gaduła": Eckardstein, 52

102 „ten nieludzki wyjątek": E.T.S. Dugdale, I, 151
102 „bardzo przyjemnych dni": ibid., 161; DGP, IV, 38
102 „byłaby zgodna": ibid.; ibid.
103 „Anglia nie potrzebuje sojuszu" ibid., 167; ibid., 47
103 „Jesteśmy niepowszednio wdzięczni": ibid., 168; ibid.
105 „Milordzie, powiedziano nam": Stern, 411
105 „Ani moi koledzy, ani ja": E.T.S. Dugdale, I, 177; DGP, IV, 63
106 „Sprawia mi to trudności": ibid., 179; ibid.
106 „w mojej obecności z lordem Derby": ibid.; ibid.
106 „Odpowiedziałem szlachetnemu lordowi": ibid.
106 „dlaczego prawo do kolonizacji": ibid., 175
106 „Jak długo pozostają": ibid., 176; ibid., 60
106 „Nasza przyjaźń może być wielce pomocna": ibid., 171; ibid., 51
106 „Jeśli nie będziemy domagać się energicznie naszych praw": ibid., 182; ibid., 77
107 „Anglicy [...] nie mają żadnego powodu": Bülow, I, 556
107 „dla korzyści płynących": E.T.S. Dugdale, I, 190; DGP, IV, 101
107 „wywołały gwałtowną gestykulację": ibid.; ibid.
107 „Herbert Bismarck zjawił się tu ponownie": Robertson, 443
107 „gdybyście nawet nie mieli żadnych aspiracji kolonialnych": E.T.S. Dugdale, I, 192; DGP, IV, 103
108 „Nie ma sensu dyskutowanie": ibid.
108 „rozszerzenie Niemiec": Crankshaw, *Bismarck*, 397
108 „Tam w Berlinie muszą zwracać baczniejszą uwagę": Balfour, 54
108 „żywym [...] wspomnieniu uprzejmości": E.T.S. Dugdale, I, 208; DGP, IV, 132
108 „w pańskich własnych słowach, iż nasz poprzedni kontakt": ibid., 209; ibid., 133
108 „Cenię sobie lorda Salisbury": Eckardstein, 98
108 „Tu jest Rosja": Cowles, 105
108 „Nie jestem kolonialistą": Eyck, 272
108 „niemiecki rząd Gladstone'a": Taylor, 194
109 „jedynym celem prowadzonej przez niego polityki kolonialnej": Crankshaw, *Bismarck*, 396
109 „Gdy rozpoczynaliśmy naszą politykę kolonialną": Eyck, 275
110 „Nie znam drugiego przypadku": Eckardstein, 133
110 „Na razie pozostawiamy ją na stole": E.T.S. Dugdale, I, 374; DGP, IV, 405
110 „W Anglii widzę": Robertson, 436
111 „Nie oczekujemy już miłości": Crankshaw, *Bismarck*, 406
113 „Kaiser jest jak balonik": Empress Frederick, 363
113 „zbyt wiele się nasłuchał o kanclerzu": Bismarck, *New Chapters*, 102
113 „łajdackim młodym fircykiem": Kennan, 398
115 „zarabiania w pewnych dniach": Bismarck, *New Chapters*, 105
115 „Pracodawcy i udziałowcy": ibid., 118
117 „praktyczną bezcelowość": ibid., 110
117 „wzmożone oczekiwania": ibid., 113
117 „Fale będą wzrastać": Nichols, 17

117 „To nie są moi ministrowie": Eyck, 315
118 „zaprzestania wszelkiej bezpośredniej korespondencji": Röhl, 45
118 „Kanclerz bez wątpienia stanął przeciwko swemu suwerenowi": Eyck, 317
119 „Właśnie odstąpiłem od politycznego łoża śmierci": Robertson, 490
119 „No i co z tego? Wydałem rozkaz wczoraj": Bismarck, *New Chapters*, 166
119 „Oczywiście, wyrzucił go pan za drzwi": ibid.
119 „Nawet gdy pański suweren tego zabrania?": ibid., 168
120 „Jak mogę rządzić": Taylor, 246
120 „*un garçon mal élevé*": Nichols, 24
120 „Muszę wielce ubolewać": Bismarck, *New Chapters*, 178
120 „Byłem głęboko poruszony": Nichols, 25
121 „Jestem w lepszym zdrowiu": Taylor, 235
121 „Przyda mi się": ibid., 251
121 „Jestem taki smutny": Bülow, IV, 637
121 „Z głębokim żalem": królowa Wiktoria, I, 581
121 „Proszę tylko o sympatię": Robertson, 492
121 „Powiedziałem do widzenia": Taylor, 251
121 „Pogrzeb państwowy": Stern, 457
122 „Mogą spać spokojnie": Robertson, 508
122 „abym nie musiał oglądać": Taylor, 256
122 „Nie mamy cienia wątpliwości": Nichols, 197
123 „Zaplanował on audiencję": ibid., 198
124 „Cokolwiek Niemcy by mówili lub robili": Bülow, I, 391
124 „Po wejściu na pokład gigantycznego parowca zatrzymał się": Robertson, 507
125 „Czy byłoby godne": Bülow, IV, 678
125 „zobaczyć jak długo jeszcze starzec pociągnie": Taylor, 264
125 „Bardzo dobrze": Bülow, I, 607

Rozdział 5
Nowy kurs: Kaiser Wilhelm II, Caprivi i Hohenlohe

126 „nosi się dobrze": Morley, I, 272
126 „Gdy się śmieje": Balfour, 138
126 „Był nieduży i [...] przystojny": Heckstall-Smith, 53
127 „Tak oto złączeni jesteśmy": Cowles, 76
127 „Rekruci! Zaprzysięgliście Mi wierność": Nichols, 130
128 „W Rzeszy jest jeden tylko władca": ibid., 106
128 „straszną odpowiedzialność przed samym tylko Stwórcą": Bülow, I, 136
128 „wrogami Cesarstwa": Balfour, 159
128 „czy czerwone, czarne, czy też żółte małpy": Bülow, II, 7
128 „Och, gdybym tak mógł zobaczyć Reichstag": Balfour, 159
128 „Uwielbiam Anglię": ibid., 84
128 „Ani jeden z waszych ministrów": Topham, 207
129 „tej cholernej rodzinki": Bülow, I, 544

129 „Do Wilhelma Wielkiego": Magnus, 309
129 „Wiluś tyranizuje drugich": ibid., 214
129 „najwspanialszym nieudacznikiem w historii": ibid., 250
129 „stary paw": Lee, I, 673
129 „On jest Szatanem": Balfour, 265
130 „tak jak wujek traktuje siostrzeńca": królowa Wiktoria, I, 439
130 „dyskusje tego rodzaju": ibid., 440
130 „Co się tyczy Księcia": ibid.
131 „Żywię jak najszczerszą nadzieję": Lee, I, 652
131 „jak mogło dojść do tego nieporozumienia": Magnus, 212
131 „Cała afera jest absolutnie zmyślona": ibid., 213
131 „Z radością widzę": królowa Wiktoria, I, 505
131 „To nie do wiary, nosić ten sam mundur": Lee, I, 654
131 „Jestem teraz zdolny wykazywać takie uczucia": królowa Wiktoria, I, 526
132 „Jakiś car, nieomylny Papież": Empress Frederick, 429
132 „Wilhelm nigdy się nie zjawia": ibid., 330
132 „Byłoby oczywiście lepiej": Cowles, 101
132 „Wilhelm jest tak ślepy i zielony": Barkeley, 191
132 „Chciałabym zamknąć mu buzię na kłódkę": Empress Frederick, 434
132 „Moja matka i ja": królowa Wiktoria, I, 485
133 „to paskudne lumbago": Empress Frederick, 463
134 „typowym Teutonem": Nichols, 31
135 „Po pierwsze, przynajmniej jeden następca": ibid., 34
135 „Jaki dureń": ibid., 32
135 „Wiem, że zostanę obrzucony błotem": ibid., 33
135 „Jeśli cokolwiek może rozjaśnić mi": ibid., 34
135 „Układa nam się z Caprivim doskonale": Lamar Cecil, *German Diplomatic Service*, 258
135 „po Bismarcku największym z Niemców": Nichols, 34
135 „poprowadzenie kraju z powrotem": Röhl, 65
136 „poprzednio niezależni mężowie stanu": ibid., 64
136 „przyjmie wszystko co dobre": ibid., 65
137 „Capriviego charakteryzuje absolutnie bezdenna głupota": Lamar Cecil, *German Diplomatic Service*, 259
137 „Koń który wyżywa się na dworze": ibid.
137 „będzie zmuszony, postępując wbrew własnym przekonaniom": Bülow, I, 638
137 „Proszę pana o przekazanie": Nichols, 53
137 „Trudno było się spodziewać czegoś bardziej zadowalającego": ibid., 54
139 „Gdyby u steru stał nadal Bismarck": ibid., 55
139 „Bismarck potrafił żonglować": Bülow, IV, 55
139 „prostej i przejrzystej": Nichols, 58
139 „No cóż, nie można tak postąpić": ibid., 56
139 „Jedną rzecz obiecano": ibid., 62
140 „Piję za Świętą Moskwę": Bülow, IV, 639

140 „o trudnościach związanych z moją sytuacją": Lamar Cecil, *German Diplomatic Service*, 257
141 „Z brodą taką jak ta": Röhl, 72
141 „Nie, ani mi się śni": ibid., 86
141 „wrażliwym starym głupcem": ibid.
141 „nieopisanym uporem": Lamar Cecil, *German Diplomatic Service*, 271
141 „Do niczego nie można dojść": Nichols, 356
141 „Caprivi, strasznie działasz mi pan na nerwy": ibid., 357
141 „Wasza Cesarska Mość, zawsze byłem": ibid.
142 „Na jego następcę": ibid., 329
142 „Moje stosunki z Najwyższym": Röhl, 116
142 „Nie wynikłoby z tego nic dobrego": ibid., 362
143 „kimś mi bliższym": Nichols, 329
143 „ni to konserwatystą, ni to liberałem": ibid., 353
143 „Już od roku próbuję przekonać ojca": *Holstein Papers*, II, 189
143 „Bezskutecznie próbuję": ibid., 209
144 „cichego człowieka": ibid., 220
144 „Kanclerz nigdy nie wyśle": ibid., 221
144 „Wiek, słaba pamięć, choroba": Röhl, 128
144 „jego skurczoną postać": ibid.
144 „Odczuwał taką pogardę": Bülow, IV, 467
145 „Jestem przekonany": Röhl, 128
145 „Sprawy mają się źle": ibid., 161
146 „Polityka wewnętrzna tworzy więcej szumu": ibid.
146 „Trzeba usztywnić kark Hohenlohego": ibid., 173
146 „Wielka ustępliwość Hohenlohego" ibid.
146 „musi uczynić jeden, ostateczny i energiczny wysiłek": ibid.
146 „Holstein z roku 1888": ibid., 172
147 „Nie wiem nic o żadnej konstytucji": ibid., 213
147 „Czułem, że jako najwyższy doradca": ibid.
147 „Wiem, że wykonasz dobrą robotę": ibid., 218
147 „Jeśli Kaiser chce": ibid., 229
147 „blisko osiemdziesięcioletniego": Lamar Cecil, *German Diplomatic Service*, 156

Rozdział 6
„Potwór Labiryntu"

149 „słabych piersi": *Holstein Papers*, I, x
149 „wysoki, wyprostowany, bez uśmiechu": ibid., 4
149 „Wolałbym dziesięć razy się spóźnić": ibid., 5
152 „niewiarygodnie wręcz uzdolnionego intelektualnie": ibid., II, 261
152 „Ma dobrego nosa": Bülow, III, 126
152 „Rozumiem": ibid., IV, 623
152 „Chcesz pan wiedzieć co myślę": ibid., 459

153 „Opisałem ci tę scenę": *Holstein Papers*, II, 271
154 „Od czasu do czasu przekraczam": ibid., XVII
154 „Po raz pierwszy od dwudziestu pięciu lat": ibid., 276
154 „Holsteinowi raz na zawsze": Bülow, IV, 607
155 „Winien jesteś czegoś": *Holstein Papers*, I, 131
156 „Geheimrat Holstein prosi o uznanie go za usprawiedliwionego": Kürenberg, *His Excellency the Spectre*, 59
156 „Słyszałem, że mam w ministerstwie spraw zagranicznych doskonałego urzędnika": Lamar Cecil, *German Diplomatic Service*, 263
157 „Jakżeż często zdarzało się": Eckardstein, 12
157 „Facet nie ukłonił mi się dzisiaj": Haller, II, 292
158 „Gdy zauważę, że działa pan [...] przeciwko mnie": ibid., I, 287
158 „Jeśli Jego Cesarska Mość nie zrobi nic": ibid., 286
158 „Jego wściekłość była tym bardziej bezsensowna": Bülow, IV, 458
158 „Ani Caprivi, ani Hohenlohe": Haller, II, 297
158 „Wielkie talenty Holsteina": ibid., I, 354
158 „Sytuację znacznie utrudniały": Bülow, I, 216
158 „Holstein był jak pies łańcuchowy": ibid.
158 „W swojej ślepej i małostkowej nienawiści": ibid., 266
159 „Bülow i ja": Haller, II, 292
159 „pamiętać o potrzebie": Paul Kennedy, *Antagonism*, 206

Rozdział 7
Bülow i *Weltmacht*

162 „Sprawa nie polega na tym": Paul Kennedy, *Antagonism*, 311
163 „tak nieuchronna jak prawa natury": ibid.
163 „Jednym z typowych kłamstw": Carroll, 350
164 „Anglia pozostaje ciągle państwem": ibid., 383
164 „Tylko przez wojnę": Padfield, 16
164 „Państwo to nie akademia sztuk pięknych": ibid., 18
164 „Generał Caprivi przekonany był": Röhl, 162
165 „mają do wykonania wielkie zadania": Paul Kennedy, "The Kaiser and German *Weltpolitik*," w Röhl i Sombart, *Kaiser Wilhelm II: New Interpretations*, 158
165 „Cesarstwo Niemieckie": Carroll, 378
166 „Jestem wyłącznym arbitrem": Lee, II, 136
166 „Czuję się najlepiej": Bülow, II, 443
166 „Bülow będzie moim Bismarckiem": Lamar Cecil, *German Diplomatic Service*, 288
166 „Ze mną, rządy osobiste": Kathy Lerman, "The Decisive Relationship," w Röhl i Sombart, *Kaiser Wilhelm II: New Interpretations*, 222
167 „Bülow zdawał się bardziej latyński niż germański": Mansergh, 78
167 „węgorzem": Lamar Cecil, *German Diplomatic Service*, 37
167 „węgorz to pijawka": Balfour, 202

167 „pod lśniącą farbą": ibid., 201
167 „Byłby z niego fajny gość": Lamar Cecil, *German Diplomatic Service*, 282
168 „Bernhard ze wszystkiego robi tajemnicę": ibid.
168 „najbliższego przyjaciela jakiego miałem w życiu": Bülow, II, 59
168 „Najwcześniejsze wspomnienie jakie zachowuję o Herbercie": ibid.
169 „piękną dziewczynką": ibid., IV, 17
169 „chwiał się i zataczał": ibid., 207
170 „Gdy siedziałem sobie następnego ranka": ibid., 555
170 „Ojciec powiedział": ibid., 558
171 „gładziutko ogolony lecz blady": *Holstein Papers*, II, 188
171 „Gdy Bülow chce nastawić": ibid.
171 „Kilka dni temu": ibid., 204
171 „Piękno tej sytuacji": ibid., 189
171 „jej cudowne oczy, czarne oczy": Bülow, IV, 349
171 „Raz przynajmniej w życiu": *Holstein Papers*, II, 188
172 „Przysłużysz się krajowi tylko wtedy, gdy podejdziesz kaisera we właściwy sposób": Bülow, I, 5
173 „Już zawsze od chwili jego apostazji": ibid.,7
173 „starszym i słabszym": ibid., 10
174 „Mój drogi Bernhardzie": ibid., 18
174 „zbudować flotę": ibid., 19
174 „No i co z moimi okrętami?": ibid., 65
174 „Zgoda, zgoda": ibid., 68
174 „Gdy dzieliło się tyle jasnych dni": Lamar Cecil, *German Diplomatic Service*, 281
174 „Uwielbiam go": Bülow, I, 161
175 „Jako człowiek": Lamar Cecil, *German Diplomatic Service*, 282
175 „Jest on tak *bedeutend*": ibid., 285
176 „wiedzie teraz życie raczej kontemplacyjne" ibid., 288
176 „Mość sobie gniazdo": ibid., 285
176 „starcem pełnym strachów": ibid., 287
176 „Władza panów radców": ibid.
177 „Czy przejmiesz": Bülow, I, 433
177 „Szczerze mówiąc": ibid.
177 „Niech się pan zgodzi": ibid., 436
177 „Mówi sekretarz stanu hrabia Bülow": ibid.
177 „Mój drogi kanclerzu": ibid., 443
177 „zadowolenie, że Chlodwig, stara mumia": ibid., 453
177 „Pod księciem Hohenlohe": ibid., 459
178 „Holstein [...] zasugerował": ibid., 454
178 „trzeźwości, obiektywności": ibid.
178 „Bülow darzy mnie swoim pełnym zaufaniem": Lamar Cecil, *German Diplomatic Service*, 294
179 „musiały minąć całe dziesięciolecia": ibid., 38

180 „Powietrze pełne jest": Zedlitz-Trützschler, 104
180 „Jeśli kiedykolwiek": ibid., 196
180 „Twoje jasne spodnie": ibid.
180 „Odkąd mam Bülowa": Lerman, "The Decisive Relationship," *Kaiser Wilhelm II: New Interpretations*, 241

Rozdział 8
„Moje własne okręty"

181 „Moją szczególną pasję": Wilhelm II, *My Early Life*, 229
181 „Osborne jest miejscem": ibid., 15
181 „Pozwalano mi się bawić": ibid., 74
182 „Często udawałem się na drugą stronę": ibid., 73
182 „Na wodzie ciężko": ibid., 49
183 „Kiedy, jako małemu chłopcu": Bülow, II, 36
183 „Proszę mi wierzyć, Wasza Cesarska Mość": ibid., 37
184 „Dzisiejsze zwycięstwo": Magnus, 244
185 „morskim salonem Madame Tussaud": Heckstall-Smith, 44
186 „Mogę jeszcze przypomnieć sobie stateczną postać": ibid., 14
187 „Proponuję przerwać wyścig": Eckardstein, 45
188 „starego pawia": Lee, I, 673
188 „No cóż, słyszę że wkrótce wybierasz się do Indii": Magnus, 250
188 „Regaty zawsze były": Eckardstein, 55
189 „Boss całego Cowes': ibid.
190 „Nie ulega wątpliwości": Heckstall-Smith, 53
190 „Połowa z nich": ibid., 52
191 „Gdy kaiser sterował osobiście" Bülow, II, 39
192 „Pomimo to, gdy zbliżaliśmy się do *Meteora*": Heckstall-Smith, 60

Rozdział 9
Tirpitz i niemieckie ustawy morskie

195 „ponieważ nie mamy floty": Herwig, 12
197 „sprzedał swój ostatni okręt wojenny": ibid., 16
197 „ostrym jak wyszczerbione żelastwo": Tirpitz, *Memoirs*, I, 26
197 „Czyste barachło!": ibid.
197 „zachować każdego człowieka i każdy grosz": Herwig, *Luxury Fleet*, 14
198 „nasza przyszłość jest na wodzie": Balfour, 206
200 „Polityka to wasza sprawa": Hurd, 200
201 „jest się tak oddalonym od świata": Steinberg, 150
201 „w szkole byłem bardzo przeciętny": Tirpitz, *Memoirs*, I, 2
202 „Pomiędzy 1864 a 1870": ibid., 13
203 „Chyba wyglądają na marynarzy?": ibid., 15
203 „pracując jako mechanik": ibid., 47

203 „było kwestią czystego przypadku": ibid., 49
203 „Nie wiemy jak": ibid., 39
203 „jedenaście najlepszych lat": ibid., 67
204 „Słuchałem, jak spieraliście się": ibid., 62
204 „mnóstwo okrętów": ibid., 68
205 „człowiekiem o wzniosłych zasadach": ibid., 60
205 „uwidoczniło się w postaci wielce zróżnicowanej zbieraniny": ibid., 61
205 „Czemu więc Nelson": ibid., 76
206 „jak płyta gramofonowa": Steinberg, 72
206 „siłę, z której istnieniem musiałaby się liczyć": ibid., 83
206 „Moje zamiary [...] [zostały] zmienione": ibid., 85
206 „Był tutaj Tirpitz": ibid.
207 „ani krztyny entuzjazmu": ibid., 86
207 „Takie są fakty": ibid.
207 „kaiser ma nadzieję znaleźć": ibid., 89
207 „ładnie wygląda": ibid., 96
207 „tylko obecny Sekretarz Stanu": ibid.
208 „wydaje się igrać": ibid., 109
208 „a rachunek prześle do Reichstagu": ibid., 112
208 „Kaiser nie ma już żadnych praw": ibid.
208 „Oto nadciąga nasza zguba": ibid., 116
208 „znaleźć miejsce": ibid., 103
209 „Opuszczałem moje dowództwo": Tirpitz, *Memoirs*, I, 118
209 memorandum Tirpitza z czerwca 1897: Steinberg, 209-221
211 „Reichstag nigdy się nie zgodzi": Hurd, 197
211 „Gdy zostałem ministrem marynarki": Tirpitz, *Memoirs*, I, 129
211 „lecz tam pieniądze się nie liczyły": ibid.
211 „Każde słowo projektu ustawy": ibid., 126
212 „Przy najlepszej woli z mojej strony": ibid., 126
213 Rozmowa Tirpitza z Bismarckiem: Tirpitz, *Memoirs*, I, 134
214 „lubi jej marynarzy ... dziurawienia lśniącego futra": ibid., 139
215 „Uśmiechałam się do nich": Hurd, 200
215 „rozwój naszej floty wojennej": Steinberg, 160
215 „Nie myślimy": ibid., 164
215 „Nasza flota ma spełniać funkcje": ibid.
215 „Uważam żądane ogólnie sumy za rzetelne": ibid., 171
216 „Jeśli pochodzące z wyborów zgromadzenie pozwoli": ibid., 160
216 „Od obecnego Reichstagu": ibid.
217 „Uważałem za swój obowiązek": Tirpitz, *Memoirs*, I, 143
218 „wszystkie ludy": Steinberg, 180
218 „Jeśli prawdą jest": ibid.„ 194
218 „Istnieje, zwłaszcza po prawej stronie tej izby": ibid., 195
218 „Niech żyje kaiser! ... CESARZ NIEMIECKI, BERLIN": ibid., 196
219 „jest, podobnie jak armia": ibid., 197

219 „Stwierdzam wyraźnie": Hurd, 115
220 preambuła do Drugiej Ustawy Morskiej: ibid., 121
222 „jedzenie było domowe": Tirpitz, *Memoirs*, I, 210
223 „Z jego szybkim pojmowaniem": ibid., 201
223 „leśne powietrze" ibid., 205
223 „Nigdy nie mogłem znaleźć": ibid., 128
223 „Na przykład": ibid., 204
225 „Polityka morska Niemiec": Marder, I, 107
225 „Im bardziej badamy skład floty niemieckiej": ibid.
226 „Admiralicja posiada dowody": ibid.

CZĘŚĆ II: KONIEC „WSPANIAŁEJ IZOLACJI"

Rozdział 10
Lord Salisbury

231 „Królowa nie może zakończyć tego listu": Tuchman, *Proud Tower*, 39
231 „Nawet jego najbardziej zawzięci przeciwnicy": Willoughby de Broke, 186
231 „jakby chciał sprawdzić": Young, 100
234 „bogactwo talentu i zdolności niemal wprawiające w zakłopotanie": Asquith, *Fifty Years*, I, 273
234 „egzystencji wśród diabłów": Gwendolen Cecil, I, 9
235 „Jestem terroryzowany": ibid., 13
235 „Całymi wieczorami zmuszony jestem": ibid.
235 „Nigdy dwóch mężczyzn": ibid., 49
236 „Osobliwością moich cierpień": ibid., 50
236 „Twój zakaz": ibid.
236 „To, co stanowi moje największe wydatki": ibid., 59
237 „nigdy nie zostawia swoich kart": ibid., 63
237 „Pierwszorzędni ludzie": ibid., 158
237 „rażącymi niedyskrecjami": ibid., II, 21
238 „spożywanie zimnych i tłustych resztek": ibid., I, 71
238 „Nie znoszę i gardzę": ibid., 96
238 „Ach, Robercie, Robercie": ibid., 97
238 „Odnoszę wrażenie": ibid., II, 45
239 „półszaleńca": Blake, 605
239 „rosyjskim agentem": ibid., 607
239 „Och! gdyby Królowa była mężczyzną": ibid., 637
240 „wiele kłopotów bierze się": Blake, 577
241 „Nie wiem": Blake, 746
242 „Ten stary Żyd": ibid., 646
242 „Owa męcząca księżniczka urwała mi sześć godzin": Gwendolen Cecil, II, 287
242 „Książę Bismarck, z jedną garścią pełną czereśni": Crankshaw, 350

243 „Przy swojej głuchocie": Gwendolen Cecil, IV, 106
243 „zaiste bardzo ugodowy": A.L. Kennedy, *Salisbury*, 126
243 „pracowitym wioślarzem": Gwendolen Cecil, II, 297
243 „Orderem Czystości": A.L. Kennedy, *Salisbury*, 371
245 „Francja jest i musi zawsze pozostać": Gwendolen Cecil, IV, 106
245 „z racji sympatii, interesów i pochodzenia": A.L. Kennedy, *Salisbury*, 67
245 „Nous sommes des poissons": E.T.S. Dugdale, I, 249; DGP, IV, 265
245 „morze i białe klify Anglii": Bülow, II, 38
245 „Siła Anglii": królowa Wiktoria, III, 23
245 „Wspaniałą Izolację": Gwendolen Cecil, IV, 86
245 „nadrzędność interesów Anglii": ibid., 89
245 „Brytyjska polityka zagraniczna": Taylor, *Essays in English History*, 125
246 „Wielki śpioch": Gwendolen Cecil, II, 16
246 „Myśli moje zajmuje obecnie tylko jedna sprawa": ibid., III, 210
247 „Niech pan robi, co uważa za najlepsze": ibid., II, 238
247 „Bukanierzy": ibid., III, 208
248 „we frontowym hallu zostawił jakiegoś wariata": ibid., 214
248 „Mówiono mi": ibid., 25
248 „Nasze przygotowania polityczne": ibid., IV, 219
248 „pozostawiała mu niesmak": ibid., II, 15
249 „Hej, bzdury, bzdury": ibid., III, 8
249 „Bywały wieczory": ibid., 6
250 „Mój ojciec zawsze traktował mnie": ibid., 12
250 „N. bardzo przyłożył się do nauki": ibid., 13
250 „Może i potrafi": ibid.
251 „Jakie to straszne": królowa Wiktoria, I, 26
251 „triumfalnych sukcesów": ibid., 31
251 „majątek nie odpowiada": ibid., 34
251 „Codziennie odczuwam błogosławieństwo": ibid., III, 37
251 „jeśli nie najwyższe": Tuchman, *Proud Tower*, 9
251 „Nie będę martwił Królowej": Gwendolen Cecil, III, 190
251 „Zawsze mów Królowej prawdę": ibid., 181
251 „wszystko": ibid., 182
252 „Lord Salisbury przedstawia niniejszą sugestię": królowa Wiktoria, III, 593
252 „Jestem zbyt przerażona": ibid., 396
252 „Lord Salisbury całkowicie podziela": ibid., 397
252 „List otrzymany": ibid., I, 443
253 „Sir, W następstwie rozmowy": ibid., 442
253 „Posiadała ona nadzwyczajną wiedzę": ibid., III, 186
253 „Okazuje się, że jego pozycja": ibid., 398
254 „zapalczywego, zarozumiałego": ibid., 441
254 „Po prostu obawiał się tak postąpić": ibid., 442
254 „wielkim nieszczęściem": Gwendolen Cecil, IV, 364
254 „Jest to dla Bismarcka dziwna Nemesis": królowa Wiktoria, I, 591

255 „całkowicie bezużytecznym kawałkiem skały": E.T.S. Dugdale, I, 172; DGP, IV, 53
255 „posiadanie Helgolandu": ibid., II, 37; ibid., VIII, 16
256 „Warunki jakie pan wylicza": królowa Wiktoria, I, 614
256 „Lord Salisbury, a także jego koledzy, całkowicie rozumieją": ibid.
256 „Pańską odpowiedź odnośnie tego": ibid., 615
256 „konfidencjonalnie": A.L. Kennedy, *Salisbury*, 220
257 „Uczynimy mądrze": Gwendolen Cecil, IV, 367
257 „Lord Salisbury z szacunkiem pragnie": ibid., 371
257 „Lord Salisbury ma nadzieję": ibid.
258 „Jego Cesarska Mość postanowił uhonorować Anglików": Steinberg, 76
259 „Wilhelm trochę się dąsa": królowa Wiktoria, II, 547
259 „Pański kaiser wydaje się zapominać": Eckardstein, 59
259 „Szukając ujścia": *Holstein Papers*, I, 161
259 „Swoim grubiańskim zachowaniem": E.T.S. Dugdale, II, 339

Rozdział 11
Rajd Jamesona i telegram od Krugera

260 „Zaanektowałbym nawet planety": Elizabeth Pakenham (Longford), 25
260 „Kolosem": Garvin, III, 31
260 „swoim kochaniem": Rotberg, 14
261 „Przy jednej okazji": ibid., 89
261 „Młodsi i bardziej ogniści synowie": Elizabeth Pakenham (Longford), 22
262 „Cóż pan porabiał": ibid., 34
262 „Jeśli Bóg istnieje": Rotberg, 415
265 „Gdy wspólnota": *The Times*
267 „Nozdrza konia wyścigowego": Elizabeth Pakenham (Longford), 59
267 „oczy przywiązanego psa": ibid.
267 „szkockiego teriera": ibid.
267 „szybko przylgnęliśmy do siebie": Rotberg, 127
267 „wszystkie pomysły pochodziły od Rhodesa": Elizabeth Pakenham (Longford), 63
268 „Każdy mógł wtedy podbić Transwal": ibid., 62
268 „Wyruszam": Rotberg, 539
268 „KRYZYS W TRANSWALU": *The Times*, 1 stycznia, 1896
269 „Położenie tysięcy Anglików": ibid.
269 „Są dziewczęta w złotodajnym mieście": *The Times*, 11 sytcznia, 1896
269 „aktem wojny": Elizabeth Pakenham (Longford), 47
269 „pokojowego rozwiązania": ibid.
269 „Jeśli było to wspierane przez nas": ibid.
270 „mały naród pochodzenia holenderskiego": Wilhelm II, *My Memoirs*, 80
270 „Jeśli dziecko czuje się źle": Gooch, *History of Modern Europe*, 215
270 „Grozić nam wtedy": Balfour, 192; DGP, XI, 7

270 „Nasza maleńka republika”: E.T.S. Dugdale, II, 365
271 „skierowane przeciw interesom niemieckim”: ibid., 367; DGP, XI, 4
271 „Status jest”: Caroll, 366
271 „Wypierzemy”: ibid.
271 „nie potrzebują nauk”: ibid.
271 „posunął się tak daleko”: E.T.S. Dugdale, II, 368
272 „aż płonącego ze wściekłości”: Balfour, 194
272 „gdyby to był ktoś inny”: Steinberg, 83
272 „Teraz niespodziewanie”: Lee, I, 725
272 „Jego Cesarska Mość przedstawił”: *Holstein Papers*, II, 469
273 „‘Oznaczałoby to wojnę’”: Lee, I, 721
273 „Och, niech pan się nie wtrąca”: *Holstein Papers*, I, 162
273 „Wyrażam moje szczere gratulacje”: Lee, I, 722
273 „Wyrażam Waszej Cesarskiej Mości”: ibid.
273 „Od wielu lat, żadne pociągnięcie rządu”: Carroll, 372
273 „powszechnym zadowoleniem”: Röhl, 166
273 „burzliwą”: Bülow, IV, 665
273 „prymitywną i namiętną”: ibid.
273 „rwał włosy z głowy”: Eckardstein, 86
274 „Anglia, ten bogaty i spokojny kraj”: *Holstein Papers*, I, 160
274 „odpowiedział, że z pewnością”: Lee, I, 727
274 „eine Staats-Aktion”: ibid., 722
274 „wyraz irytacji kaisera”: *Holstein Papers*, I, 160
274 „Rajd Jamesona spowodował”: Wilhelm II, *My Memoirs*, 80
276 „Kraj nigdy nie zapomni tego telegramu”: Lee, I, 723
276 „Anglia nie ustąpi ani o krok”: *The Times*, leader/nagłówek, 7 stycznia, 1896
276 „Co się tyczy interwencji”: *The Times*, 7 stycznia, 1896
276 „posiadanie dodatkowej eskadry”: ibid., 9 stycznia, 1896
276 „ten całkowicie zbędny akt”: Balfour, 195
277 „Takie ostre, cięte odpowiedzi”: królowa Wiktoria, III, 20
277 „Mój drogi Wilhelmie”: Lee, I, 724-25
277 „jest całkiem stosowny”: ibid., 725
277 „dał do zrozumienia naszym szanowanym gazetom”: królowa Wiktoria, III, 13
277 „Najukochańsza Babciu”: Lee, I, 725
278 „bez zbytniego wnikania”: królowa Wiktoria, III, 20
279 „Chciałabym usłyszeć”: Bülow, I, 340
279 „Widzi pan, byłem niegrzecznym chłopcem”: Elizabeth Pakenham (Longford), 99
279 „gdyby tam mieszkał, prawdopodobnie przyłączyłby się do Jamesona”: Young, 173
279 „dr Jim ma w sobie jakiś osobisty magnetyzm”: Margot Asquith, III, 26
279 „nadmierny zapał”: Elizabeth Pakenham (Longford), 119
280 „Stary Jameson”: Rotberg, 523
280 „Jako żaden z nich”: ibid., 550

280 „Co do jednej rzeczy": Spender, *Campbell-Bannerman*, I, 198
281 „Nie mów mi": Rotberg, 390
281 „Bogu dzięki": Elizabeth Pakenham (Longford), 256
281 „Tak mało zrobione": ibid., 158
281 „Rajd Jamesona": Eckardstein, 85
282 „w swoim telegramie do Krugera": Bülow, IV, 665
282 „Anglia nie zapomni": ibid., 664
282 „Cały ten incydent może mieć swoje dobre strony": Tirpitz, *Memoirs*, I, 85
283 „wybuch nienawiści": ibid., 86

Rozdział 12
„Joe"

284 „Republika musi nadejść": Garvin, I, 152
284 „Boskie prawa królów": ibid., 467
284 „Lord Salisbury sam się kreuje": ibid., 392
285 „sycylijskiego bandyty": ibid., II, 80
285 „Mam wrażenie": ibid., I, 467
285 „Wtedy, jeśli nawet": ibid.
285 „Radziłbym lordowi Salisbury": ibid.
285 „po ścieżkach ogrodów": Morley, *Recollections*, I, 148
286 „grubą rybą": ibid., 179
287 „Tutaj, w Anglii": Lee, I, 333
287 „dalsze życie jest niemal nie do zniesienia": Garvin, I, 79
287 „Niestety, nie było to prawdą": ibid., 209
287 „był człowiekiem, który nigdy nie mówił prawdy": ibid., 227
288 „radykalnego demagoga": Magnus, 131
288 „Jego siła w debacie": Spender, *The Public Life*, I, 88
288 „obserwowali go uważnie i zastanawiali": ibid., 89
288 „posiadaczem jakiejś tajemnicy": ibid., 86
289 „Irlandczycy mają prawo": Garvin, II, 21
289 „Było co najmniej szkodliwe": ibid., 147
289 „Dla zachowania jedności Unii": ibid., I, 140
289 „Było to wręcz nie do pomyślenia": Spender, *The Public Life*, I, 88
290 „Judasz, gdy zdradził swego Pana": Garvin, II, 480
290 „Zdrajca!": ibid., 250
290 „fraternizowanie się": Spender, *The Public Life*, I, 88
291 „Droga pani, witaj w domu": Garvin, II, 371
291 „Pani Chamberlain jest bardzo ładna": ibid., 372
291 „Pani Chamberlain wyglądała wspaniale": ibid.
291 „zawsze gotów był dyskutować o polityce": A.L. Kennedy, *Salisbury*, 255
291 „Otworzyła kłódkę, na którą zamknięte było jego serce": Garvin, II, 373
291 „Doprowadziła do zbliżenia między mną a dziećmi": ibid.
291 „musiały być miłe i ożywcze": ibid., 563

292 „dumny z możliwości nazwania się Unionistą”: Garvin, II, 607
292 „szalony entuzjazm”: ibid., 334
292 „Jestem Anglikiem”: ibid., 333
293 „Już teraz znużony Atlas”: Asquith, *Fifty Years*, I, 290
293 „Książę Bismarck oddał nam”: Garvin, I, 496
293 „wcielenie przedstawiciela”: ibid.
293 „Nie lubię, gdy ktoś jest wobec mnie zbyt zuchwały”: ibid., 497
294 „widział tam robotę do wykonania”: ibid., III, 9
294 „Uważam, że rasa Brytyjska”: ibid., 27
294 „Nie wystarcza zająć”: ibid., 27
294 „Mój drogi Salisbury”: ibid., 95
294 „ujętą w mocne słowa depeszę”: ibid., 96
294 „Cień wojny”: ibid., 179
295 „Gdyby panika”: Eckardstein, 93
295 „Chamberlain zdaje się wyrastać”: Garvin, III, 244
295 „dwugłowym rządzie”: ibid., 203
295 „Chamberlain miał Salisbury'ego”: ibid., 286
296 „Sprawy mają się teraz tak odmiennie”: królowa Wiktoria, III, 22
296 „Izolacja jest znacznie mniej niebezpieczna”: ibid., 21
297 „Opinia publiczna”: ibid., 248
297 „Zgadzam się z panem”: ibid., 249
297 „To nie jest kwestia”: Asquith, *Fifty Years*, I, 290
299 „niewątpliwie najenergiczniejszą”: Eckardstein, 103
299 „Angielska flota”: Garvin, III, 262
299 „musiałby okazać się”: ibid., 257
300 „Przyznałem”: ibid., 260
300 „czy myślę, że Parlament”: ibid.
301 „Skończył się wreszcie cały ten jubileuszowy szwindel”: ibid., 269
301 „Równocześnie”: ibid., 270
301 „mówił mi w Homburgu”: ibid., 276
302 „Pan Chamberlain ...”: ibid., 275
302 „Niemożliwe”: ibid.
302 „Od czasu Wojny Krymskiej”: ibid., 282

Rozdział 13
Faszoda

303 „Miał wysoką gorączkę”: A.L. Kennedy, *Salisbury*, 276
304 „Afryka została stworzona”: Garvin, III, 203
304 „Jeszcze dziesięć lat temu”: Gwendolyn Cecil, IV, 225
305 „Kwestia wyruszenia”: królowa Wiktoria, III, 85
307 „Na moim ojcu zrobił on wielkie wrażenie”: A.L. Kennedy, *Salisbury*, 280
307 „Ambasada Francuska w Londynie”: Newton, 283
308 „Marsz ekspedycji francuskiej”: A.L. Kennedy, *Salisbury*, 278

309 „Zauważyłem pański zamiar złożenia wizyty": Gooch, *History of Modern Europe*, 289
309 „Przybyłem tu, aby ponownie objąć": A.L. Kennedy, *Salisbury*, 286
310 „Jesteśmy silniejsi": ibid., 287
310 „Mamy tu Marchanda": królowa Wiktoria, III, 287
311 „żadnego tytułu do zajęcia": A.L. Kennedy, *Salisbury*, 290
311 „tak długo, jak francuska flaga": królowa Wiktoria, III, 299
311 „Wielka Brytania była w minionym okresie traktowana": A.L. Kennedy, *Old Diplomacy*, 82
311 „Faszoda jest ostatnim źdźbłem": Marder, *Anatomy*, 331
311 „Zdaje się, że znaleźliśmy się w martwym punkcie": królowa Wiktoria, III, 289
312 „Głęboko podzielam niezadowolenie": ibid., 290
312 „Pańska szyfrówka otrzymana": ibid.
312 „Mamy tam tylko argumenty": Gooch, *Before the War*, I, 96
312 „Nie powinno się pominąć żadnej szansy": królowa Wiktoria, III, 298
313 „w żadnym razie nie będzie upokorzeniem": ibid., 304
313 „francuskiego odkrywcę": BD, I, 170
313 „Uważam, że wojna": królowa Wiktoria, III, 305
313 „bardzo sympatyczny": ibid., 308
313 „Po południu otrzymałem od ambasadora francuskiego": A.L. Kennedy, *Old Diplomacy*, 83
314 „trzyma Francuzów kompletnie poza": królowa Wiktoria, III, 351
314 „Otrzymałem wiadomości": DGP, XIV, ii, 383
314 „nic mu nie było wiadomo": ibid., 385
314 „Biedna Francja": ibid., 409

Rozdział 14
Samoa i wizyta Wilhelma w Windorze

315 „Prosicie mnie": Garvin, III, 246
316 „W zeszłym roku oferowaliśmy": E.T.S. Dugdale, III, 62; DGP, XIV, ii, 612
316 „Zamiast ugodowości": Spender, *Fifty Years*, 184
316 „Podejrzewam": królowa Wiktoria, III, 359
316 „powiedział, że nie należy": ibid.
316 „Najdroższa Babciu": ibid., 376
318 „całkowicie zgadza się": ibid., 379
318 „Drogi Wilhelmie": ibid., 381
319 „nie będzie mu Berlin dyktował": Eckardstein, 106
319 „Codziennie oczekuję": ibid.
319 „dokument pienistego pustosłowia": ibid., 111
319 „czy Samoa to nazwa": ibid., 112
319 „To co się stało na Samoa": E.T.S. Dugdale, III, 57; DGP, XIV, 592
319 „Co tłumaczyłem": ibid.
320 „była teraz osamotniona": Garvin, III, 282

320 „Wasz rząd": ibid., 341
321 „usuwa wszelkie antagonizmy kolonialne": ibid., 342
321 „JESTEM RÓWNIE ZADOWOLONA": królowa Wiktoria, III, 416
321 „BRAWO!": Bülow, I, 331
321 „Tak, ostatnie kilka lat": Eckardstein, 117
321 „Niech przyjeżdża": ibid.
321 „JESTEM ZROZPACZONY": królowa Wiktoria, III, 389
322 „WASZ SPOSÓB": Eckardstein, 120
322 „To doprawdy wystarcza": ibid.
322 „Nie zazdroszczę": ibid.
322 „nie jest możliwe, aby kaiserowi": ibid., 121
322 „Jeśli w ogóle udam się": ibid., 122
323 „Byłbym okrutnie rad": ibid., 123
323 „dopiero krótko przed": ibid., 124
323 „Miałam nadzieję": Bülow, I, 355
323 „Poza wszelką dyskusją": ibid., 364
324 „Cała zastawa": Garvin, III, 500
325 „władczyni światowego imperium": Bülow, I, 361
325 „Z tej wieży": ibid., 360
326 „Wilhelm przyszedł do mnie po herbacie": królowa Wiktoria, III, 421
326 „Lord Salisbury słyszał": ibid., 399
326 „lecz jeśli napada się na niego nadmiernie": Bülow, I, 377
326 „niezmiernych szkód": królowa Wiktoria, III, 423
327 „Joseph Chamberlain miał": Bülow, I, 367
327 „zdolnego, energicznego, przebiegłego biznesmena": ibid., 368
327 „Jestem wyłącznym panem": ibid., 370
327 „z jego wspaniałym parkiem": ibid., 395
328 „Trzeba było tylko pokazać się": ibid.
328 „Brytyjscy politycy": ibid., 391
328 „Wizyta [...] poszła doskonale": ibid., 401
328 „Każdy dalekowzroczny polityk angielski": Garvin, III, 507
329 „niepojętą gafę": Eckardstein, 146
329 „*gaucherie*": Bülow, I, 385
329 „Hrabia Bülow, którego miałem przyjemność poznać": Eckardstein, 130
329 „Bez siły": Bülow, I, 415
330 „Nic więcej nie powiem": Eckardstein, 151
330 „wyjątkową trudność": ibid., 144
330 „Patrzy się tutaj na Chamberlaina i Arthura Balfoura": Bülow, I, 392
331 „okazywać ducha" ibid., 394

Rozdział 15
Wojna Burska i Powstanie Bokserów

332 „szkody moralne i intelektualne": Thomas Pakenham, 63

333 „Wojna z Transwalem": Garvin, III, 141
333 „Kruger nigdy dotąd": Spender, *Asquith*, 132
333 „że piasek w klepsydrze się wyczerpuje": A.L. Kennedy, *Salisbury*, 309
333 „Powiem panu jedną rzecz": Gwendolyn Cecil, III, 191
333 „Ogromna większość": Garvin, III, 513
333 „Kwestia Afryki Południowej": Eckardstein, 137
333 „haniebnym języku": A.L. Kennedy, *Salisbury*, 313
334 „fenomenalna": ibid.
334 „Cóż to za dni, pełne smutnych nowin": Lee, I, 754
334 „W zeszłym roku": królowa Wiktoria, III, 484
334 „Obawiam się, że nie mogę": Lee, I, 759
334 „Zdaje się, że poczułeś się nieco urażony [...] moim ostatnim akapitem": ibid.
335 „kaiser rozważa": Eckardstein, 153
335 „Lord Salisbury": ibid., 152
336 ultimatum w sprawie szwajcarskiego sera: ibid., 157
336 „Ktokolwiek wierzy": Garvin, III, 516
337 „Nie masz pojęcia": Lee, I, 770
337 „Moje armie zepchnęły": Asquith, *Fifty Years*, I, 305
337 „ZAMIESZKI W CHINACH": *The Times*, 6 czerwca, 1900
339 „Co się tyczy Su Szuna": Fleming, 57
341 „Są jak ryby w garnku": O'Connor, 142
342 „straszne sceny": Fleming, 94
343 „*Veuillez agréer*": ibid., 118
344 „Twarz jego": ibid., 114
344 „Sytuacja rozpaczliwa": ibid., 132
345 „oddani pod miecz": ibid., 135
345 „niemożliwym jest": ibid., 137
345 „Lady MacDonald": O'Connor, 296
345 „Pekin musi zostać wzięty szturmem": ibid., 181
345 „Nareszcie przyjemnie jest": Bülow, I, 417
345 „Nigdy nie widziałem go tak podekscytowanym": ibid.
346 „bez precedensu w swojej zuchwałości": ibid.
346 „nie miała być zajęciem": O'Connor, 181
346 opis przemówienia o Hunach według Bülowa: Bülow, I, 418
346 „Przecież nie mogę wytłumaczyć": ibid., 419
346 „Wyciąłeś najlepszą część": ibid.
346 „Wiem, że troszczysz się": ibid., 420
347 „nie znoszą służby": DGP, XIV, 76
347 „Najsilniejsze korpusy": E.T.S. Dugdale, III, 130; ibid., 82
347 „W pełni zgadzam się": ibid.; ibid., 83
348 „Jak wspaniale": Waldersee, 144
348 „Jest nadzwyczaj niespokojny": ibid., 167
348 „Próbował się tłumaczyć": ibid., 168
349 „zdrajca": Bülow, I, 423

349 „Stało się dla mnie oczywiste": Waldersee, 209
349 „Naturalnie, było to": ibid.
349 „go zdradziły": Bülow, I, 527
349 „powinno się nałożyć na Chińczyków tak wielkie odszkodowania jak tylko": Waldersee, 210
350 „byli wyjątkowo uprzejmi": ibid., 213
350 „farsę" i „absurd": O'Connor, 298
350 „Rozmaici oficerowie sztabu": Waldersee, 249
350 „Cieszę się, że Francuzi": ibid., 230
351 „Powiadają, że kaiser" O'Connor, 298
351 „rozstrzelać wszystkich przywódców": ibid., 299
351 „wywierają wpływ moralny": Fleming, 253
351 „Gdy wysyłam moich żołnierzy do walki z żółtymi bestiami, to nie jest to czas": Manchester, *The Arms of Krupp*, 217
351 „Nie było rzeczą właściwą": Eckardstein, 180
352 „zdaje się nie chcieć": O'Connor, 325
352 „Za wszelką cenę": Eckardstein, 175

Rozdział 16
„Wybory barwy khaki" i śmierć królowej Wiktorii

353 „kadencja Parlamentu trwa już szósty rok": królowa Wiktoria, III, 586
353 „Wszyscy bardzo dobrze wiemy": Asquith, *Fifty Years*, I, 305
354 „Głos na Liberałów": Spender, *Campbell-Bannerman*, I, 291
354 „Wybory idą wręcz cudownie": królowa Wiktoria, III, 603
355 „choć stawiało na kartkach wyborczych": Garvin, III, 605
355 „Stajnia zostawała ta sama": Asquith, *Fifty Years*, II, 3
355 „jest po prostu rozpaczliwa": Amery, IV, 138
355 „jego doktorzy sugerują": królowa Wiktoria, III, 604
355 „Mam szczerą nadzieję": ibid., 606
356 „Lord Salisbury uważa": ibid., 611
356 „W czasie": Churchill, *Great Contemporaries*, 57
357 „podwójnej diuszesy": Tuchman, *Proud Tower*, 39
357 „Proszę przybyć niezawodnie": Eckardstein, 184
357 „Minister kolonii": ibid., 185
358 „Szczególnie godne uwagi jest": ibid., 186
358 „Ty i ja": Amery, IV, 146
358 „Lepiej zaczekać": ibid., 147
358 „Zostałam podwieziona do łóżka": królowa Wiktoria, III, 516
360 „wspólnikiem Chamberlaina": Lee, I, 777
360 „Był to od początku do końca mój własny pomysł": Longford, 555
360 „I znów nadchodzą moje stare urodziny": ibid., 556
361 „Odpoczywam teraz codziennie": ibid., 556
361 „schorzenie okazuje się być nieuleczalne": królowa Wiktoria, III, 576

361 „spędzając razem z nami": ibid., 580
361 „O Boże": ibid., 579
362 „Spędził już": ibid., 588
362 „Królowa pojmuje": ibid., 592
362 „Wasza Królewska Mość ze smutkiem": ibid., 594
362 „W maju Królowa": Asquith, 261
362 „ponury i ciemny": Longford, 558
362 „bardzo słaba i mizerna": królowa Wiktoria, III, 616
362 wpisy z dziennika królowej Wiktorii: ibid., 618-34
363 „Była jeszcze szczuplejsza": Amery, IV, 7
363 „Nie obawiam się": ibid., 6
363 „Miałam dość dobrą noc": królowa Wiktoria, III, 642
364 „równie potężnego narzędzia": Amery, IV, 147
364 „Poinformowałem odpowiednio": Newton, 197
365 „rychłego wyzdrowienia": Longford, 561
365 „Te ostatnie chwile": Ponsonby, 82
365 „Była tak mała": Balfour, 231
365 „Wilhelm był czystą uprzejmością": Magnus, 272
365 „Wzruszające i proste postępowanie Wilhelma": ibid.
366 „Zachowajmy raczej w pamięci": Lee, II, 526
366 „Była największą wśród": Amery, IV, 8
367 „Królowa nie żyje, Sir": Lee, II, 8
367 „zobaczył co się da z tym zrobić": Balfour, 231
367 „Mam nadzieję": Bülow, I, 580
368 „Moje ciotki": ibid., 581
368 „Kaiser jest bardzo zmęczony": ibid.
368 „Dla ukoronowania tego wszystkiego": ibid., 582
368 „Nachodzą mnie obawy": ibid., 583
369 „Zgodnie z tymi instrukcjami, powiedziałem kaiserowi": Eckardstein, 189
369 „Baron von Eckardstein powiada mi": Amery, IV, 148
369 „Grożenie przez Chamberlaina": ibid., 149
370 „Wasza Cesarska Mość ma całkowitą słuszność": ibid.
370 „cesarz rosyjski": Newton, 199
370 „rosyjscy Wielcy Książęta": ibid.
371 „To nie flota brytyjska": Eckardstein, 192
371 „Nie mogę w nieskończoność wahać się": Amery, IV, 150; DGP, XVI, 295
371 „Szeregi wojska": ibid., 151
371 „Wierzę, że istnieje Opatrzność": Cowles
372 „kompletnie oczarowanego": Bülow, I, 585

Rozdział 17

Koniec negocjacji na temat sojuszu anglo-niemieckiego

373 „Wszystko co ostatnio nadchodzi z Londynu": Eckardstein, 202

373 „nie chciał znów poparzyć": Amery, IV, 153
374 „Sprawa sojuszu ponownie rusza": Eckardstein, 219
374 „z rąk Eckardsteina": Bülow, I, 591
374 „tamta osoba": Amery, IV, 156
374 „skończonych prostakach": Eckardstein, 217
374 „Tak, cóż więc pan": ibid.
375 „beznadziejnego niechlujstwa": ibid., 202
375 „bardzo umiejętnie sterowany": ibid., 220
375 „ponieważ obciążenie": BD, II, 68
376 „Nikt tutaj w Anglii": Amery, IV, 157
376 „Nie powinniśmy": ibid., 160
377 „kraje, teraz krytykujące": ibid., 167
377 „krwawym psie Transwalu": Spender, *Fifty Years*, 187
378 „rzeźnikami": Amery, IV, 168
378 „jako że przemówienie": ibid., 169
378 „nie było gorętszego": ibid.
378 „Armia Niemiecka": Bülow, I, 637
378 „Com powiedział": Amery, IV, 173
378 „Pan Chamberlain jest": ibid., 175
379 „Ciekaw byłbyś": ibid., 176
379 „nastroje w obu krajach": Newton, 207
379 „Usłyszałem ściśle poufną": E.T.S. Dugdale, III, 171; DGP, XVII, 342
379 „Nie jest to bynajmniej pierwszy raz": Eckardstein, 288
380 „Co najmniej przez dłuższy czas": ibid., 230

Rozdział 18
Artur Balfour

382 „Równie dobrze": A.L. Kennedy, *Salisbury*, 354
382 „choć na chwilę ujrzeć twarz króla": Amery, IV, 448
382 „Joe Chamberlain ... omal nie został": ibid., 453
383 „iż powinienem zrozumieć": ibid., V, 67
384 „Kraj jest przepełniony": ibid., 71
384 „Artur nienawidzi trudności": ibid., IV, 464
384 „Różnica między Joe'm a mną": ibid.
384 „najwspanialszym umysłem": Chamberlain, 206
384 „najwspanialszy *objet d'art*": Young, XV
385 „Znając ją powierzchownie": Blanche Dugdale, I, 16
385 „Czy możesz mi powiedzieć": ibid.
385 „wspaniałej czystości duszy": ibid., 21
385 „gdy się z niego wyśmiewano": ibid., 20
386 „Śliczna Fanny": Young, 13
386 „W tych warunkach": Blanche Dugdale, I, 36
387 „Bardzo dobra ustawa": ibid., 37

387 „Ach, gdy byliśmy młodzi": Young, 38
387 „Poseł z Hertford": Blanche Dugdale, I, 45
388 „ten bardzo ładny, osobliwy chłopiec": Young, 32
388 „Naprawdę jestem nim zachwycony": ibid.
388 „jak na złość - niezwykle punktualnie": ibid.
388 „zauważyłem z głębokim zadowoleniem": ibid.
389 „Przez większość czasu tkwi w szoku": Blanche Dugdale, I, 31
389 „Niemal wszyscy młodzieńcy": Margot Asquith, II, 12
390 „Faktem jest, panie Balfour": ibid., I, 259
390 „Przesiadujecie tylko": Young, 143
390 „Och, moja droga": Tuchman, *Proud Tower*, 46
390 „wyjątkowej uwadze": Margot Asquith, I, 257
390 „poznać go bliżej": ibid.
390 „Myślę, że zrobiłoby na mnie wrażenie": Jenkins, 79
391 „Po wieczorze spędzonym": Chamberlain, 217
391 „Gdyby miał": Tuchman, *Proud Tower*, 52
391 „Któż więc, mówi pan": Blanche Dugdale, I, 150
392 „Jeśli myślicie": ibid., 94
392 „unoszący się, wdzięcznie a leniwie": Young, 101
392 „sybarytę o jedwabistej skórze": ibid.
392 „Naczelnym Sekretarzom d.s. Irlandii zdarzały się już różne wypadki": Blanche Dugdale, I, 98
392 „poniosła klęskę, ponieważ opierała się": Young, 105
393 „Jeśli okaże się konieczne": Blanche Dugdale, I, 101
393 „najlepiej, kalkulując na dłuższą": ibid.
393 „Gdy już padnie rozkaz otwarcia ognia, nie jest możliwe powiedzieć": ibid., 110
393 „Com uczynił": ibid., 137
393 „Krwawy Balfour": ibid., 113
393 „Oto są ci którzy powiadają": ibid., 103
394 „na jego zahartowanym podniebieniu": ibid., 120
394 „Moim celem nie jest przekupić": ibid., 130
394 „z dość kwaśną miną": Young, 125
395 „dawniej tak gotów": ibid., 130
395 „nigdy żadnego młodego człowieka nie lubił": ibid.
395 „Jestem bardzo zadowolony": ibid.
395 „Podjechałem tam ze stacji": Blanche Dugdale, I, 166
395 „Jest różnica": Margot Asquith, I, 236
395 „Mój drogi wuju Robercie": Blanche Dugdale, I, 187
395 „Pyta mnie pani o Południową Afrykę": Young, 185
396 „Co wieczór, pomiędzy jedenastą a północą, zachodziłem do Ministerstwa Wojny": Blanche Dugdale, I, 222
396 „Hotel Cecil": ibid., 237
396 „tę nieszczęśliwą i prześladowaną rodzinę": ibid., 239
397 „Chyba będzie lepiej": Young, XVII

397 „Gdy zajmuję się polityką": ibid., 163
397 „Całkiem równy facet": Tuchman, *Proud Tower*, 49
397 „śmieszne" i „groteskowe": Blanche Dugdale, I, 114
397 „nie wierzył": Tuchman, *Proud Tower*, 51
398 „Niezniszczalne pomniki": Margot Asquith, I, 265
398 „ugotowawszy dla niego wróbla": Blanche Dugdale, I, 143
399 „tego cholernego szkockiego krokieta": Tuchman, *Proud Tower*, 53
399 „zmajstrował sobie z gąbki rodzaj tratwy": Blanche Dugdale, I, 144

Rozdział 19
Joseph Chamberlain i „preferencja imperialna"

400 „Kolonie są jak owoce": Amery, V, 39
401 „albo przez całkowite zwolnienie": Blanche Dugdale, I, 255
403 „Zostało zaproponowane aby": ibid., 256
403 „Najpierw powinniśmy sobie jasno uświadomić": Amery, V, 119
403 „Gabinet ostatecznie zdecydował": ibid., 121
404 „nie ma teraz czasu na walkę": Blanche Dugdale, I, 258
404 „Zboże jest w znacznie większym stopniu": ibid., 260
404 „Możesz pan spalić swoje ulotki": Jenkins, 136
404 „zardzewiała mu trochę broń używana w walce partyjnej": Amery, V, 184
405 „wielka mowa wielkiego człowieka": Asquith, *Fifty Years*, II, 11
405 „Od tej chwili": ibid., 10
405 „Poglądy Chamberlaina": ibid., 14
405 „na razie": ibid.
406 „Powinienem uznać": Spender, *Campbell-Bannerman*, I, 102
406 „Nie boję się Wolnego Handlu": Young, 124
406 „Ten szaleńczy, zbrodniczy wyskok": Amery, V, 193
406 „Rankiem 16 maja": Jenkins, 137
407 „Reforma Taryf zjednoczyła": Blanche Dugdale, I, 270
408 „Ritchie i ... nie złożyli rezygnacji": Ensor, 374
408 „Nigdy nie słyszałem": Blanche Dugdale, I, 270
408 „Diukowi, którego procesy myślowe": Spender, *Campbell-Bannerman*, II, 114
409 „Wiecie, Diuk tego w ogóle nie przeczytał": Blanche Dugdale, I, 271
410 „dogorywającego przemysłu brytyjskiego": Ensor, 375
411 „chętnie ustąpi": Jenkins, 139
413 „wolnorynkowcem sympatyzującym": Spender, *Campbell-Bannerman*, II, 140
413 „szczur z Blenheim", „błękitnokrwisty szuler": Manchester, *Winston Churchill*, 361
414 „Niektórzy z nas urodziliśmy się": ibid., 357
414 „Nie ma takiej zasady, której ten rząd nie byłby skłonny porzucić ... aby utrzymać swoje stołki": ibid., 359
414 „Nie jest, ogólnie rzecz biorąc": ibid., 360

Rozdział 20
Lord Lansdowne i anglo-francuska ententa

416 „prawdopodobnie największego dżentelmena": Barker, 140
416 „Im dłużej żyję": ibid., 159
418 „Nominacja Robertsa": ibid., 153
418 „musiał się często wydawać": ibid., 154
419 „sztylet": Gooch, *Before the War*, I, 19
419 „z pewnością będzie walczył": Newton, 220
420 „Gratuluję ci": Lee, II, 144
420 „Zdaje się, że tym głuptasom trafił się w końcu": BD, III, 435
420 „Nie wydaje mi się": Gooch *Before the War*, I, 23
421 „naiwnego": Eckardstein, 108
422 „Nie zamierzam opuścić tego biurka": Lee, I, 711
423 „Uczucie, jakie wszystkie klasy": Mansergh, 88
423 „bardzo przyjemnym i dobrze poinformowanym": królowa Wiktoria, III, 317
423 „Mam wielkie zaufanie": Gooch *Before the War*, I, 105
424 „nieustannie wywierał największy wpływ": Amery, IV, 194
424 „Delcassé [...] uczynił, zdaje mi się": ibid., 206
425 „wizyta króla": Spender, *Fifty Years*, 213
425 „powinna mieć całkiem nieformalny": Lee, II, 223
425 „Vivent les Boers": ibid., 237
425 „Francuzi nas nie lubią": ibid.
426 „Opatrzność Boska": ibid.
426 „Och, Mademoiselle": ibid., 238
426 „gdzie traktują mnie": ibid., 239
426 „Vive le roi": ibid., 240
426 „Wizyta króla Edwarda": ibid., 242
426 „Tak więc jeśli nawet paryska wizyta": ibid., 243
427 „*Zukunftmusik*": Woodward, 72
428 „Te groteskowe trudności wokół homarów doprowadzają mnie do rozpaczy": Gwendolyn Cecil, IV, 356
428 „Podczas całej naszej rozmowy": Newton, 281
428 „iż podjęcie kroków prowadzących do odrodzenia tego kraju należy do jakiegokolwiek": Nicolson, 109
429 „Kwestia sprowadza się do tego": Newton, 281
429 „Rząd Republiki Francuskiej": Gooch, *Before the War*, I, 43
430 „Oczekujecie, abyśmy uznali": ibid., 149
430 „Negocjacje z Francuzami": ibid., 47
431 „zgodziły się udzielać sobie wzajemnie poparcia": Spender, *Fifty Years*, 216
432 „Jeśli pozwolimy, aby nas zdeptano": E.T.S. Dugdale, III, 221; DGP, XX, 208
432 „Jeśli doprowadzę do porozumienia": Gooch *Before the War*, I, 153

Przypisy źródłowe

Rozdział 21
Kryzys marokański w roku 1905

435 „Żywego Pedicarisa”: Tuchman, *Proud Tower*, 272

436 „stajennych, ogrodników, elektryków”: Nicolson, 106

437 „ten luźny zlepek burzących”: ibid., 83

437 „Nie wierzę”: ibid., 95

437 „w celu zapewnienia”: Marder, *Anatomy*, 475

438 „gdy owo niebezpieczeństwo wyraźnie”: Woodward, 83

439 „platonicznym”: Nicolson, 116

439 „Przecież to dokładnie to”: E.T.S. Dugdale, III, 224; DGP, XX, 301

439 „ogólnoświatowego dominium”: Lee, II, 338

439 „jeśli zaszłaby konieczność rozpoczęcia przez nas wojny”: Woodward, 82

439 „jak najwcześniejszą”: Spender, *Fifty Years*, 241

440 „W obliczu takiego łańcucha”: Bülow, II, 121

440 „będąc - jeszcze jako Książę Pruski”: Eckardstein, 126

440 „zaangażowanie się Francji i podjęcie przez nią zobowiązań wobec Maroka leży w interesie Niemiec”: Bülow, II, 117

441 „byłoby dobrze, gdyby Francja”: ibid.

441 „Byłem już w Azji”: ibid., 119

441 „Wizyta Waszej Cesarskiej Mości”: E.T.S. Dugdale, III, 223; DGP, XX, 262

441 „Tant mieux”: ibid.; ibid.

442 „Gdy minister próbował sprzeczać się”: Balfour, 255

442 „wszyscy zostali zabici”: Spender, *Fifty Years*, 242

442 „Wylądowałem, ponieważ”: Bülow, II, 162

443 „Brytyjscy generałowie i admirałowie”: Spender, *Fifty Years*, 243

443 „Wspaniale jest pomyśleć”: Balfour, 256

443 „drżącego z emocji”: Spender, *Fifty Years*, 243

443 „Gdy doszły mnie wiadomości”: ibid.

443 „Ponownie podkreślałem”: Bülow, II, 127

444 „nie mogły one uznać praw”: ibid.

444 „w cel wizyty”: Gooch, *Before the War*, I, 249; Mansergh, 94

445 „najbardziej szkodliwe”: Lee, II, 340

446 „Walczyć z Niemcami jako sojusznik Francji wydaje się być wspaniałą szansą”: FGDN, II, 55

446 „Nie mamy i nigdy nie mieliśmy”: BD, III, 68

447 „w przyjazny sposób”: Bülow, II, 133

447 „Jeśli dowiedzą się o nich Niemcy”: Gooch, *Before the War*, I, 176

447 „Kanclerz Cesarstwa Niemieckiego”: Spender, *Fifty Years*, 245

448 „To oznaczałoby wojnę”: Gooch, *Before the War*, I, 178

448 „Marynarka Brytyjska”: Mansergh, 73

448 „Czy jesteśmy w stanie”: Gooch, *Before the War*, I, 179

448 „oznajmiający mi, że właśnie”: Bülow, II, 137

448 „Tym razem mi nie uciekniesz”: ibid., 135

449 „absolutnie nastają”: Spender, *Fifty Years*, 245
449 „Upadek Delcasségo”: ibid.
449 „Dymisja Delcasségo”: Lee, II, 344
450 „Widzieliście”: Spender, *Fifty Years*, 245
450 „Spokojny, łagodny”: Bülow, II, 141
450 „nie marudziła na drodze”: Gooch, *History of Modern Europe*, 358
450 „Jeśli ludzie w Berlinie”: Gooch, *Before the War*, I, 261
451 „miał przed sobą wielką przyszłość”: Bülow, II, 221
451 „najgwałtowniejszego”: Nicolson, 127
451 „Mówcie czego oczekujecie”: ibid., 128
452 „zabezpieczenia pełnych gwarancji dla zasady otwartych drzwi”: ibid., 133
452 „nie do mnie należy”: ibid., 134
452 „Czułem się naprawdę urażony”: ibid.
452 „Ten, kto ma w ręku policję”: Gooch, *Before the War*, I, 262
452 „Jesteśmy bliscy zerwania”: Nicolson, 137
452 „zmiennym”: ibid.
453 „Tattenbach znów gada”: ibid., 142
453 „To już trzeci raz”: ibid., 141
454 „epokowego sukcesu”: E.T.S. Dugdale, III, 248; DGP, XXI, 312
454 „polityka Jego Cesarskiej Mości”: ibid.; ibid
454 „wydają się nie polegać na faktach”: ibid.; ibid.
454 „Wszyscy tutaj uważają kwestię marokańską”: ibid., I, 237; ibid., 52
454 „Entente Cordiale przetrwała”: Mansergh, 100
454 „Traktat nie dał nam może”: Bülow, II, 231
455 „Przebrnąłem przez całą ich serię”: ibid., 235
455 „był zbyt wrażliwy”: ibid., 236
456 „działając z całkowicie zimną krwią”: ibid., 237

CZĘŚĆ III: MARYNARKA WOJENNA

Rozdział 22
Od żagli do pary

462 „zaczynały już odczuwać ciepło tropików”: Bacon, *A Naval Scrapbook*, 21
463 „miał zawsze bóle głowy”: ibid., 18
466 „Jezdeśta jak jaka cholerna portugalska armia”: ibid., 80
466 „Hej, ty, tam, słuchej ino”: Scott, 69
467 „Fanny Adams”: ibid., 26
468 „brutali dumnych”: Humble, 5
470 „Podać liczbę zabitych”: Winton, 25
471 „Wielokrotnie”: Beresford, I, 25
471 „Wątpię czy w dzisiejszej marynarce”: ibid.
471 „zadowalająca znajomość”: ibid., 6

472 „Tylko czasem, sir": ibid., 5
473 „względnego szczęściarza": Dewar, 15
473 „tłumienia niezależności": ibid., 14
474 „Dla midszypmenów - maszt": Scott, 27
474 „Ciemną nocą": ibid., 51
475 „te stare, dobre dni żeglowania": ibid., 25
475 „wieczorami": ibid.
480 „Chociaż żyjemy w czasach": Humble, 108
481 „Nie czuję tu jeszcze wcale wody": Beresford, I, 62
481 „A niech mnie, zapomniałem": ibid., 49
481 „Nie lubiłem *Defence*": ibid., 41
482 „Zachowywanie masztów i żagli": Padfield, *The Battleship Era*, 127
482 „Kardynalną [...] polityką tego kraju": Marder, *Anatomy*, 105
482 „Bez wątpienia, obecna flota": Beresford, I, 25
483 „samonakręcający się": Winton, 13
484 „Cały nasz system kształcenia": ibid., 23
484 „Jaką władzę": FGDN, I, 150
485 „Gdy byłem midszypmenem": Dewar, 22
486 „Myślałem, że źle odebraliśmy": Winton, 46
486 „Drugi dywizjon zmienia kurs": ibid.
486 „No teraz zobaczymy coś": ibid.
487 „Będziemy bardzo blisko": ibid.
487 „Czy mogę dać wstecz": ibid., 48
487 „Wszystko to mój błąd": Padfield, *The Battleship Era*, 131
488 „byłoby fatalne": ibid., 132
489 „Grubą Rybą Oceanu": Bacon, *Scrapbook*, 49
489 „Weszło już w zwyczaj": Scott, 73
490 „Gdy poszedłem na morze": Dewar, 19
490 „Gdyby ktoś śmiał zasugerować": Padfield, *The Battleship Era*, 128
490 „Nie należało się dziwić": Scott, 73
490 „Nikt nie dbał wiele o ich wyniki oprócz oficera artylerii": Marder, *Scapa Flow*, I, 8
491 „Rozproszyć się w celu odbycia praktyki": Scott, 85
491 „uważano, że każdy": Beresford, I, 20
491 „Zwykliśmy odbywać praktykę": ibid.
491 „Kanonierzy nadal patrzyli po prostu wzdłuż luf": ibid.
492 „Pozwalał nam midszypmenom,": Scott, 29
493 „całkowicie odmieniona" ibid.
493 „mieli czterdzieści dwa nowoczesne działa": ibid., 62
493 „Lecz innowacja ta nie była lubiana": ibid., 72
494 „Załoga okrętu w dobrym stanie fizycznym": ibid., 45
494 „nie zawierał najmniejszej wzmianki": ibid.

Rozdział 23
Jacky Fisher

498 „synem syngaleskiej księżniczki": Fisher, *Memories*, 20
498 „orientalną przebiegłością i dwulicowością": Marder, *Scapa Flow*, I, 14
498 „pozbawionym skrupułów pół-Azjacie": ibid.
499 „Wstąpiłem do marynarki": Fisher, *Records*, 25
499 „Musiałem walczyć jak wszyscy diabli": FGDN, II, 35
499 „Pamiętam jak gorący entuzjazm": Mackay, 23
499 Zwroty kończące listy Fishera pochodzą z FGDN, II, 18
499 „Nie znoszę dwukrotnego czytania": FGDN, I, 39
499 „Czy byłby pan uprzejmy przestać": Fisher, *Memories*, 40
500 „duchową niestrawnością": FGDN, II, 16
500 „Dość tu smętnie, Sir": Fisher, *Memories*, 26
500 „Czyż Wasza Królewska Mość nie chciałby zostać": Bacon, *Fisher*, I, 94
501 „Sprawność floty": FGDN, I, 150
501 „faworyzowanie": Bacon, *Fisher*, I , 130
501 „jeśli postawię człowieka ponad głowami": FGDN, II, 38
501 „prehistorycznych admirałów": Marder, *Scapa Flow*, I, 46
501 „mandarynów": FGDN, I, 359
501 „skamieniałości": ibid., 267
501 „Skruszę każdego, kto mi się sprzeciwi": Marder, *Anatomy*, 394
501 „ten Malaj": Fisher, *Memories*, 20
501 „Żółte Niebezpieczeństwo": Marder, *Anatomy*, 395
501 „to straszydło": Mackay, 194
501 „Jakiś głupi osioł": Marder, *Scapa Flow*, I, 17
502 „przestraszonych królików": Bacon, *Fisher*, II, 73
502 „pogłębiło jego wiarę w Boską Opatrzność": Marder, *Scapa Flow*, I, 17
502 „Mój Boże, Fisher, musisz pan być szalony": FGDN, II, 20
502 „Osobiście mam nadzieję": ibid., 19
502 „Wszystkie narody pragną pokoju": ibid., I, 125
503 „Francuzi niewątpliwie": ibid.
503 „na brytyjskiej flocie": Fisher, *Records*, 89
503 „Tylko skończony idiota": FGDN, I, 166
503 „nagłości [...] i ostateczności": ibid., 310
503 „Generałowie mogą być osłami": ibid., 310
503 „Musimy przemyśleć": ibid., 179
503 „wspaniały człowiek": ibid., 183
503 „Podziwiam Fishera": Fisher, *Memories*, 182
504 „Cesarstwo Niemieckie": Lee, II, 333
504 „Jellicoe'mu przypadnie być Admiralissimusem": FGDN, II, 424
505 „najwspanialszą": ibid., I, 17
505 „Mój drogi Jacku": ibid., 24
506 „prostoduszny człowiek": Mackay, 3

506 „Doszły mnie wieści od matki": ibid., 73
506 „żadnych uczuć jakie zwykle żywi": FGDN, I, 77
507 „Spędzałem tam szczęśliwe dni": ibid., 18
507 „dziwna rzecz": ibid.
507 „Napisałem": ibid., 19
507 „wolnego od defektów mowy": ibid.
507 „lecz powiedziałem mu, że myślę": ibid.
508 „W dniu, w którym jako mały chłopiec wstąpiłem do": Fisher, *Records*, 25
508 „Gdy tylko wziąłeś kawałek": ibid., 23
509 „chyba największego świętego": ibid., 27
509 „Zawsze uczył mnie": Mackay, 13
510 „nasz dowódca stał na brzegu": Fisher, *Records*, 28
510 „Za każdym krokiem zapadałeś się": FGDN, I, 28
510 „Nigdy w życiu nie czułem takiego przeraźliwego smrodu": ibid., 27
510 „ściągnęli stamtąd wszystkich naszych kompanów, jakich mogli znaleźć": ibid., 29
511 „Nie było czasu": ibid., 33
511 „Wszystkim nam jest bardzo, bardzo przykro": ibid.
511 „Loyal au mort": Fisher, *Records*, 29
511 „Proszę zadbać o tego chłopaka": ibid., 29
511 „Jest to stara, paskudna balia": FGDN, I, 57
511 „iście szatański": Fisher, *Records*, 29
512 „Byłem bodajże jedynym oficerem": ibid.
512 „Jako marynarza, oficera": ibid., 31
513 „Lordowie Admiralicji": FGDN, I, 60
513 „Okręt miał załogę wybraną": Fisher, *Memories*, 149
513 „Nigdy nie schodziłem na brzeg": ibid., 150
514 „Pewien Lord Morski powiedział mi": Fisher, *Records*, 172
515 „Nigdy nie mogłem się dowiedzieć, dlaczego": Fisher, *Memories*, 227
515 „Jack z pewnością": Mackay, 40
516 „Wspaniałe": FGDN, II, 365
516 „Już sam fakt": Mackay, 75
516 „Moje najdroższe kochanie, Kitty": FGDN, I, 77
516 „Myślę, że to prawda": ibid., 76
516 „Za 17 dni": Mackay, 70
516 „Dorothy potrzebuje tranu": FGDN, I, 106
516 „Pamiętaj, kochanie moje": ibid., 77
516 „Tak często z nadzieją myślę": ibid., 81
516 „lecz, kochanie": ibid., 69
517 „Im bardziej o tym myślę, tym bardziej odczuwam moje braki w znajomości francuskiego": ibid., 78
517 „Teraz, kochanie, muszę już powiedzieć ci dobranoc": ibid., 72
517 „Wszyscy marynarze wyposażeni zostali": Mackay, 94
517 „gdy dostaliśmy się w złą pogodę": Fisher, *Memories*, 156

518 „okręt jest w doskonałym stanie - istny jacht": Mackay, 108
518 „Jeśli jesteś artylerzystą": FGDN, I, 64
518 „w celu zabezpieczenia": Bacon, *Fisher*, I, 61
519 „małego mężczyznę": FGDN, I, 92
519 „byli bardzo dumni ze swojego dowódcy": Mackay, 135
519 „uczęszczał": ibid., 136
520 „mojego chłopaka" ... „najlepszego chłopaka": FGDN, I, 94
520 „Każde kolejne nazwisko dyskutowane": Fisher, *Memories*, 158
520 „cudo": ibid.
520 „Człowiek mógł przeczołgać się": ibid.
520 „ładowanie ich zabierało tyle czasu": Padfield, *Rule Britannia*, 173
521 „niezliczone wynalazki": Fisher, *Memories*, 158
521 „nie wiedzieli na którym są pokładzie": Parkes, 257
522 „za najlepszy okręt we Flocie": Fisher, *Records*, 204
524 „Nie musisz się o mnie": FGDN, I, 106
524 „Uchwycili dystans, Sir": Beresford, I, 198
524 „choroba była wprost nie do opisania": FGDN, I, 109
525 „Admiralicja może zbudować": Fisher, *Memories*, 159
525 „Nie dociągnie do Gibraltaru": ibid.
525 „Sir [...] jest naszym ogólnym pragnieniem": Bacon, *Fisher*, I, 92
525 „Czuję się dobrze": Mackay, 173
525 „lecz mi pozwolono pozostać przy normalnych spodniach": FGDN, I, 114
526 „Chciałbym panu przedstawić komandora Fishera": Bacon, *Fisher*, I, 91
528 „Gdy żadnemu z doktorów": ibid., 98
528 „ukochanym Marienbadzie": ibid.
528 „Dostawałem śniadanie": Fisher, *Records*, 47
528 „W tym zachwycającym miejscu każdy dzień jest szczęśliwy": FGDN, I, 98
528 „Jeśli trzymacie się tylko Promenady": Fisher, *Records*, 42
529 „świeży jak stokrotka": FGDN, I, 129
529 „bardziej zajmowały się polowaniem na męża": ibid.
529 „przecenione" ... „oszukaństwo": ibid., I, 131
529 „zalewowi Amerykanów": ibid.
529 „Wszędzie wręcz roi się od Amerykanów": ibid., 133
529 „czego świat się powinien obawiać": ibid., 189
529 „Jankesi są nastawieni całkowicie przeciw nam": ibid., 190
529 „około 70 multimilionerów": Bacon, *Fisher*, II, 125
529 „Ich język to angielski": ibid., 124
530 „rozstała się z drewnianymi pikami abordażowymi": Fisher, *Records*, 204
531 „niczym rój pszczół": ibid., 66
532 „niszczyciele": FGDN, I, 100
532 „Z Jackym nie było półśrodków": ibid., 101
532 „Miał przerażającą twarz": ibid., 102
532 „Z drugiej jednak strony": ibid.
533 „Williamson i Paine": ibid.

533 „Sądzę, że nikt nie powinien pragnąć wojny": ibid., 139
533 „Tak też uczyniłem": Fisher, *Records*, 64
533 „tip-top, najlepszy przydział w naszej Służbie": FGDN, I, 139
534 „Jest to największy nonsens": Tuchman, *Proud Tower*, 239
534 „Wyobraź sobie monarchę": ibid., 241
534 „Jeśli myślicie, że wojna": Marder, *Anatomy*, 346
535 „czarem swoich manier": ibid.
535 „Wszędzie i zawsze taki tu pośpiech": FGDN, I, 142
535 „odstręczający i cuchnący" ... „bydlęcej, ciasnej": ibid.
535 „Uczynić wojnę bardziej ludzką?": Bacon, *Fisher*, I, 121
536 „Spójrz, gdy opuszczę Hagę": ibid., 122
536 „Anglia jest": Mackay, 221
537 „Dzięki energicznemu podejściu": Tuchman, *Proud Tower*, 261

Rozdział 24
Ut Veniant Omnes

539 „*Renown* [...] nie powinien być": Mackay, 257
539 „Muszę powiedzieć, że pański stary okręt": ibid.
540 „Jeśli nawet [...] cała flota francuska": FGDN, I, 166
540 „Początkowa klęska w wojnie morskiej": ibid., 157
541 „Sukces w wojnie": ibid., 168
541 „Nasze granice": ibid., 172
541 „pięć minut przed": Fisher, *Records*, 98
541 „Alarm bojowy": Bacon, *Fisher*, I, 129
541 „Gdy Fisher opuszczał okręt": ibid.
541 „UT VENIANT OMNES": ibid., 131
542 „Podczas innej inspekcji, dowodzący niszczycielem": ibid., 130
542 „Jest mi przykro": ibid., 234
542 „Poszedłem na wykład": FGDN, I, 151
544 „Nareszcie do nich dotarło": Bacon, *Fisher*, I, 127
544 „Fisher praktykował": Mackay, 230
544 „Niemożliwością jest": Bacon, *Fisher*, I, 128
544 „sprawność marynarki": FGDN, I, 150
544 „stawem Fishera": ibid., II, 36
545 „nowy admirał": Mackay, 225
545 „Podoba mi się sposób, w jaki nowy admirał": ibid.
545 „Nie widziałem dotąd admirała Fishera": ibid.
545 „Komuś, kto nie żył pod poprzednim dowództwem, trudno jest": ibid.
546 „nocny atak na Maltę": FGDN, I, 155
547 „Biada dowódcy": Mackay, 240
547 „siedzącego w fotelu superintendenta": Bacon, *Fisher*, I, 151
547 „Spaliłem": FGDN, I, 151
548 „Innego dnia": ibid., 197

548 „Miałem wczoraj okropnie długi dzień": ibid., 159
548 „Nagły rozwój sytuacji jest": ibid., 173
548 „W dawnych dniach": ibid., 165
548 „przechadzaniem się po pokładzie rufowym": ibid.
549 „wysłał do Admiralicji rachunek": Mackay, 240
549 „wszyscy wspaniali mężczyźni": FGDN, I, 196
549 „Admirał dowodzący": ibid., 164
549 „Kto zostanie powieszony": ibid., 156
549 „Mam stryczek na szyi": ibid., 167
549 „W tej tutaj sławnej Flocie Śródziemnomorskiej": ibid.
549 „pour encourager les autres": ibid., 164
550 „Podtrzymuję swoją opinię": ibid., 175
550 „Lord Selborne powiada 'Ufaj nam": ibid., 193
550 „Dopóki nie mam okrętów": ibid., 171
550 „Wolałbym już mieć tylko 14 okrętów liniowych": ibid., 194
551 „[Admiralicja] przyznaje": ibid.
551 „Z mojego punktu widzenia było to wspaniałe": ibid., 193
551 „Jeśli nie dostanę więcej niszczycieli": ibid., 156
551 „Pływanie całą flotą nocą": Marder, *Anatomy*, 399
552 „poważne rozczarowanie": ibid., 400
552 „Muszę zwrócić uwagę": ibid., 404
552 „Jego powtarzane w kółko żądania": ibid., 403
552 „Pierwszy Lord Morski nie liczy się": FGDN, I, 210
552 „Walter Kerr jest niewolnikiem": ibid., 199
553 „na tyle ostrożny, żeby nigdy nie wydać": Bacon, *Fisher*, I, 137
553 „SPALIĆ TO!": FGDN, I, 185 (and throughout Fisher's correspondence)
553 „Nic na to nie poradzę": Mackay, 251
553 „szkodliwym" ... „nieprzyjemnemu rozgłosowi": Barker, 37
554 „nadto gorących": Mackay, 250
554 „Oto jest miejsce": FGDN, I, 185
555 „Wydaje się, że nie pokłada pan zbyt wielkiej ufności": ibid., 209
555 „bezprecedensowa": ibid., 187
555 „Wszystko poszło nadspodziewanie dobrze": ibid., 207
556 „Wierzę w te wszystkie rozmowy": ibid.
556 „Niemal wszystko": ibid., 230
556 „Osobiście, zawsze byłem": ibid., 218
556 „Zostałem przez Admiralicję ogłoszony tematem 'tabu'": ibid., 109
556 „Słyszę, że powstała grupa": ibid., 216
556 „kilkoma akrami ziemi": Mackay, 253
557 „Mój drogi admirale": FGDN, I, 222
557 „Myślę, że widoczny jest tutaj": ibid., 230
557 „Jest mi bardzo smutno": ibid., 238
558 „Moim celem tutaj było": Bacon, *Fisher*, I, 161
558 „Zaczęli oni śpiewać": Mackay, 272

558 „niczym torpedowiec": ibid.
559 „Jak zwykle": FGDN, I, 242
559 „Gdy mijaliśmy kolejne okręty": Mackay, 272
559 „Czwarty Lord Morski": FGDN, I, 270
559 „Nigdy nie są na to zbyt młodzi": ibid., 267
559 „Na pewno szukamy": Marder, *Scapa Flow*, I, 31
560 „naszych oficerów [...] do tych nor z węglem": FGDN, I, 268
560 „Popatrz no, Brown": ibid., 213
560 „mandarynami": FGDN, II, 68
560 „skamielinami": ibid., I, 67
560 „Patrzyli na mnie": ibid., I, 266
560 „Mój drogi Walkerze": ibid., 243
561 „Mam w swojej szufladzie": ibid., 269
561 „NIE MAM NIC DO ROBOTY": ibid., 248
561 „Imperium Brytyjskie opiera się na Brytyjskiej Marynarce": Fisher, *Records*, 248
561 „mogą spokojnie spać": ibid., 90
561 „Lord Najwyższy Sędzia": FGDN, I, 273
562 „zabawki Fishera": Marder, *Anatomy*, 559
563 „nieangielskie": ibid., 358
563 „tej podstępnej metody ataku": Mackay, 298
563 „najmądrzejszego oficera": Marder, *Scapa Flow*, I, 83
563 „Okręt podwodny": Marder, *Anatomy*, 363
564 „wywierała wpływ wyjątkowo": ibid., 366
564 „Nie wydaje mi się": ibid., 367
564 „Ryzyko, jakie podejmuje duży okręt zbliżając się": ibid., 363
565 „Lord Selborne i cała reszta": FGDN, I, 289
565 „Król nigdy nie przebaczy": ibid., 290
565 „Rada oczekuje, że będę nadal wypełniał": ibid., 288
565 „Zapytano mnie": Fisher, *Records*, 32
566 „burzy mi krew": FGDN, I, 73
566 „Armia Regularna": ibid., 291
566 „Modlitwa ministerstwa wojny": ibid., 300
566 „tę starą bandę": ibid., 212
567 „Mieliśmy tutaj dziś 550 ludzi": FGDN, I, 278
567 „Będę bardzo rozczarowana": ibid., 366
568 „Moje pokoje są zaraz obok królewskich": ibid., 286
568 „jestem więc właściwie ubrany do kościoła": ibid., 287
568 „Ostatniego wieczora przybył tutaj lord Selborne": ibid.
568 „Musisz pan zostać do poniedziałku": ibid., 286
568 „Nie jestem już panem": Fisher, *Records*, 37
569 „Sir John, ona została zaproszona": ibid., 38
569 „JKM ma w swoim umyśle dwie płytki odbiorcze": FGDN, I, 324

569 „Czy Najjaśniejsza Pani widziała już co napisano o niej w pewnej groszowej gazecie": Fisher, *Records*, 40
570 „Król przybył": Fisher, *Memories*, 26
570 „Jakoś jednak wpadam do pana": Dorling, 221
570 „dostał królewską pokojówkę": Fisher, *Records*, 40
570 „Rozmawiałem z nim wczoraj sam na sam przez cztery i pół godziny": FGDN, I, 327
571 „W tym wspaniałym towarzystwie byłem po prostu zerem": Fisher, *Records*, 39

Rozdział 25
Pierwszy lord morski

572 „4 dni temu": FGDN, I, 316
573 „Kości zostały rzucone": ibid.
573 „Selborne był tak kordialny": ibid., 324
573 „Jestem gotów do walki": ibid., 325
573 „Ta flota szaleńców": Marder, *Anatomy*, 439
573 „z pancernikiem nie można ufać bardziej niż": ibid.
574 „Cały dzień spędziłem z premierem": FGDN, II, 47
574 „Admirał Sir John Fisher": Mackay, 335
574 „Nie przestawaliśmy mówić": FGDN, II, 44
575 „dom, który Jack zbudował": Marder, *Scapa Flow*, I, 36
577 „były zbyt słabe, żeby walczyć": Winton, 102
578 „wspaniałych na papierze": Bacon, *From 1900 Onward*, 107
578 „Pierwszym obowiązkiem marynarki": Marder, *Scapa Flow*, I, 38
578 „jednym odważnym pociągnięciem": FGDN, II, 24
578 „Okazuje się, że trzeba powtarzać": Humble, 192
579 „Flotylla Krzesełek z Bath": Bacon, *From 1900 Onward*, 107
580 „Nie, broń Boże, sir": Bacon, ibid., 110
580 „kluczowy ... natychmiast gotowa": FGDN, II, 23
580 „zwiększył on zdolność bojową": Marder, *Scapa Flow*, I, 38
581 „co przyniosłoby ujmę": FGDN, I, 362
581 „Nie dbam o to, czy on pije": Humble, 188
581 „O ile nie dojdzie do ich ograniczenia od wewnątrz": Marder, *Scapa Flow*, I, 24
581 „sprawność bojowa": FGDN, II, 124
582 „Ilość pieniędzy na marynarkę jest ograniczona": Marder, *Scapa Flow*, I, 25
582 „zaskakująca kolekcja kubków": ibid.

Rozdział 26
Budowa Dreadnoughta

586 „Selborne zgodził się": FGDN, I, 325
586 „Dwoma czynnikami warunkującymi": D.K. Brown, "The Design and Construction of the Battleship *Dreadnought*", Warship, IV, 43

586 „Przy projektowaniu tego okrętu”: Parkes, 468
588 „gdy strzela się z dział 12-calowych”: Marder, *Anatomy*, 531
588 „Szybki okręt”: Parkes, 469
589 „Jestem apostołem”: Fisher, *Memories*, 127
590 „na głównym pokładzie nie było dział”: Parkes, 469
590 „Jest całkiem oczywiste, że koniecznie trzeba”: FGDN, I, 177
592 „potwory na krótkich nogach”: Hough, 6
592 „Jeśli zamontujecie maszyny tłokowe”: Brown, op. cit., 45
592 „[Turbiny] były ciche”: Bacon, *From 1900 Onward*, 96
593 „przesadnie sławione błota do polowania na bekasy”: Bacon, *Fisher*, I, 263
593 „prędkość jest pancerzem”: Marder, *Scapa Flow*, I, 59
593 „problem tkwi w tym, żeby trafiać, nie zaś w pancerzu”: ibid., 62
594 „żadnych dziur w grodziach”: Parkes, 470
594 „ekstra długość”: ibid., 471
597 „wlać własnego nieustraszonego ducha”: *The Times*, 12 lutego, 1906
597-99 Opis wodowania *Dreadnoughta* pochodzi z *The Times*, 10 i 12 lutego, 1906; *Daily Chronicle*, 12 lutego, 1906
599 „Budowa i wodowanie *Dreadnoughta*”: *The Times*, 12 lutego, 1906
599 „*Dreadnought* jest symbolem”: ibid.
600 „Był to ekscytujący moment”: Bacon, *From 1900 Onward*, 150
601 „Król jest wielce zadowolony”: PRO, ADM 153-19805 i ADM 136-Nr 7
602 „Wyglądał bardzo poważnie i wydawał się być przejęty”: Parkes, 479
603 „wielką bestię o białym podbrzuszu”: Bacon, *From 1900 Onward*, 156
604 „Było tam chłodniej”: *The Times*, 6 sierpnia 1907
605 „tani efekciarz”: Bacon, *From 1900 Onward*, 158
605 „atmosferę tajemnicy”: *The Times*, 6 sierpnia, 1906
605 „Nie jest wielką przesadą”: ibid.
605 „Moim zdaniem”: Marder, *Anatomy*, 540
606 „Gdyby nie istniały przeszkody naturalne”: Woodward, 113
606 „sparaliżowane przez *Dreadnoughta*”: Marder, *Scapa Flow*, I, 67
608 „Cała flota brytyjska”: Marder, *Anatomy*, 56
608 „przykład wybujałej”: ibid.
608 „Oto rzekliśmy, ‘Niech się staną’”: Woodward”, 105
608 „składanie wszystkich jajek”: Marder, *Anatomy*, 536
609 „Na Boga, mam ochotę”: Marder, *Scapa Flow*, I, 70
609 „Powinno się sobie jasno uprzytomnić”: ibid., 64
610 „Gdy Sir William White sugeruje”: ibid., 69
610 „Czy powinniśmy byli, wiedząc - jak wiedzieliśmy”: Bacon, *From 1900 Onward*, 103
611 „Obawiam się, Sir, że może to być trudne”: Stephen, 40. Historia kawału z Derednoughtem jest także opisana u Bella, I, 157-61 i w Dodatku E
611 „przekonania religijne”: ibid., 44
612 „Bunga-Bunga!”: ibid., 51
615 „przed jej 25 węzłami nie będzie ucieczki”: FGDN, I, 236

615 „Jeden szybki krążownik pancerny": Marder, *Scapa Flow*, I, 55
615 „Przy jednej okazji": FGDN, I, 174
616 „na końcu świata": Marder, *Anatomy*, 95
618 „wielkiej idei nelsonowskiej": Fisher, *Records*, 222
618 „jednostkami tak nadzwyczajnej wielkości": Parkes, 492
619 „trzech wielkich krążowników pancernych": ibid.
621 „Ich prędkość [...] powinna je utrzymać": ibid., 494

Rozdział 27
Lord Charles Beresford

623 „Jeden skarży się": Marder, *Scapa Flow*, I, 77
623 „Bezwzględnie, Niezmordowanie i Bez Skrupułów!": ibid., 36
624 „Wolałbym już, aby Afryka Południowa": FGDN, II, 52
624 „ogromnym kombinatem": ibid., 53
624 „Cokolwiek by nie mówił Sir John Fisher": Mackay, 358
625 „w natychmiastowej gotowości do wojny": Fisher, FGDN, II, 23
625 „Naszym jedynym prawdopodobnym przeciwnikiem": ibid., 103
626 „Jak pan wie": Mackay, 361
627 „Syndykat Niezgody": FGDN, II, 110
627 „prehistorycznych skamieniałości": ibid., 35
627 „Na atak należy zawsze odpowiadać": ibid., 111
627 „Abym się nad miarę nie wynosił": Barker, 61
628 „Każde inteligentne działanie": Beresford, II, 559
630 „Ten tam blady smyk, bidok": ibid., I, 11
630 „obie metody": ibid., 101
631 „w czerwonej koszuli rozchełstanej": ibid., 164
631 „Byłem tam jedyną osobą": ibid., 151
631 „Jestem teraz staruszką": ibid., 152
632 „Jest Iralandczykiem": Lee, I, 456
633 „Widząc te kłopoty": Beresford, I, 188
633 „Dobry Boże": ibid.
633 „Odwołać *Condora*": ibid., 189
634 „Arabowie mordowali": Beresford, I, 191
634 „Musiałem tylko rozstrzelać": ibid., 193
634 „Zajmowałem się pracą": ibid., 196
635 „Z rykiem": ibid., 263
636 „swój pałasz sztywno": ibid., 266
638 „tchórzem" ... „szubrawcem": Magnus, 232
639 „Drogi lordzie Charlesie Beresford": ibid., 235
639 „Nie pragnę": ibid., 236

PRZYPISY ŹRÓDŁOWE

Rozdział 28
Fisher kontra Beresford

640 „flota brytyjska”: Beresford, II, 363

640 „Wypiliśmy mnóstwo piwa”: ibid.

641 „Jest zaiste bardzo głupi”: FGDN, I, 122

642 „Sygnaliści z *Ramilliesa*”: Chatfield, 41

642 „Pański okręt flagowy”: ibid.

643 „Beresford spisał się nadzwyczaj dobrze”: FGDN, I, 161

643 „w morzu jest z niego pierwszorzędny oficer”: ibid., 237

643 „Mógł uczynić tak wiele”: ibid.

643 „Bardzo mi przykro”: ibid., 234

643 „W tym do czego przynagla Beresford jest wiele dobrego”: ibid., 237

643 „Pod dowództwem”: Beresford, II, 467

644 „pancerniki kosztują taniej”: ibid., 484

644 „Marynarka, w przeciwieństwie do Armii”: ibid., 487

644 „Gdy tego samego wieczora cesarz opuszczał”: ibid., 494

645 „Okręty rosyjskie były tak obładowane”: ibid., 495

645 „Wydawało mi się”: Marder, *Anatomy*, 440

645 „*Dictum* lorda Nelsona”: ibid.

645 „masakra”: ibid.

646 „Cała nasza Służba jest bardzo rozogniona”: Mackay, 359

647 „zgniłkami”: FGDN, II, 80

647 „lamentowali i płakali”: ibid., 76

647 „Co szczególnie oburza”: ibid.

647 „Z najwyższą niechęcią”: ibid., 79

647 „nadzwyczajne postępowanie”: ibid.

647 „Uważam lorda Tweedmouth”: Mackay, 360

649 „Wczoraj spędziłem z Beresfordem trzy godziny”: FGDN, II, 115

649 „Teraz lord Charles Beresford dyktuje”: ibid., 116

649 „Poszedłem za pańską poradą”: ibid., 117

649 „Jestem przekonany”: ibid.

649 „cios wymierzony w dyscyplinę”: ibid., 118

650 „Wszystko o czym pragnę pana zapewnić”: ibid., 121

650 „Nie ma najmniejszych szans”: ibid.

650 „sama w sobie równoważy”: ibid., 116

651 „wyglądając niemal jak rzymski cesarz”: Jameson, 89

651 „Głównym moim wspomnieniem”: Marder, *Scapa Flow*, I, 89

651 „Pamiętam jak pewnego ranka wyszedłem na pokład”: Scott, 197

651 „moja mała wymalowana fregata”: Jameson, 89

652 „naszym niebezpiecznym wariatem”: Marder, *Scapa Flow*, I, 91

652 „Budując ten typ okrętu zaczynamy wszystko od nowa”: ibid.

652 „oszustwem wobec opinii publicznej”: FGDN, II, 177

652 „Jestem w najwyższym stopniu zaniepokojony”: Mackay, 371

652	„Prawda polega na tym": ibid.
652	„w celu wybicia mu z głowy": ibid., 372
652	„Wiem, że jest ambitny": FGDN, II, 125
654	„Jest w sposób oczywisty niemożliwe": ibid., 178
654	„niestosownych" ... „prowokacyjnych": ibid.
654-57	Rozmowy Fisher-Beresford-Tweedmouth zostały wzięte z Bacona, *Fisher*, II, 39 i Mardera, *Scapa Flow*, I, 94
657	„Mogę teraz opracować": Marder, *Scapa Flow*, I, 95
657	„Dotarło do mojej wiadomości": ibid., 96
658	„w dalszym ciągu używa pan języka": ibid.
658	„Jak większość specjalistów": Padfield, *Aim Straight*, 171
658	„wolałbym wkraczać do akcji": ibid., 162
659	„Okazuje się, że istnieje większy popyt na malowanie": ibid., 164
660	„sygnał ten": ibid., 166
660	„całkowicie sprzeciwiał się lojalności": ibid., 167
660	„poważnej dezaprobaty": ibid., 170
660	„akt niesubordynacji": ibid.
660	„Pragnąłbym skorzystać z możliwości": ibid.
661	„Nie ma wątpliwości": ibid., 177
661	„zdrajcą": Mackay, 395
661	„Sir J[ohn] jest w stanie niezwykłej nerwowości": ibid., 393
661	„Jest tak zawzięty": ibid., 399
661	„Sir J. nie czuje się dobrze": ibid.
661	„trującą kobietą": FGDN, II, 151
661	„Będą walczyć ze sobą tak długo, jak długo": Mackay, 399
661	„Wygląda strasznie": ibid., 394
662	„zaraz zaczynały działać wpływy lady C.": ibid.
662	„za Beresfordem stała cała marynarka": ibid.
662	„Admiralicja nie obawia się śledztwa": Marder, *Scapa Flow*, I, 101
663	„W całych Niemczech nie ma ani jednego człowieka": Mackay, 394
663	„Nie jestem pewien": Lee, II, 605
663	„Mój Drogi Wilhelmie": ibid., 606
664	„około 15 młodych i niezamężnych siostrzeniczek": Magnus, 375
664	„poważnego rozchwiania": ibid., 376
664	„Jest to bardzo smutne": ibid.
664	„młodo wyglądającym mężczyzną": Mackay, 398
664	„przyjemnego w manierach": ibid.
664	„Gdy zgadzałem się": Magnus, 375
665	„Beresford [...] może osiągnąć": FGDN, II, 210
665	„jest jak skóra nosorożca": ibid., 41
665	„*Piekło*": ibid.
665	„W takim kraju jak nasz": Barker, 69
665	„Tylko spokojnie": Marder, *Scapa Flow*, I, 100

665 „że jestem jak Jekyll i Hyde": Fisher, *Memories*, 184
665 „jest niedobra dla mnie": FGDN, II, 174
666 „Gdy Jego Królewska Mość popierał": Lee, II, 599
666 „Czy wiesz pan": Fisher, *Memories*, 223
667 „stada tchórzy": Marder, *Scapa Flow*, I, 103
667 „We flocie szykuje się coś, co w rzeczywistości równa się": FGDN, II, 177
667 „Albo pokład okrętu i milczenie": ibid., 173
667 „zdecydowane obiekcje": FGDN, II, 43
667 „Wszyscy oni to 'cholerni tchórze'": ibid.
667 „Jeśli [...] kontradmirał": Padfield, *Aim Straight*, 185
668 „DZIWNE WYDARZENIE": ibid.
668 „wielki skandal": ibid.
668 „odrażająca historia": ibid.
668 „Nie można dłużej zaprzeczać": *The Times*, 6 lipca, 1908
668 „Otwarcie mówimy": ibid.
668 „rzekomych sporach" ... „niesprawdzonymi pogłoskami": Padfield, *Aim Straight*, 186
668 „Osobiście, nigdy nie zapomnę": Magnus, 371
668 „Mój drogi lordzie Charlesie Beresford": Lee, II, 600
668 „mógłby namieszać": Magnus, 371
668 „Knollys upiera się": FGDN, II, 43
669 „For He's a Jolly Good Fellow": Marder, *Scapa Flow*, I, 188
670 „Przez cały okres pełnienia przeze mnie obowiązków": Bacon, *Fisher*, II, 49
671 „nawet pod naciskiem": FGDN, II, 247
671 „Oczywiście będę posłuszny": ibid.
672 „Zawsze spoglądałem": Bacon, *From 1900 Onward*, 124
672 „król podkreślił": Bacon, *Fisher*, II, 113
673 „Lord Charles i admirał Lambton": Bacon, *From 1900 Onward*, 127
673 „Król powiedział mi": Bacon, *Fisher*, II, 114
673 „najmądrzejszym oficerem w całej marynarce": Mackay, 297
673 „Fisher, oczywiście, nie miał prawa": Bacon, ibid.
673 „dość wrogi": Marder, *Scapa Flow*, I, 192
673 „Czy Izba naprawdę chce": FGDN, II, 212
674 „doprowadziła do gwałtownego przerwania harmonijnego": Bacon, *Fisher*, II, 53
674 „Było to dramatyczne": Mackay, 413
675 „nie uważał, żeby było": Marder, *Scapa Flow*, I, 198
675 „Mieliśmy go [...] jak dotąd na widelcu": FGDN, II, 249
676 „w zasadzie spełnia": Marder, *Scapa Flow*, I, 198
676 „zadowolony [...] ponieważ takich braków nie ma": ibid., 199
676 „[Komitet] czuje się w obowiązku": Bacon, *Fisher*, II, 55
677 „Komitet dał Beresfordowi nową okazję do niesubordynowanej agitacji, nie miażdżąc go": FGDN, II, 262
677 „Uważałem ich za wielkich ludzi": ibid., 260

677 „zniesmaczony”: ibid., 267
677 „Asquith ‘rozwodnił go’”: ibid.
677 „z najwyższą powagą podejdzie”: ibid., 276
677 „w Admiralicji panuje system szpiegostwa”: Marder, *Scapa Flow*, I, 203
677 „ten Mulat”: ibid.
678 „Bój się Boga i nie obawiaj niczego”: FGDN, II, 278
678 decyzja Fishera dotycząca jego motta: ibid.
678 „TAK BARDZO MI PRZYKRO”: Marder, *Scapa Flow*, I, 186
679 „nie ma osobiście nic przeciwko”: McKenna, 90
679 „Sir Arthur Wilson jest powszechnie uznawany”: ibid.
680 „Nie mówię, że”: Marder, *Scapa Flow*, I, 186

TOM II

CZĘŚĆ IV: BRYTANIA I NIEMCY: POLITYKA I WZROST NAPIĘCIA, 1906 - 1910

Rozdział 29
Campbell-Bannerman: Liberałowie powracają do władzy

4 „Zwrócimy się z tym do”: Spender, *Campbell-Bannerman*, II, 290
4 „Widzę, że jesteś już zmęczony”: ibid., I, 62
4 „Siedziałem cichutko”: ibid., 100
5 „Co do głosowania”: ibid., 156
6 „Rosebery był jednym z najzdolniejszych”: Wilson, 236
6 „w sytuacji widocznej różnicy”: Asquith, *Fifty Years*, I, 278
6 „człowieka nadającego się doskonale na stanowisko”: Thomas Pakenham, 534
7 „wielką przewagą Campbella-Bannermana”: Spender, *Campbell-Bannerman*, II, 83
7 „drzwi zawsze pozostają otwarte”: Asquith, *Fifty Years*, II, 3
8 „małym narodem”: Spender, *Asquith*, I, 135
8 „My uważaliśmy ... do tej wojny”: Jenkins, 114
8 „W tej wojnie słuszność jest po naszej stronie”: Wilson, 301
8 „Burowie dopuścili się aktu agresji”: Jenkins, 115
8 „zawsze byłem przeciw Joemu, lecz nigdy za Krugerem”: Asquith, *Fifty Years*, I, 303
8 „Master Haldane” ... „Master Grey”: Spender, *Campbell-Bannerman*, I, 342
9 „Głos na Liberałów”: ibid., 291
10 „Jak tam pani zdrowie”: ibid., II, 48
10 „którzy zasługiwali”: ibid.
12 „masowe palenie farm”: Wilson, 348
13 „Często używanym zwrotem”: Spender, *Campbell-Bannerman*, I, 336
13 „Nigdy nie powiedziałem ani słowa”: ibid., 337
13 „Nie zmieniliśmy naszych poglądów”: Jenkins, 125

13 „wojnę na noże [...] i widelce": Asquith, *Fifty Years*, II, 4
13 „Muszę orać swój zagon": ibid., 128
14 „tak bezpośredni, tak życzliwie usposobiony": Lee, II, 442
14 „całkiem rozsądny w sprawach polityki zagranicznej": ibid.
14 „Jadłem z królem lunch": Spender, *Campbell-Bannerman*, II, 174
15 „Niemal połowę posiłków": ibid., 176
15 „skutecznym kierowaniem sprawami Irlandii": Asquith, *Fifty Years*, II, 33
15 „Z naciskiem i wyraźnie": ibid., 35
16 „Campbell-Bannerman [...] był dobroduszny": Haldane, *Autobiography*, 156
17 „ową dowcipną personę": Margot Asquith, III, 95
17 „dla którego to miejsca": ibid., 96
17 „był bardziej wytrzymałym i silniejszym": Grey, *Twenty-Five Years*, I, 60
17 „zapięty na ostatni guzik": Spender, *Campbell-Bannerman*, II, 194
17 „Chciałem aby znał": Grey, *Twenty-Five Years*, I, 61
18 „Nie będzie kapitulacji": Haldane, *Autobiography*, 169
18 „Jestem pewien, że ci": Jenkins, 153
18 „Pod jednym względem warunki": ibid., 151
18 „z wyrazem twarzy kogoś": Haldane, *Autobiography*, 173
19 „A co z Ministerstwem Wojny?": ibid., 173
19 „Myśli moje często biegną do owych dni": Spender, *Campbell-Bannerman*, II, 198
19 „Haldane zawsze wchodzi": ibid., 39
20 „Zobaczymy": Haldane, *Autobiography*, 182
20 „Z początku mnie nie lubił": ibid.
20 „Gratuluję panu, Sir Henry": Tuchman, *Proud Tower*, 365
20 „macając końskie głowy": Haldane, *Autobiography*, 183
21 „Oczywiście, Sir": ibid.
21 „jak młoda, rumieniąca się dziewica": ibid.
21 „Wielce szanowny pan": Spender, *Campbell-Bannerman*, II, 273
22 „Co się tyczy Niemiec": ibid., 208
22 „Wzrost zbrojeń": ibid.
24 „Najbardziej żałuję": Asquith, *Memories*, I, 233
24 „Dwa słowa doprowadziły do pokoju": Spender, *Campbell-Bannerman*, I, 351
24 „Henry jest dobrym": ibid., II, 397
25 „Jakie to dziwne spędzić": ibid., 287
25 „popołudnie ... było upalne ... stukotem kopyt końskich": Arthur Ponsonby w ibid., 293
26 „Wiem jak wielkie": ibid., 294
26 „wydawało się iż całkowicie odzyskał": ibid., 384
26 „Nie telegrafujcie ‘Do Króla'": ibid., 384
26 „Jesteś cudownym kolegą": Margot Asquith, III, 136
26 „Jeszcze nie koniec ze mną": Spender, *Asquith*, I, 196

Przypisy źródłowe

Rozdział 30
Henry i Margot Asquithowie

27 „po prostu [...] postawiła przed nim drabinę”: Spender, *Asquith*, I, 22
29 „najwspanialszego aparatu intelektualnego”: Maurice, 164
29 „Asquith sam wiele nie wymyślił”: ibid.
29 „Obydwaj awansowaliśmy”: Haldane, *Autobiography*, 103
29 „Styl zanadto sądowy”: Escott, 362
29 „inteligentnym, dobrze się prezentującym mężczyzną”: Spender, *Asquith*, I, 78
29 „odbyłam z panem Asquithem rozmowę”: ibid.
30 „Piękna i prosta dusza”: Haldane, *Autobiography*, 103
30 „Nikt nie nazwałby jej”: Jenkins, 30
30 „Gdy odkryłam”: ibid., 54
31 „Tak bardzo różniła się ode mnie”: Spender, *Asquith*, I, 98
31 „Bardzo pragnęłam”: ibid.
31 „Obiad, podczas którego zostałam przedstawiona”: Margot Asquith, II, 195
32 „Asquith jest jedynym mężczyzną”: Jenkins, 75
32 „Powiadasz mi, żebym nie przestawał”: ibid.
32 „Mała, gwałtowna, nerwowa”: Margot Asquith, II, 77
32 „Jeżdżę lepiej niż większość ludzi”: ibid., 270
32 „Złamałam oba obojczyki”: ibid.
33 „Obawiam się, że podał się pan”: ibid., I, 127
33 „Spójrzcie tylko na pannę Tennant”: ibid., 128
33 „Obawiam się, że nie czytała pani”: ibid., II, 40
33 „Słyszałem, że zamierzasz się ożenić”: ibid., I, 251
34 „Wyjdę za ciebie Peterze”: ibid., 178
34 „Tego popołudnia, gdy siedziałem”: Jenkins, 81
34 „przepełniły mnie głębokie wątpliwości”: Spender, *Asquith*, I, 99
35 „marnuje swój czas”: Margot Asquith, II, 80
35 „jest niemożliwe”: Spender, *Asquith*, I, 96
35 „wystrzeliłem dwukrotnie”: Asquith, *Memories*, 309
36 „Przypuśćmy, że wskazuję”: Spender, *Asquith*, I, 126
36 „awantura wykoncypowana bardziej dziecinnie”: Jenkins, 101
36 „Uczyniwszy swoim głupim szaleństwem”: ibid.
36 „Dr Jim”: Margot Asquith, III, 26
36 „Mój mąż i ja”: ibid.
36 „Nikt nie może przewodniczyć”: Young, 170
37 „wojny na noże i widelce”: Asquith, *Fifty Years*, II, 4
37 „Nic na świecie nie jest mi”: Spender, *Asquith*, I, 139
37 „na które właściwie nie sposób było odpowiedzieć”: ibid., 82
37 „Idźcie i przynieście młot kowalski”: Tuchman, *Proud Tower*, 371
38 „niedogodne i niebezpieczne”: Lee, II, 582
39 „Asquith był człowiekiem, który dobrze wiedział”: Churchill, *Great Contemporaries*, 113

39 „Najważniejszą cechą": ibid., 117
39 „Wielce szanowny pan musi zaczekać": Churchill, *Great Contemporaries*, 120
39 „To co dzisiaj tu usłyszeliśmy": ibid., 124
39 „W gabinecie": ibid., 116
40 „W dawnych latach": Haldane, *Autobiography*, 103
40 „Nie lubił 'pogadać o sprawach urzędowych'": Churchill, *Great Contemporaries*, 116
40 „Przez wiele lat": Jenkins, 94
40 „Nikt kto nie doświadczył": ibid.
40 „gdy mój mąż został premierem": Margot Asquith, III, 33
40 „Jestem strasznie niecierpliwa": LVS, 9
40 „Osobiście uważam Margot za dość kłopotliwego gościa": ibid.
41 „Opuszczała": ibid.
41 „Czasami chodziłem tam i z powrotem": ibid.
41 „Jest dla mnie smutną sprawą": ibid., 10
41 „pewnej słabości": ibid., 471
41 „małego haremu": ibid., 11
41 „wspaniałe, dziewicze, przyjazne stworzenie": ibid., 5
42 „rozmawiając i śmiejąc się": ibid., 532
42 „Dałaś mi": ibid., 553
42 „Twój kochanek - na zawsze": ibid., 588
42 „Kochanie, czy mam ci powiedzieć": ibid., 589
43 „Żadna kobieta nie ma prawa oczekiwać": ibid., 12
43 „kobietą pozbawioną wyrafinowania": ibid., 13
43 „Zbyt lubię": ibid.
43 „Och, niech tylko Venetia wyjdzie za mąż": ibid.
43 „Dlaczego nie mogę wyjść za Ciebie": ibid., 551
43 „Wiem bardzo dobrze": ibid., 557

Rozdział 31
Sir Edward Grey i polityka zagraniczna liberałów

45 „oddane czystej przyjemności": Trevelyan, 17
45 „Sir Edward Grey": ibid., 20
46 „w czystym, chłodnym świetle": ibid., 37
46 „Wydaje mi się, że jakkolwiek zajęty": ibid., 32
47 „Nie mogę uważać, aby pogłoski te": Grey, *Twenty-Five Years*, I, 19
47 „najpełniejszym i najwyraźniejszym stwierdzeniem": Trevelyan, 62
47 „Praca w Izbie Gmin nie sprawiała mi przyjemności": Grey, *Twenty-Five Years*, I, 31
47 „Nareszcie rozumiem": Trevelyan, 57
48 „Powiedziałam mu, że gdybyśmy nadal mieli": ibid.
48 „Jedynym ciosem": ibid.
48 „całkiem paskudne": Grey, *Twenty-Five Years*, I, 26

48 „Ten domek stał się nam bliższy”: Trevelyan, 49
49 „mieć wszystko”: Grey, *Twenty-Five Years*, I, 29
49 „raj na ziemi”: Grey, *Fallodon Papers*, 128
49 „Rybak zjawia się nad rzeką”: ibid., 132
50 „A czym też byście chcieli się zająć”: ibid., 4
50 „Jeśli położysz się na plecach”: ibid., 28
50 „Najwspanialszym sportem”: ibid., 139
50 „jedną z chwil największej radości”: ibid.
50 „tych krótkich przerw, jakie spędzał w domu”: Trevelyan, 41
51 „Wspomnienia, jakie zgromadził”: ibid., 40
51 „bogactwo nadrzecznych łąk”: ibid., 42
52 „Jestem tutaj sam”: ibid., 46
52 „akt nieprzyjazny”: Grey, *Twenty-Five Years*, I, 19
52 „uczuciem wprost radości”: ibid., 9
53 „Nagle z Berlina nadeszło”: ibid., 9
53 „to właśnie gwałtowność i szorstka apodyktyczność”: ibid., 10
53 „za pętlę na naszej szyi”: ibid., 11
53 „Francuzi zostali upokorzeni”: ibid., 51
54 „co rząd brytyjski gotów jest”: Wilson, 524
54 „Ciągle przeciekają informacje”: Grey, *Twenty-Five Years*, I, 115
54 „Zapytał mnie”: Wilson, 525
54 „Potrafiłem z łatwością czytać po francusku”: Grey, *Twenty-Five Years*, I, 86
55 „W przypadku zaatakowania”: Spender, *Campbell-Bannerman*, II, 254
56 „Grey nie przywiązywał”: Nicolson, 130
56 „Na początku roku 1906”: Grey, *Twenty-Five Years*, I, 91
57 „Mój drogi Asquith”: ibid., 93
58 „Tym, co naprawdę determinuje”: BD, VI, 784
58 „jak najbardziej nieugiętym zdecydowaniem”: ibid., III, Appendix A, 419

Rozdział 32
Ententa anglo-rosyjska i kryzys wokół Bośni

61 „barbarzyńcę, Azjatę i tyrana”: Empress Frederick, 209
61 „Moim zdaniem”: Nicolson, 153
61 „Nie stosuje się tutaj tradycyjnego systemu naprzemiennego”: ibid.
62 „na małych, obutych w lakierki stopach”: ibid., 158
62 „Każdego dnia żałuję”: Bülow, II, 325
62 „wielką przyjemność ... Masz w nim człowieka”: Lee, II, 289. Opis kodu Izwolskiego wzięty z ibid., 326
64 „jedynie ciepłe uczucia”: Gooch, *History of Modern Europe*, 363
65 „Nowe instytucje”: Lee, II, 567
65 „wcześniejszy zapał Izwolskiego”: Nicolson, 163
65 „Myślę, że obawia się”: ibid., 185
66 „Nie chcę żeby negocjacje”: Grey, *Twenty-Five Years*, I, 156

66 „promieniał radością": BD, IV, 283
66 „metod ludzkiego i bardzo zdolnego dentysty": Nicolson, 175
66 „poza rosyjską strefą": ibid.
67 Warunki konwencji anglo-rosyjskiej pochodzą z ibid., 325-27
67 „Obserwujemy zakończenie negocjacji": Gooch, *History of Mordern Europe*, 396
68 „Nikt nie będzie czynił Anglii wyrzutów": Nicolson, 188
68 „Tak jest, gdy się weźmie wszystko": ibid.
68 „Nie było kwestii": ibid., 172
68 „Możecie to sobie nazywać 'okrążaniem'": ibid., 174
69 „Obraza dla naszego kraju": Lee, II, 587
69 „zwykłego mordercę": ibid.
69 „zadawać się z taką splamioną krwią kreaturą": ibid.
69 „Królowa leżała na pokładzie": FGDN, II, 180
69 „naprawdę nie chorował": ibid.
70 „miał teraz większe szanse": Magnus, 409
70 „ucieszył się po prostu jak dziecko": FGDN, II, 181
70 „Bardzo dobrze jest mieć": Lee, II, 594
70 „Jak wspaniale spędziliśmy czas": FGDN, II, 183
71 „przyjazny i rozmowny": Nicolson, 155
73 „Bezwstydne zuchwalstwo": Bing, 234
73 „Mąż stanu o whigowskim rodowodzie": Mansergh, 128
73 „liczyło się nie to": Grey, *Twenty-Five Years*, I, 169
73 „podstawową zasadą": Churchill, *World Crisis*, I, 35
74 „niefortunne": Grey, *Twenty-Five Years*, I, 172
74 „Izwolski posunął się do stwierdzenia": ibid., 178
74 „aktem bandytyzmu": Mansergh, 127
74 „dopiero wtedy, gdy": Grey, *Twenty-Five Years*, I, 185
75 „Nasze stosunki z Austrią": Woodward, 182
75 „Austro-Węgry zachowywały się": E.T.S. Dugdale, III, 305; DGP, XXVI, 110
75 „Konferencja nie dojdzie do skutku": DGP, XXVI, 169
75 „dwulicowy" ... „nie jest dżentelmenem": Mansergh, 132
75 „Asquith poprosił mnie": Newton, 371
76 „Wasz Sir Edward Grey": Gooch, *History of Modern Europe*, 418
76 „jeśli Rosja nie zgodzi się": Spender, *Asquith*, I, 248
76 „Oczekujemy precyzyjnej odpowiedzi": DGP, XXVI, 693
76 „z Bożą pomocą": Spender, *Asquith*, I, 248
76 „Ostatnie pociągnięcia Rosji": Gooch, *History of Modern Europe*, 423
76 „To ja rozwiązałem kryzys bośniacki": Bülow, I, 174
76 „wspaniale pokierował sprawą": ibid.
77 „stanięcie w najbardziej krytycznym momencie, w lśniącej zbroi": Spender, *Asquith*, I, 248
77 „Rosja trzymała się twardo": Grey, *Twenty-Five Years*, I, 181
77 „Byłem zapewniany": ibid., 182

77 „Niemcy powiedzieli nam”: Bing, 236, 239-40
77 „To moja wojna!”: Mansergh, 136

Rozdział 33
Panika morska roku 1909

79 „Wymogi strategiczne”: Woodward, 98
79 „Jak wiesz”: McKenna, 65
80 „przewagi dziesięciu procent”: Woodward, 244
82 „praktycznie pewne”: Marder, *Scapa Flow*, I, 154
82 „Mój drogi Greyu”: McKenna, 71
82 „Mój drogi Premierze”: ibid., 72
83 „Nie będę tutaj rozwodził się”: Marder, *Scapa Flow*, I, 159
84 „Stwierdziłem, że liczby podawane przez Admiralicję”: Churchill, *World Crisis*, I, 37
84 „Admiralicja naprawdę chce”: Randolph Churchill, II, 498
84 „Jakie mogą być powody, dla których Winston”: Marder, *Scapa Flow*, I, 160
84 „Zwolennicy oszczędności są w stanie”: McKenna, 79
85 „Uważam, że sytuacja wskazuje”: Marder, *Scapa Flow*, I, 161
85 „Wyłącznie w panu pokładamy”: McKenna, 82
86 „nie przejdzie, czy to w Izbie Gmin”: ibid., 81
86 „Nie widzę co”: ibid., 82
86 „mniej niż osiem okrętów”: Marder, *Scapa Flow*, I, 163
86 „Bezpieczeństwo ... nieważne jakim kosztem”: *The Times*, 17 marca, 1909
87 „Ośmiu żądamy”: Marder, *Scapa Flow*, I, 167
87 „Citoyens”: ibid.
87 „wcielenie marszałka Leboeufa”: ibid.
87 „od czasów muzycznych popisów Nerona”: ibid., 168
87 „W opinii tej Izby”: ibid.
88 Przemówienie Grey’a pochodzi z Woodwarda, 230-34
89 „W końcu”: Churchill, *World Crisis*, I, 37
90 „W kwestii marynarki nie ma połowicznych rozwiązań”: Woodward, 220
92 „Zgodnie z informacjami”: ibid., 217
92 „Myślę, że byłoby lepiej”: ibid., 218
93 „Musimy uwzględnić margines”: Marder, *Scapa Flow*, I, 164
93 „Jego Cesarska Mość”: ibid., 177
93 „rozpoczęcie budowy”: ibid., 178
94 „Cała ta panika by wygasła”: FGDN, II, 235
94 „Aż do zeszłego listopada”: Woodward, 238
94 „Nonsens”: ibid.
94 „*Winston, Churchill, Lloyd*, i *George*”: FGDN, II, 227
95 „bardzo krzywo patrzył”: Marder, *Scapa Flow*, I, 170
95 „Jeśli rząd”: ibid., 156
95 „bez przesądzania”: ibid., 171

96 „W świetle tego, co naprawdę się wydarzyło": Chuchill, *World Crisis*, I, 37

Rozdział 34
Inwazja Anglii

100 „Wiem tylko": Marder, *Anatomy*, 65
100 „rozbójnicze przedsięwzięcie": ibid., 372
100 „Imperium, odarte ze swej zbroi": ibid., 377
101 „O ile nasza marynarka": ibid., 378
101 „Jedyną trudnością, jaką widzimy": ibid., 380
102 „Inwazja może mieć znikome szanse": ibid., 78
102 „Wielka armia defensywna": ibid.
102 „Nawet i trzydzieści korpusów armii": ibid.
102 „Co się tyczy silniejszej armii regularnej": ibid.
102 „nie jest ewentualnością": *The Times*, 12 maja, 1905
102 „Nie waham się": Hynes, 40
103 „oświecające" ... „absolutnie doskonałe pod względem formy i języka": Tuchman, *Pround Tower*, 380
103 „Marynarka jest pierwszą, drugą, trzecią": Marder, *Anatomy*, 65
104 „Jestem zbyt zajęty, aby tracić czas": Marder, *Scapa Flow*, I, 181
104 „Równie dobrze moglibyście opowiadać": Fisher, *Records*, 91
104 „Gdy cesarz niemiecki": Tuchman, *Proud Tower*, 380
104 „Odmawiajcie obsługi": Marwick, 50
105 „zazdrości o wielkie Imperium Anglii": Clarke, 109
105 „tej władczej wyspy" ... „tej fortecy zbudowanej przez samą Naturę": *Richard II*, II, I
105 „nie tracąc ani na chwilę zwyczajnego mu, perfekcyjnie dworskiego tonu": Clarke, 110
106 „pociągnęłoby za sobą takie niebezpieczeństwa militarne i obciążenia dla tego kraju": ibid., 111
106 „Wielki wzrost dobrobytu": ibid., 113
106 „Moglibyśmy mimo wszelkiej ostrożności": ibid., 112
106 „Parę tysięcy uzbrojonych ludzi": ibid.
107 „stalowa rura": ibid., 124
107 „Kurs [...] był niemal zachodni": Childers, 262
108 „wietrze szumiącym w grotżaglu": ... „perswazyjnej pieśni" ... „podniosłym wyglądzie obszaru": ibid., 50, 89
108 „Oto masz tutaj ogromne cesarstwo": ibid., 80
108 „spalonych od słońca i słonej wody": ibid., 99
109 „Jesteśmy krajem morskim": ibid., 97
109 „Umieram pełen gorącej miłości": ibid., 7
110 „To nieprawda": ibid.
110 „Duma tych Anglików": Le Queux, 340
111 „zbyt okrutny, aby go tutaj przedstawiać": ibid., 534

111 „Gdybyśmy przyjęli jego plan”: ibid., 333
111 „katastrofa, do jakiej może dojść”: ibid., opp. p. vi
111 „trzymać się oddalonych, samotnych”: Clarke, 145
112 „Większość tych ludzi”: ibid., 148
113 „wojskowymi obcego kraju”: ibid., 152
113 „Powtarzające się stwierdzenia lorda Robertsa”: Maurice, 256
113 „silny, arystokratyczny rząd”: Le Queux, 542
114 „do oceny zdrowemu rozsądkowi”: Hynes, 42
115 „Ba! I co z tego”: ibid., 47

Rozdział 35
Budżet i Izba Lordów

118 „Jeśli ktoś chce się wyleczyć z wiary w Izbę Lordów”: cytowane w Willoughby de Broke, 256
118 „samotną egzystencję o wątpliwej użyteczności”: Dangerfield, 42
119 „Polowaliśmy właśnie wszyscy”: Willoughby de Broke, 244
120 „człowieka z ulicy”: Barker, 158
120 „wielka Partia Unionistów”: Asquith, *Fifty Years*, II, 44
120 „Jest sprawą zasadniczą”: Newton, 353
121 „nie psem łańcuchowym”: Spender, *Campbell-Bannerman*, II, 358
121 „Możliwości Izby Gmin”: Newton, 357
123 „pogrzeb pierwszej klasy”: Asquith, *Fifty Years*, II, 69
123 „zasztyletowana”: Dangerfield, 16
125 „Będę musiał obrabować”: Amery, VI, 934
125 „zebrania pieniędzy”: Asquith, *Fifty Years*, II, 78
126 „czasami czymś pośrednim pomiędzy niezrównanym dramatem”: Dangerfield, 22
126 „Zapadliśmy się w czeluść”: ibid.
127 „Tylko jedne akcje”: Bernstein, 111
127 „Utrzymanie w pełni wyposażonego diuka”: Magnus, 430
127 „Postawione będzie pytanie”: ibid.
127 „rzucającej się na łup mewy”: Asquith, *Fifty Years*, 82
128 „krakanie emerytowanego kruka”: ibid., 83
128 „Myślę, że moi przyjaciele”: ibid.
128 „twarde jak skała”: Jenkins, 199
128 „Poprawki ze strony Izby Lordów”: Asquith, *Fifty Years*, 83
128 „wszechmocną Izbą Gmin”: Willoughby de Broke, 259
128 „złamanie Konstytucji”: Asquith, *Fifty Years*, II, 88
129 „Jeśli panowie odrzucicie”: Willoughby de Broke, 265
129 „Nareszcie ich mamy”: Barker, 162
129 „Nie obejmiemy urzędu”: Lee, II, 670
129 „jeśli Izba Lordów”: Asquith, *Fifty Years*, II, 98
130 „Ja sam nie widzę sposobu”: Magnus, 440

130 „Och, naprawdę niedobrze": Lee, II, 686
131 „aż prawie chciało nam się wyć": Ponsonby, 255
133 „głowa Imperium Brytyjskiego": Bülow, II, 475
133 „Mój Boże, on umiera": Pless, 176
134 Opis śmierci króla Edwarda pochodzi z Lee, II, 714-18; Magnus, 455-66; Ponsonby, 270
135 „to okropne Biarritz": Ponsonby, 271
135 „Straciłem mojego najlepszego przyjaciela": Magnus, 256
136 „Świat nie jest już tym samym światem": Barker, 84
136 „śmierć Edwarda VII": Bülow, III, 98
136 „śmiercią 'Okrążacza'": Wilhelm II, *My Memoirs*, 124
136 „Pozostając w głębokim smutku": Asquith, *Fifty Years*, II, 100
136 „Poczułem się zagubiony": ibid.
137 „cała rodzina królewska": Wilhelm II, *My Memoirs*, 124
137 Opisy pogrzebu według Kaisera pochodzą z ibid., 124, 126
137 „wielu rozmowach": Spender, *Asquith*, I, 282
138 „Spoglądając w przyszłość": Tuchman, *Proud Tower*, 392
138 „Tak jest": Margot Asquith, III, 212
139 „Drogi lordzie Lansdowne": Asquith, *Fifty Years*, II, 111
140 „Niech sobie robią swoich parów": Dangerfield, 44
140 „nieodmiennie i dla zasady sprzeciwiał się": Newton, 361
140 „ze świętego obowiązku wobec Boga i kraju": Tuchman, *Proud Tower*, 396
140 „nawet gdyby był jedyny": Dangerfield, 52
141 „Zgadzam się z lordem Lansdowne": Newton, 426
141 Opis ataku na Asquitha w Izbie Gmin wzięty z Dangerfielda, 55-58, i wydań *The Times*, *The Daily Telegraph*, *The Daily News* i *The Daily Chronicle* z 25 lipca 1911
142 „Na miłość boską, brońże go": Margot Asquith, III, 216
142 „Nie mam zamiaru tak się poniżać": Dangerfield, 57
143 „czystym blefem": ibid., 63
143 „Muszę tu powiedzieć": ibid.
143 „gotowali się z wściekłości": ibid., 65
143 „Zdrajca!" ... „Judasz!": ibid.
143 „wodospadów, sosen i przepaści": Tuchman, *Proud Tower*, 402
143 „nadzwyczaj wstrętna": Blanche Dugdale, II, 61

Rozdział 36
Skandal Eulenburga

144 „wewnętrzna sytuacja Niemiec": Newton, 372
144 „SKANDALE NA DWORZE PRUSKIM": *The Times*, 24 października, 1907
144 „Jest rzeczą fałszywą i głupią": Balfour, 276
146 „Nigdy nie potrafiłem ująć w słowa": Haller, I, 10
146 „udręki doznawanej od nie postępujących fair": ibid., 14

146 „okropnie nudna”: Hull, 50
146 „Jej rozmowa była do niczego”: ibid.
146 „Nie bardzo lubię życia rodzinnego”: ibid., 51
146 „Moja oficjalna kariera”: Haller, I, 27
147 „drogi Phili”: ibid., 30
148 „Już ja zadbam”: Bülow, IV, 490
148 „zwykł ożywiać nasze wieczory”: Wilhelm II, *My Early Life*, 196
148 „Był jednym z tych”: ibid., 197
148 „mojego przyjaciela od serca”: Hull, 202
148 „było to niczym potok światła”: Wilhelm II, *My Early Life*, 197
148 „stała się blaskiem mego życia”: Haller, I, 75
149 „Był bardzo blady”: Röhl, 189
149 „Phil był tak podniecony”: Bülow, I, 194
149 „Bardzo użyteczne”: Haller, I, 31
149 „Zamierzasz więc być w Bayreuth”: ibid.
150 „Twój wpływ na Jego Cesarską Mość”: ibid., 73
150 „Nigdy nie marzyłbym”: Isabel Hull, „Kaiser Wilhelm i <<Leibenberg Circle>>” w Röhl i Sombart, *Kaiser Wilhelm II: New Interpretations*, 205
150 „Jeśli do pewnego stopnia czuję”: Haller, I, 124
151 „Pański dzisiejszy list”: ibid., 132
151 „Cesarz nigdy mnie nawet nie dotknął”: ibid., 187
151 „zniszczyłyby moje wpływy”: ibid., 218
151 „Zgadzam się z tobą”: ibid., 219
152 „Szybko znalazłem się pod urokiem”: Bülow, IV, 492
152 „najbliższym memu sercu przyjacielem”: ibid.
152 „Wielce się stęskniłem”: Haller, II, 3
152 „Nic, nigdy nie potrafi”: ibid., 5
152 „w głębi naszych dusz”: ibid., 4
152 „Taka zmokła kura jak ja”: ibid., I, 217
152 „Uważam cię - a piszę to nie jako przyjaciel”: ibid.
152 „Nie potrafimy okazać naszej wdzięczności”: ibid., I, 87
153 „Bernhard jest najbardziej wartościowym”: ibid., II, 6
153 „Bülow będzie moim Bismarckiem”: ibid., 7
153 „na naszej bezgranicznej miłości”: Röhl, 159
153 „Wasza Cesarska Mość pozwoli sobie”: ibid., 159
153 „Jako osobowość”: Haller, II, 35
153 „Jesteś ostatnią kartą naszego drogiego, dobrego suwerena”: ibid., 37
154 „Jedną z najlepszych rzeczy”: ibid., 38
154 „pomarszczoną, przedwcześnie postarzałą”: Röhl, „Nowe szaty cesarza” w Röhl i Sombart, *Kaiser Wilhelm II: New Interpretations*, 43
154 „Powiedział mi z gorączkowym podnieceniem”: Bülow, I, 520
154 „że miłość cesarzowej do Jego Cesarskiej Mości”: ibid., 708
154 „Te dziesięć lat harówki”: ibid., 694
154 „słodkie, afektowane uczucia synowskie”: Hull, 131

154 „W pewnym wieku": ibid.
154 „mężczyzn, którzy w swojej wrażliwości": ibid.
155 „Ponieważ Phili już teraz nie przyjeżdża do mnie": Haller, II, 148
155 „ten pływający teatr": Bülow, I, 708
155 „Mój drogi Phili": ibid., II, 321
155 „Mam teraz możliwość": Hull, 130
155 „za sprawę życia i śmierci": Haller, II, 174
155 „wymianę strzałów pistoletowych": ibid.
156 „dosłownie runął na swój fotel": ibid.
156 „przez wzgląd na Boga i Cesarza": ibid.
156 „Po zapewnieniu mnie przez księcia Eulenburga": ibid., 175
156 „Nie mogę powiedzieć": ibid.
156 „z samych dobrych ludzi": Isabel Hull, „Kaiser Wilhelm i <<Leibenberg Circle>>" w Röhl i Sombart, *Kaiser Wilhelm II: New Interpretations*, 193
156 „niezdrowego późnego romantyka": ibid.
156 „z niegasnącym zapałem": ibid.
156 „Już od lat": ibid.
158 „Nigdy nie zapomnę": kronprinz Wilhelm, 15
159 „Żądam, aby Philip Eulenburg": Bülow, II, 346
159 „Utrata starej przyjaźni cesarza": ibid.
159 „Wiem": ibid.
159 „Byłem przekonany": ibid., 322
159 „niesmaczne orgie": *The Times*, 25 października, 1907
159 „wydawało się, że rozpoznaje": ibid.
160 „w interesie całego naszego kraju": Wile, 197
160 „Pomiędzy tym człowiekiem a mną": ibid.
160 „W tych bolesnych okolicznościach": Bülow, II, 347
160 „błagając mnie": ibid., 343
160 „Jako najwyższy urzędnik": ibid., 344
160 „uważa omawiane praktyki": ibid., 349
161 „Nigdy nie praktykowałem żadnych obrzydliwości": Hull, 138
162 „Czy potrafiłbyś uwierzyć": Haller, II, 222
162 „Poza tym, jeśli nawet": ibid., 242
163 „Harden przesłał do sądu 145 pisemnych oskarżeń": Bülow, III, 30
163 „w okresie długich 34 lat": Haller, II, 326
163 „Jedna tylko rzecz wydaje się trudna": Bülow, III, 30
163 „Mój drogi Phili": ibid., 32
163 „nienormalnych instynktach": ibid., 31
163 „groźnych skłonnościach": ibid.
163 „uczciwości erotycznej": ibid., II, 323
163 „oczywiste skojarzenia": ibid., III, 33
164 „Książę Eulenburg nie jest w stanie": Haller, II, 269
164 „To był bardzo trudny rok": Balfour, 276
164 „Biedny Phili": Hull, 145

164 „całkowicie niewinny”: Isabel Hull, „Kaiser Wilhelm i <<Leibenberg Circle>>” w Röhl i Sombart, *Kaiser Wilhelm II: New Interpretations*, 218

Rozdział 37
Wywiad dla „Daily Telegraph”

165 „rozrywki na świeżym powietrzu w kochanym, starym parku”: Lee, II, 546

166 „Głową tak mocno uderzyłem o ziemię”: Bülow, II, 337

166 „bronchit i ostry kaszel”: Lee, II, 554

166 „Nie potrafię nawet powiedzieć”: ibid., 555

166 „mało kto ma wątpliwości”: BD, VI, 88

166 „Najgorsze zaś”: Bülow, II, 338

166 „eskadra niemiecka”: *The Times*, 12 listopada, 1907

166 „Przybywać do Windsoru to jakby zjawiać się w domu”: ibid.

167 „Od długiego już czasu”: Lee, II, 557

167 „Słońce i lekka bryza”: *The Times*, 14 listopada, 1907

167 „BLUT IST DICKER ALS WASSER”: ibid.

167 „Szesnaście lat temu”: Lee, II, 558

168 „obok generała von Einema”: Haldane, *Autobiography*, 221

168 „Powiedziałem mu, że jest mi wiadomo”: Haldane, *Before the War*, 48

168 „Dam wam tę ‘bramę’”: ibid.

168 „daniu nam ‘bramy’”: ibid., 49

168 „Czuję się intruzem”: ibid., 50

169 „Chciałbym wyrazić swoje zadowolenie”: Gooch, *History of Modern Europe*, 434

169 „Ta wizyta musi przynieść”: ibid.

169 „wizyta Cesarza Niemieckiego”: Jonathan Steinberg, „Kaiser i brytyjczycy”, w Röhl i Sombart, *Kaiser Wilhelm II: New Interpretations*, 138

169 „Nasz król prezentuje się lepiej”: Esher, II, 255

169 „Ci wspaniali Brytyjczycy”: ibid., 278

170 „Zawalony pracą”: Bülow, II, 375

170 „pod żadnym pozorem nie przekazywał go”: Spender, *Fifty Years*, 318

170 „Bez najmniejszych podejrzeń”: Bülow, II, 376

171 skrót wywiadu dla *Daily Telegraph* wzięty z *Holstein Papers*, I, 203-207

172 „w większym stopniu niż poprzednie tego rodzaju”: Bülow, II, 376

172 „Nie zrozumiałeś jeszcze”: ibid., 393

173 „Nie jestem w stanie spełnić”: ibid., 395

174 „Dla nowicjusza, takiego jak ja”: BD, VI, 217

174 „Nigdy dotąd w całej historii Prus”: Jarausch, 59

174 „niemożliwe będzie”: ibid.

175 „Jeśli Wasza Cesarska Mość jest niezadowolony”: E.T.S. Dugdale, III, 313; DGP, XXIV, 179

175 „Cesarz był, jak zwykle”: Bülow, II, 397

175 „Ruszaj więc”: ibid.

175 „Jego ufne, niemal dziecinne nastawienie": ibid.
176 „pragnienie, aby w przyszłości": ibid., 404
176 „Ponoszę całkowitą odpowiedzialność za błędy": Gooch, *History of Modern Europe*, 441
176 „Panowie wiedzą o tym, że opublikowanie": Bülow, II, 409
177 „Gdy wśród grzmiących oklasków": ibid., 410
177 „Mając na względzie niedyskrecje": *Holstein Papers*, I, 190
177 „Mamy ponad sześćdziesiąt milionów ludności": Cowles, 269
177 „Tak już tęsknił": Bülow, II, 398
177 „Czy, jak ludzie powiadają": *Holstein Papers*, I, 190
178 „Gdybyś spotkał kaisera Wilhelma": Balfour, 291
178 „Dwa spędzone tutaj dni": Cowles, 264
178 „w pełnym szyku wieczorowym": Zedlitz-Trützschler, 252
178 „To niezwykłe przeżycie": ibid., 253
179 „Proszę być naprawdę miłym i łagodnym": Bülow, II, 420
179 „w nastroju takiego przygnębienia i pesymizmu": Jarausch, 60
179 „Niezrażony przesadną publiczną krytyką": Bülow, II, 423
179 „konwulsyjnie chwycił mnie za rękę": ibid., 424
179 „Oto raz jeszcze udało mi się": ibid.
179 „Czy Cesarz musi abdykować": ibid., 430
179 „Pośpieszyłem na górę": kronprinz Wilhelm, 99
180 „Cesarz nie próbował nawet": Cowles, 271
180 „pozostawiony samemu sobie": ibid., 273
180 „stałem się kozłem ofiarnym": Jarausch, 61
180 „Ty potrafisz zrozumieć": Balfour, 292
181 „tylko i wyłącznie": Terence Cole, „Afera *Daily Telegraph*" w Röhl i Sombart, *Kaiser Wilhelm II: New Interpretaions*, 263
181 „Faryzeusz!": ibid.
181 „Przechadzałem się z nim tam i z powrotem": Wilhelm II, *My Memoirs*, 117
181 „nie mogę nadal dźwigać": Bülow, II, 498
181 „wykazał dostatecznej energii": ibid., 499
181 „Froben ... nie mówiłby tak": ibid., 500
181 „Co po prostu oznacza": ibid., 501
181 „Taka szczera rozmowa": Wilhelm II, *My Memoirs*, 117
181 „Rozmówiliśmy się właśnie": Bülow, II, 502
181 „Właśnie przebaczyłem Bülowowi": ibid., 503
182 „Jakiż jestem szczęśliwy": ibid.
182 „W rzeczy samej": Bülow, II, 575
182 „Jeśli chodzi o politykę wewnętrzną": ibid.
183 „Politykę zagraniczną zostaw mnie": ibid.
183 „Miałem dziwne uczucie": ibid., 578
183 „Czuję się jeszcze gorzej": ibid., 592
184 „Zdecydowałem się ustąpić": Wilhelm II, *My Memoirs*, 119
184 „To właśnie tutaj": Mansergh, 149

Rozdział 38
Rozmowy w sprawach floty i Bethmann-Hollweg

186 „niezwykłym człowiekiem”: Lee, I, 774
187 „otwarty umysł”: Bülow, I, 493
187 „Z Metternichem zawsze czuję”: Grey, *Twenty-Five Years*, I, 236
187 „każdy Anglik wyda swój”: Lloyd George, I, 17
187 „pozostawiłby policji”: ibid.
187 „gotowa wyjść Niemcom naprzeciw”: ibid., 19
187 „Tak bezczelnej mowy”: ibid., 17
188 „Tupet - pierwsza klasa”: ibid., 18
188 „Powinniśmy na to spojrzeć”: ibid., 20
188 „Brawo, Metternich”: ibid., 22
189 „Kwestia marynarki wojennej”: ibid., 23
189 „To jest ten rodzaj gadki”: ibid., 25
189 „Rozmowa tego rodzaju”: ibid., 26
189 „Anglicy obawiają się”: Woodward, 169
190 „będą się musieli po prostu przyzwyczaić”: Balfour, 284
190 „Ale musicie budować wolniej”: ibid., 286
190 „to znaczy, że będziemy walczyć”: Bülow, II, 358
190 „Spojrzałem mu prosto w oczy”: DGP, XXIV, 127-28
191 „Błagam Waszą Cesarską Mość”: Gooch, *Before the War*, I, 268
191 „muszę Waszej Ekscelencji zadać pytanie”: ibid., 270
191 „Naszym obowiązkiem jest zbroić”: Woodward, 200
191 „Możliwość wojny prewencyjnej”: Marder, *Scapa Flow*, I, 172
191 „Kardynalnym punktem”: DGP, XXVIII, 18
192 „Czując, że”: Bülow, II, 465
192 „nasza marynarka”: ibid., 485
193 „Pięć do sześciu lat”: Spender, *Fifty Years*, 326
193 „wyśmiał moje obawy”: Bülow, II, 490
193 „jakiejś ententy w kwestii wojennomorskiej”: ibid., 565
194 „te wszystkie zalety”: Lamar Cecil, *Ballin*, 122
194 „zemście Bülowa”: Jarausch, 68
194 „Nie wiem”: ibid., 11
195 „Nie mogę uwierzyć”: ibid., 27
195 „późną nocą”: ibid., 28
195 „wyglądała jak płaszcz letni”: Wilhelm II, *My Early Life*, 136
195 „Ten drobny epizod”: Jarausch, 35
195 „Wiele szczęśliwych godzin spędziłem”: Wilhelm II, *My Early Life*, 135
195 „szacunku dla pracowitości”: Wilhelm II, *My Memoirs*, 120
196 „Pewnego dnia zrobię z twojego syna ministra”: Jarausch, 40
196 „Za każdym razem, gdy to słyszę, jestem zażenowana”: ibid., 53
196 „człowiekiem potężnych talentów”: ibid.

196 „Już ja go dobrze znam": ibid., 65
196 „Nie potrafię z nim pracować": ibid.
196 „z wielkimi wątpliwościami": ibid., 66
196 „Drogi Theo": ibid., 70
196 „Jedynie geniusz": ibid., 66
196 „Wasza Ekscelencja jest nie tylko": ibid., 60
197 „Odwiedziny w domu Bethmanna były dla mnie przyjemnością": Wilhelm II, *My Memoirs*, 121
197 „Narzucał swoje zdanie niczym dogmatyczny belfer": ibid., 127
197 „W jego rozmowach ze mną ciągle powracają pomysły": Jarausch, 111
198 „Jeśli nie może pan uniknąć": ibid., 111
198 „Anglia twardo stanęła u boku": Bethmann-Hollweg, 15
199 „Z całym szacunkiem protestuję": Bülow, III, 7
199 „Z twojej propozycji nic nie będzie": Lamar Cecil, *Ballin*, 173
199 „Dla poważnej opinii publicznej w Niemczech, byłoby niemal nie do pojęcia": Woodward, 276
200 „Chcę dobrego zrozumienia z Niemcami": Woodward, 276
200 „Przyjaźń Anglii byłaby dla Francji": ibid., 278
201 „syrenim śpiewem": ibid., 284
201 „Apetyt owego potwora": Marder, *Scapa Flow*, I, 215
201 „Widzę równie wyraźnie": Woodward, 284
202 „stanowi nieodwołalny warunek wstępny": Marder, *Scapa Flow*, I, 223
203 „Anglia i Niemcy, wspólnie": ibid., 224
203 „Przypomniał mi": ibid., 225
203 „Uważam jakąkolwiek kontrolę": Schmitt, 188

CZĘŚĆ V: DROGA DO ARMAGEDDON

Rozdział 39
Agadir

208 „typowy Wirtemberczyk": *Holstein Papers*, II, 174
208 „narzędziem Holsteina": Bülow, IV, 627
208 „Kiderlen był dla Holsteina": ibid., I, 15
208 „Pożeracz Ostryg" ... „Trubadurem" ... „Spätzle": ibid., 35
210 „Jestem po to, aby wyciągnąć": Gooch, „Kiderlen, człowiek Agadiru" w *Studies in Diplomacy and Statecraft*, 132
210 „wybuch powszechnej wesołości": Bülow, II, 413
211 „Do klęski Kiderlena ... szwabski akcent ... jaskrawożółta kamizelka": ibid.
211 „Politykę zagraniczną po prostu zostaw": ibid., 575
211 „Nowy szef": Gooch, „Kiderlen, człowiek Agadiru" w *Studies in Diplomacy and Statecraft*, 137
211 „Bethmann jest z natury miękki": ibid., 139

211 „Wpuszczasz wesz do kożucha": ibid., 140
212 „Naprawdę?" „Nie, chwała Bogu, ani razu": Lamar Cecil, *German Diplomatic Service*, 167
212 *„Dickkopf"* ... *„Regenwurm"*: ibid., 312
212 „No i co. Myślicie, że mi mówi więcej?": ibid., 313
212 „specjalne interesy polityki": Schmitt, 306
213 „niezmiernie żyzny": Pick, 23
213 „Proszę nie wątpić": Jarausch, 120
213 „w Casablance": Carroll, 645
214 „Jeśli wkroczycie do Fezu": Schmitt, 313
216 „bez nich rzecz się nie uda": Jarausch, 121
216 „pełną swobodę działania": ibid., 122
217 „niezmiernie żyzną": Pick, 23
217 „nadzwyczaj poważnych trudnościach": Jarausch, 121
217 „Nikt nie jest w stanie zapobiec temu, że pewnego dnia Maroko": ibid.
217 „udał się do Kissingen i zobaczył z Kiderlenem": Gooch, „Kiderlen, człowiek Agadiru" w *Studies in Diplomacy and Statecraft*, 145
217 „francuska opinia publiczna tego by nie zniosła": ibid.
217 „można by się rozejrzeć gdzie indziej": Schmitt, 315
217 „Niechżeż pan coś ze sobą przywiezie": Gooch, „Kiderlen, człowiek Agadiru" w *Studies in Diplomacy and Statecraft*, 145
218 „Ogromna przestrzeń": Wilhelm II, *My Memoirs*, 138
219 „domkiem dla lalek": Haldane, *Autobiography*, 224
219 „Prawdę mówiąc": Wilhelm II, *My Memoirs*, 141
219 „nie będziemy nigdy toczyć wojny": Carroll, 659
219 „Francja wykrwawi się": Pick, 15
220 „Musimy zająć zdecydowane stanowisko": Jarausch, 122
220 „Nie możemy pozostawić Maroka": ibid.
220 „Podczas Regat Tygodnia Kilońskiego": Wilhelm II, *My Memoirs*, 142
220 „Okręty zatwierdzone": Carroll, 654
221 „Zagrożonym Niemcem": Pick, 21
222 „Niektóre firmy niemieckie": Schmitt, 317
222 „Hurra! Oto czyny!": Carroll, 656
222 „Nareszcie akcja": ibid.
223 „un joli morceau": Schmitt, 315
223 „Obejmujemy ten rejon": Carroll, 656
223 „Krok po kroku": Jarausch, 121
223 „poważne rekompensaty kolonialne": ibid., 122
223 „Im ciszej będziemy siedzieć": Carroll, 650
223 *„Eh bien"*: ibid., 659
224 „Pozycja rządu niemieckiego": Schmitt, 318
224 „nie podjęła żadnych kroków": Grey, *Twenty-Five Years*, I, 215
224 „nie może być postawą niezainteresowanego": ibid., 214
224 „naszych zobowiązaniach traktatowych": ibid.

225 „Do czego zmierzają Niemcy": Marder, *Scapa Flow*, I, 240
225 „Jest to po prostu próba sił": Carroll, 667
226 „przekazanie do Niemiec pewnych komunikatów": Barlow, 293
226 „tak długie ignorowanie rozwoju sytuacji i milczenie": ibid.
227 „czy wysadzono tam na ląd niemieckie oddziały": ibid.
227 „znajdował się w takim położeniu": Schmitt, 325
227 „Spotkałem odmienionego człowieka": Winston Churchill, *World Crisis*, I, 46
227 „Gdy arogancka obojętność": Lloyd George, I, 40
228 „Nagle powiedziano mi": Grey, *Twenty-Five Years*, I, 215
228 Opis przemówienia Lloyd George'a w Mansion House pochodzi z ibid., 216
229 „Lloyd George'a łączono zwykle": ibid., 217
229 „Gdzie tylko jakiś kraj zajmie": Carroll, 669
229 „Naród niemiecki nie pozwoli": ibid., 670
229 „Ręce precz": ibid.
230 „Jeśli rząd angielski zamierzał": Schmitt, 331
230 „w celu ochrony niemieckich interesów": Grey, *Twenty-Five Years*, I, 218
230 „Zauważyłem, że, jak mi się zdaje": ibid.
230 „Z kolei, uczyniłem uwagę, że w rejonie tym nie ma przecież Niemców": ibid.
230 „ani jeden żołnierz nie został wysadzony": ibid.
231 „Mowa ta została bez cienia wątpliwości zinterpretowana": ibid., 220
231 „Jeśli po tak wielu prowokacjach": ibid., 222
231 „utrzymują ... jest nie do pogodzenia": ibid., 222
231 „spacerowali sobie obok fontann": Winston Churchill, *World Crisis*, I, 47
232 „Otrzymałem właśnie od ambasadora niemieckiego komunikat": ibid., 48
232 „mamy do czynienia z ludźmi": BD, VII, 625
232 „znikła w odległych obszarach": Marder, *Scapa Flow*, I, 243
232 „Po upływie trzech dni": Barlow, 290
232 „Znasz pan przecież dobrze cesarza": ibid., 291
233 „Przypuśćmy, że Flota Pełnomorska": Gretton, 37
233 „Praktycznie wszyscy ważni": Randolph Churchill, II, 515
233 „27 lipca po południu": Winston Churchill, *World Crisis*, I, 50
234 „nadzwyczaj przyjazna": Schmitt, 333
235 „Pomiędzy Francją a Niemcami trwają rozmowy": ibid.
235 „Pokój czy wojna": Carroll, 672
236 „nie zamierzamy dłużej wysłuchiwać": ibid., 679
236 „Niemcy początkowo narzucili": Grey, *Twenty-Five Years*, I, 223
236 „gdzie bakterie febry i pchły piaskowe": Carroll, 683
237 „Czyżby duch Prus gdzieś zginął": Pick, 32
237 „Ostatni rocznik rezerwistów": Carroll, 648
237 „Jeśli wyjdziemy z tej afery z podkulonym ogonem": ibid., 684
237 „Nie wierzę": Gooch, „Kiderlen, człowiek Agadiru" w *Studies in Diplomacy and Statecraft*, 150
237 „W Sweenemünde kaiser był bardzo ugrzeczniony": Jarausch, 123
237 „Kiderlen nie informuje nikogo": ibid., 122

237 „Nie zamierzam ani chwili dłużej tańczyć": Carroll, 678
238 „Będziemy obstawać": ibid., 679
238 „nie zadowoli się": ibid.
238 „Co, do diabła, może się teraz stać": DGP, XXIX, 178
239 „A mon terrible ami": Gooch, „Kiderlen, człowiek Agadiru" w *Studies in Diplomacy and Statecraft*, 155
239 „niemal fiaskiem dla Niemców": Grey, *Twenty-Five Years*, I, 233
240 „jest ostatnim gwoździem": Carroll, 692
240 „Niczego w tej chwili nie uzyskując": ibid., 698
240 „pożałowania godnym": Bülow, III, 98
240 „podczas całej kampanii dyplomatycznej": ibid., 99
240 „znaczne poszerzenie": Schmitt, 338
240 „ważny spór z Francją": ibid.
240 „Nie oczekujemy pochwał": Jarausch, 124
240 „Cisza w izbie była zaiste grobowa": Carroll, 693
240 „Niczym błyskawica nocą": Schmitt, 338
241 „Moje sumienie pozwala mi spać": Jarausch, 125
241 „Gdybym doprowadził do wojny": ibid., 126
241 „Drogi przyjacielu": ibid.
241 „Zdawał mi się chory": Bülow, III, 99

Rozdział 40
„Wierzę że jestem robaczkiem świętojańskim"

246 „Proszę wybaczyć": Haldane, *Autobiography*, 227
246 „nasza marynarka nie jest dla nich warta": Maurice, 288
246 „Jest faktem": Gretton, 40
247 „dziecinny i odrzuciłem go z miejsca": Williamson, 193
247 „W 1911 roku zacząłem odczuwać": Haldane, *Autobiography*, 236
247 „Dwudziestego dnia": Bonham-Carter, 184
248 „Jesteś pewien": Randolph Churchill, II, 513
248 „Gdy wjechałem na podjazd": Haldane, *Autobiography*, 230
248 „Grał z moim ojcem w golfa": Bonham-Carter, 188
249 „Pan Asquith [...] zapytał mnie": Winston Churchill, *World Crisis*, I, 67
249 „*Słuchaj, o Izraelu*" ibid., 68
249 „wydawało się to być bardzo krzepiącym przesłaniem": ibid., 69
250 „Potem nagle jakby uświadomił sobie": Bonham-Carter, 3
250 „Wszyscy jesteśmy robakami": ibid., 4
251 „Wydajemy się żyć w wirze": Manchester, *Winston Churchill*, 112
251 „To właśnie pani Everest": Winston Churchill, *A Roving Commission*, 5
251 „ciemną, gibką figurkę": ibid., 4
251 „Ma czoło jak u pantery": Margot Asquith, I, 131
252 „w Irlandii [...] w stroju do konnej jazdy": Winston Churchill, *A Roving Commission*, 4

252 „Zaniedbanie i brak zainteresowania": Randolph Churchill, I, 43
252 „Większość dzieci jest kochana dla nich samych": Manchester, *Winston Churchill*, 117
253 „Nienawidziłem tej szkoły": Winston Churchill, *A Roving Commission*, 12
253 „Pośrodku pokoju": Randolph Churchill, I, 52
253 „który znany był z tego, że w gwałtownej potrzebie": Morley, *Gladstone*, I, 28
253 „Pozwolono mi się uczyć rzeczy które mnie interesowały": Winston, Churchill, *A Roving Commission*, 13
253 „Czy przyjedziesz aby spotkać się ze mną": Manchester, *Winston Churchill*, 134
254 „Byłem bardzo rozczarowany": ibid.
254 „Powinienem to lubić": Winston Churchill, *A Roving Commission*, 15
254 „Stwierdziłem, że nie jestem w stanie": ibid.
254 „Uważano nas za takich osłów": ibid.,16
254 „Spróbuj namówić Tatę aby przyjechał": Randolph Churchill, I, 119
254 „Przyjechałabym do ciebie": ibid., 124
255 „Przeczytałam tylko jedną stronę": ibid., 156
255 „Moja kochana Mamusiu": ibid.
255 „Kochana Mamusiu: [...] Jestem taki nieszczęśliwy": ibid., 158
255 „Robi tyle hałasu": ibid., 160
255 „przez lata całe myślałem, że ojciec": Winston Churchill, *A Roving Commission*, 19
256 „Zdawało się pewne, że mnie złapią": ibid., 29
256 „Mój drogi Winstonie": Randolph Churchill, I, 188
257 „Spacerując sobie brzegiem strumienia Wish": ibid., 212
258 „Sandhurst dało mi szansę rozpocząć wszystko od nowa": Winston Churchill, *A Roving Commission*, 43
259 „Bardzo łatwo ci przychodzi powiedzieć, droga Mamo": Randolph Churchill, I, 207
259 „Gdy miałeś wrzód na szyi": ibid., 82
260 „Nie było ani spuszczenia kurtyny": ibid., 226
260 „błyski nienawiści": Manchester, *Winston Churchill*, 205
260 „Pamiętaj": Winston Churchill, *A Roving Commission*, 32
260 „ciężką chorobę psychiczną": Randolph Churchill, I, 226
261 „Oto skończyły się wszystkie moje marzenia o przyjaźni": ibid., 62
261 „Moja marynarka była mokra": Winston Churchill, *A Roving Commission*, 72
261 „Byłem teraz panem własnego losu": ibid., 62
261 „W górę podnieśmy znów dumny sztandar": ibid., 60
262 „Szło mi teraz na dwadzieścia jeden lat": ibid., 62
262 „zastał Mamę jedzącą śniadanie z hrabią Kińskim": Randolph Churchill, I, 141
263 „Nic bardziej nie doda ci animuszu": Manchester, *Winston Churchill*, 228
263 „Nie mogę uwierzyć": ibid., 234
263 „bungalowie-pałacyku": Winston Churchill, *A Roving Commission*, 106
264 „Hiszpańskie statki": Randolph Churchill, I, 282
264 „Jeśli możesz zdobyć dla mnie dobre listy": ibid., 329

264 „Himalaje": Winston Churchill, *The Story of the Malakand Field Force*, 2
265 „Jaskrawe słońce": ibid., 141
265 „około 200 literówek, omyłek": ibid., 365
265 „Nikt nigdy dotąd mnie nie chwalił": Winston Churchill, *A Roving Commission*, 154
265 „Drogi mój Winstonie": ibid., 155
265 „Pisałem je": Manchester, *Winston Churchill*, 259
266 „Musisz załatwić mi Egipt": ibid., 263
266 „Och, jakbym chciał": Randolph Churchill, I, 371
266 „ani jednego kamienia pod który by nie zajrzała": Winston Churchill, *A Roving Commission*, 151
266 „Nie chcę Churchilla": Manchester, *Winston Churchill*, 263
266 „nie tylko w treści": Winston Churchill, *A Roving Commission*, 164
266 „Jeśli kiedykolwiek będzie coś co byłoby ci pomocą": ibid.
267 „Drogi lordzie Salisbury": Randolph Churchill, I, 378
267 „brudnym trampem": Manchester, *Winston Churchill*, 267
267 Opis Bitwy pod Omdurmanem pochodzi z *A Roving Commission*, 171-196
268 „Przybądź na spotkanie": Randolph Churchill, I, 407
269 „był osłonięty od końca do końca": Manchester, *Winston Churchill*, 298
269 „Gdy ktoś jest sam i nieuzbrojony": Winston Churchill, *A Roving Commission*, 252
270 „Nie zamierzamy pozwolić ci odejść": ibid., 258
270 „Anglik, wiek 25 lat": Manchester, *Winston Churchill*, 309
270 „Jestem Winston Cholerny Churchill": ibid., 314
270 „najprzystojniejszego mężczyznę w Anglii": Morgan, 138
270 „Zdaje mi się, że uważasz mnie": Manchester, *Winston Churchill*, 320
271 „kanciaste czoło": ibid., 346
271 „Gdy młody poseł z Oldham": ibid.
271 „niespokojny, egotystyczny, zarozumiały": ibid., 345
271 „Czy mój Wielce Czcigodny Przyjaciel": ibid., 348
272 „Gdyby nie ja": Magnus, 351

Rozdział 41
Churchill w Admiralicji

274 „kiepską ambicją": Marder, *Scapa Flow*, I, 252
274 „Nie potrafimy wykryć": Morgan, 317
274 „To dlatego": Bonham-Carter, 190
274 „wyrobienie w sobie": Winston Churchill, *World Crisis*, I, 72
276 „wybił się zbyt szybko": ibid., 87
276 „Wygląda pan bardzo młodo": Morgan, 322
276 „zakochał się beznadziejnie w Winstonie Churchillu": FGDN, II, 114
276 „dobrze się ze sobą bawią": ibid.
277 „Mój drogi lordzie Fisher": Randolph Churchill, II, 532

277 „bardzo przygnębionymi": Mackay, 432
277 „Miałem pewne zasadnicze pomysły": Winston Churchill, *World Crisis*, I, 77
277 „prawdziwy wulkan": ibid.
277 „Jednak w niedzielę wieczorem": ibid., 78
278 „nieprzerwanego gadania": Marder, *Scapa Flow*, I, 264
278 „nowiny i porady wszelkiego rodzaju": Winston Churchill, *World Crisis*, I, 79
278 „Największym triumfem": FGDN, II, 418
278 „W ciągu dwóch lat": ibid., 419
278 „Jak dotąd, każdy krok": ibid., 430
279 „Ubolewam, że względem tego": ibid., 450
279 „Winston, niestety": Randolph Churchill, II, 565
279 „królewskiego rajfura": Manchester, *Winston Churchill*, 440
279 „[...] co się tyczy Winstona Churchilla": FGDN, II, 459
279 „Mój drogi Fisher": Randolph Churchill, II, 566
280 „Niektórzy z nas zeszli na ląd": Bonham-Carter, 202
281 „Tańczyłam": ibid.
281 „Zostałem niemal porwany": FGDN, II, 465
281 „WC powiedział, że król zawsze wspominał": ibid., 464
282 „do pewnego stopnia swoje biuro": Winston Churchill, *World Crisis*, I, 119
282 „Były to wspaniałe dni": ibid., 118
282 „w zatłoczonej i zapaskudzonej smarami przestrzeni": Randolph Churchill, II, 552
282 „tańczył naokoło dział": Marder, *Scapa Flow*, I, 253
282 „Mój młody przyjaciel": ibid.
283 „Winston znajduje się we wspaniałej formie": Bonham-Carter, 210
283 „Winston nie mówi o niczym": Chalmers, 112
283 „Stałeś się stworzeniem wodnym": Randolph Churchill, II, 558
283 „Flagi dobrego tuzina admirałów": Winston Churchill, *World Crisis*, I, 119
284 „Żaden Pierwszy Lord Admiralicji w całej historii naszej marynarki": Manchester, *Winston Churchill*, 443
284 „Poplótł sobie": Randolph Churchill, II, 558
284 „Czemuś go tam nie zamknął": Gretton, 76
284 „Czy uważa pan, że zna wszystkich swoich ludzi": Marder, *Scapa Flow*, I, 254
285 „Ani jednego": Bonham-Carter, 217
285 „A cóż to za tradycje": Manchester, *Winston Churchill*, 443
286 „pomóc popychać sprawy naprzód": FGDN, II, 418
286 „Gdybyśmy jednak, nieszczęśliwym trafem": Marder, *Scapa Flow*, I, 258
287 „Czy mógłbym zapytać Pierwszego Lorda": Morgan, 339
287 „Chciałbym prosić Szlachetnego Lorda": ibid., 342
288 „Mam nadzieję, że cała sprawa": Randolph Churchill, II, 621
289 „musiał trafić się jakiś błąd": ibid., 628
290 „Oliver Cromwell był jednym z założycieli": ibid., 629
290 „Wydaje się rzeczą słuszną": ibid., 631
290 „uginam się": ibid.

290 „nie jest godna królewskiego umysłu": Gretton, 88
291 „Nikt kto sam tego nie doświadczył": Winston Churchill, *World Crisis*, I, 122
292 „Uchylić się": ibid.
292 „Gdybyśmy mogli wyprodukować choćby jedną taką próbną armatę": ibid., 123
292 „Obstawał on przy swoim": ibid.
292 „Wyobrażam sobie, co by się działo, gdyby armaty okazały się niewypałem": ibid.
293 „w świecie marynarki wojennej wszystko": Randolph Churchill, II, 552
293 „bitwę pomiędzy dwoma wielkimi": Manchester, *Winston Churchill*, 443
293 „Prędkość! Prędkość!": FGDN, II, 404
293 „Prędkość jest potrzebą najważniejszą": Winston Churchill, *World Crisis*, I, 140
293 „Nie jestem przekonany": ibid., 128
294 „Męka bunkrowania okrętu": ibid., 129
295 „Trzeba rozwiązać cały ten problem paliwa ciekłego": ibid., 132
296 „Pożałowania godnym wyjątkiem": ibid., 131
298 „Nie byliśmy bynajmniej zadowoleni": Winton, 127
299 „bardzo wielu oficerów": ibid., 128
299 „Pamiętam jak żywo": Winston Churchill, *World Crisis*, I, 119

Rozdział 42
Misja Haldane'a

301 „Wszyscy wiemy, że wkrótce musi dojść do rozlewu krwi": Haldane, *Before the War*, 56
301 „spełniła swoje zadanie": Marder, *Scapa Flow*, I, 273
302 „Przecież w sposób oczywisty daje on Anglikom": ibid.
302 „Celem naszej polityki morskiej": ibid., 274
302 „Odczuwał on, że należy": Winston Churchill, *World Crisis*, I, 94
303 „Czułem, że moja pozycja": ibid., 95
307 „Ogłoszenia na pokładzie": Huldermann, 123
309 „i że wycofuje swoje": ibid., 194
310 „trudności dietetyczne": Herwig, *Officer Corps*, 43
311 „cichym i bezpretensjonalnym człowiekiem": Lamar Cecil, *German Diplomatic Service*, 99
311 „sparzenie niemieckiego ogiera z semicką klaczą": Bülow, I, 347
311 „Nie jestem przyjacielem Żydów": Lamar Cecil, *German Diplomatic Service*, 99
311 „Kilka dni temu usłyszałem": *Holstein Papers*, II, 80
311 „całkowicie pozbawionego uprzedzeń": Bülow, I, 347, 469
312 „żydowskim niebezpieczeństwie": Lamar Cecil, *Ballin*, 111
312 „Siegfried Meyer": ibid., 109
312 „tron jest sprawą zasadniczą": ibid., 115
312 „bardzo duży, specjalny rezerwat": ibid., 123
313 „wzmocnienie floty wojennej": ibid., 151
313 „Flota jest [...] ucieleśnieniem": ibid., 151

314 „Tirpitz [...] nie pragnął negocjować": ibid., 159
315 „Alfę i Omegę": ibid., 169
315 „Spotkanie takie": Huldermann, 151
315 „*jego* działką" i „*jego* specjalnością": Lamar Cecil, *Ballin*, 173
316 „czułby się wielce zaszczycony": Huldermann, 165
316 „Znane ci są jego przyjazne uczucia": ibid.
317 „przygotowany za wiedzą i aprobatą": Wilhelm II, *My Memoirs*, 143
317 „Zaakceptowanie brytyjskiej przewagi": Winston Churchill, *World Crisis*, I, 95
317 „nota werbalnie skierowana była przeciwko naszej Ustawie Morskiej": Wilhelm II, *My Memoirs*, 144
317 „z obawy niejasności": ibid., 145
317 „ponieważ najlepiej znałem angielski": ibid.
317 „Usiadłem przy stole do pisania": ibid.
318 „Pożeraliśmy wręcz ten dokument": Winston Churchill, *World Crisis*, I, 95
318 „Duch może jest i dobry": ibid., 96
318 „nawet socjaliści się nie opierają": ibid.
318 „pełne obsadzenie 25 okrętów liniowych": ibid.
319 „Nie jest to z pewnością zarzucenie rywalizacji": ibid., 97
319 „Cassel powiada, że co się tyczy": ibid., 96
319 „ani przez chwilę nie istniała kwestia": ibid., 98
320 „widok kobiety z psem": Haldane, *Autobiography*, 13
320 „wydawali się stykać": Maurice, 17
320 „wyskoczyłem z chrzcielnicy ociekając wodą": Haldane, *Autobiography*, 22
320 „co wydawałoby się trudne w porównaniu": ibid., 31
321 „ze sportu i towarzystwa": ibid., 29
321 „tygodnie nieprzerwanego szczęścia": ibid., 117
322 „nowy program niemiecki": Maurice, 292
322 „kwestia Maroka jest już nieistotna": Haldane, *Before the War*, 106
323 „sprawę rutynową": ibid., 107
323 „naprawdę wyraźnie się obawiał": Bethmann-Hollweg, 51
323 „nie można określić": Maurice, 305
323 „Z pewnością musielibyśmy": ibid., 306
324 „Pewnie na osiem albo i dziewięć lat": ibid., 307
324 „Moi admirałowie to bardzo trudni": ibid.
324 „Nie był to przypadek": ibid., 294
324 „Wytworzona została cudowna atmosfera": ibid.
324 „Nie ma wątpliwości": Marder, *Scapa Flow*, I, 278
325 „równowagi sił": Haldane, *Before the War*, 148
325 „kościami bez ciała": ibid., 109
325 „wyśmiałaby takie porozumienie": BD, VI, 710
325 „trudne": Haldane, *Autobiography*, 243
325 „Admirał Tirpitz jest mocnym i trudnym człowiekiem": Maurice, 295
326 „tak zakłopotany": ibid., 311
326 „Czy nie możemy spowolnić tempa": ibid.

326 „Trzecia eskadra będzie postulowana": Huldermann, 175
326 „gdyż odniosłem silne wrażenie": Maurice, 312
326 „iż jestem rozczarowany": ibid., 295
327 „Powiedziałem mu z naciskiem": Maurice, 313
327 „raczej *détente* aniżeli *entente*": Haldane, *Before the War*, 63
327 „przygnębiony": Woodward, 332
327 „Kanclerz": Maurice, 314
327 „Usiedliśmy przy stole": ibid., 315
327 „W końcu [...] kanclerz wstał": ibid., 296
328 „Czy sukces czy też klęska": ibid., 315
328 „Dotarłem do hotelu": ibid., 297
328 „Dokonany został obiecujący początek": Jarausch 2, 128
328 „był wobec mnie wręcz zachwycający": Maurice, 295
328 „Odniosłem wrażenie": Haldane, *Before the War*, 67
328 „Przed opuszczeniem przeze mnie Berlina": ibid., 110
329 „nadzwyczajny wzrost": Winston Churchill, *World Crisis*, I, 102
330 „Ma pan całkowitą słuszność": Huldermann, 179
331 „Im szybciej opublikujemy": Marder, *Scapa Flow*, I, 280
331 „będę uważał każde przesunięcie": Jarausch, 129
332 „Wierzę, że nasze modlitwy zostały wysłuchane": Maurice, 298
332 „otrzymał wiadomość od kanclerza": ibid.
332 „Anglia nie przypuści": DGP, XXXI, 181
333 „Anglia zachowa zatem": ibid.
333 „nie wychodzi nawet w pół drogi": Jarausch, 130
333 „zmian personalnych": BD, VI, 714
333 „dopóki pozostaje on": Woodward, 348
333 „Nigdy w życiu": DGP, XXXI, 183
334 „zaczyna mieć coraz większe wątpliwości": BD, VI, 745

Rozdział 43
Projekt budżetu marynarki i „wakacje morskie"

335 „hełm ze świecącego mosiądzu": Randolph Churchill, I, 143
336 „bialutki uniform": Manchester, *Winston Churchill*, 424
336 „jestem bardzo wdzięczny": ibid.
336 „straszną maszyną": ibid., 426
337 „Mój drogi Winstonie": ibid., 425
337 „Akcja Niemiec w Agadirze": ibid., 427
337 „To wcale nie z powodu [...] Belgii": Randolph Churchill, II, 542
337 „Wiemy, że w przygotowaniu znajduje się nowa": Winston Churchill, *World Crisis*, I, 94
337 „Dopóki Niemcy nie skończą": Randolph Churchill, II, 542
338 „Jedno zdanie wybijało się": Winston Churchill, *World Crisis*, I, 99
338 Przemówienie o flocie „luksusowej" wzięte z ibid., 100

338 „określenie to powtarzano sobie": ibid., 101
338 „po prostu stwierdził oczywistą prawdę": Bonham-Carter, 197
338 „jego mowa w Glasgow nie tylko nie była żadną przeszkodą": Winston Churchill, *World Crisis*, I, 101
339 „Przypuszczam, że każdy kraj z trudnością": Randolph Churchill, II, 551
339 „Przedstawiony tutaj projekt budżetu został oparty na": Woodward, 368
340 „Musimy być zawsze gotowi": FGDN, II, 443
340 „Moim zdaniem, nic": Winston Churchill, *World Crisis*, I, 105
340 „Pozwolę sobie stwierdzić całkiem jasno": Woodward, 369
341 „Przypuśćmy, że obie strony zdecydują się zrobić sobie w tym roku wakacje": ibid., I, 109
341 „takie uzgodnienia": Winston Churchill, *World Crisis*, I, 109
341 „Nie możemy mieć wszystkiego": Marder, *Scapa Flow*, I, 289
342 „Chyba nie możemy utrzymać": Randolph Churchill, II, 570
342 „oznaczałoby narazić na niemal pewne zniszczenie flotę brytyjską": ibid., 575
343 „Ostatecznie skala rozbudowy": Marder, *Scapa Flow*, I, 296
345 „musi jasno zrozumieć": BD, X, 601
345 „Sprawa, jaką chcę przede wszystkim zapewnić": Winston Churchill, *World Crisis*, I, 112
346 „wolną rękę w udzieleniu Francji pomocy": BD, X, ii, 603
346 „zobowiązania, które wiązałoby": ibid., 614
346 „Na przykład, obecne rozmieszczenie floty francuskiej": Woodward, 382
347 „Z powodu naszej manii na punkcie": Marder, *Scapa Flow*, I, 290
347 „jest absolutnie odpychający": ibid., 305
347 „oznaczała granicę": ibid.
347 „Rzym musiał wzywać pomocy": ibid., 290
347 „Mamy do wyboru": ibid., 291
347 „Aby właściwie ocenić": Winston Churchill, *World Crisis*, I, 112
347 „Jedyną ‘kartą atutową'": ibid.
348 „stanowić integralną część": Woodward, 389
348 „gdybyśmy wykonali nagły ruch": Marder, *Scapa Flow*, I, 297
348 „Panowanie na morzu ma dwojakie znaczenie": Woodward, 391
349 „To, co mówi Tirpitz": Marder, *Scapa Flow*, I, 312
349 „Nie powinniśmy doszukiwać się": Woodward, 408
350 „Gdyby w przeciągu roku": ibid., 409
350 „wydarzenia w dalszym ciągu rozwijać się będą": ibid.
351 „Niech pan działa tak, jakbyśmy": ibid., 412
351 „W przyszłym roku mamy położyć": ibid., 419
352 „Winston gra": Marder, *Scapa Flow*, I, 315
352 „wziął sobie raczej roczne wakacje od wygłaszania przemówień": ibid.
352 „utopijny i niewykonalny": ibid.
352 „wyrzucenie na bruk niezliczonej": ibid.
352 „budowy odłożyć [po prostu] na jeden rok": ibid.
352 „niekończącego się i niebezpiecznego rozdziału": Woodward, 423

352 „Jest to rzeczywiście sprawa międzynarodowa": ibid., 425
354 „wściekły": Marder, *Scapa Flow*, I, 316
354 „szaleństwem": ibid.
354 „Kiedy wreszcie Pierwsi Lordowie": ibid.
354 „Jeśli inne kraje nie chcą przyłączyć się": ibid.
354 „Nie pozwól, żeby Winston": Randolph Churchill, II, 636
354 „Tymi wydatkami na marynarkę zrywasz z tradycją": ibid., 645
355 „Zmusiłeś mnie do miłości": Marder, *Scapa Flow*, I, 318
355 „boom w przemyśle okrętowym": Randolph Churchill, II, 637
355 „Mieliśmy posiedzenie gabinetu": ibid., 638
355 „Gdy obejmował Admiralicję": ibid., 640
355 Wymiana liścików Churchill-Lloyd George wzięta z ibid., 642
356 „zorganizowanym szaleństwem" ... rozdęte i rozrzutne": Marder, *Scapa Flow*, I, 318
356 „Wywiad Kanclerza Izby Rozrachunkowej": Randolph Churchill, II, 647
356 „udzielanie wywiadów": Marder, *Scapa Flow*, I, 319
356 „niepotrzebną głupotą": Randolph Churchill, II, 647
356 „wściekły": ibid., 649
356 „przyparty do muru": ibid.
356 „premier musi wybierać": Marder, *Scapa Flow*, I, 323
356 „jeśli ogłoszony program": Randolph Churchill, II, 646
357 „nie ma najmniejszych szans": ibid., 643
357 „życiowo istotną" i „fundamentalną": ibid., 650
357 „Należy niewątpliwie": ibid., 651
357 „Żaden z moich poprzedników": ibid., 652
357 „Mój drogi Winstonie": Marder, *Scapa Flow*, I, 323
357 „Mój drogi premierze": ibid., 324
358 „przeszukane i oskrobane": ibid., 660
358 „Wpadnij jutro na śniadanie": ibid., 662
358 „najdłuższe, a chyba także i najbardziej elokwentne": Marder, *Scapa Flow*, I, 326
359 Przemówienie Churchilla z 17 marca, 1914 pochodzi z *The Times*, 18 marca, 1914

Rozdział 44
„Kotwice wytrzymały. [...] Wyglądało na to, że jesteśmy bezpieczni"

362 „Spotykaliśmy się popołudniami": Grey, *Twenty-Five Years*, I, 256
362 „za stołem zasiadać będzie sześć szkieletów": ibid.
362 „Ostatecznie": ibid., 261
362 „Nie było formalnego zakończenia": ibid., 262
363 „bardzo monotonny i wyciszony": ibid., 263
363 „W latach 1912-13 prąd wydarzeń w Europie": ibid., 267
364 „dla Gottleba spełnieniem": Bülow, III, 38

364 „Co?": ibid., 39
364 „Moja miłość dla Waszej Wysokości": ibid.
365 „Nic nie pomogło": Lamar Cecil, *German Diplomatic Service*, 318
365 „Bliska wymiana opinii": Woodward, 405
365 „Staje się coraz bardziej zahartowany": Lamar Cecil, *German Diplomatic Service*, 319
366 „nie tylko poprawna, lecz także rozważna": Winston Churchill, *World Crisis*, I, 178
366 „kaiser był bardzo ostrożny": Bethmann-Hollweg, 76; DGP, XXXIII, 302
366 „eunuchowatych politykach": Woodward, 396
366 „Swoją praktyką w takich przypadkach uczyniłem": Lichnowsky, 85
366 „zamęt w głowie": ibid.
367 „którego nawet bliscy mu uważają za": ibid., xix
367 „lnu i rzepy": ibid., 48
367 „Do Londynu wysyłam tylko *moich* ambasadorów": Lamar Cecil, *German Diplomatic Service*, 217
367 „Król, choć żaden geniusz": Lichnowsky, *My Mission to London*, 66
367 „jowialnego *bon vivanta*": LVS, 86
368 „ochrypły" ... „płaczliwy": ibid.
368 „pomimo czarnych skarpetek": ibid.
368 „Prostota i uczciwość": Lichnowsky, 68
368 „ręka w rękę": ibid., 159
368 „Sir Edward Grey powiedział": ibid., 167
370 „ogorzały [...] grubokościsty": Grey, *Twenty-Five Years*, I, 270
370 „Dla mnie": ibid., 274
370 „dodać Rosji ducha": ibid., 276
371 „Żadne takie negocjacje": ibid., 279
371 „nie pozostawiają nic do życzenia": Lamar Cecil, *Ballin*, 203
371 „jak najbardziej zadowalający": Gooch, *History of Modern Europe*, 530
371 „wielką ulgę": Grey, *Twenty-Five Years*, I, 283
371 „w umysłach *Berliner Tageblatt*": Schmitt, 367
372 „Uważałby za trudne": Gooch, *History of Modern Europe*, 531
372 „nadchodzące miesiące ujrzą": Lichnowsky, 340
373 „wielkim błędem politycznym": Marder, *Scapa Flow*, I, 430
373 „Jest dla mnie całkiem oczywiste": Lichnowsky, 189
373 „Gdyby Niemcom udało się": ibid., 330
373 „flota niemiecka stanowi jedyną przeszkodę": ibid., 336
373 „całkiem przyjemny i towarzyski": ibid.
374 „To właśnie uczucie niedostatecznego bezpieczeństwa": Spender, , 383
374 „Jakiż to triumf dla Tirpitza": Woodward, 418
375 „Polityka utrzymywania tego w sekrecie": Winston Churchill, *World Crisis*, I, 180
375 „zostanie przyjęty z radością": Lamar Cecil, *Ballin*, 199
376 „najwspanialszy okręt pływający": Legge, 334

377 „Zważajcie na": Hase, 20
378 „Doganialiśmy *Meteora*": Müller, 2
378 „Przyjemnej podróży" ... „Przyjaciele w przeszłości": Hase, 39

Rozdział 45
Armageddon nadciąga - Berlin

379 „Powody, jakie mogą doprowadzić": *The Times*, 18 marca, 1914
380 „czary gniewu": Winston Churchill, *World Crisis*, I, 11
380 „Ja nie pożyję": Gooch, *History of Modern Europe*, 557
382 „Austria znajduje się": ibid., 516
382 „niebezpiecznej żmijce": Mansergh, 132
382 „w ostatniej chwili": Albertini, I, 562
382 „wystawiony do wiatru": Spender, *Fifty Years*, 363
383 „Ciągle się zastanawiam": ibid., 399
383 „Nasze własne, życiowe interesy": Jarausch, 156
383 „światowego procesu historycznego": Spender, *Fifty Years*, 363
383 „Słowianie urodzili się aby służyć": ibid.
383 „Jeśli Jego Cesarska Mość, Franciszek Józef": ibid., 364
383 „Jego Cesarska Mość ostentacyjnie skorzystał": ibid., 365
384 Opis rozmowy Moltke-Conrad pochodzi z Albertiniego, I, 561-62
385 „Przyjeżdża się tu z wizytą": Fay, II, 125
385 „To zła droga": ibid., 126
385 „Zofio! Zofio! Nie umieraj!": ibid.; depesza nadana do Ministerstwa Spraw Zagranicznych przez Sir Maurice'a de Bunsena, ambasadora brytyjskiego w Wiedniu: BD, XI, 15-16
385 „zabić wroga Południowych Słowian": Fay, II, 132
385 „człowiekiem energicznym": ibid.
386 „Żadna zbrodnia nie wywołała dotąd": Schmitt, 397
386 „Okropny wstrząs": Rose, 167
386 „Dla mnie to jeden wielki kłopot mniej": Crankshaw, *The Fall of the House of Hapsburg*, 391
386 „Monarchii nie zadrżała ręka": Mansergh, 219
387 „nie jest pewien Niemiec": Geiss, 59
387 „Zbrodnia na moim bratanku": Gooch, *History of Modern Europe*, 533, i Kautsky
387 „poważnych komplikacji na miarę europejską": Geiss, 76
387 „polegać na pełnym poparciu ze strony Niemiec": ibid.
387 „zdanie, że z działaniem": ibid., 77
388 „jeśli naprawdę uznawaliśmy": ibid.
388 „Nastawienie Rosji": ibid.
388 „Rosja pod żadnym względem nie jest gotowa": ibid.
388 „Poglądy kaisera": Bethmann-Hollweg, 119
388 „Im szybciej Austria": Geiss, 71

388 „ledwo może sobie pozwolić ruszyć na wojnę": Kautusky, Nr 49
388 „jest gotowa na każdą okoliczność": Geiss, 71
388 „Z pewnością, Wasza Cesarska Mość": Bülow, III, 175
389 „nie wierzy": Geiss, 72
389 „Przyjąłem do wiadomości": ibid., 79
389 „cesarz Franciszek Józef może polegać na zapewnieniu": ibid., 74
389 „Wszyscy obecni, poza": ibid., 86
390 „proponowana akcja przeciwko Serbii": ibid., 95
390 „zasadniczo po to": ibid., 108
390 „Niemcy będą uważać": ibid., 102
391 „administracja cesarska": ibid., 91
391 „Byłoby dobrze": ibid., 90
391 „Nota jest skomponowana tak": Kautsky, 113
392 „zapewnił mnie, że nic nie wie": Geiss, 154
392 „w najbardziej pokojowy sposób mówił": ibid., 131
392 „wszystko zależeć będzie": ibid., 138
392 „są one umiarkowane i do pogodzenia": ibid., 170
392 „Powinniśmy uznać za nierozsądne": ibid., 117
393 „morderstwo w Sarajewie": ibid., 143
393 „propagandę skierowaną przeciw Austro-Węgrom": ibid., 145
393 „Rosja nigdy się na to nie zgodzi": Gooch, *History of Modern Europe*, 536
393 „najmocniejszy dokument": BD, XI, 73
393 „Podkładacie ogień": Geiss, 174
394 „błędnym przekonaniu": ibid., 199
394 „Uważa się tutaj, że wszelkie opóźnienie": ibid., 201
394 „bardzo szczerze": ibid., 213
394 „udzielić pozytywnej odpowiedzi": BD, XI, 82
394 „nauczkę": Geiss, 242
394 „nie będzie w stanie spełnić tylko takich żądań": ibid., 167
395 „jako że w ważnych sprawach": Gooch, *History of Modern Europe*, 537
396 „Austro-Węgry zostały do takich działań zmuszone": Schmitt, 416
396 „nie było niczego, co by potwierdzało": Gooch, *History of Modern Europe*, 535
396 „Nie możemy sobie pozwolić na zaalarmowanie": Geiss, 121
396 „Gdy przebywałem na swojej wakacyjnej": Wilhelm II, *My Memoirs*, 241
397 „Jak do tego wszystkiego doszło": Bülow, III, 184
397 „Nie, pan sam nawarzył tego piwa": ibid.
397 „Wspaniałe osiągnięcie": Geiss, 222
397 „jak najstaranniej unikać": ibid., 260
397 „jest gotów posunąć się do wszelkich granic": ibid., 241
397 „musi się znaleźć jakiś sposób": ibid., 242
398 „Jestem zadowolony, że wróciłeś": ibid., 260
398 „Wyznanie własnej słabości": ibid., 261
398 „pozbawioną skrupułów agitację"... „niewątpliwie zgodzi się ze mną": ibid.
398 „odmieniła": ibid., 279

398 „cały ciężar decyzji”: ibid., 304
399 „Rosja musi bezwzględnie”: Jarausch, 169
400 „jeśli wybuchnie wojna”: Geiss, 289
400 „Rząd brytyjski [...] mógł stać z boku”: ibid.
400 „Na Wilhelmstrasse panuje wielki niepokój”: Jarausch, 167
400 „Anglia będzie przeciwko nam”: Geiss, 291-92
400 „Jesteśmy oczywiście gotowi wypełnić”: ibid., 293
401 „Jeśli Wiedeń uchyla się”: ibid., 305
401 „wstrzymanie austriackich działań wojennych”: ibid., 308
401 „Mieliśmy bardzo wątpliwe wsparcie”: ibid., 320
401 „Wielka Brytania nigdy nie dopuści”: BD, XI, 185
402 „zdumiewające”: ibid., 186
402 „nikczemne” i „haniebne”: Grey, *Twenty-Five Years*, I, 317
402 „Wyrażał z tego powodu ubolewanie”: BD, XI, 195
402 „czysto prywatną kłótnię” ... „dla wypalenia rozżarzonym żelazem”: Geiss, 282
402 „Rosja znalazła się”: ibid.
402 „pogwałcić głęboko zakorzenione poczucie”: ibid., 284
403 „Powszechna mobilizacja”: ibid., 271
403 „ogłoszenie wyraźnej deklaracji”: Kautsky, 404
404 „Niech spadnie na was przekleństwo narodów”: Sazanov, 213; Paleologue, I, 48
404 „Jeśli Francja oferuje mi neutralność”: Kautsky, Nr 575, 451
405 „Teraz możemy ruszyć na wojnę” Tuchman, *Guns of August*, 78
405 „Wasza Cesarska Mość, tego się nie da zrobić”: ibid., 79
405 „Twój stryj udzieliłby mi”: ibid., 80
405 „głęboko mnie zraniła”: ibid.
405 „w skrajnej desperacji wybuchnął płaczem”: ibid., 81
405 „Ogólnie rzecz biorąc, nie należy spodziewać się pozytywnej propozycji”: ibid.
405 „Teraz pan może robić, co mu się podoba”: ibid.
405 „Było to moje pierwsze doświadczenie”: ibid.
405 „Francja działać będzie”: Kautsky, 448
405 „Gdy gabinet francuski”: Bethmann-Hollweg, 145
406 „ani litera, ani duch”: Geiss, 344
406 „nie dąży do żadnych zdobyczy terytorialnych”: ibid., 248
406 „Nie ma obaw”: ibid., 341
407 „z jak najbardziej przyjaznym nastawieniem”: ibid., 342

Rozdział 46
Armageddon nadciąga - Londyn

409 „czytał już czy przemawiał”: Winston Churchill, *World Crisis*, I, 193
409 „najpoważniejsze wydarzenie”: Spender, *Asquith*, II, 80
409 „Znajdujemy się w mierzalnej”: Asquith, *Memories*, II, 8
410 „znaczące oszczędności”: Woodward, Appendix V, 478
410 „Uparcie przychodzi mi do głowy”: ibid., 479

411 „istota sporu": Asquith, *Genesis*, 187
411 „po prostu i wyłącznie": ibid.
411 „nie widzi on powodu": Geiss, 105
411 „Rząd niemiecki jest przekonany": ibid., 110
411 „Anglia nie przeciwstawi się": ibid., 130
411 „obcesowy, niespodziewany i apodyktyczny": Grey, *Twenty-Five Years*, I, 304
411 „najmocniejszy dokument" BD, XI, 73
412 „dali pozytywną odpowiedź": ibid., 82
412 „Gdyby tylko nasze rządy": Grey, *Twenty-Five Years*, I, 304
412 „Upatruję w tym": Geiss, 206
413 „Niech pan poprosi Ministra Spraw Zagranicznych": BD, XI, 101
413 „Sir E. Grey": Geiss, 238-41
413 „*w jak najbardziej zdecydowany sposób*": ibid., 236
414 „praktycznie oznaczałaby": Grey, *Twenty-Five Years*, I, 309
414 „Serbia skapitulowała": Asquith, *Memories*, II, 8
414 „Niemiecki sztab generalny": Haldane, *Autobiography*, 274
414 „Dla każdego kto zastanawia się nad sytuacją musi być oczywiste": Asquith, *Genesis*, 188
415 „nic poza cudem": Jenkins, 325
415 „w obecnym stadium": Spender, *Asquith*, 81
415 „będzie sprawą bardziej o charakterze politycznym": ibid.
416 Telegram Lichnowsky'ego z 29 lipca z uwagami kaisera pochodzi z Geissa, 288-90
419 „złożył następnie": Grey, *Twenty-Five Years*, I, 315
419 „Gdy wojna się skończy": ibid.
419 „Dokument ten wyjaśnia": ibid., 316
419 „Rząd Jego Królewskiej Mości": ibid., 317
420 „pełnej i aktywnej gotowości": Geiss, 225
420 „wspólne kroki": ibid., 313
420 „Jest on przekonany": ibid., 317
421 „jak trudno będzie": ibid.
421 „udział brytyjski w walkach": Winston Churchill, *World Crisis*, I, 215
421 „Było dla mnie jasne": Grey, *Twenty-Five Years*, I, 324
423 „czuł, że stać na uboczu": ibid., 326
423 „Argument": BD, XI, 225
423 „Niemcy były tak niezwykle silne": Grey, *Twenty-Five Years*, I, 302
424 „Nie było żadnych szans": Winston Churchill, *World Crisis*, I, 205
425 „stawką było samo istnienie jego kraju": Grey, *Twenty-Five Years*, I, 328
425 „posunąć się ani na cal": ibid., 329
425 „Gabinet uważa": Geiss, 327
425 „będzie zwlekać z interwencją, aż do inwazji": ibid., 328
425 „znajdzie się w stanie zależności": ibid.
425 „ważnym czynnikiem może stać się kwestia neutralności Belgii": ibid., 327
426 „Mniej więcej w tym samym czasie": Grey, *Twenty-Five Years*, I, 327

427 „raczej wątpi": BD, XI, 234
427 „sprawy wojny i pokoju": Grey, *Twenty-Five Years*, I, 312
427 „w siedzibie władzy w Niemczech działają jakieś siły": ibid.
428 „całość sił niemieckich": Tuchman, *Guns of August*, 19
428 „Musimy odłożyć na bok": ibid., 26
429 „Im więcej Anglików, tym lepiej": ibid., 121
429 „Zdaniem wojskowych": Bethmann-Hollweg, 147
430 „sprawdzone informacje": Geiss, 231
430 „z najgłębszym żalem": ibid.
430 „pewne sugestie": ibid.
430 „Rząd belgijski musi zostać powiadomiony": ibid., 354
430 „Postępowanie Niemiec w Belgii": ibid., 357
431 „*niezaszyfrowaną*": Kautsky, 567
431 „Winston, bardzo bojowo": Asquith, *Memories*, II, 11
431 „to na nasze żądanie": BD, XI, 252
432 „zwykłe przejście przez": Spender, *Asquith*, II, 90
432 „ta wojna została wywołana": Lloyd George, I, 68
432 „Spotykałem Pieniądz": ibid.
432 „wręcz przerażeni samą myślą": Spender, *Asquith*, II, 102
432 „są największymi fujarami": Margot Asquith, IV, 20
432 „Nie składaliśmy im żadnych obietnic": LVS, 114
433 „Mój drogi Nikuś": ibid., 140
433 „z chęcią": BD, XI, 276
434 „Przeszedłem przez Horse Guards Parade": Winston Churchill, *World Crisis*, I, 217
434 „nie do wytrzymania byłby": Grey, *Twenty-Five Years*, II, 1
434 „Był mocno poruszony": Asquith, *Memories*, II, 11
435 „że kraju [...] nie da się utrzymać": Haldane, *Autobiography*, 274
435 „Grey zapytał mnie": ibid., 275
436 „Trochę ich zatkało": ibid.
437 „znaleźć czas": Grey, , II, 13
437 „ponieważ nikt nie pracował ciężej" ... „przejdą przez jakiś kawałek Belgii": ibid.
438 Opis sceny w Izbie Gmin i cytaty z przemówienia Sir Edwarda Greya pochodzą z *The Times*, *The Daily Telegraph*, *The Daily Chronicle* i *The Daily News* z 4 sierpnia, 1914.
441 „W większej części utrzymane w tonie konwersacji": Asquith, *Memories*, II, 25
441 „Mowa Greya była nadzwyczaj cudowna": Trevelyan, 265
442 „poświęcić honor narodu" ... „swoje mocne zdecydowanie": Fay, II, 541
442 „Co teraz będzie?": Winston Churchill, *World Crisis*, I, 220
442 „Nie, oczywiście że nie. Wszyscy wiedzą": Asquith, *Genesis*, 213
442 „Tak więc, wysiłek całego życia": ibid.
442 „Lampy gasną teraz": Grey, *Twenty-Five Years*, II, 20
442 „bomby na dworzec kolejowy": Schmitt, 461

443 „lekarz francuski”: Kautsky, 508
443 „interesujące” ... „Otrzymaliśmy wiadomość”: LVS, 150
443 „bardzo spokojnie”: ibid.
443 „Cała ta sprawa”: ibid.
443 „Więc już po wszystkim”: Margot Asquith, IV, 69

INDEKS

S E R I A   N A P O L E O Ń S K A

W „Serii Napoleońskiej" publikujemy najciekawsze książki dotyczące epoki:

Dotychczas ukazały się:

John Gallagher
Żelazny Marszałek
Tłumaczenie: Wojciech Chrzanowski

Biografia L. Davouta – jednego z najwybitniejszych marszałków Napoleona, uważanego za najzdolniejszego ucznia wielkiego wodza. Kandydat do tronu Polski przed wyprawą na Moskwę, w okresie Stu Dni Minister Wojny.

Jean Tulard
Murat
Tłumaczenie: Agnieszka Rapicka, Christopher Staff

Biografia najbardziej ekstrawaganckiego marszałka Napoleona, nieustraszonego króla Królestwa Neapolu, słynącego z fantazyjnych strojów i uwielbienia, jakie wzbudzał u płci przeciwnej, napisana przez najwybitniejszego napoleonistę we współczesnej Francji.

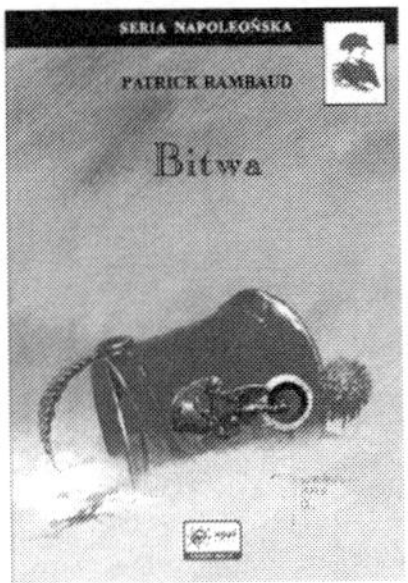

Patrick Ramboud
Bitwa
Tłumaczenie: Dagmara Baldoni

Napisana w stylu *Szuańskiej ballady* Waldemara Łysiaka, to opowieść o jednym z epizodów wojen napoleońskich – o bitwie pod Essling, która kończyła się w przeddzień Wagram, wielkiej victorii Napoleona. Kapitalny obraz psychologiczny postaci z kręgu Cesarza oraz wartka, wielowątkowa akcja powieści sprawia, że czyta się ją jednym tchem. Autor znakomicie oddaje realia epoki, ukazując całe okrucieństwo wojny, widzianej oczyma zarówno marszałków, jak i prostych żołnierzy...

Paul Britten Austin
1812. Marsz na Moskwę
Tłumaczenie: Klementyna i Wojciech Chrzanowscy

Pierwsza część trylogii. Pozostałe części: *Pobyt w Moskwie, Wielki odwrót.* Jedna z najlepszych książek dotyczących epoki napoleońskiej. Wyprawa na Moskwę widziana oczyma 100 jej uczestników, którzy porównywani są do operatorów filmowych.
Śledzimy więc tę wyprawę krok po kroku z punktu widzenia stu ludzi, których przeżycia znakomicie wykorzystał autor.

Paul Austin Britten
1812. Pobyt w Moskwie
Tłumaczenie: Klementyna i Wojciech Chrzanowscy
Dalsza część Marszu na Moskwę.

Emil Marco de Saint-Hilaire
Historia Napoleona
Autor, będąc paziem na dworze Cesarza miał dostęp do osób związanych blisko z Napoleonem. To w oparciu o ich relacje powstała opowieść, która w duzej mierze przyczyniła się do powstania legendy napoleońskiej. Duża atrakcją książki sa zawarte w niej rysunki Julesa Dawida – obrazujące sceny z życia Cesarza.

Plany wydawnicze:

Digby Smith ***Lipsk 1813*** – praca brytyjskiego historyka, przedstawiajaca szczegółowo kleske Napoleona pod Lipskiem. W pracy czesto wykorzystywane sa relacje uczestników bitwy.

Emanuel de Las Cases ***Memoriał ze św. Heleny***
Pierwsze polskie pełne wydanie Memoriału /4 tomy/
Tom pierwszy ukaże sie na przełomie 2004/2005 r.

Paul Austin Britten ***1812. Wielki odwrót*** Tom trzeci trylogii Austina konczący wyprawe moskiewską

SERIA Z KOTWICZKĄ

Publikuje najciekawsze książki o II wojnie światowej na morzu.

Dotychczas ukazały się:

B. F. von Müllenheim-Rechberg – ***„Pancernik Bismarck"*.**
Najpełniejsza historia *Bismarcka* i jego załogi napisana przez najstarszego stopniem uratowanego oficera pancernika. Napisana na podstawie archiwalnych źródeł niemieckich i angielskich oraz relacji uratowanych rozbitków. Książka przetłumaczona na 10 języków weszła do kanonu literatury wojennomorskiej.

Harold Auten – ***„Statki pułapki"*.**
Opowieść o niezwykłych ludziach, którzy pływali na statkach-pułapkach podczas pierwszej wojny światowej.
Autor początkowo był pierwszym oficerem, a później sam dowodził statkami-pułapkami. Przekład Mamerta Stankiewicza!

Herbert A. Werner – ***„Żelazne trumny"*.**
Bestseller wydawniczy na Zachodzie napisany przez oficera U-Bootów. Autor przebywał na U-Bootach od 1941 do 1945 roku. Znakomicie napisane, dramatyczne wspomnienia człowieka, należącego do tych nielicznych, którym się udało przeżyć Bitwę o Atlantyk.

O'Hara – ***Dowódca niszczyciela***
Pasjonująca lektura. Wspomnienia dowódcy japońskiego niszczyciela, który wziął udział w większości ważniejszych bitew na Pacyfiku.

Lowell Thomas – ***Rycerze głębin***
„Kronika niemieckiej wojny U-bootów – bohaterska pieśń o niemieckich okrętach podwodnych – napisana przez Amerykanina? Czy to możliwe?" – tak zaczyna swoje słowo wstępne tłumacz na język niemiecki (Freiherr von Spiegel) tego wybitnego amerykańskiego historyka marynistycznego, który ubiegł Niemców i napisał opowieść o największych asach U-bootwaffe podczas I wojny światowej na morzu.

Samuel E. Morrison – ***Guadalcanal***
Jeden z 14 tomów oficjalnej historii US Navy napisanej przez wybitnego historyka marynarki USA, który już w czasie wojny zbierał materiały do napisania tej książki, przeprowadzając wywiady z uczestnikami zdarzeń.

Plany wydawnicze:

Yamamoto
Przekład z angielskiego: Marek Krzyształowicz
Biografia legendarnego admirała, dowódcy floty japońskiej, autora ataku na Pearl Harbor.